Douglas Valentine

CIA

ORGANISATION CRIMINELLE

Comment l'agence corrompt l'Amérique et le monde

DOUGLAS VALENTINE

Douglas Valentine est l'auteur de quatre livres historiques, du roman *TDY*, et d'un recueil de poèmes, *A Crow's Dream*. Il est également l'éditeur de l'anthologie de poésie *With Our Eyes Wide Open : Poems of the New American Century* (West End Press, 2014). Il vit avec sa femme, Alice, dans le Massachusetts.

CIA - ORGANISATION CRIMINELLE
Comment l'agence corrompt l'Amérique et le monde

The CIA as organized crime:
How illegal operations corrupt America and the world.
Première publication 2017 par Clarity Press, Inc. 2625 Piedmont Rd. NE, Ste. 56
Atlanta, GA. 30324 – www.claritypress.com

Publié par Le Retour aux Sources
www.leretourauxsources.com

© Le Retour aux Sources – Douglas Valentine – 2020

PRÉFACE DE L'AUTEUR À L'ÉDITION FRANÇAISE

L es histoires de la France et des États-Unis sont liées depuis les débuts de la colonisation du continent américain. Les possibilités infinies offertes par le « Nouveau Monde » furent une source d'inspiration pour les Lumières, tandis qu'à la fin du XVIIIe siècle, l'entrelacs de leurs révolutions respectives transforma la France et fit naître les États-Unis d'Amérique. La statue de la Liberté, qui domine le port de New York, offerte par le peuple français en 1886, symbolise les idéaux communs aux États-Unis et à la IIIe République.

Bien que sœurs philosophiquement, les deux nations empruntèrent des chemins d'hégémonie différents tout au long du XIXe siècle. Aux prises avec la concurrence de ses voisins industrialisés, la France, en lutte pour la suprématie européenne, développa un vaste empire colonial. De leur côté, après avoir acheté la Louisiane à la France, les États-Unis s'attaquèrent à la conquête du continent américain, accumulant une richesse immense grâce à l'exploitation du travail des esclaves africains et de la main-d'œuvre immigrée.

La Première Guerre mondiale éleva les États-Unis au rang d'acteur majeur dans les affaires européennes et mondiales. Leur poids international crût de manière hyperbolique après la Seconde Guerre mondiale, tandis que la France vit son empire et son influence s'étioler.

La nouvelle ère des relations franco-américaines, caractérisée par la duplicité du langage et la trahison des idéaux des Lumières, débuta durant la Seconde Guerre mondiale. Les commandos de l'OSS collaborèrent avec les membres de la Résistance pour saboter l'occupation allemande, tandis que les forces américaines déferlèrent sur les campagnes françaises après le débarquement de Normandie.

Ayant amplement contribué à la libération de la France, les États-Unis se sentirent en droit d'interférer dans les affaires politiques françaises, ouvertement à travers le plan Marshall, clandestinement avec la CIA. Officiellement, la position des États-Unis a toujours été celle d'un soutien inconditionnel à son allié français, mais, en réalité, l'ingérence américaine a toujours tenté d'orienter les mouvements sociaux et politiques français vers des positions anticommunistes et antisoviétiques, tout en minant l'influence de la France auprès de ses anciennes colonies.

Ainsi, les tensions géopolitiques entre la France et l'Amérique trouvèrent un débouché immédiat en Indochine, où services secrets français et CIA se livrèrent une guerre clandestine. J'ai révélé dans mes précédents livres, *The*

Phoenix Program (1990), *The Strength of the Wolf* (2004), *The Strength of the Pack* (2009), des aspects inédits de cette guerre clandestine, et j'en cite les épisodes les plus marquants dans le présent ouvrage. Les tensions entre les deux pays se manifestèrent également lors de l'affaire de Suez, de la guerre d'Algérie, et culminèrent avec la sortie de la France du commandement intégré de l'OTAN, qu'elle ne rejoindrait pas avant trente ans. Mitterrand lui-même, semble-t-il, avait qualifié les relations franco-américaines de « guerre perpétuelle »[1]. L'opposition de Dominique de Villepin à l'invasion américaine de l'Irak en 2003 fut le dernier acte de rébellion. Depuis Sarkozy, la France s'est donné une série de présidents qui n'ont cessé de se soumettre aux États-Unis.

L'influence américaine sur l'après-guerre français s'est exercée à tous les niveaux, depuis l'élite (par exemple avec *The Paris Review,* le magazine littéraire piloté par la CIA et dirigé par George Plimpton) jusqu'à la culture populaire (avec des phénomènes comme Disney ou Johnny Hallyday). Paradoxalement, c'est aussi en France que la critique de la culture américaine a trouvé ses penseurs les plus ardents et sophistiqués, avec des individus tels que Guy Debord, Michel Clouscard et Jean Baudrillard. Durant les années 1980 et 1990, les apôtres de la « French Theory », comme Foucault et Derrida, ont exercé un quasi-monopole sur la pensée critique dans les universités américaines.

Aujourd'hui, les deux nations semblent connaître les mêmes dérives. L'Amérique de la présidence Donald Trump, avec son slogan « Make America Great Again », est, comme la France actuelle, tournée vers le passé. Cette nostalgie s'accompagne de la trahison des idéaux des Lumières sur lesquels s'étaient bâties, en principe du moins, les deux nations. Depuis le 11 septembre 2001, les États-Unis ont adopté une politique globale de déstabilisation et de chaos, dont les effets les plus évidents sont au Moyen-Orient. Cette politique a profité aux grandes entreprises et à Israël, mais n'a présenté aucun avantage pour la majorité des Américains. Aux États-Unis comme en France, l'immigration est devenue une source de tensions. Le sociologue Christophe Guilluy a mis en lumière, entre la France des grandes villes et la « France périphérique », une fracture que l'on retrouve également aux États-Unis entre les grandes villes et leurs banlieues d'une part, et entre les grandes villes et les populations rurales de l'autre, ces dernières soutenant Trump.

De Bush à Obama puis à Trump, le Léviathan de surveillance d'État généralisée a continué de se renforcer. Après les attaques du 11 Septembre, j'avais publié un article sur *Counterpunch* dans lequel j'annonçais de nombreux développements qui n'ont pas manqué de se vérifier au cours des dix-sept années suivantes[2]. Ce n'étaient pas les présages d'un devin chanceux,

---

[1] Georges-Marc Benamou, *Le Dernier Mitterrand*, p. 53-54, 2005.

[2] « Homeland Insecurity: Phoenix, Chaos, the Enterprise and the Politics of Terror in America », *Counterpunch*, le 8 novembre 2001.

mais les extrapolations déduites d'une vie d'études et de recherches sur la CIA. C'est l'opération Phoenix, un système de terreur développé par la CIA au Viêt Nam durant les années 1960, qui a fourni le modèle du système de domination globale aujourd'hui en place, et sous les yeux de tous pour peu que l'on veuille vraiment le voir.

La CIA en tant qu'organisation criminelle analyse le rôle secret, mais fondamental, de la CIA dans la quête de domination globale menée par les États-Unis. Il montre comment elle a mis en place et assure l'application des méthodes de répression policière qui aujourd'hui forgent les modes de pensée et la vision du monde des citoyens.

Le livre est divisé en cinq parties. L'introduction raconte comment je suis parvenu à entrer dans les bonnes grâces d'agents de la CIA et des diverses agences de lutte contre la drogue. La première partie illustre comment le programme Phoenix au Viêt Nam a servi de modèle aux plans modernes de domination globale. Dans la deuxième partie, on voit comment la CIA a pris en otage la lutte contre la drogue. La troisième partie explique comment Phoenix a permis la création du département de la Homeland Security et comment, depuis, les préceptes de guerre politique et psychologique sont exercés contre le peuple américain. La quatrième partie raconte comment la CIA a perverti les médias, puis en a pris le contrôle, pour créer le climat politique et psychologique qui caractérise les États-Unis d'aujourd'hui.

Chacune de ces parties débute par une citation de Guy Debord, qui avait compris le rôle central des services secrets au sein du « spectaculaire intégré » du capitalisme moderne. Il y a des décennies de cela, Debord avait déjà identifié la terrible conjuration du monopole sur les apparences à travers :

- ➢ 1) un perpétuel renouvellement des technologies ;
- ➢ 2) l'intégration de l'État et de l'économie ;
- ➢ 3) la prolifération du secret ;
- ➢ 4) les mensonges en état d'impunité ;
- ➢ 5) un présent éternel[3].

Cet appareil répressif constitue l'apothéose du fétichisme consumériste, et il porte un nom : Phoenix.

Debord avait prédit notre triste présent avant l'effondrement de l'Union soviétique, avant le 11 Septembre, avant l'éternelle guerre contre le terrorisme, et avant Internet. Le « spectaculaire » qu'il décrivait est aujourd'hui plus intégré que jamais. Et les services secrets y sont en effet omniprésents.

Douglas Valentine, juillet 2018

---

[3] *Commentaires sur la société du spectacle*, Éditions Gérard Lebovici, 1988.

PARTIE 1

LES CLEFS DU ROYAUME

CHAPITRE 1

COMMENT WILLIAM COLBY M'A DONNÉ LES CLEFS DU ROYAUME DE LA CIA

James Tracy : Cela fait quarante ans que vous faites de la recherche historique, et, pour commencer, je voudrais savoir comment vous procédez pour traiter un dossier : comment vous y prenez-vous pour trouver les informations qui vous seront utiles dans une enquête donnée ?

Douglas Valentine : C'est compliqué. Pour avoir discuté du sujet avec plusieurs auteurs et chercheurs, je dirais que je procède de manière singulière. Dès mon entrée à l'université, en 1967, j'avais l'ambition d'écrire, de devenir un auteur. J'ai alors fondé mon approche philosophique sur l'étude du langage et la théorie de la littérature, et notamment la critique littéraire. J'ai une approche très large. J'ai commencé par étudier les littératures grecque et romaine, j'ai lu les anthologies des littératures anglaise et américaine publiées par Norton ; et j'ai suivi des cours sur la mythologie classique et la Bible. Très tôt dans mes études, j'ai été initié à la critique littéraire en lisant des œuvres comme celles de Robert Graves, poète et auteur des *Mythes celtes*, ou sir James Frazer, qui avait écrit *Le Rameau d'Or*. C'est Frazer qui avait introduit l'approche socio-anthropologique dans le monde de la littérature. C'est ce qui m'a amené à découvrir Carl Jung, Eric Newman, Northrop Frye et quelques autres qui avaient la caractéristique d'aborder la littérature chacun par une perspective particulière – psychologique, politique, anthropologique, sociologique, historique, philosophique. Autant de disciplines qui m'intéressaient. Quand je veux aborder un sujet, je le regarde toujours sous cette multiplicité d'angles.

La critique littéraire enseigne le pouvoir de la transformation symbolique, qui transmute l'expérience en idées, en sens. Dans les agences de publicité, on utilise les symboles et les mythes pour vendre des biens. Les publicitaires utilisent des logos et des slogans, et la politique ne fait pas autre chose. La droite, la gauche, il n'y a aucune différence. Les deux sont aussi douées à ce jeu l'une que l'autre. Quand on écrit les discours des politiques ou que l'on s'occupe de leurs relations publiques, il faut avant tout comprendre le pouvoir et le fonctionnement du mythe du héros, cet archétype. C'est de cette manière que l'on peut transformer Joe le Plombier ou même un criminel de guerre en héros de la nation.

C'est ainsi que j'ai procédé quand j'ai décidé d'enquêter et d'écrire sur le programme Phoenix de la CIA[4]. Je suis allé voir directement William Colby, qui avait été directeur de la CIA. Colby avait été la personne la plus impliquée dans Phoenix, le programme d'élimination hautement controversé de la CIA, auquel on peut attribuer la mort de plusieurs dizaines de milliers de civils durant la guerre du Viêt Nam. Personne n'avait écrit sur le sujet. J'ai donc écrit une lettre à Colby, en joignant mon premier livre, *The Hotel Tacloban*. Je lui ai expliqué que je voulais démystifier Phoenix, et il était absolument partant. Colby aimait mon approche – regarder les faits sous tous ses différents points de vue –, si bien qu'il m'a soutenu et m'a présenté tout un tas de gens importants de la CIA. C'est ainsi qu'ils m'ont ouvert leur porte. À partir de ce moment-là, tout a été facile. Je suis un bon interviewer, et je suis parvenu à persuader beaucoup de ces cadres de la CIA de me parler du programme Phoenix.

J'avais également abordé le dossier sous l'angle de l'organisation, ce qui est absolument essentiel quand on écrit au sujet d'entités bureaucratiques comme la CIA ou la DEA (Drug Enforcement Administration ou Administration de lutte contre la drogue). Il est essentiel que ces dernières soient analysées en tant que structures bureaucratiques, avec leur continuité temporelle propre. Pour commencer, elles ont leur mandat du Congrès. Elles ont une fonction, un organigramme. Sur ce point, j'ai été chanceux. Nelson Brickham, l'une des toutes premières personnes que j'ai interviewées, avait été l'organisateur du programme Phoenix. Brickham avait eu son diplôme avec les félicitations de Yale, et était une sorte de génie de l'organisation. Il m'a expliqué comment il avait structuré Phoenix. Il m'a également décrit les différents départements et branches de la CIA, pour que j'en comprenne le fonctionnement.

Un vrai coup de chance, donc. Grâce à Colby, j'ai eu accès aux agents de la CIA qui avaient conçu le programme Phoenix, j'ai pu comprendre leurs objectifs, pourquoi ils avaient agi comme ils l'ont fait. Je ne serais jamais parvenu à ce résultat si j'étais allé à l'école de journalisme de Columbia, ou si j'avais été un journaliste de profession. J'aurais eu une approche bien plus étroite. Les gens de la CIA avec qui j'ai parlé appréciaient justement la vision ample dans laquelle je voulais réinscrire le sujet. Ils ont aimé que je les interroge sur leur philosophie. C'est ce qui m'a aidé à comprendre le phénomène Phoenix dans sa globalité.

Tracy : Il y a ce collègue de William Colby dont vous parlez, et sur lequel vous écrivez, officier de la CIA lui aussi : Evan Parker. C'est lui qui vous a indiqué tous ces noms, toutes ces personnes que vous êtes ensuite allé interviewer. Tous ces gens, qui pour la plupart travaillaient ou avaient travaillé pour la

---

[4] Phoenix se transcrit Phung Hoàng en vietnamien, appellation parfois employée en guise de sobriquet.

CIA, ont appelé Colby et Parker pour savoir s'ils devaient vous répondre. Pouvez-vous développer ?

Valentine : C'est exact. Une fois que j'ai eu le soutien de Colby, beaucoup de ces agents de la CIA ont pensé que j'étais moi aussi de la maison. Ils n'avaient jamais entendu parler de moi, et je n'étais pas Morley Safer ou Seymour Hersh[5], je n'étais pas l'un de ces reporters célèbres qui avaient travaillé sur le Viêt Nam. Je n'étais personne, un « Nobody », à la manière d'Eduardo Galeano[6]. Avec *The Hotel Tacloban*, j'avais publié un livre sur l'expérience de mon père durant la Seconde Guerre mondiale, que certains de ces types avaient eux-mêmes connue. Ceux d'entre eux qui l'avaient lu l'avaient apprécié, parce que j'y montrais une certaine empathie pour les soldats. Je montrais que j'avais compris ce que signifiait être soldat, or beaucoup d'agents de la CIA se voient eux-mêmes comme des soldats. La CIA est d'ailleurs structurée comme une organisation militaire, avec une chaîne de commandement. Quelqu'un vous dit ce que vous avez à faire, vous le saluez, et vous exécutez les ordres.

Evan Parker s'était imaginé que je le comprendrais, que je comprendrais ce qu'il avait fait, et pourquoi. Précisément parce que j'avais écrit un livre « compréhensif » sur mon père-soldat, et parce que je venais de la part de Colby. Je vais vous raconter cet épisode avec lui : il m'avait invité chez lui pour une interview, et, quand je me suis présenté, il m'a fait monter à l'étage, dans son « antre ». Elle était bourrée de livres d'histoire et de poésie galloises. Parker est un nom gallois. Grâce à ma formation littéraire, je lui ai parlé de choses comme *Les Mabinogion*, qui est un recueil de mythes gallois. J'avais une culture assez vaste pour réussir à créer un lien avec les gens comme lui. Ça l'avait apaisé.

Il faut aussi dire que, avant de me mettre à interviewer ces gens-là, j'avais lu pendant une année entière tout ce que je pouvais trouver sur le Viêt Nam et la CIA. Je connaissais mon dossier, et j'avais en plus l'air d'un parfait pasteur méthodiste, avec mon costume et ma cravate. Ce jour-là, alors que l'on parlait depuis une heure déjà, je n'avais toujours pas posé une seule question sur la CIA. On apprenait simplement à se connaître, et Parker m'avait tout simplement apprécié. Il y avait sur la table basse une pile de documents d'allure officielle. Il les a regardés, puis il m'a dit poliment qu'il descendait nous chercher du thé et des biscuits. « J'en ai pour un quart d'heure, je reviens. » Il m'a alors fait un clin d'œil, et il est descendu. J'ai ouvert le dossier du dessus

---

[5] N.D.É. : Morley Safer (1930-2016) était un journaliste et homme de télévision américain, qui a notamment animé l'émission d'actualité phare de CBS, *Sixty Minutes*, de 1970 à 2016. Seymour Hersh (1937) est un journaliste d'investigation qui a remporté le prix Pulitzer pour avoir révélé le massacre de My Lai.

[6] N.D.É. : Eduardo Galeano (1940-2015) était un journaliste, écrivain et dramaturge uruguayen, considéré comme l'une des plus grandes consciences de la gauche sud-américaine.

de la pile. C'était la liste de tous les membres de la direction de Saïgon, quand Parker l'avait inaugurée, l'été 1967. J'ai alors pris mon carnet, et je me suis mis à recopier frénétiquement les noms, les grades, les fonctions... Quinze minutes plus tard, au moment où j'écrivais le dernier nom, j'ai entendu Parker qui m'appelait d'en bas : « Doug, le thé est prêt, je remonte. » J'ai refermé le dossier, rangé mon carnet ; Parker est entré avec son plateau, le thé, les biscuits. Nouveau clin d'œil, avant de s'asseoir... C'est à ce moment-là que j'ai commencé à l'interroger au sujet de Phoenix.

Nous n'avons jamais abordé les documents sur son bureau. Mais le bonhomme m'avait apprécié, et il a parlé en bien de moi à d'autres. Cela s'est passé de la même manière avec la plupart des agents de la CIA que j'ai rencontrés. Ils coopéraient parce que c'était Colby qui m'avait envoyé. Comme m'avait dit Parker : « [Colby] était le directeur, et nous le considérons toujours comme tel. S'il nous dit que vous êtes OK, on le croit. »

Il ne m'a pas dit « maintenant, je renie mon serment de secret », mais, en substance, c'est ce qu'ils ont tous fait.

J'ai parlé à des membres de quasi toutes les branches de la CIA, en privilégiant l'angle organisationnel. Je demandais, par exemple, quel type de budget ils avaient ; qui travaillait pour eux, et quel genre de missions ils leur confiaient ; qui était leur chef, et comment ils le servaient... J'avais un grand tableau de l'organisation chez moi, et je remplissais les noms et les positions. Je n'ai jamais demandé à personne : « Avez-vous tué quelqu'un ? Avez-vous fait ce genre de choses illégales ? » Mon approche presque bienveillante, limitée aux stricts faits, les avait convaincus que j'exposerais le programme Phoenix honnêtement. J'ai profité d'une sorte d'effet de psychologie inversée : ces gens me faisaient confiance parce que je ne leur demandais pas de me livrer leurs secrets ; alors, ils me les ont confiés.

La fin a été moins heureuse, parce que j'ai effectivement fini par exposer tous leurs secrets. J'avais parlé à tellement de gens qu'ils s'étaient progressivement convaincus que j'étais moi-même de la CIA. En raison de la nature compartimentée de l'organisation de leur agence, j'avais fini par en savoir plus sur le programme que les employés de la CIA eux-mêmes. Il s'était installé une sorte de « ping-pong », où j'étais parvenu à opposer les uns aux autres. Ils me livraient les secrets de leurs rivaux. Ils voulaient tous être le héros du mythe.

Tracy : Toutes les interviews que vous avez faites et la multitude de conversations que vous avez documentées ont été confirmées par des documents authentiques, dont l'obtention vous a demandé des efforts considérables.

Valentine : Les personnes que j'interviewais me fournissaient des documents pour étayer leurs déclarations. Par exemple, Nelson Brickham m'a donné, au cours de plusieurs interviews, des copies de tous les documents qu'il avait écrits pour John Hart et Robert Komer, et qui retracent la genèse du programme Phoenix.

Brickham était à la tête des opérations de renseignements à Saïgon en 1965-

1967. Il supervisait les différents officiers de liaison que la CIA avait répartis dans les diverses provinces pour travailler avec la Branche spéciale de la police sud-vietnamienne qui était l'équivalent de notre FBI. La CIA avait fondé et finançait cette police spéciale pour traquer la hiérarchie civile vietcong et quiconque essayait de déstabiliser le gouvernement fantoche proaméricain. Phoenix était une organisation de guerre politique, et Brickham supervisait tout le personnel actif dans les diverses provinces du Sud.

À la fin de l'année 1966, John Hart, le chef de poste de la CIA de Saïgon, travaillait à l'amélioration des opérations contre la hiérarchie vietcong avec Robert Komer, un officier de la CIA basé à Washington. Komer était l'assistant personnel de Lyndon Johnson sur le dossier de la pacification du Viêt Nam, qui était appelée « l'autre guerre ». Bref, Hart avait confié à Brickham la tâche d'établir un état-major général de la pacification, ce qui l'avait conduit à travailler pour Komer. C'est en constituant cette structure « chargée de la pacification » que Brickham a peu à peu mis en place Phoenix.

Brickham n'a pas été le seul à me transmettre des documents, loin de là. Chaque fois que j'interviewais quelqu'un, je lui demandais s'il avait de quoi prouver ce qu'il me racontait, et s'il voulait bien me donner des copies de ce qu'il gardait dans ses archives, et, souvent, il le faisait. Comme j'avais été envoyé par Colby, ils considéraient que c'était raisonnable de montrer tout ça. Ils pensaient que je garderais ça pour moi, ou que Colby aurait le mot final sur ce qui allait être révélé.

Les documents que Brickham m'avait donnés montraient, avec ses propres mots, ce qu'il avait en tête quand il a créé le programme Phoenix. J'ai mis tous ces documents en ligne sur *Cryptocomb*, ainsi que les enregistrements de mes conversations avec Brickham, Colby, Parker et plusieurs autres agents de la CIA et de l'armée. Ces documents font maintenant partie d'une collection intitulée The CIA Speaks[7]. J'ai pris la décision de les mettre en ligne pour faire taire mes critiques, qui sont incapables de me contester sur les faits, mais qui passent leur temps à inventer des choses. Il est désormais possible de contrôler tous les documents que je cite ou toutes les interviews que j'ai rapportées. Ce que j'ai toujours fait avec la plus grande précision[8].

Tracy : Il y a également une « Collection Douglas Valentine » à la National Security Archive de l'université George-Washington.

Valentine : Oui, cette collection contient les notes relatives aux interviews avec près de cent agents de la CIA et militaires impliqués dans le programme Phoenix. Ces gens me renvoyaient en permanence vers d'autres

---

[7] N.D.T. : Traduisible aussi bien par « La CIA parle » que par « Conversations avec/de la CIA ».

[8] Tous les enregistrements de mes entretiens sont consultables en ligne sur : http://cryptocomb.org/Phoenix%20Tapes.html

gens, ce qui m'a conduit à faire de formidables rencontres. C'est de cette manière que j'ai fait la connaissance d'un homme du nom de Tullius Acampora, qui est récemment décédé. Acampora avait fait partie du contre-espionnage de l'armée, et avait travaillé à Shanghaï pour le général Douglas MacArthur après la Seconde Guerre mondiale. « Tully », comme beaucoup d'agents du contre-espionnage militaire, avait été amené à travailler avec le contre-espionnage de la CIA, après sa création. Bien qu'il ait toujours conservé son rang militaire, Acampora avait passé de très longues années au service de la CIA. Il avait été envoyé en Italie en 1958, où il avait travaillé en proche collaboration avec les agents du Bureau fédéral des narcotiques à Rome. Dans les années 1950 et 1960, les agents des narcotiques passaient la moitié de leur temps au service de la CIA, en échange de quoi la CIA leur donnait des informations sur les parrains de la pègre qu'ils avaient en ligne de mire.

Tully avait été envoyé au Viêt Nam en 1966. Sur place, il avait été intégré dans l'un des programmes « anti-infrastructures » qui ont servi de modèle à Phoenix. Le programme de Tully s'appelait Cong Tac IV et, comme Phoenix, il prenait pour cible les civils agissant comme agents secrets des Viêt-Cong.

À la création de Phoenix, Evan Parker s'est installé dans le bureau de Tully. Tully connaissait bien les officiels vietnamiens et les agents de la CIA au Viêt Nam, ainsi que les Italo-Américains qui étaient particulièrement nombreux au Bureau des narcotiques et, plus tard, dans la Drug Enforcement Administration.

Tullius Acampora avait eu pour moi, dans son domaine, le même rôle que Colby avec la CIA. Il m'avait ouvert des portes dans les hauts niveaux des agences fédérales de lutte contre la drogue. Grâce à lui, j'ai eu accès à des personnes et des documents d'importance historique. Je n'ai pas encore numérisé les bandes de mes entretiens avec les agents des narcotiques, mais mes documents des agences fédérales de lutte contre la drogue font l'objet d'une collection à part dans les archives sur la Sécurité nationale.

Tracy : Quelle place occupait dans ce panorama Tom Ridge, ancien gouverneur de la Pennsylvanie et membre de l'administration Bush ? Avait-il participé au programme Phoenix ?

Valentine : Je ne sais pas trop, au sujet de Ridge. Il appartenait à une unité d'infanterie au Viêt Nam entre 1969 et 1970. Sa formation, composée de quatre Américains et de sept Vietnamiens, affrontait les insurgés, et pas les troupes régulières du Nord-Viêt Nam. On peut donc dire qu'il combattait dans le cadre du programme de pacification. On lui a attribué une étoile de bronze pour avoir tué un jeune homme qui portait un sac de pommes de terre. Il se pourrait qu'il ait été sniper, et qu'il ait été enrôlé dans des opérations coordonnées par Phoenix, mais rien n'indique qu'il ait été un conseiller du programme.

Lorsqu'on lui a confié la tête du Bureau de la Homeland Security (Office of Homeland Security, autrement dit le Bureau de la sécurité intérieure), puis de l'actuel département de la Homeland Security, ou DHS (Department of Homeland Security, autrement dit le département de la Sécurité intérieure),

Ridge avait déjà été gouverneur, et il avait une expérience du management de haut niveau. C'était un cadre auquel le parti républicain pouvait tranquillement confier la mise en œuvre de sa politique. Certes, les convergences sont évidentes : c'est à cette époque que l'on a créé le DHS, en prenant pour modèle le programme Phoenix. Ridge avait sans doute pris part aux opérations de pacification au Viêt Nam, et le DHS est lui-même un organisme de pacification. Cette expérience a pu jouer, mais je pense que ce sont les capacités de Ridge à diriger une organisation qui étaient recherchées. Le maître mot, c'est la « coordination ». Le DHS a été créé quand l'establishment de la Sécurité nationale, c'est-à-dire l'État, les militaires et le renseignement, voulait centraliser la guerre contre le terrorisme aux États-Unis. Ils ont repris la manière dont Phoenix avait coordonné toute une diversité d'agences et standardisé, bureaucratisé la guerre contre ce que l'on appelait l'infrastructure vietcong (IVC).

Phoenix avait été un remarquable outil de pacification au Sud Viêt Nam. La guerre s'était soldée par un désastre, mais Phoenix avait été une franche réussite administrative. Il a été repris par la CIA pour ses opérations contre-insurrectionnelles en Amérique centrale – l'option Salvador. Le programme Phoenix s'appuyait sur un réseau de Centres de coordination du renseignement et des opérations (CCRO) à l'échelle de la province et du district[9]. De la même manière, le DHS a créé des Centres de fusion (Fusion Centers) dans tous les États ou grandes villes du pays. Les Centres de fusion du DHS coordonnent l'action de toutes les agences d'un secteur, exactement à la manière des Centres de coordination au Viêtnam : ils permettent la collaboration linéaire et informatisée entre les cellules de traitement du renseignement et les forces de terrain. C'est exactement le même système hautement bureaucratisé destiné à éliminer tout antagonisme intérieur non réductible par d'autres moyens.

Tracy : C'est une affirmation inquiétante, venant de quelqu'un qui a étudié Phoenix de si près. Vous êtes tout simplement en train de nous dire que le programme Phoenix a été transplanté sur le sol américain.

Valentine : Absolument. Et je ne suis pas le seul à le penser. David Kilcullen, qui était conseiller en matière de lutte contre-insurrectionnelle des administrations Bush et Obama, a appelé de ses vœux en 2014 une opération Phoenix à l'échelle planétaire[10]. D'après Tom Hayden, Kilcullen était « conseiller en chef pour les opérations contre-insurrectionnelles » du général David Petraeus lors de l'expansion des opérations américaines en Irak en 2007. « Il a également servi comme chef de la stratégie antiterroriste au département

---

[9] N.D.T. : Acronyme pour Intelligence and Operations Coordination Center, décliné en CPCRO pour les Centres provinciaux et CDCRO pour les Centres districtuels.

[10] David Kilcullen, « Countering Global Insurgency », *Small Wars Journal*, septembre-novembre 2004.

d'État en 2005 et 2006, et a été employé en Irak, au Pakistan, en Afghanistan, dans la Corne de l'Afrique et dans l'Asie du Sud-Est. » Dans un article de 2004, Kilcullen décrit Phoenix comme un programme « injustement calomnié » et « hautement efficace ». Reléguant au rang de « mythologie populaire » les accusations de torture, Kilcullen qualifie Phoenix de « programme d'aide civile et de développement incompris », ponctuellement soutenu par des opérations de pacification contre le vietcong, dont l'infrastructure régnait sur de vastes zones du Viêt Nam rural.

« Un programme Phoenix global, écrit-il, fournirait un bon point de départ pour le démantèlement de l'infrastructure jihadiste contemporaine. »[11]

Tracy : Comment Kilcullen comptait-il s'y prendre pour appliquer Phoenix au monde entier ?

Valentine : Si j'ai bien compris, il considère que ce sont les Centres de coordination régionaux, les CCRO, qui ont fait la force du programme, en tant que clef du pouvoir politique. Ces centres permettaient à la hiérarchie de faire circuler l'information et d'identifier les cibles. J'imagine que Kilcullen voulait installer ces centres hautement bureaucratisés à proximité ou sur le sol de ces nations où la CIA et l'armée chassent les terroristes. De tels centres permettraient à la Maison Blanche de commander à la CIA de commander à l'armée de viser les bons terroristes. Et de laisser les nôtres en paix.

On se tourne toujours vers Seymour Hersh pour tout ce qui touche à la CIA. En 2003, dans un article du *New Yorker*, il avait écrit que les responsables des opérations spéciales de l'armée allaient utiliser le modèle Phoenix en Irak[12]. Avec son emphase habituelle sur le sensationnel, Hersh avait avant tout mis en avant les « escadrons de la mort » de Phoenix, mais n'avait pas évoqué son aspect organisationnel. C'était un éclairage limité.

Ce sont les aspects les plus sordides du programme, comme les escadrons de la mort, qui captivent l'attention, mais Phoenix est plus grand que la somme des parties, notamment en raison de son poids symbolique. Le jeu de cartes à l'effigie des dignitaires du régime irakien diffusé par la CIA était un stratagème de guerre psychologique typique de l'approche Phoenix.

Le programme Phoenix avait pour objectif de « neutraliser » les composantes civiles du gouvernement révolutionnaire clandestin au Sud Viêt Nam. « Neutraliser » était un terme assez générique pour recouvrir un vaste nombre de mesures.

---

[11] Tom Hayden, « Reviving Vietnam War Tactics », *The Nation*, le 13 mars 2008.

[12] Seymour Hersh, « Moving Targets: Will the counter-insurgency plan in Iraq repeat the mistakes of Vietnam ? », *The New Yorker*, le 15 décembre 2003. L'auteur y écrivait que « d'après les statistiques officielles du Sud-Viêt Nam, Phoenix avait fait près de 41000 victimes entre 1968 et 1972 ; les États-Unis en avaient dénombré plus de 20 000 sur la même période ».

La première étape consistait à identifier les éléments potentiellement subversifs. Nelson Brickham m'avait décrit ainsi les phases suivantes : « Ma devise, c'était "recrute-les ; si tu ne peux pas les recruter, pousse-les à la défection (comme avec Chieu Hoi[13]) ; s'ils refusent de faire défection, capture-les ; si tu ne peux pas les capturer, tue-les". C'était en substance mon attitude vis-à-vis de la hiérarchie de l'infrastructure vietcong. »

L'infrastructure vietcong, ou IVC, était l'appellation par laquelle la CIA désignait les membres du gouvernement révolutionnaire clandestin et le système de soutien à la guérilla.

Du fait du mandat que lui a confié le Congrès, la CIA doit combattre la subversion à l'étranger. Ainsi, quand les États-Unis livrent une guerre anti-insurrectionnelle dans une nation comme l'Afghanistan ou l'Irak, la CIA prend en charge le versant politique de cette guerre, tandis que les forces armées américaines s'occupent du versant militaire. En pratique, dans le cadre d'un conflit contre-insurrectionnel, la contre-subversion s'assimile à une opération de police paramilitaire, si bien qu'au Sud-Viêt Nam, l'armée avait mis ses troupes et ses équipements au service du programme Phoenix. En 1969, la CIA avait visiblement cédé les rênes du programme à l'armée. On a alors vu des militaires poursuivre des objectifs politiques et se lancer dans des opérations antisubversives systématiques contre des populations civiles étrangères. Le programme Phoenix, en ce sens, a constitué un tournant : jusque-là, l'armée ne pouvait prendre pour cible des civils que s'ils étaient agents secrets, ou s'ils participaient à des attaques armées contre du personnel ou des bases militaires. Dans son envie de victoire frénétique, l'armée, au Viêt Nam, avait délibérément brouillé les lignes entre les éléments subversifs et les civils innocents. Elle tuait désormais tout ce qui s'interposait, enfants compris, comme ce fut le cas lors du massacre de My Lai et dans des milliers d'autres localités.

Au lendemain de sa défaite ignominieuse au Viêt Nam, une compulsion réactionnaire s'est emparée de l'Amérique et l'a entraînée à vouloir réaffirmer sa domination globale. Les motivations qui avaient justifié la création du programme Phoenix ont été institutionalisées et élevées au rang de programmes politiques. C'est devenu particulièrement évident après le 11 Septembre et l'entrée dans l'ère de la « guerre contre le terrorisme ». La CIA et l'armée ont depuis lors conduit conjointement, et sans le moindre scrupule, des opérations similaires à Phoenix à travers le monde, notamment en Afghanistan et en Irak.

Les relations entre la CIA et les médias, et entre l'armée et les médias, ont également évolué. La presse était beaucoup plus libre à l'époque du Viêt Nam, quand le bain de sang était minutieusement filmé et détaillé tous les soirs à la télévision. La CIA et l'armée ont compris que la diffusion de ces images avait

---

[13] N.D.É. : Chieu Hoi était une campagne de défection visant à rallier les membres du vietcong au gouvernement du Sud. On estime que l'opération Chieu Hoi a privé l'insurrection de 100 000 combattants.

été contre-productive auprès de l'opinion publique. Aussi, quand l'Amérique a envahi l'Irak en 2003, les journalistes étaient embarqués directement dans les unités militaires. Les médias se sont dès lors transformés en services de presse de l'armée et de la CIA. Cette grande recomposition orwellienne a permis d'épargner au public la vue des corps mutilés. La vérité sur les agissements réels du gouvernement a été cachée au public, et quand Chelsea Manning a transmis à WikiLeaks la vidéo de « dommages collatéraux », elle a été sommairement jugée et emprisonnée[14]. Lors de mes interviews, certains membres de la CIA m'ont expliqué que tel ou tel correspondant de CBS ou du *New York Times* venait dans leur bureau les interroger sur les programmes en cours. Ces agents de la CIA décrivaient librement leurs opérations, sachant que les correspondants de l'époque n'en révéleraient pas les détails ; leurs supérieurs dans les rédactions étaient fidèles au gentlemen's agreement passé avec la CIA, qui leur imposait de ne pas dévoiler les secrets de l'agence. Tant qu'elle respectait son engagement de confidentialité, la presse pouvait continuer à avoir accès aux informations secrètes.

La liberté de parole des agents de la CIA contraste étonnamment avec celle des journalistes. Quand j'enquêtais sur Phoenix, je suis allé voir des personnes comme Seymour Hersh ou Gloria Emerson, qui ont refusé de me parler. Cela se comprend, toutefois, parce qu'à partir du moment où ils auraient admis avoir eu connaissance du programme Phoenix, la question suivante aurait automatiquement été « pourquoi n'en avez-vous pas parlé à l'époque ? », ce qui les aurait contraints à admettre l'existence de ce gentlemen's agreement avec la CIA.

Ce que ce réseau de solidarité entre anciens du Viêt Nam avait rendu possible pour Phoenix est impossible à reproduire de nos jours. On ne peut plus interviewer un cadre de la CIA, même de niveau intermédiaire, et on ne peut plus enregistrer ou révéler les informations critiques. Depuis l'affaire Iran-Contra, les administrations ont érigé des obstacles tels qu'il n'est plus possible de voir ce qui se passe à l'intérieur de leur club privé. Le public ne peut compter que sur les lanceurs d'alerte comme Chelsea Manning ou Edward Snowden, qui sont diabolisés, emprisonnés et/ou contraints à l'exil.

Tracy : On voit ce qu'il est arrivé à Gary Webb durant les années 1990. Des informateurs lui avaient révélé des faits significatifs que la CIA a niés, ce qui lui a plus ou moins coûté sa carrière. Personne, pas un collègue, ne l'a soutenu. Il s'est retrouvé en marge du monde du journalisme pour avoir fait ce que tout véritable journaliste d'investigation, tout historien, devrait faire.

Valentine : Tout à fait. Gary Webb était un journaliste d'investigation qui, à travers sa série « Dark Alliance », avait exposé en 1996 les liens entre les contras, ces auxiliaires de la CIA en Amérique centrale, et les réseaux de deal de crack à Los Angeles, qui ciblaient spécifiquement les quartiers noirs.

---

[14] Vidéo visible sur YouTube, sous le nom « Collateral Murder – WikiLeaks – Iraq ».

La CIA avait été passablement irritée. La communauté noire s'était insurgée. C'est à ce moment que le réseau confraternel de la CIA est entré en action : Webb a été massacré par ses « collègues » pour des inexactitudes insignifiantes dans son travail. Il avait pour unique faute d'avoir révélé le détournement systématique et criminel de la « guerre contre la drogue » par la CIA à des fins de pure oppression raciale.

Webb s'est suicidé en 2004. Mais ce n'était pas le seul citoyen américain diabolisé pour avoir révélé le rôle central de la CIA dans le trafic de drogue. Alfred McCoy, dans son livre de 1972 *The Politics of Heroin in Southeast Asia*, avait décrit en détail les réseaux de drogue de la CIA au Viêt Nam et dans la région du Triangle d'or, à cheval sur le Laos, la Thaïlande et la Birmanie. Quand la CIA a découvert ce à quoi McCoy travaillait, Cord Meyer, l'un de ses plus hauts fonctionnaires, a fait pression sur son éditeur pour faire annuler le livre. En vain. La CIA a alors mis McCoy sur écoute, et il a eu droit à un contrôle fiscal. La CIA a également contraint les sources de McCoy à se désavouer. La célèbre Commission Church[15], qui a révélé de nombreux secrets de la CIA, a examiné les accusations de McCoy et exonéré la CIA de toute implication dans le trafic de drogue. McCoy est parti pour l'Australie et n'est revenu aux États-Unis que onze ans plus tard. La centralité de la CIA dans le trafic de drogue international est le secret le plus honteux des États-Unis, et, après le scandale Webb, l'agence a imposé des règles encore plus strictes aux médias. En réalité, les pressions que la CIA exerce sur les médias ne sont rien d'autre qu'une guerre politique conduite contre le peuple américain; la CIA ne procède pas autrement quand elle monte ses opérations de contre-subversion à l'étranger.

De nos jours, la seule manière de comprendre ce qui se passe, c'est d'aborder, étudier et comprendre ces organisations sous l'angle historique. D'où vient la CIA ? Où va-t-elle ? L'approche historique permet de passer outre les représentations factices qu'elle met en œuvre. Et ce que l'on découvre n'est pas joli. Plus les services de sécurité concentrent de pouvoirs, plus les médias deviennent dociles : ils fonctionnent désormais comme l'agence de presse du pouvoir, et ignorent tout ce qui contredit la ligne officielle.

Tracy : Il y a eu cette censure quasi intégrale de l'opération Jade Helm (« timon de jade ») dans les médias principaux. Seuls les médias alternatifs l'ont couverte et analysée.

Valentine : Exact. Jade Helm était un exercice militaire déployé au Texas, en Arizona, en Floride, en Louisiane, au Mississippi, au Nouveau-Mexique et en Utah. Les militaires et les politiques locaux avaient mis en place

---

[15] La Commission Church, du nom du sénateur démocrate Frank Church, ou Commission sénatoriale restreinte d'étude sur les activités de renseignements, fut formée en 1975 à la suite du scandale du Watergate, afin de faire la lumière sur les opérations clandestines de la CIA sur le sol américain, qui lui sont interdites.

des Centres de coordination façon Phoenix. Il s'agissait de permettre aux Opérations spéciales et aux autorités civiles de travailler avec des forces de police paramilitaires à la répétition d'une opération domestique contre-insurrectionnelle, dans ce qui était décrit comme une « expérience martiale ». La censure des médias était un élément essentiel du plan, absolument représentatif du degré de concentration capitalistique du monde de l'information et de sa fusion avec l'appareil politico-militaire. L'industrie médiatique n'est plus composée que de quelques immenses corporations qui contrôlent quasi tous les organes de presse. Le contrôle de l'information est la clef du succès de l'oligarchie. Rares sont les canaux d'informations indépendants capables de rivaliser avec les mastodontes ou de propager une information à l'échelle du pays. Les gens doivent aller chercher eux-mêmes les faits sur Internet.

Tracy : **Même les médias de la gauche alternative et progressiste, qui travaillaient encore honnêtement il y a vingt ans, sont aujourd'hui totalement dépendants de l'argent des fondations. Cet argent est une chaîne, et ils sont bien moins prompts à le refuser qu'autrefois.**

Valentine : Pour avoir travaillé sur la manière dont la CIA utilise le langage et les mythologies pour contrôler les mouvements politiques et sociaux, je peux dire qu'il s'agit d'un développement préoccupant. Des gens comme Glenn Greenwald, qui reçoivent de l'argent de milliardaires, prétendent que ces derniers n'exercent aucune influence éditoriale sur eux[16]. Mais les médias qui acceptent l'argent des milliardaires et des fondations proches de la CIA savent parfaitement que leurs bienfaiteurs peuvent couler leur petite barque à tout moment pour quelque chose qu'ils auraient écrit, et cela ne peut qu'influencer ce qu'ils sont prêts à écrire ou à dire.

Par ailleurs, accepter l'argent d'un milliardaire est lourd de sens symbolique. Cela signifie que cette personne cautionne le fait qu'un individu puisse posséder huit milliards de dollars quand trois milliards de personnes peuvent à peine survivre. Par l'exemple qu'elles donnent, des célébrités médiatiques comme Glenn Greenwald disent à leur public qu'elles approuvent le système fait d'exploitation et d'impérialisme sur lequel prospèrent leurs bienfaiteurs.

Les gens de la publicité savent parfaitement qu'un message symbolique n'a pas besoin d'être articulé : il fonctionne de manière subliminale. C'est ce que veut le public de Greenwald, d'ailleurs. Cela lui évite d'avoir à répondre à la

---

[16] N.D.É. : Glenn Greenwald (1967) est un journaliste américain. Il travaille pour l'édition américaine du quotidien anglais *The Guardian*, dans laquelle il a publié, en 2013, les révélations d'Edward Snowden sur les systèmes de surveillance de masse de la National Security Agency. Le « bienfaiteur milliardaire » évoqué par l'auteur est le fondateur d'eBay, Pierre Morad Omidyar, qui a financé le site de « journalisme investigateur et contestataire » *The Intercept*.

question de son adhésion tacite à un système injuste. Cette autocensure permet à des célébrités journalistiques comme Greenwald et son faire-valoir Jeremy Scahill[17] de se vendre comme les adversaires héroïques du système. Ils continueront d'en profiter tant que leur public ne remettra pas en cause les fondamentaux de ses convictions. Rien ne changera tant que les gens ne trouveront pas la force de s'arracher au confort de l'ignorance, et de rejeter les inégalités d'un système dont ils essaient de profiter.

Tracy : Vous mentionnez Greenwald, mais il y a d'autres figures de gauche qui se prétendent combattants de la liberté dans le domaine de l'information, quand tout indique le contraire. C'est quelque chose qui remonte à au moins quarante ans et à Daniel Ellsberg. Ses Pentagon Papers sont au cœur du cas d'école le plus important du XXᵉ siècle, et peut-être de toute l'histoire américaine en matière de liberté de la presse[18]. Et pourtant, Ellsberg était lui-même un agent de la CIA.

Valentine : Bon, pour commencer, Greenwald et Ellsberg ne sont pas « de gauche », et Ellsberg n'était pas un employé au sens strict du terme de la CIA. Mais il est vrai qu'il a travaillé en 1965 et 1966 pour John Hart, qui était chef de poste de la CIA à Saïgon, et que j'ai mentionné précédemment parmi les instigateurs du programme Phoenix. Ellsberg rassemblait les informations sur les convictions politiques des officiels sud-vietnamiens. On m'a dit qu'Ellsberg était capable de mémoriser d'entières conversations *verbatim*, et que c'est la raison pour laquelle on l'avait présenté à ces importantes personnalités politiques, au cours d'événements sociaux. Il remettait ensuite à Hart son rapport sur les opinions et les idées de ses interlocuteurs.

Ellsberg a aussi travaillé à haut niveau dans les programmes de pacification sur lesquels Phoenix était basé. Il avait collaboré avec les agents de la CIA Edward Lansdale et Lucien Conein, et avec l'agent de l'US Information Service Frank Scotton, sur lequel beaucoup reste à dire.

Le problème, c'est qu'Ellsberg s'est présenté comme quelqu'un qui venait du département d'État. Alors que ce n'était que sa couverture. Et dans le film sur lui, on le représente en uniforme, en train de patrouiller. Il a menti sur son compte. Il n'a pas été honnête. Toute son activité pour le compte de la CIA est passée à la trappe. Pourquoi ?

Ça s'explique par le fait qu'Ellsberg était un authentique faucon, qui s'est ensuite opposé à la guerre du Viêt Nam. Lorsqu'il a dévoilé les Pentagon Papers, la gauche en a fait le symbole de « celui qui a vu la lumière ». La gauche considère que c'est elle qui a mis un terme à la guerre, et Ellsberg est

---

[17] N.D.É. : Jeremy Scahill (1974) est un journaliste américain qui a cofondé *The Intercept* avec Glenn Greenwald.

[18] N.D.É. : Les Pentagon Papers, dévoilés par Daniel Ellsberg (1931), alors analyste militaire dans la Rand Corporation, sont des documents confidentiels du Pentagone relatifs à l'engagement américain au Viêt Nam.

un personnage central dans cette représentation. C'est la raison pour laquelle le mouvement antiguerre en particulier et la gauche (pour ce que cela peut encore signifier) en général acceptent la version officielle.

Mais il est impossible de comprendre l'affaire des Pentagon Papers, ou la véritable nature de la guerre du Viêt Nam, si l'on ne comprend pas le travail d'Ellsberg pour la CIA. Sa vision du monde était totalement dépendante de la relation à son mentor Edward Lansdale[19] et à d'autres cadres militaires sur place, comme Frank Scotton. Ellsberg, Scotton, et une poignée d'autres experts avaient préparé le plan de route pour la pacification de la population civile du Sud-Viêt Nam, avec leur rapport fondamental « Roles and Mission » en août 1966. C'est cette étude qui a pavé la voie pour Phoenix.

Et tout ceci nous ramène à la question des connexions. Je ne savais pas qui était Scotton avant que Colby me dirige vers lui en 1986. Comme tous les interlocuteurs auprès desquels Colby m'avait introduit, Scotton pensait que j'avais l'approbation de la CIA. Il avait essayé de m'impressionner. Durant son interview, dans sa maison de McLean, en Virginie, il m'a dit :

« Nous avons donné l'ordre à Ellsberg de révéler les Pentagon Papers. » Et dans sa bouche, ce « nous », cela ne pouvait être que Scotton « et » Colby. Scotton a publié depuis une autobiographie dans laquelle il nie avoir donné cet ordre à Ellsberg. Il prétend que c'est tout juste si Ellsberg lui a montré ces Papers en 1970.

On voit les similitudes avec le trafic de drogue de la CIA : j'ai dit tout à l'heure que les sources d'Alfred McCoy avaient dû revenir sur leurs déclarations. Et parmi les principales sources de McCoy, il y avait Lou Conein, ancien camarade de Daniel Ellsberg. C'est durant l'été 1971 que Conein avait expliqué à McCoy qu'il avait passé un accord au nom de la CIA avec la mafia corse en 1965. À l'époque, en 1965, Conein travaillait avec Ellsberg. L'été 1971 était une période particulièrement agitée. Colby devait témoigner courant juillet devant le Congrès au sujet du programme Phoenix, mais on venait de lui voler providentiellement la vedette. Le 13 juin, le *New York Times* avait commencé à publier de longs extraits des Pentagon Papers – en réalité, un tas de documents lourdement modifiés, jusque dans leurs noms, pour détourner l'attention du rôle de la CIA. Le public avait donc bien peu d'attention à accorder au *Times* quand celui-ci a déclaré le 15 juillet 1971 que « d'après des documents jusque-là secrets, et lus devant la Sous-Commission parlementaire aux opérations du gouvernement, 26 843 insurgés et sympathisants vietcong non militaires ont été neutralisés ces quatorze derniers mois dans le cadre de

---

[19] Edward Lansdale est considéré comme le père des stratégies et tactiques américaines de contre-insurrection. Il est célèbre pour avoir maté l'insurrection communiste aux Philippines (1950-1953) et pour avoir mis sur pied le régime du Sud au Viêt Nam, en s'appuyant principalement sur une classe de politiciens vietnamiens catholiques rassemblée autour du président Ngo Dinh Diem. Lansdale y a dirigé la contre-insurrection de 1954 à 1957. Il a été secrétaire de la Défense adjoint pour les Opérations spéciales de 1957 à novembre 1963.

l'opération Phoenix ».

On comprend mieux comment sont tissés les mythes donnés à croire aux Américains au sujet de la CIA. L'affaire d'Ellsberg et sa couverture sont partie prenante de cette fable.

Tracy : La réticence de certains responsables éditoriaux à publier vos découvertes sur Ellsberg ne serait-elle pas simplement liée à une volonté de protéger le « mythe » Ellsberg, et ce qu'il en est venu à symboliser ?

Valentine : Tout à fait. Ils appartiennent tous à ce réseau de responsables des médias sous influence de la CIA. Ces gens que Cord Meyer, de la CIA, avait surnommés la « gauche compatible ».

Laissez-moi vous raconter, justement, mon expérience de la gauche compatible. Quand William Morrow and Company a publié *The Phoenix Program* en 1990, le *New York Times* l'a démoli avant même qu'il n'arrive en librairie. Cela avait suffi à convaincre les médias de se tenir loin du livre. Il semble que la gauche ne pouvait pas accepter les éléments nouveaux que j'apportais et qui, au fond, remettaient en cause sa prétention de monopole sur l'histoire du Viêt Nam.

La droite militante allait naturellement ignorer mon livre. Mais les leaders de la gauche sont eux aussi soumis au réseau de connivences de la CIA, et, comme l'intelligentsia américaine, ils suivent les consignes du *Times*, qui ont été ici d'ignorer mon livre. Pas seulement parce qu'il révélait les secrets de la CIA, mais aussi parce qu'il faisait des médias, et du *Times* en particulier, les principaux artisans de l'entreprise de dissimulation qui cachait au public la véritable nature de la CIA : une cabale criminelle au service du capitalisme le plus puissant.

J'avais eu le tort de remarquer que les Pentagon Papers avaient détourné l'attention des audiences parlementaires du programme Phoenix et, comme je l'avais souligné dans mes livres suivants, des rapports qui montraient l'implication de la CIA dans le trafic de drogue.

Mes connexions au sein de l'agence ne pesaient rien : la CIA m'avait tout simplement neutralisé grâce à ses amis dans les médias. Seule une poignée d'individus a osé reconnaître la pertinence historique du livre – des gens comme Alfred McCoy, qui le qualifiait de « somme définitive » sur la quatrième de couverture de l'édition iUniverse.

Mes amis ont tous eu la même réaction : j'avais franchi la ligne rouge, donc on ne publierait plus jamais l'un de mes livres aux États-Unis. C'est comme cela, à la dure, que j'ai appris que la CIA entretenait un réseau d'influence dans l'industrie de l'information. Un réseau de responsables qui savent quels livres ou auteurs ostraciser à l'aide d'outils tels que la section littéraire du *Times*.

Peter Dale Scott avait lui aussi connu le boycott en 1972 après *The War*

Conspiracy, puis en 1993 encore avec *Deep Politics and the Death of JFK*[20], et il faisait partie de ceux qui m'avaient soutenu. Quelques années après la parution de *The Phoenix Program*, je lui ai expliqué que j'étais en train d'écrire un article basé sur mes interviews avec Scotton et Conein, au sujet des liens politiques entre Ellsberg et la CIA. Peter est un ami d'Ellsberg, et, malgré la nature potentiellement gênante de mon travail, il était parvenu à m'obtenir une interview. Il m'avait donné le numéro de téléphone d'Ellsberg, et je n'avais plus qu'à appeler à la date convenue. La première chose qu'Ellsberg m'a dite, c'est : « Vous ne pouvez pas me comprendre, parce que vous n'êtes pas une célébrité. »

Si vous voulez comprendre le rôle central des « célébrités » dans les croyances de la société, dans sa manière de déterminer ce qui est vrai et ce qui est précieux, vous devez lire *La Société du spectacle* de Guy Debord, et sa suite *Commentaires sur la société du spectacle*. Debord y explique comment (parfois même sans qu'elles s'en rendent compte) les célébrités entretiennent les illusions que nous prenons pour le réel. Debord cite le philosophe allemand Ludwig Feuerbach, qui avait dit :

« Et sans doute que notre temps… préfère l'image à la chose, la copie à l'original, la représentation à la réalité, l'apparence à l'être… Ce qui est sacré pour lui, c'est l'illusion, tandis que la vérité lui est profane. Mieux, le sacré grandit à ses yeux à mesure que décroît la vérité et que l'illusion croît, si bien que le comble de l'illusion est aussi pour lui le comble du sacré. »

En me disant qu'il était une « célébrité », Ellsberg m'expliquait qu'il avait subi une transformation symbolique au moment où il avait révélé les Pentagon Papers. Il avait pénétré dans un monde social totalement hors de portée du commun des mortels tel que moi. Il était devenu une icône. Ce n'est pas comme si quelqu'un de la gauche allait un jour dire : « Oh mon Dieu ! Valentine a fait des révélations sur Ellsberg, nous voilà contraints de revenir sur notre système de croyances ! »

Exactement comme son *alter ego* de droite, l'élite de gauche tient à ses figures héroïques, qui représentent ses intérêts en matière de business. Elle focalise son mouvement sur les symboles et ignore tous les faits contradictoires, aussi essentiels soient-ils. C'est grâce à cela qu'un Greenwald ou un Scahill peuvent glisser sur le fait que Pierre Omidyar a financé le United Action Centre à Kiev, qui n'était rien d'autre qu'un Centre de coordination façon Phoenix pour la conduite d'opérations politiques clandestines[21].

Si les propriétaires de l'un de ces symboles sont contraints d'évoquer des faits qui portent préjudice à leur business, ils vont les minimiser. C'est l'une des méthodologies auxquelles les partis politiques et les organes médiatiques

---

[20] N.D.É. : Peter Dale Scott (1929) est un universitaire canadien qui a enseigné la littérature à Berkeley. Expert des services secrets et du trafic de drogue international, il a contribué intellectuellement à la définition de la notion d'« État profond »

[21] On reviendra *infra* plus en détail sur le United Action Centre ou Centre UA au chapitre 9 : « La CIA en Ukraine ».

« compatibles » recourent : ils déforment et résument un sujet qui dérange en neuf secondes, puis répètent à l'infini leur version simpliste en boucle. Ils ne pratiquent pas la critique littéraire ; ils ne vont jamais essayer de savoir ce que les mots choisis avec soin par le gouvernement signifient réellement. Ils ne cherchent pas à savoir ce qui est caché, les non-dits. Au contraire, ils jouent la même partition, avec les mêmes méthodes.

J'ai pu le vérifier avec mon article sur Ellsberg. À l'époque, personne de la gauche américaine n'a voulu le publier. Finalement, c'est Robin Ramsay qui l'a publié dans *Lobster*, en Grande-Bretagne. L'article était intitulé « Le Choc des icônes » et démontrait qu'Ellsberg et Alfred McCoy tenaient des propos contradictoires sur les relations de la CIA avec les trafiquants de drogue au Viêt Nam[22]. McCoy accusait les agents de la CIA Edward Lansdale et Lucien Conein d'avoir collaboré avec des contrebandiers corses en 1965. À l'époque, Ellsberg était un proche de Conein et de Lansdale. Lors de l'entretien qu'il m'avait accordé, il avait nié l'implication de ses anciens collègues dans le trafic de drogue, malgré les preuves écrasantes attestant du contraire[23].

Quelques années après, Alexander Cockburn et Jeffrey St. Clair ont publié sur *Counterpunch* mon article sur Ellsberg. Cela leur plaisait de tourner en dérision les théories fumeuses et les vaches sacrées de la gauche comme peut l'être Israël. Ils avaient aimé mon livre sur le programme Phoenix, également. Mais quand l'article sur Ellsberg est sorti chez eux, avec le titre « Que le véritable Daniel Ellsberg se lève », tout le monde à gauche l'a ignoré[24].

La protection de l'image d'Ellsberg est avant tout une question de business. Ellsberg est un fonds de commerce. S'il vient prononcer un discours aux journées de conférences sur la paix organisées par la « gauche compatible », il y aura une centaine de fans prêts à payer pour l'entendre. La gauche compatible est un opérateur économique qui dépend étroitement du système capitaliste au sein duquel elle opère. Ellsberg est également le symbole de l'illusion selon laquelle le changement peut venir de l'intérieur du système. Alors, comme la gauche compatible, il appelle à la réforme, il soutient des programmes progressistes importants, c'est vrai. Mais plus que tout, en masquant ses liens avec la CIA, Ellsberg rassure la bourgeoisie abonnée à ces médias : elle a pleinement raison de continuer à faire confiance à ses leaders. Voilà comment

---

[22] « The Clash of the Icons », *Lobster*, no 40, hiver 2000-2001.

[23] La Commission Church, dont on a déjà parlé, mentionnait à la page 336 que Lansdale avait participé aux plans de la CIA pour assassiner Fidel Castro et déstabiliser Cuba, et qu'il avait proposé, en 1962, d'introduire de la marijuana bon marché dans l'économie souterraine de l'île, pour ensuite l'accuser de trafic de drogue. Dans une note à son équipe, Lansdale avait dit : « Le milieu de la pègre peut fournir les meilleurs candidats pour d'éventuelles actions [assassinats] contre les fonctionnaires de police G-2 [branche Renseignement de la police militaire américaine]. » Lansdale avait également ajouté qu'il ne fallait « surtout pas écarter les armes chimiques ».

[24] « Will the Real Daniel Ellsberg Please Stand Up ! », *Counterpunch*, le 8 mars 2003 (https://www.counterpunch.org/).

les héros symboliques égarent les autres.

C'est la fonction symbolique d'Ellsberg : en tant qu'authentique héros devenu célébrité, il prouve que le système fonctionne. Il a dévoilé les Pentagon Papers et fait cesser la guerre. Et il l'a payé au prix fort. Le président Nixon a voulu le traduire en justice pour trahison. L'équipe de Nixon n'a renoncé à aucun coup bas pour l'intimider ou le discréditer. Mais il a persévéré. C'est le mythe du héros.

Mais il n'y a pas de héros, et le système ne fonctionne pas de la même manière avec tout le monde. Le système aime récompenser Amy Goodman de *Democracy Now !*, Greenwald et Scahill[25].

Si Ellsberg devait révéler des secrets de la CIA, il n'aurait plus le même effet rassurant sur la bourgeoisie libérale. Ses sponsors ne diront donc jamais qu'il a eu une liaison avec la maîtresse d'un trafiquant de drogue corse à Saïgon. Ce n'est ni dans la biographie, ni dans le film. Il nie contre toute évidence que ses copains de la CIA ont trempé dans le trafic de drogue. Il ne parlera pas non plus des crimes de guerre perpétrés par la CIA, et dont pourtant il a été témoin, de même qu'il ne parlera pas des contradictions du capitalisme. Comme Seymour Hersh et les autres icônes des médias progressistes, il s'efforce de ne jamais nommer les agents de la CIA, ni de ne donner de détails sur son fonctionnement. C'est un expert qui dit à la bourgeoisie de ne pas s'inquiéter, que l'on maîtrise la situation. C'est sa fonction symbolique, et ce depuis quarante ans. Et si, comme moi, vous profanez sa sacralité en osant révéler la vérité, la gauche compatible ne vous publiera plus. Les portes se fermeront.

Tracy : Vous venez de mentionner *Democracy Now !* ; Scahill – qui était leur correspondant au début des années 2000, quand la guerre contre l'Irak et celle « contre le terrorisme » s'emballaient – pourrait bien être un nouveau Daniel Ellsberg.

Valentine : Ellsberg n'a jamais été ni un journaliste ni un baron des médias comme Scahill, mais ils sont tous les deux des « célébrités ». Ellsberg, c'est la vieille génération, Scahill, c'est pour les jeunes millennials naïfs. Ils ont également ceci en commun que Scahill a fait un documentaire grandiose à sa propre gloire, dans lequel il se dépeint comme un héros. Il mentionne à peine la CIA dans son film, et *The Intercept* évite toute analyse de la CIA en tant que rouage du capitalisme et de l'impérialisme.

Scahill et Greenwald ont le même effet apaisant sur la bourgeoisie progressiste qu'Ellsberg. Ils font un peu de bruit avec de vieux dossiers réchauffés, mais, sur le fond, ils appartiennent au système. Ils se vendent comme une alternative, mais ils refusent de commenter leur propre position, et

---

[25] N.D.É. : Amy Goodman (1957), journaliste et militante pacifiste américaine, est la cofondatrice et animatrice de *Democracy Now !*, initialement émission de radio d'information alternative, et aujourd'hui plate-forme Internet.

ne se risqueront jamais à révéler quoi que ce soit qui conduirait à mettre en accusation des agents réels de la CIA.

C'est un cercle vicieux : tant que les médias continueront de protéger la CIA, les gens ne pourront jamais réaliser combien ses opérations clandestines et illégales faussent notre compréhension du réel. Pendant ce temps-là, le vedettariat médiatique perpétue les mythes sur lesquels le système de classe est fondé. Ce qui intéresse les Greenwald et les Scahill, c'est de se remplir les poches de bonbons et de se présenter comme des héros, des gagnants.

Tracy : Dans vos livres, vous montrez que la guerre contre la drogue a radicalement changé entre la fin des années 1960 et le début des années 1970. Pourriez-vous nous décrire brièvement l'implication croissante de la CIA depuis lors et jusqu'à nos jours ?

Valentine : On commencera par dire que le Bureau fédéral des narcotiques, l'agence historique de lutte contre la drogue, a été soustrait à la juridiction du Trésor en 1968, et reconstitué en Bureau des narcotiques et des drogues dangereuses (BNDD) sous l'égide du ministère de la Justice parce qu'il avait établi de manière indiscutable que c'était la CIA qui dirigeait le commerce de la drogue du Triangle d'or. L'héroïne vendue aux soldats américains au Viêt Nam venait des partenaires laotiens de la CIA. La CIA protégeait les principaux producteurs d'opium du Triangle d'or, comme elle protège aujourd'hui, et depuis quinze ans, les grands trafiquants de drogue en Afghanistan. Elle livrait l'opium et l'héroïne aux seigneurs de la guerre du Sud-Viêt Nam: c'était ainsi qu'elle s'offrait leurs services, et qu'elle les encourageait à appliquer des politiques proaméricaines totalement nuisibles à leur propre pays. Tout était déjà dans le livre d'Alfred McCoy en 1972.

Une partie de cette drogue finissait aux États-Unis, par l'intermédiaire de soldats « entreprenants » ou de diverses organisations de la pègre. C'était une conspiration criminelle de la plus haute gravité. Elle était sur le point d'éclater au grand jour en 1968, aussi l'establishment a préféré remettre à plat les fonctions de direction, de répression et de renseignements du Bureau des narcotiques pour les confier à la CIA. De cette manière, la CIA pouvait protéger ses ressources narcotiques à travers le monde. C'est à ce moment que la lutte fédérale contre la drogue est devenue une affaire de sécurité nationale.

Tracy : Est-ce la « guerre contre la drogue » qui a brisé le mur théorique qui devait séparer les activités que la CIA conduit à l'étranger et celles qu'elle mène sur notre sol ?

Valentine : Exactement, et si vous étudiez la relation entre la CIA et la lutte fédérale contre la drogue, vous comprendrez pourquoi j'appelle la CIA « la branche criminelle du gouvernement américain ». Il n'y a pas d'autre définition possible quand on voit comment elle dirige les réseaux de drogue internationaux. Vous êtes un général bolivien, et vous assassinez les opposants de gauche : la CIA vous autorise à trafiquer la drogue. Vous êtes Manuel

Noriega et vous fournissez des renseignements sur les forces révolutionnaires en Amérique centrale, alors vous pouvez trafiquer la drogue. Vous êtes un général du Sud-Viêt Nam ou un seigneur de la guerre afghan, vous pouvez trafiquer la drogue, parce que, à votre manière, vous travaillez aux « intérêts de la sécurité nationale américaine », qui sont également les intérêts des corporations, et des intérêts politiques et sociaux. Pour que cela se vérifie, il fallait que la CIA parvienne à contrôler certaines branches de la Drug Enforcement Administration, et qu'elle garde la main sur les médias. Elle a depuis amplement systématisé son contrôle sur ces institutions.

CHAPITRE 2

DE FIL EN AIGUILLE : MES PRÉCIEUSES CONNEXIONS ET LA « GUERRE CONTRE LA DROGUE »

Ryan Dawson : Parlons maintenant des relations entre le crime et les forces de l'ordre au sens large. Vous évoquiez le sujet dans un article à propos de votre jeunesse à New York[26]. Peut-on seulement distinguer l'un de l'autre ?

Valentine : Ce que j'ai appris, c'est que la frontière entre les deux est fictive. L'histoire que je vais raconter, celle de mon expérience personnelle, doit être prise comme une allégorie. Elle projette de manière exemplaire, à l'échelle de mon propre microcosme, le fonctionnement de toute la société. et notamment celui de la propagande et des agences de publicité, qui travaillent à convaincre les gens que le monde est une bataille entre les forces du bien et les forces du mal. Si les gens pouvaient s'affranchir de cette propagande, leur compréhension du monde et leur comportement en seraient transformés ; l'organisation même de la société serait bouleversée. Hélas, la branche judiciaire de notre gouvernement est entre les mains de professionnels du crime. Toute son activité est au service du crime, en faveur du vol et de l'oppression des pauvres, de la protection et de l'enrichissement majeur des riches. J'ai compris tout ceci alors que j'étais encore jeune, et je le dois à mon père.

Il faut remonter à 1968. Cela faisait vingt-trois ans que la Seconde Guerre mondiale était finie, et, à l'époque, dans la conscience collective, quand l'Amérique faisait la guerre, c'était forcément une « bonne guerre », par laquelle elle sauvait le monde et la démocratie. Sauf pour les jeunes, pour qui il était bien plus simple et urgent de se rebeller : la perspective de mourir au Viêt Nam pour le Dow Jones ou le Dow Chemical avait le don d'amener des millions de jeunes hommes blancs de la classe moyenne à se rééduquer d'eux-mêmes.

Mon père, qui avait fait la Seconde Guerre mondiale, travaillait alors à la

---

[26] Douglas Valentine, « The True Relationship between Crime and Law Enforcement », *Counterpunch*, le 2 janvier 2015.

poste de Pleasantville, le village où il avait passé son enfance. Il faisait le tour de nuit, et moi, pendant les vacances universitaires d'été, je travaillais pour une société d'élagage de la ville, la Coggeshall Tree Company. Je passais mes journées dans les branches.

Mon père et moi ne nous entendions pas très bien. Nous étions l'illustration parfaite du « fossé entre les générations ». Mais le fait est que, le matin, je prenais mon petit déjeuner dans le même bar que celui où mon père prenait son café après son tour nocturne. Il se posait toujours dans le même coin, près des cuisines, avec les flics et les ouvriers. Et ils critiquaient Mohamed Ali, qui avait refusé d'aller se battre au Viêt Nam. Et Joe Willie Namath, aussi[27]. Mes amis et moi avions les cheveux longs, et nous étions contre la guerre. Nous fumions de la drogue, nous avalions du LSD, nos copines étaient jeunes, jolies et sexuellement libérées grâce à la pilule : logiquement, les vieux ne pouvaient que nous détester.

Un jour, je suis tombé sur mon père à la caisse. Il m'a attendu dehors puis m'a dit : « Demain, je veux que tu me retrouves devant la banque. J'ai quelque chose à te montrer. Viens tôt. »

On ne s'entendait pas trop, mais c'était mon père, alors j'ai obéi. La banque était au bout de la Wheeler Avenue, pas très loin de notre bar. Mon grand-oncle Tom Colligan y travaillait en tant qu'agent de sécurité. Avant cela, Tom avait été flic pendant des années. Mon grand-père paternel avait également été flic, pendant la prohibition.

Bref, nous nous étions retrouvés devant la banque, et nous nous rendions au bar. Le soleil venait de se lever, et les rues étaient désertes.

Nous sommes descendus le long de la Wheeler Avenue, jusqu'à l'angle de Manville Road : le bar était quelques rues plus loin. Je le voyais ; le camion du boulanger était garé devant. Il y avait une autre voiture garée juste à côté. Je savais à qui elle appartenait.

Mon père s'est engagé dans Manville Road, et moi, je le suivais. Une fois à la hauteur du camion du boulanger, il s'est arrêté, et a ouvert en grand les portes arrière. Il m'a alors dit : « Regarde bien. C'est ça, la vraie relation entre le crime et la loi. »

À l'arrière du camion, il y avait le chauffeur de la boulangerie, et juste à côté de lui le bookmaker qui prenait des paris au bar dans la journée, en train d'allonger de l'argent et des reçus au représentant local de la mafia. Et, tout au fond du camion, il y avait trois flics de la ville. J'étais allé à l'école avec leurs fils. Je les connaissais par leurs noms. Je les connaissais depuis toujours.

Ils avaient été pris la main dans le sac, ils étaient paralysés. À peine ont-ils eu le temps de se ressaisir, les insultes de commencer à fuser, que mon père a claqué avec fracas les portes du camion. Il est alors parti vaquer à ses occupations, et moi aux miennes.

---

[27] N.D.É. : Joueur de football américain des New York Jets qui avait évité la guerre sous prétexte d'une lésion au genou, tout en poursuivant sa carrière de sportif de haut niveau.

Le lendemain, j'ai pris de nouveau mon petit déjeuner au bar, dans la plus parfaite normalité. C'était comme si j'avais été initié à une société secrète. La plupart des gens en ville n'avaient pas la moindre idée de ce qui se tramait. Pour eux, les flics, c'étaient ceux qui vous collaient une amende pour excès de vitesse. Ils ne pouvaient pas les imaginer en train de collaborer avec les réseaux criminels, et de s'enrichir au passage. Ils considéraient que quand un gars enfilait un uniforme, il devenait vertueux. Même si ce gars avait été un voyou à l'école, et qu'il n'avait jamais eu les qualités pour devenir plombier ou aller à la fac. La réalité, c'est que ceux qui entrent dans les forces de l'ordre ont plus en commun avec les criminels auprès de qui ils travaillent au quotidien qu'avec les citoyens qu'ils sont supposés protéger et servir. Ils sont tout simplement corrompus.

La CIA regorge de ce genre d'individus. Nelson Brickham, le concepteur du programme Phoenix, m'avait dit de ses collègues qu'ils étaient des mercenaires qui avaient trouvé « dans les services de renseignements une forme d'expression socialement acceptée de leurs tendances criminelles. Un type avec de fortes tendances criminelles, mais trop lâche pour devenir lui-même un criminel, pourra finir à la CIA si ses diplômes le lui permettent ». Socialement acceptée, et, ajouterais-je, « particulièrement bien rémunérée ».

De temps à autre, les flics sont contraints d'arrêter et de mettre en prison des malfaiteurs, mais généralement, ce ne sont pas ceux qui appartiennent à la mafia, ou alors ce sont des membres de la mafia qui ont violé un accord Si vous êtes noir ou d'une autre minorité, vous ne bénéficiez pas des arrangements en vigueur entre les flics et le crime organisé.

La scène à laquelle j'avais assisté était stupéfiante. J'étais trop jeune, à 18 ans, pour en tirer la pleine mesure. Mais c'est ce que j'ai fait les vingt années suivantes de ma vie. J'ai enquêté, écrit à propos de cette expérience et d'autres similaires, qui m'ont progressivement amené à m'intéresser à l'univers souterrain du crime et à des choses telles que l'implication de la mafia dans l'assassinat de Kennedy. Je voulais aller au fond des choses.

En 1981, mon père m'a donné une autre leçon, qui m'a lancé dans l'écriture. Nous ne nous étions pas parlé depuis dix ans, et il sortait de l'hôpital. Il venait de subir une deuxième opération à cœur ouvert, et n'avait plus la force d'être sur la défensive. Il m'a appelé et m'a simplement dit :

« Puisque tu veux devenir écrivain, viens à la maison. J'ai une histoire à te raconter. »

J'ai appris que mon père avait été prisonnier durant la Seconde Guerre mondiale. Il ne l'avait jamais dit à personne. Il avait été dans un camp de prisonniers aux Philippines avec cent vingt Australiens et quarante Anglais. Comme il était le seul Américain, il avait fini avec les Australiens. Le plus haut gradé parmi les prisonniers, un major de l'armée britannique, avait conclu un accord avec les Japonais : si on lui confiait la discipline du camp, il s'engagerait à ce qu'il n'y ait aucune tentative d'évasion.

Les Australiens n'en avaient rien à cirer, de ce que le major anglais pouvait avoir promis, et quatre d'entre eux préparaient une évasion. Quand le major l'a découvert, il les a signalés aux Japonais qui les ont décapités le jour de Noël

1943.

Deux jours après, mon père et deux Australiens ont tué le major anglais en représailles. Il n'y a plus eu d'autre incident jusqu'à la libération en octobre 1944, moment à partir duquel l'existence même du camp de prisonniers est sortie de l'histoire. Mon père a reçu de nouveaux états de service, et un avertissement : s'il parlait du camp, il serait poursuivi pour sa participation au meurtre d'un officier supérieur anglais.

C'est comme cela qu'est né mon premier livre, *The Hotel Tacloban*[28].

La véritable nature de la relation entre le crime et le maintien de l'ordre m'avait échappé jusqu'à ce que mon père me raconte l'histoire du camp. La vérité, c'est que les militaires peuvent réécrire l'histoire. Ils peuvent contraindre un homme au silence au point de l'en rendre malade. Cela a été le moment déclencheur pour moi. Il m'avait permis de comprendre combien la corruption était enkystée dans la société, à mesure que j'allais à la découverte de ses multiples formes. Y compris le racisme, et cette hypocrisie qui veut qu'un groupe puisse violer la loi, tandis qu'un autre est puni lorsqu'il enfreint les mêmes lois. C'est de la corruption. C'est le crime organisé.

Pendant ce temps-là, la CIA, les militaires et la police couvrent mutuellement leurs arrières avec leurs organes de propagande. Ils biaisent notre compréhension du monde, par le contrôle des informations que nous recevons. Ils créent les mythes auxquels nous croyons. Si nous étions autorisés à voir la réalité de la CIA, nous comprendrions qu'il s'agit d'une organisation criminelle qui pervertit les sociétés et les États à travers le monde. Elle tue des civils innocents. Les militaires font la même chose, d'une manière plus ouvertement violente. Et les flics aussi.

La guerre du Viêt Nam a profondément affecté notre génération, et j'ai voulu savoir quel type d'opérations secrètes la CIA y avait conduites. J'ai commencé par m'adresser au directeur d'une association d'anciens combattants du New Hampshire, où j'habitais à l'époque. Je lui ai demandé s'il y avait un aspect de la guerre sur lequel on n'avait pas écrit, et, sans hésitation, il m'a répondu : « Le programme Phoenix. »

J'ai alors décidé d'écrire sur Phoenix. J'ai envoyé un exemplaire de *The Hotel Tacloban* à William Colby, qui avait été directeur de la CIA, et impliqué dans le programme Phoenix. Colby l'avait lu, et l'avait aimé : « Bien… Vous avez un bon point de départ pour comprendre ce qui s'est passé au Viêt Nam. »

Il m'a accordé deux entretiens, puis m'a présenté à des gradés de la CIA liés aux diverses facettes du programme.

Cela a été une révélation pour moi, que j'ai racontée dans *The Phoenix Program*.

Au cours de mon enquête sur la CIA au Viêt Nam, j'avais appris que le

---

[28] *The Hotel Tacloban* parut initialement en 1984 chez l'éditeur Lawrence Hill & Co, puis en 1986 chez Avon Books, et fut publié en Australie en 1985 chez Angus & Robertson. Il est actuellement disponible en format numérique ou en impression à la demande sur Internet.

Triangle d'or, à cheval sur la Birmanie, le Laos et la Thaïlande, était devenu un centre de production de drogue aux proportions gigantesques. L'opération avait débuté juste après la Seconde Guerre mondiale, quand la CIA avait installé une armée du Kuomintang en Birmanie. Le Kuomintang était le parti dominant du camp nationaliste chinois, que les communistes avaient chassé de Chine en 1947.

La CIA avait regardé les nationalistes chinois massacrer 30 000 personnes à Taïwan en 1947. Le Kuomintang rêvait encore de reconquérir la Chine, et la CIA jouait avec ses rêves ; elle avait installé une armée du Kuomintang en Birmanie, et l'utilisait contre la Chine. Parallèlement, la CIA conspirait avec le gouvernement thaïlandais, qui était impliqué dans le trafic de drogue jusqu'au cou. Dans ce coin-là du monde, le trafic d'opium était considéré comme plus acceptable que chez nous, et chez nous, la presse en avait à peine relevé l'existence.

Dans les années 1960, la CIA avait une autre armée secrète au Laos, dirigée par Vang Pao, le leader des tribus Hmong. Cette armée se finançait grâce à la production de l'opium, avec une aide considérable de la CIA. Les Hmong constituaient une minorité méprisée par les Laotiens du groupe ethnique dominant, qui géraient la filière de transformation de l'héroïne sous la protection de la CIA. La CIA travaillait avec les Hmong et les Laotiens de la même manière que les flics et la mafia géraient en commun leur petit business de paris dans la lointaine périphérie de New York.

L'opium de l'armée birmane du Kuomintang était d'abord transféré par convois de mules à Houei Sai, près de la base L118A de la CIA à Nam Yu. De Houei Sai, l'opium était ensuite acheminé par avion à des intermédiaires taïwanais qui travaillaient avec la mafia. L'opium hmong était transformé en héroïne à Vientiane. La CIA supervisait les opérations et s'assurait qu'une partie de l'héroïne et de l'opium finissait à Saïgon. Les généraux les plus importants du Viêt Nam régnaient sur leurs provinces comme de véritables seigneurs de la guerre, et la CIA tenait à ce qu'ils aient eux aussi accès à cette drogue. Ils avaient tous leur licence de distribution, dont ils tiraient d'immenses profits. C'est ce qui explique leur indéfectible soutien à la politique américaine et la liberté d'action totale accordée à la CIA.

À la fin des années 1960, la quasi-totalité de la drogue finissait dans les veines des soldats américains. En 1970, l'administration Nixon savait que des milliers de soldats étaient désormais toxicomanes, ce qui affectait également la conduite des opérations militaires. Les vétérans revenaient aux États-Unis avec leurs addictions, avec la CIA qui se portait garante.

J'étais curieux de connaître l'action des autorités face à ces milliers de soldats toxicomanes de retour et à ces tonnes de drogue que la CIA faisait affluer aux États-Unis. J'étais convaincu que la Drug Enforcement Administration était impliquée elle aussi dans les opérations de contrebande de la CIA, et je comptais bien écrire sur le sujet.

Mes deux livres suivants, *The Strength of the Wolf* et *The Strength of the Pack*, avaient pour sujet la manière dont la CIA pervertissait le maintien de l'ordre aux États-Unis[29]. Ces livres parlent de la manière dont les agences fédérales de lutte contre les stupéfiants protègent la CIA et ses réseaux de contrebande. J'ai fait des interviews, j'ai fourni beaucoup de documentation, et la plupart de ces matériaux sont conservés à la National Security Archive, un institut de recherche indépendant au sein de l'université George-Washington[30]. Les livres montrent aussi comment les agences s'assurent que les drogues finissent bien chez les minorités les plus détestées : des gens que nos dirigeants veulent voir en prison et privés de tout pouvoir politique. Et que tout cela, le fait que les drogues aillent aux bonnes personnes, participe d'une politique de sûreté nationale, au sein de laquelle la collaboration entre la CIA et les réseaux de la criminalité organisée joue un rôle essentiel.

La pègre est autorisée à importer et à distribuer de la drogue dans les grandes villes, à condition de donner à la CIA la liste des dealers qu'elle fournit. Les voyous prospèrent grâce à la délation, et quand la CIA n'a plus besoin d'eux, elle s'en débarrasse comme elle le faisait avec les généraux au Viêt Nam.

Dawson : Ils n'avoueront jamais d'eux-mêmes.

Valentine : La CIA ne fait jamais rien qu'elle ne puisse nier. Je le tiens de Tom Donohue, un agent haut placé de la CIA auquel Colby m'avait présenté. Il s'était montré très disponible avec moi. C'est comme si, pour une partie de ces gens que Colby m'avait présentés, leur rencontre avec moi avait été l'occasion de raconter leur histoire. Une envie de reconnaissance. Ces types avaient mis leur vie en danger, et ils n'avaient jamais dû garder leur héroïsme secret. À leurs yeux, j'étais celui qui permettrait que l'on se souvienne d'eux en tant que héros. Mais pour ce faire, il fallait qu'ils me dévoilent chacun un bout du fonctionnement de la CIA – ou au moins de ses méthodes.

Donohue était un exemple parfait de ce profil. Il avait étudié les religions comparées à l'université de Columbia et comprenait parfaitement ce qu'était la transformation symbolique. C'était un pur produit et un digne représentant de cette école de machiavélisme et de corruption qu'était l'appareil du parti démocrate de Chicago. Il était entré à la CIA après la Seconde Guerre mondiale, et il voyait dans la Guerre froide une « industrie porteuse ». À la fin de sa carrière, il dirigeait l'antenne de la CIA aux Philippines, et au moment de nos entretiens, il était partenaire en affaires avec un ancien ministre de la Défense philippin. Il mettait son réseau à profit, ce qui fait partie du jeu. C'est comme cela que la corruption fonctionne, chez les hauts fonctionnaires.

Donohue m'avait dit que la CIA avait deux exigences systématiques pour

---

[29] Le premier a été publié chez Verso en 2004, le second chez Trine Day en 2009.

[30] Voir sur *Unredacted*, le blog de la National Security Archive, l'article de présentation de Mary Curry et Michelle Betz, « No FOIA Request Needed: The Douglas Valentine U.S. Government Drug Enforcement Collection », du 3 octobre 2011.

tout ce qu'elle entreprenait. Le premier critère était le « potentiel de renseignement ». Tout programme doit profiter à la CIA ; elle doit y apprendre comment renverser un gouvernement, faire chanter un politique, avoir accès à des documents, ou infiltrer un agent. L'expression « potentiel de renseignement », vous l'aurez compris, est un euphémisme : la CIA doit retirer un intérêt direct de chaque opération.

Le second critère impératif d'une opération est qu'elle puisse être niée. Si les agents ne trouvent pas le moyen de planifier l'opération de manière à ce qu'elle puisse être niée, ils l'annuleront.

Quasi tout ce que fait la CIA peut être désavoué. C'est un impératif du mandat que le Congrès lui a remis : la responsabilité du Congrès ne doit en aucune manière être impliquée dans les menées criminelles de la CIA.

Les seules fois où les activités de la CIA arrivent jusqu'à la connaissance du public – lanceurs d'alerte ou accidents mis à part –, c'est parce que le Congrès ou le président considèrent que c'est politiquement rentable de les dévoiler.

L'affaire des tortures est un bon exemple. Après le 11 Septembre, et jusqu'à l'invasion de l'Irak, les Américains avaient soif de vengeance. Ils voulaient voir couler le sang musulman. L'administration Bush a donc fait filtrer l'information que l'on « torturait les méchants ». De manière civilisée, en appelant cela des « interrogatoires poussés », mais tout le monde avait compris la symbolique.

Dawson : Et donc ils ont torturé des gens pendant quatre ans.

Valentine : Ils ont toujours torturé. Regardez l'esclavage. En Amérique, les patrons censurent ce qui nous ramène à notre point de départ. Si vous allez visiter le domaine de Thomas Jefferson à Monticello, on ne vous montrera pas les dortoirs des esclaves. Balayé sous le tapis, comme l'Hotel Tacloban. C'est, hélas, ce que préfère la majorité. Elle préfère ne pas savoir. Elle veut la jolie carte postale avec le cliché joyeux dessus – on se tient tous par la main, on boit un Pepsi, et le monde connaîtra la paix. Comme toute publicité, la propagande a pour but de leurrer, et non d'informer. Il est pourtant capital de se confronter au réel.

Au cours de mon enquête sur Phoenix et sur l'implication de la CIA dans le trafic de drogue, j'ai appris qu'à mesure que la guerre perdait en intensité, la CIA avait commencé à réduire le nombre de ses agents en poste au Laos et au Viêt Nam. La CIA considérait que la situation était maîtrisée, et elle recherchait une nouvelle affectation pour ses hommes. J'ai alors découvert qu'elle avait transféré une centaine de ses agents au Bureau des narcotiques et des drogues dangereuses et à la Drug Enforcement Administration. Des agents qui avaient trempé dans Phoenix et dans les programmes connexes... Je me demandais ce qu'ils allaient faire à la DEA et pour le compte de qui ils allaient réellement travailler.

J'avais parmi mes contacts ce type fascinant dont j'ai déjà parlé, Tullius Acampora. « Tully » était un vétéran de la Seconde Guerre mondiale, qui avait commencé à travailler pour la CIA en Corée et qui devait rester à son service jusqu'à la fin de sa carrière. À partir de 1966, il avait été le conseiller du général Nguyen Ngoc Loan. Loan a été rendu mondialement célèbre par cette photographie où il tue un insurgé vietcong pendant l'offensive du Tet en 1968.

Alfred McCoy parle longuement de Loan dans *The Politics of Heroin*. Loan, y explique McCoy, était l'adjoint du chef de l'armée de l'air du Sud, Nguyen Cao Ky. Lorsqu'il est devenu Premier ministre de la République du Viêt Nam en juillet 1965, Ky a choisi Loan comme chef de la police nationale, de la sécurité militaire, et du renseignement. Loan avait mis sur pied et faisait tourner la machine politique de Ky, par « le recours systématique à la corruption contre la guérilla urbaine ». La corruption procurait des espèces aux agents. Loan « systématisait la corruption, fixant les sommes à récolter par les différentes agences, combien les agents pouvaient garder pour eux, et quel pourcentage finissait dans les caisses de l'appareil politique de Ky »[31].

Comme l'avait souligné McCoy, « le trafic d'opium était la plus importante des sources illicites de revenus ». Et mon ami Tully avait été le conseiller CIA de Loan, jusqu'à ce que la CIA décide de remplacer le système Ky par un autre, celui du président Nguyen Van Thieu.

C'est Tully qui avait commencé à placer des agents de la CIA dans la DEA au début des années 1970. Je ne veux pas vous ennuyer avec les détails, mais il est important de comprendre pourquoi il était en position de le faire. De 1958 à 1965, Tully travaillait pour la CIA en Italie et, sur place, il était devenu un bon ami de trois agents du Bureau fédéral des narcotiques détachés à Rome. C'étaient des Italo-Américains, comme Tully, et ils travaillaient sur la mafia et ses partenaires en Europe et au Moyen-Orient. Ils s'appelaient Charlie Siragusa, Hank Manfredi et Andrew Tartaglino. Siragusa était le chef. Il avait été dans l'OSS et avait travaillé avec James Jesus Angleton[32] en Italie pendant la Seconde Guerre mondiale. Angleton, chargé des opérations de contre-espionnage de l'OSS sur le front italien, avait besoin des contacts de Siragusa dans la mafia.

À tel point que Tully disait qu'Angleton aurait « embrassé Siragusa sur les fesses dans les vitrines de Macy à midi » s'il l'avait fallu.

Si vous vous demandiez comment la CIA parvenait à enfoncer ses ramifications aussi profondément dans le monde du crime organisé, et à obtenir qu'il fasse le sale boulot pour elle (comme une tentative d'assassinat sur Castro), ne cherchez plus... Ce n'est pas pour rien qu'elle coopte des types comme Charlie Siragusa.

Hank Manfredi avait fait partie de la division des Enquêtes criminelles de la police militaire (le CID) pendant la Seconde Guerre mondiale. Par la suite, il était devenu agent de la CIA, travaillant sous couverture au Bureau des

---

[31] Alfred W. McCoy, *The Politics of Heroin: CIA Complicity in the Global Drug Trade*, édition révisée, Lawrence Hill Books, 1991, p. 211.

[32] N.D.É. : Angleton était responsable du contre-espionnage en Italie durant la guerre, puis du contre-espionnage de la CIA de 1945 à 1975.

narcotiques. Il avait passé toute sa carrière en Italie, jusqu'en 1968, quand une attaque cardiaque invalidante l'a contraint de retourner aux États-Unis. Le Bureau des narcotiques était devenu le Bureau des narcotiques et des drogues dangereuses, et Tartaglino était l'un de ses directeurs adjoints. Ce dernier avait fait en sorte que Manfredi puisse rejoindre le nouveau Bureau, en tant qu'inspecteur initialement, puis en tant que manager au sein de la division des Opérations extérieures.

Siragusa et Manfredi étaient morts quand j'ai commencé à enquêter sur la CIA et la DEA, mais Tartaglino était encore en vie. Quand j'ai dit à Tully que je voulais en savoir plus sur l'implication de la CIA dans le trafic de drogue, c'est vers lui, « Andy » Tartaglino, qu'il m'a renvoyé.

Andy était devenu directeur administratif adjoint de la DEA à sa fondation en 1973. S'il y avait quelqu'un qui savait tout de la manière dont la CIA s'y prenait pour pervertir l'appareil de maintien de l'ordre, c'était lui. Andy avait été pour moi un second Colby : avec lui, j'avais eu accès aux plus hauts niveaux de la DEA.

Tully m'avait donc présenté à Andy, et Andy m'avait dit : « OK, j'accepte de te parler, comme une faveur que je dois à Tully. Mais d'abord, tu dois commencer par le commencement, avec le Bureau des narcotiques. Tu y passes un an. Tu interroges autant de personnes que tu peux, et après, tu reviens me voir. Là, je te parlerai. »

J'ai suivi son conseil, et quelles découvertes j'ai faites ! Tartaglino avait mené une enquête longue de trois ans, entre 1965 et 1968, sur la corruption à l'intérieur du Bureau des narcotiques. Vingt-sept informateurs avaient été assassinés, apparemment par des agents du Bureau. Aucun de ces agents n'avait été poursuivi pour meurtre : ils avaient été invités à démissionner – une manipulation façon Hotel Tacloban. En tout, ce sont trente-deux agents qui avaient été poussés vers la sortie, et quatre ou cinq autres qui avaient été effectivement poursuivis pour d'autres crimes. Les répercussions de l'enquête avaient été énormes. En 1968, comme je l'ai dit précédemment, le Bureau des narcotiques a été soustrait à la tutelle du Trésor et placé sous celle du département de la Justice. Associé à d'autres agences, il est finalement devenu le BNDD.

L'enquête de Tartaglino avait porté en priorité sur la ville de New York. Les médias adorent vous parler de la corruption dans les autres pays, mais si vous voulez réellement comprendre ce qu'est la corruption, vous devez étudier les relations entre le crime organisé et les forces de l'ordre à New York. Siragusa, Manfredi et Acampora étaient de New York. J'ai grandi dans la lointaine périphérie de New York[33], mais la branche maternelle de ma famille, qui est italo-américaine, vient de la ville même.

Prenons l'histoire de Frank Serpico, un flic qui avait dénoncé la corruption du département de Police de New York au début des années 1970. Il travaillait

---

[33] N.D.É. : Pleasantville, une bourgade située à une trentaine de kilomètres au nord de Manhattan.

aux stupéfiants, et ce sont ses propres collègues qui lui ont collé une balle dans la tête. Il a survécu et est allé témoigner devant la Commission Knapp[34] de l'ampleur de la déchéance morale de la police new-yorkaise. L'affaire Serpico était liée aux vicissitudes du Bureau des narcotiques, et Tartaglino a été lui-même impliqué dans l'enquête. Elle a permis de mettre au jour le niveau inouï de la corruption des juges, des procureurs et des politiciens. Bien entendu, ces découvertes ont été en grande partie escamotées, car tout ce monde, qu'il s'agisse de la magistrature ou de la police, a besoin de la corruption. Ils ont besoin des pots-de-vin pour envoyer leurs enfants à l'université, pour payer leurs vacances au Mexique, pour habiter dans les beaux quartiers... Leur salaire n'y suffirait pas. Mais j'avance plus vite que la musique.

Vous savez probablement que l'utilisation et le commerce des opiacés étaient totalement libres jusqu'à The Harrison Narcotics Tax Act en 1914. Par cette loi, le Congrès a donné à l'État fédéral l'obligation de réguler et de taxer le commerce de l'opium et de la cocaïne. À compter de son entrée en vigueur, les importateurs d'opium ou de feuilles de coca ont dû déclarer les quantités qu'ils faisaient entrer aux États-Unis, de manière à ce que l'État puisse y prélever une taxe. La loi a aussi donné à l'État le pouvoir de plafonner les quantités à l'importation et de décider quelles sociétés seraient habilitées à la transformation de l'opium et de la coca. La loi Harrison était donc une mesure d'ordre budgétaire. On comprend mieux pourquoi l'Unité de prohibition, d'abord, puis, à partir de 1930, son remplaçant le Bureau fédéral des narcotiques dépendaient du ministère du Trésor !

Quelques années plus tard, le Congrès a décidé que les stupéfiants étaient une problématique relevant de l'ordre public. Il s'agissait de donner au monde médical et pharmaceutique le monopole sur l'administration et le commerce des drogues légales. Tous les autres acteurs sur le marché seraient hors la loi. C'est pour cela que l'on a créé une agence de lutte contre la drogue : pour identifier les toxicomanes et leurs fournisseurs, et mettre tout ce beau monde en prison. Les agents des narcotiques ont reçu des armes. C'était bien sûr sous la prohibition, et quiconque sait un minimum de choses sur la période vous dira que le gros de l'alcool était transporté dans des véhicules de la police, et que les agents de police assuraient la protection des gangsters qui déchargeaient leurs cargaisons sur les plages. Et que la meilleure bouteille de scotch allait toujours au chef de la police. La prohibition a été un coup de génie du Congrès, qui a permis au crime de s'organiser sous la direction de l'appareil légal des États-Unis.

Dawson : C'est comme cela qu'ils ont pu créer le plus gros marché noir de tous les

---

[34] N.D.É. : La commission présidée par le juge Whitman Knapp avait été convoquée par le maire de New York John Lindsay en 1970 pour enquêter sur la corruption supposée du NYPD (département de Police). D'où son nom officiel : Commission to Investigate Alleged Police Corruption.

temps.

Valentine : En effet. D'un coup, le crime est devenu une industrie aussi rémunératrice que le pétrole. Comme Meyer Lansky l'a résumé : « Nous sommes plus gros que General Motors. »

Dawson : Il s'était passé exactement la même chose en Russie pendant leur propre prohibition.

Valentine : La demande étant colossale, les drogues illégales sont très vite devenues une source de revenus importante pour la société des affaires.

Ceux qui introduisaient clandestinement l'alcool et la drogue ont acquis du pouvoir politique. Je pense à des gens comme Arnold Rothstein, le mafieux juif qui finançait quasi toute l'activité du pari en Amérique. Rothstein rackettait les organisations syndicales de New York. Il contrôlait les flux d'alcool qui arrivaient par voie terrestre (du Canada) ou par bateau (d'Europe et d'Asie). Et son infrastructure de contrebande d'alcool lui permettait également de contrôler le trafic de narcotiques. Il s'appuyait sur le réseau de pègre internationale juive, dont les ramifications s'étendaient de l'Europe de l'Est à Shanghaï. Ce sont ces juifs, marginalisés par la discrimination et poussés aux sphères d'activités illégales, comme la contrebande, qui ont constitué le premier réseau de trafic de drogue international. On les avait contraints à ce business, et ils y avaient excellé.

Le règne de Rothstein s'est arrêté en 1928, quand la mafia et un groupe de jeunes criminels juifs ont décidé de se révolter contre son monopole. Lucky Luciano s'est allié avec Meyer Lansky et, ensemble, ils ont renversé Rothstein et se sont partagé son empire. Ce sont eux qui ont structuré le crime en véritable industrie. Ils ont immédiatement noué un partenariat avec le Kuomintang[35]. Il est là, le début de « la mafia ». La CIA n'existait pas encore, mais l'État américain protégeait déjà le Kuomintang, parce qu'il combattait le communisme. Il protégeait donc ses filières d'opium et d'héroïne qui débouchaient au Mexique et sur la côte Ouest, ce qui constituait une bénédiction supplémentaire pour le syndicat de la contrebande. Luciano et Lansky avaient organisé le crime sur le modèle du capitalisme totalitaire. Ils avaient créé des banques et des sociétés-écrans, ils avaient acheté des flics à tous les niveaux. C'était ainsi qu'ils organisaient leur potentiel de « dénégation ». L'OSS, ancêtre de la CIA, avait même engagé plusieurs de ces trafiquants de drogue pendant la Seconde Guerre mondiale pour leur capacité à créer de fausses identités, à se jouer de la police et à établir des réseaux de contrebande transfrontaliers.

La mafia contrôlait également plusieurs syndicats, une capacité que la

---

[35] Douglas Valentine, « The CIA and Drugs: A Covert Story », *Counterpunch*, le 7 novembre 2014.

classe dominante voulait détourner à son propre avantage. Après tout, quel problème y avait-il à engager quelques trafiquants de drogue quand l'armée et la CIA avaient recyclé une marée de nazis, comme Wernher von Braun et Reinhard Gehlen, dans leur guerre secrète contre les Soviétiques après la Seconde Guerre mondiale ?

Dawson : C'est l'art de la fusion-acquisition. Ils avaient aussi utilisé Bugsy Siegel pour déboulonner deux ou trois parrains. Quoi qu'il en soit, Cosa Nostra était devenue un authentique syndicat, un groupement d'intérêts économiques, selon un pur processus de concentration capitalistique.

Valentine : Ne vous faites pas avoir par cette expression. Cosa Nostra est une invention du FBI. Jamais personne ne l'avait entendue jusqu'à ce que le FBI demande à Joseph Valachi de l'employer pendant les audiences de la Commission d'enquête de 1963. « Cosa Nostra » veut tout simplement dire « notre chose », « cette chose qui nous appartient ».

Je vais essayer de vous expliquer comment la corruption a évolué à partir de ce moment-là. Quand Rothstein, qui vivait dans une suite du Central Park Hotel, a été assassiné, les flics se sont rués dans son bureau. Par malchance, quelqu'un s'y était rendu plus vite que la police et avait déjà embarqué ses livres comptables. C'était peut-être à cause de ce vol qu'on avait tué Rothstein, d'ailleurs. Bref, c'était la panique à New York, puisque Rothstein arrosait tout le monde. Les républicains avaient lancé leur enquête, ce qui leur avait permis de remonter jusqu'aux démocrates du Tammany Hall[36]. Ils avaient leur argument de campagne pour le Congrès : « Mon adversaire recevait des enveloppes de Rothstein. »

Et puis l'enquête a également fini par atteindre les républicains. Elle a révélé, surtout, la compromission des principaux agents de la division des Narcotiques à New York et du colonel Levi Nutt, qui la dirigeait depuis 1920. Levi Nutt et ses agents des narcotiques étaient connus pour être les plus corrompus au sein d'une administration, l'Unité de prohibition de l'IRS, déjà notoirement connue pour sa corruption. L'enquête avait fini par révéler que le gendre de Levi Nutt était l'avocat fiscaliste de Rothstein. Des flics de quartier qui géraient le racket avec un mafieux local au fond d'un camion de

---

[36] N.D.É. : Le Tammany Hall, à New York, était le bâtiment qui hébergeait la « Tammany Society », une organisation politique fondée en 1786, qui œuvrait initialement à l'aide et à l'intégration des nouveaux immigrants. Elle devint progressivement une structure d'affairistes par laquelle les démocrates de New York organisaient leur réseau clientélaire parmi les minorités immigrées. L'influence de la Tammany Society déclina durant l'entre-deux-guerres, à la suite des scandales de corruption dans l'administration new-yorkaise et pour avoir appuyé la candidature de Al Smith lors des primaires démocrates de 1932 face à Franklin Roosevelt. Le coup de grâce final vint lors des enquêtes des années 1940 qui établirent la compromission de plusieurs personnalités du Tammany Hall dans les affaires mafieuses de Lucky Luciano.

boulangerie, c'est le niveau zéro de la corruption. Le gendre d'un chef d'agence de lutte contre la drogue qui remplit les déclarations fiscales du plus gros trafiquant de drogue au monde, ça, c'est le top niveau. Un agent des narcotiques m'a dit un jour que, dans les années 1940 et 1950, il ne se concluait pas une affaire de drogue à Chicago sans qu'elle ne passe par les flics pour remonter jusqu'aux politiciens. Et c'est toujours le cas aujourd'hui, à la différence qu'ils le cachent bien mieux. Ils arrivent à maquiller les 50 milliards du budget occulte de la CIA[37]. Et ils sont devenus encore meilleurs dans l'art de tromper le public : même dans vos rêves les plus fous, vous ne parvenez pas à concevoir que vos protecteurs sont en fait les partenaires d'affaires des criminels qui prospèrent sur votre compte.

C'est la réalité, pourtant, et c'est ce partenariat entre l'appareil légal et le crime qui est la véritable clef de voûte du système.

La falsification de l'histoire est le plus répugnant des crimes. On commence par un agent qui arrange un compte-rendu, et quand tous les comptes-rendus sont assemblés à la fin, on se retrouve avec des agents de la CIA, des flics ou des militaires qui passent pour des héros.

Frankie Waters, qui était agent au Bureau des narcotiques, m'a expliqué un jour : « J'étais très bon quand il s'agissait de témoigner durant les procès. Au début de ma carrière, c'était une idée qui me terrifiait, mais après l'avoir fait quelques fois, je me suis rendu compte que j'aimais ça, parce que ça alimentait les idées grandioses que je me faisais de moi-même. Et j'étais vraiment doué pour cet exercice. Je pouvais servir de témoin dans une enquête menée à l'autre bout du pays ! J'étais une sorte de remplaçant de luxe ! »

Qu'un agent ne soit pas capable de livrer un bon témoignage n'était pas un problème pour la CIA, surtout dans les affaires les plus grosses, qui pouvaient impliquer jusqu'à vingt d'entre eux. Waters expliquait sa méthode : « Mettons que l'agent Dupont ait débusqué une preuve cruciale dans une affaire, qui est appelée à jouer un rôle essentiel dans la reconstitution du dossier devant le tribunal. Dupont est un excellent élément, mais il se bloque quand il doit s'exprimer en public. Le collègue de Dupont, qui travaille sur la même affaire, et qui était en poste une rue plus haut, est bien plus éloquent. Je suis leur agent référent pour cette affaire, et c'est à moi qu'ils remettent chacun leur compte-rendu. À qui vais-je attribuer, dans le rapport final, la saisie de la preuve fondamentale du dossier ? »

Tout enquêteur avec un peu d'expérience sait bien qu'il faut parfois faire quelques entorses aux règles pour coffrer les vrais méchants ! « Il faut considérer la situation dans son ensemble, justifiait Waters. Il y avait une guerre entre le bien et le mal, et nous étions en train de la perdre. La justice semblait ne pouvoir prévaloir que par accident. Alors, pour les leçons d'intégrité… D'un côté, vous aviez les rabat-joie, qui étaient incapables de monter un dossier, parce qu'ils se posaient des barrières morales, ou par idiotie.

---

[37] N.D.É. : Le budget annuel officiel de la CIA a oscillé entre 12 et 14 milliards de dollars au cours de la dernière décennie.

Et de l'autre, vous aviez ceux qui allaient au fond des choses, qui savaient que nous n'avions pas d'autre choix que d'être une force implacable. Il faut bien comprendre que la seule chose qui retenait la pègre de nous tirer comme des pigeons, c'était la crainte des raids punitifs de nos propres équipes de tueurs. »

Et donc vous finissiez avec ces rapports d'opérations fantaisistes, qui servent à amadouer les politiciens qui tiennent les cordons de la bourse. On continue d'enseigner ces mythes, comme celui de la « nécessité d'enfreindre les règles », aux nouveaux agents. À force de se les répéter, les agents finissent par y croire réellement, ce qui renforce leurs postulats déjà erronés sur la société et le rôle qu'ils ont pour mission d'y jouer. Par exemple, au Bureau des narcotiques, on n'autorisait pas les agents noirs à superviser le travail des agents blancs. Les dirigeants du Bureau disaient que les agents noirs n'écrivaient pas assez bien. Probablement parce que leurs comptes-rendus ne coïncidaient pas avec la vision suprémaciste en vigueur dans l'institution.

Il a fallu attendre 1968 pour qu'un agent noir puisse diriger un groupe au Bureau des narcotiques. L'organisation, comme toute la société américaine en général, et comme ses forces de l'ordre en particulier, acceptait l'idée de la supériorité du blanc comme parole d'Évangile. Ce mythe en particulier permettait au sommet de l'organisation de diffuser d'autres mythes politiques, comme celui qui voulait que ce soient les Chinois communistes qui inondaient de drogue l'Amérique, dans le cadre d'une guerre psychologique. Ou encore celui qui prétendait que le cannabis était aussi dangereux que l'héroïne.

Mais le plus important d'entre tous ces mythes, c'est celui de la nécessité du secret pour les opérations de la Sécurité nationale. Le secret peut ponctuellement avoir son utilité, mais il est avant tout utilisé pour couvrir la corruption et les crimes des autorités.

Pour en revenir à l'affaire Rothstein, Levi Nutt avait été muté dans une sinécure à Buffalo, à l'autre bout de l'État de New York. Les politiques avaient décidé de la création du Bureau des narcotiques, à la tête duquel ils avaient placé Harry Anslinger. Il avait pour mandat de lutter contre la corruption, ce qu'il a fait en constituant la plus petite équipe d'inspecteurs possible. Le Bureau comptait 300 agents répartis dans tout le pays, et Anslinger ne s'était doté que de deux inspecteurs : un pour les agents à l'est du Mississippi, et un pour ceux à l'ouest. De temps en temps, ils sautaient dans un train pour visiter un Bureau quelque part dans le pays, pour s'assurer que personne ne fasse les gros titres des journaux pour corruption. La corruption, elle, se portait comme un charme.

La plupart des agents des narcotiques que j'ai rencontrés étaient entrés au Bureau après la Seconde Guerre mondiale, mais Andy Tartaglino m'avait aussi présenté des agents déjà en poste dans les années 1930. Des vieux de la vieille qui savaient parfaitement comment les choses fonctionnaient à l'époque. Pour en savoir plus sur la question, vous pouvez lire *The Strength of the Wolf* et *The Strength of the Pack*.

Le problème, c'était que Tartaglino ne m'avait présenté que des agents réglo, qui l'avaient aidé dans sa tentative d'extirper la corruption du Bureau. Leur expérience professionnelle était à l'exact opposé des scénarios qui m'intéressaient. Je voulais ces types qui, selon Waters, étaient ceux qui faisaient vraiment avancer les choses. Ceux qui avaient abattu la mafia et la French Connection[38].

En parlant avec Tartaglino et sa bande, j'avais cependant pu identifier une dizaine de ces types sans peur ni éthique. J'ai pris contact avec eux, je leur ai raconté l'épisode de mon père et du camion de la boulangerie, et ce que je savais de la CIA. Et je leur ai fait une proposition : s'ils acceptaient de me parler, je ne les associerais avec aucun crime ou meurtre. Ça a marché. Ils m'ont alors raconté comment ils conduisaient leurs opérations. Des heures ne suffiraient pas à tout raconter, et si vous voulez comprendre la situation depuis leur point de vue, je vous renvoie à mes livres.

Je peux néanmoins essayer de résumer ainsi. Les agents des narcotiques sont des agents provocateurs. Ils « créent le crime » en montant des transactions clandestines. Ils s'appuient principalement sur des informateurs qui achètent ou vendent aux individus que les agents ont pris pour cible. Les meilleurs de ces agents sous couverture sont allés jusqu'à s'injecter de l'héroïne pour passer pour des toxicomanes ou des trafiquants. Ces types étaient prêts à tout. Cela ne les dérangeait donc pas de fournir en héroïne leurs informateurs. Pour un agent, le but, ce n'est pas de sauver un drogué, mais d'entretenir son addiction le temps de remonter la filière des fournisseurs. C'est comme cela que les agents sont devenus des fournisseurs d'héroïne, et donc à leur tour une partie prépondérante du problème, au niveau le plus élémentaire. C'est encore le cas aujourd'hui, à une échelle bien plus grande : les agents participent activement au trafic illicite des narcotiques, tant de manière officielle que clandestine[39].

L'ancien Bureau fédéral des narcotiques autorisait la distribution de quantités précises de drogue. En coulisse, les agents rivalisaient pour faire aboutir les affaires qu'ils avaient montées. À New York, il y avait cinq groupes d'agents, avec une moyenne de dix agents par groupe, et tous essayaient d'arracher une promotion, pour ne pas rester simples agents de terrain jusqu'à la retraite. Un agent avec l'ambition de grimper dans la hiérarchie misait sur un informateur qui devait lui permettre de monter un coup contre un membre de la mafia. La promotion était garantie en cas de réussite. La compétition entre les agents était telle, cependant, qu'il n'était pas rare qu'un agent particulièrement ambitieux arrête l'informateur d'un autre agent, sous prétexte qu'il trafiquait de son côté. Les agents sabotaient mutuellement leur travail : le Bureau était devenu une meute où les loups s'entredévoraient.

La phase suivante, c'était de tuer les informateurs des collègues. Et finalement, de tuer ses collègues. Oui, ces gars s'entretuaient. Le grand jeu

---

[38] Douglas Valentine, « The French Connection Revisited: The CIA, Irving Brown, and Drug Smuggling as Political Warfare », *Covert Action Quarterly*, 1999 ; en libre accès sur le site www.scribd.com.

[39] Affidavit de Jack Compton du 11 avril 1976, confié au procureur fédéral du Texas John E. Clark.

était de simuler l'overdose. Ils confectionnaient des « canons », en versant de l'héroïne dans la bière de leur rival, quand ils ne le ligotaient pas pour la lui injecter directement dans les veines. Cela vous indique le niveau de corruption qui régnait dans les services de Lutte contre les stupéfiants. Sans un contrôle centralisé, c'était « la guerre de tous contre tous » dont parle Hobbes.

Il y avait aussi le vol. Pour monter leurs affaires, les agents devaient se procurer de l'héroïne, évidemment hors des procédures officielles. Ils cambriolaient donc les appartements où les gros dealers cachaient leurs stocks. Ils coupaient la drogue et la revendaient à travers leurs informateurs, puis ils partageaient les profits. Cela leur permettait au passage de monter de nouveaux dossiers – c'était bon pour la carrière, tant qu'ils ne se faisaient pas pincer. C'est de cette manière qu'ils finissaient patrons.

Vous aviez des agents qui violaient des femmes. Nombre d'informatrices étaient des prostituées toxicomanes ; certains agents les contraignaient à avoir des rapports sexuels pour ne pas finir en prison. Les agents volaient les recettes des tripots clandestins ou l'argent des parieurs. Ils dépouillaient littéralement tout le monde autour d'eux. Et, bien sûr, ils tuaient. Tartaglino ne pouvait plus supporter cette situation. C'était l'autre grande raison à l'origine de la dissolution du Bureau et de sa transformation en BNDD, sous la tutelle du ministère de la Justice.

La direction du nouveau Bureau des narcotiques et des drogues dangereuses avait été confiée à John Ingersoll, qui avait dirigé le département de Police de Charlotte, en Caroline du Nord. L'administration Johnson l'avait chargé d'éliminer la corruption dans les services de Lutte contre les stupéfiants. Ingersoll a commencé par demander de l'aide au directeur de la CIA Richard Helms: les agents du BNDD venaient pour la plupart du vieux Bureau fédéral des narcotiques, et restaient impliqués dans leur système de corruption jusqu'au cou. Le BNDD, en effet, possédait seize Bureaux régionaux qui, pour la plupart, étaient dirigés par des anciens du Bureau fédéral des narcotiques. Ingersoll craignait qu'ils ne finissent par recontaminer la nouvelle organisation.

Helms, qui voulait prendre le contrôle de l'appareil fédéral de lutte contre la drogue, a saisi l'occasion pour placer un groupe d'agents de la CIA au BNDD. Officiellement, pour enquêter sur des dirigeants corrompus. Les détails se trouvent dans le compte-rendu de 1975 sur la Commission d'enquête Rockefeller relative aux activités domestiques illégales de la CIA. Les deux pages consacrées au sujet constituent une lecture précieuse.

J'ai écrit un article sur ce point, intitulé « Operation Twofold »[40]. La CIA avait donc infiltré vingt agents au BNDD, chacun avec une destination régionale particulière. Ils étaient généralement placés dans l'entourage du directeur régional du Bureau, avec pour mission de l'espionner. Ingersoll était convaincu que la CIA venait à son secours. C'était faire preuve d'une grande

---

[40] N.D.T. : Nom que l'on pourrait traduire par « Opération coup double ». Douglas Valentine, « Operation Twofold », *Counterpunch*, le 25 janvier 2008.

naïveté. Vous connaissez peut-être l'adage qui dit que lorsque le chameau glisse son museau dans la tente, le reste ne va pas tarder à y entrer... C'est exactement ce qui s'est passé, et, très vite, la CIA s'est emparée de pans entiers du BNDD.

On était en 1970, et des gens comme Alfred McCoy commençaient à remarquer les liens entre la CIA et le trafic de drogue en Asie du Sud-Est. De son côté, la CIA devait protéger ses opérations de contrebande au Viêt Nam, sans lesquelles la guerre était perdue. On n'était plus dans les années 1950 ou 1960. Désormais, les journalistes voyageaient d'un bout à l'autre du monde. Et non plus en paquebot, mais en avion. Ils multipliaient leurs horizons d'investigation et faisaient circuler leurs découvertes de plus en plus vite. C'étaient vingt années de crimes monstrueux de la part de la CIA qui risquaient d'être exposées. Vingt années de collusion avec la pègre de chaque nation, vingt années à créer des crimes et à les maquiller – exactement ce qu'avaient fait les agents du vieux Bureau des narcotiques. C'est la raison pour laquelle la CIA tenait tant à diriger l'appareil de lutte contre la drogue. Avec l'opération Twofold, la CIA avait infiltré les équipes d'inspection et de renseignements du BNDD. Elle s'était également emparée de la gestion du personnel et des opérations extérieures, et elle les contrôle toujours aujourd'hui, à travers la DEA.

Dawson : Quel rôle l'Afghanistan joue-t-il dans cette affaire ?

Valentine : Lorsque les États-Unis ont pris en main la lutte contre le trafic de drogue en Afghanistan, la production a augmenté en flèche. L'héroïne afghane s'est mise à couler à flots aux États-Unis et en Europe, et continue de le faire. Vous pouvez prétendre que c'est un hasard, mais il se trouve que tous les seigneurs de l'opium afghan sont sur le livre de paie de la CIA. La DEA a envoyé 600 agents en Afghanistan pour s'assurer que personne ne finisse par l'apprendre.

Dawson : Il faut expliquer ce que l'argent de la drogue finance. Cela va bien au-delà du profit personnel. Ils utilisent ces ressources clandestines pour payer ces opérations terroristes et autres magouilles.

Valentine : La CIA est la plus grande force de corruption active aux États-Unis. Elle corrompt l'administration des douanes, exactement comme elle l'a fait pour la DEA. Elle corrompt le département d'État et le Pentagone. Elle a infiltré les organisations civiles et les médias, pour s'assurer qu'aucune de ses opérations illégales ne sera révélée. Vous avez des agents de la CIA qui se sont fait passer toute leur carrière pour des agents fédéraux des narcotiques.

Dawson : La CIA est la branche exécutive du cartel.

Valentine : C'est la partie perdue de l'enquête de Gary Webb : « Que faisait la DEA ? » La DEA s'assurait et continue de s'assurer que personne n'enquête sur les dealers de la CIA. Elle s'assure que la drogue parvient bien aux communautés noires et latinos. C'est, de mon point de vue, le secret le plus profond, le plus noir de l'establishment de la Sécurité nationale. C'est le fait de l'avoir révélé qui a coûté sa carrière à Webb, et pas les quelques erreurs mineures de son travail.

Le travail des médias consiste à enterrer les affaires de corruption, qu'elles concernent le Congrès, les forces de l'ordre ou la CIA. Les médias s'en tiennent à leur script, et entretiennent la fiction sur « la bonne marche des choses ». Ils font le même travail que celui des agents référents du Bureau fédéral des narcotiques quand ils rédigeaient leur « rapport final ». Il faut savoir que la DEA possède une division des Relations publiques pleine d'auteurs dont la mission consiste à filtrer toutes les informations compromettantes et à vous raconter uniquement ce que leurs patrons vous autorisent à savoir.

Les médias reprennent uniquement ce que les services de presse de la DEA et de la CIA leur racontent. C'est un mensonge perpétuel et envahissant.

CHAPITRE 3

LA BONNE AFFAIRE DU DÉSASTRE VIETNAMIEN : L'ÉMERGENCE D'UN MODÈLE DE CONTRÔLE BUREAUCRATIQUE DE LA POPULATION

L e programme Phoenix de la CIA avait changé la manière dont l'Amérique conduisait ses guerres. Il avait également changé la perception du public quant à ce nouveau type de guerre psychologique et politique, qui faisait des populations civiles des objectifs spécifiques[41].

Officiellement, la CIA avait créé le programme Phoenix à Saïgon en 1967 pour « neutraliser » les leaders et les partisans de l'insurrection communiste dans le Sud-Viêt Nam. Dans la pratique, il prenait principalement pour cible des civils – désignés par l'acronyme de IVC (pour « infrastructure vietcong ») – qui, tout en exerçant une activité professionnelle normale, étaient soupçonnés d'apporter secrètement un soutien administratif ou logistique aux insurgés. Ces gens, simples patriotes résistant à une agression étrangère, désiraient simplement libérer leur pays. Ils étaient traités comme des espions et des terroristes. L'administration américaine avait promulgué des lois qui autorisaient ses forces armées à recourir à tous les moyens possibles contre cette invisible infrastructure vietcong : raids de B-52, opérations de ratissage à l'échelle du bataillon, escadrons de la mort... Les suspects pouvaient être séquestrés, torturés ou tués sur simple initiative de l'armée.

À l'origine, le programme Phoenix avait été appelé ICEX-SIDE, pour Intelligence Coordination and Exploitation – Screening, Interrogation and Detention of the Enemy[42], mais, bien vite, le nom fut changé pour des raisons

---

[41] D'après le journal *The Toledo Blade*, le 1er janvier 1987. Paul Gorman, le commandant des forces américaines en Amérique centrale durant les années 1980, décrivait cela comme « une forme de guerre qui répugne aux Américains, un conflit qui implique des innocents, et où les pertes parmi les non-combattants constituent un objectif explicite ».

[42] N.D.T. : « Renseignement, coordination et exploitation – détection, interrogation et détention de l'ennemi ».

symboliques. On lui donna pour symbole le légendaire oiseau de proie, tenant entre ses serres un rouleau de texte (à interpréter comme la liste de ses proies) et un serpent. En peu de temps, la seule mention de Phoenix suffit à terroriser non seulement l'IVC, mais également tout le reste de la population.

Phoenix, partant d'une approche ciblée visant à éliminer les dirigeants de l'insurrection, s'était transformé en un programme de répression systématique et de contrôle politique de la population du Sud-Viêt Nam. On cherchait désormais, à travers un système hautement bureaucratisé, à éliminer tout individu idéologiquement suspect.

La CIA avait trouvé la justification légale de son programme dans les « décrets d'urgence » et les lois de « détention administrative » qui permettaient aux conseillers américains sur le terrain d'incarcérer, torturer ou tuer sans procès des « ennemis de la sécurité nationale », catégorie légale par laquelle on désignait désormais l'entière IVC. Phoenix fut mis en place malgré les objections des représentants du gouvernement vietnamien, qui avaient parfaitement conscience qu'un tel programme portait atteinte à la souveraineté nationale.

Selon les critères de ce système judiciaire extralégal, avec ses comités de sécurité staliniens, il suffisait qu'un citoyen ne soutienne pas activement le gouvernement pour devenir un membre de l'IVC. Se contenter d'être neutre était perçu comme une position terroriste. Vouloir faire la paix avec les communistes était passible de deux ans de prison sans procès, voire de mort. Pas besoin de preuves. Le rapport d'un informateur anonyme suffisait.

L'impact psychologique du programme Phoenix était si profond qu'il conduisait le peuple à surveiller la moindre de ses paroles. Pour une administration corrompue ou pour les criminels professionnels engagés par la CIA, la menace d'arrestation facile était une bénédiction. On arrêtait à tour de bras des « sympathisants » ou des « membres » de l'IVC, qu'on ne libérait qu'une fois que leur famille avait réuni de quoi payer les pots-de-vin aux représentants de la Commission de sécurité locale.

C'est la raison pour laquelle l'officier de la CIA Lucien Conein décrivit le programme Phoenix comme « la plus grande entreprise d'extorsion jamais conçue : si tu ne fais pas ce que je te demande, tu es un vietcong ».

Le concepteur du programme, Nelson Brickham, s'était inspiré de la structure de la Ford Motor Company, avec son « poste de commandement » qui concentrait les pouvoirs entre les mains d'un « directeur exécutif » et d'un « comité opérationnel » ; ce dernier était situé tout au sommet hiérarchique de « l'ambassade », expression qui désignait les quartiers généraux provinciaux de la CIA ou ceux installés dans les grandes villes. Le « directeur exécutif », c'était l'adjoint aux opérations civiles et au développement rural – William Colby –, qui supervisait la direction Phoenix de Saïgon. Cette dernière était confiée à un haut gradé de la CIA, entouré d'effectifs de la CIA, de l'armée et du secrétariat d'État. En s'appuyant sur le travail d'une cellule d'études statistiques, la direction émettait chaque mois 1800 « avis de neutralisation », que les « agents de coordination de Phoenix » se chargeaient de faire appliquer sur le terrain. Pour ce faire, la direction coordonnait l'activité des agences de renseignements et les opérations antiterroristes dans les provinces (l'équivalent des États américains) et les districts (qui correspondent aux comtés).

Cependant, comme tout projet de la CIA, Phoenix reposait sur la possibilité pour l'agence de nier son activité réelle et d'attribuer les conséquences du programme à des dysfonctionnements ou des effets pervers. La CIA avait, à dessein, laissé d'immenses lacunes dans ses procédures, de manière à faciliter cette corruption systématique qui permettrait au programme d'atteindre son véritable objectif : la tétanisation et la soumission de la population civile, à grande échelle.

Comme l'écrivit l'agent de la CIA Frank Snepp dans *Decent Interval*, « les équipes d'intervention de Phoenix balayaient à large spectre. Elles arrêtaient sur la base du moindre soupçon et, une fois que les prisons étaient pleines, elles administraient elles-mêmes la justice »[43].

Phoenix resta relativement confidentiel jusqu'en juin 1969, lorsque, lors d'une séance publique, de nombreux parlementaires sud-vietnamiens se plaignirent des abus du programme. Tout le monde savait que des dizaines de milliers de personnes innocentes avaient été rackettées, emprisonnées et tuées, mais la presse américaine complice s'était bien gardée de le rapporter. Les grands groupes de presse avaient en revanche martelé auprès du grand public la fiction d'une intervention américaine bienveillante, et, en l'absence de toute objection en provenance de l'opinion américaine, la CIA n'avait aucune raison de baisser le rythme. Il fallut encore attendre la fin de l'année 1970 pour que le Congrès demande l'ouverture d'une enquête, lorsqu'un groupe d'anciens combattants pacifistes, vétérans du programme Phoenix, en dénonça les nombreux abus.

La CIA parvint cependant à échapper à toute responsabilité, grâce à la formidable capacité de dissimulation de William Colby, ancien adjoint aux Opérations civiles et au Développement rural. Durant les auditions de la Commission d'enquête du Congrès, le représentant démocrate de New York lui demanda s'il pouvait « catégoriquement affirmer que Phoenix n'avait jamais tué ou planifié de tuer des civils en situation de non-combat ». Entretenant la confusion entre la vocation officielle et la réalité opérationnelle du programme, Colby répondit en expert du double langage :

« Phoenix, en tant que programme, ne s'est jamais livré à de telles activités. Des membres du programme, individuellement, s'en sont peut-être rendus coupables, mais ce programme n'a pas été conçu dans cette finalité. »[44]

Colby mentait, bien sûr. Le programme Phoenix avait été créé précisément pour multiplier les défaillances, rendre possibles et favoriser la corruption, la terreur et les pratiques non déclarées, de manière à soumettre la population

---

[43] Frank Snepp, *Decent Interval*, Random House, New York, 1978, p. 12.

[44] « US Assistance Programs in Vietnam » (programmes d'assistance américains au Viêt Nam), Comité sur les opérations du gouvernement, Sous-Comité sur les opérations à l'étranger et sur l'information du gouvernement, auditions des 15, 16, 19, 21 juillet 1976 et du 2 août 1976, p. 206.

vietnamienne.

L'autre version de l'histoire

La censure des versions contradictoires est l'un des principaux mécanismes de contrôle de l'information. Les Américains ont rarement accès à « l'autre version de l'histoire », à « l'autre son de cloche », *a fortiori* en temps de guerre. Entre fin 1970 et début 1971, cependant, le reporter vietnamien Dinh Tuong An écrivit pour le journal *Tin Sang* (« Les nouvelles du matin ») une série d'articles intitulée « La vérité à propos de Phoenix »[45]. Le journal était publié à Saïgon par Ngo Cong Duc, membre du parlement vietnamien. La moitié des numéros de *Tin Sang* parlant de Phoenix furent confisqués par la police secrète placée sous les ordres du ministre de l'Information Truong Buu Diem, un collaborateur de la CIA.

Dinh Tuong An avait une connaissance personnelle directe du sujet sur lequel il écrivait. Il avait été l'interprète du major Oscar L. Jenkins, conseiller de la CIA auprès des forces de police spéciale de Phoenix opérationnelles dans le delta du Mékong en 1968 et 1969.

« Phoenix, écrivait An, est une série continue d'opérations de grande envergure qui ravagent les campagnes et tuent des innocents. Il y a les bombardements, il y a les hélicoptères, et au sol, là où les hélicoptères et les B-52 ne peuvent intervenir, il y a ces uniformes noirs, qui font ce qu'ils veulent. Ce sont ces Américains en uniformes noirs qui sont les plus dangereux. »[46]

Les « uniformes noirs » étaient les membres des équipes d'assassinats ciblés de la CIA, appelées forces CT (pour « counter-terrorists », c'est-à-dire « agents antiterroristes »). Ces commandos étaient composés de quatre hommes, généralement américains, mais pouvaient, plus rarement, compter un ou deux mercenaires vietnamiens, cambodgiens ou chinois. Selon An, la veille des opérations de ratissage, la CIA envoyait dans les villages ses « agents antiterroristes » pour repérer les lieux et capturer les sujets à interroger, puis ils revenaient le lendemain à bord d'hélicoptères noirs, accompagnés d'équipes de ratissage et d'élimination. Ces équipes étaient généralement composées de douze à vingt-cinq rangers ou membres des forces spéciales sud-vietnamiennes, et dirigées par des Bérets verts.

An posait cette question : « Après leurs missions, ils rapportent à leur base les oreilles ensanglantées de leurs victimes. Appartiennent-elles toujours à des vietcong ? »

---

[45] Dinh Tuong An, « The Truth about Phoenix », *Tin Sang*, Saïgon, 1970-1971, consulté à la Widener Library.

[46] Douglas Valentine, « Fragging Bob: Bob Kerrey, CIA War Crimes and the need for a War Crimes Trial », *Counterpunch*, article du 17 mai 2001 et qui constitue le chapitre 18 du présent ouvrage.

Des officiels comme Colby parvinrent à faire passer le programme Phoenix pour une opération parfaitement légale ne visant que des individus spécifiques. Mais comme Snepp l'expliquait, et comme An le laissait entendre, tout le monde pouvait finir dans le filet, y compris, et surtout, des populations absolument innocentes.

Originellement, écrivait An, Phoenix était né « pour venger ce que les vietcongs avaient fait durant l'offensive du Tet[47]. C'est la raison pour laquelle le président Thieu avait ratifié sans hésiter l'autorisation de Phoenix. Mais les politiques locaux, y compris les parlementaires qui allaient se plaindre en 1969, n'avaient aucune idée de la portée réelle de ce programme. Le gouvernement central n'avait rien expliqué. De leur côté, la CIA et ses auxiliaires avaient déjà bien assez de mal à convaincre les chefs provinciaux que leurs opérations visaient uniquement la pacification des campagnes et la destruction du vietcong ».

Et de fait, malgré une propagande américaine intensive qui prétendait vouloir les protéger, les paysans comprirent parfaitement que c'étaient eux, et non « l'infrastructure vietcong », la cible expresse des bombardements de villages ou des épandages d'agent défoliant.

En 1969, ils comprirent également que c'était l'argent américain et les pots-de-vin qui empêchaient l'émergence de toute coalition gouvernementale incluant les communistes, et qui donc prolongeaient cette guerre. Ils avaient pu voir de leurs yeux les barons tout-puissants de la politique au Sud s'engraisser sur les montagnes de cadavres, et notamment ces chefs provinciaux qui signalaient aux Américains les pertes et dégâts civils, et recevaient des indemnités qu'ils gardaient pour eux au lieu de les distribuer aux populations frappées.

Les Américains savaient parfaitement que leurs homologues du gouvernement vietnamien confisquaient à leur bénéfice personnel cette « rançon du sang », et c'était exactement ce dont ils avaient besoin. C'est le système clientéliste classique que les États-Unis imposent aux nations qu'ils veulent contrôler ; cela leur fournit le bouc émissaire local sur lequel adosser tous les problèmes qu'ils créent eux-mêmes. Ainsi, au Viêt Nam, la CIA avait pu entretenir la fiction d'une intervention américaine destinée à protéger le peuple vietnamien et, en même temps, s'était assurée, par la corruption massive des élites, l'entière liberté d'imposer au même peuple vietnamien sa soumission à coups de bombardements. Et, bien sûr, la pleine latitude pour l'organisation du trafic de drogue.

Le gouvernement vietnamien, à la différence de l'infrastructure vietcong, avait ainsi perdu toute légitimité aux yeux du peuple. Comme le soulignait An, la paysannerie vietnamienne ne voyait pas comment Phoenix pouvait améliorer

---

[47] N.D.T. : Les forces vietcong avaient profité de leur avantage momentané sur le champ de bataille pour procéder à des exécutions de masse, comme à l'occasion de la bataille de Huê, où des milliers de civils sud-vietnamiens, femmes et enfants compris, furent tués.

son sort, elle qui était déjà soumise aux bombardements et aux interventions des escadrons de la mort, autorisés par les seigneurs de la guerre et les politiciens corrompus par la CIA. C'est d'ailleurs la question que se posent, aujourd'hui, les Syriens, les Irakiens et les Afghans face aux mêmes bombardements et aux mêmes opérations des escadrons de la mort. En privé, les officiels de la CIA comme Jenkins, l'ancien patron d'An, expliquaient que Phoenix était nécessaire parce que ni les raids de B-52, ni les épandages de défoliant n'étaient en mesure de détruire la « structure profonde » de l'IVC. Cette politique officieuse démontrait que, dans l'impossibilité de décapiter l'infrastructure vietcong, la CIA avait opté pour le génocide – elle avait choisi d'anéantir, par le recours à la terreur de masse, tout tissu humain et social sur lequel l'insurrection pourrait s'appuyer.

Dans ce processus, relevait An, tout le monde pouvait être pris au piège du programme Phoenix. Par exemple, à mesure que l'agent orange ravageait les champs, les populations étaient graduellement contraintes d'acheter leur riz aux contrebandiers ou aux marchands chinois. La police spéciale, conseillée par la CIA, le savait parfaitement et pouvait, à tout moment, accuser les marchands chinois de « collaborer avec les vietcongs ». Les marchands et les contrebandiers n'évitaient l'arrestation qu'en arrosant les forces de police.

C'est de cette manière que le système clientéliste de la CIA devint la plus grande entreprise de chantage jamais conçue. Quiconque allait visiter de la famille en zone vietcong, policiers et soldats compris, finissait sur la liste noire du programme et était soumis au racket des forces de sécurité ; il était alors surveillé, harcelé et contraint de devenir un informateur pour protéger sa famille des escadrons de la mort de la CIA ou des opérations de l'armée américaine.

La CIA eut amplement recours aux fausses accusations pour terroriser le peuple vietnamien. An rapportait le cas de cinq enseignantes travaillant pour un prêtre catholique dans la province de Vinh Long, et qui avaient refusé d'assister à un cours d'endoctrinement vietcong. Elles furent néanmoins dénoncées comme des cadres vietcong par de véritables vietcongs capturés. Les cinq enseignantes furent emprisonnées sans preuve ni procès.

« C'est pour cette raison que la population craignait Phoenix, expliquait An. Rien n'est plus terrifiant que l'accusation calomnieuse, contre laquelle il n'existe aucun recours. C'est pourquoi Phoenix ne peut apporter ni la paix ni la sécurité. »

Le programme était d'autant plus craint que la CIA récompensait les officiels de la sécurité qui organisaient le racket de masse. « Il fait pleuvoir l'argent », écrivait An.

« De nombreux agents de police du 4e corps[48] recevaient de l'argent de la part de la CIA en guise de prime de mérite », poursuivait An. La CIA corrompait également les flics en leur offrant des téléphones, des générateurs,

---

[48] N.D.T. : Il s'agit du front du 4e corps d'armée de la République du Viêt Nam, le plus méridional, et dont le quartier général était situé à Can Tho, dans le delta du Mékong.

des climatiseurs, des scooters, des photocopieurs... Les officiels de la Commission de sécurité, ce tribunal stalinien que la CIA avait créé pour poursuivre les « ennemis de la sécurité nationale », recevaient des primes en espèces ou de jolies secrétaires, ceci pour les encourager à « examiner les informations rapportées par les agents », ce qui multipliait le nombre de suspects, d'arrestations et donc de pots-de-vin.

L'effet de levier sur la corruption que produisaient les injections massives d'argent de la CIA n'était un secret pour personne. Au cours d'une interview pour mon livre *The Phoenix Program*, Warren Milberg, officier de la CIA, m'avait expliqué : « J'avais des ressources virtuellement illimitées pour les opérations des agents, ou pour faire travailler l'équipe qui traduisait et rédigeait les rapports qui remontaient du terrain. »

La CIA allouait à Milberg un budget supérieur à celui de la province. Milberg considérait que l'achat systématique de « renseignements » contribuait à la stabilisation économique du pays, alors qu'en réalité, le commerce de fausses informations ne servait qu'à déstabiliser la société vietnamienne. La CIA n'avait aucun moyen de corroborer les informations qu'elle achetait, mais elle les utilisait quand même dans les procédures contre les suspects de l'IVC, ne serait-ce que pour atteindre les quotas imposés par la direction du programme Phoenix à Saïgon. La CIA s'était ainsi dotée d'un outil de contrôle de la population dont elle pouvait aisément nier le caractère intentionnel.

Dinh Tuong An expliquait également que la CIA ne prenait pas de mesures disciplinaires contre ceux de ses agents qui acceptaient les pots-de-vin, car ils représentaient autant de portes d'entrée dans l'IVC : « La CIA s'efforce de maintenir certaines zones communistes intactes pour continuer d'en extraire de l'information. »

Ces pratiques étaient en contradiction totale avec la vocation officielle du programme Phoenix, qui devait « protéger le peuple contre le terrorisme ». Dans le cadre de certaines opérations clandestines, des agents sud-vietnamiens de la CIA se faisaient passer pour des pharmaciens ou des médecins, et alimentaient en médicaments les bases arrière vietcongs au Cambodge contre des informations.

Comme l'expliquait An, nous avions donc un programme qui, d'un côté, « surveillait et parlait avec les vietcongs, tout en travaillant à empêcher le Front national de libération de réorganiser l'IVC ».

Tout ceci, pour An, signifiait clairement que les États-Unis n'avaient jamais eu pour ambition le retour de la paix. Ce qui les intéressait, c'était la victoire totale, quel que soit le nombre de vies en jeu. Dans cette perspective, Phoenix était un programme destiné à prolonger la guerre indéfiniment, tout en minimisant les pertes américaines. C'était un dispositif cynique qui, par le recours massif à l'argent, aux opérations psychologiques et au mensonge, divisait les Vietnamiens, déstabilisait la société et empêchait toute possibilité de sortie du conflit par la négociation.

Phoenix n'est plus, mais ses méthodes persistent

Ironiquement, avant que Phoenix ne devienne le modèle d'administration de l'empire américain, de nombreux commandants au Viêt Nam s'opposaient à ce que l'on prenne pour cible les populations civiles à coups de commandos « gestapistes » et autres « Einsatzgruppen ». Ils n'acceptaient pas que des officiers de l'armée soient enrôlés dans les actions du programme Phoenix. Dans une lettre, le général Bruce Palmer m'avait écrit ceci : « Les hommes en uniforme, qui ont fait le serment de respecter les Conventions de Genève, ne devraient pas être placés dans des situations où ils seront forcés de briser ces lois de la guerre. »

Hélas, l'actuelle génération des officiers, des journalistes et des politiciens a été forgée sur l'enclume de la défaite au Viêt Nam. Elle est convaincue, comme les Allemands de la Première Guerre mondiale, que la défaite est la conséquence d'un « coup de poignard dans le dos », d'une trahison de l'armée par les politiques. Cette génération, qui peuple tous les comités directeurs de la myriade de programmes Phoenix qui ont éclos depuis dans le secteur public comme dans le secteur privé, a pour devoir de restaurer la réputation d'invincibilité de l'Amérique. Cette classe dirigeante à l'intérieur du « complexe de la Sécurité nationale » – c'est-à-dire l'alliance du militaire et du renseignement –, qui trouve en Hillary Clinton son incarnation la plus parfaite, sait qu'elle doit écraser ses ennemis, domestiques comme étrangers, aussi bien sur le plan militaire que sur le plan idéologique. Elle a donc choisi d'embrasser la doctrine Phoenix, qui fait de la terreur, implicite ou explicite, un outil de contrôle, d'organisation, et de pacification des sociétés.

Le programme Phoenix a toujours été perçu comme la seule bonne affaire de la débâcle vietnamienne. Ainsi, en 1974, l'officier de la CIA déjà mentionné plus haut, Warren Milberg, avait rédigé une thèse intitulée « Les applications futures du programme Phoenix »[49]. Ils étaient nombreux, parmi les officiers de l'armée ou de la CIA que j'ai interviewés, à avoir produit des recherches analogues louant Phoenix.

Comme je l'expliquerai plus tard dans ce livre, c'est dans le monde né du 11 Septembre que le destin de Phoenix fut accompli ; il y devint le modèle de référence en matière de politique impériale, nouvelle ère de « guerre perpétuelle contre le terrorisme ». Les opérations Phoenix qui permirent d'abattre le régime baathiste en Irak furent si efficaces qu'en 2004, David Kilcullen, l'un des plus hauts conseillers en matière de lutte contre le terrorisme, appela à la mise en place d'un « programme Phoenix planétaire ». Le risque, aujourd'hui, c'est que Phoenix soit mis complètement à exécution aux États-Unis. Vu son efficacité politique et psychologique en contexte de lutte antiterroriste, qu'est-ce qui empêcherait les militaires ou la CIA d'appliquer un programme Phoenix intégralement et à grande échelle contre les dissidents politiques, les immigrés ou les minorités méprisées aux États-

---

[49] Titre original : « The Future Applicability of the Phoenix Program », rapport de recherche no #183574, Air Command and Staff College, Air University, Maxwell Air Force Base, Alabama, mai 1974.

Unis ?

Comme Dinh Tuong An le soulignait, l'objectif officiel du programme – la sécurité du « consommateur » – ne correspondait pas à sa réalité opérationnelle. Attention, donc, à ce que l'on prétend vous vendre. Il ne faut pas sous-estimer le piège rhétorique : les officiels de la sécurité sont des experts du double langage, qui leur permet de cacher tout un arsenal d'actions clandestines derrière le prétexte du « renseignement ». Ils n'ont pas procédé autrement au lendemain du 11 Septembre. Quand Phoenix s'est invité aux États-Unis sous la forme de la Homeland Security, il avait pour vocation officielle de « protéger le peuple contre le terrorisme ». Exactement comme au Viêt Nam.

La viabilité de toute opération ou tout programme de type Phoenix repose sur le double langage et la dissimulation, la protection du secret officiel et l'autocensure des médias. Le besoin de contrôle généralisé de l'information rend en effet ce type de programme impossible sans la complicité des médias ; c'est l'une des grandes leçons que nos leaders ont retenu de la défaite au Viêt Nam. Plus jamais nos grands dirigeants à la tête de l'État, si excellemment endoctrinés et si grassement récompensés, ne permettront au grand public de prendre connaissance des massacres qu'ils commettent sur les populations civiles. Les citoyens américains ne verront jamais les images des enfants irakiens, afghans ou syriens mutilés par nos troupes et leurs munitions en grappe.

En revanche, on étale à la télévision ou au cinéma des versions fictives des opérations glorieuses de la CIA, où l'on ment sur la torture, les assassinats, les enlèvements. On calibre avec la plus grande attention ce qui est mis en circulation.

C'est grâce à la complicité des médias que la gouvernance américaine a pu adopter Phoenix comme politique de Sécurité intérieure. Le processus a débuté immédiatement après le 11 Septembre, avec l'adoption du très répressif Patriot Act, et d'une série de décrets présidentiels qui ont depuis légalisé la détention administrative et l'assassinat de citoyens américains pour leur engagement supposé dans le terrorisme. Comme Kamal Derwish, tué par une frappe de drone en 2002, ou l'imam Anwar al-Awlaki, tué par la CIA en 2009 – toujours par drone.

Depuis lors, le gouvernement n'a pas cessé d'étendre ses pouvoirs pour cibler les Américains. Dans la correction apportée à son article du 27 janvier 2010, Dana Priest, du *Washington Post*, écrivait : « Le Centre de commandement conjoint des opérations spéciales possède une liste de cibles qui inclut plusieurs Américains. Ces dernières semaines, les officiels américains ont déclaré que le gouvernement était prêt à tuer des citoyens des États-Unis soupçonnés d'être impliqués dans des activités terroristes constituant une menace pour les Américains. »[50]

---

[50] Dana Priest, « U.S. military teams, intelligence deeply involved in aiding Yemen on strikes »,

La liste des individus ciblés a continué de croître, et toujours avec l'élimination comme objectif. Dans le cadre de la loi d'autorisation de la Défense nationale (National Defense Authorization Act) de 2012, l'armée – la CIA n'est jamais mentionnée – a été autorisée à procéder à la détention administrative et à l'assassinat de citoyens américains sans procès. Pour l'instant, cette autorisation ne porte que sur des cas extraordinaires, mais elle accoutume le grand public au pire. En 2013, le procureur général Eric Holder annonçait que le président Obama « pouvait légalement recourir aux frappes de drones pour tuer des Américains sur le sol des États-Unis »[51]. L'appareil bureaucratique continue d'être renforcé en parallèle. À l'image des Centres de coordination du renseignement et des opérations du programme Phoenix, jadis placés dans chaque province et chaque district du Sud-Viêt Nam, le FBI a créé les Forces opérationnelles combinées contre le terrorisme, et le département de la Homeland Security a déployé des Centres de fusion sur le territoire afin de coordonner l'action des forces de police, des forces de sécurité, des militaires et des organisations civiques dans tous les États américains, notamment dans les grandes villes.

La fusion, de type fasciste, entre le gouvernement et les multinationales, et ceci contre l'intérêt public, est l'aspect le plus insidieux de l'irruption de Phoenix dans la société américaine. Et elle se fait avec la pleine coopération des grands médias, qui exploitent chacun des massacres qui viennent frapper la société américaine. Peu importe qu'ils soient motivés par une intention terroriste ou non – comme dans le cas du tueur homosexuel qui avait pris pour cible une discothèque gay d'Orlando. Il s'agit de terroriser le public afin de lui faire accepter d'ultérieures restrictions des libertés civiles, et toujours plus de guerres hors de nos frontières.

La capacité de ses promoteurs à corrompre le Congrès, et à l'amener à allouer des budgets toujours plus grands à la militarisation des politiques intérieures et extérieures, est le signe le plus clair du succès total de la doctrine Phoenix. Le battage permanent de la propagande autour de la menace terroriste et de la violation des « droits de l'homme » par quelques ennemis théâtraux à l'étranger ne servent qu'à justifier la multiplication des patrouilles de policiers surarmés et de la garde nationale dans les aéroports et les gares. Implicitement, le public sait que ces armes peuvent être retournées contre lui.

Le programme Phoenix, dans toute sa dimension corruptrice, a parfaitement réussi sa transplantation aux États-Unis. Ce n'est plus qu'une question de temps avant de le voir entrer dans sa phase de terreur explicite.

The Washington Post, le 27 janvier 2010.

[51] John Swaine, « Barack Obama has authority to use drone strikes to kill Americans on US soil », *The Telegraph*, le 6 mars 2013.

CHAPITRE 4

LA COLLECTE SYSTÉMATIQUE DU RENSEIGNEMENT

« S'il est correctement réalisé et exploité, un recensement est déjà en soi une source de renseignements. Le recensement révèle les liens qui unissent les individus, ce qui est une information de valeur dans la contre-insurrection. En effet, lorsqu'ils recrutent à l'échelle du village, les insurgés se basent au départ sur les liens de parenté. »[52] (David Galula)

Cette citation a plus de cinquante ans. Elle remonte à un temps où Internet ne permettait pas aux gouvernements et aux corporations comme Google d'accumuler et de manipuler les informations personnelles de milliards d'individus. Déjà, à l'époque, un expert de la contre-insurrection comme David Galula considérait qu'un bon vieux recensement à l'ancienne, fait au porte-à-porte, constituait un point de départ efficace pour le contrôle politique d'un grand nombre de personnes.

C'est pourquoi, en 1962, la CIA lança un programme de recensement familial au Sud-Viêt Nam.

Ce programme de recensement était la création de Robert Thompson, spécialiste britannique de la contre-insurrection, recruté en 1961 par la CIA, alors que celle-ci était à la recherche d'une stratégie concernant la population du Sud-Viêt Nam. À l'époque, la CIA avançait encore à tâtons dans l'art de la répression néocoloniale. Des Britanniques tels que Thompson étaient vus comme une source d'expertise. Fort de son succès en Malaisie, où il avait étouffé l'insurrection communiste, Thompson proposait d'attaquer le réseau communiste clandestin du Sud-Viêt Nam par un plan articulé qui coordonnait intervention militaire, renseignement et action politique.

La police nationale, qui avait assuré le recensement, avait en pratique constitué un dossier sur chacune des familles du Sud-Viêt Nam. En plus du nom et de la photo de toutes les personnes, le recensement incluait leur affiliation politique, leurs empreintes digitales, leurs revenus et leur épargne. Il incluait également des éléments tels que les propriétés et les relations familiales hors de la localité de la résidence principale, et tout ce qui pouvait

---

[52] David Galula, *Counterinsurgency Warfare: Theory and Practice*, Praeger, 1964. p. 117.

justifier la nécessité de voyager. En 1965, 7453 familles de la région de Saïgon et des autres grandes villes avaient été enregistrées.

Ce grand fichier avait permis à la CIA d'identifier les membres des cellules clandestines du parti communiste dans des villages de la République du Viêt Nam. Il suffisait de « travailler » un peu leurs complices, et il devenait possible d'arrêter ces cadres politiques : on finissait toujours par obtenir des noms. En contraignant ces cadres à fuir la guérilla pour aller se réfugier en zone rurale, l'infrastructure vietcong en ville s'était considérablement affaiblie. C'était l'un des objectifs identifiés pour gagner la guerre. Comme l'avait souligné le président Nguyen Van Thieu : « Hô Chi Minh considère qu'avoir deux cadres vietcongs dans chaque village est plus précieux que dix divisions. »[53]

La méthode Thompson se révéla efficace, mais jusqu'à un certain point seulement. Seule une minorité des cadres étaient des terroristes. Comme Galula l'avait écrit, « les motivations de ces hommes, même si l'agent de contre-insurrection ne les approuve pas, peuvent être parfaitement honorables. Ils ne participent directement ni aux actions terroristes, ni à des opérations de guérilla et n'ont techniquement pas de sang sur les mains »[54]. En conséquence, la méthode Thompson, avec son approche systématique, ternit considérablement l'image du gouvernement à mesure qu'augmentait le nombre d'innocents torturés ou rackettés par les flics corrompus. À plusieurs reprises, également, des agents doubles étaient parvenus à convaincre les forces de l'ordre d'arrêter des personnes hostiles à l'insurrection.

Face à ces difficultés, Thompson persuada la CIA de former des forces spéciales au sein de la police (Canh Sat Dac-Biêt). Cette nouvelle force, qui allait bientôt être connue sous le nom de « Branche spéciale », devait être composée, en théorie du moins, d'interrogateurs et d'enquêteurs hautement qualifiés : des professionnels comparables au FBI, distincts de la police. Les recrues furent formées à l'Organisation centrale du renseignement (CIO, Central Intelligence Organization), l'école fondée par la CIA en 1961.

On y appliquait la méthode de sélection qui venait d'être utilisée en Corée pour constituer la KCIA, la CIA coréenne. John Marks rapporta cet évènement dans *The Search for the Manchurian Candidate*. La CIA avait envoyé John Winne – un psychologue de haut niveau – à Séoul, où il aurait posé le cadre initial de l'organisation. « J'avais d'abord mis sur pied un bureau avec deux traducteurs et utilisé la version coréenne du Wechsler[55] », expliquait Winne. Les psychologues de la CIA lui avaient donné les profils de vingt-cinq à trente

---

[53] Robert Slater, « The History, Organization and Modus Operandi of the Viet Cong Infrastructure », p. 21. Il s'agit d'un mémoire rédigé par le capitaine des marines et collaborateur de la CIA Robert Slater en 1970 pour l'Institut du renseignement militaire.

[54] David Galula, *Counterinsurgency Warfare…*, *op. cit.*, p. 124.

[55] N.D.É. : Le Wechsler Adult Intelligence Scale est un test destiné à mesurer le quotient intellectuel et les capacités cognitives des adultes.

soldats et agents de police, et « avaient rédigé un rapport d'une demi-page sur chacun d'entre eux, qui énumérait leurs forces et leurs faiblesses. Winne voulait connaître la capacité de chaque candidat à suivre les ordres, sa créativité, la présence éventuelle de troubles de la personnalité et la raison pour laquelle il voulait changer de carrière. C'était en général une question d'argent, notamment chez les civils »[56].

C'est la procédure de recrutement de la CIA partout dans le monde, y compris en Irak. Marks expliquait qu'en Amérique latine, « la CIA avait trouvé cette méthode de sélection particulièrement utile dans la formation de la section antiterroriste. Les candidats montraient des profils psychologiquement très dépendants, avides d'être dirigés »[57].

Et cette « direction » tant désirée, c'est la CIA qui la leur procurerait. Marks citait un assesseur : « L'agence n'investissait dans la formation de personnel étranger que pour en faire des agents à ses ordres. » Les membres de la CIA « ne se contentaient pas de collaborer avec des agences de renseignements étrangères ; ils les infiltraient systématiquement, et les tests de personnalité lors des recrutements les y aidaient assurément »[58].

En 1964, il fut décidé d'implanter la police spéciale dans les Comités provinciaux de coordination du renseignement des quarante-quatre provinces du Sud-Viêt Nam. Mais, pour ce faire, il fallait que le gouvernement sécurise la région de Saïgon. En décembre, 13 000 policiers y furent déployés, dont 7000 affectés à des barrages de contrôle. Le réseau ABC produisit même un documentaire sur le sujet.

L'endoctrinement par la motivation

La CIA formait donc des unités spéciales au sein de la police pour identifier, capturer, interroger et éliminer les cadres communistes clandestins et leurs sympathisants dans les villes sous autorité gouvernementale. En parallèle, à partir de 1964, elle formait également, dans sept districts autour de Saïgon, des équipes « antiterroristes » pour localiser, identifier et tuer les cadres communistes dans les zones rurales. La CIA procurait l'argent et l'équipement, tandis que le renseignement militaire et les forces spéciales assuraient leur formation et fournissaient les conseillers. Les recrues potentielles étaient trouvées parmi les listes de déserteurs ou de criminels de la police spéciale.

Le « programme d'endoctrinement incitatif » conçu par l'officier de l'US

---

[56] John Marks, *The Search for the Manchurian Candidate: The CIA and Mind Control*, Time Books, 1979, p. 131.

[57] *Ibid.*, p. 132.

[58] *Ibid.*, p. 132.

Information Service[59]. Frank Scotton joua un rôle essentiel dans la constitution de ces équipes antiterroristes. Scotton m'avait décrit ses objectifs lors de notre rencontre chez lui, à McLean, en Virginie. Il s'agissait de « développer des compétences de combat et une motivation supérieures dans leur engagement au front aux côtés des forces sud-vietnamiennes. Ce n'était donc pas une opération psychologique contre les civils ou les vietcongs ». Il lui fallait trouver les personnes les plus motivées, déclarer qu'elles avaient déserté (ce qui plaçait leur destin entre les mains de la CIA), leur présenter un contrat et les enrôler dans ces unités. « Notre grand problème, m'avait expliqué Scotton, c'était de trouver des Vietnamiens ou des Cambodgiens à la fois intelligents et disposés à mourir. »

Les volontaires pour les programmes paramilitaires de Scotton étaient souvent des mercenaires très agressifs. Ils furent recrutés en grande partie parmi les forces spéciales de l'armée sud-vietnamienne basées le long de la frontière avec le Laos ou le Cambodge. Scotton leur rédigeait un contrat d'une petite page sur sa machine à écrire portable, dans lequel le volontaire reconnaissait qu'il était déclaré déserteur et qu'il était employé par la CIA dans un « programme sensible », pour lequel il recevrait un salaire notablement supérieur.

La plus grande qualité des volontaires de ces programmes paramilitaires « sensibles » de la CIA était leur nature totalement « sacrifiable ». Les déserteurs, les desperados instables, les criminels endurcis passibles d'une longue peine de prison, voire de la peine de mort, étaient affectés à des unités de reconnaissance spéciales. Ils recevaient de l'équipement et des uniformes capturés sur l'ennemi et un aller simple pour le Cambodge, pour partir à la recherche des sanctuaires ennemis. Lorsqu'ils établissaient à nouveau le contact radio, pour donner leur position et celle du camp ennemi, la CIA venait bombarder l'une et l'autre.

Les auteurs de tels programmes n'hésitaient pas non plus à profiter des soldats américains qui s'étaient rendus coupables de crimes de guerre. Plutôt que de purger une dure peine au pénitencier militaire, ces soldats se portaient volontaires pour le groupe des opérations spéciales de la CIA, où ils faisaient le sale travail que l'agence leur confiait.

La CIA ne traitait pas de la même manière sa police secrète et ses mercenaires, mais, dans les deux cas, elle pouvait aisément nier tout rapport avec eux. C'était une nécessité, car tant la police secrète que les formations antiterroristes deviendraient en 1967 les piliers du programme Phoenix.

À propos des escadrons de la mort qu'il avait mis sur pied, Scotton m'avait dit : « Nous n'avions pas l'habitude de compartimenter notre action, de la

---

[59] N.D.É. : L'US Information Service, ou US Information Agency, était une agence créée en 1953 à la demande du président Eisenhower dans le but de « comprendre, informer et influencer les publics étrangers dans le sens de l'intérêt national ». En 1999, l'agence fut dissoute et ses fonctions passèrent au secrétariat d'État pour les Affaires et la Diplomatie publiques.

tronçonner. Pour nous, tous ces programmes formaient une même et unique chose. » Et cette « chose », bien sûr, c'était le grand plan pour remporter la guerre, à la base duquel on trouvait les Centres provinciaux d'interrogation (CPI, Province Interrogations Centers).

Les CPI et la collecte systématique de l'information

John Patrick Muldoon, dit « Picadoon » pour les gens qui le connaissaient au Viêt Nam, fut le premier directeur du programme de Centres provinciaux d'interrogation. Ce grand bonhomme de 1 m 93 et de 100 kg, sorti sans diplôme de l'université, entra à la CIA en 1958 grâce aux connexions de sa famille. Il fut initialement affecté en Allemagne, puis en Corée du Sud: « J'ai conduit mes premiers interrogatoires en Corée, se souvenait Muldoon. Je n'en avais jamais fait avant. J'étais sous la direction de Ray Valentine. Cela se passait dans une structure d'interrogation conjointe KCIA-CIA à Yon Don Tho, pas loin de Séoul. »

Muldoon fut ensuite envoyé au Sud-Viêt Nam, en 1964. « On m'avait amené au Centre national d'interrogation, où l'on m'avait dit : "C'est ici que tu vas travailler. Tu seras le conseiller de x agents d'interrogation. Ils t'amèneront leur rapport préliminaire sur le sujet qu'ils interrogent, et tu leur feras part des exigences particulières de la CIA." »

La CIA, en effet, avait ses propres exigences : « Les Sud-Vietnamiens voulaient des informations qu'ils pouvaient exploiter immédiatement au combat contre les vietcongs dans le Sud, m'avait expliqué Muldoon. Nous, nous voulions des informations sur le Nord, ce dont les Sud-Vietnamiens se fichaient complètement. C'est là que les conseillers américains intervenaient. Ils leur disaient de demander telle ou telle chose. »

« Nos exigences durant les interrogatoires étaient déterminées avant tout par la provenance du sujet. Un bon nombre de vietcongs avaient suivi leur entraînement au Nord, avant de revenir comme volontaires. Ce n'étaient pas des soldats réguliers de l'armée nord-vietnamienne. Donc si un gars venait du Nord, nous voulions connaître sa provenance, son unité de rattachement, et l'organisation et le lieu d'entraînement de cette dernière. Si le type était resté un certain temps au Nord, nous voulions savoir s'il avait voyagé en train, et avec quels papiers d'identité. Nous prenions aussi toutes les informations sur les armes étrangères et sur les instructeurs qui les conseillaient. Bref, vous comprenez. »

Le Centre national d'interrogation (National Interrogation Center) avait été construit en 1964. C'était le siège depuis lequel la CIA coordonnait les renseignements civils, policiers et militaires. « Il se trouvait sur les bords de la rivière Saïgon, dans une grande base navale. Sur la gauche, vous aviez les locaux du chef américain, un major de l'armée de l'air. Le chef de l'Organisation centrale du renseignement, son adjoint et les conseillers de la CIA se trouvaient dans la même aile de bâtiments. »

Il y avait quatre interrogateurs de la CIA en poste à l'arrivée de Muldoon. Trois provenaient de l'armée de l'air, et ils travaillaient sous les ordres d'un capitaine de l'armée de terre. Le supérieur de Muldoon, Ian « Sammy » Sammers, était le chef CIA du Centre national d'interrogation, et il était supervisé par un officier supérieur de liaison, Sam Hopler. L'équipe était encore la même au départ de Muldoon pour la Thaïlande en 1966.

« Il y avait eu une conférence à Nha Trang en avril 1965, avait poursuivi Muldoon. Ils étaient en train d'installer un Centre d'interrogation dans un immeuble et avaient besoin de l'aide du Centre national. J'y avais été envoyé avec le capitaine de l'armée pour inspecter les lieux, comprendre le type de personnel dont nous aurions besoin là-bas et comment il faudrait le former. Pendant que nous étions là-haut en train d'essayer de mettre tout ce monde en place, l'agent de liaison de la CIA à Nha Trang, Tommy Bartolomucci, avait demandé à Sammy s'il pouvait me garder sur place pour la conférence, durant laquelle toute l'équipe locale aurait été présentée à Jack "Red" Stent. Jack Stent prenait la succession de Paul Hodges à la tête du renseignement extérieur, et Bartolomucci tenait à montrer son nouveau Centre d'interrogation aux ronds-de-cuir. »

« Les militaires du Centre national d'interrogation étaient partis après avoir rempli leur mission, mais, moi, j'étais resté. Tucker Gougelmann[60] et Red sont venus pour la conférence. Tucker était chef de la division des Activités spéciales, et ils venaient de démarrer le programme des Centres provinciaux. Il y en avait déjà plusieurs en route, et Tucker m'a dit : "On va en construire, en construire, et encore en construire. J'ai besoin de quelqu'un pour superviser cette opération. Je veux que ce soit toi." »

« Il y a eu cette grande conférence et, pour l'occasion, ils avaient rempli leur nouveau Centre d'interrogation de prisonniers. Bartolomucci voulait briller. Il a envoyé ses amis de la police rafler une bande de prostituées, afin de remplir les cellules. Je ne pense pas qu'il y avait un seul vietcong dans le tas. Après la conférence, tous ces gens ont été renvoyés dans les prisons civiles et, moi, je suis parti travailler pour Tucker. »

« C'est marrant, s'était rappelé Muldoon, un jour, alors que l'on parlait des Centres provinciaux d'interrogation avec Tucker, il m'a dit : "Si un jour on perd cette guerre, c'est nous qui pourrions finir dans ces putains de centres, si on se fait prendre." Je lui ai demandé: "Et qu'est-ce que tu ferais, dans ce cas-là ?" Il m'a alors répondu qu'il se suiciderait plutôt que de se faire interroger. » Muldoon s'était ensuite mis à rire en se souvenant que « Tucker voulait transformer les Centres provinciaux en bordels. Les salles d'interrogatoires étaient toutes équipées de glaces sans tain ».

« Tucker avait été un héros des marines durant la Seconde Guerre mondiale. Il était entré dans l'agence juste après la guerre. En Corée, il avait conduit des opérations derrière les lignes ennemies. Il avait été instructeur en

---

[60] N.D.É. : Tucker Gougelmann était un vétéran de la Seconde Guerre mondiale, capitaine des marines, membre de la CIA affecté à la division des Activités spéciales, et ce, jusqu'en 1972, quand il prit officiellement sa retraite. Il fut capturé à Hanoï en 1975, où il vivait dans la clandestinité. Il mourut sous la torture par les vietcongs.

Afghanistan. Il était ensuite arrivé au Viêt Nam en 1962, où on lui avait confié la direction de la base de Da Nang. Il s'occupait de tout ce qui relevait du renseignement et des opérations paramilitaires. À mon arrivée à Saïgon, il travaillait au système des Comités provinciaux de coordination du renseignement avec Jack Barlow, un Anglais du MI6. Jack Barlow avait travaillé avec Robert Thompson en Malaisie péninsulaire, et ils étaient tous deux experts dans le domaine. »

Le programme de Comités provinciaux de coordination proposé par Thompson devait permettre d'étendre aux provinces l'activité de l'Organisation centrale du renseignement. Théoriquement, un agent de cette organisation aurait été affecté à la direction de l'un de ces Comités provinciaux, d'où il aurait piloté, supervisé et coordonné toutes les opérations militaires, policières et civiles dans la province. Mais l'armée américaine n'avait pas voulu du plan de Comités provinciaux de Thompson, si bien que la CIA avait travaillé à son propre système, unilatéral, de Centres provinciaux d'interrogation.

Avec leur ouverture à la fin de l'année 1964, la CIA espérait donc coordonner depuis les nouveaux centres ses opérations paramilitaires et de renseignements à l'échelle provinciale. Les agents de police spéciale affectés à un Centre provincial interrogeaient les suspects et rapportaient à la CIA l'identité et la localisation des représentants de l'IVC. Un officier de liaison de la CIA transmettait ensuite ces informations au responsable CIA des opérations paramilitaires de la province, qui envoyait ensuite une équipe antiterroriste kidnapper ou tuer les cibles IVC désignées. Voilà comment fonctionnait, dans les grandes lignes, le mécanisme à double détente de la lutte contre-insurrectionnelle. Grâce aux Centres provinciaux, la CIA mettait au jour l'IVC à l'échelle provinciale, puis, avec son aile antiterroriste, elle montait les opérations qui éliminaient les cadres de l'IVC et détruisaient son organisation.

Le Centre provincial de Nha Trang avait posé un problème, cependant. Il avait été installé dans des bâtiments préexistants, en partie inadaptés. La CIA avait confié à Pacific Architects and Engineers (PAE) la conception d'un type d'installation standardisée, hautement fonctionnelle, avec des objectifs de coûts minimaux et de sécurité maximale. Ses équipes de reconnaissance avaient repéré toutes les localités exploitables, puis la CIA avait engagé, à travers PAE, des sous-traitants locaux pour construire un Centre provincial d'interrogation dans chacune des quarante-quatre provinces du Sud-Viêt Nam. Les fonds et les salaires provenaient du budget police spéciale de la CIA[61].

---

[61] Entre 1967 et 1969, le colonel Douglas Dillard avait dirigé les opérations Phoenix sur le front du 4ᵉ corps. Dillard avait expliqué : « J'étais devenu l'un des magnats de la construction dans le delta du Mékong, en marge de mon activité Phoenix. » Dillard avait distribué 15 000 dollars à tous les chefs de district pour construire des Centres districtuels de coordination du renseignement et des opérations ; il construisait pour le compte de la CIA « ces petites prisons, comme je les appelle, qu'étaient les Centres d'interrogation ». Dillard avait également rapporté : « Un jour, l'agence avait envoyé

Après la construction, chaque Centre provincial était acheté par la CIA puis cédé à la police nationale : le Centre était donc une structure nationale, sous la direction de la police spéciale. Quatre capitales régionales possédaient également leurs propres Centres d'interrogation. Les Centres régionaux étaient plus grands et, selon Muldoon, accueillaient entre 200 et 300 prisonniers chacun.

C'était le travail de l'officier de liaison de la CIA de convaincre le chef de la province et son homologue de l'Organisation centrale du renseignement d'identifier un site à proximité de la capitale provinciale, et d'y construire un Centre provincial d'interrogation. Une fois construit, l'officier de liaison devenait son conseiller, et Muldoon l'aidait à recruter son équipe. La plupart des Centres provinciaux avaient déjà été construits ou étaient en cours de construction quand Muldoon fut transféré en Thaïlande pour mettre en place le gigantesque Centre d'interrogation de la CIA à Udorn.

À l'intérieur d'un Centre provincial d'interrogation

Les Centres provinciaux étaient composés de quatre bâtiments sur un niveau, reliés entre eux autour d'une cour intérieure. Ces bâtiments étaient de simples quadrilatères en béton coffré, avec une toiture métallique. Au milieu de la cour se tenait une tour de surveillance, avec son générateur électrique.

« Il fallait une source électrique pour les gardes, la nuit, m'avait expliqué Muldoon. Nous avions donc des projecteurs aux coins du Centre, le long de l'enceinte et sur la tour centrale. Ils balayaient tout. Tous les environs du Centre avaient été rasés au bulldozer, de manière à éliminer tous les arbres et fourrés. Il était impossible d'approcher à couvert. »

On entrait ou sortait du Centre par des portes au blindage d'acier, peintes en vert. « Elles étaient grandes ouvertes à chaque fois que je venais en visite. » Muldoon ne visitait que de jour, car « c'était la nuit que les attaques survenaient ». Les Centres provinciaux d'interrogation étaient situés à la périphérie des villes, loin des zones résidentielles, pour ne pas mettre en danger les populations locales et pour ne pas attirer l'attention. « Les Centres étaient des structures autosuffisantes », avait précisé Muldoon.

Les lignes téléphoniques des Centres provinciaux étaient placées sur écoute par la CIA.

Sur le côté gauche, vous aviez les salles d'interrogation et les cellules. Selon sa taille, le Centre pouvait compter entre vingt et soixante cellules d'isolement, de la taille d'un placard. Les femmes et les hommes n'étaient pas séparés. « Vous aviez un grand corridor central, avec des cellules de part et

---

un sous-traitant, un vieux gentleman du Maryland. Il devait s'assurer que la construction des Centres d'interrogation par Pacific Architects and Engineers se passait bien. Je me souviens que nous avons visité ensemble celui de Chau Duc, où des moines avaient été incarcérés. Ils avaient des chaînes d'acier aux pieds, pour les empêcher de fuir. »

d'autre. Les cellules étaient fermées par une porte en acier. Celle-ci comportait un panneau amovible à sa base, par lequel on faisait passer la nourriture, et une fente en hauteur qui permettait de vérifier ce que faisait le prisonnier. »

Il n'y avait pas de toilettes, juste des trous à la turque. « Ils n'avaient pas de W.C. chez eux non plus, s'était amusé Muldoon. Pourquoi aurions-nous dû en mettre dans leurs cellules ? »

Les prisonniers dormaient à même le sol, sur la chape de ciment. « Selon leur niveau de coopération, vous pouviez leur donner un matelas de paille, ou une couverture. Il pouvait faire très froid, la nuit, dans la région des Montagnes centrales. » Les récompenses et les punitions faisaient partie intégrante du système. « Il y avait des petites choses que vous pouviez leur donner et leur reprendre. Pas grand-chose, en réalité, mais ils étaient reconnaissants de la moindre chose que vous leur donniez. »

Selon le niveau d'activité de l'IVC dans la province, et selon la personnalité de son chef, certains Centres étaient toujours pleins, tandis que d'autres étaient toujours vides. Les prisonniers étaient isolés le plus possible : « Nous ne voulions pas qu'ils puissent parler entre eux, m'avait expliqué Muldoon, si bien que nous espacions les cellules le plus longtemps possible, jusqu'au moment où, par manque d'espace, nous étions contraints de les construire côte à côte. Au quotidien, l'isolement était total. Il n'y avait pas de promenade dans la cour. Les prisonniers attendaient dans leur cellule que nous les interrogions, c'est tout. Après l'interrogatoire, nous les renvoyions à la prison locale ou nous les remettions aux militaires. Ils finissaient alors dans des camps de prisonniers de guerre, ou bien ils étaient emportés pour être exécutés. Je n'avais rien à voir avec ça. » Muldoon avait tenu à souligner, de manière un peu forcée, que les prisonniers politiques « étaient mieux traités dans les Centres provinciaux que les pensionnaires des prisons de droit commun. La Sécurité publique américaine collaborait avec la police nationale[62]. Dans les prisons vietnamiennes, vous aviez parfois soixante, soixante-dix personnes dans une cellule qui n'aurait pas dû en contenir plus de dix. Mais ils s'en moquaient : un criminel, ça doit souffrir. Si ça ne leur plaisait pas, tant pis : ils n'avaient qu'à être d'honnêtes gens ».

L'interrogatoire

Voici comment Muldoon m'avait décrit les procédures d'interrogation de la CIA : « La première chose que nous faisions, quand nous recevions des prisonniers, c'était de les passer à la douche. Les douches se trouvaient à gauche, à l'entrée. Ils étaient ensuite examinés par un médecin ou un infirmier. C'était absolument nécessaire : Dieu seul sait quelles maladies ils pouvaient

---

[62] L'Agence pour le développement international du département d'État américain (la célèbre AID) possédait un « Bureau de la sécurité publique » principalement formé d'anciens flics et d'agents pénitentiaires, chargés de conseiller les services de police étrangers.

trimbaler. Ils pouvaient avoir besoin de médicaments. Il fallait qu'on puisse les interroger, et cela ne nous aurait avancé à rien qu'ils meurent dès leur premier jour chez nous. C'est pour cela que le cabinet du médecin était pile à l'entrée du Centre. » Muldoon avait poursuivi : « Dans la plupart des Centres provinciaux d'interrogation, l'équipe sanitaire était composée de médecins de l'armée sud-vietnamienne, qui venaient inspecter tous les prisonniers entrants. »

Une fois lavé, examiné, soigné, pesé, le prisonnier était photographié. On prenait ses empreintes digitales, et sa biographie était rédigée par un agent de la police spéciale dans une salle de réunion. Ce premier interrogatoire servait à extraire de l'information « chaude », utilisable immédiatement : les informations sur la tenue d'une réunion d'un comité du parti communiste, par exemple, et toutes sortes d'informations utiles à préparer les séances d'interrogations suivantes. Le prisonnier était ensuite reconduit dans sa cellule.

Les salles d'interrogation se trouvaient au fond du Centre. Certaines étaient équipées d'un miroir sans tain et d'un polygraphe. En général, l'équipement le plus sophistiqué était réservé aux Centres régionaux, où se trouvaient les équipes de la CIA spécialisées dans les interrogatoires, les seules vraiment capables d'exploiter ce genre de matériel. En effet, la plupart des agents de liaison de la CIA des Centres provinciaux n'avaient pas été formés aux techniques d'interrogatoires. « Ce n'était pas nécessaire. Leur mission consistait à collecter le renseignement. Ils avaient une liste de choses à faire dans leur province, et ils devaient simplement s'assurer que la personne chargée du Centre provincial exécute ses consignes. Ils avaient juste à dire : "Voilà ce dont j'ai besoin." Ils recevaient ensuite les rapports du premier interrogatoire, puis donnaient d'autres consignes et d'autres objectifs à la police spéciale pour les interrogatoires suivants, exactement comme nous le faisions au Centre national. »

Les gardes vivaient au Centre provincial. À la fin de leur service, ils déposaient leurs armes dans la première salle à droite, qui jouxtait celle du chef du Centre, avec son coffre pour les documents confidentiels, des armes de poing et une bouteille de scotch. Le travail du chef du Centre consistait à transformer les membres de l'IVC capturés en agents. On construisait ainsi un réseau d'informateurs dans les hameaux et les villages. Plus loin dans le couloir, vous aviez les bureaux des interrogateurs, des rédacteurs des rapports, des interprètes et traducteurs, l'équipe administrative et les cuisiniers. Il y avait également des salles avec des meubles de rangement fermés à clef, d'autres avec des cartes pour traquer l'activité de l'IVC. Il y avait aussi une salle où l'on encourageait les déserteurs à entrer dans les forces antiterroristes.

Chaque fois que la construction d'un Centre était achevée et son équipe recrutée, Muldoon faisait venir une équipe de formateurs depuis le Centre national. Chaque formateur était spécialiste d'une discipline. Le capitaine de l'armée de terre formait les gardes. Un sergent de l'armée de l'air apprenait au personnel comment on rédigeait un rapport. Il fallait maîtriser les différents formats du renseignement tactique ou stratégique, ou du compte-rendu d'activité. Avant la rédaction finale, les notes des interrogateurs étaient analysées par un interrogateur en chef. Elles étaient ensuite fusionnées en un rapport final dactylographié et envoyé en de multiples exemplaires à la police spéciale, à l'Organisation centrale du renseignement et à la CIA. Les traductions étaient toujours considérées comme douteuses, à moins qu'elles n'aient été lues et validées par la personne interrogée, ce qui n'arrivait que rarement. On partait du principe que les transcriptions d'entretiens non authentifiés n'étaient pas fiables et qu'une part significative de leur contenu avait été ou perdu dans la traduction, ou déformé.

Un autre sergent de l'armée de l'air apprenait aux interrogateurs comment prendre des notes et formuler les questions durant les interrogatoires.

« Un interrogatoire, ce n'était pas venir avec dix questions et repartir avec dix réponses, avait expliqué Muldoon. C'est ce que faisaient certains : ils étaient contents avec leurs dix réponses. Il fallait leur faire comprendre que l'on ne s'arrêtait pas de creuser un filon d'informations juste parce que l'on avait une réponse. Une réponse utile devait susciter soixante questions supplémentaires. »

« Je donne un exemple. Vous commenciez par la question type : "Avez-vous suivi un entraînement au Nord-Viêt Nam ?" La question suivante, c'était : "Avez-vous été entraîné par des instructeurs autres que vietnamiens ?" En général, les développements possibles à partir de la réponse à la seconde question étaient si précieux que vous pouviez continuer de creuser une heure avant de passer à la question suivante, qui était : "Quand êtes-vous revenu au Sud ?" »

Les agents de la police spéciale des Centres régionaux suivaient un programme de formation spécial au Centre national, dispensé par les experts de la branche des services d'assistance de la CIA, qui pour la plupart travaillaient sur des transfuges russes et avaient été amenés depuis Washington pour s'occuper des cas les plus complexes. La formation du personnel administratif était assurée au quartier général régional par des secrétaires professionnelles, qui enseignaient à leurs élèves comment taper à la machine, rédiger ou utiliser le téléphone.

D'après Muldoon, la police spéciale sud-vietnamienne employait toujours les « vieilles méthodes françaises ». Ce qui supposait le recours à la torture. « L'agence devait absolument faire cesser tout ça. Elle voulait leur faire adopter des techniques plus sophistiquées. »

Les Vietnamiens, pourtant, rechignaient à changer « leurs » méthodes. On rappellera tout de même que ce ne sont pas les Vietnamiens qui avaient conçu cet autre « archipel du goulag » qu'étaient les Centres provinciaux d'interrogation. La police spéciale était la création de Robert Thompson, dont les ancêtres anglo-normands avaient poussé, dans les oubliettes de leurs châteaux, l'art de la torture à ses sommets, avec leurs vierges de fer, leurs étaux à phalanges et leurs fers incandescents.

Quant au rôle des Américains dans l'affaire, Muldoon avait sa réponse : « Vous ne pouviez pas avoir un Américain en permanence en train de surveiller tout ce qui se passait. »

Et « tout ce qui se passait » incluait les viols, les viols collectifs, les viols avec des anguilles ou des serpents, et les viols suivis de meurtres. Il y avait aussi « l'heure au téléphone Bell », où on attachait des fils électriques sur les parties génitales. Il y avait le waterboarding, simulacre de noyade, et « l'avion », qui consistait à rouer de coups un prisonnier suspendu au bout d'une corde, ligoté avec les bras dans le dos. On battait aussi les prisonniers avec des fouets et des tuyaux d'arrosage. On utilisait aussi sur eux les chiens policiers. Il se passait tout ceci, et bien plus, dans les Centres provinciaux d'interrogation, dont l'un avait été dirigé par l'ancien membre du Congrès Rob Simmons (républicain, Connecticut), alors qu'il était agent de la CIA dans la province de Phú Yên en 1972[63].

« Le conseiller du Centre provincial devait quant à lui informer l'agent régional des opérations planifiées dans la capitale régionale, ou contre les personnalités majeures sur le terrain », m'avait expliqué Muldoon, en précisant que les conseillers qui tenaient vraiment à faire du bon travail dirigeaient eux-mêmes leur Centre provincial. Les conseillers paresseux employaient des sous-traitants qui, bien que payés par la CIA, travaillaient avant tout pour leurs propres intérêts : ils acceptaient de faire le « sale boulot » en échange d'un accès préférentiel au marché noir.

En plus de servir avant tout de salles de torture, les Centres provinciaux eurent bien vite la terne réputation de ne parvenir à collecter de renseignements que sur le niveau le plus bas de l'infrastructure vietcong. En effet, quand un cadre IVC qui détenait une information d'importance stratégique était capturé (par exemple, un cadre vietcong de Hué qui savait ce qui se passait dans le delta), il était immédiatement récupéré par les responsables régionaux ou par le Centre national, d'où les experts de la CIA adressaient des rapports de qualité à Washington. Les Centres provinciaux n'avaient, eux, aucun retour, ce qui les installait peu à peu dans la routine. On finissait par y interroger en boucle, mois après mois, les mêmes suspects de bas niveau.

« De nombreux Centres provinciaux ne produisaient rien de valable, parce que les conseillers de la CIA les laissaient végéter, avait précisé Muldoon. Certains me disaient : "Ce n'est pas qu'on n'a pas essayé, c'est juste que l'idée était stupide dès le départ. On n'arrivait pas à faire comprendre aux militaires qui capturaient les prisonniers qu'ils devaient nous les céder rapidement. Les militaires ne nous les passaient qu'une fois qu'ils en avaient fini avec eux, quand il n'y avait plus rien à en tirer."

« C'était pourtant le plan, avait continué Muldoon. Il fallait d'abord laisser les militaires récupérer le renseignement tactique. C'est le plus important dans la conduite de la guerre. Mais lorsque les militaires avaient obtenu ce qu'ils pouvaient exploiter le lendemain ou le surlendemain, il fallait laisser le sujet à la CIA, et c'était dans ce but que l'on avait créé des Comités provinciaux de coordination du renseignement, qui chapeautaient les Centres provinciaux d'interrogation. Il fallait faire circuler l'information. Et de fait, dans les

---

[63] Voir *infra*, chapitre 15, « L'espion qui devint parlementaire ».

provinces où nos gars parvenaient à travailler avec MACV[64], ils obtenaient des résultats. »

À l'heure où j'écris ces lignes, en août 2016, on peut supposer que la CIA a créé des réseaux secrets de Centres d'interrogation dans tous les pays où l'armée américaine est engagée – Afghanistan, Irak, Syrie, Libye... J'imagine que ces sites non documentés, que la CIA parvient à imposer à ces nations en corrompant leur appareil de la Sécurité nationale, sont des versions améliorées, informatisées du vieux modèle de Centres provinciaux d'interrogation.

Enfin, sachez que les méthodes d'interrogation de la CIA n'ont pas changé. L'agence a acquis l'expertise qui lui permet de pousser les gens à la folie.

L'aspect militaire de l'affaire

C'est le major-général Joseph McChristian qui a décrit le versant militaire du dossier dans son livre *The Role of Military Intelligence 1965-1967*[65]. McChristian était arrivé à Saïgon en 1965, en tant que chef du renseignement militaire. Convaincu du danger que représentait l'infrastructure vietcong au Sud, il avait proposé de la détruire au moyen « d'un vaste effort à l'échelle nationale, qui prévoyait du contre-sabotage, de la contre-subversion et du contre-espionnage ». À cet effet, McChristian avait doté de détachements de renseignements chaque brigade, division et force opérationnelle américaine. Il avait également imposé cette mesure à l'armée de la République du Viêt Nam, aux échelles des divisions et des corps d'armée. Il avait créé des Centres combinés de renseignements, d'interrogation et de traitement, chargés de coordonner l'action des unités alliées sur le terrain. Il avait également ordonné la construction de Centres militaires d'interrogation dans chaque secteur, division et corps d'armée.

McChristian avait cependant reconnu le primat de la police spéciale, conseillée par la CIA, dans les opérations anti-IVC. Il admettait que l'armée ne disposait pas de l'expertise du réseau d'agents de la CIA, d'autant que les militaires étaient avant tout intéressés par l'acquisition de l'information tactique, nécessaire dans la planification de toute offensive. McChristian avait cependant été outré quand la CIA, sans consulter le MACV, s'était emparée de toute la documentation relative à l'infrastructure vietcong présente dans les Centres provinciaux. Il avait été scandalisé quand un membre de la CIA lui en

---

[64] N.D.É. : Créé le 8 février 1962, MACV (pour « Military Assistance Command, Vietnam » ou « Commandement pour l'assistance militaire, Viêt Nam ») était une structure de commandement unifiée pour toutes les forces militaires américaines pendant la guerre, chargée du contrôle de tous les efforts d'assistance et de conseil au Sud-Viêt Nam.

[65] Joseph McChristian, *The Role of Military Intelligence 1965-1967*, Department of The Army, Washington D.C., 1974, collection Vietnam Studies.

avait refusé la consultation[66]. La concurrence était générale. En conséquence, certains agents de la CIA refusaient l'accès de leur Centre provincial aux militaires, et, en représailles, les militaires refusaient d'envoyer leurs prisonniers dans les Centres. Les opérations anti-IVC étaient pénalisées par ces dissensions et souffraient d'une coordination médiocre à l'échelle provinciale.

L'armée américaine envoyait ses équipes de renseignements implanter des réseaux d'agents dans les provinces, en coordination avec le service de sécurité militaire de l'armée sud-vietnamienne. Ces équipes de conseillers transmettaient leurs comptes-rendus à la section d'ordre de bataille politique des Centres combinés de renseignements, lesquels « produisaient des rapports détaillés sur la position, la zone d'influence, la structure, la force, les personnalités et les activités du parti communiste ou de l'infrastructure vietcong ». Les informations arrivant aux Centres combinés étaient intégrées dans des bases de données automatisées, qui permettaient aux analystes de confronter les noms des membres identifiés de l'IVC avec les pseudonymes connus. Les comptes-rendus des agents et des programmes spécifiques de collecte du renseignement fournissaient les informations sur les plus bas niveaux de l'IVC, tandis que les informations sur la haute hiérarchie venaient du Centre combiné d'interrogation de l'armée qui, selon McChristian, était « le point nodal de l'exploitation tactique et stratégique des sources humaines retenues »[67].

Vers la mi-1966, le renseignement militaire américain employait un millier d'agents au Sud-Viêt Nam, tous sur la liste de paie du fonds de réserve du 525e groupe de renseignements militaires.

Le 525e groupe possédait son propre quartier général. Il plaçait un bataillon dans chaque corps d'armée, ainsi qu'un bataillon pour la collaboration avec les pays tiers. Comme la CIA, plusieurs de ses équipes agissaient unilatéralement, sans informer ou recevoir l'acquiescement du gouvernement vietnamien. Ces équipes étaient composées de cinq hommes sous la direction d'un officier. Chacun de ces hommes travaillait en tant qu'officier traitant. Certains de ces officiers traitants travaillaient sous couverture. Ils feignaient d'être des employés du service Extérieur du département d'État, ou des employés de sociétés privées américaines, comme PAE. Leur matricule militaire leur permettait d'accéder à des informations confidentielles, à des secteurs ou des ressources militaires. À leur arrivée au Sud-Viêt Nam, ces officiers traitants étaient affectés à un « agent principal » (AP), qui se trouvait généralement à la tête d'un réseau d'agents actif. Certains de ces réseaux avaient été mis en place des décennies plus tôt par les Français. Chaque agent principal était relié à plusieurs sous-agents organisés en cellules. Comme la plupart des espions, ces sous-agents travaillaient pour l'argent. Dans bien des cas, la guerre les avait privés de leur activité, et ils n'avaient pas d'autre alternative.

---

[66] *Ibid.*, p. 71.

[67] *Ibid.*, p. 26.

Les officiers traitants travaillaient avec les agents principaux à l'aide d'interprètes et de coursiers. En théorie, l'officier traitant ne rencontrait jamais les sous-agents de son agent principal ; chaque cellule avait son chef de cellule, qui rencontrait en secret l'agent principal. Au cours de ces rencontres, ils échangeaient et recevaient des informations, que le chef de cellule communiquait ensuite aux sous-agents. Les sous-agents avaient leurs spécialités : certains s'occupaient de politique, d'autres d'affaires militaires. Ils se faisaient passer pour des bûcherons, des fermiers, des secrétaires ou des mécaniciens pour infiltrer les villages et les entreprises vietcong. Ils faisaient des rapports sur les cadres de l'infrastructure vietcong, sur les activités criminelles du gouvernement vietnamien, sur la taille et la localisation des unités vietcong et de l'armée nord-vietnamienne.

Les chefs d'équipe des officiers traitants gérant des « comptes » politiques leur demandaient d'obtenir des informations sur des individus particuliers de l'IVC. Le chef de cellule communiquait les informations collectées à l'agent principal, qui les transmettait à l'officier traitant par les méthodes classiques du métier. Par exemple, il inscrivait une marque abstraite sur un mur ou un poteau de téléphone que l'officier traitant avait l'habitude de vérifier à intervalles réguliers. À la vue de la marque, l'officier traitant envoyait un coursier récupérer le rapport auprès du coursier de l'agent principal, en un lieu et une heure prédéfinis. L'officier traitant passait ensuite les informations à son chef d'équipe et à d'autres clients, comme l'officier de liaison de la CIA à « l'ambassade ».

Le produit final de ces opérations de contre-espionnage était appelé Rapport d'information de l'armée (AIR, Army Information Report). Les agents étaient évalués sur la précision de leurs informations, ce qui, chez des gens motivés avant tout par l'argent, était difficile à mesurer. Un agent pouvait décider d'accuser l'un de ses débiteurs, ou un rival en amour, en affaires ou en politique. Enfin, nombreux étaient les agents qui travaillaient pour l'insurrection ; c'est la raison pour laquelle il fut décidé de les soumettre régulièrement au détecteur de mensonges. Ils avaient leur nom de code, et, bien qu'ils fussent payés par le Fonds de contingence du renseignement militaire, leur salaire ne suffisait pas à vivre décemment ; une grande partie d'entre eux trempaient dans le marché noir.

L'étape finale du cycle du renseignement était la résolution contractuelle. Les agents recevaient leur solde, faisaient le serment du secret, et saluaient. Il existait aussi la formule de la « résolution avec préjudice » : l'agent devait changer de secteur, et son nom finissait sur une liste noire. Toute collaboration ultérieure avec les forces américaines lui était interdite. Il y avait enfin la « résolution avec préjudice extrême », qui était un euphémisme pour indiquer que l'agent devait être liquidé, parce que son existence même représentait un péril pour une opération ou pour ses collègues. Les agents du renseignement militaire, comme ceux de la CIA, suivaient des formations clandestines sur l'art de rompre le contrat avec « préjudice extrême ».

De nos jours, ces méthodes sont toujours en vigueur, mais appliquées à une échelle supérieure. Les officines du renseignement militaire gèrent leur réseau d'agents dans cette société qui se constitue spontanément autour de chacune des centaines de bases américaines à travers le monde. Les officiers traitants assurent le plus gros de leur fonction dans les bordels et les discothèques qui ne manquent jamais d'éclore autour des bases pour répondre aux besoins du personnel militaire en matière de sexe et de drogue. Cette petite industrie du « service à la personne » est sans doute l'acteur principal de ce que Warren Milberg appelait cyniquement un processus de « stabilisation économique ». Les officiers traitants, en effet, distribuent l'argent autour d'eux de manière ostentatoire dans leur traque de l'information, mais aussi, et surtout, pour corrompre les officiels locaux. Comme au Viêt Nam, il s'agit de les convaincre d'adopter une politique contraire aux intérêts de leur nation. Comme les missionnaires de jadis, ils prêchent leur évangile et pavent la voie pour l'arrivée du capital.

Avec, à la clef, des milliards de dollars payés par les contribuables, et qui disparaissent à jamais des caisses de l'État[68].

Ed Murphy et Sid Towle : deux cas d'école

Le sergent Ed Murphy était un spécialiste du contre-espionnage. Formé à Fort Holabird, il avait ensuite été envoyé à l'Institut de langue de la défense, au Texas, pour suivre un cours de vietnamien, avant d'être muté à Fort Lewis (Tacoma, État de Washington) puis de partir pour le Viêt Nam :

« On m'avait donné un article à lire pendant le vol qui m'amenait de Fort Lewis à la base de la baie de Cam Ranh, se souvenait Murphy. C'était une étude de l'American Medical Association sur les méthodes d'interrogation utilisées en Union soviétique. Elle montrait comment obtenir des résultats sans même porter la main sur le prisonnier, et comment vous pouviez torturer une personne par votre seule présence. »

À son arrivée au Viêt Nam, en mai 1968, Murphy avait été affecté à Camp Enari, quartier général de la 4e division d'infanterie, immédiatement à l'extérieur de la ville de Pleiku. Là-bas, sur les hauts plateaux des Montagnes centrales, le passage de la théorie à la pratique transforma très vite sa compréhension de la guerre de contre-insurrection. L'effectif de l'équipe de contre-insurrection de Murphy s'élevait à cinq hommes. Chaque homme était affecté à un secteur, et chaque secteur comptait une dizaine d'agents. La principale mission des agents était de découvrir les plans d'attaque et de sabotage vietcong contre la base de Camp Enari. Les agents de Murphy, qui avaient été envoyés par la sécurité militaire de l'armée sud-vietnamienne, se faisaient passer pour des travailleurs civils sur la base. Murphy dirigeait également une équipe d'agents actifs à Pleiku, à une quinzaine de kilomètres

---

[68] David Pallister, « How the US sent $ 12bn in cash to Iraq. And watched it vanish », *The Guardian*, le 7 février 2007.

plus à l'ouest[69].

De temps à autre, ses agents recevaient des tuyaux au sujet de membres potentiels de l'infrastructure vietcong. Murphy signalait alors les noms au coordinateur local du programme Phoenix.

« Phoenix, m'avait expliqué Murphy, était littéralement un programme de chasse à l'homme, avec primes incluses. Il s'agissait d'anéantir l'opposition, et par opposition j'entends celle qui s'opposait à nous, à la volonté américaine de contrôler le Viêt Nam à travers notre réseau clientélaire, les Diem, les Ky, les Thieu… »

Pour Murphy, toute autre définition de Phoenix est un « dépistage intellectualisant ».

Une fois par semaine, Murphy se rendait à « l'ambassade » où, comme tous les autres agents de renseignements civils et militaires, il venait donner la liste des individus que ses agents soupçonnaient d'appartenir à l'infrastructure vietcong. Les noms étaient ensuite transmis au Comité Phoenix, qui décidait du traitement de chacun des cas.

Les locaux de la CIA étaient situés dans un coin perdu de Pleiku. Ils étaient entourés par une enceinte de béton, et les portes étaient gardées par les éclaireurs de montagne des Unités provinciales de reconnaissance[70]. À l'intérieur, il y avait une cage en fil barbelé pour les prisonniers. Elle était conçue de telle sorte que les prisonniers ne pouvaient pas y tenir debout. Murphy n'avait pas accès au Centre provincial d'interrogation, « qui avait l'air d'une école en forme de U, perchée sur sa colline ».

« Je n'ai jamais vu de soldats de l'armée nord-vietnamienne ou de guérilleros vietcong, avait souligné Murphy. On était après l'offensive du Tet, et tous ces gens étaient morts. L'infrastructure vietcong dont nous parlons était de nature civile. C'étaient ces gens qui soutenaient l'armée nord-vietnamienne, et les vietcong. Cela pouvait être n'importe qui. Cela pouvait être un type qui travaillait dans un cinéma, cela pouvait être un balayeur. »

Quand je lui ai demandé sur quels critères il se basait pour affirmer l'appartenance d'un suspect à l'IVC, Murphy avait répondu : « Sur rien. Je pouvais faire interroger n'importe qui à partir du moment où mon agent me le

---

[69] Comme le dit Anand Gopal dans *No Good Men Among the Living* : « Une base militaire en Afghanistan est aussi un réseau de relations, un centre pour l'économie locale et un acteur central de l'écosystème politique. Revenez sur les étapes de la création de la base américaine à Kandahar, et vous commencerez à comprendre comment la guerre est revenue à Maiwand. » Maiwand est à la fois un district et un village de la province de Kandahar.

[70] Comme le dit Anand Gopal dans *No Good Men Among the Living* : « Une base militaire en Afghanistan est aussi un réseau de relations, un centre pour l'économie locale et un acteur central de l'écosystème politique. Revenez sur les étapes de la création de la base américaine à Kandahar, et vous commencerez à comprendre comment la guerre est revenue à Maiwand. » Maiwand est à la fois un district et un village de la province de Kandahar.

désignait comme suspect, et que je considérais qu'il était crédible. Rien de plus facile. Mon chef d'équipe et moi avions un accord : je pouvais faire tout ce que je voulais. J'étais habillé en civil, j'étais officiellement un ouvrier de Pacific Architects and Engineers. »

Murphy considérait que ses agents étaient « des proxénètes et des hommes d'affaires qui s'enrichissaient par le commerce du renseignement ». Il m'avait expliqué combien il était difficile de vérifier la nature des informations présentées au cours des réunions du Comité Phoenix, notamment en raison de l'absence de fichiers centralisés. Par exemple, il se souvenait du cas d'une femme qui avait été torturée et violée en interrogatoire juste parce qu'elle avait refusé de coucher avec un agent.

« Phoenix, avait dit Murphy, était largement pire que les choses qu'on lui avait reprochées. C'était un programme haineux, presque autant qu'un bombardement. Je ne vais pas m'excuser. Mais Phoenix a été un tournant pour moi. Il mettait à nu la vérité. J'ai réalisé qu'il s'agissait de bien plus que d'une guerre : en partant du principe qu'il n'y avait rien de pire que le communisme, le gouvernement du Viêt Nam, avec notre appui, considérait qu'il avait la pleine liberté d'écraser toute opposition et d'accroître son contrôle sur la population. »

Ce contrôle, avait poursuivi Murphy, avait une finalité économique : « Un employé de PAE m'avait parlé de 2 millions de dollars, en espèces et en matériel, qui avaient disparu : c'étaient les Américains, et non les Vietnamiens, qui approvisionnaient le marché noir. »

« Pour entrer à l'école du renseignement militaire, m'avait expliqué Murphy, j'avais dû rédiger un essai-débat sur la guerre du Viêt Nam. L'axe principal de mon papier, c'était : "Ce que nous faisons au Viêt Nam reviendra nous hanter." C'était une thèse utopiste d'amitié universelle. On m'envoie au Viêt Nam, et je découvre toute l'hypocrisie de ce qui se passe sur place. Je reviens ensuite aux États-Unis, et je vois la même chose. J'étais au 116e groupe de renseignements militaires, à Washington. À la sortie de mon bureau, il y avait des emplacements pour des photos. Et il y en avait déjà huit d'occupés ; Rennie Davis, Abbie Hoffman, Ben Spock, Jerry Rubin[71]. Et on m'avait confié la tâche de localiser et d'identifier ces gens.

« C'était Phoenix qui continuait. Oui, qui continuait chez nous !

« Au Viêt Nam, j'avais des portraits-robots des suspects. À l'époque, c'était fait sans toute cette technologie, mais peu importe : ce qu'il faut retenir, c'est que les méthodes qui étaient employées au Viêt Nam l'étaient également aux États-Unis, et le sont toujours. »

En 1969, Murphy avait été l'un des rares et précieux Américains familiers du programme Phoenix décidés à en faire un sujet de débat public. Il avait pris sa décision en octobre 1969, à l'occasion du « défilé contre la mort », devant le Pentagone. « J'étais surveillé. Je le savais parce qu'on me l'avait dit. "J'ai

---

[71] Abbie Hoffman et les autres étaient les leaders du mouvement contre la guerre du Viêt Nam.

lu des choses sur ton compte", m'avait dit un agent (Sid Towle). »

Murphy avait combattu pour son pays et pour la défense de ses libertés civiles, et il était furieux d'apprendre que le 116ᵉ groupe de renseignements militaires était employé contre des citoyens américains exerçant leur droit constitutionnel de protestation. Pour lui, l'affaire représentait « la mentalité Phoenix aux États-Unis ».

« Dans ma position, Phoenix était devenu un moyen de faire cesser la guerre. On utilise ce qu'on a et, moi, j'avais Phoenix. Je suis un ancien agent du renseignement, je parle couramment vietnamien, j'ai travaillé pour Phoenix dans la région des hauts plateaux centraux. Je suis donc crédible. Et donc, je me sers de Phoenix. »

Dans son intention de faire du programme Phoenix un argument politique pour faire cesser la guerre, Murphy s'était rapproché de deux autres anciens combattants du Viêt Nam. Le 14 avril 1970, lors de trois conférences de presse simultanées à New York, San Francisco et Rome, les trois vétérans diffusèrent un communiqué qui décrivait les horreurs de Phoenix. Le programme était alors en place depuis trois ans.

L'histoire de Sid Towle

Après l'obtention de son diplôme à Yale, le lieutenant Sid Towle fut affecté en juin 1969 au 116ᵉ groupe de renseignements militaires de Washington. En tant que chef d'une équipe de contre-espionnage, il était chargé de l'examen de divers dossiers, dont l'enquête sur les activités pacifistes d'Ed Murphy.

Towle exécutait aussi des « opérations offensives de contre-espionnage », qui consistaient à saboter les manifestations pacifistes : en allumant des incendies, en incitant à l'émeute, de manière à justifier l'intervention de la police de la capitale. Histoire de fracasser quelques crânes et arrêter des manifestants. Pendant la période où il conduisait ces opérations militaires contre des citoyens américains, Towle fut décrit ainsi par son supérieur : « L'un des jeunes officiers les plus compétents et motivés avec lesquels j'ai eu le privilège de travailler. »

Mais Towle ne voulait pas aller au Viêt Nam, si bien qu'en janvier 1971, il demanda à être démis de ses fonctions en raison de sa « détestation complète de la guerre du Viêt Nam et de la présence américaine continue là-bas ». Towle fit jouer l'article 635-100 du Code de l'armée, mais sa demande fut refusée, et son matricule « triple 6 » révoqué[72]. Il partit pour le Viêt Nam en mars 1971, en tant que coordinateur Phoenix dans le district de Vung Liem, dans la province de Vinh Long. Un sergent affecté au Centre districtuel de coordination gérait l'enveloppe (provenant de la CIA) des informateurs et des Unités provinciales de reconnaissance. Le sergent servait aussi de liaison avec

---

[72] Le code de désignation MOS (Military Occupational Specialty) des agents de contre-espionnage de l'armée était 9666.

le Centre provincial d'interrogation de Vinh Long. À l'époque, Towle était hébergé dans une villa avec six autres personnes de l'équipe de Soutien au développement rural et aux opérations civiles (SDROC, Civil Operations and Rural Development Support) du district, dépendant directement de MACV[73]. Les quartiers de l'Unité provinciale de reconnaissance étaient situés juste derrière la villa. « Nous allumions la radio dès que nous entendions les hurlements des gens qu'ils interrogeaient, m'avait dit Towle. Je ne savais pas ce que les Unités provinciales de reconnaissance faisaient, 90 % du temps. Elles étaient sous les ordres directs de l'officier de la CIA responsable de la province. »

Pour autoriser une opération contre l'infrastructure vietcong, Towle avait besoin du feu vert de Tom Ahern, le chef provincial de la CIA[74]. Towle identifiait « entre huit et dix membres de l'IVC par semaine ». « La Branche spéciale venait avec des noms, que je devais vérifier. » L'activité de Towle en tant que coordinateur Phoenix consistait donc principalement à passer au crible les fichiers de cibles du Centre districtuel de coordination du renseignement, à la recherche de pseudonymes[75]. « Ensuite, l'Unité provinciale de reconnaissance passait à l'action. Ils sortaient toutes les nuits, et tuaient toujours une ou deux personnes, dont il était en réalité impossible de savoir si elles appartenaient à l'IVC. Les types de la reconnaissance revenaient et vous donnaient un nom, qui était toujours sur la liste, mais on n'avait aucun moyen de le vérifier. Bref… On avait des listes affichées sur les murs, on rayait le nom : affaire classée. »

Towle tenait les comptes, jusqu'au jour où le chef de district l'amena en mission, en hélicoptère. Alors qu'ils survolaient un village, ils aperçurent un vieillard qui tenait une petite fille par la main. Le chef de district ordonna au mitrailleur de sabord : « Tue-les. »

Le mitrailleur demanda à Towle : « Je dois vraiment ? » Towle refusa.

« C'était le début de la fin pour moi, m'avait expliqué Towle. Ahern m'a convoqué au siège. Il m'a expliqué que le chef provincial était furieux parce que j'avais fait perdre la face au chef de district. »

Ce n'était pas la seule raison pour laquelle Towle avait détesté travailler pour Phoenix. Ahern avait mis en place un système de primes. Il distribuait de l'argent pour encourager à témoigner et informer contre l'IVC. Ahern avait même organisé, entre les conseillers de district Phoenix, le concours de celui qui abattrait le plus de cibles. Les conseillers, révoltés, avaient décidé ensemble de ne pas participer.

---

[73] C'était le SDROC qui dirigeait la « pacification ».

[74] Signalons au passage que Tom Ahern, qui se faisait à l'époque passer pour un agent de contrôle des narcotiques du département d'État, avait été l'un des cinquante-deux otages américains de Téhéran en 1979. Il était en réalité chef de poste de la CIA en Iran.

[75] Les Centres de coordination du renseignement et des opérations, à l'échelle du district comme de la province, employaient du personnel Phoenix.

Quelques jours plus tard, John Vann, qui dirigeait toutes les opérations SDROC du 4ᵉ corps, débarqua dans son hélicoptère personnel[76]. « Il s'est rué directement au Centre districtuel de coordination du renseignement et des opérations. Il critiquait tout. Il voulait savoir où se trouvaient les corps et les armes. Il m'a ensuite envoyé interrompre un enterrement, où j'ai dû ouvrir le cercueil pour identifier le corps. »

« Je détestais Vann, m'avait expliqué Towle. Il n'y avait que les piles de cadavres qui l'intéressaient. »

Un soir, alors que Towle dînait à la villa du SDROC, le chef de district était entré dans le salon avec son équipe de reconnaissance et avait répandu le contenu d'un sac crasseux sur la table. Il contenait onze oreilles sanglantes, que Towle aurait dû faire parvenir à Ahern pour prouver la neutralisation de six membres de l'IVC.

« Cela m'avait rendu malade, se souvenait Towle. Il m'avait coupé l'appétit. Après l'affaire des oreilles, j'ai rejoint l'équipe des opérations de sauvetage héliportées sur une mission, au cours de laquelle j'avais été promu capitaine. Le conseiller en chef du district m'a fait parvenir un message qui disait : "Ne reviens pas." J'ai alors décidé d'aller trouver un ami au bureau du JAG, la Justice militaire, à Can Tho, qui a rapporté l'épisode des oreilles au général Cushman[77]. Le général s'est déplacé en personne pour délivrer une lettre de réprimande au conseiller senior de la province. Il était clair que je ne pouvais plus retourner à Vung Liem. J'ai donc chargé un de mes amis sur place de faire parvenir mes affaires à Can Tho. »

Le 20 juillet 1971, Towle fut relevé de ses fonctions de coordinateur Phoenix de Vung Liem, et, dix jours plus tard, il reçut sa nouvelle affectation : la province de Kien Phong. « C'était le proverbial aller simple pour le Cambodge. Les deux précédents coordinateurs Phoenix de là-bas avaient été tués par leurs propres Unités provinciales de reconnaissance. Je suis allé trouver le major James Damron, qui était responsable de l'administration Phoenix dans la province de Can Tho, mais il a refusé de revenir sur l'affectation. Je suis alors retourné au bureau du JAG, où, avec mon ami, nous avons rédigé une lettre à destination de la direction du programme Phoenix à Saïgon. »

Dans sa lettre au directeur du programme John Tilton, Towle expliquait que « les crimes de guerre, tels que les qualifient les Conventions de Genève, n'étaient pas rares », aussi demandait-il à être « immédiatement relevé de ses fonctions au sein du programme conformément à la disposition 525-36 du règlement du MACV ».

---

[76] Vann était l'un des favoris de William Colby. Neil Sheehan a révélé qu'il s'agissait d'un violeur dans son livre *A Bright Shining Lie: John Paul Vann and America in Vietnam* (Vintage Books, 1988).

[77] N.D.É. : Le général Robert Cushman, héros de la Seconde Guerre mondiale, commandait le corps des marines au Viêt Nam et avait été directeur adjoint de la CIA entre 1969 et 1971.

Le lendemain, le major Damron réaffecta Towle au Centre de coordination du renseignement et des opérations où les deux « triple 6 » précédents avaient été tués. Pour échapper à une mort certaine, Towle se cacha dans la maison de son ami à Can Tho jusqu'au 10 août, date à laquelle le nouveau chef d'état-major du SDROC, le général Frank Smith, approuva sa démission.

Un officier haut placé du SDROC suggéra – « au sujet de ce cas qui nous a tous révoltés », disait-il – une vérification systématique des états de service au niveau de la direction de Saïgon avant d'affecter des recrues ou des officiers « inadéquats » aux opérations Phoenix.

Alors même que « l'inadéquat » Sid Towle quittait le programme Phoenix, le directeur du SDROC, William Colby, affirma devant le Congrès que jamais aucun employé du programme n'avait démissionné pour des raisons morales en faisant jouer la clause 525-36 du règlement du MACV.

Colby affirma également au Congrès que les programmes d'encouragement (comme celui qu'avait organisé Ahern dans la province de Vinh Long) étaient des cas accidentels. À ce moment précis, Tilton, le directeur de Phoenix, mettait en place son programme de récompense de haute valeur. Programme que l'adjoint de Tilton, le colonel Chester McCoid, décrivit en ces termes à son épouse : « Nous plaçons des primes substantielles sur la tête des hauts cadres politiques vietcong, jusqu'à 8000 dollars au tarif du marché noir, et deux fois cette somme par les canaux officiels. Nous espérons ainsi encourager les membres de bas niveau de l'infrastructure vietcong à livrer leurs chefs pour l'argent de la prime. »

McCoid, consterné, poursuivit : « Notre proposition initiale a été vidée de sa substance par les saintes-nitouches, qui considèrent que mettre une prime sur la tête de nos ennemis est une pratique excessivement cruelle ! Nous avions pourtant le soutien de Colby. »

En fin de compte, le concept Phoenix ne peut être défini que par l'ensemble des programmes qu'il coordonnait, en y incluant les aspects publics et politiques – tels que les auditions de Colby devant le Congrès – qui masquaient ses véritables objectifs et sa réalité opérationnelle. Toutes les autres définitions ne sont, pour reprendre l'expression d'Ed Murphy, que du « dépistage intellectualisant ».

« Le point à retenir, nous rappelait Murphy, c'est que Phoenix était employé au Viêt Nam, il était employé et continue d'être employé aux États-Unis. »

CHAPITRE 5

LE SALE BOULOT DE LA PRESSE, OU L'ART DE DÉFENDRE LE MODÈLE CRIMINEL DU VIÊT NAM POUR JUSTIFIER SON APPLICATION EN AFGHANISTAN (ET AILLEURS)

Evan Thomas et John Barry ont fait débuter leur article « The Surprising Lessons of Vietnam »[78] – publié dans *Newsweek* le 6 novembre 2009 – par l'évocation d'une brève conversation téléphonique entre deux hommes : le général Stanley McChrystal, commandant des Forces internationales d'assistance et de sécurité en Afghanistan, et Stanley Karnow, dont le livre *Vietnam* était qualifié par nos auteurs de « classique récit populaire sur la guerre du Viêt Nam ».

Lors de cette conversation, McChrystal avait demandé à Karnow quelles leçons de la guerre du Viêt Nam pouvaient être appliquées à l'Afghanistan. Le vieux journaliste, alors âgé de 84 ans, avait répondu que la leçon principale était la plus simple : « Pour commencer, nous n'aurions jamais dû y aller. »

Hélas, Thomas et Barry, qui pourtant revendiquaient en sous-titre la nécessité de « percer les mystères du Viêt Nam pour ne pas répéter les mêmes erreurs », ne remettaient pas en cause le coût en vies humaines ou la nature d'agression impériale de la guerre. Non, ils se demandaient plutôt comment la propagande américaine devait être améliorée, afin de susciter l'adhésion populaire à l'idée de guerre contre le terrorisme, non seulement en Afghanistan, mais aussi partout où il serait profitable de l'exporter.

Pour les auteurs, le conseil de Karnow n'était « pas vraiment utile, car, que cela lui plaise ou non, McChrystal est déjà en Afghanistan ».

On comprendra mieux le parti pris militant de Thomas et Barry en se penchant sur leurs parcours. De son côté, Evan Thomas, dans son livre *The Very Best Men: The Daring Early Years of the CIA*[79], avait transformé quatre

---

[78] N.D.T. : Titre que l'on traduirait par « Les surprenantes leçons du Viêt Nam ».

[79] N.D.T. : Titre que l'on traduirait par « Les meilleurs des hommes : l'audace des premières années de la CIA ».

espions racistes et sans scrupules, Frank Wisner, Richard Bissell, Tracy Barnes, et Desmond Fitzgerald, en héros glamour qui avaient à eux seuls bloqué l'agression soviétique. Avec ce monumental coup de lèche, Thomas s'était ouvert grand les portes des archives secrètes de la CIA. Il appartenait désormais au premier cercle des quémandeurs. Son livre, qui n'était qu'un panégyrique de la CIA, était devenu aussitôt un best-seller.

Quant à John Barry, citoyen britannique, il peut lui aussi s'enorgueillir de l'amour de l'establishment de la Sécurité nationale. Recruté en 1985 par l'impératrice des médias Katharine Graham, il avait obtenu une audience immédiate avec le directeur de la CIA William Casey. *Newsweek* tenait tant à Barry que le magazine avait acheté sa maison en Angleterre pour lui permettre de s'en acheter une à Washington D.C. Depuis, Barry n'avait manqué aucune occasion de remercier ses bienfaiteurs, comme avec son article du 2 mars 2003 – soit deux semaines avant l'invasion américaine – dans lequel il citait un transfuge de haut niveau qui jurait que l'Irak n'avait pas renoncé à ses programmes d'armes de destruction massive[80].

Evan Thomas et John Barry sont les parfaits exemples de cette catégorie d'experts de la Sécurité nationale cooptés par la fraternelle du renseignement, et si soumis à la CIA que le public ne leur accorde plus aucune confiance. Conformément à leur ligne professionnelle, leur article de 2009 ne servait qu'à promouvoir la fiction d'une victoire en Afghanistan. Ils se sont également abandonnés au révisionnisme le plus éhonté en décrétant que le conseil de Karnow et l'impossibilité de la victoire au Viêt Nam n'étaient que l'expression d'un consensus fallacieux propre à la gauche.

Ériger les faucons en autorités

Thomas et Barry prétendaient que l'armée américaine aurait pu gagner la guerre du Viêt Nam si :

➢ 1) le président Lyndon Johnson avait été moins timoré en 1965 ;

➢ 2) le président Richard Nixon avait investi plus de moyens dans la pacification en 1970 ;

➢ 3) les démocrates n'avaient pas trahi les militaires au Congrès en 1974.

Pour corroborer leurs mensonges, Thomas et Barry s'appuyaient sur les propos du lieutenant-colonel à la retraite Lewis Sorley et du professeur Mark Moyar, de l'université du corps des marines à Quantico, en Virginie. En substance, nos deux spécialistes ont transformé *Newsweek* en une tribune révisionniste des théories de Moyar, présentées comme « révolutionnaires ». Dans cet ouvrage au titre ridicule, *Triumph Forsaken* (« Le triomphe refusé »), on lit que Lyndon Johnson aurait pu remporter cette guerre s'il avait accepté d'écraser le Nord-Viêt Nam avec la version « années 1960 » de Shock and

---

[80] John Barry, « The Defector's Secrets », *Newsweek*, le 2 mars 2003.

Awe[81].

« En 1964-1965, le haut commandement avait compris qu'il fallait, pour battre le Nord, jeter toutes ses forces dans la bataille. » Moyar expliquait qu'« une campagne de bombardements massive, le minage du port de Hanoï et l'envoi de troupes au Laos et au Cambodge pour couper "la piste Hô Chi Minh", le réseau crucial de routes d'approvisionnement et les "sanctuaires" vietcongs, auraient permis de remporter la guerre en 1965 ». C'était, selon Moyar, l'opposition des politiciens « efféminés » qui avait empêché les faucons de « mettre le paquet ». Ou, dit en d'autres termes, d'anéantir le Nord et d'organiser un génocide.

« Les conseillers de Lyndon Johnson étaient réticents. Ils redoutaient l'intervention de la Chine et de l'Union soviétique, expliquaient Thomas et Barry. Les militaires insistèrent, mais sans conviction. » Une fois de plus, ils commettaient « l'erreur classique qui consistait à dire à leurs maîtres politiques ce qu'ils voulaient entendre ».

Il faut une capacité certaine à la falsification pour accoucher de mythes tels que ceux de Moyar. Et nulle part dans leur article Thomas et Barry n'ont mentionné que les départements d'histoire de l'université Duke et de celle de l'Iowa avaient refusé la candidature de Moyar précisément parce qu'il faisait passer sa propagande de droite pour des faits. Moyar est à l'histoire de la guerre du Viêt Nam ce que le créationnisme est à la science[82]. Mais Thomas et Barry ont l'air de s'en accommoder.

Quant à Lewis Sorley, l'autre source partisane des auteurs, il affirmait que les démocrates auraient « poignardé dans le dos » les militaires en coupant, à la fin de la guerre, les budgets de la stratégie de contre-insurrection, alors que les résultats étaient prometteurs. « [Dans son livre de 1999, *A Better War*[83],] Sorley considère que, contrairement à l'avis général, les États-Unis auraient pu gagner la guerre du Viêt Nam – si seulement le Congrès avait reconduit l'aide militaire au Sud-Viêt Nam », expliquaient Thomas et Barry.

Et, pour faire bonne mesure, les experts de *Newsweek* ont discrédité les livres que les conseillers du président Obama avaient pris pour référence, y

---

[81] Shock and Awe, littéralement « choc et stupeur », fut le nom de la campagne préliminaire de bombardements intensifs ayant précédé l'invasion terrestre de l'Irak en 2003.

[82] Moyar m'a écrit lorsqu'il était étudiant en licence à Harvard, en 1992. Dans sa lettre, il m'a expliqué qu'il avait trouvé mon livre sur Phoenix « particulièrement instructif », et m'a supplié de le présenter aux employés de la CIA que j'avais interviewés. Sentant l'arnaque, j'ai posé comme condition le fait qu'il annonce avoir basé ses recherches sur les miennes. Moyar est ensuite allé trouver mes sources en leur disant – c'est l'une d'elles qui me l'a rapporté – : « C'est votre chance de baiser Valentine. » En plus d'avoir profité de mon travail, il m'a diffamé dans sa thèse. Il est sorti major de sa promotion d'histoire à Harvard: Harvard, après tout, reste l'un des grands rouages de la machine de guerre impériale.

[83] N.D.T. : Titre que l'on traduirait par « Une meilleure guerre ».

compris *Lessons in disaster*[84] de Gordon Goldstein, qui « résume l'avis général (du moins celui de la gauche et du centre) qui prétend qu'il était impossible de gagner au Viêt Nam ».

« Mais était-elle réellement ingagnable ? », demandaient nos auteurs, les sourcils froncés, avant de fournir eux-mêmes la réponse : « Les leçons à retenir du Viêt Nam ne sont pas forcément celles que l'on croit – comme l'idée que l'Afghanistan, à l'image du Viêt Nam, est un bourbier où toute victoire serait impossible. »

La droite au pupitre

En s'appuyant sur les théories fallacieuses de Moyar et Sorley, Thomas et Barry affirmaient qu'il fallait, pour le cas afghan, fournir à McChrystal toutes les forces et tous les moyens qu'il demandait afin de mettre en place une campagne contre-insurrectionnelle de grande envergure. Dès lors, toute politique d'apaisement en Afghanistan ou une augmentation seulement modérée des effectifs engagés étaient des solutions à proscrire. Elles ne pouvaient signifier qu'un manque de volonté de la part du président Obama – qui n'avait pas encore achevé la première année de son premier mandat – ou peut-être même son intention de trahir, lui aussi, les militaires. Un mode de pensée que l'on a retrouvé à l'occasion des diverses campagnes électorales d'Hillary Clinton, aux tons si belliqueux.

C'est ainsi qu'un homme comme Karl Eikenberry, lieutenant-général ayant combattu en Afghanistan, puis ambassadeur à Kaboul, avait fini dans le camp des « conseillers craintifs » d'Obama. Pour les auteurs, il était coupable d'avoir douté, en juillet 2009, de la nécessité d'engager plus de forces en soutien au gouvernement corrompu d'Hamid Karzai.

En substance, l'article de *Newsweek* expliquait que les États-Unis pourraient gagner en Afghanistan à condition que Barack Obama, fraîchement élu, trouve le courage de le vouloir et que Washington tire enfin les bonnes leçons de la guerre du Viêt Nam. Dans leur raisonnement, Thomas et Barry sont parvenus à passer sous silence le fait que le président Johnson, qualifié par eux de « timoré », avait ordonné, avec l'opération Rolling Thunder, un déluge de feu sur le Viêt Nam long de plus de trois ans. De mars 1965 à novembre 1968, les forces aériennes américaines avaient effectué 300 000 frappes et largué 864 000 tonnes de bombes.

Il est difficile d'estimer la quantité de bombes larguées par l'OTAN et les États-Unis durant les quinze années d'opérations depuis 2001, mais une chose est certaine : Thomas et Barry n'éprouvent aucune compassion pour les personnes sur qui elles tombent.

Les auteurs ont également glissé sur les arguments aujourd'hui disqualifiés qui « justifiaient » l'intervention au Viêt Nam, tels que la « théorie des

---

[84] N.D.T. : Titre que l'on traduirait par « L'école du désastre ».

dominos » ou celui d'une stratégie sino-soviétique unifiée de conquête du monde. On les a aussi vus employer tous les euphémismes du jargon militaire officiel pour minimiser la brutalité bestiale des opérations criminelles comme le programme Phoenix.

Trois mois après la parution de l'article de Thomas et Barry, le *New York Times* annonçait cette information : « Trois femmes, dont deux enceintes, un chef local de la police et un procureur ont été tués au cours d'un raid des forces spéciales américaines. Il s'agit du dernier exemple, parmi tant d'autres, de ces pertes civiles qui exaspèrent tant les autorités afghanes et renforcent le soutien aux talibans, malgré tous les efforts du commandement américain et de l'OTAN pour réduire les dégâts collatéraux parmi la population. »[85]

Dans une première version, le commando avait affirmé qu'il avait été pris pour cible par des tirs, et que les femmes étaient déjà mortes lors de leur arrivée sur les lieux. Une fois le mensonge exposé, le commandant de l'opération admit qu'ils avaient commis « une terrible erreur ». En revanche, il se garda bien d'expliquer pourquoi, dans une tentative de masquer leur crime, les soldats américains avaient pris soin d'extraire au couteau leurs balles des corps des femmes enceintes. Les enseignements de la CIA n'ont rien à envier à ceux de Charles Manson.

L'extraction des balles du corps des femmes enceintes relève-t-elle de la simple « erreur » ? Ces soldats américains ont-ils été formés à ce genre de pratiques, ou s'agit-il d'une sinistre improvisation sur place ? Personne ne leur a posé ces questions.

Dès la soumission du gouvernement afghan aux États-Unis en 2002, les meurtres de civils innocents empoisonnèrent leurs relations. Comme l'explique Anand Gopal dans son livre *No Good Men Among the Living*[86], des auxiliaires de la CIA au sein de son Alliance du Nord lancèrent le mouvement insurrectionnel en accusant des tribus afghanes proaméricaines du district de Maiwand d'être des sympathisants d'Al-Qaïda. L'assassinat des leaders suprêmes des clans Noorzai et Ishaqzai par la CIA contraignit les autres chefs à chercher refuge au Pakistan parmi leurs parents et alliés pachtounes. Depuis leur retraite, ils réfléchissaient à leur vengeance contre les Américains et contre les collaborateurs de leur armée d'occupation[87].

L'affirmation qui prétend que les Américains cherchent à limiter les victimes civiles dans leur guerre contre le terrorisme est un pur mensonge. Tout au plus, c'est la répétition psalmodiée d'une intention officielle dénuée de toute réalité, et elle n'est pas moins malhonnête que les mensonges flagrants prononcés par Colby au sujet de Phoenix il y a quarante ans devant le Congrès.

---

[85] Richard Oppel Jr., Abdul Waheed Wafa, « Afghan Investigators Say U.S. Troops Tried to Cover Up Evidence in Botched Raid », *The New York Times*, le 5 avril 2010.

[86] N.D.T. : Titre que l'on traduirait par « Aucun juste parmi les vivants ».

[87] Anand Gopal, *No Good Men Among the Living: America, the Taliban, and the War Through Afghan Eyes*, Metropolitan Books/Henry Holt & Co., 2014, p. 110-117.

Si les militaires avaient eu la moindre intention de réduire le nombre de meurtres de civils en Afghanistan, ils auraient commencé par arrêter et traduire en justice le commando qui avait tué ces cinq innocents. Au contraire, nous ne connaîtrons jamais leur identité. Ils sont libres de tuer tout leur soûl, car le meurtre de civils est une politique non déclarée de l'armée.

Comment peut-on parler d'efforts pour réduire les pertes civiles quand les crimes de guerre et leur dissimulation ne sont pas punis ? Autant de questions que vous n'entendrez pas Barry et Thomas poser. Les forces américaines, en effet, ont un permis de tuer. De même que celle de corrompre les politiques locaux. C'est précisément en ceci que cette guerre barbare « contre le terrorisme » se rapproche le plus de celle du Viêt Nam.

Les comparaisons erronées

Parmi les tactiques mentionnées par nos auteurs de *Newsweek*, et à propos desquelles ils décrétaient qu'elles auraient dû être renforcées au Viêt Nam, beaucoup n'avaient aucune pertinence dans le contexte afghan. Il n'existe pas de Nord-Afghanistan à réduire en cendres. Il n'existe plus d'Union soviétique qui pourrait faire dégénérer cette guerre en conflit nucléaire. Il n'existe pas non plus d'armée régulière talibane qui puisse intervenir en protection des populations insurgées comme le faisait l'armée nord-vietnamienne.

Le soutien « étranger » que les insurgés reçoivent de leurs parents et alliés au Pakistan n'est rien d'autre que la conséquence du colonialisme britannique, qui avait inventé *ex nihilo* la nation pakistanaise pour piller plus efficacement la région. L'omission des faits historiques est, en effet, un aspect central des narrations des propagandistes comme Thomas et Barry. On notera également que la CIA a multiplié les morts et les mutilations parmi les populations civiles du Pakistan par le recours à un nombre record – et gardé secret – de frappes de drones.

En réalité, c'est la question de la contre-insurrection qui, plus que toutes les autres, justifie la comparaison entre les deux conflits. Et pourtant, nos experts de *Newsweek* ont évité toute discussion sérieuse autour du programme Phoenix. Ils ont préféré à la place régurgiter le jargon officiel du Pentagone, évoquant une « authentique contre-insurrection qui met l'accent sur la protection de la population grâce à une stratégie "clear and hold", de nettoyage et de présence ».

Plagiant une rhétorique remontant au programme Phoenix, Thomas et Barry ont loué les opérations spéciales ordonnées par McChrystal en Irak, « vouées tant à la protection des civils qu'à l'éradication impitoyable des chefs du jihad ». Sans la moindre ironie, ils renvoyaient à un autre article de Barry, daté de 2005, dans lequel on pouvait lire que l'administration Bush avait transposé en Irak le programme d'escadrons de la mort employé au Salvador dans les années 1980[88].

C'est ce que *Newsweek* appelait « l'option Salvador ». Et d'où venait l'option Salvador, sinon du Viêt Nam et du programme Phoenix ?

L'option Salvador était un programme de soutien aux forces de sécurité de droite au Salvador, qui employaient des escadrons de la mort clandestins pour éliminer les guérilleros de gauche et leurs sympathisants civils. Comme Barry l'indiquait en 2005, « de nombreux conservateurs américains considèrent ce programme comme un succès – malgré le nombre de morts parmi la population civile ».

Constatant l'efficacité de ces crimes de guerre en Irak, Thomas et Barry encourageaient donc McChrystal à adopter la solution des escadrons de la mort en Afghanistan. Textuellement : « Les forces spéciales américaines emploient les renseignements collectés auprès des populations civiles sympathisantes pour identifier et tuer les chefs talibans. C'est précisément l'objet du programme Phoenix, conçu il y a quarante ans au Viêt Nam: cibler et assassiner les responsables vietcongs. »

Thomas et Barry expliquaient qu'il avait fallu attendre que le haut commandement américain « comprenne finalement », pour que « cette authentique stratégie de contre-insurrection » puisse prouver son efficacité au Viêt Nam.

Leur article affirmait sereinement, à la fin de l'année 2009, que « McChrystal est en train de mettre en place une stratégie qui tire les leçons de l'Irak et qui ressemble incroyablement à celle mise en place par le général Abrams au Viêt Nam en 1968. En limitant le recours à la force brute (ou à son usage excessif), McChrystal a su contenir les pertes civiles, qui suscitent l'aversion de la population et encouragent les vocations de jihadistes ».

La progression constante du nombre de civils tués en Afghanistan depuis 2010 et l'émergence de l'État islamique en Irak et en Syrie invalident leur argumentaire[89], qui ne repose que sur la désinformation la plus totale et sur l'emploi de termes « connotés » comme « jihadistes » pour justifier le meurtre de sang-froid d'innocents. C'est avec la même falsification de l'information que l'on avait justifié Phoenix. Et comme au Viêt Nam, où le terme « communiste » venait qualifier toute personne qui résistait à l'occupation américaine, « l'ennemi » est désormais systématiquement décrit comme un fanatique religieux militant. Les programmes d'assassinats et d'enlèvements en Irak ou en Afghanistan ne distinguent aucunement les « jihadistes » des nationalistes défendant leur foyer et résistant à une occupation étrangère.

---

[88] John Barry, « The Pentagon May Put Special-Forces-Led Assassination or Kidnapping Teams in Iraq », *Newsweek*, le 7 janvier 2005.

[89] Jason Ditz, « Pentagon Report: Afghan Casualties at "Record Highs" », *Antiwar.com*, le 17 juin 2016.

Les erreurs factuelles

Thomas et Barry semblent ignorer les faits les plus évidents au sujet de la « pacification » du Viêt Nam :

> la CIA et les forces spéciales avaient créé les « forces d'autodéfense » du Sud-Viêt Nam dans le cadre d'une stratégie contre-insurrectionnelle de « nettoyage et de présence », et ce, bien avant l'arrivée d'Abrams en 1968 ;

> la CIA avait créé un « commandement général de pacification » en 1967, qui supervisait le programme Phoenix ;

> c'étaient les batailles entre les forces de Westmoreland et l'armée nord-vietnamienne qui avaient conduit l'armée américaine à mettre en place une stratégie contre-insurrectionnelle. L'action contre-insurrectionnelle avait contraint le Nord à lancer l'offensive et l'insurrection du Tet en 1968, avec pour résultat l'écrasement des forces de la guérilla au Sud dès le mois de mars : ceci avant qu'Abrams ne reçoive le commandement des opérations en juin de la même année.

La seule comparaison justifiée entre les situations vietnamienne et afghane avancée par Thomas et Barry concerne la traque et l'assassinat des leaders de l'insurrection. Et encore... non seulement elle était déjà en place en Afghanistan, mais en plus elle était incomplète et trompeuse. En effet, l'élimination des chefs de l'insurrection n'a jamais été que la partie émergée de l'iceberg, la phase distale d'une gigantesque machinerie souterraine.

L'action contre-insurrectionnelle de la CIA au Viêt Nam était basée sur les programmes des Centres provinciaux d'interrogation, du renseignement rural, de contre-terrorisme, d'action politique armée, de recensement des griefs et de défection. Autant de programmes que seule l'existence de lois sur la détention administrative extrajudiciaire et de décrets (américains) permettant l'intervention américaine rendait possibles. Ces axes d'intervention étaient déjà en place et exploités par le programme Phoenix dès 1967. Bien avant, encore une fois, l'entrée en fonction d'Abrams.

Ces divers programmes contre-insurrectionnels devaient établir la cartographie du front des organisations clandestines qui pilotaient le mouvement national de libération. En mettant au jour ce gouvernement secret et ses agents, la CIA comprit comment l'infrastructure vietcong aidait la population à faire face au déferlement de violence en provenance de l'armée américaine et de son régime fantoche de Saïgon.

En parallèle, la CIA avait constitué son propre gouvernement secret qui lui permettait, à travers son réseau de collaborateurs occultes, de diriger le régime dictatorial du président Nguyen Van Thieu et de contrôler à travers lui la sécurité, le renseignement, les organisations militaires et civiles du Sud-Viêt Nam.

La CIA a établi des « gouvernements secrets » similaires dans de nombreuses nations à travers le monde, notamment en Afghanistan et en Irak.

Les listes de la mort

Comme au Viêt Nam du temps de Phoenix, de nos jours, dans le cadre des évolutions de ce programme, la CIA continue d'envoyer en Afghanistan et en Irak ses équipes d'assassins éliminer les myriades d'individus présents sur ses listes de cibles. On y trouve : des comptables et des receveurs des impôts ; des personnes travaillant dans l'achat, le stockage ou l'approvisionnement de denrées alimentaires pour la résistance ; du personnel médical assurant la distribution de médicaments ; des membres des forces de l'ordre ou du système judiciaire étant intervenus contre des agents ou des collaborateurs américains ; quiconque exerce une action prosélytique sur le peuple ; des fonctionnaires ou des politiques impliqués dans les transports, les communications, les services postaux ; des agents d'endoctrinement politique ; des recruteurs pour la rébellion ; des chefs de la guérilla et leurs troupes ; n'importe qui impliqué dans le financement ou le recrutement des sociétés-écrans de la rébellion.

Comme à l'époque de la guerre du Viêt Nam, ces gens sont inscrits sur des listes de la mort informatisées, façon Phoenix. Il s'agit de personnes qui, pour citer à nouveau l'expert de la contre-insurrection David Galula, sont, pour la plupart d'entre elles, animées d'intentions honorables, et n'ont, en règle générale, participé « directement ni aux actions terroristes, ni à des opérations de guérilla et n'ont techniquement pas de sang sur les mains »[90].

En d'autres termes, il s'agit de civils, de non-combattants. Et malgré tout, « l'authentique stratégie de contre-insurrection » élaborée par McChrystal les considère comme des candidats à l'élimination physique. Cette même « stratégie de contre-insurrection » dont Thomas et Barry prétendent qu'elle « met l'accent sur la protection de la population ».

Les conséquences nous sont expliquées par l'Institut Watson pour les affaires publiques et internationales de l'université Brown : « En 2009, le ministère de la Santé afghan rapportait que les deux tiers de la population afghane souffraient de problèmes mentaux. »[91]

Les deux tiers, rien qu'en 2009 ! Combien d'autres les ont rejoints dans la folie au terme de sept années supplémentaires de violence applaudie par Barry et Thomas ? Combien d'Afghans ont été empoisonnés à l'uranium appauvri ou, lassés de l'insécurité économique, ont pris la voie de la radicalisation ? Les produits dérivés de l'occupation alimentent tous à leur manière l'injustice et prennent au piège les populations dans la nasse globale que leur a confectionnée la puissance d'occupation. Au nom de la liberté et de la démocratie, bien sûr.

---

[90] David Galula, *Counterinsurgency Warfare…*, *op. cit.*, p. 124.

[91] Pour en savoir plus, consulter la page « Afghan Civilians » sur le site de l'Institut Watson, de l'université Brown. Rubrique « Costs of War » (« le coût de la guerre »), section « Human Costs » (« pertes humaines »), sous-section « Civilians Killed & Wounded » (« pertes civiles »), par nationalités : http://watson.brown.edu/costsofwar/costs/human/civilians/afghan.

L'industrie de la corruption

Dans leur quête de leçons historiques, Thomas et Barry ont multiplié les comparaisons fallacieuses entre le Viêt Nam et l'Afghanistan, mais ils ont soigneusement éludé celles qui étaient fondées. Ils ont notamment fermé l'œil sur la plus significative de ces comparaisons : la corruption envahissante, stratégique et planifiée. Elle était endémique au Sud-Viêt Nam, elle est systématique en Afghanistan, et, dans les deux cas, elle employait et emploie toujours l'argent de la drogue pour acheter les seigneurs de la guerre locaux. La similitude est si évidente que nos deux auteurs ont fait le choix délibéré de la passer sous silence.

Comme expliqué au chapitre 2, le général de l'armée de l'air sud-vietnamienne Nguyen Cao Ky reçut en 1965, alors qu'il dirigeait le directoire national de la Sécurité, un « permis » fort lucratif de contrebande de stupéfiants. C'est à travers leur homme de confiance, le général Loan, que Ky et sa clique financèrent avec l'argent de l'opium leur appareil politique et leurs forces de sécurité. De la même manière, une fois l'Afghanistan maîtrisé, la CIA autorisa Hamid Karzai et son entourage à commercer librement l'opium. L'impunité est telle que Karzai put se permettre de refuser l'exil de son frère Ahmed Wali, le leader politique de la province de Kandahar, lorsque l'implication de celui-ci dans le trafic de drogue fut documentée de manière irréfutable. Par chance, Ahmed fut assassiné en 2011, ce qui épargna à la CIA tout embarras ultérieur.

Un autre point commun entre le Viêt Nam et l'Afghanistan, c'est cette confiance granitique et totalement illusoire de la société américaine dans la qualité du système de renseignements de ses forces armées, considéré infaillible. En réalité, McChrystal, comme tous les commandants avant lui, n'a jamais obtenu ses informations sur la résistance afghane autrement qu'auprès d'intermédiaires tels que le seigneur de la guerre et trafiquant de drogue Gul Agha Sherzai, et commodément requalifiés de « sources civiles amicales ».

Le public américain, dans sa très grande majorité, ignore que les talibans avaient déposé les armes après l'invasion américaine de 2001, et que la population afghane ne s'était à nouveau soulevée que lorsque la CIA avait décidé de soutenir Sherzai et de s'appuyer sur lui. Devenu partenaire des frères Karzai, Sherzai employa son réseau d'informateurs pour renseigner la CIA, non pas sur les talibans, mais sur ses concurrents en affaires. Comme Anand Gopal l'a révélé dans son livre déjà évoqué précédemment, *No Good Men Among the Living*, les « tuyaux » de Sherzai conduisirent la CIA à torturer et à tuer méthodiquement tous les leaders les plus estimés d'Afghanistan, dans une série d'opérations située dans la plus parfaite lignée de Phoenix. Il ne faut pas chercher plus loin la raison de la radicalisation du peuple afghan.

Thomas et Barry n'en ont pas parlé, mais s'ils l'avaient fait, ils auraient sûrement invoqué la thèse de « l'accident ».

Il n'y avait rien d'accidentel dans cette affaire. La CIA tenait à recruter Sherzai, afin de renforcer la clique de seigneurs de la guerre qui assurait pour elle le trafic de drogue, le blanchiment d'argent et le vol de terres. Je reste convaincu que l'establishment politico-militaire qui régnait sur la Sécurité nationale était avant tout intéressé par le contrôle des flux de drogue et d'argent.

Le président Ashraf Ghani, successeur de Karzai, affirma en mai 2016 que « le cartel des drogues est le plus puissant moteur de la corruption ». Et d'ajouter : « Les corrompus ont recours à la propagande de manière intensive lorsqu'on les débusque et les poursuit en justice. »[92]

Ce ne sont pas les seuls faits dérangeants à être ignorés. On tait le fait, par exemple, que les dirigeants américains ont exploité le choc émotionnel du 11 Septembre pour lever une nouvelle génération de recrues pour leurs forces spéciales. De jeunes gens qui ont été dressés à entrer chez les gens en pleine nuit, pour des missions de perquisition-enlèvement-assassinat.

Les politiques ont soigneusement exploité cette crise pour préparer l'invasion de l'Afghanistan, et en faire une colonie stratégique à proximité de la Russie et de la Chine. Cela, vous ne le lirez jamais dans les médias de l'establishment.

Comme l'avait souligné Dinh Tuong An dans sa série d'articles « La vérité à propos de Phoenix », « fausses accusations » et « réseaux d'informateurs amis » sont synonymes lorsqu'une force d'occupation lutte contre une insurrection. C'est exactement ce qui est en train de se passer en Irak et en Afghanistan de nos jours.

La réécriture de l'histoire

La CIA et le renseignement militaire s'appuient désormais sur un réseau de bases – couvrant la Terre entière –, de prisons et de sites de détention secrets tenus par les interrogateurs de forces policières complices. Partout sur le globe, des politiciens et des seigneurs de la guerre corrompus protègent leur réseau de renseignements stratégiques. Les « civils amicaux » qui renseignent les escadrons de la mort sont en réalité leurs milices privées, financées en grande partie par l'argent de la drogue et autres activités criminelles. La CIA et le renseignement militaire savent pertinemment que les informations sur lesquelles ils sont contraints de s'appuyer sont très largement douteuses, mais ils s'en accommodent, comme le faisaient déjà les chefs de Sid Towle au Viêt Nam, Tom Ahern et John Vann : les piles de cadavres impressionnent la hiérarchie.

Tout le monde peut donc finir sur une liste.

Le major Stan Fulcher, vétéran du programme Phoenix, m'avait ainsi résumé ce processus, dans son interview pour *The Phoenix Program* : « Les Vietnamiens nous mentaient; nous mentions à la direction de Phoenix ; la direction rassemblait ces mensonges pour en faire des "faits documentés".

---

[92] Nadia Khomami, « Afghan President: I have no issue with Cameron corruption remark », *The Guardian*, le 12 mai 2016.

C'était toute une guerre qui se retrouvait transformée par notre capacité à créer de la fiction. »

C'est l'un des grands acquis du Viêt Nam appliqués à l'Afghanistan : la propagande, avec ses pièges émotionnels, ses logiques faussées et la diffusion d'une histoire révisée, joue un rôle essentiel dans la création et le maintien de l'adhésion populaire. Dans cette guerre pour la conquête des esprits et des cœurs du public américain, les faucons ont appris à jouer le rôle de victime. Conformément à l'air du temps – réactionnaire –, ils pratiquent l'inversion accusatoire et se prétendent discriminés par les médias, qualifiés de gauche. Leur message est colporté par Fox News et des intermédiaires comme Thomas et Barry, dont la complicité garantit à ces derniers richesse et carrière.

Comme les militaires allemands au lendemain de la Première Guerre mondiale, McChrystal et ses successeurs en Afghanistan ont tous joué avec entrain la partition du « coup de poignard dans le dos ». Il s'agit de falsifier l'histoire du Viêt Nam, de prétendre que la victoire était à portée de main, et qu'elle aurait été nôtre si seulement nous y avions mis plus de cœur. C'est un élément central de leur dispositif mensonger.

C'est ce révisionnisme historique que colportait l'article de *Newsweek*. On y lisait que les États-Unis et leur allié sud-vietnamien n'auraient adopté une stratégie contre-insurrectionnelle gagnante qu'à partir des années 1970. Recyclant les arguments de *A Better War* de Sorley, Thomas et Barry affirmaient que « c'était trop tard ». L'opinion publique américaine avait changé. Nixon avait certes signé le traité de paix avec le Nord Viêt Nam en 1973, mais il s'était engagé à soutenir le gouvernement du Sud; c'est le coup de poignard de 1974 qui avait tout compromis, quand « le Congrès décida de couper toute aide au Sud-Viêt Nam. Sans soutien logistique, sans couverture aérienne, l'armée sud-vietnamienne s'effondra, et les communistes s'emparèrent de Saïgon ».

Continuant de s'appuyer sur Sorley, les journalistes de *Newsweek* prétendaient que des personnages clés de la guerre, comme le général Creighton Abrams ou l'ambassadeur américain Ellsworth Bunker, étaient convaincus que les États-Unis auraient pu gagner la guerre si le défaitisme n'avait pas prévalu.

« Nous avons fini par nous battre nous-mêmes », aurait dit Bunker.

La grande leçon à tirer de la guerre du Viêt Nam et de la trahison fatale qui en a scellé le destin, concluaient Thomas et Barry, c'est l'importance d'une gouvernance convaincue et de la fermeté de la figure présidentielle, qui doit s'engager à faire tout le nécessaire, jusqu'au génocide s'il le faut, pour arracher la victoire. Un tempérament que les auteurs redoutaient de ne pas pouvoir trouver en Obama.

« Obama pourrait considérer que l'Afghanistan est un conflit trop ardu », commentaient-ils. Dans le cas où il vacillerait et ordonnerait un « désengagement progressif », il faudrait qu'il « explique à l'Amérique et au monde pourquoi il le croit nécessaire ».

La tragédie, c'est que l'entreprise de désinformation et de réécriture révisionniste de l'histoire de Barry et Thomas a fonctionné. Après la parution de leur article, Obama a trouvé « le cœur » pour relancer cette guerre sans objectif logique et, en l'absence d'attaques terroristes sur le sol américain, sans adhésion populaire. Plus que jamais, il a paru évident que cette guerre était motivée par des intérêts économiques, et non par la défense de la sécurité nationale.

Dans une allocution du 22 octobre 2009, Craig Murray, ancien ambassadeur britannique en Ouzbékistan, livrait ses conclusions : cette guerre était selon lui le fait du secteur énergétique occidental. Le tracé de son futur gazoduc reliant le bassin de la mer Caspienne à la mer d'Arabie devait, pour contourner l'Iran, pouvoir passer par l'Afghanistan. « Pratiquement tout ce que vous voyez au sujet de l'Afghanistan sert à cacher le fait que ces gens veulent y faire passer un gazoduc pour acheminer le gaz ouzbek et turkmène. Il y en a pour 10 000 milliards de dollars. »

Murray paya au prix fort sa liberté de parole. Il fut « chassé du service public britannique pour avoir dénoncé le recours à la torture par les alliés ouzbeks de la Grande-Bretagne »[93]. Pour avoir voulu défendre la solution diplomatique contre le bellicisme officiel, pour son action politique, le gouvernement américain refusa de lui accorder un visa d'entrée en septembre 2016. Murray ne put donc pas remettre au lanceur d'alerte John Kiriakou, qui avait dénoncé l'utilisation de la torture par la CIA, le prix Sam Adams pour l'intégrité dans le renseignement[94].

Il faut également évoquer la question des richesses minérales de l'Afghanistan. En 2010, la Chine signa avec le gouvernement afghan un accord pesant plusieurs milliards de dollars pour l'extraction de cuivre. Cet accord suscita la colère des politiques américains et de leurs serviteurs afghans : il était hors de question que les autres ressources naturelles du pays échappent aux hommes d'affaires américains et à leurs porte-monnaie dodus.

Bref, c'est Phoenix qui recommençait de plus belle, si l'on écoute Stan Fulcher, qui fut en 1972 coordinateur du programme dans la province de Binh Dinh : « Phoenix était la création de la fraternelle du renseignement... Ce groupe de types haut placés – Colby et sa bande – qui se prenaient pour Lawrence d'Arabie. »

Fils d'un officier de l'armée de l'air, Stan Fulcher avait passé son enfance dans des bases américaines disséminées de par le monde. Il avait néanmoins nourri la conviction que le monde en vase clos des militaires était spécialement hypocrite. « L'armée se voit comme la conquérante du monde, sans se rendre compte qu'elle est l'expression la plus parfaite du socialisme étatique. Les militaires vivent une vie faite de privilèges où l'État s'emploie à exaucer le moindre de leurs désirs. »

En 1968, Fulcher commandait à la base aérienne de Can Tho une unité

---

[93] Craig Murray, « How a Torture Protest Killed a Career », *Consortium News*, le 26 octobre 2009.

[94] « U.S. Denies Entry to former British Ambassador Craig Murray », *Global Research*, le 12 septembre 2016.

spéciale de sécurité de quarante fantassins. On peut donc supposer qu'il comprenait mieux les réalités du Viêt Nam que Thomas et Barry. Il m'avait raconté l'histoire d'un prêtre jésuite qui prêchait pour une réforme agraire, et qui avait été tué par la sécurité militaire de l'armée sud-vietnamienne. Il m'avait parlé de ces représentants de l'État sud-vietnamien qui faisaient des affaires avec le Front national de libération vietcong et qui essayaient d'éradiquer les sectes religieuses. Il y avait enfin toutes ces entreprises américaines – RMK-BRJ, Sealand, Holiday Inn, Pan Am, Bechtel, Vinnell, etc. – qui s'étaient enrichies avec la guerre.

« L'armée possède à la fois le pouvoir politique et les moyens de production ; elle peut donc tirer tous les avantages de la société, expliquait Fulcher. C'était la même chose au Viêt Nam, où l'armée et un petit nombre d'hommes politiques soutenaient une classe dirigeante catholique au Viêt Nam, contre le reste de la population. C'est l'avarice américaine qui était la cause de la guerre. C'est pendant la guerre du Viêt Nam que les économistes de l'offre se sont imposés. »

Pour Fulcher, le programme Phoenix était la création d'Américains, fondé sur des présupposés américains, au service d'intérêts américains. Les alliés de l'Amérique au Sud-Viêt Nam étaient dépendants de la protection américaine ; ils acceptèrent donc de mettre en place une politique dont ils savaient qu'elle était incompatible avec leur société. Au passage, on prit bien soin de rendre la définition d'« insurgé » la plus ambiguë possible. Phoenix, initialement prévu pour frapper de manière ciblée l'organisation hiérarchique vietcong, devint une arme de dévastation de masse tournée vers l'entière population.

« Cela a été possible, car le renseignement peut répondre aux besoins de n'importe quel type d'action politique, avait développé Fulcher. Le directoire Phoenix utilisait des ordinateurs pour rectifier ses projections statistiques sur l'infrastructure vietcong. Tout civil vietnamien tué devenait un agent de l'infrastructure vietcong, et pour le reste, sur les 5 derniers pour cent, c'était du bol : ils tuaient effectivement d'authentiques vietcongs dans des embuscades. »

Comme Fulcher l'avait dit, cette guerre avait été transformée par « notre capacité à créer de la fiction. Mais c'était uniquement pour des motifs économiques que nous soutenions les fascistes au Viêt Nam, comme nous l'avions fait [avec le Shah] en Iran ».

Barry et Thomas auraient pu citer dans leur article Nguyen Ngoc Huy, historien vietnamien et ancien professeur à Harvard, si la vérité les intéressait. Ou si, en dépassant leurs préjugés raciaux, ils avaient envisagé que l'opinion d'un Vietnamien puisse avoir quelque valeur quand il s'agissait de tirer « les leçons de la guerre ».

Le professeur Huy considérait que l'Amérique avait « trahi ses idéaux de liberté et de démocratie au Viêt Nam ». Il ajoutait que « les politiciens américains n'ont pas changé de ligne. Il s'est répété ensuite en Iran ce qui s'était passé au Sud-Viêt Nam. Les mêmes personnes ont appliqué les mêmes méthodes, selon les mêmes principes, dans le même esprit. Ce qui est surprenant, c'est que des gens s'étonnent encore de ce que cela ait abouti au même résultat »[95].

Et l'on pourrait ajouter que le cycle continue en Afghanistan, en Irak, en Libye, en Syrie, et dans de nombreux autres endroits, notamment grâce à l'admirable œuvre mensongère de propagandistes comme Evan Thomas et John Barry.

---

[95] Nguyen Ngoc Huy, Stephen B. Young, *Understanding Vietnam*, The Nederlands: DPC Information Service, 1982, p. 168-170.

CHAPITRE 6

L'EMBRASEMENT DE LA SALE GUERRE AFGHANE

L a station de radio publique NPR (National Public Radio) se trouva fort embarrassée quand on apprit en 2000 que du personnel PSYOP (opérations psychologiques) provenant de Fort Bragg travaillait à la rédaction de Washington, officiellement en tant que stagiaires[96]. La direction de la station affirma qu'elle n'était au courant de rien, et rejeta la faute sur son service des Ressources humaines. Cependant, à la lumière de la tendre relation qui unit historiquement NPR à l'armée, et de son penchant pour la propagande militariste (d'aucuns considèrent que le P de NPR désigne le Pentagone), les analystes des médias les plus critiques – moi en premier – avaient eu du mal à se satisfaire de cette version. Nous considérions que l'infiltration de soldats PSYOP dans la première radio publique américaine avait pour but d'orienter le traitement de l'information.

L'info sur NPR, c'est spécial. Le 30 décembre 2009, j'écoutais, consterné, mais pas surpris, un « expert en terrorisme » de NPR condamner l'attentat-suicide qui avait tué sept employés de la CIA en Afghanistan quelques jours auparavant[97]. Cet attentat, expliquait l'expert, était particulièrement odieux parce que les agents de la CIA tués appartenaient à une équipe provinciale de reconstruction (Provincial Reconstruction Team), au sein de laquelle ils œuvraient à répandre le développement économique, la démocratie et l'amour.

Le commentaire du directeur de la CIA, Leon Panetta, n'était pas moins sournois. Pour lui, les défunts « avaient travaillé dur pour protéger notre pays contre le terrorisme ».

« Alimenter le terrorisme » aurait été plus conforme à la réalité.

Obama y était lui aussi allé de sa petite phrase, déclarant que les agents de la CIA tués appartenaient à « la longue lignée de patriotes qui avaient tout sacrifié pour la défense de leurs concitoyens et de notre mode de vie ». Pareillement, « notre mode de vie » est, au XXIᵉ siècle, une expression

---

[96] J. Max Robins, « Military interns booted from CNN, NPR: How did army officers get into the news business », *TV Guide*, du 15 au 21 avril 2000.

[97] Daniel Nasaw, « Taliban suicide attack kills CIA agents at US outpost in Afghanistan », *The Guardian*, le 31 décembre 2009.

trompeuse, qui en réalité désigne à la fois la domination globale intégrale (Full Spectrum Dominance) et l'essor du précariat domestique.

Le Premier de l'an 2010, alors que l'histoire des agents martyrs de la CIA commençait à perdre en vapeur, deux journalistes du *Washington Post*, Joby Warrick et Pamela Constable, décidèrent d'aller un peu plus loin que la version officielle. Plutôt que de présenter, de nouveau, les agents de la CIA décédés comme des héros, ils évoquèrent leur possible implication dans de nombreuses activités meurtrières. Warrick et Constable affirmèrent que les agents de la CIA participaient à « un programme secret supervisant les frappes de drones de l'agence le long de la frontière pakistano-afghane »[98].

Ça, c'est pour l'amour et le développement. On rappellera qu'en 2009, les frappes de drones de la CIA avaient fait plus de 300 morts, et qu'elles auraient même, selon certaines estimations, atteint les 700 morts. Tous étant à chaque fois qualifiés de terroristes, de jihadistes ou de « militants » (un terme jamais appliqué aux Américains présents là-bas). Ou bien de « victimes accidentelles ».

Comme à l'époque du Viêt Nam, jamais les médias ou l'administration américaine n'opèrent la distinction entre les terroristes, qui infligent des violences intentionnelles aux populations dans la poursuite de leurs objectifs politiques, et les patriotes qui défendent leur pays contre l'invasion étrangère. Il n'est jamais envisagé que ces victimes aient pu avoir une raison légitime de résister à l'occupation américaine. Ou que des années de bombardements aériens et d'opérations militaires américaines aient pu justifier qu'ils soient emportés dans une folle soif de revanche.

Il existait de nombreuses raisons de douter de la version officielle. En effet, même si les médias étaient unanimes en parlant « d'acte terroriste », l'attaque ne répondait pas aux critères qui auraient permis de la qualifier ainsi. Pour commencer, les cibles participaient à une opération militaire, ce qui les désignait comme cibles légitimes selon les lois internationales de la guerre. Des opérateurs CIA de drones tueurs ne sont pas moins terroristes que les commandants talibans qu'ils visent depuis la sécurité de leur enclave.

Certains organes de presse envisagèrent que l'attaque-suicide vengeait les frappes de drones sur les talibans. De manière assez ironique, on peut considérer que, vu du côté opposé, l'élimination d'agents de la CIA constitue pour la résistance autochtone une opération antiterroriste.

On envisagea aussi la possibilité que l'attaque-suicide soit venue venger le meurtre de dix personnes à Ghazi Khan, un village de la province de Kunar, dans l'est de l'Afghanistan. Les dix Afghans avaient été tués durant un raid sur leur maison par des forces américaines non identifiées. Les Bérets verts ou les SEALs détachés auprès de la division des Activités spéciales de la CIA opèrent bien souvent en dehors des lois de la guerre. Ce genre d'opérations à base d'escadrons de la mort correspond bien à la définition classique du terrorisme.

---

[98] Joby Warrick, Pamela Constable, « CIA base attacked in Afghanistan supported airstrikes against al-Qaeda, Taliban », *The Washington Post*, le 1er janvier 2010.

On le justifie en disant qu'il « nous » faut combattre le feu par le feu, la terreur par la terreur. Mais les gens comprennent-ils que, lorsqu'on invoque ce genre d'arguments, cela revient à demander au personnel militaire américain de tuer des civils innocents pour terroriser la population et la contraindre à accepter un gouvernement afghan affairiste soutenu par les États-Unis ?

Comme toujours, le porte-parole de l'OTAN avait qualifié les dix victimes de Ghazi Khan « d'insurgés » ou de « membres de la famille » d'un individu soupçonné d'appartenir à une cellule terroriste qui fabriquait des engins explosifs improvisés, de la nature de ceux qui tuent tant et tant de nos héros américains, ainsi que des civils afghans innocents. Néanmoins, les enquêteurs du gouvernement afghan et les voisins avaient vite fait d'identifier les victimes comme des civils, parmi lesquels il fallait compter huit écoliers âgés de 11 à 17 ans, fréquentant les écoles locales. Toutes les victimes, à l'exception d'une seule, appartenaient à la même famille.

Des victimes menottées

Dans un article du 31 décembre 2009 du quotidien londonien *The Times*, il était rapporté que les forces américaines avaient été accusées d'avoir « arraché les enfants à leur lit pour les tuer. Les voisins disent que certaines victimes avaient été menottées avant d'être abattues »[99].

Une déclaration officielle publiée sur le site du président afghan Karzai (carrément) disait que les auteurs du crime avaient « enlevé dix personnes dans trois maisons différentes, dont huit étaient encore des écoliers scolarisés en classe de sixième, troisième et seconde, tous appartenant à la même famille – à l'exception d'un invité –, et tous exécutés ».

L'enquêteur Assadullah Wafa avait expliqué au *Times* que l'équipe américaine était partie en hélicoptère d'une base aérienne de Kaboul, et avait été déposée à deux kilomètres du village. « D'après mon enquête, une fois parvenus aux maisons du village, les soldats ont réuni les écoliers dans deux pièces, avant d'ouvrir le feu. » Wafa, ancien gouverneur de la province de Helmand, avait ajouté : « Comment peut-on dire qu'on les a pris pour des gens d'Al-Qaïda ? C'étaient des enfants, des civils, ils étaient innocents. »

Le *Times* rapportait également les propos de Rahman Jan Ehsas, directeur de l'école, selon lequel les victimes dormaient dans trois chambres quand l'escadron de la mort est arrivé. « Il y avait sept écoliers dans une chambre, un écolier et un invité dans une chambre pour les invités, et il y avait un fermier qui dormait avec sa femme dans un troisième bâtiment. »

« Les soldats étrangers sont d'abord entrés dans la chambre des invités, où ils ont tué les deux pensionnaires. Ils ont ensuite pénétré dans une autre pièce, où ils ont menotté les sept écoliers, puis ils les ont tués. Abdul Khaliq [le

---

[99] Jerome Starkey, « Western troops accused of executing ten Afghan civilians, including children », *The Times*, le 31 décembre 2009.

fermier] est sorti à l'extérieur quand il a entendu la fusillade, et quand ils l'ont vu, ils l'ont abattu lui aussi. Sa femme était restée dans sa pièce, et c'est pour ça qu'elle est vivante. »

L'invité était un berger de 12 ans, expliquait le directeur. Six des élèves étaient au collège, et deux au primaire. Ils étaient tous ses neveux.

Jan Mohamed, un chef local, avait dit au *Times* que trois garçons avaient été tués dans une pièce, et que les cinq autres avaient été menottés avant d'être tués : « J'ai vu leurs manuels scolaires trempés de sang. »

Se trouvant dans une posture des plus inconfortables, la direction de la Sécurité nationale afghane tenta, pour le compte de ses maîtres de la CIA, de maquiller le crime de guerre : « Des forces de provenance inconnue se sont rendues dans le secteur et, sans rencontrer la moindre résistance armée, ont séquestré et exécuté dix enfants dans deux pièces. »

À la suite de l'assassinat des enfants, des protestations se soulevèrent dans toute la province de Kunar, et jusque dans Kaboul. Des centaines de manifestants demandèrent le départ des troupes d'occupation américaines, et que les tueurs non identifiés de provenance inconnue soient traduits en justice.

On peut toujours rêver.

De manière tout à fait incroyable, le porte-parole de l'OTAN osa affirmer qu'il n'existait aucune preuve pour étayer l'hypothèse du meurtre prémédité. Les tueurs non identifiés « de provenance inconnue » avaient essuyé des tirs depuis plusieurs bâtiments du village. Imaginez ces grands soldats américains baraqués se retrouvant face à des enfants endormis, et essayez d'expliquer par quelles circonstances ils auraient été contraints de les ligoter et les tuer.

La liste des massacres intentionnels de civils afghans par les forces américaines atteint désormais une longueur notable. Les témoignages d'exécutions préméditées parsèment les audiences des Cours de discipline militaire, mais, systématiquement, les coupables sont épargnés, exactement à la manière des flics qui tuent les noirs en Amérique[100].

Les crimes de guerre semblent être une des grandes passions américaines, avec la tarte aux pommes et les grandes célébrations patriotiques lors des matchs de football américain, façon Congrès de Nuremberg. Même les Nations unies se sentent obligées de mettre en garde les forces armées américaines contre la pratique des raids nocturnes dans les habitations privées. Cause toujours ! Elles sont au contraire appelées à se multiplier, tant la guerre contre le terrorisme est une bonne affaire pour les firmes de sécurité et les producteurs d'armement. Dans le cadre de sa politique de renforcement, Obama envoya, en 2010, 30 000 soldats supplémentaires en Afghanistan, hissant le nombre des effectifs américains sur place à 100 000. Bien que le nombre ait été réduit depuis – jusqu'à environ 10 000 hommes en 2016 –, l'Afghanistan connaît un regain de violence incontestable, la faute à l'action des compagnies de mercenaires et d'une occupation militaire qui ne peuvent qu'alimenter une soif de vengeance brûlante.

---

[100] Robert Parry, « Bush's global dirty war », *Consortium News*, le 1er octobre 2007.

En 2010, les patriotes afghans avaient fait le serment de venger les enfants de Ghazi Khan. De même, la CIA avait à son tour fait le serment de venger la mort de ses agents, au nombre desquels il fallait compter le chef de la base, une mère de trois enfants. Prisonnier de ce cycle de violences, le personnel CIA de la base opérationnelle avancée Chapman s'était barricadé à l'intérieur et avait mis sous interrogatoire systématique tous ses collaborateurs afghans présents au moment de l'attaque. Quant à ceux qui étaient absents durant l'attaque, l'accès à la base leur fut interdit.

Il y a certes quelques inconvénients à conduire ce genre de guerres perpétuelles, aussi lucratives soient-elles.

Les équipes provinciales de reconstruction

Le massacre de Ghazi Khan nous a servi d'entrée en matière pour comprendre comment la CIA conduit des opérations de terreur et de guerre psychologique, avant de les faire maquiller par les médias américains.

Peu d'Américains savent, par exemple, que la base opérationnelle avancée Chapman – nommée ainsi d'après Nathan Chapman, un Béret vert membre d'une unité de la CIA, et qui fut le premier mort américain en Afghanistan – était un camp de la CIA. Les Afghans des environs savaient, bien sûr, que la base Chapman était le point de départ d'opérations de forces spéciales comme celles de Ghazi Khan. Ils savaient que la CIA utilisait ses équipes provinciales de reconstruction pour collecter les renseignements nécessaires à la préparation desdites opérations, et que la « reconstruction » n'était qu'une couverture. Enfin, il n'y aurait rien eu à reconstruire si les Américains n'avaient pas ravagé le pays.

Le fonctionnement des équipes provinciales de reconstruction a été perfectionné au Viêt Nam. Elles sont le principal moyen de collecte de renseignements auprès des informateurs et agents secrets en territoire ennemi. De nos jours, les équipes de reconstruction forment l'ossature du gouvernement parallèle mis en place par la CIA en Afghanistan. Elles se trouvent sous les ordres exclusifs de la CIA depuis la création du programme en 2002, sous le règne de l'ambassadeur Zalmay Khalilzad.

L'attentat-suicide contre la base opérationnelle avancée indique de son côté que la résistance a infiltré chacune des entités créées par la CIA en Afghanistan, équipes de reconstruction comprises. De manière ironique, ce sont les grades élevés et les prérogatives de classe des agents de la CIA qui permettent l'infiltration. Le personnel envoyé sur place pour diriger les opérations des escadrons de la mort ou les frappes de drones est hautement protégé et rémunéré. Ces agents de la CIA, en conséquence, ne s'égarent pas en tâches banales ; ils s'appuient sur du personnel afghan, ce qui permet aux agents doubles d'infiltrer les bases en tant que chauffeurs, personnel de nettoyage, gardes de sécurité. D'autres agents doubles encore se font passer pour des informateurs, des policiers ou des soldats loyaux, et poussent à l'erreur leurs supérieurs de la CIA, si sensibles à la flagornerie.

Ainsi, le « civil loyal » auteur de l'attaque-suicide du 30 décembre avait été identifié comme étant Humam Khalil Abu-Mulal al-Balawi : un citoyen jordanien capturé et, en principe, « retourné » par le renseignement jordanien et la CIA. Avant d'activer sa ceinture d'explosifs, Humam avait attiré ses supérieurs à la base opérationnelle avancée Chapman, avec la promesse de leur livrer des informations précises sur le numéro 2 d'Al-Qaïda, Ayman Zawahri.

Le cas de Zawahiri, agent double jordanien, a suscité de nombreuses questions quant à la qualité du renseignement sur lequel la CIA se base pour les missions de ses escadrons de la mort et ses frappes de drones. Si certains des informateurs de la CIA étaient prêts à sacrifier leur vie pour pouvoir tuer du personnel américain, on peut donc imaginer que d'autres, exactement comme ce qui se passait au Viêt Nam[101], lui fournissaient des tuyaux frelatés dans le but d'en saboter les opérations et d'en salir l'image. L'infiltration de leur opération afghane constitue un casse-tête certain pour les ronds-de-cuir de la CIA à Washington. Les équipes provinciales de reconstruction fournissent en effet aux « agents principaux » une couverture idéale pour collecter les renseignements de leur réseau d'agents sur le terrain. Comme les villageois de Ghazi Khan, qui espionnent leurs voisins.

Néanmoins, les officiers de la CIA à la tête des équipes de reconstruction doivent s'appuyer sur des policiers ou des interprètes afghans pour décider si les renseignements concernant les « suspects » de tel ou tel village sont fiables. Dès lors, les escadrons de la mort des équipes de reconstruction peuvent être leurrés et mis sur une mauvaise piste par tout agent double qui parviendrait à intégrer le groupe des auxiliaires afghans de la CIA.

Chaque équipe provinciale de reconstruction compte une unité de renseignements chargée d'identifier les membres de l'infrastructure talibane ou d'Al-Qaïda. Typiquement, un informateur dans un village indique à l'unité de renseignements de l'équipe où vivent les suspects, combien de personnes habitent la maison, où ils dorment, à quelle heure ils quittent leur foyer et à quelle heure ils y reviennent. L'informateur local fournit une photo de la cible, obtenue clandestinement, de sorte que le commando sache par avance qui enlever ou liquider.

La CIA, en dépit de son prestige planétaire, n'est pas une œuvre de bienfaisance. Son métier est de collecter le renseignement pour capturer, tuer ou recruter un ennemi. Elle a besoin de relais efficaces pour mener à bien cette mission. C'est pourquoi, depuis le début de l'occupation, la CIA s'est appuyée sur la vieille classe de seigneurs de la guerre brutale et corrompue qu'elle avait mise en place dans les années 1980 pour combattre les Soviétiques. Une classe de mercenaires concernée par ses seuls intérêts, et dont la fortune dépend intégralement de la CIA.

Les plus efficaces des équipes de reconstruction sont celles dont le personnel provient de la milice d'un seigneur de la guerre. Ces gens n'éprouvent aucune empathie particulière pour la population locale, une caractéristique qu'ils partagent avec les forces spéciales américaines. Ce sont

---

[101] Voir, au chapitre 3, l'affaire des enseignantes placées sur la liste noire de Phoenix.

des soldats chargés de la protection des équipes de reconstruction pendant que leurs cadres, formés par la CIA, organisent les « forces de défense locales » et diffusent leur propagande proaméricaine.

Les chefs afghans savent qu'il y a un sacré pactole à la clef. Malik Osman, un leader d'une tribu pachtoune de Jalalabad, promit que chaque famille Shiwnari fournirait un combattant pour lutter contre les talibans, en échange de contrats de construction sans appel d'offre. Six ans plus tard, son fils et douze de ses invités furent tués dans un attentat-suicide : apparemment l'œuvre d'une cellule de l'État islamique en lutte à la fois contre les talibans, le gouvernement, la CIA et ses collaborateurs[102].

Les origines vietnamiennes des équipes de reconstruction

Le Viêt Nam fut un laboratoire de l'armement et de la guerre psychologique. Les hélicoptères y firent leur grand début, de même que les opérations psychologiques de masse visant à pacifier les populations civiles. La CIA développa dès le début des années 1960 les outils qui allaient servir au programme de cellules de développement révolutionnaire, installé à Vung Tau en 1965 par le directeur des Opérations clandestines de la CIA, Tom Donohue.

Le programme de cellules de développement révolutionnaire était un programme général conduit par cinquante-neuf personnes, dont les équipes de développement révolutionnaire étaient un sous-programme distinct. Il était également chargé de la formation des équipes provinciales de reconnaissance de la CIA et du personnel du programme de recensement des doléances (sur lequel nous reviendrons).

Le modèle original du programme des équipes de reconstruction, connu sous le nom d'équipe d'action politique (Political Action Team), avait été développé par Ian Teague, un officier de l'armée australienne en contrat avec la CIA, et Frank Scotton, cet agent de l'US Information Service dont nous avons déjà parlé au chapitre 4, à l'occasion de la constitution des équipes antiterroristes du Sud. Scotton m'avait expliqué que le programme des équipes d'action politique comptait quarante hommes en tout : « Il y avait trois équipes de douze, tous armés, et, au-dessus, à la supervision, quatre hommes : un commandant et son adjoint, un officier de soutien moral, un technicien radio. »

Scotton avait tenu à souligner qu'il s'agissait de véritables commandos : « Des unités offensives. L'idée de départ était d'aller dans des zones contestées, pour y passer quelques nuits. Mais c'était toujours une initiative locale : les hommes devaient se débrouiller entièrement seuls. »

Scotton avait baptisé son unité spéciale d'action politique Trungdoi biet kich Nham dou, « Les commandos du peuple ». Elle avait deux fonctions : la pacification et le contre-terrorisme, « c'était l'origine des Unités provinciales

---

[102] « Deadly suicide blast strikes Afghan compound », *Aljazeera.com*, le 16 janvier 2016.

de reconnaissance ».

En substance, les Unités provinciales de reconnaissance avaient pour mission, pour reprendre le jargon de la CIA, « d'infliger aux vietcongs ce qu'ils nous infligent ». Il s'agissait de reproduire leur « terrorisme sélectif », cette tactique de guérilla vietminh qui consistait à assassiner les petits fonctionnaires coloniaux (et collaborateurs) qui travaillaient au contact du peuple : les policiers, les facteurs, les professeurs. Ces meurtres étaient souvent sanglants – une balle dans le ventre, une grenade lancée dans un café –, et pensés pour frapper les esprits et démontrer au peuple que le mouvement patriotique pouvait frapper durement leurs oppresseurs.

Reprise à son compte par la CIA, cette tactique se traduisait par des enlèvements, des assassinats. Des cadres politiques – issus de la société civile – étaient mutilés, de même que des membres de leur famille ou leurs voisins. Les Unités provinciales de reconnaissance étaient donc devenues, à partir de 1966, la nouvelle arme antiterroriste de la CIA au Viêt Nam : cette recomposition de l'activité et ce transfert « nominal » de l'activité antiterroriste à des formations sud-vietnamiennes avaient été rendus nécessaires par les attaques du sénateur Stephen Young l'année précédente. Young avait en effet dénoncé les forces antiterroristes américaines qui, se faisant passer pour des vietcongs, commettaient des atrocités pour discréditer les communistes : « Il m'a été rapporté que plusieurs d'entre eux auraient exécuté des chefs de village et violé des femmes. »[103]

L'agent de la CIA Tom Ahern, mentionné au chapitre précédent en tant que responsable CIA pour la province de Vinh Long en 1971, avait cité des incidents similaires dans son livre *Vietnam Declassified: The CIA and Counterinsurgency*[104]. Ahern rapportait qu'en octobre 1965, le sénateur démocrate Daniel Brewster avait reçu de Robert Haynes, l'officier principal de la CIA à Da Nang, un aperçu détaillé des opérations secrètes de la CIA dans la région. « Brewster conduisait des interrogatoires approfondis sur la structure et l'activité de chacun des programmes, au cours desquels Robert Haynes avait été amené à évoquer les "opérations clandestines" pratiquées dans le cadre de la lutte antiterroriste. Pressé de mieux définir ce terme, Haynes avait cité le cas hypothétique d'un assassinat commis par une équipe antiterroriste et maquillé de manière à passer pour un crime vietcong. »

Aussi incroyable que cela puisse paraître de nos jours, le Congrès de l'époque fut scandalisé, et Haynes – qui intégra ensuite le programme Phoenix en 1967 – fut sommé de venir s'expliquer à Washington. Par la suite, le conseiller présidentiel Clark Clifford rendit une visite au chef du siège de la CIA à Saïgon : il fallait qu'à l'avenir, ses employés ne soient plus amenés à répondre à ce genre d'interrogatoires parlementaires. À huis clos, et à contre-

---

[103] Propos publiés dans le *Herald Tribune* du 21 octobre 1965.

[104] Tom Ahern, *Vietnam Declassified: The CIA and Counterinsurgency*, The University Press of Kentucky, 2009.

cœur, la CIA dut admettre que ses équipes antiterroristes opéraient « hors de la légalité ». En conséquence, « le siège appela de ses vœux à la mise en place d'un processus d'approbation par l'État du Sud-Viêt Nam qui permettrait à l'agence de dire, en toute bonne conscience, que chacune de ses opérations, au niveau de la province, avait reçu l'autorisation du gouvernement vietnamien, dans le meilleur intérêt de l'effort de guerre ».

Après cet incident de parcours en 1965, la CIA avait notablement perfectionné, avec ses protecteurs au Congrès et dans les médias, l'art de cacher, camoufler ou mentir au sujet des actions illégales et barbares de ses équipes antiterroristes.

Le bon profil

La mise en place unilatérale par la CIA de programmes de lutte antiterroriste ou de « reconstruction » est un aspect central de la doctrine de remodelage des nations, elle-même au cœur du néocolonialisme américain. La qualité du recrutement est donc essentielle : le programme « d'endoctrinement et de motivation » de Frank Scotton est toujours utilisé aujourd'hui. Scotton est, pour l'arrogante élite du monde militaire, une légende vivante. Lors de ma seconde rencontre avec lui, en 1988, il était rattaché au 1er commandement des Opérations spéciales à Fort Bragg. Il conseillait à l'époque le haut commandement sur la meilleure manière d'appliquer sa « méthode ».

Le programme d'endoctrinement incitatif de Scotton, assez ironiquement, était conçu d'après les méthodes communistes. Tout devait commencer par une confession. « Le premier jour, m'avait expliqué Scotton, tout le monde remplissait un questionnaire ou rédigeait un petit texte sur les raisons qui l'avaient convaincu de s'engager ». Ensuite, l'officier de soutien moral « examinait leurs réponses le lendemain, puis leur expliquait la raison pour laquelle ils se retrouvaient dans une unité "spéciale". Les instructeurs les amenaient ensuite à prendre la parole tour à tour ».

L'officier de soutien moral, avait continué Scotton, « devait s'assurer de l'honnêteté des recrues, et leur faire reconnaître leurs erreurs ».

Non seulement Scotton avait copié les méthodes d'organisation et de motivation des communistes, mais il prenait d'anciens vietcongs pour cadres. « Nous avions le sentiment que les ex-vietminh avaient des qualités de communicants uniques[105]. Ils étaient doctrinalement convaincants, et ils

---

[105] Bien que les insurgés s'appellent eux-mêmes « Viêt Minh », dès le début des années 1950, l'officier de la CIA Edward Lansdale avait imposé la dénomination de « Viêt Cong » (où Cong désigne les communistes), afin de leur donner une connotation négative dans la perception occidentale. La presse américaine de l'époque, qui employait déjà systématiquement le sobriquet de « Chine rouge » pour évoquer la République populaire de Chine, recueillit de manière unanime l'appellation péjorative des insurgés vietnamiens. C'était l'un des aspects de la guerre psychologique livrée au public américain.

savaient se battre. Dans une équipe d'action politique, il n'était pas nécessaire qu'ils soient tous des transfuges vietminh. Mais il fallait que le commandement le soit. »

Nguyen Be, l'officier vietnamien chargé du programme d'endoctrinement incitatif de Scotton, avait été secrétaire du parti du 9ᵉ bataillon vietcong avant de faire défection. C'est lui qui, après le départ de Scotton pour sa nouvelle affectation, allait combiner avec son nouveau conseiller CIA, Harry « The Hat » Monk, le programme d'endoctrinement des équipes antiterroristes et le recensement itinérant des doléances[106] dans la nouvelle structure des cellules de développement révolutionnaire, forte de cinquante-neuf hommes, et qui devait durer jusqu'en 1975.

Les équipes de développement révolutionnaire étaient appelées par les soldats américains les « monstres violets mangeurs d'hommes ». Le titre de la chansonnette de 1958 de Sheb Wooley, *The Purple People Eater*, évoquait à la fois la couleur de leur uniforme et les opérations de terreur qu'elles menaient. Pour les Vietnamiens des campagnes, elles étaient juste appelées les « piafs idiots ».

Dans sa série « The Truth about Phoenix », Dinh Tuong An considérait que les opérations de « remodelage » ne faisaient que favoriser les vietcongs et leur formidable capacité d'adaptation. Ils n'avaient qu'à attendre que les équipes de développement révolutionnaire finissent leur opération pour ressortir de la jungle. Comme An, la plupart des Vietnamiens considéraient que « le développement révolutionnaire ne promouvait que la ligne américaine ».

Peu importe. Le remodelage de la nation vietnamienne était considéré comme une condition essentielle de la victoire de la guerre. Il fallait arracher les cœurs et les esprits des Vietnamiens des campagnes de l'emprise communiste. Le programme d'action politique de Scotton avait été placé au cœur de cette stratégie, et la CIA l'avait étendu à l'échelle nationale avec le programme de développement révolutionnaire.

En juillet 1967, le chef du programme de cadre de développement révolutionnaire Lou Lapham devint membre de la Commission nationale du programme Phoenix, tandis que les directeurs d'équipes de développement révolutionnaire et ceux du programme de défection Chieu Hoi[107] devinrent membres des Commissions Phoenix à l'échelle du district. Ainsi, les informations sur l'infrastructure vietcong accumulées par les équipes des programmes de défection et de développement révolutionnaire pouvaient être instantanément redirigées vers les coordinateurs du programme Phoenix et les

---

[106] Les équipes de recensement des doléances étaient avant tout un moyen d'entrer en contact avec les sous-agents en poste dans les villages. La communication secrète passait par la boîte à doléances ostensiblement mise à disposition des citoyens pour leur permettre de signaler la mauvaise gestion du gouvernement. Les unités de renseignements des équipes provinciales de reconstruction ont conservé cette activité de collecte des doléances.

[107] Programme sur lequel nous reviendrons amplement au chapitre suivant.

Unités provinciales de reconnaissance antiterroristes, pour exploitation immédiate.

Très vite, le programme de coordination qu'était Phoenix prit une place centrale dans la politique américaine de pacification du Viêt Nam. Il porta ses premiers fruits après l'offensive du Tet, durant laquelle de nombreux membres de l'infrastructure vietcong furent capturés ou tués. Le Front national de libération en fut considérablement affaibli. C'est ainsi qu'en 1969, William Colby, qui était, rappelons-le, ambassadeur adjoint aux Opérations civiles et au Développement rural, détailla les trois phases du remodelage d'une nation :

➤ la première était la phase militaire, assurée par les forces armées américaines ;

➤ la seconde phase consistait à assurer la sécurité territoriale, à travers les douteuses « forces d'autodéfense » que les équipes de développement révolutionnaire s'efforçaient de mettre en place dans les campagnes ;

➤ la troisième et dernière phase était celle de la sécurité politique intérieure, assurée par le programme Phoenix.

Malgré les proclamations victorieuses de Colby, qu'il appuyait sur des statistiques soigneusement adultérées, l'insurrection regroupait ses forces. Dans un rapport du département de la Défense intitulé « Une analyse systémique de la guerre du Viêt Nam, 1965-1972 », Thomas Thayer admettait ceci : « Le programme de développement révolutionnaire rencontre des difficultés significatives dans le recrutement et la conservation du personnel de qualité. » Le taux de désertion atteignait les 20%. « Plus haut que dans n'importe quelle formation de l'armée sud-vietnamienne, peut-être parce qu'on y a 30% de chance en plus d'être tué. » On demanda donc aux équipes de développement révolutionnaire de « se concentrer sur la sécurité des hameaux, et de remettre à plus tard les projets de développement qui constituaient jusque-là six des onze tâches prévues par le programme »[108].

Vu les contraintes de la sécurisation militaire et territoriale, la neutralisation de l'infrastructure vietcong grâce à Phoenix devint la priorité principale de William Colby. Le remodelage de la nation pourrait attendre. Phoenix et le cadre de développement révolutionnaire furent incorporés à la division de Coordination de la pacification et de la sécurité du SDROC (Soutien au développement rural et aux opérations civiles). Dès lors, les opérations civiles furent progressivement prises en charge par du personnel militaire à la main lourde, ce qui contribua à réduire un peu plus leur efficacité. La centrale de la CIA, sous la direction de Ted Shackley, réaffecta le personnel à des missions de renseignements plus classiques, au détriment du remodelage national du Viêt Nam. La CIA, néanmoins, continuait d'accumuler les renseignements par la filière du développement révolutionnaire, et continue de le faire à ce jour, grâce aux versions actualisées du programme.

---

[108] Thomas Thayer, *A Systems Analysis of the Vietnam War 1965-1972, Vol. 10: Pacification and Civil Affairs*, Office of the Assistant Secretary of Defense, Washington D.C., 1975, p. 40-43.

La question du « remodelage des nations » a été un sujet brûlant lors de la campagne présidentielle de 2016. Dans son projet national, Donald Trump a soutenu une ligne de désengagement : il fallait abandonner cette compulsion à « remodeler les nations », il fallait sortir de l'OTAN. Il a notamment dit ceci : « Je pense que le monde a changé, et qu'il nous faut cesser de remodeler les nations. Il n'est plus à démontrer que cela ne fonctionne pas, et notre propre pays n'est plus celui de jadis. Nous sommes endettés de 19 000 milliards de dollars. Nous sommes probablement assis sur une bulle. Et, si elle crève, ce ne sera vraiment pas beau à voir. Je suis d'avis que s'il y a une nation à reconstruire, c'est la nôtre. »[109]

À l'opposé, dans un article du *Huffington Post* du 30 mars 2016, intitulé « Back to Nation Building ? », le professeur Amitai Etzioni de l'université George-Washington sous-entendait qu'Hillary Clinton s'investirait dans le remodelage des nations, et qu'elle avait appelé à une politique étrangère « plus active » : « À propos des conflits qui constellent le monde, de la Syrie à l'Ukraine et à l'Afghanistan, elle affirme que les États-Unis "doivent faire plus". Dans le cadre de sa campagne présidentielle, la secrétaire d'État Hillary Clinton reste fort discrète quant à tout ce qu'implique réellement une politique étrangère plus active. »

Dans une Amérique en difficulté face à son propre rôle d'unique superpuissance planétaire, cramponnée à ses ambitions de domination globale intégrale, il est d'une urgence vitale pour le peuple américain de prendre conscience de ce que signifie réellement « le remodelage des nations ».

Les équipes provinciales de reconstruction en Irak

On l'aura compris, le programme de développement révolutionnaire du Viêt Nam a servi de modèle pour les équipes provinciales de reconstruction en Afghanistan, à partir de 2002, et en Irak, à partir de 2004.

L'équipe de reconstruction standard compte entre cinquante et cent membres, tous spécialistes civils ou militaires. Elle compte des unités de police militaire, de guerre psychologique, de déminage, de renseignements, de médecins, d'instructeurs chargés de former les milices de défense locale, ainsi que du personnel administratif et technique. Comme les équipes d'action politique de Scotton au Viêt Nam, les équipes de reconstruction, abritées derrière l'alibi de la promotion de la démocratie et de l'aide au développement économique, mènent en réalité une guerre politique et psychologique, qui inclut le recours aux opérations antiterroristes.

Le public américain a longtemps accueilli avec scepticisme le flot de mauvaises nouvelles – pesamment calibré par la censure – en provenance d'Irak. Jusqu'à l'apparition de l'État islamique, il était, dans une large mesure,

---

[109] Philip Rucker, Robert Costa, « Trump questions need for NATO, outlines noninterventionist foreign policy », *The Washington Post*, le 21 mars 2016.

satisfait de n'en rien savoir, et d'avoir pu oublier l'œuvre de dévastation voulue par ses gouvernements successifs. Rares sont les Irakiens, de leur côté, à avoir mordu à l'hameçon de la « guerre, source de développement économique » ou à avoir cru aux arguments employés par l'administration américaine pour proclamer le succès de son programme de reconstruction. Le reporter Dahr Jamail, dans son livre de 2008 *Beyond the Green Zone*, citait l'un de ses interlocuteurs, un analyste politique de Falloujah : « Dans une nation qui avait coutume de nourrir la plus grande partie du monde arabe, la famine est devenue la norme. »[110]

Pour une autre de ses sources, les Irakiens sont « très majoritairement des témoins mutiques. Les Américains peuvent discuter tant qu'ils veulent des "succès" ou des "progrès" de l'Irak de l'occupation, mais les Irakiens n'y font que figure de fantômes – ou de cadavres ».

Dans une publication intitulée « Hard Lessons: The Iraq Reconstruction Experience », l'inspecteur général spécial pour la reconstruction de l'Irak décrit la tâche comme le plus grand effort de reconstruction de l'histoire américaine. Dans certains endroits du pays, le chômage atteignait en 2010 entre 40 et 60% de la population. Il s'agissait donc de réparer les ravages entraînés par les bombardements américains, mais il n'a jamais été clairement expliqué comment la reconstruction allait, ou simplement pourrait, déclencher cette transition démocratique tant proclamée, et jamais constatée.

Comme au Viêt Nam et en Afghanistan, les équipes provinciales de reconstruction en Irak ne sont qu'un stratagème servant à réconforter les Américains face aux mésaventures impériales de leur gouvernement. Les succès des équipes de reconstruction n'existent que par des artifices de langage et de statistiques. Pour rappel, le coordinateur Phoenix Stan Fulcher disait déjà au Viêt Nam que « le renseignement peut répondre aux besoins de n'importe quel type d'action politique ». Exhiber des statistiques flatteuses n'est pas compliqué dans un pays dont les infrastructures publiques ont été anéanties, où des villes entières comme Falloujah ont été réduites en cendres au nom du prestige de l'Amérique, et où la puissance occupante contrôle tous les médias.

Comme Fulcher l'avait expliqué, ce n'est qu'une affaire de profits. Les guerres américaines ne cherchent ni à combattre le terrorisme islamique, ni à protéger la sécurité nationale. Elles sont l'expression du psychisme le plus sombre de l'Amérique, cette avidité qui plonge ses racines dans l'esclavage et dans la conquête génocidaire d'un continent. Pour un homme d'affaires américain, la guerre globale contre le terrorisme, avec ses campagnes de bombardement impitoyables et ses opérations clandestines échappant à tout cadre légal, est avant tout une affaire en or.

Pour les politiciens, la guerre est également un excellent moyen d'être élu.

---

[110] Dahr Jamail, *Beyond the Green Zone: Dispatches from an Embedded Journalist in Occupied Iraq*, Haymarket Books, 2008. N.D.T. : Titre que l'on traduirait par « Au-delà de la Zone verte », qui est le secteur ultra militarisé et fortifié de Bagdad d'où les forces américaines administrent leur occupation.

Comme l'a démontré l'ancien vice-président Dick Cheney, il est très efficace de dire d'un adversaire politique qu'il est « accommodant avec le terrorisme ». Apparemment, pour une grande partie de la population, les frappes de drones ou les opérations commando spectaculaires, comme celle qui a permis de tuer Oussama ben Laden, apaisent les craintes et rassasient la soif de vengeance soigneusement cultivées depuis le 11 Septembre. Ces Américains qui agitent fièrement leurs petits drapeaux et saluent l'armée lors des matchs de la NFL (à l'exception des rares footballeurs noirs qui lèvent le poing en signe de défi) ont l'air d'y trouver leur compte, tant que cette guerre leur est servie comme une victoire de l'équipe Amérique.

Les crimes de guerre abominables par lesquels on met en œuvre des politiques iniques sur les peuples d'Afghanistan et d'Irak sont, quant à eux, exclus des gros titres, pour aller se sédimenter eux aussi au plus profond du subconscient national.

CHAPITRE 7

TRANSFUGES AFGHANS ET BALBUTIEMENTS VIETNAMIENS

En 2010, après huit années d'une sale guerre contre les talibans jusque-là qualifiés de « cancer de l'humanité » à éradiquer, le gouvernement américain et ses alliés de l'OTAN tentèrent une nouvelle approche. Pour la première fois, ils prirent acte du fait que « l'insurrection » était, si l'on s'en tient au propos du secrétaire de la Défense Robert Gates, « consubstantielle à la société afghane »[111].

Ayant pris acte également de l'humanité des musulmans d'Afghanistan, le nouveau plan prévoyait d'encourager les représentants des niveaux inférieurs et intermédiaires de la hiérarchie talibane à faire défection. Les talibans de haut niveau et toutes les personnes qui étaient liées à Al-Qaïda (puis à l'État islamique) gardaient leur position privilégiée sur la liste d'élimination d'Obama.

En janvier 2010, l'administration américaine et l'OTAN proposèrent, à travers le Fonds de paix et de réintégration – un programme de plusieurs millions de dollars –, des pots-de-vin à des combattants talibans afin qu'ils trahissent leurs chefs et deviennent eux-mêmes, selon l'expression du général Stanley McChrystal, « une partie de la solution en Afghanistan »[112].

Aux États-Unis, le plan de paix avait, d'un côté, horrifié plusieurs associations de défense des droits des femmes et, de l'autre, séduit cette partie de l'opinion qui était lasse de cette guerre sans fin. Les chefs talibans, quant à eux, dénoncèrent le plan comme une « ruse », rappelant que toute réconciliation serait impossible sans le départ des troupes d'occupation[113].

Comme toujours, bien sûr, le « plan de réconciliation » de la CIA comportait un versant bien plus sombre.

---

[111] Elisabeth Bumiller, « Gates says Taliban must take legitimate Afghan role », *The International New York Times*, le 22 janvier 2010.

[112] Kristen Chick, « General McChrystal: Taliban could be part of the solution in Afghanistan », *The Christian Science Monitor*, le 25 janvier 2010.

[113] « Taliban say no decision yet on offer of talks », *Reuters*, le 29 janvier 2010.

Une folie méthodique

Historiquement, les programmes de défection ont toujours joué un rôle important dans les stratégies de pacification américaines. Les stratèges militaires ont prétendu, statistiques à l'appui, que le programme vietnamien Chieu Hoi (« à bras ouverts »), en « offrant la clémence aux insurgés », avait produit de bons résultats.

Le programme « à bras ouverts » avait surtout été l'occasion, avec une présentation mensongère et la complicité des médias, de donner un visage plus humain à la pacification du Viêt Nam rural. En réalité, les programmes « d'amnistie » et de « bras ouverts » n'avaient aucunement pour objectif la réconciliation. Comme il fallait s'y attendre avec les opérations clandestines de la CIA, ils servaient à dissimuler des activités d'espionnage et de contre-insurrection.

L'ancien directeur de la CIA William Colby m'avait expliqué que les équipes de développement révolutionnaire, comme les équipes de reconstruction aujourd'hui en Afghanistan et en Irak, envoyaient des transfuges « dans la campagne pour expliquer aux gens qu'ils étaient d'anciens vietcongs, que le gouvernement les avait accueillis et acceptés dans ses rangs, et que le programme Chieu Hoi existait précisément pour permettre aux vietcongs de changer de camp ».

Les transfuges allaient notamment « s'adresser aux membres de la famille de vietcongs identifiés, en leur proposant le transfert vers des camps de réfugiés ou de défection ».

Le maître-espion Colby, qui a mystérieusement péri dans un accident de bateau en 1996, vous l'aurait confirmé : une gestion fine de l'information est essentielle dans la guerre politique en général, et dans le secteur de la défection en particulier. Les programmes de défection ne sont finalement pas destinés à l'ennemi, mais à l'opinion américaine qui, lorsqu'elle entend les mots « clémence » et « amnistie », voit la guerre sous un jour plus tendre, plus doux.

Les spécialistes de la gestion de l'information ayant concocté un nouveau slogan, on fait publier dans la presse nationale et étrangère des articles destinés à susciter l'adhésion de l'opinion ; des histoires qui présentent les opérations de la CIA comme de bonnes œuvres pensées pour apporter la paix et la prospérité, tout en favorisant la liberté et la démocratie.

La douceur du langage ne saurait cacher que les programmes de défection constituent un versant horrifiant de la guerre sale. La CIA, avons-nous dit, ne se lance dans un programme que s'il lui permet de générer du renseignement. Elle doit pouvoir en extraire de l'information relative à l'infrastructure politique, militaire et économique de l'ennemi, laquelle amènera à plus de frappes aériennes, plus de raids nocturnes des escadrons de la mort. Comme l'avait dit Dinh Tuong An, les programmes de défection sont conçus pour prolonger la guerre éternellement, ou jusqu'à la victoire totale.

Le programme de défection lancé par la CIA en Afghanistan en 2009 cherchait à recruter les transfuges à « fort potentiel de renseignement », de manière à obtenir des informations sur ces chefs talibans que l'administration américaine voulait éliminer.

La défection affaiblit la capacité de combat de l'ennemi et son moral, mais elle permet aussi de capturer, interroger ou éliminer les chefs de l'insurrection. Les transfuges sont une source de renseignements précise et récente sur la force des formations ennemies et leur position. On pose comme condition de leur amnistie que les transfuges fournissent la preuve de leur conversion: ils doivent servir de guides ou de pisteurs dans d'autres programmes de pacification, comme les opérations de lutte antiterroriste. Ils sont nombreux à être renvoyés dans leur propre village, accompagnés d'équipes antiterroristes qu'ils doivent conduire aux caches d'armes ou de provisions. Certains d'entre eux sont envoyés dans des missions « aller simple », où ils finissent sous les bombes, avec les cibles qu'ils étaient chargés de localiser.

Après leur profilage et les interrogatoires par les agents de sécurité, d'autres transfuges, encore, sont transformés en agents doubles. De retour à leur ancien poste dans les formations militaires ou politiques de l'insurrection, ils ont alors à leur disposition des canaux de communication « sûrs » avec leur officier traitant à la CIA. C'est à lui qu'ils fourniront les informations qui conduiront à l'arrestation ou à l'embuscade de cadres ennemis ou d'agents secrets. Certains restent en poste pendant des années, en tant qu'agents dormants. Parfois, ils accèdent à la plus prisée des découvertes : l'information « stratégique » qui détaille les plans de l'ennemi.

Les programmes de défection sont aussi l'occasion, pour les découvreurs de talents de la CIA, d'intégrer discrètement des criminels de divers types aux équipes d'action politique ou de développement révolutionnaire. Cambrioleurs, pyromanes, faussaires ou contrebandiers possèdent des compétences uniques que leur absence de scrupules rend d'autant plus précieuses. Au Viêt Nam, l'intégralité du 52e bataillon de rangers de l'armée sud-vietnamienne sortait des prisons de Saïgon.

Ce sont les grandes opérations militaires qui permettent à la CIA d'opérer clandestinement. Ce n'est pas un hasard si le programme de défection a été lancé exactement en même temps que la campagne de « relance » d'Obama en 2010.

Comme je l'avais prédit dans mon article publié dans *Consortium News* en 2010, le programme de défection, malgré sa dotation en millions de dollars, était voué à l'échec. En effet, une fois dissipé l'engouement bruyant des débuts, il lui fallut moins de six mois pour avorter. Le *Times* attribua cet échec au fait que les Pachtounes n'avaient pas mordu à l'hameçon, tandis que les ethnies rivales collaborant avec le gouvernement parallèle mis en place par la CIA craignaient que le ralliement des talibans ne leur fasse perdre les avantages acquis[114].

Le programme fut ressuscité en 2014 par le président Ashraf Ghani, avec cette fois-ci l'objectif de parvenir à une réconciliation « de haut niveau » *via*

---

[114] Rod Nordland, « Lacking money and leadership, push for Taliban defectors stalls », *The International New York Times*, le 6 septembre 2010.

le Haut Conseil pour la paix (une formule digne des plus grandes agences de publicité). On installa donc des Conseils provinciaux pour la paix dans trente-trois provinces. L'offre de réconciliation était toutefois subordonnée au désarmement, et le désarmement signifiait la reddition.

Les statistiques fournies par le programme de développement des Nations unies faisaient état d'une réussite fulgurante : « 10 404 anciens combattants ont jusqu'à présent accepté de renoncer à la violence et ont rejoint le programme de paix et de réintégration. 10 286 d'entre eux ont reçu une assistance financière qui leur a permis de réintégrer leur communauté. »[115]

Il existe d'autres statistiques moins encourageantes. En 2015, il y a eu en Afghanistan 11 000 victimes civiles, un chiffre en nette augmentation depuis la « campagne de relance » d'Obama en 2010. On concevra que, pour certains, cette montagne de cadavres fasse douter de la volonté américaine de parvenir à une authentique réconciliation en Afghanistan.

Frank Scotton et les opérations de guerre psychologique

Au Viêt Nam, c'étaient les agents de la branche de guerre politique et psychologique de la division des Opérations spéciales de la CIA qui traitaient les cas des transfuges du bas de l'échelle vietcong. Ils étaient en relation avec des agents de l'US Information Service (USIS) comme Frank Scotton. L'USIS était la branche « étranger » de l'ancienne US Information Agency, qui était chargée de la transformation symbolique de sinistres réalités américaines – telles que l'implication de la CIA dans le trafic de drogue – en mythes joyeux. Il s'agissait d'alimenter la représentation chimérique d'une Amérique bienveillante.

Dans leur effort pour transformer le monde entier en une gigantesque chambre de commerce, la CIA et l'USIS mettaient à contribution tous les types de ressources médiatiques. Elles s'appuyaient sur les télévisions et les radios de l'ère satellitaire et sur le travail de leurs équipes spécialisées en propagande, avec leurs posters « Wanted » et leurs campagnes d'indignation à géométrie variable contre le terrorisme.

Comme je l'ai dit au chapitre précédent, Scotton joua un rôle d'avant-garde dans les opérations politiques et psychologiques américaines au Viêt Nam. Après sa formation au College of International Relations en 1961, il devint assistant universitaire[116] au Centre Est-Ouest de l'université d'Hawaï. C'est à

---

[115] La page « Afghanistan Peace and Reintegration Programme (APRP) » qui rapportait ces résultats a disparu en 2016 du site undp.org, mais reste consultable sur le site d'archivage de la bibliothèque du Congrès américain Internet Wayback Machine, à l'adresse http://web.archive.org/.

[116] N.D.T. : La figure du « graduate assistant » aux États-Unis correspond à celle d'un étudiant chargé de fonctions d'aides à l'enseignement au sein de l'université alors qu'il complète son second cycle.

cette époque, m'avait confié Lucien Conein, que Scotton fut recruté par la CIA. Ce que Scotton a toujours nié.

Scotton admit en revanche avoir assuré des tâches d'espionnage au Centre Est-Ouest pour le compte de la CIA : « Ce n'était qu'une couverture pour un programme d'entraînement dans lequel des Asiatiques du Sud-Est étaient amenés à Hawaï, formés et renvoyés au Viêt Nam, au Cambodge, au Laos, pour y créer des réseaux d'agents. »

Scotton raconta ses débuts au Viêt Nam et ses opérations de guerre psychologique au professeur d'histoire Jeff Woods. Voici ce que l'historien en a rapporté :

« Il était parti seul explorer la campagne, avec un colt 45, un pistolet-mitrailleur et un sac de billets. Il avait commencé par rencontrer des représentants locaux dans les hauts plateaux des Montagnes centrales. Il voulait en apprendre le plus possible sur la guerre des vietcongs. Dans une cabane abandonnée non loin de Ahn Ke, il tomba sur les Anglais Dick Noone et Norman Hurbold, ainsi que sur un groupe de Malais chargés de pacifier les hauts plateaux... Noone était un personnage très intéressant. Son frère Pat, anthropologue en Malaisie, avait été à l'origine de la théorie du rêve lucide des Senoi[117], selon laquelle le monde issu du rêve collectif des membres de la tribu pouvait être modifié pour influencer la solidarité du groupe. Dick Noone avait travaillé en Malaisie pour modeler les rêves de la tribu originellement pacifiste des Orang Asli, et en faire une force de police particulièrement brutale, les Senoi Praaq, spécialisée dans la traque et le massacre des insurgés communistes. Noone expliqua à Scotton que le principal obstacle qu'il rencontrait, quand il s'agissait d'inciter les Vietnamiens des campagnes ou des montagnes à braver la jungle pour tuer des vietcongs, c'était de ne pas l'avoir fait lui-même. L'Américain prit le conseil en grande considération : "Celui qui défie le vide peut contrôler le vide..." »[118]

Déterminé à gagner le respect des gens qu'il entendait recruter, l'agent débutant disparut dans la jungle, seul. Il dormait le jour, et tendait des embuscades la nuit. N'étant pas sûr de reconnaître à coup sûr les vietcongs, Scotton laissa passer plusieurs Vietnamiens en pyjama noir sans ouvrir le feu. Au bout de plusieurs jours de ce régime de doute, il rencontra Nai Luett, un agent des forces spéciales entraîné par la CIA, qui chassait lui aussi les vietcongs dans la zone. Luett lui expliqua que tous les Vietnamiens qu'il avait vus circuler de nuit sur les pistes des hauts plateaux étaient des vietcongs, sans exception. Luett donna ensuite à Scotton une baïonnette remontant à la Première Guerre mondiale: s'il la portait, les montagnards de la région comprendraient qu'il était un tueur de vietcongs, et donc un allié. Luett disparut dans la jungle. À la fin de sa première semaine dans « le vide », Scotton avait

---

[117] N.D.T. : Peuplade aborigène de Malaisie.

[118] Jeff Woods, « The Other Warrior: Interviews with Andre Sauvageot », rapport final de recherches, Arkansas Tech University, 2010, p. 23, en libre accès sur le site https://atu.edu/.

tué plus d'une demi-douzaine de vietcongs[119].

Woods a décrit tout simplement Jason, le personnage grotesque de la série de films *Vendredi 13*, avec son masque de gardien de hockey. Quant à moi, quand je parle des psychotiques dans les rangs de la CIA, je pense à Scotton. Qui lui avait donné l'autorité légale pour décider de partir seul et de tuer ces gens ? Les agents de la CIA ou de l'USIS sont-ils libres de faire absolument tout ce qui leur passe par la tête, du trafic de drogue aux massacres ?

Quoi qu'il en soit, après avoir prouvé sa virilité à la manière américaine, Scotton entreprit de « stimuler » les Vietnamiens à coups « d'actions politiques » calibrées avec soin pour promouvoir les concepts de l'agenda américain, aux dépens des aspirations du peuple.

Néanmoins, Scotton avait besoin de cadres capables de prêcher la ligne politique américaine. Il se tourna donc vers le programme d'encouragement à la défection de la CIA, Chieu Hoi, qui dépendait, de manière clandestine, de l'Agence pour le développement international du département d'État. C'est là que Scotton trouva le matériau brut pour démontrer la viabilité de son programme expérimental d'action politique.

Dans la province de Pleiku, il collabora avec le capitaine Nguyen Tuy, qui était diplômé du Centre de guerre non conventionnelle de Fort Bragg et qui dirigeait le 4e détachement des Opérations spéciales, ainsi qu'avec son officier traitant, le capitaine Howard Walters, des forces spéciales.

Un jour, dans le cadre de leur programme pilote, Scotton, Walters et Tuy s'enfoncèrent en territoire vietcong. Ils préparèrent une embuscade et patientèrent jusqu'à l'obscurité. Ils finirent par détecter une patrouille vietcong. Scotton saisit son haut-parleur et cria en vietnamien : « On vous trompe ! On vous ment ! Rejoignez-nous et nous vous donnerons une éducation ! » Dans un geste calculé et magnifiquement allégorique, il lança une fusée éclairante et cria : « Avancez dans la lumière ! »

À sa plus grande surprise, deux insurgés firent défection. L'épisode les convainquit, ses supérieurs de la CIA et lui, « qu'une formation sud-vietnamienne déterminée pourrait rivaliser avec les vietcongs en matière de combat et de propagande ».

De retour au camp, Scotton dit aux nouveaux transfuges d'abandonner leurs fausses vérités. À propos de cet épisode, Scotton avait expliqué :

« Nous leur avons dit que les États-Unis avaient certes commis des crimes de guerre, mais les vietcongs aussi. Nous avons reconnu qu'ils étaient la force principale du pays, mais que cela ne signifiait pas que tout ce qu'ils faisaient était honorable, bon et juste. »

Scotton appela sa méthode « programme d'endoctrinement incitatif ».

À l'échelle nationale

---

[119] *Ibid.*, p. 24.

En 1965, le chef de la branche Opérations clandestines de la CIA à Saïgon, Tom Donohue, prit acte de la valeur des informations fournies par les transfuges. Il autorisa donc l'extension du programme Chieu Hoi, basé sur les méthodes d'endoctrinement incitatif de Scotton, aux quarante-quatre provinces du Sud-Viêt Nam. Conformément à la plus parfaite tradition de la CIA, rien n'était écrit, rien ne fut soumis au gouvernement central.

Les agents de la CIA géraient le programme Chieu Hoi à l'échelle provinciale. Si, à son arrivée au Centre Chieu Hoi, le transfuge apportait des informations sur l'infrastructure vietcong, il était envoyé au Centre provincial d'interrogation. S'il apportait des informations d'ordre militaire, on l'amenait aux interrogateurs de l'armée.

Si le transfuge avait le potentiel pour servir dans l'un des programmes de développement révolutionnaire, la CIA le mettait dans un avion et l'envoyait au camp d'endoctrinement de Vung Tau, où on le recevait avec les plus délicates attentions, et où on l'émerveillait avec des gadgets spectaculaires. L'entraînement était rigoureux, mais les transfuges étaient bien traités. Ils recevaient des soins médicaux et un régime alimentaire riche en protéines.

Venait ensuite la phase d'endoctrinement politique, qui pouvait durer de quarante à soixante jours selon l'individu, et durant laquelle des transfuges précédemment enrôlés venaient prêcher la beauté du modèle américain.

« Ils suivaient un cours théorique », avait expliqué Jim Ward, agent de la CIA responsable du programme Phoenix dans le delta (1967-1969). « On leur montrait des films, ils avaient des enseignements sur la démocratie. »

Une fois formé, chaque transfuge recevait une carte d'identité, un repas, de l'argent, et une chance de gagner sa rédemption en tuant d'anciens camarades.

On plaçait tellement d'espoir en Chieu Hoi que, en juin 1967, Nelson Brickham l'intégra à Phoenix. Brickham appréciait Chieu Hoi, car c'était, selon lui, « l'un des rares contextes où la police et les conseillers paramilitaires travaillaient ensemble ». Il considérait également que Chieu Hoi était l'occasion de développer des « infiltrations unilatérales à l'insu de la police sud-vietnamienne ».

En 1969, le programme de défection était devenu une pièce majeure de la stratégie de pacification. Il était géré par les équipes d'opérations psychologiques de l'armée (comme celles qui avaient infiltré la National Public Radio), avec leur attirail d'affiches, de banderoles, de haut-parleurs montés sur des camions et de prospectus largués par avion.

Ainsi, le 22 janvier 1970, 38 000 prospectus furent largués au-dessus de trois villages du district de Go Vap. Ils étaient spécifiquement adressés à certains cadres de l'infrastructure vietcong qu'avaient identifiés les équipes de développement révolutionnaire. On pouvait y lire : « Depuis que vous avez rejoint le Front national de libération, qu'avez-vous accompli pour votre famille, votre village ou votre hameau ? Qu'avez-vous fait, sinon briser la joie de nombreuses familles, détruire des maisons et des cultures ? Certains d'entre vous se sont réveillés. Ils ont déserté les rangs communistes et ont été accueillis à bras ouverts et avec une tendresse familiale par le gouvernement et le peuple vietnamiens. »

« Préparez-vous à en finir si vous restez dans les rangs communistes. Vous serez confronté chaque jour à des difficultés de plus en plus grandes, et vous connaîtrez des échecs cuisants à mesure que l'armée de la République du Viêt Nam gagnera en puissance. Vous feriez mieux de retourner auprès de votre famille, où l'on garantira votre sécurité et où l'on vous aidera à démarrer une nouvelle vie. »

Défections au sein du programme

L'armée, la CIA, l'US Information Service étaient tellement convaincus par leur propre propagande qu'ils finançaient des programmes à la télévision et à la radio, et qu'ils produisaient des films où de véritables acteurs prêchaient la bonne parole. En s'en tenant au langage formaté des rapports Phoenix, effectivement, on pouvait croire que le programme Chieu Hoi était un succès tonitruant. Tous les transfuges vietcongs – réels et imaginaires – étaient comptabilisés dans les statistiques de neutralisation du programme Phoenix, si bien qu'en 1970, ils étaient plus de 100 000 à être passés par les cinquante et un Centres Chieu Hoi.

La plupart des transfuges, en réalité, ne faisaient que réciter leur couplet pour mériter leur amnistie. Pour eux, le programme de défection était avant tout l'occasion d'une permission. Ils rendaient une brève visite à leur famille, retrouvaient avec joie le bonheur d'un repas fait maison, avant de retourner au combat, côté insurrection.

Douglas McCollum, conseiller en Sécurité publique de l'USAID, l'Agence des États-Unis pour le développement international, supervisait le programme Chieu Hoi dans trois provinces différentes. D'après lui, la duplicité des transfuges « était le plus gros trou dans les mailles du filet. Ils venaient chez nous. Nous les hébergions, les nourrissions, les habillions, nous leur donnions un lit… Ensuite, quand nous les relâchions dans la nature, ils traînaient en ville un moment, avant de disparaître ».

Les conseillers militaires américains le savaient parfaitement : les véritables transfuges étaient considérés comme des parias par la culture de village vietnamienne. Ils ne pouvaient jamais rentrer chez eux.

C'est la même logique qui régit la culture clanique de l'Afghanistan. Les seuls résultats obtenus par les forces de l'OTAN en quinze années d'occupation, ce sont ces milliers de civils innocents tués. En conséquence, la CIA comme l'armée ne jouissent d'aucun soutien populaire, ni d'aucune relation directe avec ces gens qu'elles veulent dominer. Elles ne peuvent s'adresser au peuple qu'à travers ces prospectus traduits, ou *via* des programmes qui récompensent la trahison.

On ne saurait trouver plus clair indicateur de la déconnexion entre les gestionnaires professionnels de la guerre et la réalité de la vie dans les villages d'Afghanistan. Pendant que la CIA essaie de se vendre à coups de prospectus et de programmes d'endoctrinement incitatif, les talibans vont inlassablement à la rencontre des gens, et leur parlent dans un langage qui est le leur : c'est la démonstration que la technologie ne peut pas remplacer le contact humain.

Il y a quelque chose de tragique dans le fait que l'Amérique n'a toujours pas trouvé de solution alternative au lavage de cerveau systématique. On a beau les célébrer avec un enthousiasme pittoresque, qui aurait plus sa place dans une convention de franchisés Amway ou un festival religieux de la Bible Belt, les programmes de défection restent un phénomène extrêmement sérieux. Conduits en secret dans des bases de haute sécurité de la CIA en Afghanistan et en Irak, ils peuvent obtenir des résultats aux effets dévastateurs.

Ainsi, alors que le régime de Bush préparait le public à l'invasion de l'Irak, la CIA avait obtenu la défection d'officiers de haut niveau de l'armée irakienne. La CIA avait fourni à ces transfuges des scripts soigneusement rédigés à réciter aux médias américains, compensés par des comptes en Suisse et la promesse de positions haut placées dans l'Irak libéré du futur. On mit deux de ces transfuges à disposition du reporter du *New York Times* Chris Hedges, qui rédigea consciencieusement, en novembre 2001, un article intitulé « Des transfuges indiquent que l'Irak entraîne des terroristes. »[120] Bien que totalement fausse, l'idée abominable que l'Irak entraînait des terroristes pour attaquer l'Amérique produisit l'effet escompté. L'adhésion de l'opinion publique à la guerre en cours de préparation s'était effectivement emballée.

C'est le genre de sources que la CIA recherche pour ses opérations de propagande domestique. C'est pourquoi les rapports des transfuges sont systématiquement envoyés aux stations de traitement de la CIA, afin d'évaluer leur potentiel sur le public américain, si facile à berner. C'est un exercice périlleux, comme l'enseigne le cas du transfuge jordanien de la base Chapman : la CIA s'est fait berner par un agent triple, ce qui a coûté la vie de plusieurs de ses agents. Telles sont, hélas, les règles du jeu.

Et c'est en jouant à ce jeu que les États-Unis ont perdu au Viêt Nam. Le programme de défection afghan, qui vise les talibans, a beau être présenté comme une stratégie nouvelle, il n'est que la répétition de la malheureuse expérience vietnamienne. Rien de nouveau, en somme, dans le sinistre monde de la contre-insurrection.

---

[120] Chris Hedges, « Defectors cite Iraqi training for terrorism », *The New York Times*, le 8 novembre 2001.

CHAPITRE 8

LES MEURTRES DE LA CIA : UNE AFFAIRE GAGNANTE EN AFGHANISTAN, PERDANTE EN AMÉRIQUE

Pourquoi – tout le monde s'est posé la question – commettre un attentat-suicide contre la CIA, sachant que le gang le plus violent de la planète s'acharnerait ensuite à bombarder et à égorger jusqu'à étancher sa soif de violence ?

Tout au long d'un règne de terreur qui dure depuis soixante-dix ans, la CIA a renversé une infinité de gouvernements, déclenché d'innombrables guerres, au prix de millions de vies. Elle a conspiré contre ses amis comme contre ses ennemis. Et pourtant, elle n'a perdu qu'une centaine d'agents.

C'est qu'on ne touche pas aux agents de la CIA. Peu importe le nombre de femmes et d'enfants qu'ils tuent. Les agents de la CIA sont une espèce protégée. Pourquoi, dès lors, les terroristes afghans ont-ils soudainement décidé de déroger aux règles et de précipiter le jeu dans le chaos ?

Prenons le cas de Micah Johnson, ce vétéran noir américain de l'Afghanistan, qui a tué cinq flics à Dallas en juillet 2016[121]. Johnson était fou de rage, parce que peu importe le nombre de noirs tués par la police, les flics ne sont jamais punis. Tout le monde se fiche que les flics travaillent en bonne harmonie avec la pègre, ou que leurs chefs autorisent leur réseau d'informateurs criminels à répandre la drogue dans les communautés noires. Les flics appartiennent à la Fraternité universelle des agents. Ils sont au-dessus de la loi. Point à la ligne.

Évidemment, les citoyens ne soupçonnent pas l'existence d'une telle fraternité, et peuvent d'autant moins comprendre son fonctionnement. Elle existe dans la quatrième dimension, cette zone à la lisière entre l'imagination et la réalité. Elle existe dans le brouillard de guerre de Bob Kerrey[122]. Elle

---

[121] Manny Fernandez, Richard Perez-Pena, Jonah Engel Bromwich, « Five Dallas officers were killed as payback, police chief says », *The New York Times*, le 8 juillet 2016.

[122] Voir, au chapitre 18, l'étude du cas de l'ancien sénateur Bob Kerrey et du massacre de Thanh Phong.

existe dans le monde hors limites de la classe dominante. C'est ce qui fait que les officiers de deux armées en guerre ont plus de points communs entre eux qu'ils n'en ont avec les simples soldats sous leurs ordres.

Les officiers sont formés pour considérer les conscrits comme de la chair à canon. Ils savent que s'ils envoient un lot de soldats conquérir une colline, une partie d'entre eux vont mourir. C'est pourquoi ils ne fraternisent pas avec eux.

C'est la raison pour laquelle il est interdit à un simple civil de la classe active comme moi de citer le nom d'un agent de la CIA en fonction. C'est aussi la raison pour laquelle les citoyens américains ne peuvent pas connaître les noms des commandos de la CIA qui tuent des femmes enceintes puis récupèrent au couteau les balles fichées dans les corps. Les lois ne s'appliquent qu'aux petites gens, à ceux qui ne bénéficient d'aucune protection.

Il n'y a que les grosses huiles comme le secrétaire d'État adjoint Richard Armitage, qui avait dévoilé en 2003 le nom de l'agent de la CIA Valerie Plame au journaliste Robert Novak, qui s'en tirent sans répercussions[123]. Armitage n'avait pas commis une simple félonie, mais un crime politique de la plus grande gravité. Il avait révélé le nom d'un agent en fonction pour punir son mari. En effet, Joe Wilson, diplomate de carrière et mari de Plame, avait osé mettre à nu les mensonges du régime Bush, qui prétendaient que Saddam Hussein s'était procuré suffisamment de yellowcake (un concentré d'uranium) pour construire une bombe nucléaire. Il avait donc été châtié par son ministre (adjoint) de tutelle.

Cette distinction de classe, entre catégories protégées et non protégées, est à la base d'un pacte sacré. C'est ainsi que la famille Bush, bien qu'elle l'ait nié à de multiples reprises, avait fait rassembler les princes saoudiens par le FBI et les avait réexpédiés en Arabie par avion dès le 12 septembre 2001. Quiconque avait été officier traitant des artificiers du 11 Septembre, ou connaissait par avance leur plan, était classé *de facto* dans la catégorie exclusive des protégés.

Les agents de la CIA sont au sommet de cette Fraternité. Ils vivent sous de fausses identités, protégés par des gardes du corps. Ils voyagent en avions privés, vivent dans des villas, et tuent avec la toute dernière technologie. Ce sont eux qui donnent des ordres aux généraux, et qui dirigent les Commissions d'enquête du Congrès. Ils tuent les chefs d'État comme ils tuent les enfants innocents : avec impunité et indifférence.

En Afghanistan, les agents de la CIA dirigent le trafic de drogue depuis leurs hamacs, sous les frondaisons. La production d'opium n'a fait que croître depuis l'acquisition de l'État afghan en 2001[124]. Ils regardent, amusés, la toxicomanie se propager chez les jeunes qui ont perdu leurs parents et la raison après quinze ans d'agression américaine. Et ils se moquent que la drogue

---

[123] John King, Brian Todd, « Armitage admits leaking Plame's identity », *CNN*, le 8 septembre 2006.

[124] « Afghan opium production 40 times higher since US-NATO invasion », *TeleSUR*, le 31 août 2016.

finisse dans les grandes villes américaines.

La CIA a passé des accords avec les seigneurs de la guerre afghans qui, placés sous sa protection, transforment l'opium en héroïne puis la revendent à la pègre russe. C'est exactement la même chose qu'en Amérique, où la police collabore avec la mafia : c'est un partenariat entre ennemis qui procure à la classe dominante la sécurité politique dont elle a besoin.

La CIA peut tout à fait négocier avec l'ennemi, du moment qu'elle le fait à travers des canaux fiables et niables. Il en était allé de même pendant le scandale Iran-Contra: pendant que le président Reagan gagnait l'admiration de la nation en promettant que jamais il ne négocierait avec les terroristes, son administration hypocrite envoya les agents de la CIA à Téhéran pour vendre des missiles aux Iraniens. La recette de la transaction servit ensuite à armer les trafiquants de drogue des contras.

En Afghanistan, le partenariat avec le monde de la drogue fournit à la CIA un canal de communication sûr avec les talibans, ce qui permet de négocier des affaires simples telles que les échanges de prisonniers.

L'échange du journaliste britannique Peter Moore contre un « insurgé » captif de la CIA fut l'application directe en Irak de ce genre de négociations souterraines. Moore était détenu par un groupe chiite supposé allié à l'Iran, et sa libération dépendait entièrement de la capacité de la CIA à parvenir à un compromis satisfaisant pour les leaders de la résistance irakienne. Les détails des tractations relatives aux échanges de prisonniers ne sont jamais dévoilés, mais il est certain qu'elles s'inscrivent toujours au sein de négociations plus larges, sur des questions d'ordre stratégique cruciales pour les deux parties.

En Afghanistan, cette zone opaque où le renseignement rencontre la criminalité libère un espace intellectuel propice à toutes les propositions de réconciliation. Tout cessez-le-feu est précédé par des négociations, et c'est la tâche de la CIA dans les guerres modernes de l'Amérique. La CIA n'a pas de rival quand il s'agit d'explorer les connexions familiales dans les pays où opèrent les États-Unis.

Dans un article du *New York Times* du 19 août 1969, Terence Smith citait John Mason, l'agent de la CIA qui avait dirigé Phoenix de 1969 à 1971 : « Les relations familiales entrent parfois en jeu. Nous savons parfaitement que si l'une de nos équipes arrête le beau-frère du chef du district, il sera relâché. » L'exploration des relations de parenté était donc au cœur du programme Phoenix dès le départ.

L'officier de l'armée Ed Brady, détaché auprès de la CIA et assigné à la direction de Phoenix à Saïgon, m'avait expliqué comment les « accommodations souterraines » se déroulaient au Viêt Nam. Tout pouvait être résumé à cet épisode, qu'il m'avait narré.

Un jour, Brady et son homologue vietnamien, le colonel Tan, déjeunaient dans un restaurant à Dalat. Au cours du repas, Tan fit remarquer avec discrétion à Brady que la femme qui mangeait une soupe et buvait un café à la table d'à côté était l'épouse du chef provincial des vietcongs. Brady, bien sûr, proposa immédiatement de l'arrêter et de s'en servir comme appât.

Tan répondit à Brady : « Vous ne comprenez pas la vie ici. Vous n'avez pas de famille, ici ; vous savez que vous n'êtes ici que pour un temps, et qu'une fois cette opération terminée, vous rentrerez au pays. Mais moi, j'ai une famille, et des enfants qui vont à l'école. J'ai une femme qui va faire ses courses au marché. Et vous me demandez de kidnapper sa femme, à lui ? Vous voulez que je lui tende un piège, que j'utilise sa femme pour le tuer quand il viendra la voir ? Avez-vous une idée de ce qu'ils feraient à nos femmes, si on appliquait votre plan ? »

Brady m'expliqua que les vietcongs ne conduisaient jamais d'opérations contre les membres du gouvernement du Sud. « Tout le monde respectait ces règles du jeu. Si vous vous limitiez à les traquer dans la jungle, à la loyale, c'était OK. Si vous leur tendiez des embuscades sur leur trajet de retour d'une mission, c'était OK. Mais ces opérations de police clandestines, qui frappaient au cœur des choses, ça, c'était immoral pour eux. On ne jouait plus. Et les Vietnamiens ne perturbaient cet équilibre qu'avec d'infinies précautions. »

La sale guerre d'Obama en Afghanistan fait un recours fréquent à ces opérations illégales où les femmes et les enfants sont utilisés comme des appâts pour piéger les maris – ou bien sont éliminés pour punir la résistance des hommes. C'est la raison pour laquelle la CIA règne de manière incontestable sur la politique afghane des États-Unis. Comme Brady au Viêt Nam, les agents de la CIA en Afghanistan n'entretiennent aucune solidarité, ni personnelle, ni sociale, ni religieuse, avec la population indigène. Ils sont libres de massacrer en toute impunité, sans aucune règle morale.

La CIA joue le même rôle que celui joué par la Gestapo et les Einsatzgruppen des SS en France pendant la Seconde Guerre mondiale, qui terrorisaient les résistants urbains ou les maquisards en prenant pour cibles leurs amis et leur famille. La CIA cherche à déchirer les familles et faire se déliter le tissu de la société afghane, jusqu'à ce que le peuple afghan accepte totalement la domination américaine. Elle n'est pas pressée. L'Afghanistan est un outil pour s'attaquer à la Russie, exactement comme quand Nixon utilisait la Chine contre le Viêt Nam.

Voilà pourquoi, contre toute logique, on tue des agents de la CIA en Afghanistan. Les talibans n'ont aucune raison de s'asseoir à la table des négociations. Ils connaissent l'histoire, et ils savent que les élites racistes qui gouvernent les États-Unis ne veulent rien concéder.

Comme je l'avais dit en 2010, la CIA est terriblement prévisible. J'avais annoncé qu'elle ressortirait la vieille règle du « cent pour un » rendue célèbre par la Gestapo, et qu'elle s'autoriserait tous les massacres. Et que sa soif de vengeance ne serait pas apaisée avant d'avoir tué cent Afghans pour chaque agent tué.

Et, sans surprise, l'année 2010 fut la plus lourde sur le plan des pertes civiles depuis 2001. En 2013, ces pertes continuaient de croître avec, selon l'ONU, « une alarmante augmentation des victimes chez les femmes et les enfants » qui reflétait « un changement dans les dynamiques du conflit dans le cours de l'année… durant laquelle il a été amené à se développer de plus en plus fréquemment dans des zones peuplées, au sein des communautés »[125]. Bien que les statistiques soient manipulées pour attribuer les pertes civiles aux talibans, l'armée américaine a été contrainte de reconnaître cette augmentation constante. En juin 2016, d'après un rapport du Pentagone, « jamais au cours du passé récent les Afghans ne se sont sentis aussi peu en sécurité. Le nombre de morts sur le champ de bataille continue de croître, et les pertes civiles atteignent des chiffres records »[126].

« La perception de la sécurité est au plus bas : elle n'est estimée comme "bonne" que par 20% des Afghans sondés en mars, contre 39% l'année précédente. D'après un récent sondage, 42% des Afghans considèrent que la sécurité était meilleure entre 1996 et 2001, quand les talibans gouvernaient le pays. Le rapport du Pentagone avait qualifié cette proportion de 42% de "chiffre historiquement haut". »

Le peuple afghan déteste les Américains chaque jour un peu plus, année après année. Et c'est très positif pour la CIA, car cela signifie un allongement de la guerre, donc davantage de profits pour ses amis de l'armement. Plus de colère afghane signifie plus de résistance. Et toute résistance supplémentaire fournit un prétexte pour prolonger éternellement l'occupation militaire dans un pays « jetable », mais stratégiquement placé entre la Russie et la Chine.

Les talibans ne se rendront jamais, et c'est une victoire pour la CIA en Afghanistan.

Mais c'est aussi une défaite, spirituelle, pour l'Amérique, qui s'enfonce ainsi toujours plus profondément dans l'abysse du mensonge, du militarisme et de l'abomination des opérations clandestines.

---

[125] Jessica Donati, « Afghan civilian deaths up in 2013 as war intensifies: UN », *Reuters*, le 8 février 2014.

[126] Robert Burns, « Pentagon report says Afghans feel less secure », *Associated Press*, le 17 juin 2016.

CHAPITRE 9

LA CIA EN UKRAINE

Ryan Dawson : Ici Ryan Dawson, d'*ANC Report*. Je reçois aujourd'hui Doug Valentine, qui va nous parler du rôle de la CIA en Ukraine, et de son infiltration dans les médias. M. Valentine, c'est un plaisir de vous accueillir de nouveau dans l'émission.

Valentine : Tout le plaisir est pour moi, et je vous en remercie.

Dawson : Je voudrais que vous nous parliez de cette organisation qui travaille avec les ONG en Ukraine, nommée United Action Centre ou Centre UA. Avant de vous céder la parole, je voudrais cependant vous lire ce qu'on trouve sur leur page : « L'ONG Centre UA s'appuie sur un potentiel humain et professionnel de haut niveau. Son équipe a travaillé sur des projets d'intégration européenne et euro-atlantique. Centre UA compte dans ses rangs des experts et des activistes avec une expérience dans le monde du journalisme, du service public, des relations publiques, des activités publiques, etc. Centre UA possède également une vaste base de données la mettant en relation avec des experts internationaux, des hommes politiques et des journalistes. Actuellement, Centre UA coordonne la campagne publique New Citizen, qui voit quarante ONG joindre leurs efforts. »
Nous savons, depuis le rapport de Carl Bernstein, à quel point les médias ont été infiltrés par la CIA. Quel est votre point de vue sur Centre UA, sur ce qu'ils peuvent bien faire en Ukraine avec ces quarante ONG, et sur tous ces activistes et journalistes supposés « promouvoir ensemble » la démocratie ?

Valentine : Centre UA est l'organisation cofondée par Pierre Omidyar il y a deux ans. Elle chapeaute diverses initiatives et ONG[127], parmi lesquelles on trouve en effet la campagne New Citizen, qui, d'après le *Financial Times*, « joua un rôle décisif dans la mise en place du mouvement de protestation »

---

[127] Tout ceci est accessible sur le site de l'organisation (https://centreua.org/) et a été repris par Chris Kaspar de Ploeg dans son livre *Ukraine in the Crossfire* (Clarity Press Inc., 2017).

d'EuroMaidan[128]. De fait, d'après le *Kyiv Post[129]*, « Centre UA a reçu plus de 500 000 dollars en 2012, qui venaient pour 54% de Pact Inc., un projet fondé par l'USAID, l'Agence des États-Unis pour le développement international. 36% de cet argent venait de Omidyar Network, association créée par le fondateur d'eBay Pierre Omidyar et son épouse. On trouve parmi les autres donateurs l'International Renaissance Foundation, dont le milliardaire George Soros est le principal mécène, et le National Endowment for Democracy (NED)[130], majoritairement financé par le Congrès américain »[131]. Pourquoi Omidyar a-t-il voulu rejoindre un projet sponsorisé par des spécialistes de la subversion politique et du renversement d'États tels que l'USAID ou le NED – sans parler de l'ONG de Soros ? Et à quels autres projets a-t-il pris part ? Pour le comprendre, il faut se souvenir du type d'entreprises qu'il possède.

Bien qu'Omidyar soit né à Paris, ses parents se sont installés dans le Maryland alors qu'il était encore enfant. Il faut noter qu'il est aussi, semble-t-il, d'origine iranienne. Sa mère est une linguiste du persan, et elle était encore en 2016 présidente du Roshan Cultural Heritage Institute, qui prend pour objet la promotion, la transmission et la conservation du langage et de la culture persans. Aussi étrange que cela puisse paraître, on ne trouve quasi aucune information sur son père, à commencer par son prénom. Il aurait été urologue ou chirurgien à l'hôpital Johns-Hopkins, mais si c'était le cas, son nom complet serait public. Le secret qui l'entoure suggère au contraire une sorte de lien avec le monde du renseignement, du genre de ceux que la CIA cultive en Amérique avec les immigrés d'élite.

On n'oubliera pas que la centrale iranienne de la CIA a été l'une des principales bases opérationnelles contre les Soviétiques. La CIA et le Mossad ont conjointement créé la SAVAK, la célèbre police politique du Shah, service pour lequel le souverain iranien avait offert à la CIA la pleine liberté d'action sur son territoire contre l'URSS.

Peut-être que, en vertu d'anciennes connexions familiales, Pierre Omidyar est encore à ce jour un partenaire des agences de politique étrangère américaines. C'est peut-être cette tradition familiale de collaboration qui explique les quelques centaines de milliers de dollars (des miettes, en réalité, pour un milliardaire comme lui) qu'il a mis à la disposition de Centre UA : de quoi aider la CIA à conduire des opérations antirusses depuis l'Ukraine, comme elle le faisait jadis depuis l'Iran. J'attends toujours les explications du pourtant très inquisiteur Glenn Greenwald. Quand il s'agit des jeux louches de

---

[128] Roman Olearchyk, « Ukraine: Inside the pro-EU protest camp », *The Financial Times*, le 14 décembre 2013.

[129] N.D.É. : Magazine ukrainien en langue anglaise, fondé en 1995 par l'Américain Jed Sunden, et qui est aujourd'hui l'un des principaux soutiens financiers du groupe des Femen.

[130] N.D.T. : « Dotation nationale pour la démocratie ».

[131] Cité par de Ploeg dans *Ukraine in the Crossfire*.

son papa-gâteau, Greenwald s'en tient à une très stricte ligne de « pas vu, pas entendu, et pas un mot de travers ». Est-ce leur pacte pour que l'obole continue de tomber ?

Ce que je sais, cependant, c'est que les milliardaires comme Pierre Omidyar, George Soros et les Rockefeller ne financent pas les mouvements politiques par bonté de cœur. Ils le font pour promouvoir leurs propres intérêts. C'est la fonction des organisations telles que Centre UA: faire les intérêts de leurs soutiens financiers. À mes yeux, c'est une entité pilotée par la CIA pour susciter et exploiter une crise en Ukraine. Les « quarante ONG » forment l'écran idéal pour une opération politique clandestine de la CIA.

Et, en effet, Centre UA annonce coordonner l'action d'hommes politiques, de journalistes, d'experts en relations internationales et en relations publiques. C'est dit sur son site Internet. Il s'agit de personnes habituées à manipuler l'information ; peut-être même qu'ils ont accès à des serveurs privés du type de celui qu'Hillary Clinton s'était aménagé quand elle était secrétaire d'État. Les experts de la guerre psychologique dans les rangs de l'« armée des ombres » numérique de la CIA ont parfaitement compris qu'ils pouvaient aisément obtenir l'adhésion des masses autour de leurs révolutions colorées à coups d'initiatives sur Internet, qui unissent et mobilisent les gens. Ils manipulent les rebelles potentiels avec les méthodes d'endoctrinement incitatif que Frank Scotton avait inaugurées au Viêt Nam, simplement remises au goût et aux formes du jour.

Les experts en relations publiques de Centre UA conseillent très certainement les candidats proaméricains à Kiev de la même manière que les experts américains manipulaient Boris Eltsine à Moscou. Il est bien connu qu'Eltsine leur avait laissé les clefs de la boutique une fois qu'il était devenu président de la Fédération de Russie. Comme les experts américains de Moscou, ceux de Centre UA s'assurent que les politiciens proaméricains soient favorablement traités dans la presse. Ils présentent la réalité de la manière la plus conforme possible aux attentes d'Omidyar, qui finance leur activité.

Le but explicite de Centre UA est d'arracher l'Ukraine à l'orbite russe et de la livrer aux multinationales occidentales. Et c'est ce qui s'est produit, grâce à cette longue succession de pots-de-vin à la classe politique. De fait, quelques années à peine après la création de Centre UA, Hunter Biden, le fils du vice-président américain Joe Biden, a fait son entrée au conseil d'administration de Burisma Holdings, le plus grand producteur de gaz naturel ukrainien. Il dirige le département juridique de Burisma Holdings et ses relations avec les institutions internationales.

L'ouvrage collectif *Flashpoint in Ukraine*[132] démontre amplement que c'est le régime d'Obama et les flibustiers de la finance qui l'appuient qui ont renversé le gouvernement prorusse d'Ukraine, pour le remplacer par un gouvernement farci de néonazis et d'Américains. Ils l'ont fait pour leur

---

[132] Stephen Lendman (dir.), *Flashpoint in Ukraine: How the US Drive for Hegemony Risks World War III*, Clarity Press Inc., 2014.

enrichissement personnel, et jamais aucun média n'a soulevé d'objection. Le cycle naturel du business. Le citoyen ukrainien moyen n'y a rien gagné. L'opération n'a profité qu'aux superprédateurs de l'élite américaine qui ont organisé le putsch. C'est fascinant à observer.

Le « casse » de Biden a eu lieu en 2014. En 2016, c'était au tour d'un autre superprédateur d'agir. Natalie Jaresko s'est ainsi emparée de Datagroup, la société qui contrôle le marché des télécoms en Ukraine. Jaresko, dans son parcours, a occupé de hautes positions au département d'État américain, où elle a coordonné l'action des agences commerciales en relation avec les nations de l'ex-bloc soviétique, y compris l'Overseas Private Investment Corporation[133]. Vérifiez sa biographie : elle appartient à l'élite mondiale et au réseau FMI-Banque mondiale-BERD. Elle avait occupé, dans l'administration Clinton, le poste de chef de la section économique de l'ambassade américaine en Ukraine. Elle travaillait déjà, à cette époque, à paver la voie du coup d'État qui serait fomenté vingt ans plus tard. Cela prend du temps, d'organiser ces coups d'État. Et ils en préparent tellement…

Jaresko n'a reçu la nationalité ukrainienne qu'en 2014, le jour même où elle est devenue ministre des Finances du pays. Elle s'est ensuite attelée à éconduire son rival, le propriétaire de Datagroup, en utilisant le type d'arnaques favorites de la mafia internationale et des « assassins financiers », à base de prêts en devises étrangères et de monnaie nationale qui s'effondre. C'est comme cela que ces capitalistes en roue libre opèrent : ils écrasent les nations convoitées et leurs hommes d'affaires sous la dette, puis ils leur font les poches intégralement. Et encore une fois, pas une seule ligne d'indignation dans les médias généralistes : ce n'est jamais que le « libre marché » en action.

La CIA joue un rôle central dans ces manigances, avec ses outils d'espionnage technologiques et ses connexions avec le monde de la pègre. De manière généralement illégale (en accédant aux fichiers de la police, par ces filatures…), mais aisée à nier, elle accumule les informations compromettantes sur les gens, puis les soumet au chantage. Ce genre d'opérations de subversion ne peut qu'être clandestin ; jamais un Biden ou une Jaresko ne pourraient en charger leurs sous-fifres. Les tentatives de déstabilisation doivent passer par les méandres du monde souterrain, être portées en secret par la pègre locale, et c'est la spécialité de la CIA.

Dans d'autres types d'opérations, en revanche, ce sont les médias qui sont la pièce la plus importante du dispositif. Aux États-Unis, par exemple, on remporte les élections grâce aux campagnes négatives. Le parti démocrate engage des enquêteurs pour salir les candidats républicains. Le parti républicain fait la même chose contre les démocrates. La vérité n'a aucune importance, car tout se réduit à un concours d'instantanéité. L'hyperbole

---

[133] N.D.É. : Institution financière qui, malgré son nom de société privée, est placée sous la tutelle du gouvernement américain. Elle aide les investisseurs privés à surmonter leurs difficultés à pénétrer les marchés étrangers, ce que l'État considère comme un aspect stratégique de sa politique globale de « sécurité ».

devient un fait avant même que quiconque puisse y répondre. Ainsi, à partir du moment où Elizabeth Warren s'est engagée aux côtés d'Hillary Clinton, Donald Trump l'a systématiquement affublée du sobriquet de Pocahontas, en référence à sa part de « sang indien » qu'elle aurait apparemment fait valoir lorsqu'elle avait postulé à Harvard afin de bénéficier de la discrimination positive. Il y a mille manières, dans cet éternel présent de la domination du spectacle, de peser sur les événements. On peut créer à volonté du scandale et des falsifications sans jamais recourir à l'illégalité ou à la manipulation secrète. Il suffit d'être célèbre. D'avoir un compte Twitter. Et l'attention des réseaux de contrôle de l'information.

Comme Guy Debord l'avait écrit, bien avant l'émergence d'Internet, dans son *Commentaires sur la société du spectacle*, « un aspect de la disparition de toute connaissance historique objective se manifeste à propos de n'importe quelle réputation personnelle, qui est devenue malléable et rectifiable à volonté par ceux qui contrôlent toute l'information, celle que l'on recueille et aussi celle, bien différente, que l'on diffuse ; ils ont donc toute licence pour falsifier ».

Tous peuvent être salis, et il n'existe aucune protection efficace. Sauf pour les représentants de la très sélective caste des protégés dans la CIA et dans l'appareil politico-militaire. À l'étranger, la CIA accumule en permanence des informations sur ses adversaires, comme Vladimir Poutine, et les transmet aux médias occidentaux, qui les recyclent de mille manières avec jubilation.

Il est moins connu que la CIA ne se cantonne pas uniquement à la politique étrangère, et intervient aussi pour bousculer les équilibres intérieurs du pays. C'est un secret bien gardé, que tous les auxiliaires de la CIA s'emploient à protéger, tous unis par une même idéologie au service des affaires. Agents de la CIA, agences de relations publiques, journalistes, politiciens et universitaires payés pour aller étaler leur « expertise » sur les plateaux de Fox ou de MSNBC, tous manipulent consciemment les mouvements sociaux et politiques dans notre pays, de la même manière qu'ils le font avec l'opposition ukrainienne ou vénézuélienne.

La CIA crée des comptes Twitter, des pages Facebook et des sites Internet à résonance sociale pour mobiliser les gens en organisations de masse, enrégimentées au service de ses objectifs secrets. En mai 2016, Twitter « a bloqué l'accès des agences de renseignements américaines à un outil qui permet de passer au crible l'intégralité des posts des utilisateurs »[134]. La décision avait été motivée par le fait qu'Open Source Enterprise, l'organisation gouvernementale américaine spécialisée dans l'open source et pilotée par la CIA, avait entrepris d'espionner les citoyens américains à travers une entreprise privée, Dataminr, approchée par l'omniprésent fonds d'investissement technologique de la CIA, In-Q-Tel. Ces opérations de renseignements ultraconfidentielles sont fréquemment utilisées pour cacher

[134] Eamon Javers, « Why Twitter chose to do battle with the CIA », *CNBC*, le 13 mai 2016.

des opérations hautement illégales de « contre-renseignement agressif ».

Dawson : Nous avons vu le National Endowment for Democracy – qui est un faux nez de la CIA – à l'œuvre en Ukraine. Mais pourquoi la CIA a-t-elle en plus besoin de tous ces intermédiaires dans le monde des ONG ? Quel sens y a-t-il à mobiliser quarante ONG différentes ?

Valentine : Laissez-moi vous répondre par un exemple. Lorsque la CIA a débarqué au Viêt Nam, nation qui était régie par un type de culture auquel les États-Unis n'avaient jamais été confrontés auparavant, elle a commencé par acheter un grand nombre de propriétés. C'était la période de la guerre d'Indochine, et la CIA faisait ses acquisitions clandestinement, à travers des prête-noms. Elle préparait un réseau de planques où elle aurait, par la suite, installé ses équipes. Il est toujours plus intéressant d'acheter pendant les périodes de crise. C'est Trump qui le dit, d'ailleurs : « Achetez bas. » Et le premier baron de Rothschild l'avait expliqué : les prix ne sont jamais aussi bas que « lorsque le sang coule dans les rues ».

Et donc, la CIA a acheté un grand nombre de propriétés à Saïgon, entre 1952 et 1955, quand le sang coulait dans les rues. Elle s'est emparée de la crème de l'immobilier à 10% de sa valeur. C'est la première étape : passer le museau du chameau à l'intérieur de la tente. Ce parc immobilier servait de lieux de rendez-vous où les agents de la CIA rencontraient les membres de leur réseau et planifiaient leurs magouilles. Certains bâtiments ont été prêtés à des ONG ou à des organisations civiles.

William Colby m'a présenté à l'un de ses collaborateurs de l'époque, Clyde Bauer, l'agent de la CIA qui dirigeait Air America à ses débuts au Viêt Nam. Bauer m'a dit qu'il avait mis en place le Conseil des relations étrangères, la Chambre de commerce et le Lions Clubs du Sud-Viêt Nam afin de « constituer une solide base civile » amie. C'est exactement ce que la CIA fait aujourd'hui en Ukraine avec Centre UA. Elle crée une base civile proaméricaine, d'où devra émerger une classe politique.

La CIA influence la vie politique des nations étrangères de bien des manières. La CIA alimente constamment en argent tous les partis politiques, de droite comme de gauche, et implante des agents à long terme pour surveiller et influencer les développements politiques. C'est la procédure standard.

Dans la phase suivante, la CIA s'empare du contrôle des services secrets du pays. C'est ce qu'elle a fait au Viêt Nam et en Ukraine. Comme je l'ai déjà expliqué ailleurs, elle offre de former les agents avec sa technologie hautement avancée. Elle les corrompt et les utilise pour atteindre ses propres objectifs, comme elle l'a fait avec la SAVAK en Iran. La subornation de fonctionnaires nationaux est hautement illégale, et nous détestons quand c'est chez nous que cela est pratiqué. Même un milliardaire comme Pierre Omidyar ne s'y risquerait pas, et ne saurait pas d'ailleurs comment s'y prendre – ses équipes privées de sécurité, en revanche, sont probablement truffées d'anciens agents de la CIA qui possèdent le savoir-faire nécessaire. La CIA infiltre également tous les partis politiques, afin de placer ses pions dans le gouvernement et la société civile de la nation soumise. Dès qu'un des politiciens qu'elle contrôle, de droite ou de gauche, est en mesure d'y parvenir, elle fait de lui un ministre de l'Intérieur ou de la Défense. Ces ministres promeuvent ensuite des fonctionnaires dans l'armée, dans la police, dans la sécurité, qui se plieront aux volontés de l'agence. En Amérique du Sud, la CIA recrute de jeunes officiers à travers la US Army School of the Americas[135] et, le moment venu, les utilise pour un coup d'État, avec le soutien de toutes les autres personnalités qu'elle a mises en culture pendant des années, parfois des décennies[136].

C'est dans l'intérêt des grandes corporations américaines que la CIA met en place patiemment ces gouvernements parallèles, en infiltrant l'armée et les services de sécurité des nations, en ménageant des bases civiles favorables à travers des organisations aisément niables comme Centre UA. C'est ainsi que les sociétés sans grand consensus populaire sont gouvernées : à travers la propriété foncière, et l'infiltration de leur gouvernement et des institutions civiles et civiques.

La CIA recrute des personnalités établies, comme Lech Walesa en Pologne. Elle achète souvent les syndicalistes et les personnes à la tête du système éducatif. Elle peut se le permettre, car elle est richissime. Les Russes ne peuvent pas lutter, face à des milliardaires comme Soros capables de faire pleuvoir les millions de dollars et de faire pousser des institutions civiles idéologiquement alignées. La CIA sait exploiter la soif de changement – que ce soit par goût de l'argent ou par foi en un futur meilleur – et manipuler les processus sociaux et politiques des nations. Ses officiers et ses agents recrutent des gens, leur donnent une situation, et leur font signer un beau petit contrat qui dit, en substance : « En échange de vos services ici à Kiev, vous recevrez 100 000 dollars sur un compte dans une banque suisse, et votre vie sera tout de suite plus agréable. »

C'est de la trahison. Il est illégal d'accepter l'argent d'une puissance étrangère et de faire ses intérêts aux dépens de ceux de votre nation. C'est pourtant ce qu'organise à vaste échelle la CIA en Ukraine, et partout ailleurs dans le monde.

Dawson : Je voulais que vous nous parliez de Human Intelligence. Que pouvez-vous nous dire sur l'Intelligence Community Directive 304 ?

Valentine : La directive remonte à 2008. N'importe qui peut la lire, elle ne fait pas plus de quatre ou cinq pages[137]. Elle explique dans les grandes lignes les services que le FBI, la CIA et le département de la Défense rendent au

---

[135] Aujourd'hui renommée, de manière plus anodine, Institut de l'hémisphère occidental de coopération pour la sécurité.

[136] Voir le chapitre 4 intitulé « La collecte systématique du renseignement ».

[137] En libre accès sur le site de la Fédération des scientifiques américains (https://fas.org/), par simple recherche des termes « ICD 304 2008 ».

directeur national du Renseignement en matière de « renseignement d'origine humaine » (Human Intelligence).

La figure du directeur national du Renseignement n'existait pas avant l'arrivée de Bush à la présidence en 2001. Jusque-là, c'était le directeur de la CIA qui supervisait toutes les opérations de renseignements, puisqu'il était également directeur des autres agences. Après le 11 Septembre, cette supervision a été retirée au directeur de la CIA, pour devenir la prérogative du poste nouvellement créé de directeur national du Renseignement. James Clapper a occupé ce poste de 2010 à 2017, avant de céder sa place à Dan Coats.

Bush avait créé ce poste pour accroître le contrôle politique sur les agences de renseignements. En 2009, le directeur Dennis Blair a publié la directive 304 pour clarifier le rôle des militaires, de la CIA et du FBI. Les versions les plus récentes du document sur Internet sont censurées, et les censures portent sur les activités de la CIA. À titre d'exemple, avant, la procédure standard exigeait que l'on cache, dans les documents rendus publics, le nom des agents de la CIA en Ukraine, leur couverture, qui ils avaient corrompu ou suborné. Ainsi, si le président du Rotary Club ou le chef de la police de Kiev est un agent de la CIA, ces choses sont censurées, car elles sont illégales. Mais maintenant, grâce à la directive 304, même les aspects légalement déclassifiés des opérations de la CIA restent censurés. Vous voyez où on en est arrivé.

C'est une histoire de contrôle de l'information. Ils veulent tout cacher au peuple. C'est comme cela qu'ils vous dominent. Vos gouvernants sont obsédés par le contrôle de l'information, et plus encore par le fait de vous la cacher : Greenwald, qui cache les documents NSA que lui a transmis Snowden, ne fait pas autrement. Il ne révèle, au goutte à goutte, que ce qu'il veut que vous sachiez. La puissance d'une personne ou d'une institution, en définitive, est souvent déterminée par sa capacité à contrôler l'information sur ce qui constitue sa propre source de puissance.

Dawson : Et d'en profiter !

Valentine : C'est effectivement le sujet central. La démocratie est avilie dès lors que votre gouvernement vous empêche de savoir ce que la CIA est en train de combiner. Ce type de dissimulation est l'antithèse même de la démocratie. Si l'opinion publique ne peut pas savoir ce qui se passe, alors elle n'a pas son destin entre les mains. Les Américains ont cédé tellement de contrôle, tellement de liberté…

Dawson : À chaque fois qu'ils déclassifient quelque chose, on découvre que cela n'avait rien de spécifiquement secret : le secret leur sert à cacher des actions illégales, ça oui !

Valentine : Ce n'est pas pour l'harmonie entre les sexes et les races en Amérique, ni pour encourager les Palestiniens et les Israéliens à chanter ensemble dans une pub de Pepsi en se tenant par la main que la CIA se livre, partout dans le monde, à des activités illégales. Elle le fait, car elle obéit aux

Bush et aux Clinton. Elle le fait pour les Pierre Omidyar, les Bill Gates et les George Soros. Elle travaille pour les gens qui règnent sur nous.

Dawson : Elle est l'aile militaire secrète de la ploutocratie.

Valentine : Exact. Philip Agee[138] avait appelé la CIA « l'armée invisible du capitalisme ». La CIA ne commet pas ses illégalités pour faire monter le salaire minimum, ou pour que les banquiers cessent de vendre des prêts immobiliers à des gens qui ne peuvent pas les rembourser. Non, la CIA travaille de concert avec les banquiers. La CIA veut que les Ukrainiens mettent leur argent chez un courtier de Morgan Stanley à Kiev. La CIA est là-bas pour sucer la lymphe vitale des Ukrainiens. Voilà ce que fait la CIA, et voilà pourquoi elle est si prudente et précautionneuse quand il s'agit de recruter.

Dawson : Elle convoite les choses avec une vraie valeur : la propriété foncière, les terres cultivables...

Valentine : Oui, la chose qui l'intéresse le plus est la propriété foncière, et le meilleur moyen d'acheter bas est de déclencher une guerre. Les gens fuient les zones de guerre en Irak, en Libye, en Syrie. Dès que la guerre éclate, les prix s'effondrent et les entreprises prédatrices comme celles d'Omidyar, Biden et Jaresko s'emparent de tout ce qu'elles peuvent.

Dawson : Le FMI excelle dans la pratique du prêt prédateur, qui enfonce les gens dans la dette, et qui les contraint à vendre leur patrimoine pour payer la casse. L'Ukraine passe une première série d'accords avec la Russie, et voilà le coup d'État ! Ça me fait rire quand je vois que les ONG pilotées par Centre UA parlent de promouvoir la démocratie, et que le gouvernement ukrainien n'a pas été élu, mais nommé.

Valentine : Exactement. L'histoire des interventions du renseignement américain en Ukraine est très instructive. Les agents de l'OSS ont fait sortir de prison Stepan Bandera en 1944. Bandera était un collaborateur des nazis, dont la milice avait massacré sur le front de l'Est des Polonais, des juifs, des travailleurs communistes. Les États-Unis voulaient quand même Bandera, pour combattre l'avancée de l'Union soviétique. On en est toujours au même

---

[138] N.D.É. : Philip Agee (1935-2008) entra à la CIA en 1957, et donna sa démission en 1971, au terme d'une longue période de tourments intérieurs. Il raconta son expérience dans un livre en 1972, *Journal d'un agent secret*, dans lequel il dénonça les méthodes de l'agence et révéla l'identité de 250 agents. Entre 1978 et 1979, il révéla les noms de 2000 autres agents de la CIA dans deux nouveaux livres. Déchu de la nationalité américaine en 1979, Agee mena une vie d'errance en Amérique centrale, avant de s'installer à Cuba, où il mourut en 2008.

point. Il y a dix ans à peine, la CIA a lancé sa « révolution orange », avec à l'esprit le même objectif éternel : s'opposer à la Russie. C'était l'une des premières révolutions colorées, et elle a mobilisé les mêmes gens que ceux employés ensuite par la CIA pour son putsch de 2014.

Dawson : Avec cette affaire d'empoisonnement à la dioxine...

Valentine : La femme de l'actuel président fantoche d'Ukraine (en 2014) est américaine. Elle vient de cette communauté d'Ukrainiens exilés aux États-Unis. La CIA collectionne dans ses écuries des exilés en provenance du monde entier, et en quantité. Ngo Dinh Diem était exilé en Amérique quand Edward Lansdale et la CIA l'ont choisi pour devenir le premier président du Sud-Viêt Nam. Il passait la serpillière au séminaire de Maryknoll à Lakewood. Ils gardent leurs exilés en chambre froide, d'où ils les sortent quand leurs réseaux d'agents en ont besoin. Fethullah Gülen en est l'exemple type : c'est un homme d'affaires turc, exilé aux États-Unis, et qui a essayé de renverser le Premier ministre Erdogan en juillet 2016.

Comme Joshua Cook l'a rapporté en 2014[139], Gülen s'est installé aux États-Unis en 1999, à la suite de problèmes de santé. Il est resté chez nous que d'anciens de la CIA l'ont aidé à obtenir un visa spécial. Le FBI avait refusé de lui accorder un permis de séjour permanent. D'après des câblogrammes qui ont fuité, une partie du gouvernement américain croit que « Gülen est un islamiste radical dont les messages modérés cachent un agenda bien plus sinistre et extrême ».

Cook a indiqué que « les écoles "Gülen" constituent le plus grand réseau d'écoles privées sous contrat du pays, et reçoivent plus de 150 millions de dollars provenant des poches des contribuables. Ce sont environ cent trente écoles sous contrat qui sont réparties dans vingt-six États, et dont la majorité des enseignants provient de Turquie. Les contrats de construction et d'entretien de ces écoles sont principalement allés à des entreprises turques. Le gouvernement américain a fini par s'en émouvoir ». Des gens comme Diem et Gülen sortent de sous leur caillou pour aller occuper les postes gouvernementaux ou institutionnels que la CIA a créés dans leur nation d'origine, une fois qu'elle est parvenue à la subvertir. C'est l'une des grandes activités de la CIA à travers le monde.

Dawson : Nous avions vu qu'à Cuba, la CIA avait effectivement recruté Meyer Lansky et la mafia pour faire son sale travail. Et aujourd'hui, on voit le gouvernement ukrainien engager des néonazis par-ci, par-là...

Valentine : J'allais y venir, mais vous me connaissez, j'aime prendre mon

---

[139] Joshua Cook, « Exclusive: FBI whistleblower and teacher expose Islamic Gülen movement infiltrating U.S. through charter schools », *Truth in Media*, le 28 juillet 2014.

temps : effectivement, le recyclage des exilés ukrainiens est une tradition de la CIA qui remonte à la fin de la Seconde Guerre mondiale, quand elle a recruté Reinhard Gehlen. Gehlen était le chef du renseignement antisoviétique de la Wehrmacht, et le renseignement américain de l'époque – l'OSS – l'a engagé à sa reddition en mai 1945. À la naissance de la CIA, Gehlen a été placé à la tête des opérations en Europe de l'Est. La CIA comptait sur lui pour réactiver l'ancien réseau nazi d'agents en Ukraine, en Pologne, en Lettonie et partout ailleurs sur l'ancien front de l'Est. Immédiatement, ces espions et saboteurs nazis se sont mis au service de la CIA.

Dawson : Elle avait fait un coup similaire au Japon, en envoyant les yakuzas et d'anciens agents japonais espionner la Chine. Elle avait un grand besoin de renseignements sur la Chine, mais ne pouvait s'appuyer que sur un petit nombre de sinophones. C'est la raison pour laquelle elle a récupéré le réseau d'agents japonais mis en place pendant la Seconde Guerre mondiale.

Valentine : Et il ne faut jamais oublier que tout ceci est illégal. La CIA s'en moque, et le fait à l'échelle planétaire. Elle l'a fait en Ukraine pendant des générations. Elle emploie désormais aujourd'hui les petits-enfants des collaborateurs nazis de jadis : à l'est, elle s'appuie sur une véritable infrastructure d'agents néonazis qui combattent la Russie sans discontinuer depuis soixante-dix ans.

Les Russes connaissent leurs noms, savent où ils habitent, où se trouvent les planques de la CIA. Mais le public américain, lui, ne sait rien. Il pense que la crise date d'aujourd'hui, parce que c'est ainsi que leurs médias l'ont présentée. Les journalistes, les chefs de rédaction, les propriétaires des groupes, les éditeurs – chez qui l'on trouve désormais des gens comme Omidyar – ne veulent surtout pas que vous découvriez les activités illégales que la CIA mène pour leur compte. C'est toute une chaîne : les propriétaires du *New York Times* (Carlos Slim, géant mondial des télécoms) ou du *Washington Post* (Jeff Bezos, d'Amazon) recrutent des rédacteurs en chef qui s'assurent que leurs journalistes n'évoqueront jamais les activités de la CIA.

Dawson : Certains d'entre eux appartiennent à la CIA.

Valentine : Le journalisme aux États-Unis est une couverture traditionnelle pour les agents de la CIA. Quant aux propriétaires des médias, en plus de protéger la CIA, leur métier consiste à vendre de l'espace et du temps publicitaires à ces multinationales qui font fabriquer leurs produits dans les ateliers des pays subvertis par la CIA. On peut être sûr que l'information réelle est impossible. Ça vaut autant que les petits gadgets que l'on vous refourgue pendant les publicités, et que les gens achètent par réflexe social. Tout est déformé, et délivré en petits tronçons de neuf secondes, dans le but de vous vendre quelque chose, de vous faire ignorer quelque chose, ou de vous faire oublier quelque chose.

Dawson : S'il y a des gens, dans l'audience, qui doutent, je leur dis : allez voir les reportages sur l'Ukraine, ou ceux qui ont précédé la guerre en Irak. Regardez l'uniformité absolue dans le traitement de l'information sur toutes ces fameuses chaînes d'information continue. Aucun de leurs reportages ne survivrait à l'examen des internautes. Mais ce n'est pas grave : à la télévision, il n'y a qu'une seule version des faits, sans contradiction. Proguerre, proputsch.

Valentine : Le gros problème, selon moi, n'est pas le fait que la CIA ait infiltré le journalisme, mais qu'elle apporte son appui à l'industrie du journalisme, qui n'est jamais que la branche publicitaire du capitalisme. Ils travaillent main dans la main. Vous n'entendrez jamais chez les journalistes « fiables » autorisés à parler de la CIA – les types à la Seymour Hersh – les choses que je dis ici. La CIA et les médias font partie de la même conspiration criminelle. Vous n'apprendrez jamais rien de sérieux sur la CIA en lisant ce que pondent les médias généralistes. Et l'histoire criminelle de la CIA, on ne l'apprend pas en deux ans d'école de journalisme.

Dawson : C'est pourquoi j'ai fait mon documentaire *Decades of Deception*[140], qui mettait en lumière le rôle de la CIA dans plusieurs opérations géopolitiques, quand elle ne les contrôlait pas complètement. Mais ce n'est jamais qu'une goutte de vérité dans l'océan de mensonges déversé chaque jour par les médias, l'école ou la télévision.

Valentine : Depuis sa création, il y a plus ou moins deux cent quarante ans, la société américaine n'a eu pour objet que d'enrichir un petit groupe de possédants et d'accroître sa puissance, groupe qui, de génération en génération, a conquis le continent et s'est emparé de la planète. Les institutions civiques et gouvernementales aux États-Unis ont été organisées, pendant deux cent quarante ans, dans ce but précis. L'apparition de la CIA il y a soixante-dix ans, avec sa production d'illégalités à un rythme industriel, n'a rien changé au projet initial de l'empire américain et de ses décideurs.

Les gens derrière Centre UA, qui pilotent son action en Ukraine, font pareil chez nous. Il s'agit des mêmes journalistes, des mêmes services de presse, des mêmes politiciens… Et ils font le même travail. Ils obéissent aux mêmes seigneurs. Il n'y a qu'à voir leur parcours, d'où ils viennent, pour la plupart.

Dawson : Et ils ont une formidable capacité à falsifier la réalité. Essayez d'avoir un seul journal ou un seul type de la télé qui dise un jour que la Palestine vit en régime d'occupation… Vous n'y parviendrez pas. Jamais.

Valentine : Et pourtant, les gens pensent que la liberté règne chez nous.

---

[140] Documentaire de 2013 en libre accès sur http://www.ancreport.com/ et sur de nombreux sites de partage vidéo.

Je pense que tout est relatif… Mais, à partir du moment où vous commencez à regarder l'envers du décor, vous comprenez que la vérité, on vous l'a cachée tout entière…

Dawson : Internet a légèrement fissuré le mur du mensonge, mais c'est loin de suffire. On est encore loin du but, mais il faut y croire.

Valentine : J'ai 66 ans. Quand j'ai commencé à écrire au début des années 1980, il me fallait jusqu'à un mois pour parvenir à entrer en contact avec la personne qui aurait pu m'apprendre telle ou telle chose. Tout va beaucoup plus vite aujourd'hui. Mais la CIA est plus rapide, elle aussi. Elle a créé une direction de « l'Innovation numérique » pour améliorer son contrôle de l'information sur Internet. Le contrôle scientifique et technologique de l'information est aussi important que le contrôle des mots – cette information intellectuelle, diffusée ensuite par écrit ou sur les ondes. Le contrôle scientifique de l'information revient à contrôler nos idées et ce que nous comprenons du réel. La CIA est à la pointe de la propagande sur Internet, mais il faut également prendre conscience que sa division des Sciences et des Technologies est, quant à elle, en train de façonner les industries qui gouvernent le monde.

La CIA est à l'avant-garde du secteur des drones et de l'armement. Elle se trouve dans tous les secteurs de technologie de pointe qui peuvent contribuer à enrichir et à servir la classe dominante. Et cela comprend aussi tout le secteur technologique relatif à Internet.

Dans les années 1990, j'ai suivi une formation sur le langage hypertexte. À ma grande surprise, on nous a expliqué que toute information était routée par des superordinateurs situés à Langley, au siège de la CIA. Poutine a dit récemment qu'Internet était un projet spécial de la CIA, et il avait raison. Je me souviens de quand l'ARPANET est apparu, au début des années 1970 : c'était le premier réseau qui nous permettait d'accéder aux bibliothèques universitaires… C'était un projet porté par le département de la Défense, à travers son Advanced Research Projects Agency, pour le compte de la CIA.

Nous jouissons, avec Internet, d'une liberté nouvelle, mais, en même temps, cette liberté ne nous est accordée qu'avec la permission de la CIA. Si elle le voulait, elle pourrait tout couper dans la minute. Elle en contrôle et en surveille le moindre des aspects. Il ne lui faudrait qu'une nanoseconde pour découvrir le moindre de nos projets dangereux pour elle, et bloquer nos activités. Nous ne sommes que des microbes : elle n'a pas besoin de s'inquiéter.

Dawson : La Commission fédérale des communications (FCC) s'est mise en campagne pour anéantir la neutralité du Net aux États-Unis. C'est le signe qu'elle voyait cette affaire de liberté sur Internet comme le vilain petit canard… Il y avait une grande opportunité commerciale, on le voit avec les types comme Omidyar, qui font de l'argent en vendant en ligne… Mais je ne suis pas sûr qu'ils s'imaginaient que des gens se transformeraient en journalistes citoyens, et commenceraient à

dénoncer les ignominies qu'ils commettent.

Valentine : Le fait est que les gens sont accros au Net, et si Bill Gates ou Omidyar le voulaient, ils pourraient vous imposer une taxe journalière, et ça passerait. C'est comme une drogue. La première dose est gratuite. Et maintenant, le moment est venu pour eux de rendre le manège payant.

Aucun signe ne permet de prévoir ce qu'Internet deviendra d'ici cinq ans. Cette petite aventure pourrait bien se transformer très vite en cauchemar.

Dawson : Eh bien, c'est sinistre, mais c'est peut-être vous qui avez raison. Cela dit, s'ils font payer les gens, ils seront obligés de leur fournir un service, qu'ils le veuillent ou non. Reste que s'ils décident de qui va vite sur le Net, et de qui est lent, cela revient à contrôler l'information.

Valentine : Si vous étiez un magnat du Net, combien d'idées imagineriez-vous pour vous enrichir ? Les gens sont accros à leur iPhone et aux messageries. Les entrepreneurs traînent à la sortie des écoles pour vous refiler du Skype gratuit. La CIA aussi. Si les Anglais ont pu inonder la Chine d'opium en 1848 sans encombre ni conséquence, qu'est-ce que la CIA s'interdirait chez nous, aujourd'hui ?

Dawson : L'opium ? Ah !

Valentine : On en reparle dans cinq ans et on voit si j'avais raison.

Dawson : Ce n'est pas que je ne vous crois pas, c'est juste que je n'ai pas envie d'y croire. C'est tellement sinistre...

Valentine : Profitez-en tant que ça dure, parce que ces miettes de liberté, je vous le dis, pourraient bien être les dernières. Vous connaissez le dicton : « Il n'y a pas besoin du type de la météo pour comprendre dans quelle direction souffle le vent. » C'est comme pour la directive 304, que vous pouviez trouver en ligne, et qui maintenant est censurée. Les libertés civiles reculent, elles n'avancent plus. La Cour suprême vient de dire que personne ne peut contester la « détention préventive » mise en place par Obama.

Dawson : Obama, qui tuait sans procès, également.

Valentine : Ils peuvent faire ce qu'ils veulent, et cela ne va pas s'améliorer, à mesure que les ressources s'épuisent, que les inégalités s'accroissent. Tout cela va en empirant.

Dawson : C'est sûr. Ils ont organisé le plus grand sauvetage privé de l'histoire avec l'argent public, et personne n'est allé en prison. Il y a bien eu quelques protestations, mais ça s'est vite calmé. Ils avaient déjà offert 16000 milliards de dollars aux institutions financières, et la Réserve fédérale a pris le relais, en injectant encore plus d'argent.

Valentine : C'est la preuve absolue que nous ne vivons pas en démocratie. À l'époque, il y a eu des sondages, et 90% du public était opposé à ce que l'on sauve les banques. Peu importe: les décisions avaient déjà été prises par nos maîtres secrets. Ceux-là mêmes qui prennent toutes les vraies décisions dans nos démocraties.

Dawson : Les médias avaient tous repris en chœur : « Elles sont trop grosses pour faire faillite. »

Valentine : C'était percutant, comme slogan. Pendant ce temps-là, là-haut, la consolidation se poursuit. Ils sont de moins en moins nombreux, pendant que nous, pauvres bougres, nous payons leurs ardoises.

Dawson : C'est l'heure de sortir vos fourches, bonnes gens !

CHAPITRE 10

LE CRIME DE GUERRE COMME DOCTRINE D'ÉTAT[141]

E n février 2013, le *Guardian* et la BBC Arabic présentèrent un documentaire sur le rôle du colonel à la retraite James Steele dans le recrutement, l'entraînement et le déploiement initial des commandos de la police spéciale en Irak, une unité conseillée et financée par la CIA.

Contrairement à la production habituelle, le documentaire avait osé mentionner le fait que les commandos avaient torturé et assassiné des dizaines de milliers d'hommes et d'enfants irakiens. Les commandos de la police spéciale ne sont que l'une des armes de destruction humaine que l'Amérique emploie en Irak. Aux côtés des forces armées américaines, qui tuent de manière indiscriminée, des escadrons de la mort de la CIA, qui tuent de manière ciblée, et de la garde prétorienne de la CIA – les forces spéciales irakiennes –, les commandos participèrent activement à la grande campagne génocidaire américaine qui, au bout de cinq ans à peine, en 2008, avait déjà tué 10% de la population sunnite d'Irak et contraint la moitié à la fuite.

Il ne faut pas oublier, bien sûr, les sanctions économiques et cinquante années de sabotage et de déstabilisation. L'Amérique et ses collaborateurs irakiens infligèrent plus de mort et de destruction à l'Irak que Saddam Hussein et son régime baathiste. Poussés au fanatisme par la brutalité de l'invasion et de l'occupation américaine, des dizaines de milliers de sunnites formèrent l'État islamique d'Irak (Islamic State of Iraq, ISI). Après avoir été écrasé par les forces américaines, l'ISI reçut le renfort d'anciens militaires et agents de renseignements baathistes, et celui de mercenaires étrangers venus d'endroits comme la Tchétchénie. Il entama alors l'expansion qui lui permit de s'emparer de vastes pans de territoires en Irak et en Syrie, pour constituer l'ISIS (Islamic State of Iraq and Sham), l'État islamique « actuel ». Il fallut attendre mars 2017 pour qu'il soit expulsé de Mossoul, et octobre 2017 pour que tombe Raqqa, sa capitale syrienne.

Dans les semaines qui suivirent la sortie du documentaire, les journalistes américains se lancèrent dans l'inventaire des abominations infligées à l'Irak :

---

[141] Chapitre rédigé en collaboration avec Nicholas J. S. Davies.

les régimes Bush et Obama avaient tué plus de 1 million d'Irakiens et fait 5 millions de déplacés, en avaient emprisonné et torturé des centaines de milliers sans procès. Les photographies de la prison d'Abou Ghraib donnèrent au monde un aperçu infime du régime de terreur imposé au peuple irakien.

Pourtant, les lois de détention administrative draconiennes, la torture systématique et les exécutions qui caractérisent l'occupation sont toujours en place en 2016. Le bureau du Premier ministre irakien, aujourd'hui occupé par Haider Jawad Kadhim Al-Abadi, est toujours le siège du service de contre-terrorisme (CTS) piloté par la CIA. Service qui s'illustra en mai 2016, avec le soutien de la police nationale et de l'armée irakienne, lors de la reconquête de Falloujah, que l'État islamique occupait depuis 2014. L'oppression systématique que les Américains exercent sur l'Irak correspond à la définition du génocide, telle qu'on la rencontre dans la Convention du génocide de l'ONU de 1948, et viole de nombreux articles des Conventions de Genève relatifs à la protection des civils en temps de guerre. Mais tout coupable que l'on soit, lorsque l'on est Américain, on n'est pas poursuivi pour ses crimes, et encore moins pour la falsification des rapports de renseignements démontrant l'inexistence « d'armes de destruction massive » en Irak[142].

Pour ceux qui connaissent bien la CIA, le traitement réservé au peuple irakien ne saurait être une surprise, même lorsque le gouvernement américain, comme à son habitude, détruit ou cache les preuves de ses crimes de guerre. Les médias, quant à eux, se livrent avec joie à l'exercice traditionnel de la révision de l'histoire, et détournent l'attention du public vers des personnes, comme Steele, pour protéger les institutions pour lesquelles ils travaillent, à commencer par la CIA.

L'histoire, cependant, fournit les preuves que c'est une véritable stratégie de crimes de guerre non déclarée, et néanmoins officielle et soigneusement planifiée, qui fut mise en application en Irak. La CIA conçut les commandos de forces spéciales de la police en reprenant le modèle d'organisation et de financement des forces spéciales de la police au Viêt Nam. En novembre 2000, le site *Counterpunch* publia un article qui expliquait que ces commandos irakiens étaient plus précisément modelés d'après les unités spéciales des forces de renseignements imaginées au Viêt Nam par l'ancien parlementaire et officier de la CIA Rob Simmons[143], en alternative aux Unités provinciales de reconnaissance, dont la réputation était compromise en 1972.

Ce ne sont que quelques exemples. Le *Guardian* avait rappelé l'existence du groupe de coopération militaire américain dirigé par le colonel James Steele, actif au Salvador entre 1984 et 1986, où les unités conseillées par les États-Unis se rendirent responsables de milliers de cas de torture et

---

[142] Les conseillers juridiques britanniques essayèrent en 2003 de dissuader leur gouvernement de prendre part au crime d'agression que constituait l'invasion de l'Irak, qualifiée comme « l'une des infractions les plus graves au regard du droit international ».

[143] Voir *infra* le chapitre 15 sur Rob Simmons.

d'exécutions extrajudiciaires. Ces forces salvadoriennes intervenaient contre toute opposition antiaméricaine, aussi bien dans les campagnes qu'en ville. Elles ciblaient plus particulièrement les gens de gauche, absolument détestés par la CIA, et les partisans de la réforme agraire, ou même d'une meilleure redistribution de la richesse entre les oligarques locaux et les travailleurs.

Les escadrons de la mort de la CIA au Salvador passaient régulièrement d'une couverture administrative à une autre, pour perturber les enquêteurs. La CIA reprit ce jeu de faux-semblants avec ses commandos spéciaux en Irak, réétiquetés « police nationale » après la découverte de l'un de leurs centres de torture secrets en 2005. Dans la plus pure tradition marketing de Madison Avenue, la CIA rebaptisa ses « Wolf Brigades » (« les Brigades du loup ») en « Freedom Brigades » (« les Brigades de la liberté »). Comme sous Reagan, quand les contras furent renommés « Freedom Fighters » (« les combattants de la liberté »).

Au Viêt Nam, la CIA avait construit un véritable archipel de centres de torture secrets, où elle « traitait » les centaines de milliers de suspects kidnappés par son armée mercenaire « antiterroriste ». Aujourd'hui, partout dans le monde, des agents de la CIA et leurs porte-cotons de l'armée enseignent les techniques de torture les plus modernes, la manière de concevoir les centres de torture et l'art de les cacher au sein d'un réseau de bases militaires. Ces centres de torture, comme les stations de la CIA, constituent l'infrastructure secrète de la domination globale intégrale.

Le major Joe Blair, responsable de l'instruction à la School of the Americas de 1986 à 1989, décrivit ainsi l'entraînement fourni par les États-Unis aux officiers latino-américains : « La doctrine militaire enseignée expliquait que le recours à l'emprisonnement feint, aux maltraitances physiques, aux menaces à la famille et même au meurtre était acceptable pour obtenir des informations. Si vous ne pouviez pas obtenir les informations qui vous intéressaient, si vous ne parveniez pas à persuader votre bonhomme de la fermer ou d'arrêter ses activités, vous le faisiez tout simplement tuer par l'un de vos escadrons de la mort. »[144]

En 2000, la School of the Americas fut renommée Institut de l'hémisphère occidental de coopération pour la sécurité, mais, comme Blair l'expliqua lors du procès d'activistes anti-School en 2002, « le changement se limite au nom. Ils continuent d'enseigner les mêmes programmes que j'enseignais. Les intitulés des cours ont été changés, mais on utilise toujours les mêmes manuels ».

Le général Paul Gorman commandait les forces américaines stationnées en Amérique centrale au milieu des années 1980. Il considérait que le type de stratégie menée là-bas, fondée sur le recours systématique aux crimes de guerre, était « une forme de guerre qui répugnait aux Américains. C'était un conflit qui impliquait des innocents, et où les victimes non combattantes

---

[144] Témoignage tiré du documentaire *The War on Democracy* (2007), du réalisateur australien John Pilger, et visible sur son site http://johnpilger.com/, section Vidéos.

pourraient avoir constitué un objectif déclaré »[145].

L'autre problème que je vois avec les versions officielles, en plus de l'amnésie historique, c'est que chaque nouveau crime de guerre est vu comme un incident isolé. Quand, en revanche, on finit par reconstituer la mosaïque criminelle, tesselle après tesselle, les médias redirigent immédiatement l'attention vers des personnalités douteuses comme le colonel James Steele. On peut accorder au *Guardian* le mérite d'avoir, timidement, tenté d'associer Steele à l'ex-directeur de la CIA, David Petraeus, et à l'ancien secrétaire de la Défense, Donald Rumsfeld. Mais le *Guardian* est entièrement passé à côté de la véritable clef de lecture des événements : c'est tout l'appareil politico-militaire qui est aux mains de ces idéologues de droite, lesquels infusent de manière permanente dans le gouvernement américain cette ligne politique officieuse de captation des richesses par le crime de guerre.

Nous savons pertinemment qui sont ces idéologues militants. Le problème, c'est qu'ils déjeunent régulièrement avec ces journalistes sur lesquels le peuple américain, dans sa grande naïveté, compte pour dévoiler les conspirations de leur élite criminelle.

Prenons pour exemple Fareed Zakaria, de CNN, qui reçut le 17 mars 2013 Donald Gregg pour parler de la Corée du Nord. Zakaria présenta Gregg comme l'ancien conseiller à la Sécurité nationale de George Bush père au cours des années 1980, mais il tut en revanche le reste de son parcours. Gregg avait été agent de la CIA sur le front du 3e corps d'armée au Viêt Nam, et avait conçu, à cette époque, le programme de « guerre répugnante » dénoncé par Gorman. Zakaria ne rappela pas non plus le passage de Gregg en Amérique centrale, où il avait supervisé l'application des mêmes méthodes au Salvador, à travers les réseaux clandestins antiterroristes de la CIA[146].

Le plan de Steele, au Salvador puis en Irak, reprenait en effet celui mis au point par Gregg au Viêt Nam. Il confiait aux conseillers de la CIA la tâche de coordonner, dans la nation sous occupation, l'action des forces de sécurité civiles (comme les forces spéciales de la police) avec le renseignement militaire et l'administration civile. Il s'agissait d'appliquer le schéma qui permettait aux forces de réaction de disposer d'informations toujours actualisées sur les positions de la guérilla. Les planques rebelles étaient bombardées par l'aviation américaine, puis rasées lors d'opérations de ratissage au sol, à la manière du massacre de My Lai. Le tout était complété par les équipes de tueurs de la contre-insurrection, qui chassaient les cadres ennemis jusqu'à leur domicile.

Au Viêt Nam, Gregg et ses compères de la CIA – dont beaucoup allèrent ensuite au Salvador – avaient établi un grand tableau des cadres politiques vietcong à l'aide des confessions « obtenues » des détenus. Les prisonniers,

---

[145] « SWORD deals in "repugnant" warfare », *The Toledo Blade*, le 1er janvier 1987, p. 27.

[146] Voir l'interview complète de Donald Gregg dans mon livre *The Phoenix Program*.

victimes de sévices, étaient contraints d'indiquer sur des cartes où se cachaient leurs camarades. Ils étaient ensuite embarqués en groupes sur des hélicoptères par des agents de la CIA, en reconnaissance, pour désigner précisément les emplacements des planques. C'était ensuite au tour d'une équipe antiterroriste d'intervenir pour séquestrer les cadres vietcong pris pour cibles. Ces derniers étaient alors, à leur tour, emmenés dans un centre de torture secret de la CIA, dirigé par un officier de la police spéciale (payé par la CIA) de la même espèce que ceux conseillés par Steele plus tard en Irak.

Gregg avait détaillé une opération particulière : « Nous avions sorti des types de la prison nationale pour obtenir de quoi étoffer nos rapports. Nous leur avons fait examiner nos rapports, marquer des photos, assembler ces dernières sur le mur. Et ensuite, nous avons photographié tout ça. Cela nous a permis de remonter à quatre-vingt-seize cadres de l'infrastructure vietcong. Avec l'aide du renseignement militaire, nous avons pris des photos de leurs maisons. Ensuite, nous avons ramené les photos à bord des hélicos, où nous avions vingt-trois types cagoulés à qui nous avons fait à nouveau entourer les photos des cadres pour confirmer leur identité. »

C'est ce « Plan rose », développé par les agents de la CIA Gregg, Rudy Enders et Félix Rodrigues au Viêt Nam, qui fut repris par la CIA au Salvador et appliqué à l'Irak par Steele.

Après en avoir terminé avec Gregg, Zakaria avait lancé une publicité, puis continué son émission avec Paul Wolfowitz, secrétaire adjoint à la Sécurité de George W. Bush et membre de son Bureau des plans spéciaux, où fut conçue et popularisée la guerre contre le terrorisme en Irak.

Zakaria : « En tant que responsable américain, pensez-vous que le prix que nous avons payé, en nombre de vies américaines et sur le plan financier – on parle de mille milliards de dollars –, était justifié ? »

Wolfowitz : « Comme tout le monde, j'aimerais pouvoir dire "oublions le golfe Persique, oublions le Moyen-Orient...", mais ni le golfe Persique, ni le Moyen-Orient ne nous laissent tranquilles. Al-Qaïda ne nous laisse pas tranquilles. Le Pakistan ne nous laisse pas tranquilles. C'est pourquoi je suis d'avis que nos intérêts et nos valeurs nous demandent de rester là-bas. »

Zakaria ne demanda jamais à Wolfowitz de préciser ce qu'il entendait par « nous laisser tranquilles ».

Tribune libre pour les criminels de guerre

À la lumière de la tradition américaine en matière de guerre génocidaire, brillamment illustrée au Viêt Nam et en Amérique centrale, il est regrettable que le *Guardian* se soit contenté d'attribuer cette politique de torture et d'exécutions illégales au seul Steele et à ses supérieurs administratifs, le général David Petraeus et Donald Rumsfeld.

Il faut pourtant souligner que des milliers d'Américains, des cadres non élus comme Wolfowitz aux légions de journalistes qui les courtisent comme

Zakaria, savent que le ministère de l'Intérieur irakien a autorisé l'implantation de plus d'une douzaine de prisons secrètes. Et ils savent ce qui s'y passe. Un général l'a un jour confié à une équipe de tournage : « Des entraînements, des meurtres, de la torture – la plus atroce que j'ai jamais vue. »

Et d'après un autre témoin américain, la nature des opérations et la composition des escadrons de la mort de la police spéciale n'étaient des secrets pour personne : « On en parlait ouvertement, aux réunions d'équipes, et ce qui se passait était connu de tout Bagdad. »

Une politique de recours aux crimes de guerre systématique, connue de tous à Bagdad, donc, et soigneusement cachée au public américain.

C'est à l'épaisseur de cette ignorance que l'on mesure la force de frappe américaine en matière de « guerre de l'information ». Elle est si puissante que, sous son influence, des « spécialistes » de la dénonciation de l'État sécuritaire comme David Corn et Michael Isikoff[147] ont diligemment fait d'une politique de crimes de guerre scientifiquement planifiée la fantaisie hystérique d'une poignée de patriotes fous – et sexy[148]. L'establishment dispose donc de boucs émissaires idéaux contre lesquels se scandaliser, mais qu'il se gardera bien de poursuivre en justice.

Il faut rappeler aux gens – et il faut que les jeunes l'apprennent – qu'une telle politique de crimes de guerre en vue du profit n'est possible en Amérique qu'avec la complicité des médias de masse. L'imposture se fonde uniquement sur votre propension à croire en l'honnêteté de notre classe dirigeante. Comme l'avait écrit George Orwell en 1945 : « Les nationalistes ne désapprouvent jamais les atrocités commises par leur camp, mais ils sont en plus dotés d'une remarquable aptitude à ne pas en entendre parler. »

Le patriotisme américain est fondé sur le nationalisme belligérant. La vénération pour ses acteurs et promoteurs est inculquée à tous les apprentis journalistes durant leur formation, en même temps que le code sacré du silence. C'est la raison pour laquelle, quand il rapporte que la CIA et Israël forment des équipes d'assassinats ciblés sur le modèle Phoenix pour les faire intervenir en Irak, un expert autorisé comme Seymour Hersh les présente de la manière la plus aseptisée possible. Il les fait passer pour une nécessité ou, au pire, une erreur.

Mais les crimes de guerre ne sont pas une erreur. Ils sont une arme

---

[147] N.D.É. : David Corn (1959) et Michael Isikoff (1952) sont deux journalistes de gauche. Le premier écrit pour le bimensuel *Mother Jones* et l'hebdomadaire *The Nation*, qui appartiennent à l'aire de la gauche libérale et progressiste. Le second a longtemps écrit pour le magazine libéral *Newsweek* et dirige la section Investigation de *Yahoo ! News*, où il a été l'un des premiers à dévoiler le dossier sur « l'hôtel russe » de Trump. Ensemble, Isikoff et Corn ont écrit *Russian Roulette: The Inside Story of Putin's War on America and the Election of Donald Trump*, ayant pour objet les ingérences russes dans l'élection américaine de 2016.

[148] David Corn, Michael Isikoff, *Hubris: The Inside Story of Spin Scandal, and the Selling of the Iraq War*, Crown Publishing Group, 2006.

« répugnante » et absolument intentionnelle au service de la doctrine de guerre américaine moderne.

Hersh avait donné la parole à un chef de poste de la CIA sur place :

« Nous sommes en train de faire renaître le renseignement irakien. En attendant, on se pince le nez. On a la Delta Force et les équipes de l'agence qui enfoncent les portes, et qui liquident [les insurgés]. »

Pince-toi le nez, Seymour, et applaudis les crimes de guerre. Quand Amy Goodman, une autre de ces « experts autorisés », de chez *Democracy Now !*, interviewa Hersh à propos de ce programme d'assassinats façon Phoenix, elle ne lui demanda jamais si cela relevait d'une politique de crimes de guerre. Quand Zakaria se trouva face à Wolfowitz, il oublia de l'interroger sur les crimes de guerre qu'il avait planifiés et dont il s'était rendu coupable.

Les médias sont partie prenante de cette guerre psychologique conduite au nom de la positivité : il faut que nous vivions heureux avec notre classe dirigeante – les Wolfowitz, les Perle, les Frum, les Feith – et avec les crimes de guerre qu'ils commettent en notre nom.

Après avoir éliminé physiquement la classe dirigeante irakienne, les escadrons de la mort de la CIA s'en prirent en 2003 aux cadres intermédiaires du parti Baath, qui constituait une grande partie de la classe moyenne irakienne. C'est le propagandiste en chef de *Newsweek*, John Barry, qui dut une fois de plus divulguer à la nation la justification officielle de ce massacre inutile, en reprenant les propos d'un gradé de l'armée :

« La population sunnite croit qu'elle peut soutenir les terroristes sans en payer le prix. De leur point de vue, c'est sans conséquence. Nous devons changer cette équation. »[149]

Comment cette équation fut-elle « changée » ? Les forces armées américaines, par exemple, prirent en otage les trois fils d'un général pour le contraindre à la défection. Mais au lieu de libérer ses fils, comme prévu, ils mirent en scène l'exécution simulée du plus jeune d'entre eux, avant de torturer à mort le général lui-même.

Le tout, soigneusement occulté. Jamais une victime à la télé. Tout ce que l'on vous montrera, c'est l'État islamique qui décapite des gens.

Si l'on en croit le *New York Times*, le « journal de référence » de l'Amérique, il est impossible de connaître les noms des agents de la CIA qui sont derrière ces exactions barbares. Les directeurs des rédactions prétendent que la loi de Protection de l'identité dans le renseignement de 1982 (Intelligence Identities Protection Act) leur interdit de divulguer les noms. Cette loi, pourtant, les autorise à citer les faits et les fonctions occupées par leurs auteurs, mais ils s'en gardent bien ; ils pratiquent une autocensure qui rend possible toute cette politique de crimes de guerre. Le *New York Times* protège une conspiration criminelle ourdie par les élites belliqueuses, qui mine les fondements de notre « démocratie ». Nous ne saurons jamais comment la

---

[149] John Barry, « The Pentagon May Put Special-Forces-Led Assassination or Kidnapping Teams in Iraq », *Newsweek*, le 7 janvier 2005.

CIA a cultivé la classe dirigeante d'exilés qu'elle a installée en Irak, ou comment elle a fait du ministère de l'Intérieur irakien une succursale qui met à sa disposition la biographie informatisée de chaque citoyen irakien, avec tous les détails depuis le berceau.

Le *New York Times* ne parlera pas des listes de cibles à éliminer ou du chantage à vaste échelle de la CIA : c'est une affaire de famille. On se souviendra que la fable des armes de destruction massive venait du Congrès national irakien, l'organisation soutenue par la CIA et dirigée par Ahmed Chalabi, et qu'elle avait été livrée clefs en main à Judy Miller du *New York Times*. Miller est depuis entrée au Council on Foreign Relations, et travaille désormais sur Fox News. Ce sont les mensonges de Chalabi et la caisse de résonance que leur avait fournie Miller qui furent le principal artifice de l'invasion de l'Irak.

On ne rappelle jamais que le Congrès national irakien avait été fondé par la CIA, et qu'il comptait parmi ses dirigeants le général exilé Hassan al-Naqib. La CIA avait choisi son fils Falah al-Naqib comme ministre de l'Intérieur par intérim, et, en remerciement, Falah avait placé son oncle Thavit à la tête des commandos de la police spéciale.

Les journalistes du *New York Times* déjeunaient régulièrement avec Thavit et son officier traitant de la CIA, ce qui pourrait expliquer que le quotidien de référence ne se soit jamais soucié de décrire les méthodes systématiques de domination de la CIA. Ils ne vous diront jamais, par exemple, que tout citoyen américain qui travaille pour le ministère de l'Intérieur ou pour le cabinet du Premier ministre irakiens doit remettre un rapport à un dirigeant administratif, publiquement mandaté, de l'armée ou du département d'État, et en même temps informer secrètement son officier traitant de la CIA, qui est son directeur des Opérations.

Le *New York Times* ne dit jamais que chaque unité irakienne peut compter dans ses rangs jusqu'à quarante-cinq membres des forces spéciales américaines. Ces équipes sont en relation vingt-quatre heures sur vingt-quatre avec leur patron de la CIA à travers le Centre de commandement de la police spéciale. Et le *New York Times* ne dira pas non plus que la CIA place un homme dans chaque commando spécial, qui communique à son homologue américain de l'équipe de transition de la police spéciale sa liste des cibles à éliminer. On n'a jusqu'à présent répertorié aucune opération de la police spéciale ou des commandos spéciaux faite sans supervision américaine, y compris lorsqu'elle aboutit au massacre de dizaines de milliers de personnes.

Chaque milice irakienne, chaque unité des forces spéciales irakiennes est placée sous la supervision d'un officier traitant de la CIA. Tout homme politique irakien ayant un tant soit peu d'importance, tout haut fonctionnaire, a son officier traitant de la CIA. Et les reporters du *New York Times* prennent des verres avec ces conseillers à l'intérieur de la Zone verte. Voilà le vilain petit secret de famille qui autorise les atrocités.

Les journalistes américains ne racontent jamais la vérité. Rappelez-vous leur déférence à l'égard de Steven Casteel, conseiller CIA du ministère de l'Intérieur irakien, alors que ses commandos de la police spéciale avaient inauguré leur règne sanglant dans Bagdad. Tous les épisodes de terreur de type Phoenix étaient discrètement étouffés, tandis que les journalistes du groupe Knight Ridder recrachaient la propagande de Casteel : les atrocités n'étaient que des rumeurs, ou avaient été perpétrées par « des insurgés qui s'étaient emparés d'uniformes de la police »[150].

Il n'y avait aucun dysfonctionnement. Les explications de Casteel étaient aussi grotesques que celles de Petraeus, qui prétendait que les Irakiens avaient « pris eux-mêmes l'initiative » de constituer les commandos de la police spéciale.

Chez Knight Ridder, on ne rappelait pas non plus que Casteel avait dirigé les opérations de la Drug Enforcement Administration en Amérique latine. Ni qu'il avait été le directeur du Renseignement de la DEA avant d'être envoyé en Irak, ou encore que la CIA avait piloté les opérations étrangères de la DEA durant les quarante dernières années. On ne précisait pas non plus que Casteel avait servi la stratégie de la CIA en Amérique latine, en s'en prenant aux groupes de trafiquants de drogue de gauche, et en laissant les groupes de droite prospérer. Ni qu'il avait appuyé en Colombie les escadrons de la mort Los Pepes-AUC, groupe de militants opposé à Pablo Escobar et soutenu par la CIA, et qui aurait été à l'origine de 75% des meurtres de civils au cours des dix années de guerre civile suivantes.

En réalité, chez Knight Ridder, quelqu'un avait bien essayé d'enquêter sur les atrocités des commandos. Le reporter Yasser Salihee, du bureau de Bagdad, avait peut-être élucidé toute l'affaire. Il fut tué par un sniper américain en juin 2005. Prenant acte de cet avertissement très clair, Knight Ridder choisit d'attribuer la responsabilité des exactions des commandos à « des infiltrations des forces spéciales irakiennes par des milices chiites ». Après la découverte du centre de torture d'Al-Jadiriyah, les journalistes rapportèrent que des têtes allaient tomber. En réalité, Adnan al-Asadi, ministre adjoint de l'Intérieur et homme de confiance de la CIA, maintint intact le commandement de la police nationale et parvint à bloquer les réformes promises par Jawad al-Bulani, ministre de l'Intérieur de l'époque.

Pendant tout le mandat d'Asadi, les forces de police multiplièrent les violations des droits de l'homme. En mars 2011, des manifestants identifièrent Asadi sur un toit en train de diriger le tir des snipers sur les manifestants pacifiques de la place Tahrir. Comme les crimes de guerre sont toujours dûment récompensés, Asadi put enfin entrer au parlement, là où l'on fait les meilleures affaires. La CIA sait récompenser ses employés modèles.

Aujourd'hui, les prisons irakiennes sont en proie aux viols, à la torture, aux exécutions et aux disparitions. Le *Guardian* et la BBC ont fait un premier pas louable. Les journalistes américains doivent maintenant faire toute la lumière sur le rôle du commandement américain dans les exactions des commandos de la police spéciale irakienne, sur l'activité des escadrons de la mort et des

---

[150] Tom Lasseter, Yasser Salihee, « Sunni men in Baghdad targeted by attackers in police uniforms », *Knight Ridder Newspapers*, le 27 juin 2005.

centres de torture que les États-Unis ont imposés à l'Irak. Une telle enquête devrait examiner en toute honnêteté le rôle de la CIA et des forces spéciales américaines, à commencer par les « Nightstalkers », qui coopéraient avec les Wolf Brigades en 2005. L'enquête devrait établir toutes les responsabilités dans chaque crime de guerre, de la base jusqu'au sommet de la hiérarchie.

Les journalistes américains étaient tout heureux de diaboliser Saddam Hussein pour ses crimes de guerre – authentiques et imaginaires. Maintenant, ils se doivent de donner une identité et de réhumaniser ces cadavres qui s'amoncellent tous les mois dans Bagdad. Ils doivent s'associer aux groupes irakiens de défense des droits de l'homme, comme ces activistes qui parvinrent à identifier 92% des victimes d'exécution trouvées dans divers sites irakiens d'après les listes de noms et descriptions de personnes détenues par les forces du ministère de l'Intérieur, pilotées par les États-Unis[151].

L'appareil politico-militaire qui règne sur l'Amérique intervenait, grâce à ses opérations paramilitaires clandestines, dans soixante nations en 2008. Leur nombre monta à cent vingt en 2013. Si nous gardons l'espoir d'entrevoir un jour une lueur de démocratie, il faut que nos journalistes dévoilent la responsabilité de la CIA dans ces opérations en Irak, en Afghanistan, en Libye, en Syrie. Nous devons révéler, jour après jour, comment l'establishment de la Sécurité nationale corrompt des nations souveraines, le renseignement et les médias afin de perpétuer ces mêmes ambitions racistes et impériales qui ont forgé la politique extérieure des États-Unis dès ses débuts, il y a deux cent quarante ans.

---

[151] Dirk Adriaensens, « Foxes in the hen-house. Iraqi puppet government submits candidacy for the UNHRC and other tales », *The Brussels Tribunal* (http://brussellstribunal.org/), le 6 mai 2006.

CHAPITRE 11

DU CHANGEMENT À LA CIA : NOUVEAUX INGRÉDIENTS, VIEILLE RECETTE

Guillermo Jimenez : Bienvenue chez *De-Manufacturing Consent*[152]. Ici Guillermo Jimenez, et je reçois aujourd'hui Douglas Valentine. Comment ça va, Douglas ?

Valentine : Très bien, je vous remercie de l'invitation.

Jimenez : Je vous reçois aujourd'hui, car Open Road Media a récemment choisi de republier *The Phoenix Program* dans sa collection « Les étagères interdites ». Pourriez-vous nous expliquer comment a été choisi votre livre ? Que pensez-vous de cet intérêt renouvelé pour Phoenix et pour ce que la CIA combinait au Viêt Nam ? Et d'ailleurs, que combine la CIA au quotidien ?

Valentine : À sa première parution en 1990, le livre avait été descendu dans le *New York Times*. C'était Morley Safer, ancien reporter au Viêt Nam, qui en avait rédigé la recension. Safer et le *New York Times* avaient décidé de tuer le livre parce que j'avais écrit que, sans la complicité des reporters sur place au Viêt Nam avec la CIA, jamais Phoenix n'aurait pu devenir le succès qu'il a été.

C'est ce que m'avaient pourtant dit plusieurs agents de la CIA, du genre : « Untel était toujours dans mon bureau, il venait avec une bouteille de scotch, et je lui racontais ce qui se passait réellement. » Les reporters vedettes de l'époque savaient parfaitement ce qui se passait, mais ils se gardaient bien de le rapporter, pour préserver leurs connexions. Je réserve dans le livre une place spéciale au *New York Times*. Donc je me suis non seulement mis à dos la CIA, mais aussi toute l'amicale des journalistes vétérans du Viêt Nam. En combinant les deux, c'était un départ pour le moins compliqué pour mon livre.

Le *New York Times* avait accordé une demi-page à Safer pour parler de mon livre. Ce qui était bizarre ; normalement, les livres comme *The Phoenix Program* sont simplement passés sous silence. Mais la rubrique littéraire du

---

[152] N.D.T. : Il s'agit du nom du podcast de Guillermo Jimenez, que l'on pourrait traduire par « Le détricotage du consensus ».

New York Times assure une autre fonction ; elle indique au reste de l'élite médiatique et à l'intelligentsia ce qu'elle doit penser, et comment l'exprimer. Et donc, parce que mon livre détricotait les réseaux bureaucratiques qui cachaient la différence en la politique officielle et la réalité opérationnelle, Safer avait dit que mon livre était incohérent. Mon livre avait prouvé que Colby était un menteur. Ça, ça avait déplu à Safer : je n'avais pas fait de son grand ami et patron Colby une icône de l'élite, un nouvel Ulysse.

Par chance, la révolution Internet a affranchi les gens du *New York Times* et des médias de l'information. Ils peuvent regarder *Russia Today* pour obtenir l'autre version d'une histoire. C'est pourquoi Mark Crispin Miller et Philip Rappaport d'Open Road ont choisi *The Phoenix Program* comme premier livre publié. Cela a été une véritable renaissance. Grâce à la popularisation du e-book, nous avons été lus par un public documenté et impliqué, impossible à atteindre il y a vingt-cinq ans.

C'est également à cause de ces développements sur Internet que John Brennan, directeur de la CIA de 2013 à 2017, avait décidé de réorganiser la CIA. Tout est lié. Le monde actuel est radicalement différent de celui de 1947. La nature de l'empire américain a changé, elle aussi, ce qui a en retour changé ce que l'empire attend de la CIA. La CIA est une organisation qui reçoit une dotation annuelle de 30 milliards de dollars ; apporter des modifications à sa structure est donc une entreprise considérable.

Si vous voulez comprendre la CIA, vous devez d'abord comprendre son organisation.

Jimenez : Exactement, et c'est ce dont nous voudrions vous entendre parler ensuite. Mais d'abord, j'aimerais revenir sur l'infiltration des médias américains par la CIA. Je trouve cela curieux, parce qu'à vous entendre, il ne s'agit pas d'une démarche délibérée de censure directe des médias. C'est plutôt, dirait-on, l'affaire d'une très forte autocensure, qui procède d'une relation préexistante. Cela correspond-il à votre vision des choses ?

Valentine : Oui. Les médias s'organisent à la manière de la CIA. La CIA a ses officiers traitants qui parcourent le monde, organisent des assassinats ou déstabilisent les nations, et les médias cachent leur activité. Le reporter et l'officier traitant ont tous deux des chefs, et plus vous remontez haut dans les hiérarchies respectives, plus leurs chefs se rapprochent. Les contraintes idéologiques deviennent de plus en plus strictes à mesure que vous êtes promu. Pour entrer dans la CIA, vous devez passer un test psychologique. Ils n'engagent pas les candidats éprouvant de la sympathie pour les pauvres. Ce sont des gens sans pitié qui servent une classe dirigeante capitaliste. On est très à droite, et les médias ont pour consigne de les protéger.

Les rédacteurs en chef ne recrutent que des éléments idéologiquement purs : de la même manière que vous ne pouvez pas entrer à la CIA si vous êtes communiste, ou si vous pensez que l'agence devrait respecter la loi, vous ne pouvez pas travailler pour CNN si vous éprouvez de la pitié pour les Palestiniens, ou si vous voulez expliquer qu'Israël continue de voler leur terre depuis plus de soixante-dix ans. À la minute même où vous direz quoi que ce soit d'irritant ou de l'ordre de l'anathème pour les Israéliens, vous dégagez. Ce sont les rédacteurs en chef et les directeurs de publication qui sont chargés de faire appliquer ces contraintes idéologiques. Par exemple, en 2014, alors qu'elle essayait de rendre compte des bombardements israéliens qui frappaient de manière impitoyable les civils de Gaza, la journaliste Diana Magnay a été harcelée en direct par un groupe d'Israéliens assoiffés de sang qui célébraient, hilares, le spectacle. Dégoûtée, elle a qualifié ces individus de « racailles » dans un tweet. Magnay a été contrainte de présenter ses excuses. Elle a été transférée à Moscou, et ne pourra plus jamais travailler en Israël[153].

Le cas du correspondant de NBC Ayman Mohyeldin est très similaire. Durant les mêmes opérations de 2014, il jouait au football sur la plage avec des gamins de Gaza quand Israël a bombardé le rivage. Mohyeldin les a vus mourir, et l'a dit sur Twitter. Sans fournir de motif, NBC lui a retiré la couverture des événements de Gaza, et lui a interdit d'y retourner. NBC a remplacé Mohyeldin par Richard Engel, un sympathisant de la cause israélienne.

N'importe quel dictateur serait enchanté de la manière dont sont organisés les médias américains. Au moindre faux pas, ils vous virent ou vous envoient en Sibérie. C'est tout le système qui, en réalité, est très homogène. Il n'y a pas que la CIA ou les médias. Il y a la politique, aussi. Comme les primaires de 2016 l'ont démontré, vous ne pouvez pas être candidat pour l'un ou l'autre des deux grands partis si vous ne réussissez pas votre test idéologique. Vous devez être un authentique capitaliste. Vous devez soutenir Israël à coups de milliards de dollars pris dans les poches des contribuables. Vous devez accorder aux militaires toutes les armes qu'ils veulent. C'est la nature de l'État américain. Toutes ces choses fonctionnent en synergie parce que c'est comme cela qu'elles ont été structurées tout au long de ces deux cent quarante dernières années.

Jimenez : Nous avons vu récemment fleurir sur Internet des pseudo-alternatives qui se présentent comme antagonistes, anti-establishment, alors qu'elles sont loin de l'être. C'est une tendance à la hausse, et c'est un phénomène que nous devons garder à l'esprit quand nous cherchons nos sources sur le Net.

Valentine : Internet est un espace de liberté, si bien que vous devez l'approcher de la même manière que les personnes vigilantes approchent tout autre phénomène américain : avec prudence. Achetez malin. Le capitalisme n'a pas pour vocation de protéger les pauvres, ni de s'assurer que les gens mènent une vie saine et gratifiante. La richesse n'est pas infinie, et les riches la veulent toute pour eux.

Les riches veulent le monopole de l'information, également. Quelle est la

---

[153] Michael Calderone, « CNN removes reporter Diana Magnay from Israel-Gaza after "Scum" tweet », *The Huffington Post*, le 18 juillet 2014.

fiabilité de telle ou telle information qui me vient d'Internet ? Aucun moyen de savoir. Ce n'est pas parce qu'une information est partiellement vraie qu'elle est entièrement vraie. Pour être en mesure de savoir si une information est vraie et communiquée dans son entièreté, il faut comprendre que nous évoluons dans une réalité où le capitalisme et ses multiples facettes sont organisés pour notre oppression et pour nous garder dans l'ignorance et les plus vulnérables possibles. C'est un jeu de ruses, qui demande de la finesse. Achetez malin.

Jimenez : Tout à fait. J'aimerais maintenant aborder la question des récents changements dans l'organisation de la CIA. La nouvelle est initialement apparue dans un article du 9 novembre 2014 du *Washington Post*, intitulé « Le directeur de la CIA John Brennan envisage des changements d'organisation radicaux ». L'article, signé Greg Miller, expliquait que Brennan voulait restructurer la CIA en prenant pour modèle le Centre antiterrorisme, fusionner différents départements et unités, combiner les analystes et les agents pour former des équipes hybrides travaillant chacune sur des zones spécifiques du globe. Tout cela m'évoque la structure typique née de Phoenix, et que l'on a déjà très largement exportée ailleurs dans le monde depuis. On dirait que la CIA veut appliquer la même structure à toutes ses activités. Est-ce comme ça que vous le lisez, vous aussi ?

Valentine : Absolument, et c'est quelque chose qui, de mon point de vue, était prévisible. Si mon livre *The Phoenix Program* a été réédité aujourd'hui, c'est parce que ce que j'avais annoncé il y a vingt-cinq ans est devenu une réalité. Et l'on ne peut faire ce genre de prédiction que lorsqu'on connaît l'histoire.

À sa création, et pendant des décennies, la CIA possédait quatre directions : « Administration », « Renseignement », « Opérations » et « Science et Technologie », toutes placées sous l'autorité d'une équipe dirigeante d'encadrement. L'équipe d'encadrement gérait la liaison avec le Congrès, les problèmes légaux, la sécurité, les relations publiques, les inspections... Le personnel de la branche Administration, de manière fort prévisible, s'occupait de la finance, des ressources humaines, de la gestion logistique. Elle mettait à disposition des divers programmes de l'agence des traducteurs, des interrogateurs, des sociétés de construction... La fonction de la direction « Science et Technologie » est explicite, mais il y a toujours cette petite couleur locale. La science, pour la CIA, ça sert à mieux tuer ou contrôler les gens, c'est le programme MKUltra. Il y a maintenant une cinquième direction, celle de l'« Innovation numérique », qui espionne et hacke les entreprises et les gouvernements étrangers.

Les équipes de la direction des Opérations renversaient les gouvernements étrangers à l'ancienne, par le sabotage et la subversion. La direction des Opérations s'appelle désormais le National Clandestine Service. La direction du Renseignement, qui est devenue celle de l'« Analyse », étudiait les tendances politiques, économiques et sociales du monde afin d'aider le management à mieux les contrôler.

La direction des Opérations était divisée en plusieurs branches. Il y avait le

Contre-espionnage, qui traquait les agents étrangers. Il y avait le Renseignement extérieur, qui assurait la liaison avec les services de renseignements, les politiciens et les fonctionnaires étrangers. Ils accumulaient le « renseignement positif » par les écoutes, ou en recrutant des agents extérieurs. La branche des Actions clandestines se chargeait des opérations politiques montées de sorte qu'on puisse les nier ou les désavouer. La division des Opérations spéciales, aujourd'hui « Activités spéciales », fournissait le personnel paramilitaire. Il y avait également une branche Politique et Psychologie, spécialisée dans tous les types de propagande.

Ces directions et ces branches déterminaient d'une certaine manière dans quelle division géographique allait se poursuivre la carrière des opérateurs. Un agent du renseignement extérieur allait passer toute sa carrière dans la division Extrême-Orient. La direction pouvait déplacer le personnel, mais ces mécanismes étaient globalement en place depuis les débuts de la CIA.

Les événements qui ont conduit à la création du Centre antiterrorisme remontent eux à 1967, quand les services de sécurité américains ont craint que les Cubains et les Soviétiques n'infiltrent la mouvance pacifiste. Lyndon Johnson voulait un rapport détaillé de la situation, si bien que son procureur général Ramsey Clark a mis en place l'Unité interministérielle du renseignement du département de la Justice. L'Unité interministérielle devait coordonner les éléments de la CIA, du FBI et de l'armée qui menaient des enquêtes sur les contestataires, et permettre à la Maison Blanche de suivre et d'orienter politiquement leur travail.

Le programme Phoenix, dont la création remonte également à 1967, a fait la même chose au Viêt Nam. Vingt-cinq agences y ont été employées pour écraser les civils favorables à l'insurrection. C'est de la guerre politique. C'est secret. C'est contraire aux lois de la guerre. Une violation des Conventions de Genève. Et c'est ce que la Homeland Security fait aujourd'hui aux États-Unis : elle coordonne et dirige l'action des agences de renseignements contre les civils qui ont l'allure de terroristes.

Cette centralisation bureaucratique a pour but d'améliorer la collecte et l'analyse de l'information, de manière à permettre aux forces d'intervention de se lancer plus vite et plus efficacement sur la moindre ouverture. En 1967, la CIA faisait voyager ses experts en informatique à bord de jets. Le monde devenait de plus en plus petit, et la CIA, qui disposait déjà de la technologie à la pointe de son temps, était à l'avant-garde de l'exploration des nouvelles possibilités. Elle engageait le gratin de l'Ivy League, comme Nelson Brickham, pour assurer le bon fonctionnement de la machine.

Brickham, officier de la branche du Renseignement extérieur, comme je l'ai expliqué ailleurs, était celui qui avait organisé le programme Phoenix selon les principes énoncés par Rensis Likert dans son livre *New Patterns of Management*[154]. Brickham était persuadé qu'il était possible d'imposer des

---

[154] N.D.É. : Rensis Likert (1903-1981) était un statisticien et psychologue américain, réputé pour ses contributions à la psychométrie, l'étude statistique des attitudes et

procédures standardisées dans la rédaction des rapports pour compenser les carences comportementales des agents sur le terrain. Il espérait notamment corriger le « grave problème de la distorsion et de la dissimulation des faits, que la mise en place d'un système normé des rapports devrait empêcher ». Likert organisait les entreprises de manière à accroître leur flexibilité, et la CIA avait entrepris le même chemin. Son histoire est une constante réorganisation, à la recherche des réponses aux nouvelles menaces. Pendant que Brickham, en 1967, donnait vie à Phoenix pour neutraliser les leaders de l'insurrection au Sud-Viêt Nam, James Angleton et la division Contre-espionnage créaient le programme MHChaos, à Langley, en Virginie, pour espionner les membres de la mouvance pacifiste et faire du plus grand nombre d'entre eux des agents doubles.

Le groupe des opérations spéciales d'Angleton au Contre-espionnage avait pour nom de code Chaos. L'actuel Centre antiterrorisme de la CIA, dont la création remonte à 1986, est un descendant direct de Chaos.

Grâce à l'Unité interministérielle du renseignement, à partir de 1967, les cadres politiques de la Maison Blanche ont pris en charge la coordination des programmes Chaos, de la CIA, COINTELPRO, du FBI et des divers programmes d'espionnage domestique de l'armée. Dès son accession à la présidence, en 1969, Nixon a compris quels avantages partisans il pouvait tirer de l'Unité interministérielle et des divers programmes d'espionnage domestique. Sous Nixon, la Maison Blanche a renforcé Chaos et lui a donné un nouveau chef, en la personne de Richard Ober, adjoint et officier traitant. L'équipe Chaos occupait une chambre forte dans les sous-sols du quartier général de la CIA en Virginie. On y trouvait une salle où étaient conservées les bases de données sur les pacifistes, et où les fiches des suspects et recrues potentielles étaient examinées. La gestion de ces fichiers ultrasecrets était confiée à une équipe de secrétaires féminines.

Chaos était couvert du plus grand secret, car il était absolument interdit pour la CIA de conduire des opérations domestiques. Les allocations de ressources à Chaos étaient décrites comme des contributions à des « spectacles de variétés ». On avait mis en place un système de communication spécifique pour les câblogrammes de Chaos, avec des coursiers pour les relations avec les stations étrangères de la CIA. Le canal spécifique aménagé pour Chaos lui permettait de travailler en prise directe avec des agents particuliers dans tous les pays, en court-circuitant les chefs de divisions et de stations locales de la CIA. Les informations estampillées « Chaos » recevaient systématiquement la classification de sécurité la plus élevée : elles n'étaient accessibles qu'au personnel impliqué dans les opérations et à la hiérarchie la plus élevée de la CIA.

En octobre 1969, à partir de listes de noms fournies par le FBI, l'officier traitant de Chaos, dont je n'ai jamais pu connaître l'identité, s'est mis à recruter des agents doubles dans les rangs des mouvements Black Power et des

---

comportements.

mouvements pacifistes. Cet officier traitant approchait les militants les plus radicaux. Ils étaient recrutés s'ils passaient avec succès les tests psychologiques et les séances de détecteur de mensonges. Ils étaient alors formés aux arts de la clandestinité, étaient équipés en gadgets divers, recevaient du liquide et une couverture, puis étaient envoyés à l'étranger. L'officier traitant appelait ces quarante ou cinquante radicaux « les appâts » : ils avaient pour mission de se comporter comme des éléments radicaux « normaux », afin de susciter l'approche d'agents du KGB.

Les « appâts » du programme Chaos espionnaient et faisaient également des rapports sur leurs compagnons de lutte américains. C'était la partie domestique, et illégale, de leur activité. On créait ainsi un dossier pour chaque dissident, avec la fiche personnelle fournie par le FBI, mais également le casier judiciaire, le parcours scolaire, des photos prises à la dérobée du sujet en compagnie d'autres radicaux. Le fichier Chaos a fini par accumuler les dossiers de 7000 à 10 000 individus.

En 1970, Chaos a commencé la numérisation de son fichier. Transféré sur des supports fournis par IBM, il en est venu à constituer la base de données HYDRA, qui a fini par contenir les noms de 300 000 personnes. HYDRA avait été développée sur le sol national en même temps que le système d'information de Phoenix au Viêt Nam, et par les mêmes personnes. Chaos recourait également à un programme d'interception du courrier appelé HTLINGUAL.

Je suis convaincu que le vent de panique dû aux enveloppes piégées à l'anthrax, que l'on a connu au lendemain du 11 Septembre, n'était qu'une provocation de la CIA conçue pour justifier la mise en place d'un programme d'interception du courrier semblable au vieil HTLINGUAL. Toutes ces choses dont je vous parle perdurent encore aujourd'hui, à une échelle bien plus grande, à l'encontre de la communauté musulmane américaine.

En 1971, la Commission d'évaluation du renseignement de l'Unité interministérielle était placée sous la direction de Robert Mardian. Mardian était le procureur général adjoint de Nixon, chargé de la Sécurité intérieure. L'équipe Chaos de l'époque aidait le Pentagone à traquer les déserteurs et les citoyens étrangers qui incitaient les soldats américains à déserter, notamment dans les bases américaines en Allemagne. Chaos a donc envoyé des « appâts » au Nord-Viêt Nam et à Cuba. Un agent, peut-être Timothy Leary, a même été envoyé en Algérie pour cibler l'un des premiers leaders des Black Panthers en exil, Eldridge Cleaver[155]. Un autre agent aurait joué un rôle critique, mais toujours confidentiel, durant les manifestations contre la guerre de 1971 à Washington. Même Henry Kissinger, alors conseiller à la Sécurité nationale de Nixon, surveillait les opérations Chaos relatives aux négociations de paix

---

[155] N.D.É. : Timothy Leary (1920-1996), psychologue, écrivain, est une importante figure de la contreculture américaine, notamment à travers sa promotion de l'utilisation des drogues psychédéliques. Inquiété par le FBI, il quitta les États-Unis durant la première partie des années 1970 ; c'est à cette période qu'il se rendit en Algérie, où il tenta d'intégrer le « gouvernement en exil » des Black Panthers de Cleaver.

secrètes avec le Nord-Viêt Nam.

En 1972, l'équipe Chaos travaillait avec les tristement célèbres « plombiers » de Nixon. Il est possible qu'un agent Chaos ait été impliqué dans le cambriolage de l'affaire du Watergate, qui a précipité la fin de la présidence Nixon.

Gordon Liddy, le cerveau du cambriolage, siégeait à la Commission d'évaluation du renseignement de Mardian et imposait des opérations à Richard Ober, l'officier de la CIA qui dirigeait Chaos. Liddy et son complice de la CIA Howard Hunt ont ainsi demandé à Ober d'espionner des membres d'autres branches gouvernementales. Ils ont aussi fait espionner les ennemis politiques de Nixon, y compris des individus comme Daniel Ellsberg, qui ne pouvaient en aucun cas être soupçonnés de terrorisme. Cela vous donne une idée du niveau d'ingérence des cadres politiques dans ces opérations, et comment ils utilisaient leur pouvoir pour monter leurs sales combines.

Chaos en est venu à concentrer énormément de pouvoir. Ober travaillait avec la Commission nationale sur les troubles civils, avec le protéiforme service d'assistance au maintien de l'ordre et avec les unités des services spéciaux – ou Red Squads[156] – des départements de Police de toutes les plus importantes métropoles américaines. C'est une longue tradition, la CIA a toujours recruté dans la police : souvent en contractuels, en tant qu'instructeurs pour les forces de police étrangères. Les forces de police locales ont d'ailleurs largement contribué à nourrir la base de données de Chaos. Angleton, qui était le chef de la branche Contre-espionnage, était également le référent CIA pour les différentes agences américaines de maintien de l'ordre, Bureau des narcotiques inclus.

Le programme Chaos illustre comment la Maison Blanche, à travers le réseau de contacts de la CIA, pouvait employer l'appareil de la Sécurité nationale à toutes sortes d'opérations domestiques illégales. Chaos montre également comment la CIA pouvait insidieusement détourner son appartenance à l'appareil de la Sécurité nationale au profit de l'avancement de ses propres menées institutionnelles. Enfin, des individus comme Hunt et Liddy pouvaient exploiter Chaos à des fins de politique partisane.

Les mésaventures de Hunt et de Liddy ont culminé avec le scandale du Watergate, qui a mis au jour les turpitudes de la CIA et qui a fini par révéler au monde l'existence du programme Chaos. William Colby était à l'époque directeur exécutif de la CIA. Il est revenu aux États-Unis en 1971 pour témoigner devant la Commission d'enquête du Congrès au sujet de Phoenix. Il est ensuite resté en Amérique pour travailler sur les aspects organisationnels de la CIA. Après l'arrestation des cambrioleurs de l'affaire du Watergate, Colby a collaboré avec le département de la Justice à l'abolition de l'Unité interministérielle, et a fait en sorte que l'officier traitant de Chaos soit réaffecté, mais pas sanctionné.

---

[156] N.D.É. : Unités de police spécialisées dans l'infiltration, l'espionnage et le sabotage des mouvements sociaux, et dissoutes en 1978.

Une fois devenu directeur de la CIA, en septembre 1973, Colby a organisé lui-même les contre-feux au scandale, en communiquant à Seymour Hersh quelques confidences sanglantes sur l'affaire Chaos. Colby a sacrifié au passage son rival, James Angleton, qui, en tant que chef de la division Contre-espionnage, a été tenu pour responsable de Chaos et du programme d'interception du courrier.

Les « fuites contrôlées » et le sacrifice d'Angleton n'étaient qu'une mise en scène, une partie de bonneteau par laquelle Colby est parvenu à préserver le programme Chaos. Tout, en somme, a repris comme si de rien n'était. Chaos continuait de traquer les radicaux, avec son réseau de communication spécifique et étanche, avec sa base de données propriétaire. Il répondait aux requêtes du FBI et de l'armée, mais abrité, cette fois, derrière le prétexte de la lutte antiterroriste.

Colby a donné le coup d'envoi de sa refonte en juillet 1972, quand il a promu Ober à la tête du Groupe sur le terrorisme international de la CIA. Ober allait devoir mettre en place et diriger un « programme central » sur le terrorisme international et les détournements d'avions. Le Groupe sur le terrorisme international, reprenant le fichier général de Chaos, a infiltré les camps d'entraînement des terroristes en Algérie et en Libye, et a continué de surveiller les militants noirs en relation avec l'étranger. Comme Chaos, le groupe continuait d'envoyer ses rapports à Henry Kissinger et au Conseil de sécurité nationale.

La nomination d'Ober à la tête du Groupe sur le terrorisme international coïncidait également avec la création par la présidence Nixon du Comité du cabinet pour combattre le terrorisme, première entité de ce genre dans l'histoire de l'administration américaine.

À la fermeture officielle du programme Chaos, en mars 1974, le Groupe sur le terrorisme international a continué d'occuper ses locaux dans les sous-sols de la CIA. Le groupe a reçu un nouveau chef, qui a pu s'appuyer sur la même équipe féminine de secrétaires affectée à la gestion informatisée et à l'enrichissement de la base de données Chaos. Un an plus tard, les fiches de Chaos n'avaient toujours pas été détruites, sous prétexte que la CIA n'était pas parvenue à définir correctement le statut de « dissident ». En 1977, Howard Bane, vétéran de la CIA, est devenu le troisième chef du Groupe sur le terrorisme international. La notion de « terrorisme d'État » avait fait son apparition, et on en accusait la Libye et l'Irak, que l'URSS, disait-on, soutenait dans leur entreprise. Stansfield Turner, le directeur central du Renseignement de Jimmy Carter, a donc ordonné à Bane de réorganiser la CIA pour faire face à cette nouvelle menace.

La lutte antiterroriste était, selon Bane, un sujet brûlant auquel la CIA ne pouvait accorder qu'une faible priorité, en raison des enquêtes parlementaires en cours sur ses malversations. Bane affirmait que Stansfield Turner était coincé par la définition du terrorisme. Turner avait besoin de calmer les eaux autour de la CIA. Il demandait que ses agents qualifient la lutte anti-insurrectionnelle de « guerre de basse intensité », et avait fait renommer le Groupe sur le terrorisme international en Bureau du terrorisme. L'éternelle partie de bonneteau. Bane s'est installé à Langley dans les locaux souterrains du Groupe sur le terrorisme international et de Chaos. Il les avait décrits comme une salle sans fenêtre, grande comme le rez-de-chaussée d'une maison et divisée en boxes. « Il y avait là dix ou douze petites vieilles qui papillonnaient partout en chaussures de tennis. » Il y régnait une mentalité défensive et recluse, les actions étaient compartimentées. Il ne s'y passait presque rien. Le chef de la structure était l'ancien officier des opérations du Groupe sur le terrorisme international, et il continuait de surveiller les citoyens américains à l'étranger.

Bane avait servi dans la division nord-africaine de la CIA et à plusieurs postes haut placés. Ce grand amateur d'opérations clandestines approchait de l'âge de la retraite quand cette nouvelle tâche lui a été confiée. Il y a mis toute la ferveur de l'homme à qui l'on accorde une dernière chance de passer à la postérité. Dès son arrivée, il a convoqué tout le personnel, avec cette idée : « Faisons-nous connaître des autres divisions. » Il a mis en place un système de références permettant de servir chacune des divisions de la CIA. Bien vite, chacune de ces « petites vieilles en tennis » était devenue experte d'une aire géographique particulière.

Bane est allé rencontrer ses homologues aux Affaires étrangères, au Trésor, au FBI, au Pentagone, à la Maison Blanche, à la NSA. Le Bureau du terrorisme assurait désormais une fonction claire, et Bane l'a fait transférer dans une suite au quatrième étage. Avec des fenêtres. On lui a accordé des agents opérationnels, et il s'est mis à recruter des hommes jeunes pour remplacer les « petites vieilles » en tant qu'agents de liaison avec les autres divisions. Pour muscler les forces paramilitaires sous son commandement, il s'est rapproché de Jim Glerum, chef de la division des Opérations spéciales de la CIA[157].

Au même moment, l'armée a créé la Delta Force pour faire face aux incidents terroristes habilement médiatisés durant les années 1970. La Delta Force de l'époque, puis la SEAL Team 6 de la marine ont constitué l'avant-garde de la CIA au cours de la naissante guerre contre le terrorisme. Dans ce contexte de « guerre de basse intensité », le Bureau du terrorisme et ses unités paramilitaires ont mis au point un nouveau lexique dans lequel le terme « antiterrorisme » servait à définir les politiques générales, tandis que le terme « contre-terrorisme » qualifiait les actions immédiates et spécifiques.

Bane a obtenu une augmentation de budget et des gadgets de haute technologie, comme des armes silencieuses ou du matériel d'écoute destiné aux missions de libération d'otages. Il a acheté une flotte d'hélicoptères noirs et a constitué une équipe d'entraînement à la gestion de crise, composée d'un psychiatre et de quelques officiers traitants, qui expliquaient aux forces de maintien de l'ordre américaines et étrangères comment négocier avec des terroristes.

Bane a également installé une cellule de deux hommes au quartier général

---

[157] La division des Opérations spéciales s'appelle désormais la division des Activités spéciales.

de la Delta Force à Fort Bragg, si bien que ce corps de forces spéciales est devenu lui aussi un « habitué » du renseignement CIA. Le Bureau du terrorisme envoyait au FBI et à l'agence de renseignements militaires des rapports quotidiens dans lesquels étaient détaillés le portrait et les activités de terroristes connus, si bien qu'en toute discrétion, le Bureau de Bane en est venu à coordonner de véritables opérations antiterroristes. « Mettons que quelqu'un à Francfort ait été en contact avec l'Armée rouge, expliquait Bane, et, aussitôt, la Delta Force envoyait une équipe. »

Le Bureau du terrorisme traitait chaque incident au cas par cas, selon qu'il relevait du « terrorisme international » (où des terroristes traversaient des frontières ou bénéficiaient d'un soutien étranger) ou du « terrorisme domestique » (qui voyait les terroristes œuvrer dans leur propre pays). Si l'incident relevait du terrorisme domestique, le Bureau ne pouvait être impliqué sans un décret exécutif du président d'un type particulier, le verdict présidentiel.

Cette exigence spécifique était une entrave considérable. Bane avait raconté un incident au cours duquel le groupe terroriste colombien M19 avait pris en otage vingt diplomates étrangers, dont l'ambassadeur américain, à l'occasion d'une réception de l'ambassade dominicaine. Convaincu de la nature transnationale de nombreux paramètres de cet incident, Bane l'a classé parmi les cas de « terrorisme international ». Une fois obtenu l'accord de la cellule Terrorisme du département d'État, il a lancé une opération de la Delta Force, en conjonction avec Rudy Enders, le nouveau chef de la division des Opérations spéciales. Bane avait fourni les renseignements sur les terroristes, tandis qu'Enders avait procuré l'équipement nécessaire pour permettre à la Delta Force de mener à bien son opération de sauvetage. En parallèle, l'équipe de gestion de crise s'était réunie en Floride, et attendait son transfert en Colombie.

L'opération a été brusquement annulée quand l'assistant directeur adjoint aux Opérations, John Stein, a révélé l'opération à son supérieur John McMahon, le directeur adjoint aux Opérations de Stansfield Turner. « Vous essayez de tous nous envoyer en prison ? », avait demandé McMahon, avant de congeler l'opération. Bane a dû rappeler ses agents à Langley, où tout le monde a attendu que l'équipe du Conseil de sécurité nationale de Carter puisse consulter les « avocats ». Ce n'est qu'après l'obtention de leur aval que Carter a émis son indispensable « verdict présidentiel ».

On a également interdit à Bane de monter l'opération de sauvetage du Premier ministre italien Aldo Moro, séquestré par les Brigades rouges. Bane avait expliqué que ses supérieurs avaient obtenu la certitude que les kidnappeurs d'Aldo Moro étaient eux aussi italiens, et que l'on se trouvait donc face à un cas de « terrorisme domestique ».

Il faut rappeler que nous étions encore en pleine Guerre froide ; le Bureau du terrorisme n'était qu'un dispositif parmi d'autres au sein d'un arsenal plus vaste de « guerre de basse intensité », destiné à contrer « l'agression soviétique » dans les pays du tiers-monde comme le Salvador. Ce n'est qu'après le 4 novembre 1979, avec la prise d'otages de l'ambassade américaine de Téhéran, que le contexte a évolué. Cet événement fondateur a vu l'émergence du « fondamentalisme islamique » comme nouvelle bête noire de l'Amérique. Et il a permis à Ronald Reagan d'écraser Jimmy Carter lors de l'élection présidentielle de 1980.

Jimmy Carter avait demandé à Bane et au Bureau du terrorisme de la CIA de collaborer avec la Delta Force pour libérer les cinquante-trois otages. Bane m'avait expliqué que l'intervention de sauvetage avait un besoin urgent d'information sur les otages, parmi lesquels se trouvait Tom Ahern, chef de poste de la CIA à Téhéran, et qu'on avait monté une opération clandestine préliminaire à cet effet[158]. Ces informations étaient indispensables à Bane pour savoir comment orienter ce qu'il appelait « la propagande noire et grise, destinée à dissimuler les intentions réelles de la CIA ». Il fallait également faire suivre un entraînement rapide à la Delta Force, pour qu'elle puisse opérer dans le désert iranien.

Les informations sur les otages étaient arrivées, mais la mission Desert One, la première grande opération antiterroriste du gouvernement, a été un échec. Plusieurs hélicoptères ont connu des avaries, et, le 25 avril 1980, l'un d'entre eux s'est écrasé au sol, avec huit soldats à bord. Comme dans le cas de la tragédie de Benghazi, les républicains exultaient : ils avaient une occasion en or de critiquer les démocrates. La crise des otages s'est étirée en longueur pendant six mois encore, temps durant lequel Reagan a eu tout le loisir de faire de Carter un homme faible, ce qui, en Amérique, équivaut à une mort politique.

Bane était pris dans les dégâts collatéraux. Il a été renvoyé par William Casey, le flamboyant directeur central du Renseignement de Reagan, et remplacé par William Buckley, vétéran de la CIA qui avait servi plusieurs fois au Viêt Nam. Buckley y avait notamment dirigé le programme national antiterroriste entre 1969 et 1971, sous la direction de Ted Shackley.

En 1981, Casey et Buckley se sont rendus ensemble en Arabie Saoudite pour préparer la construction d'un réseau souterrain de bases secrètes destinées à accueillir des troupes américaines. Si l'on doit en croire Oussama ben Laden, c'est à la présence de ces bases sur le sol saoudien qu'il faudrait imputer les attentats contre les ambassades américaines de 1998 et l'attaque du 11 Septembre.

La guerre contre le terrorisme a connu un nouveau grand bond en avant avec l'assassinat, en octobre 1981, du président égyptien Anouar el-Sadate par ses propres gardes du corps, que Buckley avait entraînés. Cet assassinat a rendu caducs les accords de Camp David, et a permis à Israël d'attaquer les bases de l'Organisation de libération de la Palestine au Liban. En mai 1982, les milices des Phalanges libanaises, auxiliaires chrétiens de l'armée israélienne, ont commis, en massacrant des centaines de réfugiés palestiniens dans les camps de Sabra et Chatila, l'un des plus grands actes terroristes de l'histoire.

En août 1982, Buckley a regagné le quartier général de la CIA pour réviser,

---

[158] Ahern, comme on l'a dit au chapitre 4, se faisait à l'époque passer pour un officier des narcotiques détaché auprès de l'ambassade.

depuis le Groupe sur le terrorisme domestique, la politique antiterroriste de l'administration Reagan. Au même moment, Casey choisissait un ancien de la CIA, David Whipple, pour devenir l'un des seize officiers du renseignement national (ORN) de son équipe de direction, chargé du terrorisme. Whipple avait longuement servi dans la branche opérationnelle en Extrême-Orient, avant de diriger la centrale de la CIA en Suisse.

Whipple m'avait expliqué que, des seize officiers de l'équipe exécutive de Casey, huit étaient affectés à des aires géographiques, tandis que les huit autres travaillaient sur des problèmes tels que les narcotiques, les armes nucléaires et, dans le cas de Whipple, le terrorisme. Pendant le mandat de Casey, dans le cadre d'une politique de déploiement secret, chaque agence gouvernementale a dû se doter d'un Bureau de lutte antiterroriste, et Whipple, en tant qu'officier national, coordonnait l'action de tous ces Bureaux. Il aidait également les chefs de division de la CIA, de manière à ce que leurs chefs de poste à l'étranger puissent correctement répondre aux exigences de la lutte antiterroriste dans leur secteur d'opérations.

Whipple a été amené à diriger le Bureau du terrorisme domestique de 1982 à 1986. Il se trouvait à la tête d'une équipe composée d'un chef des opérations, d'analystes du renseignement, de spécialistes de l'interprétation photographique et d'officiers traitants[159]. Le Bureau du terrorisme domestique pouvait accéder aux bases de données de toutes les divisions de la CIA, ou réquisitionner leurs agents d'infiltration. À ce titre, le Bureau se heurtait à l'obstructionnisme des autres divisions, plus spécialement celle du Proche-Orient, qui se trouvait en première ligne de la guerre contre le terrorisme.

Comme vous pouvez le voir, l'émergence des « Bureaux » et plus tard des « Centres », entités instituées pour prendre le dessus sur les divisions et orienter leurs actions, est antérieure à 1982. Durant les premières années d'existence du Bureau du terrorisme de la CIA, son autorité légale pour la conduite d'opérations domestiques unilatérales était limitée dans le temps. Au-delà d'un certain terme, le Bureau était dans l'obligation de signaler son opération au FBI et d'en solliciter la collaboration. Notez enfin que le Bureau du terrorisme domestique a conservé les canaux de communication ultrasecrets mis en place à l'époque de Chaos, qui permettaient de contourner la chaîne de commandement normale de la CIA.

Casey, toujours dans le cadre de ce réseau antiterroriste parallèle, a recruté Oliver North, un lieutenant-colonel au regard triste, en provenance du Conseil de sécurité nationale. Whipple est devenu son officier traitant et l'a accompagné au cours de ses incroyables mésaventures politiques[160].

---

[159] Interview avec David Whipple, en grande partie reprise dans « Phoenix, Chaos, The Enterprise, and The Politics of Terror In America », initialement parue sur *Counterpunch*, le 8 novembre 2001, et consultable sur : https://ratical.org/.

[160] N.D.É. : Oliver North (1943) est un lieutenant-colonel à la retraite de l'armée américaine. Vétéran pluridécoré du Viêt Nam, on lui confia la direction d'un camp de formation des marines à Okinawa, puis il entra au Conseil de sécurité nationale à partir

Fait du même bois fasciste que ses prédécesseurs idéologiques Hunt et Liddy, North a mis en place un centre de gestion de crise, et a conçu un plan, nommé REX 84, qui prévoyait de « suspendre la Constitution à l'occasion d'une crise d'ampleur nationale, comme une guerre nucléaire, une vague générale de contestation interne, ou une opposition nationale à une opération d'invasion américaine à l'étranger »[161]. Le plan de North proposait « la rafle et l'internement de dissidents domestiques (près de 26 000) et d'étrangers (entre 3000 et 4000) dans des camps comme celui d'Oakdale, en Louisiane »[162].

Malgré les critiques récurrentes de cette vénérable institution, qui reprochait périodiquement à la CIA de se comporter en « éléphant devenu fou », des membres illustres du Congrès appuyaient sciemment le plan de North. On a par exemple vu le sénateur Daniel Inouye s'empresser d'étouffer tout débat sur le projet de suspension de la Constitution de North, à l'occasion des audiences télévisées de la Commission parlementaire sur l'affaire Iran-Contra en 1987.

North a également créé, en avril 1984, le Groupe de travail sur les incidents terroristes, dans le but précis de libérer les otages américains au Liban, parmi lesquels se trouvait William Buckley, kidnappé le mois précédent. Le Groupe de travail, dont North était devenu le directeur, a connu son premier succès en octobre 1985, avec la capture des « pirates » qui avaient détourné l'Achille Lauro.

Quelques mois auparavant, George H. W. Bush avait créé, en réponse au détournement du vol Athènes-Beyrouth TWA 847 de juin 1985, la Task Force vice-présidentielle de lutte contre le terrorisme. Assurant la liaison entre le Conseil de sécurité nationale et la Task Force, North « avait inclus dans son rapport une annexe secrète qui institutionalisait et amplifiait son autorité personnelle en matière de lutte antiterroriste. Il est ainsi devenu le coordinateur de toutes les opérations antiterroristes du Conseil de sécurité nationale »[163].

---

de 1981. Partie prenante dans le scandale Iran-Contra, il fut poursuivi en justice en 1988, et fut condamné à trois ans de prison avec sursis et 1200 heures de travaux d'intérêts généraux pour sa participation au trafic de drogue et pour faux témoignage devant le Congrès. Néanmoins, en 1990, sa condamnation fut annulée pour vice de forme. La carrière de North prit alors une tournure très médiatique. Il multiplia les apparitions à la télévision, y compris dans les divertissements populaires et sur les chaînes d'information continue. Il échoua à la conquête du siège de sénateur de la Virginie en 1994.

[161] Peter Dale Scott, « North, Iran-Contra, and the Doomsday Project: The original congressional cover up of continuity-of-government planning », *The Asia-Pacific Journal*, volume 9, le 21 février 2011 (et consultable en ligne sur https://apjjf.org/). L'auteur y reprend une déclaration parue dans le *Miami Herald* du 5 juillet 1987. Scott avait initialement publié cet article en 1989 sous le titre « Northwards without North: Bush, counterterrorism and the continuation of secret power ».

[162] *Ibid.*, *Miami Herald*, le 5 juillet 1987.

[163] *Ibid.*

North a continué à accumuler des pouvoirs toujours plus considérables, si bien que, le 20 janvier 1986, la directive 207 sur la Sécurité nationale l'élevait au poste de coordinateur en chef du Bureau de lutte contre le terrorisme, ce qui lui conférait la direction effective de tout le réseau antiterroriste secret de Casey. À travers les canaux du sous-groupe Opérations du Conseil de sécurité nationale, North a mis en liaison le réseau antiterroriste occulte et la société Stanford Technology Trading Group, du général Richard Secord, connue sous le sobriquet de « The Enterprise » pour toute une série d'opérations illégales. On citera, en guise d'exemples, l'aide à la vente d'armes d'Israël à l'Iran, la cession par des citoyens américains d'armes aux contras, et l'introduction sur le sol américain de drogue fournie par les contras.

North avait également prévu la répression de la dissidence domestique et des critiques. Comme l'avait souligné Peter Dale Scott, « le Bureau de lutte contre le terrorisme est devenu le moyen par lequel North pilotait l'activité de propagande de Carl "Spitz" Channel et Richard Miller. Il s'agissait d'étouffer les enquêtes potentiellement gênantes venant d'autres agences gouvernementales »[164].

La situation a atteint son paroxysme en 1986, avec la création du Centre antiterrorisme, confié par Casey à Duane Clarridge. Clarridge est le produit exemplaire de cette fraternelle qui règne sur la CIA : à la fois body-builder et idéologue de droite, il avait dirigé la centrale de la CIA en Turquie entre la fin des années 1960 et le début des années 1970. C'était l'époque où les Loups gris faisaient régner la terreur sur le pays, en posant des bombes et en tuant les opposants par milliers chez les fonctionnaires, les journalistes, les étudiants, les avocats, les syndicalistes, les sociaux-démocrates, les activistes de gauche et les Kurdes. C'est d'ailleurs à cette période que la Turquie est devenue l'un des plus puissants alliés de l'Amérique – et elle le reste encore à ce jour –, malgré la tentative de coup d'État de Fethullah Gülen, exilé proche de la CIA et basé aux États-Unis.

Clarridge avait ensuite dirigé la division Amérique du Sud de la CIA entre 1981 et 1984. C'est sous son mandat que les ports du Nicaragua avaient été minés, et que la CIA distribuait son « manuel de meurtre » aux contras. Clarridge avait notamment aidé l'Enterprise de Richard Secord à convoyer jusqu'aux contras les stocks d'armes palestiniennes que les Israéliens avaient saisies au Liban, et ce, en passant par le Panama de Manuel Noriega. Voilà le type de combines que le Centre antiterrorisme magouille encore de nos jours : prendre des armes dans un endroit en plein chaos comme Benghazi, en Libye, pour les acheminer, en Syrie, jusqu'à des auxiliaires terroristes qui pourront être aisément désavoués.

Une fois devenu chef de la division Europe, Clarridge avait étendu les opérations du réseau antiterroriste occulte à Lisbonne, de manière à ce que l'Enterprise de Secord puisse vendre aux Iraniens des missiles Hawk et TOW, contre la libération des otages. D'après Scott, « on était parvenu à un point où

---

[164] *Ibid.*

les manigances de North, Secord, Clarridge et [Robert] Oakley (du département d'État) relevaient désormais plus de la politique que de la sécurité »[165].

Clarridge m'avait décrit le Centre antiterrorisme au cours de l'entretien qu'il m'avait accordé. Cette structure, qui pilotait les activités clandestines de la CIA depuis 1986, était une centrale de coordination dont les membres provenaient des différentes directions de l'agence et travaillaient sous les ordres d'une commission du Conseil de sécurité nationale. Sur la base des informations provenant des chefs de division, le Centre antiterrorisme établit – ou, pour reprendre son expression, « devine », à la manière du devin – une ligne d'action antiterroriste, puis « construit les entités » chargées de conduire les opérations. Contrairement à ce que donnent à voir les médias, on ne fait pas intervenir les forces spéciales américaines, mais des équipes spécialisées de la CIA, formées pour capturer les individus soupçonnés de terrorisme et les amener devant une Cour de justice américaine.

Durant son mandat à la tête du Centre antiterrorisme entre 1986 et 1988, Clarridge travaillait directement sous les ordres de George H. W. Bush. C'était sa chance : il avait été accusé à sept reprises d'avoir menti au Congrès, mais la procédure n'a jamais débouché sur un procès, grâce au pardon présidentiel de dernière minute que Bush lui a accordé le 24 décembre 1992.

Oliver North, quant à lui, lorsqu'il avait été appelé à rendre compte de ses crimes à partir de 1988, a trouvé le moyen d'en faire porter la responsabilité aux pacifistes déjà coupables de la défaite au Viêt Nam. Si les gauchistes n'avaient pas enquêté sur la CIA, les fascistes comme lui n'auraient pas été contraints de recourir à ce genre de magouilles. La haine de North pour la mouvance pacifiste était palpable. Selon lui, « le problème le plus important ne se trouve pas dans le tiers-monde, mais ici, à la maison, dans la lutte pour l'esprit des gens »[166].

North était littéralement incontrôlable. Quand Jack Terrell, un ancien instructeur des contras, a affirmé au département de la Justice que North était impliqué dans la contrebande de la drogue produite par les contras, North l'a accusé d'être un terroriste et a lancé le FBI à ses trousses. Mais ni North, ni aucun des criminels impliqués dans Iran-Contra n'ont été punis. Michael McClintock avait fait cette remarque, à l'époque : « L'idée même, la formulation que l'antiterrorisme ait pu être une forme de terrorisme était interdite : seules les circonlocutions étaient admises. »[167]

Voilà comment Chaos, outil d'espionnage domestique, est devenu le Centre antiterrorisme, centre névralgique de l'infrastructure clandestine de la CIA. Il s'est passé exactement la même chose, à la même époque, avec le

---

[165] *Ibid.*

[166] *Ibid.*

[167] Michael McClintock, *Instruments of Statecraft: U.S. Guerilla Warfare, Counter-Insurgency, Counter-Terrorism, 1940-1990*, Pantheon Books, 1992, p. 306.

Centre antinarcotiques de la CIA. Ces deux entités ont été modelées d'après le programme Phoenix, et sont de magnifiques outils à disposition des cadres de la Maison Blanche, qui leur permettent d'exercer un contrôle de nature politique sur les administrations qu'ils coordonnent. Ces « Centres » sont le moyen idéal pour « fliquer » et étendre l'empire. Avec eux, la CIA peut traquer les gens et les événements dans n'importe quel coin de la planète. L'utilité des directions à l'ancienne s'amenuise de jour en jour. Vous n'avez pas besoin d'une machinerie aussi lourde qu'une direction pour comprendre les mouvements politiques, sociaux et économiques à travers le monde, parce que ce sont les États-Unis qui les contrôlent tous.

Les États-Unis lancent des révolutions colorées partout. La Banque mondiale et le FMI étranglent les nations avec la dette pour leur compte, exactement comme les banques étranglent les étudiants et les propriétaires chez nous. La guerre contre le terrorisme est la plus belle chose qui soit arrivée aux capitalistes américains et à leur police secrète, la CIA. Le terrorisme est un prétexte qui permet à la CIA de s'imposer dans n'importe quelles agences gouvernementales ou institutions civiques, médias compris, et de les détourner, si bien qu'il ne nous parvient même plus une image des guerres que nous menons. Le contrôle est si envahissant, si profond... La CIA, en réalité, est devenue Phoenix.

Jimenez : C'est sûr.

Valentine : C'est l'œil de Dieu dans les cieux, qui peut prédire l'avenir, car c'est lui qui contrôle tous ces mouvements politiques, sociaux et économiques. C'est lui qui oppose sunnites et chiites. Il y a des Centres de renseignements antiterroristes dans le monde entier, qui lui permettent de susciter des événements n'importe où, n'importe quand. Du temps de Phoenix, ils s'appelaient Centres de coordination du renseignement et des opérations, mais c'est bel et bien de la même chose qu'il s'agit. Ils n'ont plus besoin de directions centrales, lentes et obsolètes.

C'est une évolution naturelle, que l'on a patiemment préparée en interne à la CIA pendant trente ans. Ils ont même créé un nouveau type de poste : les agents de désignation de cible (Targeting Officers). Cherchez sur Google, pour vérifier.

Jimenez : On est en plein dedans.

Valentine : Ces Centres sont la manifestation de l'unification des opérations de renseignements, militaires et médiatiques sous le commandement politique. Cependant, si ces opérations sont bien supervisées par les représentants politiques de la Maison Blanche, leur principale force motrice reste les carriéristes de la CIA, qui partent rejoindre l'industrie au terme de leur passage dans le renseignement. Ils fondent des sociétés de conseil qui dictent les actions de ces multinationales qui, à leur tour, dirigent l'empire. C'est à travers ce même réseau de la fraternelle du renseignement que les p'tits gars et filles de la CIA maintiennent l'Amérique dans cet état de guerre permanente, qui leur permet d'empocher du dollar par millions après leur sortie de la fonction publique.

Jimenez : Pour en revenir à l'article de novembre 2014 du *Washington Post*, et à d'autres qui l'ont suivi, on avait l'impression, à les lire, qu'il s'agissait de bouleversements révolutionnaires pour la CIA. Or, vous nous dites qu'il s'agit d'une évolution naturelle. Quel besoin avaient-ils de le présenter ainsi dans les médias ? Est-ce que c'est la CIA qui nous transmet ses propres communiqués de presse à travers le *Washington Post*, histoire de nous mettre sur nos gardes ?

Valentine : Il faut comprendre qu'au sein de la CIA, tout le monde avait peur que la réorganisation des directions n'affecte les carrières de manière négative. Mais l'équipe de direction a fait ce que lui dictaient ses patrons du monde politique, et Brennan a lancé son plan de réorganisation en 2015. Il a créé une cinquième direction, celle de l'Innovation numérique, qui a attiré à elle toute l'attention. Mais, comme l'indiquait le *Washington Times*, « c'est la constitution de ces nouveaux "Centres de missions" – affectés, par exemple, au contre-espionnage, à l'armement et à sa contre-prolifération, et à l'antiterrorisme – qui aura les conséquences les plus significatives sur le personnel de l'agence à travers le globe »[168].

Les « dix nouveaux Centres de missions » ont été conçus pour devenir « des lieux d'intégration des capacités opérationnelles de la CIA, où elle pourra projeter toutes ses compétences en matière d'opérations, d'analyse, de logistique, d'expertise technologique et numérique, et faire face aux défis les plus urgents de la sécurité nationale »[169].

La modernisation de la CIA vise à accroître son emprise politique sur les individus : sur son propre personnel pour commencer, puis, progressivement, sur le reste de la population. C'est le but ultime. Les politiciens, de leur côté, jouent unanimement la partition de « la CIA qui combat le crime » et de « l'Amérique obligée de protéger ces étrangers arriérés d'eux-mêmes ». Mais jamais ils ne vous diront ce que fait réellement la CIA, parce qu'elle est en constante illégalité.

Du baratin. Les politiciens se bouffent le nez entre eux en permanence pour arracher la plus belle part du gâteau, mais, pour conserver leurs divers fauteuils, ils doivent couvrir tout ce que fait la CIA. Dans ce cas précis, ils doivent expliquer la réorganisation de la manière la plus rentable possible.

Jimenez : C'est une bonne explication. Lorsqu'on évoque les activités illégales de la CIA, je pense immédiatement au trafic de drogue. Je saisis donc cette occasion

---

[168] Guy Taylor, « CIA goes live with new cyber directorate, massive internal reorganization », *The Washington Times*, le 1er octobre 2015.

[169] *Ibid.*

pour signaler à nos auditeurs votre article intitulé « La CIA et les drogues: une histoire cachée »[170], qui contient tout ce qu'il faut savoir sur le rôle historique de la CIA dans la contrebande de stupéfiants.

Mais pour l'instant, j'aimerais vous entendre nous parler de l'influence des tactiques antiterroristes et contre-insurrectionnelles sur nos forces de l'ordre. Parce que l'on voit, maintenant, le gouvernement américain employer des méthodes antiterroristes et contre-insurrectionnelles contre sa propre population. L'un des exemples les plus récents qui viennent à l'esprit est celui des émeutes de Ferguson (Missouri), après la mort de Michael Brown. Est-ce aussi l'un des développements de Phoenix ?

Valentine : Absolument. Je disais, dans le dernier paragraphe de mon livre *The Phoenix Program*, que vous sauriez que Phoenix est arrivé chez vous le jour où vous verriez les forces de police circuler en véhicules blindés et marcher sur les manifestants en formations paramilitaires.

C'est ce que la CIA fait dans les pays étrangers : elle militarise la police pour pouvoir contrôler les mouvements politiques, économiques et sociaux locaux. L'influence de la CIA est envahissante chez nous aussi. Elle conseille les départements de Police de toutes les grandes villes. La coordination de toutes les administrations gouvernementales, façon Phoenix, se fait sous la tutelle de la CIA, car le risque majeur avancé est celui de terroristes qui s'infiltreraient aux États-Unis avec des bombes nucléaires. L'infiltration étrangère qui crée une menace domestique, c'est la touche Chaos: et si l'État islamique recrutait des activistes noirs radicaux à Ferguson ? Si c'est le cas, il nous faut une police paramilitaire et des lois de détention administrative pour les neutraliser. Le gouverneur du Missouri n'a qu'à dire qu'un manifestant de Ferguson viole les lois de sécurité nationale pour pouvoir le placer indéfiniment en état d'arrestation.

Les médias adorent cela. Fox News disait que les manifestants de Black Lives Matter « nous » prenaient (c'est-à-dire nous les blancs) en otage. Si vous êtes otage, c'est que les autres sont des terroristes. Tucker Carlson a dit (je paraphrase) : « Vous pouvez parler de racisme autant que vous voulez... C'est une situation de prise d'otage, et le racisme n'a rien à voir là-dedans. » Les racistes au gouvernement et dans les forces de l'ordre sont aux anges. Ils peuvent désormais envoyer des agents provocateurs (des vétérans de l'Afghanistan, comme le tireur de Dallas Micah Johnson, qui a été éliminé par un robot chargé avec une mine) pour déclencher des émeutes, et écraser les manifestants en tant que terroristes. C'est l'aboutissement d'un processus long de quarante ans, qui a transformé la contestation en terrorisme. Car c'est la perception que le 1% veut nous donner des protestations pacifiques. Ils veulent nous convaincre que la résistance aux forces de l'ordre est un acte terroriste, et les médias à leur ordre ont tout fait, de leur côté, pour que ces mensonges

[170] Douglas Valentine, « The CIA and Drugs: A Covert Story », *Counterpunch*, le 7 novembre 2014.

deviennent la vérité. Nous avons déjà des Centres de renseignements antiterroristes en activité sur le sol américain, avec les Centres de fusion de la Homeland Security : les deux font exactement la même chose.

Jimenez : Exactement.

Valentine : Ce sont ces centaines de bases militaires et de centrales de la CIA dans tous les pays qui fournissent son ossature à l'empire américain. C'est Pepsi, qui est vendu au Viêt Nam. « We are the world. » Les cinquante États et quelques protectorats ne sont que la surface visible. Les Américains sont fous, en réalité. Ils considèrent que leur destin est indépendant de celui des autres membres de l'humanité. Il y a ce petit 1% qui croit constituer une caste de paysans de race supérieure, plus noble que le reste des abeilles ouvrières du monde entier.

L'avenir est lourd de défis stratégiques cruciaux, comme la diminution des ressources, et la CIA y réfléchit en pensant vingt ans à l'avance. Ce sont des gens qui ont imaginé répandre des aérosols dans la stratosphère pour combattre le changement climatique. La réorganisation de la CIA, pour eux, est une correction de trajectoire, une étape supplémentaire dans leur stratégie, en prévision du moment où l'Amérique basculera. Chez nous, le paysage américain de demain, ce sera ces villes murées pour les classes dominantes, dont les centres ne sont que l'ébauche préparatoire.

Jimenez : Très juste. Votre observation sur le fait que les Américains se considèrent comme distincts des autres. Cela me rappelle les arguments employés dans les médias à propos de la militarisation de la police. C'est OK en Afghanistan, mais pas à Ferguson. On peut utiliser des drones Predator pour tuer au Yémen, mais pas dans le Montana. Un meurtre reste un meurtre, et pourtant, l'opinion américaine semble d'un avis différent. Nous continuons de le dénoncer de notre côté, mais, sans une prise de conscience de la part de l'opinion publique, ces choses risquent de devenir la norme... Dans les films hollywoodiens, on montre désormais la CIA en train de gérer le trafic de drogue. C'est devenu une banalité.

Valentine : Les gens s'y sont résolus : « Eh bien oui, la CIA fait ce genre de choses, tout le monde le sait. » Il suffit de voir un match de football américain pour comprendre que c'est l'armée qui possède la NFL. Vous avez des chasseurs qui volent au-dessus des stades, et tous les spectateurs ont l'obligation de se lever et de faire un gros bisou mouillé sur les grosses fesses obèses des militaires.

Notre espoir, c'est que les hommes et les femmes dans l'armée finissent par réaliser qu'ils participent à une entreprise vouée à l'échec. Il faudra que beaucoup de choses changent avant que l'on puisse changer la CIA. Vous devez désenfler l'appareil militaire, vous devez faire cesser la guerre contre la drogue : c'est possible. Lorsque les différents États organisent des référendums, les citoyens se prononcent en faveur de la légalisation de l'utilisation médicale ou récréative du cannabis.

Quand on demande leur avis aux gens, ils expriment des opinions de bon sens. Ce n'est pas le cannabis qui vous fera commettre un massacre dans une école, ou tuer un médecin qui pratique l'avortement. Ces choses-là arrivent parce que nous vivons dans un pays qui glorifie le dieu de la violence et ses guerriers sacrés.

Il faut démilitariser la société américaine, et de même, la dépénalisation du cannabis est un premier pas pour mettre un terme à la guerre contre la drogue. Ce sont des initiatives bien moins ardues que de défier frontalement une entité aussi complexe que la CIA, qui maîtrise la propagande grise et noire. Il est très difficile de faire comprendre aux gens comment tout cet ensemble bureaucratique travaille à l'unisson. Ils deviennent frustrés, et ils votent pour sortir de l'Union européenne, ou ils pensent que le changement viendra d'un vote à Trump ou à Clinton.

Mais peut-être que l'an prochain, tous les étudiants cesseront de rembourser leurs emprunts d'études, et précipiteront la fin de ce système. Peut-être qu'ils enverront se faire foutre les banquiers, qui hypothèquent leur avenir. « On reprend notre avenir en main. » Si ce genre de prise de conscience pouvait s'emparer de la jeunesse du pays, cette jeunesse ligotée et formatée à ses frais pour servir dans l'administration impériale, alors l'espoir renaîtrait. S'ils comprennent qu'ils n'ont rien à perdre, ils peuvent s'unir et envoyer valser la table.

Jimenez : Ce serait un spectacle extraordinaire.

Valentine : L'avenir, il faut l'imaginer soi-même.

PARTIE 2

COMMENT LA CIA A PRIS LE CONTRÔLE DE LA GUERRE CONTRE LA DROGUE ET LA DIRIGE

> *« Les services secrets étaient appelés par toute l'histoire de la société spectaculaire à y jouer le rôle de plaque tournante centrale ; car en eux se concentrent au plus fort degré les caractéristiques et les moyens d'exécution d'une semblable société. »*
>
> Guy Debord, *Commentaires sur la société du spectacle*

CHAPITRE 12

LA CRÉATION D'UN CRIME : COMMENT LA CIA S'EST EMPARÉE DE LA DRUG ENFORCEMENT ADMINISTRATION

La mise hors la loi des drogues survint au début du XXe siècle et coïncida avec la doctrine de la Porte ouverte vers la Chine du secrétaire d'État Hays. C'est assez ironique, sachant que la première mise en place de la doctrine de la Porte ouverte doit être attribuée à l'Angleterre, à l'époque de la première guerre de l'Opium (1839-1842), quand l'Empire britannique avait imposé de force à la Chine le libre commerce de la drogue.

À l'époque aussi, les Britanniques prétendaient que le « libre-échange » rendait le monde plus civilisé en même temps qu'il l'enrichissait. Le libre-échange, disaient-ils, leur donnait le droit d'inonder la Chine avec l'opium indien contre le thé chinois. Une logique partagée avec celle du Sud confédéré, où l'on combattait pour défendre son « droit » de posséder des esclaves.

En imposant la doctrine de la Porte ouverte, l'Amérique entendait rattraper son retard sur les autres puissances impériales. De ce point de vue, le gouvernement fédéral s'était fixé pour objectif d'ouvrir, par le recours à la puissance militaire, les marchés de toutes les nations de la planète à ses hommes d'affaires. On ne sera donc pas surpris que la prohibition de la drogue, initialement liée à une problématique de santé publique, soit devenue un prétexte pour développer les forces de police et pour réorganiser l'ordre judiciaire et le système d'assistance sociale du pays. Le nouveau système de santé du pays fut confié à des hommes d'affaires motivés par le profit, et réalisé aux dépens des classes laborieuses, des pauvres et des minorités méprisées.

Les entreprises privées fondèrent ensuite des institutions civiques pour sanctifier cette politique. L'instruction publique mit en place des cursus qui n'étaient rien d'autre que des cours d'endoctrinement politique destinés à promouvoir la ligne du « parti du business ». Les administrations appuyèrent le développement des grandes entreprises et de leurs intérêts, tout en réprimant la résistance à l'oligarchie qui en profitait.

Une bibliothèque entière suffirait à peine à expliquer les fondements de la guerre contre la drogue, et les raisons pour lesquelles les États-Unis renoncèrent à réguler leurs industries médicales et pharmaceutiques. Je me contenterai de dire ici que des investisseurs utilisèrent le gouvernement pour transformer leur pouvoir économique en puissance politique et militaire, et qu'à partir de la Seconde Guerre mondiale, tout le « monde libre » dépendait des États-Unis pour l'obtention de ses dérivés d'opium. Ce monopole était gardé par Harry Anslinger, commissaire du Bureau fédéral des narcotiques.

Les narcotiques sont une ressource stratégique, et, quand Anslinger apprit que le Pérou avait construit un laboratoire de cocaïne, il confisqua unilatéralement sa production avant qu'elle ne puisse partir pour l'Allemagne ou le Japon. En une autre occasion, Anslinger et son homologue du département d'État parvinrent à empêcher un fabricant argentin de vendre sa production à l'Allemagne.

À la même époque, si l'on en croit Douglas Clark Kinder[171], Anslinger permit à « une société américaine d'exporter de la drogue en Asie du Sud-est, alors que les rapports du renseignement indiquaient que les autorités françaises toléraient la contrebande d'opiacés vers la Chine et collaboraient avec les trafiquants de drogue japonais »[172].

La collaboration entre les autorités de lutte contre la drogue et les services d'espionnage prit corps avec la création de l'OSS. Avant la Seconde Guerre mondiale, le Bureau fédéral des narcotiques était l'agence gouvernementale qui préparait le plus d'opérations clandestines, sur le sol national comme à l'étranger. C'est la raison pour laquelle William Donovan demanda à son ami Harry Anslinger de lui prêter quelques agents de son Bureau pour l'aider à organiser l'OSS. Les agents du Bureau fédéral des narcotiques formèrent ceux de l'OSS à la gestion des réseaux d'informateurs, à la préparation des opérations de sabotage ou de subversion, ou encore à l'art de travailler sous couverture et d'éviter les forces de l'ordre dans un pays hostile.

La relation entre les deux agences s'approfondit encore à travers la collaboration sur des projets au caractère « extralégal ». Ainsi, les agents et les cadres du Bureau fédéral des narcotiques aidèrent les scientifiques de l'OSS dans leurs expérimentations sur leur « sérum de vérité » à base de cannabis. Après la guerre, la gestion des planques où la CIA administrait du LSD à leur insu à des citoyens américains pour ses tests fut confiée à des agents du Bureau fédéral des narcotiques[173].

---

[171] Douglas Clark Kinder est un professeur d'histoire américain de l'université de Colgate (Hamilton, New York), spécialiste de la politique étrangère des États-Unis depuis leur création, et plus particulièrement des relations avec l'Asie du Sud-Est et l'Amérique latine.

[172] Douglas Clark Kinder, William O. Walker III, « Stable force in a storm: Harry J. Anslinger and United States narcotic foreign policy, 1930-1962 », *The Journal of American History*, vol. 72, no 4, mars 1986, p. 908-927.

[173] Voir mon article « Sex and drugs and the CIA », paru sur *Counterpunch* le 19 juin 2002. Voir également mon livre *The Strength of the Wolf* pour comprendre comment la compromission toujours plus visible du Bureau fédéral des narcotiques dans les opérations domestiques illégales de la CIA, notamment par le prêt de planques, a conduit à son démantèlement et à sa renaissance sous la forme du Bureau des

Cette collaboration fut formellement officialisée en 1952, quand l'agent Charlie Siragusa ouvrit un Bureau des narcotiques à Rome, dans le but de développer ses opérations internationales. Durant les années 1950, les agents à l'étranger du Bureau fédéral des narcotiques passaient la moitié du temps à « rendre service » à la CIA. Il s'agissait d'enquêter sur le détournement du matériel stratégique et de l'aide du plan Marshall au-delà du « rideau de fer ». Une poignée d'agents du Bureau furent même recrutés par la CIA, qui entendait profiter de la couverture que leur fournissait la lutte contre les narcotiques.

Officiellement, c'étaient les agents du Bureau qui fixaient les limites avec la CIA. Siragusa, par exemple, racontait qu'il avait refusé de monter une « livraison contrôlée » sur le sol national pour identifier les membres américains d'un réseau de contrebande communiste. Dans son autobiographie, Siragusa affirmait que « jamais le Bureau fédéral des narcotiques n'aurait accepté de faire entrer un kilo d'héroïne aux États-Unis, quand bien même sa vente à des intermédiaires de la mafia de la région de New York aurait permis de saisir des quantités bien plus importantes »[174].

En 1960, la CIA demanda à Siragusa de recruter des assassins dans son réseau de contacts dans la pègre. Siragusa jure qu'il a refusé, mais toujours est-il que l'on retrouve des trafiquants de drogue de la mafia, dont Santo Trafficante Jr., dans les tentatives d'assassinat de Fidel Castro par la CIA.

Siragusa, en revanche, fournit une planque à la CIA en 1960. Les agents du Bureau fédéral des narcotiques occupaient l'appartement MKUltra et l'utilisaient pour suivre les opérations et informer les agents. Quand elle avait besoin de l'appartement, la CIA appelait le superviseur du Bureau du district de New York et lui demandait d'éloigner les agents des narcotiques pour quelques jours.

L'agent Arthur Fluhr fut, de 1963 à 1968, l'assistant administratif de George Belk, superviseur du Bureau du district de New York. Fluhr avait raconté : « Belk avait reçu un contrat de la CIA. Il n'avait jamais rencontré personne de la CIA, mais Siragusa lui avait dit qu'il devait offrir sa collaboration dans le cas où il serait contacté. Et la CIA avait fini par appeler. Ils lui avaient dit : "Belk, on vous donne ce compte-chèques, mais vous ne l'utiliserez que pour payer le loyer et l'entretien de l'appartement sur la 13ᵉ rue." »

Le reste du temps, c'était la CIA qui utilisait le compte, qui pouvait abriter jusqu'à 1 million de dollars, et qui d'autres fois était vide. La CIA s'en servait comme caisse noire pour payer les politiciens étrangers sur sa liste. « De temps à autre, on nous demandait de "baby-sitter" des gens de passage à New York pour le compte de la CIA, avait expliqué Fluhr. Une fois, on nous avait confié un groupe de généraux birmans. Ils étaient là pour quelques jours, et quand ils

---

narcotiques et des drogues dangereuses.

[174] Charlie Siragusa, Robert Wiedrich, *The Trail of the Poppy: Behind the Mask of the mafia*, Prentice Hall Inc., 1966, p. 108.

ne siégeaient pas à l'ONU, ils utilisaient l'argent sur le compte de Belk pour faire du shopping. Ils étaient allés aux magasins d'électronique sur Canal Street et avaient rempli leurs valises de tas de trucs. »

Les généraux birmans pouvaient être tranquilles vis-à-vis des douanes : grâce au consciencieux chaperonnage de la CIA, ils avaient l'assurance que leurs valises ne seraient pas fouillées. On imagine aisément ce que contenaient ces mêmes valises à leur arrivée en Amérique.

La CIA utilisait ces planques sous-louées au Bureau fédéral des narcotiques pour conduire toutes sortes d'opérations domestiques illégales dans le dos du FBI. Ce n'est qu'au cours de l'enquête de 1967 sur les écoutes illégales du FBI que le sénateur Edward Long apprit que les planques de la CIA étaient gérées par le Bureau. Personne au Congrès, jusque-là, n'était au courant de cette pratique. Les fonctionnaires du Trésor organisèrent des rencontres avec Desmond FitzGerald, directeur assistant adjoint aux Plans de la CIA, et Sid Gottlieb, patron de MKUltra. Après quelques jours de dissimulation, Gottlieb finit par admettre que la CIA utilisait ces appartements pour obtenir des informations « qui étaient d'un intérêt évident du fait de notre propre travail d'investigation »[175].

L'appartement new-yorkais fut fermé : « Nous avions donné les meubles à l'Armée du Salut, se souvenait Fluhr, mais nous avions gardé les rideaux pour notre bureau. »

Et Andrew Tartaglino, du Bureau fédéral des narcotiques, s'en alla ouvrir une autre planque pour la CIA, plus luxueuse, sur la place Sutton, à Manhattan.

Dans cette relation dominant-dominé, la CIA s'appuyait sur les similitudes entre les deux agences. L'agent du Bureau fédéral des narcotiques Robert de Fawn avait expliqué ceci : « Comme la CIA, les agents des narcotiques montent des opérations clandestines. Nous nous faisons passer pour des trafiquants de drogue. La grande différence, c'est que notre présence dans des pays étrangers est légale. Nous disposons d'une police et de sources de renseignements qui nous permettent de vérifier n'importe quoi sur n'importe qui. Et nous sommes réactifs. C'est pourquoi la CIA s'est invitée chez nous. »

Et agir à l'abri du Bureau des narcotiques garantissait à la CIA son indispensable faculté de dénégation des opérations. L'organisation militaire des agents des narcotiques, avec sa chaîne de commandement sacrée, garantissait le silence du Bureau : ce n'est pas de l'intérieur que le public serait informé des activités criminelles de la CIA. Les agents du Bureau étaient hautement endoctrinés, habitués à obéir aveuglément aux instructions sans connaître les plans généraux. Cette institutionnalisation de l'ignorance au nom de la sécurité nationale entretient la fiction de la vertu américaine, tout en légitimant la participation volontaire des agents à des activités criminelles.

Et comme l'agent Martin Pera, du Bureau, expliquait : « Si vous devez

---

[175] Mémorandum du 30 janvier 1967, par le Dr Sidney Gottlieb, consultable dans le fonds Douglas Valentine de la National Security Archive de l'université George-Washington.

votre réussite à votre aptitude au mensonge, à la tricherie, au vol, vous en faites vos outils de travail au service de la bureaucratie. »

L'institutionnalisation de la corruption avait en revanche débuté au quartier général de Washington, où les cadres de direction du Bureau fédéral des narcotiques offraient une couverture aux opérateurs de la CIA impliqués dans le trafic de drogue. En 1966, l'agent John Evans fut nommé assistant de John Enright, le chef de la répression du Bureau : « C'est à ce moment-là que j'ai découvert ce que faisait la CIA, m'avait rapporté Evans. J'avais lu un rapport sur le Kuomintang qui expliquait qu'ils étaient les plus grands revendeurs de drogue au monde, et qu'ils avaient été recrutés par la CIA. Air America transportait des tonnes d'opium pour le Kuomintang. » Evans, exaspéré, avait continué : « J'ai amené le rapport à Enright, qui m'a dit : "Laisse-le où tu l'as trouvé et oublie." »

« J'avais relevé d'autres éléments qui prouvaient que la CIA jouait un rôle dans le marché de la drogue aux États-Unis. Nous étions en conflit permanent parce que la CIA cachait son budget à l'intérieur du nôtre, et parce que son personnel faisait entrer la drogue aux États-Unis. Nous n'avions pas le droit de le dénoncer, si bien que le phénomène de pourrissement du Bureau était irréversible. »

L'héroïne introduite en contrebande par « le personnel de la CIA » était ensuite distribuée par les réseaux de la mafia, en priorité aux communautés afro-américaines. Les agents locaux des narcotiques prenaient ensuite pour cible ces noirs désœuvrés. Les criminaliser permettait d'imposer la soumission aux communautés noires. Elles perdaient leur faculté d'organisation et leur poids électoral, à l'avantage de l'élite blanche, confortée dans ses privilèges.

Voici comment l'ancien chef des narcotiques de La Nouvelle-Orléans, Clarence Giarrusso, expliquait son travail : « Nous n'avons pas besoin de mandat de perquisition. C'est comme ça qu'on atteint nos quotas. Si je trouve de la drogue sur un noir, je peux le coffrer pour quelques jours. Il n'a pas d'argent pour se payer un avocat, et les tribunaux sont toujours heureux de condamner. Le jury n'a aucune exigence sur le dossier. Alors notre bonhomme, plutôt que de rentrer au frigo, devient un informateur. Ce qui fait que je peux faire plus de chiffres sur le quartier, et c'est la seule chose qui nous intéresse. On se moque de Carlos Marcello[176], ou de la mafia. Ce n'est pas aux flics de la ville de s'occuper de qui fait entrer la drogue : c'est le boulot des agents fédéraux. »

Les privilèges de race et de classe de l'establishment ont toujours été associés à l'exercice de la sécurité nationale. L'ordre social était la prérogative des agents du Bureau fédéral des narcotiques. Ce n'est qu'à partir de 1968 que les agents noirs du Bureau furent autorisés à devenir superviseurs et à diriger

---

[176] N.D.É. : Carlos Marcello (1910-1993), dit « The Godfather », était un chef de la mafia italo-américaine de La Nouvelle-Orléans, associé à ses débuts à la famille Genovese de New York. On lui attribue la planification de l'assassinat du président Kennedy en 1963.

des agents blancs.

La guerre contre la drogue est la projection de deux caractéristiques de la société américaine. La première est l'institutionnalisation de l'inégalité raciale qui, aux États-Unis, a pris cette forme si particulière le jour où le père fondateur, Thomas Jefferson, a pu déclarer que « tous les hommes sont créés égaux », tout en étant possesseur d'esclaves. D'autres hommes à qui il refusait l'égalité, et donc l'humanité, pour des raisons raciales. L'autre caractéristique, c'est cette politique qui consiste à accorder à nos alliés anticommunistes une licence de contrebande de drogue. Deux doctrines officielles, faciles à démentir, qui renforcent la conviction, chez les agents de la CIA et de la lutte contre la drogue, que le respect des droits et des libertés est une entrave à la sécurité nationale.

L'immunité systématique accordée aux fonctionnaires pris sur le fait a encouragé la multiplication des pratiques perverses. Les officiers traitants du Bureau fédéral des narcotiques, par exemple, prirent l'habitude de « créer les crimes » en entrant par effraction dans les habitations, en plaçant des preuves, en recourant aux écoutes illégales, en falsifiant les rapports… Ils trafiquaient eux-mêmes de l'héroïne, chargeaient leurs indics de l'écouler, et en arrivaient même à tuer les agents « réglos » qui menaçaient de les dénoncer.

Tout ceci était su au plus haut niveau du gouvernement, si bien qu'en 1965, le département du Trésor lança une enquête sur la corruption au Bureau fédéral des narcotiques. Comme je l'ai dit plus haut, cette enquête, menée par Andrew Tartaglino, conduisit à la démission de trente-deux agents, et à la condamnation de cinq d'entre eux. La même année, le Bureau fédéral des narcotiques fut transformé en Bureau des narcotiques et des drogues dangereuses (BNDD), et placé sous la juridiction du département de la Justice.

Mais, comme me l'avait expliqué Tartaglino, désabusé, « le travail n'avait été fait qu'à moitié ».

Première contagion

Richard Nixon avait remporté l'élection en promettant de « restaurer l'ordre et la loi » en Amérique. Début 1969, en gage symbolique de sa sincérité, il lançait l'opération Intercept le long de la frontière mexicaine. Cette louable initiative eut cependant des conséquences imprévues. Cette opération massive de fouilles et de recherche détériora à tel point les relations avec le Mexique qu'Henry Kissinger, conseiller à la Sécurité nationale, dut créer une commission spécifique sur les narcotiques (connue sous le nom de Commission Héroïne) pour coordonner les futurs efforts de lutte contre la drogue, et éviter d'ultérieurs désastres diplomatiques.

La Commission Héroïne était composée de membres du cabinet, représentés par leurs adjoints. Ainsi, James Ludlum représentait le directeur de la CIA Richard Helms. Ludlum venait de l'équipe de contre-espionnage de la CIA et avait pour supérieur direct James Angleton. Ludlum était également, depuis 1962, l'officier de liaison de la CIA avec le Bureau fédéral des narcotiques.

« Quand Kissinger a lancé cette Commission, se souvenait Ludlum, la CIA n'y avait pas porté une grande attention : la lutte contre la drogue ne fait pas partie de sa mission. »

Comme John Evans l'avait relevé, et comme le savait l'élite du Congrès, la CIA récompensait depuis des années les politiciens qui observaient des lignes politiques favorables aux États-Unis en les autorisant à vendre l'héroïne en provenance du Triangle d'or dans le Sud-Viêt Nam. La situation constituait un véritable dilemme pour la Maison Blanche: ou bien on rappelait la CIA à l'ordre au risque de perdre la guerre du Viêt Nam, ou bien on fermait un œil sur ses activités, et on laissait des tonnes d'héroïne entrer en contrebande sur le territoire américain, qui finirait ensuite entre les mains des gamins rebelles de la classe moyenne blanche, alors en pleine révolution culturelle.

À la recherche d'une situation de compromis, Nixon choisit de faire de la lutte contre la drogue l'une des missions de la CIA. La CIA était donc contrainte de se retourner contre sa clientèle sud-vietnamienne. N'obéissant qu'à contre-cœur, Richard Helms avait dit à Ludlum : « On nous demande de briser leurs bols de riz. »

La trahison se matérialisa graduellement. Fred Dick, l'agent du Bureau des narcotiques et des drogues dangereuses déployé à Saïgon, donna à la Commission Héroïne les noms des militaires et politiciens sud-vietnamiens. Mais, comme l'agent Dick le rappelait, « au cours d'une réunion fixée à Saïgon par l'ambassadeur [Ellsworth] Bunker, le chef de poste de la CIA Ted Shackley était intervenu pour expliquer "quels délicats équilibres" avaient été mis en place. En substance, il disait que personne n'avait envie de faire quoi que ce soit qui pourrait les remettre en cause ».

En parallèle, pour protéger son réseau planétaire de trafiquants de drogue, la CIA infiltra progressivement le BNDD et prit le contrôle de sa direction, de la Sécurité interne, du Renseignement et des Opérations extérieures. Cet acte de flibusterie bureaucratique avait demandé à la CIA de placer des agents dans des positions d'influence dans toutes les institutions fédérales impliquées dans la lutte contre la drogue.

L'officier de la CIA Paul Van Marx, par exemple, avait été nommé assistant aux Affaires narcotiques de l'ambassadeur de France aux États-Unis. Depuis ce poste, il s'assurait que les opérations du Bureau des narcotiques en Europe ne compromettaient pas les opérations et le réseau de la CIA. Il examinait également le cas de chaque relais potentiel du Bureau des narcotiques pour s'assurer qu'ils n'étaient pas des espions ennemis.

Nixon dota le Bureau des narcotiques et des drogues dangereuses d'un budget tel qu'il eut vite de quoi stationner des centaines d'agents à l'étranger, alors que l'ancien Bureau fédéral des narcotiques n'avait jamais pu en envoyer plus de seize au-delà des frontières. Bien vite, le directeur du Bureau comprit que la réussite des opérations étrangères dépendait uniquement de la coopération de la CIA et des renseignements qu'elle communiquait.

Sur le sol national, les agents du Bureau des narcotiques n'allaient pas tarder à payer le prix de l'implication de la CIA dans la lutte contre la drogue. C'est l'opération Eagle qui mit le feu aux poudres. Décidée en 1970, l'opération Eagle devait s'attaquer aux Cubains anticastristes qui apportaient de la cocaïne d'Amérique latine à la famille mafieuse Trafficante, en Floride. On découvrit que parmi les douzaines de Cubains arrêtés au mois de juin, beaucoup étaient membres de l'opération 40, une organisation terroriste dépendant de la CIA et active aux États-Unis, dans les Caraïbes, au Mexique, en Amérique du Sud et en Amérique centrale.

L'opération 40 était, en substance, un groupe narco-terroriste créé, financé et dirigé par la CIA.

Quand il fut établi que des narco-terroristes opéraient sur le sol américain, on affecta des officiers de la CIA pour « conseiller » les agents de niveau intermédiaire du Bureau des narcotiques, y compris le chef de la division Amérique latine, Jerry Strickler. Les « conseillers » de la CIA ne devaient pas participer aux enquêtes, mais les encadrer politiquement. Ils devaient, d'une part, veiller à ce que les membres du réseau de contrebande de la CIA ne soient pas exposés publiquement ni ne fassent l'objet de poursuites, et, d'autre part, faciliter leur recrutement, en tant qu'informateurs, par le BNDD.

Et de fait, une grande partie des exilés cubains anticastristes arrêtés lors de l'opération Eagle furent engagés par le Bureau des narcotiques et renvoyés en Amérique du Sud pour développer ses opérations. Ils fournissaient « d'incroyables renseignements », observa Strickler. Mais pour beaucoup, ils jouaient un double jeu.

Deuxième contagion

En 1969, les inspecteurs d'Ingersoll avaient réuni assez de preuves pour autoriser l'ouverture d'une enquête sur plusieurs ex-agents de l'ancien Bureau fédéral des narcotiques qui occupaient désormais des postes de direction au Bureau des narcotiques et des drogues dangereuses. Ingersoll, cependant, ne pouvait enquêter sur la direction du Bureau sans risquer de bouleverser le travail de l'organisation. Il demanda donc au directeur de la CIA Richard Helms de l'aider à développer une filière de contre-espionnage au sein du Bureau des narcotiques.

C'est l'origine de l'opération Twofold, déjà évoquée plus haut, au cours de laquelle dix-neuf agents de la CIA infiltrèrent le Bureau des narcotiques pour en espionner les fonctionnaires véreux. D'après l'inspecteur en chef Patrick Fuller, « une grande entreprise active dans le secteur du maintien de l'ordre avait accepté d'engager trois agents de la CIA, qui se sont ensuite fait passer pour des hommes d'affaires. C'est sous cette couverture qu'ils ont pris contact avec le BNDD et postulé à l'embauche ».

C'est l'agent de la CIA Jerry Soul, ancien officier traitant auprès du groupe de l'opération 40, qui s'était chargé du recrutement pour l'opération Twofold. Soul avait choisi de jeunes agents dont la carrière avait été ralentie par la réduction des effectifs en Extrême-Orient. Ces agents, après s'être fait recruter, avaient suivi l'entraînement du Bureau des narcotiques et avaient ensuite été envoyés espionner les directeurs des seize Bureaux régionaux du BNDD. Aucun acte ne nous est parvenu de l'enquête, et certains des participants n'ont jamais été identifiés.

J'ai pu interviewer Chuck Gutensohn, qui avait été l'une des « torpilles » de l'opération Twofold. Avant d'entrer au BNDD, Gutensohn avait passé deux ans dans la base CIA de Paksé, qui était l'un des points de transit les plus importants de l'héroïne entre le Laos et le Sud-Viêt Nam. Il avait été affecté à la surveillance du Bureau régional de Los Angeles. Il m'avait expliqué ceci : « Pour nos communications, Fuller m'avait dit que je serais "Leo Adams" à Los Angeles, et qu'il serait, lui, "Walter DeCarlo" à Washington D.C. »

La couverture de Gutensohn, cependant, fut éventée avant qu'il n'arrive à Los Angeles. « Quelqu'un parlait trop au quartier général, et la nouvelle s'était répandue. Un mois après mon arrivée, un des agents m'avait dit : "On m'a dit que c'est Pat Fuller qui t'envoie." »

L'opération Twofold avait duré au moins jusqu'en 1974. La Commission Rockefeller estimait qu'elle avait « violé la loi de 1947, qui interdit à la CIA de prendre part à des activités de maintien de l'ordre »[177]. Comme on l'expliquera plus loin, Twofold avait également servi à cacher d'autres opérations clandestines de la CIA.

Troisième contagion

Très tôt, l'administration Nixon avait reproché au Bureau des narcotiques et des drogues dangereuses l'insuffisance de ses capacités de renseignements, à laquelle elle attribuait son échec à stopper le trafic de drogue international. Une situation qui rendait le Bureau d'autant plus vulnérable aux infiltrations de la CIA. À la fin de l'année 1970, le directeur Helms fit en sorte que son ancien chef du renseignement longue durée et jeune retraité, Edwin Drexel Godfrey, soit choisi pour évaluer les méthodes de renseignements du BNDD. Au terme de son examen, Godfrey recommanda, entre autres, la création d'Unités de renseignements régionales (URR) et d'un Bureau stratégique du renseignement (BSR).

Les URR furent opérationnelles dès 1971. En raison de la nature de leur personnel – des agents de la CIA y travaillant comme analystes –, elles étaient perçues avec méfiance par les agents du BNDD, qui voyaient en elles des planques pour d'autres « torpilles » Twofold.

La mise en place du BSR fut moins aisée. Outil complexe, il devait aider la direction du BNDD à établir des plans et des stratégies « dans la sphère politique ». John Warner, directeur du BSR, avait expliqué : « Il nous fallait comprendre le climat politique de la Thaïlande si nous voulions accomplir notre mission. Nous avions besoin de savoir quelle protection la police thaïlandaise accordait aux trafiquants. Nous étions à la recherche d'un

---

[177] « Rapport remis au président par la Commission sur les activités de la CIA sur le sol américain », Bureau d'impression du gouvernement des États-Unis, Washington D.C., juin 1975, p. 232-234.

partenaire de renseignements qui pouvait affronter ce genre de problèmes, sur place, là-bas. »

L'organisation du BSR échut aux agents de la CIA Adrian Swain et Tom Tripodi, qui avaient tous deux infiltré le BNDD. En avril 1971, Swain et Tripodi accompagnèrent Ingersoll au Sud-Viêt Nam. Ils y rencontrèrent le chef de poste à Saïgon, Ted Shackley, qui les informa de la situation locale. Swain avait été en poste au Laos et au Viêt Nam. Par l'intermédiaire de ses anciens contacts dans la CIA, il parvint à obtenir, en toute discrétion, la carte confidentielle des routes de la drogue en Asie du Sud-Est. Routes protégées, bien sûr, par la CIA.

La CIA, en réalité, aurait pu diriger le BNDD vers des personnes capables de lui fournir les informations recherchées, mais elle refusait de le faire, car « elles étaient elles-mêmes impliquées dans la contrebande de narcotiques, et la CIA ne voulait pas communiquer leur identité »[178]. De retour aux États-Unis, et frustrés par cet obstructionnisme, Swain et Tripodi proposèrent donc de contourner le problème en constituant une équipe « d'opérations stratégiques ou d'opérations spéciales », qui serait devenue « la CIA du BNDD ». Cette équipe aurait « travaillé en infiltration pour acquérir les informations nécessaires au travail du Bureau ». Ces opérations devaient reposer sur « l'infiltration de longue durée, en profondeur, de personnel destiné à rester sous couverture et à n'apparaître dans aucun procès. Ces agents devaient être recrutés directement par les agents des opérations spéciales, en pleine clandestinité »[179].

En mai 1971, la Maison Blanche valida le plan et accorda à la lutte contre la drogue une dotation de 120 millions de dollars, dont 50 millions destinés aux opérations spéciales du BNDD. Trois semaines plus tard, Nixon proclama « la guerre contre la drogue ». Le Congrès suivit en votant, d'une part, un budget pour le Bureau stratégique du renseignement du BNDD et, d'autre part, l'autorisation des opérations extralégales que Swain et Tripodi avaient imaginées.

John Warner, le directeur du BSR, reçut un fauteuil au Conseil du renseignement des États-Unis, de manière à pouvoir obtenir du renseignement brut auprès de la CIA. En contrepartie, le BSR dut adopter les procédures de sécurité de la CIA. Ainsi, la salle des dossiers et le réseau informatique du BSR devaient être conçus par un officier de sécurité de la CIA ; les locaux devaient être équipés de coffres-forts en acier, et les collaborateurs externes devaient être agréés par la CIA.

Le BSR dut engager trois agents de la CIA en guise d'officiers traitants pour les secteurs de l'Europe et du Proche-Orient, de l'Extrême-Orient et de l'Amérique latine. Tripodi devint le chef des opérations du BSR. Il faut

---

[178] Adrian Swain, *The Time of my Life: Memoirs of a Government Agent from Pearl Harbor to the Golden Triangle*, Axelrod Publishing, 1995, p. 465.

[179] *Ibid.*, p. 467.

rappeler que Tripodi avait passé les six années précédentes en Floride, au service des recherches sur la sécurité de la CIA. Six années passées à infiltrer les groupes pacifistes, et à monter des sociétés de détectives privés factices auxquelles confier des opérations clandestines aussi variées que l'effraction, l'espionnage, le vol de correspondance... Détail historique révélateur, on soulignera également que c'est le « plombier » de la Maison Blanche, Everette Howard Hunt, qui succéda à Tripodi à la tête de l'unité des opérations spéciales, dans les rangs de laquelle on trouvait d'ailleurs plusieurs des cambrioleurs de l'affaire Watergate.

Tripodi était en liaison permanente avec la CIA sur les questions d'intérêt mutuel, ce qui couvrait la collecte de renseignements hors des canaux habituels du BNDD. Dans le cadre de son plan Medusa, Tripodi avait suggéré que les agents du BSR engagent des citoyens étrangers qui iraient faire exploser les avions des contrebandiers pendant leur réapprovisionnement en fioul sur les aérodromes clandestins. Il avait également proposé de tendre des embuscades aux trafiquants de drogue en Amérique, pour s'emparer de leurs cargaisons et de leur argent. Comme je l'ai expliqué dans mes livres, c'était le genre d'opérations que montaient les officiers traitants depuis des décennies, et c'était désormais une politique officielle[180].

Lucien Conein entre en scène

La création du Bureau stratégique du renseignement avait coïncidé avec l'affectation au Bureau des narcotiques et des drogues dangereuses de l'officier de la CIA Lucien Conein. Lorsqu'il faisait partie de l'OSS, Conein avait été parachuté en France pour former des cellules de résistants, dont certaines furent constituées de contrebandiers corses. Devenu officier de la CIA, Conein fut stationné en 1945 au Viêt Nam, où il eut pour mission l'organisation de forces anticommunistes dans le Nord. Il atteignit le pic de son infamie en 1963 quand il servit d'intermédiaire entre la Maison Blanche de Kennedy et la camarilla de généraux qui tuèrent le président Diem et son frère Nhu.

Dans son livre *The Politics of Heroin in Southeast Asia*, l'historien Alfred McCoy prétendit qu'en 1965, Conein avait été l'artisan de la trêve entre la CIA et les trafiquants de drogue corses de Saïgon. Il semblerait que Conein, du fait de son travail dans la Résistance française, ait connu certains de ces trafiquants. La trêve, selon McCoy, prévoyait de laisser les Corses continuer la contrebande de stupéfiants tant qu'ils accepteraient de servir de contacts de la CIA sur le terrain. La trêve accordait aussi un laissez-passer total aux Corses de Saïgon, à une époque où les laboratoires marseillais d'héroïne voulaient changer leurs filières d'approvisionnement et remplacer la morphine turque

---

[180] Tom Tripodi, Joseph P. DeSario, *Crusade: Undercover against the mafia and KGB*, Brassey's, 1993, p. 179.

par celle provenant de l'Asie du Sud-Est[181]. Dans une lettre à l'éditeur de McCoy, Conein démentit ces accusations et prétendit que son entretien avec les Corses avait eu pour unique fonction de calmer les eaux après « l'aventure de Daniel Ellsberg avec la maîtresse d'un Corse »[182].

Il est impossible de déterminer qui dit la vérité. Ellsberg affirme que ses amis de la CIA n'étaient pas impliqués dans le trafic de drogue. McCoy et toutes les preuves indiquent le contraire. Ce que l'on sait, sans l'ombre d'un doute en revanche, c'est qu'en juillet 1971, la Maison Blanche, sur recommandation d'Howard Hunt, recruta Conein en tant qu'expert des trafiquants corses dans le Sud-Est asiatique. Conein devint alors conseiller du Bureau Extrême-Orient du BSR, qui était alors occupé par Walter Mackem, agent de la CIA et ancien du Viêt Nam. Nous reviendrons bientôt sur les activités de Conein.

Le mécanisme parallèle

En septembre 1971, la Commission Héroïne devint la Commission du cabinet pour la lutte internationale contre les narcotiques (CCLIN), sous l'égide du secrétaire d'État William Rogers. Le mandat accordé par le Congrès au CCLIN lui demandait de « fixer les priorités relatives aux considérations internationales et aux considérations domestiques ». En 1975, son budget s'élevait à 875 millions de dollars : la guerre contre la drogue était devenue l'éléphant blanc de la bureaucratie.

En parallèle, la CIA avait unilatéralement formé une unité de lutte antidrogue au sein de sa division des Opérations, placée sous la direction de Seymour Bolten. Également assistant spécial du directeur de la Coordination des narcotiques, Bolten avait dirigé sa division et les chefs de poste dans les opérations unilatérales de lutte contre la drogue. Dans le cadre de cette activité, Bolten travaillait avec Ted Shackley qui, depuis 1972, était le chef de la division Hémisphère Ouest de la CIA. Bolten et Shackley avaient travaillé ensemble dans l'Allemagne de l'après-guerre, mais aussi à l'occasion d'opérations anticastristes au début des années 1960, telles que l'opération 40. Leur collaboration allait vite faire sombrer la politique fédérale de lutte antidrogue dans des abysses d'immoralité et d'illégalité.

« Bolten nous a bien baisés », avait déclaré, non sans une certaine amertume, Jerry Strickler, chef de la division Amérique du Sud du BNDD. « Et Shackley aussi. »

Bolten avait également roulé le système judiciaire avec son « mécanisme

---

[181] Alfred W. McCoy, *The Politics of Heroin: CIA Complicity in the Global Drug Trade*, édition révisée, Lawrence Hill Books, 1991, p. 249.

[182] Lettre de Lucien Conein à Winthrop Knowlton, président de Harper & Row, datée du 10 octobre 1972. Voir Douglas Valentine, « Will the Real Daniel Ellsberg Please Stand Up ! », *Counterpunch*, le 8 mars 2003.

parallèle » : il avait mis en place une base de données informatisée des trafiquants de drogue et un système en mesure d'intercepter les appels qu'ils passaient vers leurs complices aux États-Unis. Ce dispositif, appelé Réseau international d'information sur les narcotiques (RIIN), prenait pour modèle le système d'information de Phoenix que la CIA utilisait déjà au Sud-Viêt Nam.

L'équipe de Bolten « reconditionna » des douzaines d'agents de la CIA et les glissa discrètement au BNDD. Plusieurs approchèrent Lou Conein au BSR pour la réalisation clandestine d'opérations hautement illégales.

Le « mécanisme parallèle » de Bolten rencontrait l'opposition de plusieurs factions au sein du BNDD, de la CIA et de l'armée, mais William Colby, depuis son poste de directeur de la CIA, le soutenait. Bolten pouvait donc détourner l'action du BNDD, de ses agents et de ses réseaux d'informateurs au profit des intérêts unilatéraux de la CIA. Bolten bénéficiait aussi du soutien de la Maison Blanche, qui y voyait des avantages politiques en vue de la réélection de Nixon. Aussi, les fonctionnaires du BNDD qui s'y opposaient furent chassés, et ceux qui collaboraient, récompensés.

Le Réseau de renseignements clandestins du Bureau des narcotiques (RRCBN)

En septembre 1972, le directeur central du Renseignement Richard Helms, alors englué dans les soubresauts de l'affaire Watergate, informa Ingersoll, le directeur du BNDD, que la CIA avait préparé des dossiers sur certains trafiquants de drogue de Miami, des Florida Keys et des Caraïbes.

Helms ajouta que la CIA fournirait au BNDD les hommes pour poursuivre les trafiquants et obtenir éventuellement des informations sur des cibles connexes. La CIA offrirait également son soutien opérationnel, technique et financier.

Cette initiative est à l'origine de la naissance du Réseau de renseignements clandestins du Bureau des narcotiques (RRCBN), dont les méthodes rappelaient celles du plan Medusa de Tripodi. Elles incluaient des tactiques de guerre non conventionnelles, comme « les provocations, l'incitation à la désertion, la confusion et l'intimidation »[183].

Certaines opérations de renseignements du RRCBN visaient directement des « hauts fonctionnaires de gouvernements étrangers », et étaient attribuées à « d'autres agences gouvernementales, et parfois même aux services de renseignements d'autres nations »[184]. Bien évidemment, le RRCBN s'attaquait également à des organisations civiques ou politiques américaines. Les fonctionnaires du BNDD assuraient les activités légales du RRCBN, tandis que

---

[183] Agents spéciaux William Logay et Robert Medell au directeur adjoint aux Opérations Andrew Tartaglino, « Project BUNCIN – Operational Plan », le 2 novembre 1972, p. 2.

[184] *Ibid.*, p. 3.

Conein et le BSR s'occupaient de ses activités extralégales. Selon l'adjoint administratif de Conein, Rich Kobakoff, « le RRCBN était une expérimentation de détournement de la loi. Son produit fini était le renseignement, pas les arrestations ou les saisies ».

La direction des Opérations de terrain du RRCBN avait été confiée aux agents de la CIA Robert Medell et William Logay[185].

Medell, qui était vétéran de la baie des Cochons, avait initialement été choisi pour le programme Twofold. Au RRCBN, il était le spécialiste de la clandestinité. Il recrutait ses agents dans le monde des trafiquants de drogue cubains anticastristes. Tous ses effectifs avaient à un moment ou un autre déjà travaillé pour la CIA, et ils savaient qu'ils travaillaient de nouveau pour elle.

Medell commença à organiser ses agents en mars 1973 dans le but officiel d'infiltrer l'organisation de Santo Trafficante en Floride. Andy Tartaglino, chef du BNDD, lui présenta à cet effet Sal Caneba, un repenti de la mafia qui avait fait des affaires avec Trafficante durant les années 1950. En une journée, Caneba identifia le chef du versant « cubain » de la famille Trafficante, ainsi que la structure de son organisation. La CIA, cependant, interdit au BNDD de poursuivre son travail d'investigation, car elle avait employé Trafficante à l'occasion de tentatives d'assassinat contre Castro, et parce que les partenaires de Trafficante dans l'opération 40 lui rendaient des services similaires en Amérique latine. C'était l'information et l'infiltration qui intéressaient la CIA, et surtout pas qu'on démantèle un réseau qui lui avait été utile.

L'agent principal de Medell était Guillermo Tabraue, un autre vétéran de la baie des Cochons, que la CIA payait la joyeuseté de 1400 dollars par semaine pour ses services. Notez qu'en plus de cette activité royalement rémunérée, Trabaue continuait de travailler avec ses trafiquants de drogue du réseau « Alvarez-Cruz ».

Medell s'était également servi dans l'organisation anticastriste de Manuel Artime, dont Howard Hunt avait été l'officier traitant. Une grande partie des membres de l'organisation narco-terroriste d'Artime avaient déjà travaillé pour Bolten et Shackley au début des années 1960, alors que Shackley était chef de poste de la CIA à Miami.

Bill Logay était le représentant officiel du RRCBN à Miami. Logay, qui était issu du programme « joaillier » de la CIA pour les jeunes agents, avait également été garde du corps de Shackley à Saïgon en 1969. À partir de 1970-1971, Logay s'était retrouvé au service de Tuly Acampora. Il était le coordinateur et agent spécial de liaison pour les affaires de police et de drogue du 5e commissariat de Saïgon. On avait ensuite proposé à Logay de rejoindre le programme Twofold, mais il a prétendu avoir refusé.

Les rapports de Medell et de Logay étaient livrés en main propre au quartier général du BNDD à travers le service de courrier secret du département de la Défense. Les agents du RRCBN avaient reçu de l'armée des équipements de

---

[185] Lou Conein m'avait introduit auprès de Medell, et Tully Acampora avait fait de même auprès de Logay.

communication spéciaux. La CIA leur fournissait de faux papiers qui leur permettaient de travailler pour des gouvernements étrangers tels que le Panama, le Venezuela et le Costa Rica.

Tout comme le traquenard Twofold, le RRCBN poursuivait deux agendas différents. Le premier, officiel, concernait les narcotiques. Le second consistait à fournir une couverture aux « plombiers » et à leurs vilains petits tours. Les ordres destinés à la branche d'activités subversives politiques émanaient de la Maison Blanche. Conein les transmettait à Gordon Liddy ou à son opération Gemstone et ses escouades de narco-terroristes cubains anticastristes recrutés chez Artime.

Andy Tartaglino n'était pas content de la situation. Il plaça l'agent Ralph Frias dans l'équipe des affaires internationales du Bureau et lui demanda d'éplucher systématiquement les dossiers des Cubains que la Maison Blanche envoyait au BNDD. C'est ainsi que Frias découvrit que trois des Cubains envoyés par le chef de cabinet de Nixon, Bob Hadelman, étaient des taupes qui, une fois à l'intérieur du Bureau, n'auraient travaillé qu'en fonction des intérêts politiciens de la Maison Blanche. Ces trois-là avaient été écartés, mais Frias m'avait confié que beaucoup d'autres avaient pu entrer au BNDD et dans de nombreuses autres administrations fédérales.

Abrités derrière le paravent du RRCBN, les agents de la CIA avaient kidnappé et assassiné en Colombie et au Mexique. Les soutiens de Nixon à la Maison Blanche les avaient également mobilisés pour mettre au jour le linge sale des démocrates à Key West.

Avec le RRCBN, la CIA avait une nouvelle fois réussi à transformer l'effort fédéral de lutte contre la drogue en un outil de répression politique et de corruption.

Novo Yardley

L'activité des commissions garantissait à l'administration Nixon un contrôle politique sur les opérations extralégales conduites sous le prétexte de la lutte contre la drogue. Cette dernière concernait de plus en plus d'administrations gouvernementales, qui mettaient leurs ressources en commun, tandis que le Bureau des narcotiques et des drogues dangereuses en était progressivement désengagé.

Le Bureau et son réseau planétaire d'agents étaient désormais sous la coupe du « mécanisme parallèle » de la CIA mis en place par Bolten. Le processus franchit un nouveau cap en 1972 quand, à l'occasion de la rencontre inaugurale à Mexico, le chef de la division Hémisphère Ouest Ted Shackley ordonna à Jerry Strickler, qui dirigeait alors la division Amérique latine du BNDD, de lui remettre tous les fichiers, la liste des informateurs et le trafic des câblogrammes du BNDD.

D'après Strickler, cet acte d'autorité eut « de graves conséquences ». La CIA se permit même d'autoriser des livraisons de drogue aux États-Unis sans prévenir le BNDD.

Le directeur du BSR John Warner expliqua que c'était l'initiative de centrales locales.

Dans la mesure où les preuves que la CIA recueillait par la surveillance électronique n'étaient pas admissibles au tribunal, il lui suffisait de surveiller les livraisons de ses réseaux pour les protéger. Il ne faut surtout pas sous-estimer ce qui constituait une véritable stratégie. Les tribunaux avaient annulé un grand nombre d'enquêtes contre des trafiquants parce que la CIA les espionnait. De la même manière, des douzaines de procès ont été invalidés, sur la base de la protection de la sécurité nationale, parce que des opérateurs de la CIA avaient pris part aux activités des organisations de contrebande un peu partout dans le monde.

Strickler connaissait l'identité exacte de chacun des membres de la CIA qui sabotaient les enquêtes du Bureau en Amérique latine, et voulait les faire condamner. Il en avait amené la liste au quartier général du BNDD, mais Bolten obtint que Strickler soit immédiatement chassé de la division Répression. Pendant ce temps-là, les hommes de l'unité antidrogue unilatérale de Bolten kidnappaient et assassinaient des trafiquants dans le cadre de l'opération Twofold.

Ingersoll confirma l'existence de ce versant occulte de l'opération Twofold. Il avait pour finalité, m'avait-il expliqué, d'infiltrer des agents sous couverture prolongée en Amérique du Sud afin de développer des réseaux de renseignements sur la contrebande de stupéfiants. Les directeurs régionaux ignoraient tout de ce programme. D'après Ingersoll, ce programme avait reçu l'agrément du procureur général John Mitchell, et avait été reconduit par son successeur John Bartels, premier administrateur de la Drug Enforcement Administration (DEA). Ingersoll m'avait dit que l'unité n'était pas supposée intervenir sur le sol américain, raison pour laquelle il pensait qu'elle était légale.

Ingersoll avait été surpris, d'ailleurs, que personne dans la Commission Rockefeller ne l'interroge à ce sujet.

J'avais également eu la chance d'avoir un entretien avec Joseph DiGennaro, membre de cette opération clandestine.

Joey DiGennaro était courtier à New York quand un ami de la famille, qui connaissait Jim Ludlum, lui conseilla de trouver un travail au BNDD. Il rencontra l'inspecteur en chef Fuller en 1971. Fuller lui attribua le nom de code Novo Yardley, en référence à son affectation new-yorkaise et au célèbre cryptologue[186].

Il venait de pénétrer dans le côté caché de l'opération Twofold : après avoir obtenu les habilitations de sécurité nécessaires, lui et plusieurs autres recrues furent « migrés » depuis Twofold vers le mécanisme parallèle de la CIA. Les vérifications prirent quatorze mois, durant lesquels il suivit un entraînement intensif au combat et aux techniques avancées d'espionnage. En octobre 1972,

---

[186] N.D.É. : Herbert Yardley (1889-1958), cryptologue américain, fondateur en 1919 de la Black Chamber ou Cipher Bureau. Sous sa direction, le Cipher Bureau décrypta le code japonais à temps pour la Conférence navale de Washington en 1921.

DiGennaro reçut sa couverture : il fut placé dans une agence de maintien de l'ordre de la ville de New York. Son salaire était versé par le BNDD, mais le programme était ensuite remboursé par la CIA à travers le Bureau des mines. Le programme avait reçu son autorisation par la Commission parlementaire « appropriée ».

L'unité de DiGennaro appartenait à la division des Opérations spéciales, qui était à l'époque dirigée par Evan Parker, ancien directeur du programme Phoenix. L'armée américaine garantissait la collaboration d'éléments au sein des armées étrangères de manière à disposer d'itinéraires d'exfiltration (par voie aérienne ou terrestre) toujours ouverts. L'armée dégageait l'espace aérien quand il fallait amener aux États-Unis les captifs soupçonnés d'appartenir aux réseaux de contrebande. DiGennaro passait le plus clair de son temps en Amérique du Sud, mais son unité intervenait dans le monde entier, y compris au Liban, en France et en Extrême-Orient. L'unité comptait une quarantaine d'hommes, parmi lesquels on pouvait trouver des experts de l'impression, de la falsification de papiers, des opérations maritimes ou des télécommunications.

DiGennaro traitait directement avec Fuller. Il posait un congé de maladie ou des vacances quand il devait partir en mission. Et il y avait beaucoup de missions. Comme l'expliquait Joseph Quarequio, son superviseur du BNDD à New York, « Joey n'était jamais dans son bureau ».

Le boulot impliquait la filature, le kidnapping et, en cas de résistance, l'élimination physique des trafiquants. Les personnes kidnappées étaient anesthésiées et expédiées aux États-Unis. Comme le racontait Gerry Carey, agent de la DEA : « De temps en temps, on nous appelait pour nous dire qu'un "cadeau" nous attendait au coin de la 116ᵉ rue et de la 6ᵉ avenue. Nous y allions, et nous trouvions un type, précédemment condamné par le district Est de New York, menotté à un poteau de ligne téléphonique. Nous l'amenions vers l'une de nos planques pour un interrogatoire et, si possible, pour le transformer en informateur. Parfois, on le gardait pendant des mois. Le mec ne comprenait rien. »

Imaginez que vous êtes un trafiquant de drogue corse en Amérique du Sud, et que des hommes, apparemment de la police, vous arrêtent, comment pouvez-vous deviner qu'il s'agit d'une opération de la CIA ?

La dernière opération de DiGennaro eut lieu en 1977. Elle consistait à récupérer un satellite qui était tombé entre les mains de trafiquants de drogue. Voilà jusqu'où pouvait vous emmener le « mécanisme parallèle » de la CIA.

Les Douze Salopards

Avec la création de la Drug Enforcement Administration (DEA) en juillet 1973, le RRCBN, Réseau de renseignements clandestins du Bureau des narcotiques, fut renommé DEACON: DEA Clandestine Operations Network, Réseaux des opérations clandestines de la DEA. Plusieurs de ces réseaux clandestins furent développés (et financés) dans le cadre des programmes spéciaux de renseignements de terrain. Pure protubérance du RRCBN, le réseau DEACON 1 fut mis en place pour renseigner sur les trafiquants du Costa Rica, de l'Ohio et du New Jersey, sur les politiciens de Floride, sur les terroristes et les trafiquants d'armes, sur la vente de bateaux et d'hélicoptères à Cuba, et sur la vénérable famille Trafficante.

Comme nous l'avons dit, John Bartels fut choisi pour prendre la tête de la DEA. Sous sa direction, les réseaux DEACON furent placés sous le contrôle administratif du chef du service de renseignements de la DEA, George Belk, et de son assistant aux Projets spéciaux, Phil Smith. Avec Belk et Smith aux commandes, le Bureau des projets spéciaux de la DEA devint la nouvelle incarnation du « mécanisme parallèle » de Bolten. Il abritait l'aile des opérations aériennes de la DEA (dont le personnel était en grande partie issu de la CIA), conduisait des « programmes de recherche » en collaboration avec la CIA, fournissait une assistance technique ultramoderne et des papiers falsifiés aux agents, ou encore traquait les fugitifs.

Dans le cadre de DEACON 1, Smith envoya l'agent clandestin Bob Medell, provenant de la CIA et que nous avions déjà vu à l'œuvre dans le RRCBN, « à Caracas et à Bogota pour développer un réseau d'agents ». Comme Smith le consigna dans un mémorandum, le financement de Medell était « assuré selon les méthodes de financement occultes typiques de la CIA : il était payé par d'autres institutions et ne figurait pas parmi nos postes de salaires »[187].

Suborné par la CIA, Bartels fit de la collecte clandestine de renseignements sur les trafiquants internationaux la priorité de la DEA. De sorte que, quand Belk proposa la création d'un « groupe des opérations spéciales » au sein du Bureau du renseignement, Bartels donna immédiatement son accord. En mars 1974, Belk plaça donc le groupe des opérations spéciales entre les mains de Lou Conein, alias « Black Luigi », qui était déjà chef du groupe Renseignement et Opérations et du sous-programme des officiers du renseignement national (ORN).

La chaîne de commandement du groupe des opérations spéciales de la DEA restait cependant confuse. Ainsi, un agent d'infiltration comme Medell était sous la responsabilité administrative de Smith, des Projets spéciaux, tandis que Conein, pour lui donner ses consignes, devait emprunter un canal secondaire et passer par William Colby, qui s'était hissé à la tête de la CIA à l'été 1973.

Conein avait travaillé pour Colby au Viêt Nam. C'est à travers l'assistant personnel de Colby, Jack A. Mathews, qu'il recruta dans les rangs de la CIA les « Douze Salopards » avec lesquels il comptait constituer le groupe des opérations spéciales de la DEA. Les membres du groupe n'étaient pas des agents réguliers de la DEA, mais dépendaient du programme ORN dirigé par Conein. Ils n'achetaient pas de narcotiques, ils ne venaient pas témoigner dans les procès... Ils travaillaient exactement comme ils l'avaient appris à la CIA :

---

[187] Phillip R. Smith, assistant administrateur adjoint pour le renseignement, à George M. Belk, assistant administrateur pour le renseignement, « DEACON 1: Drug Enforcement Administration Clandestine Operations Network (SEC-SI-73-2506) », le 2 novembre 1972, p. 2.

ils recrutaient des agents et constituaient des réseaux de renseignements de longue durée. Ils n'avaient d'ailleurs aucun lien visible avec la DEA. Ils étaient hébergés dans une planque détachée du quartier général, dans le centre-ville de Washington. C'était John « Picadoon » Muldoon, le compagnon de beuveries de Conein au Viêt Nam, qui lui avait procuré les locaux : la planque se trouvait dans le même immeuble que la société d'investigation privée que Muldoon avait créée pour servir de couverture aux opérations domestiques de la CIA.

Les officiers de la CIA Elias P. Chavez et Nicholas Zapata furent les premières recrues du groupe des opérations spéciales de la DEA. Ils avaient en commun une expérience paramilitaire et avaient participé à la lutte antidrogue au Laos. Jack Mathews avait été l'officier traitant de Chavez à la base de Long Thien. C'était depuis cette même base que le général Vang Pao avait dirigé, entre 1966 et 1968, son armée secrète de contrebandiers, sous l'égide du chef de poste au Laos Ted Shackley.

Chavez et Zapata furent rejoints par huit autres officiers de la CIA : Wesley Dickman, un linguiste en chinois avec une expérience au Viêt Nam, fut affecté à San Francisco ; Louis J. Davis, vétéran du Viêt Nam et du Laos, fut affecté à l'Unité de renseignements régionale de Chicago ; Chris Thompson, du programme Phoenix, fut posté à San Antonio ; Hugh E. Murray, vétéran de Paksé, point nodal du trafic de drogue au Laos, et de Bolivie (où il avait pris part à la capture de Che Guevara), fut envoyé à Tucson ; Thomas D. McPhaul, qui avait travaillé avec Conein au Viêt Nam, fut envoyé à Dallas ; Thomas L. Briggs, un vétéran du Laos et un ami de Shackley, se rendit au Mexique ; Vernon J. Goetz, lui aussi ami de Shackley, et qui avait participé au coup d'État contre Allende, fut envoyé au Venezuela ; et David A. Scherman, un ami de Conein, et ancien directeur du Centre d'interrogation de la CIA à Da Nang, eut droit au beau soleil de San Diego.

Les onzième et douzième membres furent Gary Mattocks, qui commandait une équipe antiterroriste dans le delta du Mékong, et l'interrogateur Robert Simon. L'équipe fut complétée ultérieurement par l'arrivée de Terry Baldwin, Barry Carew et Joseph Lagattuta.

D'après Lou Davis, Conein avait créé le groupe des opérations spéciales de la DEA dans le but précis de monter à l'étranger des opérations dans le genre du programme Phoenix. Des opérations où un commando entrerait dans le domicile d'un trafiquant, volerait sa drogue, et lui trancherait la gorge. Les officiers du renseignement national intervenaient à l'étranger pour éliminer les trafiquants contre lesquels la police locale ne pouvait rien pour des raisons politiques – des gens comme un fils du Premier ministre, ou le chef de la police d'Acapulco, qui pouvaient très bien être des barons de la drogue. Si les ORN ne pouvaient pas assassiner leur cible, Conein et la CIA prenaient des dispositions pour faire exploser sa raffinerie, ou montaient contre elle une opération de guerre psychologique: en s'arrangeant pour le faire passer pour un informateur de la DEA, c'est son propre clan qui l'éliminerait.

Les membres du groupe des opérations spéciales, observait Davis, « enfreignaient la loi, mais ils n'avaient pas le pouvoir de procéder à des arrestations à l'étranger ».

Conein avait prévu d'essaimer cinquante ORN à travers le monde à l'horizon 1977, mais les soubresauts du scandale Watergate contraignirent la DEA à arrêter le programme et à réorganiser ses opérations clandestines qui, à terme, allaient définitivement compromettre l'intégrité de la lutte antidrogue aux États-Unis.

Assassinats et scandales[188]

C'est DEACON 3 qui suscita le premier scandale. L'opération visait le cartel Aviles-Perez au Mexique. Elle avait été confiée aux ORN Eli Chavez, Nick Zapata et Barry Carew.

Carew était un vétéran de la CIA, hispanophone, et il avait servi sous Tully Acampora en tant que conseiller spécial de la police à Saïgon avant de rejoindre le BNDD. Conein lui avait confié le Bureau sud-américain : c'était lui qui gérait Chavez et Zapata (alias « le tueur mexicain ») au Mexique. Si l'on en croit Chavez, DEACON 3 avait été décidé par une Task Force de la Maison Blanche sous la direction de Howard Hunt. La Task Force avait fourni les photographies du complexe Aviles-Perez à Sinaloa, d'où les camions chargés de cannabis partaient pour les États-Unis.

Une fois les financements alloués, en février 1974, Chavez et Zapata partirent pour le Mexique. Ils s'y feraient passer pour des représentants de la North American Alarm and Fire Company. À Mazatlán, ils retrouvèrent Carew, qui, d'après Chavez, résidait dans un charmant hôtel et jouait au tennis tous les jours. De leur côté, Chavez et Zapata, que Conein appelait les « bronzés », devaient ronger leur frein dans un trou pouilleux.

Au bout d'un certain temps, une informatrice parvint à organiser une rencontre entre Perez et Chavez, qui se faisait passer pour un acheteur. Les deux parvinrent à faire affaire, mais le chef de la DEA John Bartels avait commis une erreur : il avait donné pour consigne à Chavez de se rendre à Mexico faire un rapport au directeur régional de la DEA avant de clore la transaction.

Lors de leur rencontre, les agents DEACON 3 présentèrent leur plan d'action. Toutefois, quand la question de la « neutralisation » de Perez fut abordée, l'analyste Joan Bannister comprit qu'il s'agissait d'une élimination. Bannister signala ses soupçons au quartier général de la DEA, où la faction anti-CIA transmit joyeusement son rapport au journaliste du *Washington Post* Jack Anderson.

Les révélations sensationnelles d'Anderson, qui affirmait que la DEA acceptait de couvrir les assassinats commis par la CIA, avaient trouvé une confirmation dans les découvertes du Sénat qui, en enquêtant sur les activités de Conein, avait relevé qu'il avait procédé à l'achat de dispositifs destinés à

---

[188] Jeffrey St. Clair, Alexander Cockburn, « The CIA's Secret Killers », *Counterpunch*, le 19 décembre 2014.

tuer, comme des cendriers ou des téléphones explosifs. Conein put conserver son job, mais les enquêtes compromirent Muldoon et permirent de remonter jusqu'au camarade de Conein, du temps de l'OSS, Mitch Werbell.

Pour Conein, Werbell était un fusible à employer lors des opérations clandestines. Werbell avait vendu des pistolets-mitrailleurs à silencieux à Robert Vesco, qui était l'une des cibles de DEACON 1. Vesco, à l'époque, vivait au Costa Rica. Il était encerclé par des contrebandiers cubains exilés, qui appartenaient à l'organisation de Trafficante. Trafficante lui-même vivait à l'époque au Costa Rica, sur l'invitation du président Figueres. Le fils de Figueres avait acheté des armes à Werbell et les avait employées pour équiper l'escadron de la mort qu'il avait constitué avec Carlos Rumbault, anticastriste notoire, narco-terroriste, trafiquant de drogue en fuite et, bien sûr, recrue locale de DEACON 1.

Toujours à la même période, un autre incident vint détériorer un peu plus les relations entre la CIA et la DEA. La DEA apprit en février 1974 que l'un de ses agents, l'ancien capitaine des forces spéciales américaines et vétéran du programme Phoenix Anthony Triponi, avait été interné dans un hôpital à New York. Officiellement « pour de l'hypertension ». Quand les inspecteurs de la DEA arrivèrent sur place, ils découvrirent que Triponi avait en réalité été placé dans l'aile psychiatrique du bâtiment. Triponi était totalement paniqué : il craignait qu'on change son « code spécial » parce qu'il avait, affirmait-il, « éventé sa couverture ».

Persuadés qu'il était devenu fou, les inspecteurs de la DEA appelèrent l'ancien inspecteur en chef Patrick Fuller, alors en Californie. Histoire de vérifier. Ils apprirent que Triponi avait été membre de l'opération Twofold et que tout ce qu'il racontait était vrai. Les inspecteurs, incrédules, appelèrent ensuite la CIA, où on leur répondit : « Si vous révélez cette histoire, on vous détruit. »[189]

En 1975, le Congrès et le département de la Justice décidèrent d'enquêter sur la relation empoisonnée entre la DEA et la CIA. Au cours de leurs recherches, ils découvrirent l'existence du programme Medusa de Tripodi et de plans de la DEA pour l'assassinat de Moises Torrijos, frère du président panaméen Omar Torrijos, et de Manuel Noriega, chef du renseignement militaire du Panama.

Dans un rapport préliminaire, l'inspecteur de la DEA Richard Salmi décrivit Medusa en ces termes : « Il y avait, parmi les options retenues, des opérations de terreur psychologique, l'insertion de placebos dans les stocks des trafiquants afin de les décrédibiliser, la destruction des laboratoires de raffinage par des incendiaires, le recours à la désinformation pour liguer les cartels les uns contre les autres. D'autres méthodes étaient également envisagées, telles que le chantage, l'utilisation de techniques psycho-pharmacologiques, la corruption et même les sanctions définitives. »

---

[189] Interview avec l'inspecteur de la DEA Mortimer Benjamin.

Le grand ensablement

Malgré les enquêtes en rafales, le successeur de Nixon à la Maison Blanche, Gerald Ford, reconduisit le partenariat entre la CIA et la DEA, et la CIA continua comme si de rien n'était. Le mérite de cette transition réussie revint en grande partie à Seymour Bolten, dont l'équipe – ce n'est certainement pas un hasard – avait systématiquement fourni les fichiers demandés par la Commission Church sur les activités des services de renseignements. La Commission Church avait notamment porté son attention sur les nombreuses activités illégales de la CIA. Mais plutôt que d'aboutir à la destruction totale de la CIA, la Commission conclut que les accusations d'implication du personnel interne et externe de l'agence dans la contrebande de stupéfiants « manquaient de substance ».

La Commission Rockefeller servit elle aussi à blanchir la CIA, en allant même jusqu'à prétendre, contre toute vérité, que l'opération Twofold s'était achevée en 1973. Comme Ingersoll l'avait justement souligné, la Commission avait complètement ignoré l'existence des cellules opérationnelles de la CIA cachées dans tous les programmes d'inspections de la DEA, à l'image de ce qui s'était passé avec Twofold.

Le scandale des assassinats par le groupe des opérations spéciales de la DEA eut tout de même une conséquence. Le président Ford demanda à ce que le département de la Justice enquête sur les « soupçons de fraude, d'irrégularités et d'entorses au règlement » au sein de la DEA. L'enquête, diligentée par le procureur général Michael DeFeo, porta sur les projets d'élimination d'Omar Torrijos et de Manuel Noriega. En mars 1976, le général Richard Thornburg, procureur général adjoint, annonça que l'enquête n'était pas parvenue à réunir assez d'éléments pour autoriser des poursuites.

En 1976, la parlementaire Bella Abzug demanda à George H. W. Bush, alors directeur de la CIA de Gerald Ford, des éclaircissements sur le rôle de la CIA dans le trafic de drogue international. Pour réponse, Bush produisit un accord passé en 1954 avec le département de la Justice, et qui autorisait la CIA à bloquer les procédures judiciaires et à garder secrets ses crimes au nom de la sécurité nationale. Dans son rapport final, la Commission Abzug écrivit : « Il était ironique que l'on confiât à la CIA la responsabilité de l'acquisition du renseignement sur le trafic de narcotiques, puisqu'elle en soutenait les acteurs majeurs. »[190]

Prenant acte des réalités opérationnelles, le Congrès tenta, avec l'amendement Mansfield, de limiter les activités extralégales des agences de renseignements en interdisant à la DEA de kidnapper des suspects étrangers sans le consentement des gouvernements hôtes. La CIA, bien sûr, était exemptée de toute contrainte. Elle continuait de saboter les enquêtes de la DEA contre les « acteurs majeurs » du trafic de drogue international, tout en

---

[190] Propos rapportés par Jack Anderson et Les Whitten dans le *Boston Globe*, le 3 octobre 1977.

renforçant son étreinte sur sa haute direction.

En 1977, ayant épuisé sa patience, le chef de la répression de la DEA, Daniel Casey, envoya un mémorandum collectif à l'administrateur de la DEA Peter Bensinger, dans lequel on pouvait lire : « Nous tous considérons que les programmes actuels de la CIA seront la source de graves problèmes pour la DEA dans le futur, tant sur le plan domestique qu'à l'international. »[191]

Casey et ses chefs de division considéraient que les livraisons aux États-Unis « contrôlées par la CIA » ainsi que le refus de la CIA de « répondre positivement aux injonctions de transmission de pièces » étaient les principales obstructions au bon déroulement de la mission de la DEA.

Les fonctionnaires de la DEA se plaignaient de ce qu' » un grand nombre des individus placés par la CIA sous leur programme de surveillance allaient et venaient librement aux États-Unis dans le cadre de leurs activités de contrebande », et que c'était précisément le programme de surveillance électronique de la CIA sur les livraisons de stupéfiants qui leur garantissait une « immunité de fait » contre toute possibilité de poursuite. Leur activité criminelle en était d'autant plus facilitée et efficace.

Ce qu'endurait Bensinger avec fatalisme ruinait l'intégrité de la DEA, certes, mais se payait également au prix fort en matière de santé publique. Sous Bensinger, la DEA créa son programme CENTAC afin de traquer les organisations de contrebande à travers le monde. Bien évidemment, la CIA parvint également à subvertir CENTAC. Le chef de CENTAC, Dennis Dayle, avait expliqué : « Dans chacune de mes enquêtes, je finissais presque toujours par découvrir que mes cibles les plus importantes travaillaient pour la CIA. »[192]

Meurtre et grabuge

DEACON 1 avait récupéré les auxiliaires cubains anticastristes du Réseau de renseignements clandestins du Bureau des narcotiques. Ils provenaient originellement de la Brigade 2506, que la CIA avait organisée en 1960 en vue de l'invasion de Cuba. Contrôlés par la police politique secrète de Nixon, ces agents de la CIA exploitaient la couverture de la DEA pour conduire des missions en parallèle, faisant intervenir « des groupes extrémistes, des activités terroristes et des informations de nature politique »[193].

Les raisons de la chute de DEACON 1, pourtant, sont de nature bien plus triviale. Tout commença lorsque l'agent officiel Bill Logay affirma que les auxiliaires anticastristes de l'agent clandestin Bob Medell avaient infiltré la DEA pour le compte de la famille Trafficante. En d'autres termes, Logay

---

[191] Daniel P. Casey, administrateur assistant pour la Répression, à Peter B. Bensinger, administrateur, « Re: Central Intelligence Agency ».

[192] Peter Dale Scott, Jonathan Marshall, *Cocaine Politics: Drugs, Armies, and the CIA in Central America*, University of California Press, 1991, p. X-XI.

[193] *Ibid.*, p. 28.

accusait la CIA d'utiliser ses narco-terroristes pour espionner la DEA, de manière à protéger ses réseaux de trafiquants de drogue cubains anticastristes.

La secrétaire de DEACON 1, Cecelia Plicet, souffla sur les braises en affirmant que Conein et Medell employaient Guillermo Tabraue pour contourner la DEA et convoyer plus facilement la drogue jusque sur le sol américain. Tabraue avait financé quantités de cargaisons de cocaïne, et utilisé le personnel de DEACON 1 pour les faire entrer aux États-Unis – au cours d'un nombre apparemment sans fin de « livraisons », toutes rigoureusement contrôlées par la CIA. Plicet m'avait confié qu'elle était persuadée que Medell et Conein travaillaient pour « les autres », et qu'ils voulaient en réalité couler la DEA. Ces accusations donnèrent lieu à une autre tentative d'ensablement, ce qui conduisit Logay à être relevé de ses fonctions dans DEACON 1 et muté dans l'équipe d'inspection de la DEA, tandis que Medell fut remplacé par Gary Mattocks, un ORN choisi parmi les Douze Salopards.

D'après Mattocks, le chef de la division Hémisphère Ouest Ted Shackley, pour qui il avait travaillé au Viêt Nam, avait aidé Colby à mettre sur pieds le groupe des opérations spéciales de la DEA. Shackley y avait ensuite introduit ses hommes, dont Tom Clines, qu'il avait par ailleurs placé à la tête du groupe des opérations des Caraïbes de la CIA. Clines, comme Shackley et Bolten, connaissait chacun des exilés cubains présents sur la liste de paie du groupe de la DEA. Vernon Goetz, par exemple, avait travaillé pour Clines à Caracas, en tant qu'agent du « mécanisme parallèle » que la CIA avait caché au sein du groupe des opérations spéciales.

Mattocks avait créé, pour maquiller les activités de DEACON 1, une société de rapprochement entre hommes d'affaires américains et cubains. En arrière-boutique, il avait recruté des membres de l'organisation d'Artime, parmi lesquels on trouvait Eugenio Martinez et Bernard Barker, « cambrioleurs » du Watergate, et Félix Rodriguez, l'homme qui avait tué le Che. Ces narco-terroristes anticastristes faisaient, semble-t-il, partie d'une équipe de tueurs que Shackley et Clines employaient pour des affaires aussi bien professionnelles que privées – une distinction qui n'a plus guère de sens au XXIᵉ siècle.

À la fin de l'année 1974, l'opération DEACON 1 arrivait en bout de course quand la fille de Robert Simon fut exécutée au cours d'une embuscade tendue par les Cubains fous de Mattocks. À l'époque, Simon, le douzième des « Salopards » de Conein, supervisait la banque de données du trafic de drogue de la CIA. Il avait établi un lien entre ces exilés cubains et « une organisation terroriste étrangère ». Comme l'avait expliqué Mattocks, « la situation dégénéra quand les brigadistes[194] comprirent que Simon était sur leurs traces ».

Aussi « dégénérée » que pût paraître la situation, elle relevait en réalité de la plus banale des normalités. Et de fait, aucun des narco-terroristes de la CIA

---

[194] N.D.T. : Du nom de la Brigada Asalto 2506 (Brigade d'assaut 2506), groupe d'exilés cubains sous les ordres de la CIA, qui participa notamment en 1961 à l'opération de la baie des Cochons.

ne fut arrêté pour le meurtre de la fille de Robert Simon. Au contraire, Conein émit une directive pour interdire au personnel de DEACON 1 de signaler les affaires de terrorisme ou de politique domestiques. L'affaire du meurtre fut discrètement glissée sous le tapis au nom de la sécurité nationale.

DEACON 1 fut enterré sans fleurs ni couronnes en 1975, après que Fred Dick reçut la direction du groupe du Bassin caribéen de la DEA. Une fois à ce poste, Dick, qui détestait Seymour Bolten, alla visiter la planque de DEACON 1, et y trouva, pour reprendre ses paroles, « une unité clandestine de la CIA qui utilisait des criminels de la baie des Cochons, des types qui faisaient sauter les avions ». Pris d'une sainte colère, Dick obtint la fermeture de DEACON 1 en août 1975.

On n'inaugura pas de nouveaux DEACONs, mais les autres poursuivirent tranquillement leur activité. Il en fallait d'ailleurs plus pour dissuader la CIA, qui redéploya en 1977 ses criminels anticastristes au sein de l'organisation terroriste CORU[195]. D'autres furent employés par Ollie North dans les réseaux narco-terroristes Iran-Contra pendant l'administration Reagan.

Le groupe des opérations spéciales de Conein fut démantelé en 1976, lorsqu'un grand jury exigea que DEACON 1 lui communique ses informations relatives à plusieurs opérations de saisie de stupéfiants. Comme il l'a été dit à plusieurs reprises, les preuves acquises par la CIA ne peuvent être employées durant les procès, et la CIA refusa d'identifier ses auxiliaires devant les tribunaux. En conséquence, vingt-sept procédures judiciaires durent être annulées sous le prétexte de la sécurité nationale.

Gary Mattocks n'était plus le bienvenu à la DEA après cet incident, mais son patron, Ted Shackley, fut, lui, promu au rang d'assistant directeur adjoint aux Opérations du directeur central du Renseignement Georges H. W. Bush. Depuis son nouveau poste, Shackley reprit Mattocks dans la CIA et lui confia l'unité CIA des narcotiques au Pérou.

À l'époque, le baron de la drogue Santiago Ocampos achetait de la cocaïne au Pérou, que son partenaire Juan Ramón Matta-Ballesteros acheminait par avion aux sempiternels cercles criminels cubains de Miami. On trouvait, entre autres, à la réception, Francisco Chanes, un ancien auxiliaire DEACON. Il contrôlait deux compagnies de fruits de mer qui servaient de façade au réseau d'approvisionnement des contras mis en place par Ollie North: c'étaient des tonnes de cocaïne estampillée contra qui transitaient par chez lui.

Mattocks rejoignit vite l'infrastructure de soutien des contras, et il joua probablement un rôle dans l'affaire de la « photo de Barry Seal ». Seal était un « employé spécial » qui travaillait à la fois pour la CIA et pour la DEA. Il transportait les cargaisons de drogue du trafiquant colombien Jorge Ochoa

---

[195] N.D.É. : La CORU ou Coordinación de Organizaciones Revolutionarias Unidas était un groupe d'exilés cubains anticastristes soutenu par les États-Unis et enrôlé dans l'opération Condor. La CORU, dirigée par le collaborateur de la CIA Orlando Bosch Ávila, est responsable de plusieurs attentats terroristes meurtriers (notamment contre le vol 455 de la compagnie cubaine d'aviation).

Vasquez, et le Nicaragua était une escale habituelle de ses trajets de livraison. Cet Ochoa était, de son côté, l'un des fondateurs, avec ses frères et Pablo Escobar, du cartel de Medellín, politiquement ancré à gauche.

Ollie North avait demandé aux cadres de la DEA qu'ils ordonnent à Seal de voler 1,5 million de dollars en liquide à Ochoa, pour le livrer aux contras. Confronté au refus de la DEA, North fit fuiter au *Washington Times*, quotidien de droite, une photo qui montrait un fonctionnaire sandiniste, Federico Vaughan, en train de charger des sacs de cocaïne dans l'avion de Barry Seal. On sait que c'est un officier traitant de la CIA, non identifié, qui avait demandé au pilote Barry Seal de photographier le fonctionnaire. Et l'on sait que Mattocks, à l'époque, était l'officier traitant du leader de guérilla nicaraguayen Edén Pastora. Il n'était donc probablement pas loin. North avait donc coulé la plus grosse opération de la DEA à des fins politiques. Et la DEA avait laissé faire, sans réagir. Son chef Jack Lawn avait toutefois observé, durant son audition de 1988 face à la Sous-Commission au crime de la Commission des affaires judiciaires, que la publication de cette photo avait « fait courir de graves dangers pour la vie » de ses agents[196]. La conspiration criminelle atteignit son apogée en 1989, quand la CIA ordonna à Mattocks de témoigner en tant que témoin à décharge au procès de l'agent principal de DEACON 1, Guillermo Tabraue. Bien qu'il ait été établi que Tabraue s'était enrichi à hauteur de 75 millions de dollars avec le trafic de drogue, le juge conclut au vice de forme précisément à cause du témoignage non recevable, et donc invalidant, de Mattocks. Tabraue fut remis en liberté comme si de rien n'était. On supposa que c'était le président George H. W. Bush qui avait personnellement donné l'ordre à Mattocks de torpiller le procès.

Ce ne sont pas les exemples d'utilisation de narco-terroristes par la CIA qui manquent. On pourra citer le cas de la CORU, cette autre organisation d'exilés cubains totalement hors de contrôle, fondée par Frank Castro et Luis Posada du temps où George H. W. Bush était directeur de la CIA. Dick Salmi, agent de la DEA, recruta en 1981 Roberto Cabrillo, un trafiquant appartenant à la CORU pour infiltrer l'organisation et essayer d'obtenir les preuves de l'implication de l'organisation dans l'assassinat en 1976, sur le sol américain, de l'économiste chilien et ancien ministre de Salvador Allende, Orlando Letelier. La DEA arrêta Frank Castro en 1981, mais la CIA orchestra sa libération, puis le recruta pour organiser un camp d'entraînement de contras dans les Everglades, en Floride. Le collègue de Castro, Luis Posada, gérait quant à lui, semble-t-il, l'acheminement des cargaisons de drogue des contras, avec la complicité de Félix Rodrigues. Accusé par la Justice vénézuélienne d'avoir fait exploser un avion de ligne cubain et d'avoir entraîné la mort de soixante-treize passagers en 1976, Posada fut protégé contre l'extradition par

---

[196] Commission du Sénat sur les opérations extérieures, Sous-Commission sur le terrorisme, les narcotiques et les opérations internationales, les drogues, le maintien de l'ordre et la politique étrangère, 100e Congrès, 2e session, Bureau d'impression du gouvernement des États-Unis, Washington D.C., 1989, p. 135.

George W. Bush au milieu des années 2000.

Totalement castrés par la CIA, les fonctionnaires de la DEA ne pouvaient que supplier poliment leurs effectifs de la CORU de ne plus tuer de gens aux États-Unis avec leurs voitures piégées. Ils pouvaient mutiler ou tuer n'importe où ailleurs, mais, de grâce, pas dans notre « patrie du bonheur ». À l'époque, avait observé Salmi, le département de la Justice avait mis en place un canal de communication officieux pour régler les affaires impliquant les terroristes ou les trafiquants de drogue affiliés à la CIA.

Chacun son tour

Le directeur de la CIA William Webster forma en 1988 le Centre antinarcotiques de la CIA (CAN). Fort de plus de cent agents, le Centre devait manifestement devenir la rampe de lancement des opérations clandestines d'infiltration ou des interventions paramilitaires contre les grandes organisations de trafic de drogue, désormais protégées par des compagnies de sécurité high-tech, des cabinets d'avocats et des armées privées parfaitement équipées.

Le CAN devait réunir, sous le contrôle politique de la CIA, toutes les institutions fédérales impliquées dans la chimérique « guerre contre la drogue ». Terry Burke, ancien officier de la CIA et ex-membre de l'opération Twofold, qui était alors l'adjoint aux Opérations de la DEA, fut autorisé à envoyer un officier de liaison au CAN.

Le Centre n'allait pas tarder à révéler sa vraie nature. À la fin de l'année 1990, les agents des douanes saisirent à Miami une tonne de cocaïne en provenance du Venezuela. À leur plus grande surprise, un agent sous couverture vénézuélien leur expliqua que la livraison avait été autorisée par la CIA. L'administrateur de la DEA Robert Bonner diligenta une enquête, qui confirma que la CIA avait bien expédié la livraison saisie depuis son hangar plein à craquer au Venezuela[197].

Ces « livraisons sous contrôle » étaient supervisées par l'officier de la CIA Mark McFarlin, un vétéran de la campagne de terreur de Reagan au Salvador. Bonner voulut faire condamner McFarlin, mais il en fut empêché parce que le Venezuela était en pleine lutte contre la rébellion de gauche d'Hugo Chávez. C'est le même scénario qui s'est rejoué tout au long des quinze dernières années en Afghanistan où, comme partout ailleurs dans le monde, les interventions de la division des Opérations spéciales de la DEA ne servent qu'à fournir une couverture aux opérations de la CIA.

La division des Opérations spéciales est la forme ultime de la corruption impérialiste. Son travail ne consiste plus à « créer un crime », comme le faisaient en leur temps les agents en roue libre du vieux Bureau fédéral des narcotiques ; il s'agit de le « réécrire » en vue de la poursuite, et peu importe

---

[197] Interview avec Robert Bonner.

par quelles méthodes extralégales la CIA a obtenu ses preuves. C'est ainsi que les forces de l'ordre arrêtent à tour de bras, désormais, sans plus avoir à respecter l'obligation constitutionnelle de probable cause, ou « présomption raisonnable ».

En 2013, *Reuters* décrivait ainsi le fonctionnement de la division : « L'unité de la DEA chargée de la divulgation des informations s'appelle la division des Opérations spéciales. Cette unité réunit sous sa tutelle les forces de deux douzaines d'agences partenaires, telles que le FBI, la CIA, la NSA, l'administration fiscale, ou encore le département de la Homeland Security. La division avait été créée en 1994 pour lutter contre les cartels de la drogue sud-américains. Ses effectifs, au départ de quelques dizaines d'employés, s'élèvent désormais à plusieurs centaines de personnes. »[198]

Comme le groupe des opérations spéciales, la division des Opérations spéciales fonctionne depuis un site secret en Virginie. Selon un document interne de la DEA cité par *Reuters*, les informations fournies par la division « ne peuvent être révélées ou discutées dans le cadre des procédures d'enquête ». *Reuters* indiquait aussi que les fonctionnaires ont pour consigne spécifique « d'occulter l'intervention de la division des Opérations spéciales dans leurs rapports d'enquête, déclarations sous serment, entretiens avec les magistrats ou témoignages devant les tribunaux ».

Les agents doivent employer des « reconstructions *parallèles* » – l'italique est de moi – dans leurs enquêtes, de manière à éliminer toute référence aux informations fournies par la division des Opérations spéciales qui pourraient provenir de la CIA et de ses « mises sur écoute, de ses informateurs ou de ses bases de données des appels téléphoniques ».

Reuters citait ensuite un ancien agent fédéral qui expliquait que les opérateurs de la division des Opérations spéciales, comme ceux de l'unité de DiGennaro dans la CIA, indiquaient aux forces de l'ordre aux États-Unis de se poster à un certain endroit, à une certaine heure, et de guetter un certain véhicule, qu'elles devraient arrêter et fouiller sous un prétexte quelconque. « Après l'arrestation, les agents doivent raconter que tout a débuté par une infraction au code de la route, et non par un tuyau de la division des Opérations spéciales. »

Une source anonyme au sein de la DEA avait avoué à *Reuters* que la « reconstruction parallèle » est une approche « vieille de plusieurs décennies, et parfaitement rodée », qui permet aux forces de l'ordre de contourner le principe de la « présomption raisonnable ».

Les méthodes de la division des Opérations spéciales, en effet, reprennent celles déjà employées au début des années 1970 à l'occasion de l'opération Twofold ou par le « mécanisme parallèle » de Bolten. Mais ce concept « parfaitement rodé » ne fonctionne que dans la mesure où l'on falsifie des rapports d'enquête pour obtenir la condamnation de suspects. Ce qui, par le

---

[198] John Shiffman, Kristina Cooke, « U.S. directs agents to cover up program used to investigate Americans », *Reuters*, le 5 août 2013.

passé, était une pratique cachée est, aujourd'hui, une politique officielle. Ce n'est plus de la corruption. C'est la nouvelle gestion du système judiciaire par votre gouvernement, au service de l'élite politique des riches.

L'agent du Bureau fédéral des narcotiques Bowman Taylor avait observé, non sans une certaine causticité : « Je pensais que nous combattions le business de la drogue, mais, après la formation du Bureau des narcotiques et des drogues dangereuses, j'ai réalisé que nous l'alimentions. »

La corruption et la perversion des institutions étaient auparavant un effet « collatéral », un sous-produit de l'activité secrète de la CIA, elles sont maintenant devenues « intégrales » : elles sont l'essence même d'un empire devenu fou. C'est ce que je m'apprête à développer.

CHAPITRE 13

AU-DELÀ DE LA « SALE GUERRE » : LE RÔLE DU COUPLE DEA/CIA DANS LE TERRORISME MODERNE EN AMÉRIQUE LATINE

Jimenez : Aujourd'hui, je reçois M. Douglas Valentine, expert de la CIA et de la DEA, et de leurs aventures au royaume du terrorisme et du trafic de drogue. Doug, merci d'être venu aujourd'hui.

Valentine : Tout le plaisir est pour moi.

Jimenez : À propos du programme Phoenix, vous aviez expliqué que les massacres, les opérations nocturnes, la surveillance constituaient les fondements de la guerre psychologique menée par la CIA pour briser la résistance de la population civile vietnamienne. 25 000 civils tués, peut-être même 40 000, dans une vaste campagne de terreur appelée « pacification ». Et tout ceci continue de nos jours au Yémen ou en Irak. Mais avec les cartels de la drogue, qu'en est-il ? Est-ce que ça aussi, c'est un héritage de Phoenix ? Il me semble qu'un grand nombre de fondateurs des cartels les plus célèbres et violents, comme Los Zetas, étaient directement liés aux escadrons de la mort formés lors du passage de Phoenix en Amérique centrale. Pourquoi est-ce la stratégie Phoenix qui a été choisie pour le Salvador, le Guatemala et, plus tard, l'Irak ?

Valentine : Phoenix est né au Viêt Nam comme un programme, une méthodologie, mais c'était en réalité un concept, fondé sur une philosophie spéculative de l'histoire dans laquelle l'Amérique, nation du « self-made », se donne un caractère exceptionnel, et où sa soif de puissance joue un rôle déterminant. Durant les huit années de son existence, Phoenix a traversé diverses phases de réorganisation. Des pièces en ont été retirées, d'autres ajoutées. D'autres ont été renommées. On a changé l'étiquette sur la même bouteille, à plusieurs reprises. Mais, étant avant tout un système de direction de la pensée et de contrôle des perceptions et des événements au sein d'un présent perpétuel et « spectaculaire », Phoenix est donc parfaitement adaptable, et applicable à tout type de situation.

Les États-Unis n'ont jamais été entraînés dans une guerre qu'ils n'ont pas aimée, et cela semble d'autant moins probable qu'ils sont désormais la plus grande puissance militaire au monde, avec le meilleur service de renseignements de l'histoire. Les États-Unis sont les plus puissants et les meilleurs, car ils sont un empire en lutte permanente pour son expansion. Ils trouvent toujours une excellente raison de déclencher une guerre et d'envoyer une nouvelle génération à l'abattoir, pour apprendre à tuer de la manière la plus brutale possible. Les États-Unis ont l'obligation d'être les plus agressifs possible, pour ne pas perdre leur suprématie. Et si leur instinct de prédateur dominant a été dompté au Viêt Nam, les militaires et les espions l'ont reporté ailleurs. Ils trouveront toujours un autre endroit où se déchaîner. Toujours.

Tandis que l'aventure au Viêt Nam touchait à sa fin, la CIA a été convoquée devant une Commission parlementaire qui a levé le voile sur plusieurs de ses activités criminelles, comme MKUltra. L'armée avait subi un grave revers avec la diffusion des Pentagon Papers en 1971. Les militaires avaient menti au public sur la raison pour laquelle le pays menait cette guerre. Pendant la période Watergate, la CIA a connu une réduction de ses effectifs dans le Sud-Est asiatique. Mais la compulsion à la domination était restée intacte, et le modèle Phoenix pouvait être appliqué partout ailleurs. C'est ce qu'ont fait la CIA et l'armée, qui devaient trouver un endroit où déverser leur trop-plein d'agressivité. Phoenix est à la fois une méthode et un programme pour permettre à cet instinct de domination de s'exprimer.

En 1973, les gens qui dirigeaient Phoenix étaient occupés à renverser le gouvernement élu du Chili. On trouvait parmi eux Ted Shackley, qui avait été chef de poste à Saïgon. Il dirigeait en 1973 la division Hémisphère Ouest de la CIA, et avait à ce titre collaboré au coup d'État contre Allende.

De là, la CIA s'est répandue partout en Amérique latine. Quand on reprend la chronologie, c'est très net : les forces clandestines américaines investissent l'Amérique latine à mesure que les États-Unis se désengagent du Viêt Nam.

C'est absolument limpide au Salvador, où le lieutenant-colonel Stan Fulcher a servi, de 1974 à 1977, en tant que conseiller pour le renseignement du groupe de conseil de l'armée américaine. Fulcher avait dirigé les opérations Phoenix dans la province de Binh Dinh, au Sud-Viêt Nam, en 1972. Il m'a dit, au cours de l'interview qu'il m'a accordée, qu'il avait retrouvé, deux ans plus tard, au Salvador, tout le réseau de la « fraternelle » du renseignement qui avait dirigé les opérations au Sud-Viêt Nam. La grande différence entre le Salvador et le Viêt Nam, c'était que la CIA, en raison de la réduction de ses propres forces paramilitaires, appliquait désormais les politiques américaines à travers des auxiliaires fournis par les nations alliées.

Sous les yeux de Fulcher, des conseillers israéliens apprenaient aux grands propriétaires terriens du Salvador à organiser les criminels en escadrons de la mort privés. Ces escadrons tuaient les syndicalistes et les opposants à l'oligarchie locale sur la base de renseignements fournis par l'armée salvadorienne et les forces de sécurité. Des opérations parfaitement niables.

Sous les yeux de Fulcher, des officiers de l'armée taïwanaise enseignaient les techniques de guerre politique du Kuomintang à l'Institut de formation au commandement et de l'administration militaire du Salvador : des disciplines typiques du cursus Phoenix, comme le contrôle de la population à travers la guerre psychologique, le développement et l'utilisation des agents provocateurs, le développement de cellules politiques au sein du corps des officiers, ou l'introduction de cadres militaires dans les forces de la sécurité civile.

Sous les yeux de Fulcher, des prisonniers politiques étaient internés dans des asiles psychiatriques « tout droit sortis des peintures de William Hogarth ».

Fulcher a également vu des Américains approvisionner en armes et en argent les escadrons de la mort. Il était révolté par ce spectacle, si bien qu'il a mis en place, à son domicile, un groupe d'étude pour jeunes officiers qui supportaient l'idée de réforme agraire, de nationalisation des banques et du contrôle de l'armée par la société civile. En 1979, ces officiers réformistes sont parvenus à organiser un putsch victorieux, bien que de courte durée. Dans la foulée, l'Agence salvadorienne de sécurité nationale (ASSN), que la CIA avait fondée en 1962, a été démantelée et refondée en Agence nationale du renseignement (ANR).

Cette réorganisation n'a pas suffi à mettre un terme à l'activité des escadrons de la mort. Au contraire, les propriétaires terriens et les officiers militaires fascistes se sont réfugiés à Miami et au Guatemala, où ils ont constitué l'Arena, un front politique voué à l'élimination des forces réformistes, et que la CIA alimentait en fonds. C'est le major Roberto d'Aubuisson qui a été choisi pour diriger l'Arena. D'Aubuisson était un ancien membre de l'ASSN; il avait transféré tous ses dossiers au quartier général de l'Arena, où ils ont été employés pour établir des listes noires. Agissant depuis le Guatemala, sous la supervision de la CIA, les escadrons de la mort de d'Aubuisson ont assassiné, entre février et mars 1980, Mario Zamora Rivas, le procureur général du Salvador, et Oscar Romero, l'archevêque de la capitale. Les escadrons de la mort sont devenus inarrêtables. En décembre de la même année, ils ont kidnappé, torturé et tué six membres du Conseil exécutif du Salvador, et ont violé avant de les assassiner quatre nonnes américaines socialement actives au sein de la paysannerie salvadorienne. En janvier 1981, ils ont assassiné Rodolfo Viera, le chef du programme de redistribution des terres, et ses deux conseillers américains, Michael Hammer et Mark Pearlman.

À l'époque, selon Ricardo Castro, officier de l'armée salvadorienne, diplômé de West Point et détenteur d'un diplôme d'ingénieur[199], la gestion des escadrons de la mort avait été assignée au département 5, qui était la branche des Affaires civiles de l'administration militaire. Castro expliquait que « d'un coup, le département 5 s'était mis à tout coordonner ».

Le département 5 avait été constitué au milieu des années 1970 par la CIA. Il était progressivement devenu « l'appareil de renseignements politiques au sein de l'administration militaire ». Il n'avait pas de vocation opérationnelle, uniquement investigatrice, et pourtant le département 5 disposait « de forces paramilitaires considérables, habillées en civils ». Et comme leurs cibles étaient civiles, « ils pouvaient mener à bien eux-mêmes toutes leurs opérations, du passage à tabac à l'enlèvement ».

---

[199] Allan Nairn, « Confessions of a death squad officer », *The Progressive*, mars 1986.

Quand, au contraire, la cible était militaire, le département 2, la branche Renseignement de l'administration militaire, envoyait les informations remontant de ses réseaux d'informateurs au département 3 (branche Opérations), qui ensuite déployait ses propres équipes de tueurs. Castro expliquait que « c'étaient les riches, les notables de la communauté », qui souvent désignaient les cibles à éliminer, chez les civils comme dans la guérilla. « Traditionnellement, ils ont toujours eu leur mot à dire. Quand quelque chose les contrarie, s'ils considèrent qu'un individu exerce une influence négative dans leur ranch ou dans leur ferme, ils envoient un messager chez le commandant. »

Pour des raisons économiques, c'était donc sur l'Amérique latine que les États-Unis avaient redirigé leur agressivité après le Viêt Nam. Les gens de Phoenix avaient amené en Amérique du Sud, en Amérique centrale, au Mexique, dans les Caraïbes leurs techniques et leurs idées. Ils les avaient remises en application, et avaient perfectionné le modèle Phoenix de diverses manières. Tout s'est emballé en 1980 avec l'avènement du régime Reagan.

Jimenez : « L'option Salvador », c'est une autre manière de dire Phoenix, n'est-ce pas ? C'est le même programme sous un nom différent ?

Valentine : Tout à fait. Les gens qui ont conçu et imposé l'option Salvador étaient des vétérans du programme Phoenix. Le Plan rose adopté par le vice-président Bush pour le Salvador en 1981 avait été développé par les officiers de la CIA Donald Gregg, Rudy Enders et Félix Rodrigues au Viêt Nam, avant d'être exporté au Salvador et en Irak.

J'ai interviewé Gregg et Enders en 1988. Gregg était à l'époque le conseiller à la Sécurité nationale de Bush. Il m'avait carrément appelé depuis la Maison Blanche, un après-midi « où il n'avait rien à faire », pour reprendre ses termes. Il m'a décrit tout le processus en détail. Son interview se trouve dans mon livre *The Phoenix Program*.

Comme je vous l'ai dit, vous pouvez changer l'étiquette d'une bouteille autant de fois que vous le voulez, le contenu restera le même.

Jimenez : Et ce contenu, c'est le même poison que celui que vous avez décrit précédemment. J'ai l'impression qu'il s'agit d'une manière de procéder standardisée, appliquée jusqu'à nos jours, à chaque théâtre de guerre où l'Amérique est impliquée. C'est stupéfiant.

Valentine : Je lisais récemment un livre au sujet de David Siqueiros, le peintre muraliste. Il y a un passage où une paysanne dit que le contremaître qui bat les paysans ne fait jamais qu'obéir au propriétaire de l'hacienda, et que le propriétaire de l'hacienda, lui-même, obéit aux Nord-Américains. C'est une conviction partagée par tous les travailleurs sud-américains. Le fait que nos concitoyens, eux, ne le comprennent pas est l'œuvre de nos médias.

L'Amérique latine et le Mexique sont très « antiaméricains ». Les gens pauvres de là-bas savent parfaitement que la main de l'Amérique – la CIA, le

FBI, le département d'État – a toujours corrompu leur classe politique. Elle le fait de nombreuses manières, et le trafic de drogue est l'une d'entre elles.

Les gens pensent que c'est un phénomène qui a débuté en Amérique centrale avec Iran-Contra, mais il remonte en réalité aux années 1920, quand les États-Unis ont décidé d'appuyer Tchang Kaï-chek en Chine. Tchang Kaï-chek ne pouvait financer son gouvernement qu'avec le commerce de l'opium. Celui-ci était interdit par les règlements internationaux, mais les États-Unis laissaient faire, car ils voulaient éviter que les communistes ne s'emparent de la Chine. Depuis, c'est une politique officieuse pour les États-Unis que de laisser ses alliés politiques s'enrichir à travers le trafic de drogue.

La CIA avait laissé le général Vang Pao, le leader de l'armée secrète Hmong au Laos, accumuler des fortunes avec le commerce de l'opium durant les années 1960-1970. L'agent du Bureau fédéral des narcotiques Bowman Taylor m'en a parlé. Taylor avait été agent à Dallas à partir de 1951, et en 1963 il avait été affecté à la filiale du Bureau nouvellement créée à Bangkok. « Rien n'avait été préparé, m'a expliqué Taylor. J'ai fait mes valises, et je suis parti. »

Taylor, qui n'avait pas suivi de formation diplomatique (en plus de ne pas être très doué dans la discipline), avait eu du mal à se faire des amis en Thaïlande. La « guerre contre la drogue » restait quelque chose de relativement obscur, et personne à l'ambassade américaine ne voulait risquer sa carrière pour aider un agent du Bureau des narcotiques à monter des enquêtes contre les personnalités les plus importantes du royaume de l'opium. Méprisé par ses concitoyens, Taylor avait développé des relations avec un colonel de l'armée thaïlandaise. Trois mois après son arrivée, il a enfin reçu l'aide d'un nouvel agent du Bureau fédéral des narcotiques en la personne de Charles Casey. Casey enquêtait, avec un agent sino-américain du Bureau sous couverture à San Francisco, sur les contrebandiers de stupéfiants du Kuomintang dans l'État Shan de Birmanie. Pour des raisons de « sécurité nationale » liées à la CIA – vous commencez à les connaître, maintenant –, l'enquête avait été torpillée au bout de quelques mois.

À la demande de Taylor, Casey a ouvert des enquêtes sur deux lieutenants thaïlandais travaillant pour la police frontalière, que conseillait la CIA. Malheureusement, ces deux lieutenants étaient « les meilleurs éléments » de la CIA, si bien qu'après leur arrestation, racontait Taylor, la CIA les a renvoyés gérer un réseau de contrebande de drogue au Laos. En une autre occasion, un pilote de la CIA avait oublié une mallette pleine d'opium au comptoir du guichet d'Air America à Bangkok. Taylor et la police thaïlandaise ont remonté les traces du pilote jusqu'à une base de l'armée de l'air américaine, non loin de Tokyo. Le pilote a alors été exfiltré aux Philippines, et placé sous la bienveillante surveillance d'agents de la sécurité de la CIA.

L'agent Al Habib a rejoint Taylor et Casey en 1965. « J'étais parti pour une mission temporaire de quatre-vingt-dix jours, m'avait confié Habib dans son interview, mais, une fois passé le choc initial, j'ai choisi de rester deux ans de plus. »

Le « choc initial », c'était la CIA. « Taylor s'était attiré des ennuis au Laos, se souvenait Habib. Il m'avait envoyé là-bas pour rattraper la situation. Je me suis présenté à l'ambassade de Vientiane, où j'ai été reçu par un officier de la CIA. Il m'a demandé ce que je voulais, et je lui ai répondu que j'étais venu à propos d'enquêtes sur les narcotiques. Ça l'a instantanément rendu nerveux, et il a appelé un garde des marines. Il m'a dit ensuite : "Restez là tant qu'on ne repasse pas vous voir." J'ai alors patienté, sous la surveillance du garde, jusqu'à ce qu'ils me conduisent auprès de l'ambassadeur William Sullivan. »

Habib riait en me racontant la suite : « Je me trouvais donc assis face au bureau de Sullivan, entouré d'un gang d'officiers de la CIA à l'air menaçant. Sullivan s'est présenté et m'a demandé d'expliquer la raison de ma présence au Laos. J'ai répondu que j'étais là pour travailler sous couverture avec la police, afin de trouver les laboratoires de morphine. Ce à quoi il a répondu : "Vous plaisantez, j'espère ?" »

« À ce moment, un officier de la CIA m'a dit "toi, là ! T'arrêtes tes conneries !", pendant que Sullivan retournait dans son bureau composer un long télégramme au secrétaire [d'État Dean] Rusk, dans lequel il lui a posé la question, en substance : "Ne savent-ils pas que le Laos est hors juridiction ?" »

« Ils m'ont alors raconté comment Taylor avait mis sur pied une opération clandestine d'achat de drogue. Il avait réuni des fonds pour appâter le revendeur et avait convenu d'un rendez-vous, couvert par la police de Vientiane. Quand le gars est sorti de sa voiture et a ouvert le coffre, la police a reconnu le roi des Hmong. La police a décampé illico, et Taylor a dû arrêter le général Vang Pao tout seul. »

Taylor me l'avait confirmé en riant, lui aussi : « C'est vrai. J'ai monté une opération contre Vang Pao, ce qui m'a valu d'être expulsé du pays. Ce qu'on ne vous a pas raconté, c'est que le Premier ministre du Laos a ensuite restitué à Vang Pao sa Mercedes et la base de morphine, et que la CIA l'a envoyé six mois à Miami, le temps de se faire oublier. J'ai écrit un rapport au commissaire du Bureau fédéral des narcotiques Henry Giordano, mais quand il est allé demander des comptes à la CIA, on lui a répondu que l'incident n'avait jamais eu lieu. » Taylor avait continué : « C'étaient les chefs de poste de la CIA qui faisaient la pluie et le beau temps dans le Sud-Est asiatique. »

Taylor m'avait ensuite raconté que le premier secrétaire de l'ambassade vietnamienne à Bangkok gérait une compagnie aérienne qui acheminait non-stop de la drogue à Saïgon. « J'ai essayé de l'arrêter, mais je n'ai obtenu aucune aide. Et de fait, la CIA accordait un soutien direct à la police frontalière, qui participait activement à la contrebande. » Taylor avait conclu, d'un haussement d'épaules : « La CIA était prête à tout pour atteindre ses objectifs. »

D'après plusieurs des agents du Bureau fédéral des narcotiques que j'ai pu interviewer, la CIA transportait l'opium par avion jusqu'à ses seigneurs de la guerre du Sud-Viêt Nam. Dans l'une des affaires documentées qui confirment cette assertion, le major Stanley C. Hobbs, membre de l'équipe de conseil 95 de MACV, s'est fait pincer le 30 août 1964 en train de remettre 28 kg d'opium en provenance de Bangkok à une clique d'officiers de l'armée sud-vietnamienne. Hobbs avait voyagé sur la compagnie aérienne de la CIA, Air America. Il a été renvoyé devant la Cour martiale, et son procès, pour des raisons de « sécurité », a eu lieu dans un endroit gardé secret sur les îles Ryukyu. Tous les témoins provenaient de l'armée américaine et du contre-espionnage sud-vietnamien. Les actes du procès ont été perdus. Bien que sa culpabilité ait été reconnue, Hobbs a reçu pour seule punition une amende de 3000 dollars et le blocage de ses promotions pour cinq ans. Il n'a pas fait un jour de prison, alors qu'il transportait de la drogue.

« Un gamin des bidonvilles qui fauche un bout de pain sera puni plus durement », avait commenté le sénateur du Missouri Stuart Symington, à propos de l'affaire Hobbs[200].

Le commissaire du Bureau fédéral des narcotiques Giordano a écrit une lettre à l'assistant du secrétaire de la Défense pour se plaindre de la légèreté de la peine. Comme on lui a refusé l'accès aux actes du procès, Giordano a écrit au sénateur Thomas J. Dodd, dans l'espoir d'obtenir les informations demandées. Dodd lui-même s'est heurté à un mur: dès les années 1960, la CIA était assez puissante pour se jouer des institutions fédérales de la lutte antidrogue, y compris d'un point de vue législatif. Rien n'a changé depuis.

Fort du soutien et de la bénédiction de la CIA, plusieurs généraux du Sud-Viêt Nam étaient entrés sur le marché de la drogue. D'après Al McCoy, les trois individus à la tête du syndicat du crime étaient le général de l'armée de l'air Nguyen Cao Ky, le président Thieu et le Premier ministre Tran Thien Khiem, et tous travaillaient main dans la main avec William Colby autour du programme Phoenix[201].

Selon Nguyen Ngoc Huy, historien vietnamien et professeur à Harvard, le général Dang Van Quang, l'amiral Chung Tan Cang, le Premier ministre Khiem, le chef de l'armée de l'air Ky et le chef d'état-major de Thieu Cao Van Vien dirigeaient leur trafic par l'intermédiaire de leurs femmes[202].

Absolument rien de cette corruption n'a été rendu public tant que les États-Unis voulaient rester au Viêt Nam. Et puis au bout d'un moment, quand les intérêts des États-Unis l'ont exigé, on est tombé des nues : « Oh mon Dieu ! Ces gens sont des trafiquants de drogue ! Il faut couper toute relation avec eux ! » Comme au Panama avec Manuel Noriega, en 1990.

La réalité, c'est que c'est la CIA qui organisait le trafic de drogue dans le Sud-Est asiatique, et qui l'utilisait pour récompenser les généraux et politiciens qui appliquaient les consignes américaines, contre les intérêts de leur peuple. Rassurez-vous, la CIA ne s'y prend pas autrement pour acheter les politiciens américains.

Lorsqu'on est un empire, il est essentiel de savoir comment corrompre la classe politique des pays satellites pour les garder dans son giron. C'est une

---

[200] Lettre du sénateur Stuart Symington au secrétaire de l'armée Stanley Resor, cité par Carl Rowan dans son éditorial en syndication du 21 novembre 1966.

[201] Alfred McCoy, *The Politics of Heroin…*, *op. cit.*, p. 226.

[202] Nguyen Ngoc Huy, Stephen B. Young, *Understanding Vietnam…*, *op. cit.*, p. 139-148.

politique coloniale bien connue. Ces deux facettes de Phoenix – le contrôle de l'élite d'un gouvernement étranger par la corruption, et l'utilisation de la terreur pour soumettre la base populaire – ont fusionné au milieu des années 1970 en Amérique centrale, avant d'exploser durant Iran-Contra au cours des années 1980.

Dans *The Great Heroin Coup*, Henrik Krüger avançait la théorie qu'avec la perte du Viêt Nam et de ses réseaux dans le Sud-Est asiatique, la CIA avait dû déplacer ses quartiers généraux de la drogue au Mexique, avec l'aide du trafiquant Alberto Sicilia Falcón. Krüger supposait que la CIA avait chargé Sicilia Falcón, un exilé cubain qui avait fait soudainement apparition au Mexique en 1973, de corrompre les fonctionnaires locaux en utilisant les vieux réseaux de la French Connection. La mafia et ses connexions avec le monde de la pègre corse collaboraient depuis des décennies avec les politiciens, les généraux et les forces de sécurité du Mexique. Exactement comme au Viêt Nam. J'en parle longuement dans mes livres. Bref, Sicilia Falcón a affirmé qu'il travaillait pour la CIA, avec les mêmes fonctionnaires corrompus, et que son véritable travail était de fournir des armes aux forces anticommunistes en Amérique centrale.

En 1977, le sénateur Sam Nunn a demandé l'ouverture d'audiences parlementaires pour enquêter sur le trafic d'armes venant des États-Unis au profit de barons de la drogue comme Sicilia Falcón et d'autres organisations criminelles mexicaines[203]. Cela a été un scandale. Le président Echeverria a déclaré en 1975 : « Des forces extérieures essaient de déstabiliser notre pays. »[204]

Durant les audiences, le directeur du Bureau des alcools, tabac et armes à feu (BATAF) a signalé un incroyable engouement pour les armes américaines : des centaines de personnes les introduisaient en contrebande au Mexique. C'est la même chose que nous avons connu quarante ans plus tard avec le scandale Fast and Furious. L'affaire a fini par remonter jusqu'au Congrès. Il est apparu que le BATAF avait fermé les yeux sur ces exportations illicites d'armes américaines au Mexique dans le but « d'identifier les seigneurs du crime », dont aucun n'a jamais été arrêté. Les armes sont parvenues entre les mains des criminels, et l'une d'entre elles a servi à tuer un des agents des Border Patrols. La véritable finalité de ces opérations n'a jamais été révélée.

La corruption, le trafic d'armes, le trafic de drogue et les escadrons de la mort sont des phénomènes intimement liés. C'est une relation d'interdépendance systématique, historique. C'est Phoenix.

---

[203] « The Illicit Traffic in Weapons and Drugs Across the United States-Mexican Border », 95e Congrès, 1ère session, le 12 janvier 1977, Bureau d'impression du gouvernement des États-Unis, Washington D.C., 1977.

[204] Henrik Krüger, *The Great Heroin Coup*, South End Press, 1980, p. 178. Voir également : James Mills, *The Underground Empire: Where Crime and Governments Embrace*, Doubleday, 1986.

Jimenez : La motivation est-elle seulement politique ? Est-ce qu'il s'agit de s'allier avec tel cartel, par exemple, parce que leurs objectifs coïncident avec les nôtres, comme le fait de maintenir au pouvoir tel groupe ou d'en chasser tel autre ? Ou bien y a-t-il aussi une dimension de profit, dans cette imbrication entre renseignement et commerce de narcotiques ? Quel est votre regard sur les motivations à l'œuvre dans le marché actuel des stupéfiants ?

Valentine : Le commerce des drogues illicites génère chaque année 300 milliards de dollars de recettes, en espèces. 300 milliards qui restent intégralement souterrains jusqu'au moment où ils sont déposés en banque. Le monde entier veut nos billets de 100 dollars, si bien que la majorité des narco-dollars finit sur des comptes libellés en dollars américains. Une grande partie de cet argent sert à acheter des armes, qui sont ensuite employées à des fins politiques : on essaie de renverser des gouvernements, comme en Syrie. On a souvent dit que l'argent de la drogue avait financé l'État islamique et d'autres groupes prétendus terroristes.

Mais il est impossible que 300 milliards, en quelque monnaie que ce soit, circulent à travers l'économie mondiale sans être détectés.

Les grands patrons qui contrôlent l'économie mondiale savent toujours d'où 300 milliards proviennent et où ils vont. La CIA s'est dotée d'une nouvelle division Numérique pour traquer ce genre de mouvements. On parle de gens qui ont les moyens d'organiser le blocus économique de nations comme l'Iran. Ils peuvent faire des choses prodigieuses, que je n'arrive pas à m'expliquer. Ces 300 milliards de dollars jouent à mon avis un rôle essentiel dans l'achat des fidélités. Pouvoir compter sur ces 300 milliards est une très haute priorité du côté de la CIA.

Jimenez : Il est évident que tout cela relève des véritables pouvoirs. Je voudrais revenir sur la situation du Mexique : dans quelle mesure est-ce lié aux programmes d'entraînement des escadrons de la mort du Guatemala, comme les Kaibiles ? Je sais que deux des membres fondateurs de Los Zetas étaient des Kaibiles, et que d'autres étaient sortis de la US Army School of the Americas. Officiellement, il s'agit de renégats des forces spéciales mexicaines, qui seraient entrés dans le business de la drogue par pur intérêt. Est-ce que c'est un dysfonctionnement, des individus formés aux tactiques Phoenix dont on aurait perdu le contrôle ? Ou est-ce volontaire ? Bill Conroy, de *Narco News*, a longuement travaillé sur les gangs de la drogue au Mexique, et refuse même de les voir comme des cartels. Il considère qu'il s'agit de factions du gouvernement mexicain en lutte entre elles pour le pouvoir.

Valentine : C'est l'une des politiques officieuses des États-Unis d'armer les factions du nord du Mexique en lutte permanente avec le gouvernement central. C'est une manière de l'affaiblir, de manière à ce que le Mexique ne devienne jamais un véritable adversaire politique ou économique. Les États-Unis appliquent la même politique secrète à toutes les nations au sud du Mexique. Hillary Clinton a organisé un coup d'État au Honduras en 2009.

La corruption est le meilleur outil pour déstabiliser une nation. Si la classe dirigeante d'une nation est corrompue et ne fait plus les intérêts du peuple, le gouvernement n'est plus celui du peuple. Les États-Unis se sont particulièrement acharnés sur le cas du Mexique. C'est la CIA qui s'en charge depuis la fin de la Seconde Guerre mondiale. Plusieurs présidents mexicains sont même sortis de ses rangs : leurs programmes faisaient les intérêts des États-Unis, et non ceux du peuple mexicain.

La CIA emploie les techniques Phoenix parce qu'elles sont faciles à nier, économiques et efficaces. Ni le Mexique ni les États-Unis ne pourraient se permettre de bombarder des villages mexicains, à cause des retombées politiques. La destruction du pays revient aux oligarques locaux, qui font le sale travail ensemble, en sous-main. Les différentes factions mexicaines sont en compétition pour le pouvoir et l'argent ; dans leur recherche du profit à court terme, elles deviennent les pions de la CIA, dont l'objectif est d'entretenir l'instabilité au Mexique en plongeant le pays dans un état de violence perpétuel. C'est dans cette optique que les agents de la CIA au Mexique ont mis en place le commerce des « armes-contre-la-drogue ». Comme vous l'avez souligné, la CIA a formé les membres des forces spéciales mexicaines de l'un des cartels aux techniques de la guérilla moderne. Les cartels ennemis, qu'ils le sachent ou non, ont très probablement eux aussi reçu l'assistance de la CIA, histoire de préserver l'équilibre des forces. C'est un monde souterrain où ce qui se passe reste en grande partie caché au public.

Personne n'en parle, mais la CIA dispose d'un spécialiste des opérations dans chaque État et chaque province du Mexique, notamment le long de la frontière. Ces officiers de la CIA, qui conduisent là-bas des opérations clandestines, travaillent avec les agents de la DEA détachés sur place, et envoient leurs rapports aux Centres de fusion et aux Centres antiterrorisme et antinarcotiques de Mexico. Comme au cours de l'opération Fast and Furious, ils surveillent les réseaux de trafic de drogue et d'armes de manière à :

1) faire chanter les politiciens et les transformer en agents ;

2) s'assurer que les cartels continuent d'être approvisionnés en armes et peuvent continuer de s'entretuer.

Ils n'ont aucun intérêt à désarmer les gangs. Si Trump construisait son mur, la CIA y installerait des chatières.

Et à l'autre bout de la chaîne, comme l'a révélé Gary Webb, ils surveillent la bonne distribution de la drogue aux minorités abandonnées des États-Unis. Des minorités que la police oppose les unes aux autres et utilise pour remplir les prisons. N'oublions pas qu'en Amérique, les détenus sont exploités en tant que main-d'œuvre servile. Je viens de vous décrire les mécanismes d'ingénierie sociale du racisme institutionnel. Mais il est interdit d'en parler, même si les gens le voient de leurs yeux. Ces méthodes d'ingénierie sociale sont extrêmement sophistiquées, et les gens de Black Lives Matter ont bien du mal à les appréhender. Quand bien même ils trouveraient le langage pour en parler, les médias l'étoufferaient, car on n'a pas le droit de parler de la répression systémique en vigueur chez nous. Nous sommes un pays libre, vous comprenez : c'est impossible.

Jimenez : J'adhère complètement à ce que vous nous dites. Ils corrompent les classes politiques étrangères pour les garder dans leurs poches, et le Mexique en est l'illustration parfaite. Cela se passe sous nos yeux, juste à nos frontières.
Je voudrais lire un petit extrait de votre livre pour illustrer ce que vous nous exposez. Je pense au passage où vous citez l'officier de l'armée salvadorienne Ricardo Castro. Il commandait un escadron de la mort au Salvador, et décrivait ainsi ce qu'ils faisaient chaque jour :
« Normalement, nous ne laissions pas de survivants. Nous intervenions avec un informateur qui faisait partie de la patrouille, et qui était celui qui avait dénoncé les cibles. C'était une obligation : quand vous dénonciez quelqu'un, vous deviez nous accompagner et participer à l'identification. Bref, nous arrivions, nous frappions à la porte. Les gens sortaient de chez eux, et nous leur disions toujours que nous étions de gauche, et que nous étions venus parce qu'ils refusaient de collaborer avec nous, ou quelque chose dans le genre. Et ensuite, nous les éliminions tous, toujours à la machette. »[205]
C'est exactement ce que l'on voit aujourd'hui au Mexique. Les cartels entrent chez les gens, toujours avec des machettes. Ce n'est pas un hasard. J'ai longtemps été fan de groupes de rap et de hip-hop comme NWA et Public Enemy, entre le début et le milieu des années 1990. À l'époque, on racontait dans ces chansons que c'était la CIA qui amenait la drogue dans le sud de Los Angeles pour neutraliser les noirs. C'était devenu une sorte de légende urbaine. Et puis il y a eu Gary Webb, qui nous a révélé, à nous et au reste du monde, qui était caché derrière la figure de « Freeway » Rick Ross[206]. D'un coup, le rôle de la CIA dans le trafic de cocaïne à Los Angeles est devenu une réalité. Le trafic de drogue avait une fonction politique et économique, mais c'était également un instrument d'ingénierie sociale. Ces gens peuvent fabriquer de toutes pièces une crise comme l'a été l'épidémie du crack.

Valentine : Tout ceci a été décidé il y a soixante-dix ans. Après la Seconde Guerre mondiale, les cerveaux au gouvernement et dans l'industrie se sont préparés à gouverner le monde. Cela ne s'est pas fait par un tour de passe-passe. Dans les infos, vous avez tous les jours des preuves du racisme institutionnel : des flics qui tuent un noir, puis un noir qui tue des flics. On assiste à ces scènes depuis des décennies, tous les jours. Mais dans les médias, c'est toujours présenté comme un « accident », une aberration. Non. Rien de tout ceci n'arrive par accident, car tout a été planifié il y a des décennies. On savait déjà à l'époque que l'ingénierie sociale était une arme plus dévastatrice

---

[205] *The Phoenix Program...*, *op. cit.*, p. 424.

[206] N.D.É. : Ricky Donnell Ross (1960), ou « Freeway » Rick Ross, est connu pour avoir constitué un immense réseau de drogue à Los Angeles au début des années 1980. Il n'était alors qu'un espoir local du tennis, qui n'avait pu obtenir de bourse universitaire sportive en raison de son analphabétisme. Gary Webb a démontré, dans sa série d'articles « Dark Alliance » publiée en août 1996 dans le *San Jose Mercury News*, le rôle de la CIA dans son ascension foudroyante. Ce sont ses filières et son personnel, ceux du réseau Iran-Contra, qui approvisionnaient Ricky Ross, après lui avoir mis le pied à l'étrier. Ricky Ross fut condamné à perpétuité en 1996, mais fut libéré en 2009.

que la bombe atomique.

La CIA et l'armée recrutent les anthropologues, les sociologues, les psychologues les plus brillants pour développer ce genre de magouilles. Ils en ont fait une science, qu'ils appellent « l'ergonomie ». Ils sont parvenus à perfectionner les programmes comme Phoenix à des niveaux qui dépassent mon entendement. Je roule en Toyota, pas en Lamborghini. J'ai compris certaines de ces choses il y a trente ans, mais ils ont perfectionné leurs méthodes de dissimulation. Il est plus difficile que jamais de savoir ce qu'ils combinent.

C'est la raison pour laquelle il est essentiel d'avoir une vision historique d'ensemble. Si vous vous focalisez sur les événements présents, vous serez ballottés de choc en choc, au jour le jour. Il nous faut développer une conscience historique collective pour comprendre notre situation et pouvoir y remédier. Pour cesser d'être manipulés sur une base quotidienne Les médias nous ont dressés à ne nous intéresser qu'à des choses périphériques, de manière à ce que nous ne puissions jamais réaliser que notre perception des événements est manipulée. Ils nous ont transformés en perpétuels adolescents qui passent leur vie plongés dans leurs textos cochons. Les gens doivent prendre du recul, mettre les événements en perspective. Il ne s'agit pas seulement de comprendre ce qui se passe en ce moment, mais aussi de savoir dans quelle direction nous emporte le cours des événements, et trouver comment y faire face.

Jimenez : Vous prêchez un convaincu, Doug. Je suis en permanence ces actualités brûlantes – comme le fisc qui s'en prend à certains groupes politiques ou aux reporters de l'*Associated Press*, ou comme le scandale de Snowden et de la NSA –, et, à chaque fois, je tombe dans le panneau. J'ai besoin de me répéter « pas si vite, on va réexaminer ça tranquillement », en replaçant cette actualité, justement, dans une perspective historique plus ample. Il faut arrêter de croire que l'interventionnisme américain, l'Irak, l'Afghanistan ne sont que des erreurs de jugement. Ce sont des décisions planifiées, que l'on comprend beaucoup mieux une fois replacées dans leur contexte historique.

Valentine : Les médias ont besoin de leur « crise du jour »[207]. Si l'information n'est pas rafraîchie toutes les vingt-quatre heures, elle perd son pouvoir. Vous avez besoin d'un gros titre tout neuf pour attirer l'attention des gens et leur vendre un produit. Bien sûr, la politique partisane est un poison supplémentaire, qui ne fait que détériorer un peu plus la situation. Ces querelles sans fin plongent l'exécutif dans la paralysie politique, ce qui contribue à accroître le pouvoir de la bureaucratie.

Lorsque je me suis mis à étudier la DEA, j'ai commencé par étudier son prédécesseur, le vieux Bureau des narcotiques, qui avait été fondé en 1930. Il tournait avec un budget de 3 millions de dollars et 300 agents jusqu'en 1968. Aujourd'hui, il y a 600 agents des narcotiques dans la seule ville de New York,

---

[207] N.D.T. : En français dans le texte.

et l'industrie est si profitable que le Congrès alloue à la DEA une dotation annuelle de 20 milliards de dollars.

La division des Opérations spéciales de la DEA a été créée en 1994 pour régler son compte à Pablo Escobar. C'était un service d'une douzaine d'agents de la CIA, du FBI et de la NSA, organisé selon le modèle Phoenix. On y avait employé une technologie tout dernier cri pour localiser Escobar. En vingt ans, la division des Opérations spéciales s'est transformée en un Centre Phoenix en plein cœur de la DEA, et compte désormais des centaines d'agents. Le partenariat avec la NSA leur permet d'écouter n'importe quelle conversation, sous prétexte qu'elle pourrait avoir un rapport avec le trafic de drogue. Les informations obtenues sont ensuite utilisées à des fins politiques et économiques par la caste bureaucratique qui organise ce manège depuis le début. Quand ces cadres quittent la NSA, la CIA ou la DEA, ils vont travailler pour les corporations en mesure de profiter de toutes les informations qu'ils ont accumulées à travers ces opérations de surveillance. Parce que, voyez-vous, contrairement à toutes les fables que l'on vous raconte, ces gens-là ne détruisent jamais les informations. Ils les utilisent pour leurs intérêts personnels. C'est extrêmement rentable, de nos jours, de travailler dans l'espionnage domestique: vous assurez votre avenir. C'est une conséquence de plus de l'action corruptrice de la CIA sur notre société.

Jimenez : Absolument. La relation entre la DEA, la CIA et la NSA était au cœur de l'actualité, cette semaine: la NSA communique effectivement à la DEA les informations collectées sur les petits dealers avec ses programmes d'écoute, en dehors de toute procédure judiciaire. Ça ne surprendra pas quelqu'un qui, comme vous, Doug, étudie le sujet depuis si longtemps.

Valentine : Dans mon livre, je raconte comment la NSA et la DEA se livraient déjà à ce genre de choses illégales dans les années 1970. Le grand problème, c'est que les informations que la DEA acquiert de la NSA et de la CIA ne sont pas admissibles devant un tribunal. La CIA peut exploiter un trafiquant de drogue et l'élever au rang d'agent juste en le mettant sur écoute. Quand la CIA met sur écoute un trafiquant de drogue, la DEA ne peut plus le poursuivre en justice : c'est comme s'il avait une licence de deal.

Au début, cela rendait fous les gens de la DEA. Mais, au bout de dix ans, ils ont fini par comprendre, et ils ont rejoint la fiesta. La CIA a perverti la DEA de la même manière qu'elle corrompt les gouvernements étrangers. Et de la même manière, elle pervertit la NSA et l'armée. Elle pervertit aussi nos administrations exactement comme elle le fait avec les gouvernements étrangers. Elle dit le faire dans l'intérêt de la sécurité nationale, mais, en réalité, c'est toujours pour le fric.

On en est arrivé à un point où le département de la Justice autorise la DEA à mentir. Comme elle ne peut pas dire qu'elle agit sur la base de renseignements provenant d'écoutes de la CIA, elle prétend que ses informations lui viennent d'informateurs confidentiels dont l'identité ne peut être révélée. Cette réécriture fictionnelle a désormais valeur de preuve dans les tribunaux. Les juges, qui ont eux-mêmes été pervertis, ne remettront jamais en cause la source de l'information et envoient des gens en prison pour vingt ans.

La réalité, c'est qu'il n'est plus nécessaire que vous ayez commis un crime pour vous envoyer en prison. Les « forces de l'ordre » peuvent vous piéger, et vous envoyer en prison pour avoir eu de mauvaises pensées. Les véritables pouvoirs ont soumis toutes les administrations au modèle Phoenix, et elles ont toutes été perverties dans leur mission et leur nature parce que c'est la meilleure manière de mettre en place le contrôle politique de la société. En trahissant la charte des droits fondamentaux du citoyen, en travaillant contre la Bill of Rights, ces fonctionnaires peuvent s'offrir deux maisons, une femme socialement gratifiante, et envoyer leurs fistons dans les meilleures facs. Nos administrations ont atteint un niveau de corruption tel, elles sont impliquées dans un nombre d'activités illégales si élevé, que leur objectif, désormais, c'est de parvenir à étouffer le scandale.

Jimenez : Plus tôt, vous avez qualifié la CIA de « conspiration criminelle », et je pense que vous avez pleinement raison. Et comme vous l'avez expliqué, ils utilisent cette instabilité scientifiquement générée pour préserver leur ordre social. Y compris chez nous. Ce qui, en grande partie, relevait autrefois du crime pur et simple fait désormais partie des procédures standard.

Je rappellerai, pour aller dans votre sens à propos de la collecte de l'information, que Russell Tice, un lanceur d'alerte de la NSA, a expliqué il y a de cela quelques semaines, dans une interview accordée à Peter B. Collins et Sibel Edmonds de *Boiling Frogs Post*, que tout le contenu de nos conversations, aussi bien téléphoniques qu'électroniques, est intercepté et conservé[208]. Et ce n'est pas tout : ils écoutent tout le monde, y compris les hommes politiques, les parlementaires, et même Barack Obama, du temps où il était sénateur.

Mais vous avez raison : il s'agit de corrompre ou de compromettre les dirigeants des autres nations de manière à les tenir en laisse. Le FBI lui-même ciblait les groupes comme les Black Panthers avec leur programme COINTELPRO. L'entreprise de déstabilisation a discrédité le mouvement jusqu'à son éclatement, et ses anciens membres sont allés former les Blood, les Crips à South Central Los Angeles, et ailleurs dans le pays. On voit bien comment tout est lié. Tout à l'heure, je riais pendant que vous décriviez le mécanisme, mais, en réalité, c'était un mécanisme d'autodéfense... Autrement, nous serions poussés à la folie.

Valentine : Les bonnes lectures sont un autre mécanisme de défense. Je pense au livre de Sam Greenlee, *The Spook Who Sat by the Door*[209]. Il y a

---

[208] Le podcast de *Boiling Frogs Post* est hébergé et écoutable sur https://www.newsbud.com/, sous le titre « NSA Whistleblower Goes on Record – Reveals New Information & Names Culprits ! », daté du 19 juin 2013.

[209] N.D.É. : *The Spook Who Sat by the Door* (1969) – littéralement, « L'espion assis à côté de la porte » – est une nouvelle de l'écrivain noir américain Sam Greenlee (1930-2014), dans laquelle la CIA, par démagogie, accepte de confier à Dan Freeman, un agent

quarante ans, les noirs savaient déjà parfaitement ce dont ils étaient victimes. Rien n'a changé depuis, sinon le fait que les administrations qui les oppriment sont devenues encore plus puissantes. Les législations contre la drogue ont toujours été utilisées par les suprémacistes comme un moyen de jeter en prison les noirs, les latinos et toutes les minorités qu'ils considèrent comme inférieures. Et ce n'est pas le passage d'un noir à la Maison Blanche qui a changé quoi que ce soit au fonctionnement de cette bureaucratie. Malgré les apparences, elle opère toujours avec ces objectifs, ces doctrines.

Jimenez : Je comprends parfaitement. En conclusion, j'aimerais lire un extrait du chapitre final de votre livre *The Phoenix Program*. C'est, je pense, la manière idéale d'achever notre entretien. J'aimerais que tout le monde écoute et réfléchisse aux événements contemporains. Et pas uniquement à ceux qui se passent à l'autre bout du monde : chez nous également.
Votre livre s'achève sur ce paragraphe : « Où se cache Phoenix aujourd'hui ? Il est partout où les gouvernements, de droite comme de gauche, utilisent l'armée et les forces de sécurité pour imposer leur idéologie avec l'excuse de la lutte contre le terrorisme. Cherchez Phoenix à chaque barrage de police autour des grandes villes, ou encore à chaque fois que vous verrez des unités de police paramilitaires patrouiller en véhicule blindé » – comme à Boston, il y a quelque temps. « Cherchez Phoenix partout où les forces armées sont engagées dans des opérations contre-insurrectionnelles. Cherchez-le à chaque fois que l'état d'urgence est proclamé par décret et suspend l'exercice normal de la légalité, ou que les dissidents sont raflés et internés. Cherchez Phoenix partout où les forces de sécurité utilisent des indics pour identifier les dissidents ; qu'elles constituent des fichiers informatisés de la dissidence ; qu'elles placent les dissidents sous surveillance secrète, et sous enquête ; qu'elles, ou les délinquants qu'elles recrutent, agressent ou tuent les dissidents, pendant que les médias gardent le silence. »
Encore une fois : à la lumière de ces quelques lignes, prenez le temps de repenser à ce qui se passe dans le monde, et chez nous, « la patrie des hommes libres, le foyer des braves ».
Doug, quelques mots pour finir ?

Valentine : Je dirais que c'est avant tout une affaire d'éveil, même si je sais que ça sonne comme une expression ringarde des années 1960. C'est en prenant conscience de l'entité réelle du problème que vous pourrez vous en sortir.

---

noir, un poste à responsabilité. Dan Freeman est en réalité un nationaliste noir qui profite de sa formation paramilitaire et des techniques que lui enseigne la CIA pour lancer une insurrection noire dans Chicago, puis dans le reste des États-Unis.

CHAPITRE 14

LE PROJET GUNRUNNER

Ken McCarthy : Bienvenue sur Brasscheck TV. Nous recevons aujourd'hui Doug Valentine. Nous allons aujourd'hui parler avec lui du projet Gunrunner et de l'opération Fast and Furious. Gunrunner a débuté pendant l'administration Bush, et s'est poursuivi sous celle d'Obama. Voici son histoire.

Le Bureau des alcools, tabac et armes à feu (BATAF) a autorisé et encouragé des criminels, dont on connaissait les liens avec les cartels mexicains, à acheter des armes dans les armureries de l'Arizona et à les emporter au Mexique[210]. Ce sont plus de mille armes de type militaire qui ont ainsi été exportées. Il y a eu plus que de la tolérance de la part du BATAF. Des commerçants inquiets de ces achats ont interpellé le BATAF : « Y'a ce type qui n'arrête pas de m'acheter des armes, vingt ou trente AK-47, vous ne pourriez pas vous renseigner un peu sur son compte ? Je pense qu'il a un profil criminel. » En général, le BATAF se contentait de répondre : « Laissez-le acheter. »

Une partie de ces armes a fini au Mexique. Une partie a servi dans des crimes. Un garde-frontière américain a été tué par l'une de ces armes. C'est tout à fait officiel. Jusque-là, et pendant des années, les cartels de la drogue mexicains travaillaient en « bonne intelligence », chacun de leur côté, sans se marcher sur les pieds. Tout le monde faisait son argent, tout le monde était content. Et puis, en 2006, la guerre a explosé. Les cartels ont commencé à s'entretuer, les civils ont été régulièrement massacrés. Cette guerre de la drogue a fait plus de 50 000 morts, avec des exécutions parfois absolument révoltantes. L'un des cartels, Los Zetas, a un pedigree particulièrement intéressant. Il est composé de personnes entraînées dans les forces spéciales américaines. Ce sont des gens qui avaient été formés pour éliminer les leaders de cartels, et qui ont finalement décidé de fonder le leur.

Un membre du cartel de Sinaloa, Vicente Zambada Niebla, est actuellement emprisonné aux États-Unis pour avoir « écoulé de la cocaïne et de l'héroïne pour une valeur supérieure à 1 milliard de dollars »[211]. L'avocat de Zambada Niebla, cependant, répète que le cartel de Sinaloa renseignait depuis la fin des années 1990

---

[210] N.D.É. : La législation sur les armes en Arizona est très permissive : les armes de poing et les armes longues sont disponibles à la vente sans permis ni enregistrement. Seul le port en public demande une certification.

[211] Michael B. Kelley, « CONFIRMED: The DEA struck a deal with Mexico's most notorious drug cartel », *Business Insider*, le 13 janvier 2014.

plusieurs agences américaines du maintien de l'ordre sur le compte des autres cartels. Ils avaient aidé les États-Unis à éliminer leurs rivaux, et avaient reçu, en échange de leur collaboration, le droit d'exporter leur drogue aux États-Unis en quantités illimitées. Chicago était leur principal point d'entrée.

Je vous le demande donc, Doug, est-ce qu'il est arrivé au gouvernement américain, à travers ses diverses agences de maintien de l'ordre, d'accorder l'immunité à des trafiquants de drogue en échange de services ? Et si oui, est-ce fréquent ? Et à quand remonterait la pratique ?

Valentine : Lenny Schrier, un vieil agent du Bureau fédéral des narcotiques, m'a dit un jour : « Le seul moyen de monter une enquête, c'est quand votre informateur lui-même vend de la drogue. » Donc la réponse est oui. Non seulement cela s'est produit, non seulement cela se produit toujours, mais c'est en plus la pierre angulaire sur laquelle toute la lutte fédérale contre la drogue est bâtie. C'est un fait, cependant, auquel il ne faut pas s'arrêter. Il faut porter son regard au loin, et prendre conscience du contexte politique et légal qui autorise une telle aberration. J'aimerais pouvoir développer.

Dans les années 1920, les États-Unis ont décidé de miser massivement sur Tchang Kaï-chek. Tchang Kaï-chek dirigeait le Kuomintang, qui affrontait les communistes et d'autres seigneurs de la guerre pour le contrôle de la Chine. Les États-Unis eux-mêmes affrontaient les autres puissances coloniales, pour ce même contrôle de la Chine, qui pouvait offrir une main-d'œuvre économique et des débouchés immenses aux entreprises et investisseurs américains. Il y avait un problème, cependant : le Kuomintang se finançait avec le commerce de l'opium. C'est un fait qu'attestent les échanges diplomatiques entre le gouvernement américain et ses représentants en Chine. Les historiens Kinder et Walker affirment que le commissaire du Bureau des narcotiques, Harry Anslinger, « connaissait parfaitement les relations de Tchang avec les trafiquants d'opium »[212].

De même, Anslinger savait parfaitement que Shanghaï, « le premier centre de production et d'exportation de drogue sur le marché illicite mondial », était entre les mains d'un syndicat du crime contrôlé par Du Yuesheng, un baron de la pègre qui avait facilité, à partir de 1927, l'ascension sanglante de Tchang Kaï-chek. Dès 1932, Anslinger savait que le ministre des Finances de Tchang Kaï-chek protégeait Du Yuesheng. Il avait eu les preuves, dès 1929, que les Tongs en Amérique, c'est-à-dire les premières communautés constituées par les immigrants chinois, recevaient des narcotiques expédiés par le Kuomintang, et destinés à la mafia. Les grossistes travaillaient avec les marchands d'opium, les gangsters comme Du Yuesheng, les forces japonaises de Mandchourie, et le docteur Lansing Ling, « qui ravitaillait en narcotiques

---

[212] Douglas Clark Kinder, William O. Walker III, « Stable force… », *op. cit.*, p. 916. Voir également : Jonathan Marshall, « Opium and the Politics of Gangsterism in Nationalist China, 1927-1945 », *Bulletin of Concerned Asian Scholars*, no 8, 1976, p. 19-48.

les fonctionnaires chinois en déplacement ». En 1938, Tchang Kaï-chek a confié au Dr Ling la direction de son département pour le Contrôle des narcotiques[213].

En octobre 1934, l'attaché américain du Trésor à Shanghaï « a transmis des rapports indiquant que Tchang Kaï-chek était impliqué dans le commerce d'héroïne avec l'Amérique du Nord ». En 1935, l'attaché indiquait que le surintendant aux douanes maritimes du port de Shanghaï « était un agent de Tchang Kaï-chek, qui s'occupait de la préparation des livraisons de drogue à destination des États-Unis »[214].

Ces rapports arrivaient sur le bureau d'Anslinger, qui savait quels fonctionnaires du Kuomintang et quelles missions commerciales venues de Chine allaient ravitailler en drogue les Tongs sur le sol américain. Il savait aussi quels représentants de la mafia venaient se servir auprès d'eux. Et il savait, enfin, qu'un pourcentage des bénéfices réalisés par les Tongs repartait en Chine pour financer le régime de Tchang Kaï-chek.

Si Anslinger avait nourri quelque ambition d'affronter honnêtement cette situation, elle s'est évaporée en août 1937, quand les forces japonaises ont envahi Shanghaï. À l'époque, Du Yuesheng siégeait au conseil municipal, en compagnie de William J. Keswick, directeur de la compagnie de transport maritime Jardine Matheson[215]. C'est Keswick qui a permis à Du Yuesheng de fuir à Hong Kong à l'arrivée des Japonais. Là-bas, il a été accueilli par une cabale de colons britanniques libre-échangistes, heureux de mettre à sa disposition leurs banques et sociétés de transport, et de lui permettre de toucher toujours plus de Chinois. Les profits ont été immenses. D'après le colonel Joseph Stilwell, attaché militaire américain en Chine, il y avait en 1935 « 8 millions de Chinois dépendants à l'héroïne et à la morphine, et 72 millions de Chinois dépendants à l'opium »[216].

Anslinger a essayé de minimiser le problème en mentant : il prétendait que les Américains n'étaient pas affectés par ces addictions. Néanmoins, c'était à Washington qu'étaient prises les décisions, et, du point de vue des patrons d'Anslinger, celui de la sécurité nationale, le trafic de drogue avait permis au Kuomintang d'acheter pour 31 millions de dollars d'avions de chasse au marchand d'armes William Pawley, pour combattre les communistes. Cette perspective avait dissipé en eux tout dilemme moral relatif aux risques de l'addiction encourus par les Américains, ou au commerce avec les Japonais.

Tout ceci est documenté. Je cite les sources dans mes livres, je vous

[213] *Ibid.*, p. 19.

[214] William O. Walker III, *Opium and Foreign Policy: The Anglo-American Search for Order in Asia, 1912-1954*, University of North Carolina Press, 1991, p. 78.

[215] Durant la Seconde Guerre mondiale, Keswick dirigeait la direction des Opérations spéciales britannique, et fournit à Garland Williams, du Bureau fédéral des narcotiques, les manuels d'entraînement qui permirent de former les officiers de l'OSS.

[216] Jill Jonnes, *Hep-Cats, Narcs, and Pipe Dreams*, Scribner, 1996, p. 95.

encourage à vérifier par vous-mêmes. Il ne faut pas oublier non plus que les sénateurs et députés du lobby « prochinois » à Washington profitaient eux-mêmes des retombées du commerce des armes et de la drogue. Ils recevaient leur pourcentage sous la forme de contributions à leurs campagnes. Il leur suffisait de croire ce qu'affirmait Anslinger : que la drogue restait là-bas. Après 1949 et la victoire des communistes en Chine continentale, le lobby de la Chine à Washington a saboté les audiences des Commissions d'enquête parlementaires, tandis qu'Anslinger a falsifié les documents pour faire porter à la République populaire de Chine la responsabilité du trafic de drogue en Extrême-Orient. Tout le monde s'en était mis plein les poches et, après 1947, le syndicat chinois de la drogue a été transféré, avec l'aide de la CIA, à Taïwan.

L'implication du gouvernement américain dans le trafic de drogue illicite s'est institutionnalisée au cours de la Seconde Guerre mondiale. En 1944, John Service, officier du service Extérieur, c'est-à-dire le corps diplomatique des États-Unis, était en poste à Kunming, où tant les Flying Tigers que l'OSS avaient leur quartier général chinois. Service travaillait au sein de l'équipe du général John Stilwell, et a informé Washington que les nationalistes étaient totalement dépendants du commerce de l'opium, et étaient « incapables de résoudre les problèmes de la Chine ».

Les comptes-rendus de Service ont contribué à convaincre l'administration Truman qu'il était inutile d'intervenir pour sauver Tchang Kaï-chek à la fin de la guerre. En représailles, le général Tai Li, chef du renseignement de Tchang Kaï-chek, a fait accuser Service par ses agents en Amérique d'avoir transmis le plan de bataille du Kuomintang à une lettre d'information de gauche. Service a été arrêté, puis blanchi de ces accusations. Néanmoins, pendant six années supplémentaires, il a fait l'objet d'attaques persistantes de la part du lobby de la Chine. Il a été soumis à huit audiences de loyauté, et renvoyé du département d'État en 1951.

La persécution qu'avait subie Service était un message clair, adressé à tous ceux qui étaient tentés d'associer les nationalistes chinois et la contrebande de drogue. Ils seraient, au minimum, accusés d'être des sympathisants communistes, ce qui suffisait à ruiner leur réputation. Les intérêts américains sur le marché des narcotiques sont toujours défendus de cette manière de nos jours ; la sécurité s'est grandement améliorée, et les lanceurs d'alerte sont calomniés différemment.

Après la Seconde Guerre mondiale, c'est à la CIA qu'a été confiée la tâche de gérer l'implication américaine dans le trafic de drogue. La décision était en partie motivée par le fait que l'agence était déjà en mesure d'organiser des opérations clandestines pour la Chine nationaliste à Taïwan. Par ailleurs, la CIA avait également organisé le transfert et l'approvisionnement d'une armée du Kuomintang en Birmanie. Cette armée se finançait par le commerce de l'opium, que la CIA transportait par avion vers les laboratoires où il était transformé en héroïne, puis revendu à la mafia. Les autres administrations – l'armée, les départements d'État, de la Justice et du Trésor –, avec la collaboration du lobby parlementaire de la Chine, garantissaient la protection de l'opération en contrôlant de près le peu d'informations qui parvenaient au public.

Le Mexique trouve naturellement sa place dans cette équation. L'histoire des relations entre les États-Unis et le Mexique est un paramètre déterminant dans l'explosion actuelle du commerce de « drogue-contre-armes ». Les États-Unis n'ont jamais considéré le Mexique comme un allié, comme l'avait été la Chine nationaliste au cours de la guerre contre les communistes, mais comme une menace latente, et à laquelle on doit répondre par la déstabilisation perpétuelle. Les États-Unis s'emploient à déstabiliser le Mexique depuis le jour où il a interdit l'esclavage. Les esclaves américains fuyaient au Mexique, et les États du Sud y voyaient un acte de guerre. Ils lançaient leurs milices au Mexique pour récupérer leurs esclaves, tandis que le Mexique continuait de leur servir de refuge.

Il ne faut pas négliger, également, la bonne dose de racisme habituel des Américains. Les Mexicains sont perçus comme inférieurs. On a vite établi qu'ils n'étaient pas instruits, et que leurs immigrants étaient tous pauvres et criminels. Ça compte énormément.

L'animosité s'est encore accrue pendant la Première Guerre mondiale, en raison des relations que le Mexique entretenait avec l'Allemagne. C'est la célèbre affaire du télégramme de Zimmermann[217]. Depuis lors, les États-Unis ont toujours craint que le Mexique, avec sa masse de pauvres, puisse se mettre à nourrir des sympathies pour le communisme. C'est pourquoi ils font tout ce qui est en leur pouvoir pour en favoriser l'élite et brutaliser les classes inférieures. Il ne faudrait pas qu'elles puissent s'organiser politiquement et économiquement. Avec l'aide du gouvernement, les grandes entreprises américaines corrompent cette élite mexicaine qui détient entre ses mains les institutions civiques et politiques du pays, de sorte que le Mexique ne vienne jamais appuyer les nations progressistes d'Amérique latine.

Le massacre de Tlatelolco en 1968, en plein cœur de Mexico, est une illustration des efforts que déploie la CIA pour suffoquer tout élan de réforme politique au Mexique. Le renégat de la CIA Phil Agee avait assisté aux événements et avait écrit à leur sujet. C'était la version mexicaine du massacre de Tian'anmen. Il avait suffi de dire que les 300 manifestants abattus sur place étaient des communistes pour que le bain de sang devienne acceptable aux yeux de la presse américaine. Comme Ronald Reagan aimait à le dire, « le Mexique est notre arrière-cour ». On a terrorisé les gens en leur expliquant que les syndicalistes, les fermiers et les sociologues mexicains allaient nous

---

[217] Il s'agit du télégramme envoyé le 16 janvier 1917 par le ministre des Affaires étrangères allemand Arthur Zimmermann à l'ambassadeur allemand à Mexico Heinrich von Eckardt. Le ministre y invita son ambassadeur à signifier au gouvernement du Mexique que, en cas d'intervention américaine dans le conflit, l'Allemagne était disposée à soutenir financièrement la reconquête mexicaine du Nouveau-Mexique, du Texas et de l'Arizona. Le télégramme, intercepté et décrypté par l'amirauté britannique, fut présenté aux autorités américaines. Il est aujourd'hui conservé aux Archives nationales des États-Unis , où il est présenté comme « l'un des éléments qui ont poussé le pays à entrer en guerre ».

envahir et nous soumettre, et que nous avions dès lors le droit de les massacrer pour nous défendre. C'est le contexte qu'il faut avoir à l'esprit, quand on parle du Mexique. C'est « communisme contre capitalisme ». Blanc contre noir. Donald Trump joue sur les mêmes peurs, de nos jours.

McCarthy : Donc, Fast and Furious n'est pas qu'une opération de contrebande d'armes qui aurait mal tourné. D'après l'avocat de Vicente Zambada Niebla, les autorités américaines voulaient créer un mégacartel. Est-ce que cela vous semble plausible, à la lumière de votre expérience dans le domaine ?

Valentine : Je pense que c'est la CIA, le mégacartel. Il est possible que la CIA voie d'un bon œil l'émergence d'un grand cartel central au Mexique. Mais ce qui est certain, c'est qu'aucune autre organisation au monde n'en sait autant que la CIA sur le trafic de drogue. La CIA dispose d'une base de données informatisée qui contient toutes les informations possibles sur tous les trafiquants, groupes ou individus. Elle sait quelles banques ils utilisent, et dans quoi ils investissent. Elle peut prédire leurs actions, que ce soit en Afghanistan ou au Mexique. Et elle utilise tout ce savoir pour manipuler le cours des événements.

La CIA, en 1973, a placé sous son contrôle l'intégralité du renseignement américain en matière de narcotiques. Cette fonction, qui relevait de la DEA, lui a été confiée, et c'est là qu'il faut chercher l'origine cachée du mélodrame Fast and Furious. Le BATAF et la DEA ne sont que des hommes de paille, dans cette affaire. Ils ont été mis en avant pour cacher le rôle de la CIA et du département d'État, qui sont les seuls à pouvoir intervenir au Mexique. Les agences de maintien de l'ordre américaines, c'est bien simple, n'ont aucune autorité au Mexique.

Les considérations du département d'État sur les équilibres politiques dans la région prévalent sur toute autre contingence relative à la sécurité et au respect de la loi. À chaque fois qu'une agence de maintien de l'ordre américaine est amenée à opérer en territoire étranger, elle doit recevoir l'approbation du département d'État et de la CIA. Et la CIA a le dernier mot sur tous les recrutements des agences de maintien de l'ordre au Mexique. Mettons que je travaille pour la DEA ou le BATAF, et que je veuille recruter un indic dans le cartel de Sinaloa, ou dans n'importe quel autre cartel. Je dois d'abord passer par la CIA, qui va vérifier les dossiers de toutes les recrues possibles, de crainte qu'elles ne travaillent déjà pour la Russie ou la Corée du Nord. La CIA a toujours très peur que les Mexicains puissent servir nos ennemis. On vous parle tout le temps du Hezbollah au Mexique. C'est la raison pour laquelle la CIA contrôle le recrutement de tous les informateurs mexicains de la DEA et du BATAF, et les médias le savent parfaitement. N'importe quel journaliste qui travaille sur le Mexique le sait, mais s'il vous le disait, il serait accusé, comme John Service ou Chelsea Manning, de collaborer avec l'ennemi. Cela reviendrait à révéler un secret d'État.

Les médias n'ont tout simplement pas le droit de vous dire que c'est la CIA qui planifie tous les petits mélodrames qui défilent sur vos écrans. Ce sont les politiciens de la Maison Blanche et du Congrès qui conçoivent les scripts, et c'est la CIA qui exécute les opérations illégales. S'il y en a une qui vire mal, il suffit de la mettre sur le dos d'une agence de maintien de l'ordre, bien incapable de se défendre. La perception que le public se fait de ces incidents est totalement faussée.

Si la CIA tient tant à avoir un informateur dans chaque cartel, ou à diriger un mégacartel, ce n'est pas pour des questions d'ordre public. La CIA n'est pas une agence de maintien de l'ordre. C'est notre mafia, agissant à l'étranger. Je ne sais pas quels hommes politiques ou hommes d'affaires la CIA cherche à appuyer à travers ces opérations armes-contre-drogue, mais c'est une histoire de soutien à distance. Il s'agit de faciliter l'ascension d'hommes politiques et d'hommes d'affaires qui assureront la promotion d'un agenda favorable à l'Amérique, tout en maintenant sous leurs bottes le peuple mexicain. Ce sont ces considérations qui déterminent la ligne d'action de la CIA quand, par exemple, elle choisit un informateur dans un cartel particulier.

McCarthy : Donc le BATAF, le FBI, ce sont des boucs émissaires ?

Valentine : Les autres, oui. Le FBI, en revanche, on ne la lui fait pas. Le FBI a un mandat de Sécurité intérieure. Il arrive qu'il y ait des conflits, mais, en général, la CIA et le FBI travaillent ensemble pour faire porter la faute à quelqu'un d'autre. Le rôle de la CIA consiste à aligner les nations étrangères sur les intérêts américains. Le FBI doit quant à lui protéger les États-Unis de la menace de la gauche. Ses opérations de contre-espionnage peuvent l'amener à intervenir au Mexique, mais elles sont gardées secrètes, et vous n'en entendrez jamais parler dans les médias. Et les médias n'évoquent jamais le FBI dans ce type de contexte, d'ailleurs.

Le FBI est la plus importante des branches du maintien de l'ordre du gouvernement américain, mais il n'a aucune autorité sur la CIA. C'est pour cela qu'il s'était opposé à sa création. Pour comprendre comment raisonne cette institution, il faut savoir que sous J. Edgar Hoover, et jusqu'en 1963, le FBI refusait d'admettre l'existence de la mafia et du crime organisé. Tout ça parce que ces criminels étaient anticommunistes et contribuaient activement à la ségrégation raciale.

Pour en revenir à la question de la drogue et du Mexique, en 1951, le sénateur Estes Kefauver a formé une Commission d'enquête chargée de travailler sur le crime organisé et de poser les lignes de conduite de l'autorité. La Commission est remontée jusqu'au trafic de drogue au Mexique - j'en parle dans mes livres.

Un rapport du département d'État daté du 14 juillet 1947 avait indiqué que les nationalistes chinois « cherchaient à vendre leur opium de manière désespérée pour payer ce qui leur restait de troupes qui combattaient encore les communistes ». Le commissaire du Bureau des narcotiques, Harry Anslinger, savait que la drogue du Kuomintang entrait au Mexique. Dans un rapport de 1946 adressé à Anslinger, le superviseur du Bureau fédéral des narcotiques de La Nouvelle-Orléans avait rapporté : « De nombreux notables chinois prospèrent sur ce commerce illicite. [...] Lors de la récente convention du Kuomintang à Mexico, on a relevé un vaste appel de fonds pour une future opération sur le marché de l'opium. » L'agent du Bureau avait ensuite donné le nom des plus importants trafiquants chinois. En février 1947, l'attaché au Trésor Dolor DeLagrave, ancien agent de l'OSS, avait indiqué, depuis Mexico, qu'il existait là-bas trois principaux groupes de trafiquants de drogue, mais était resté muet à propos des relations entre Virginia Hill (dans la maison de laquelle Bugsy Siegel serait tué le 15 juin suivant), Albert Spitzer et Alfred C. Blumenthal.

En 1939, Meyer Lansky avait envoyé Hill au Mexique où elle avait séduit « de nombreux hommes politiques importants, gradés de l'armée, diplomates et fonctionnaires de police »[218]. Assez vite, Hill était devenue propriétaire d'un night-club à Nuevo Laredo[219], et multipliait les voyages au Mexique en compagnie du Dr Margaret Chung. « Maman » Chung était membre honoraire des Hip Sing Tong, association criminelle sino-américaine de New York. Chung avait été médecin dans les Flying Tigers, l'escadrille de chasse « privée » formée par le général Claire Lee Chennault, qui était l'un des principaux représentants du « lobby de la Chine » au parlement et qui combattait aux côtés de la Chine nationaliste. Les Flying Tigers ravitaillaient également les troupes nationalistes à Kunming, le repère de l'OSS en Chine et la plaque tournante du commerce de l'opium.

Le journaliste d'investigation Ed Reid a affirmé dans *The Mistress and the mafia* que le Bureau des narcotiques savait que Margaret Chung « était impliquée dans le trafic des narcotiques de San Francisco »[220].

Chung percevait d'importants versements d'espèces de la part de Siegel et de Hill. En retour, elle livrait à Hill la drogue du Kuomintang à La Nouvelle-Orléans, Las Vegas, New York et Chicago. Et pourtant, bien que les agents du Bureau des narcotiques « l'aient tenue sous surveillance constante pendant des années », ils n'étaient « jamais parvenus à entamer contre elle une action en justice »[221].

Pourquoi ? Parce qu'elle était protégée par de nombreux amis très influents à Washington, parmi lesquels se trouvait l'amiral Chester Nimitz.

Joe Bell, superviseur du district de Chicago du Bureau fédéral des narcotiques, considérait que l'assassinat de Siegel « avait ouvert la voie au contrôle total par la mafia de la distribution illicite de narcotiques en Californie »[222].

---

[218] Ed Reid, *The Mistress and the mafia*, Bantam, 1972, p. 42.

[219] N.D.É. : Nuevo Laredo est une ville mexicaine située sur la rive Ouest du Rio Grande, à la frontière même avec les États-Unis.

[220] *Ibid.*, p. 90.

[221] *Ibid.*, p. 90.

[222] *Ibid.*, p. 123.

Bell faisait référence à une filière de contrebande que Lansky avait mise en place au Mexique, alors qu'il était sous les ordres de Harold « Happy » Meltzer. Décrit comme « l'homme qui plus que tout autre craignait que Bugsy ne s'empare du Mexique », Meltzer avait implanté sa filière à Laredo, sur la rive américaine du Rio Grande, juste en face du night-club de Virginia Hill. Il travaillait avec le consul mexicain à Washington, qui l'aidait à trouver les fournisseurs et corrompait les gardes-frontières, et assurait la livraison de la drogue à la mafia en Californie. Financé par Lansky, Meltzer voyageait entre Mexico, Cuba, Hong Kong et le Japon.

Meltzer collaborait de temps à autre avec la CIA, tant et si bien qu'en décembre 1960, la CIA lui a proposé de rejoindre une équipe d'assassinats. Son implantation à Laredo, non loin de la base mexicaine de Virginia Hill, laisse supposer qu'il était l'un des destinataires des narcotiques du Kuomintang qu'acheminait le Dr Chung. Si tel était le cas, il se pourrait que Siegel n'ait pas été tué par la mafia, mais par des agents du gouvernement américain. En effet, sa tentative de prise de contrôle sur les filières mexicaines de la CIA aurait pu, à terme, exposer les opérations confidentielles du Dr Chung pour le compte du Kuomintang. La méthode d'exécution de Siegel, de deux coups de fusil dans la tête, n'entre pas dans les usages du monde de la pègre[223].

Anslinger savait que Spitzer et Blumenthal étaient les associés de Lansky, et que de grosses cargaisons de drogue entraient depuis le Mexique « sous escorte policière ». Et, là encore, le Bureau fédéral des narcotiques n'intervenait pas. En 1948, le Bureau fédéral des narcotiques a déclaré que la moitié des drogues illicites en Amérique provenaient du Mexique – sans pour autant tenter de s'y opposer; le trafic de drogue permettait à la CIA, qui avait été créée en 1947, de déstabiliser le gouvernement mexicain. La CIA avait, semble-t-il, mis en relation le capitaine Rafael Chavarri, le fondateur de la Direction fédérale de la sécurité (DFS), la version mexicaine de la CIA, avec Jorge Moreno Chauvet, le plus important des contrebandiers du pays.

D'après Peter Dale Scott, la CIA « était devenue partie intégrante des affaires de drogue et des protections de la DFS, sa petite sœur »[224].

En 1950, Chauvet recevait les narcotiques de la nouvelle filière française Lansky-Luciano, tandis que William O'Dwyer, ancien maire de Chicago si proche de la pègre, était devenu le nouvel ambassadeur américain au Mexique.

Le sénateur Kefauver et d'autres hauts représentants de l'État savaient tout cela. Ils savaient que le pacte faustien que le gouvernement avait signé avec la mafia durant la Seconde Guerre mondiale lui avait ouvert les portes de toute la société américaine. En raison des services rendus durant la Seconde Guerre mondiale, les parrains de la mafia étaient intouchables. Ils n'étaient jamais poursuivis, malgré des douzaines de meurtres « non élucidés ». Comme

---

[223] *Ibid.*, p. 129.

[224] Peter Dale Scott, *Deep Politics and the Death of JFK*, University of California Press, 1993, p. 142.

l'assassinat à New York, le 11 janvier 1943, de Carlo Tresca, l'éditeur de *Il Martello*[225].

En 1951, la mafia représentait un énorme problème, comparable au terrorisme de nos jours. Mais elle était également une branche protégée de la CIA, ce qui lui permettait de coopter partout dans le monde des organisations criminelles, qu'elle utiliserait ensuite dans la guerre secrète contre les Soviétiques et la Chine communiste. La mafia avait collaboré avec Oncle Sam, et, au sortir de la guerre, elle était en pleine santé, et plus puissante qu'elle ne l'avait jamais été. Elle contrôlait des villes entières à travers tout le pays. Le Congrès, avec la Commission d'enquête Kefauver, s'était penché sur cette insanité.

Estes Kefauver était un sénateur démocrate du Tennessee, qui aspirait à entrer en lice pour l'élection présidentielle de 1952. Il espérait, en dénonçant le rôle de la mafia dans la corruption et l'extorsion des travailleurs, attirer à lui les faveurs de l'opinion. Pour atteindre ce périlleux objectif, l'ambitieux sénateur avait besoin de l'approbation du président Truman et du président de la Commission judiciaire Pat McCarran, un ségrégationniste rabique, anticommuniste, et pivot du lobby chinois.

McCarran était le sénateur du Nevada, et, du fait de sa sensibilité conservatrice et provinciale, il ne nourrissait aucune sympathie pour les démocrates des grandes villes. Il a su entrevoir, cependant, les mérites de l'idée de Kefauver sur le plan de la notoriété. Le Nevada était sous la coupe du crime organisé, et McCarran était surnommé « le sénateur du tapis vert ». C'est d'ailleurs la raison pour laquelle il a voulu reprendre la Commission sénatoriale à son compte. C'est à ce moment précis, néanmoins, que le sénateur Joe McCarthy a affirmé posséder la liste de 205 individus en poste au département d'État membres du parti communiste américain. McCarran a alors changé son fusil d'épaule une nouvelle fois : la chasse aux sorcières communistes était un projet sans aucun doute beaucoup plus prometteur, et il s'est alors investi dans la constitution d'une Sous-Commission à la sécurité intérieure. Ne pouvant mener de front les deux projets, il a accepté de les partager avec Kefauver.

Kefauver a donc organisé, en 1951, la Commission spéciale pour l'investigation sur le crime organisé et le commerce inter-États, et s'est immédiatement heurté à un mur. En enquêtant sur le syndicat dit « des casinos », il allait forcément mettre au jour les liens entre la mafia et la clientèle de J. Edgar Hoover dans l'establishment. Hoover a donc refusé que les agents du FBI collaborent à l'enquête de la Commission. Ils étaient « trop occupés » à protéger le pays des communistes, avait expliqué Hoover, et il aurait été

---

[225] N.D.É. : Carlo Tresca (1879-1943), était un syndicaliste italien, qui immigra juste après la Première Guerre mondiale aux États-Unis sur invitation des syndicalistes locaux pour organiser la lutte ouvrière. Socialiste, antifasciste, antistaliniste, aux États-Unis il s'opposa à la mafia, en raison de l'infiltration de celle-ci dans les syndicats. Il était également l'éditeur du journal antifasciste *Il Martello* (« Le marteau »).

contre-productif d'éparpiller les ressources du FBI sur les paris et la drogue, qui étaient, selon lui, des crimes avec consentement.

Kefauver s'est donc tourné vers le commissaire Anslinger, qui lui a prêté ses meilleurs agents : ils seraient à la fois enquêteurs, et experts témoins.

Kefauver et son équipe d'agents du Bureau fédéral des narcotiques ont mené leur enquête dans les plus grandes villes du pays. Ils ont établi l'existence d'un schéma de corruption ciblée qui, « en achetant quelques fonctionnaires à des postes clés, parvenait à paralyser l'appareil de maintien de l'ordre tout entier »[226].

La Commission a conclu que les forces de l'ordre, à l'échelon local, étaient des acteurs à part entière du crime, tandis que les agences fédérales étaient incapables de l'endiguer à l'échelle nationale. Les flics de la rue prenaient des enveloppes de la part des proxénètes, des tripots et des trafiquants de drogue, et en reversaient une partie à leur patron. Les capitalistes – qui contrôlent les hommes politiques – étaient enchantés, du moment que les flics garantissaient à la mafia de pouvoir vendre sa drogue aux noirs et aux Portoricains.

Rien n'a changé depuis. La CIA, le FBI, le BATAF et la DEA assurent toujours les mêmes fonctions, pour le compte de leurs patrons politiques. Ces agences utilisent le crime pour entretenir les fractures dans le corps social, et permettre au capitalisme de prospérer. La Commission Kefauver l'expliquait bien, d'ailleurs : on ne peut rien y faire.

Comme Guy Debord l'a dit : « La mafia n'est pas étrangère dans ce monde ; elle y est parfaitement chez elle. Au moment du spectaculaire intégré, elle règne en fait comme le modèle de toutes les entreprises commerciales avancées. »

Les gens le savent depuis soixante-cinq ans, mais n'y peuvent rien, car l'establishment de la Sécurité nationale est une forteresse imprenable, hors de portée des citoyens. Même si vous comprenez ce qui se passe, vous êtes obligés de le chasser de votre esprit au bout de cinq secondes, car vous ne pouvez absolument rien y faire. Même le vote ne nous permettra pas de mettre un terme au régime du secret qui permet ces rackets. Clinton ou Trump se foutent de nous en l'agitant devant notre nez : « Tu peux te brosser, t'y changeras rien. » C'est comme ces flics qui tuent les noirs, et qui ne sont jamais punis. C'est triste, et rien ne change. La CIA, c'est pareil : elle contrôle les rackets mondiaux de la même manière, pendant que le gouvernement fédéral et ses alliés des médias entretiennent le secret et l'impunité. Et vous ne pouvez rien y faire. Sauf vous attirer des ennuis sur le plan personnel.

McCarthy : Leur capacité à cacher le réel tout entier derrière un minuscule point de détail est fascinante. C'est incroyable, ce talent pour embrouiller tous les problèmes.

Valentine : De nos jours, les États-Unis représentent 5% de la population

---

[226] William Howard Moore, *The Kefauver Committee and the Politics of Crime, 1950-1952*, University of Missouri Press, 1974, p. 105.

mondiale, et 25% de sa population carcérale. La plupart des prisonniers sont incarcérés pour des faits liés à des affaires de drogue. Dans le genre « atteintes aux droits de l'homme »… Les capitalistes, après s'être alliés à la mafia, ont demandé à leurs parlementaires d'alourdir toujours plus les peines liées aux affaires de drogue. Ils ont créé une immense industrie carcérale, privatisée et rentable, qui à son tour permet l'existence d'une immense industrie du maintien de l'ordre. Quand les deux fonctionnent ensemble, où se trouvent la liberté et la démocratie ?

Et que fait la machine propagandiste médiatique et gouvernementale ? Elle diabolise les gens qui peuplent les prisons, tout comme elle le fait avec les musulmans, pour soutenir l'expansion de l'industrie de la Sécurité nationale. Ces minorités privées de droits, qu'on arrête pour des affaires de drogue, sont défendues par des avocats commis d'office qui ne contestent jamais réellement les charges. Ils les font plaider coupable, et les expédient en prison. Les êtres humains ne sont qu'un combustible pour cette industrie du crime qui vomit l'argent pour les investisseurs. C'est de la corruption à échelle systémique, tout comme le NAFTA, qui n'a fait qu'accroître la pauvreté et la souffrance au Mexique. Et cette mise en scène sert en plus de prétexte à la mise en place d'un état de surveillance invasif, assuré par des sociétés privées recyclant les anciens agents du FBI, de la DEA, du BATAF de la CIA. Cette industrie crée le terrorisme pour dévoyer le système judiciaire et s'emparer du contrôle politique de la population. Voilà, en réalité, le but véritable de ces opérations « armes-contre-drogue » apparemment dénuées de la moindre logique.

McCarthy : C'est un outil qui, à l'étranger, nous permet de soutenir les gens qu'on aime et d'éliminer ceux qui ne nous plaisent pas, et qui, à la maison, sert à maintenir le peuple sous domination politique.

Valentine : Ouais. Toutes les preuves sont là. Si vous regardez ce qu'a fait par le passé la CIA – les coups d'État contre les gouvernements de gauche, ses alliances avec le crime et les fascistes –, ce qu'elle fait aujourd'hui, ce qu'elle raconte en coulisse, il n'y a pas l'ombre d'un doute. Mais les patrons des médias sont partie prenante de cette entreprise, et ils interdiront à tous leurs organes de mentionner quoi que ce soit autour du sujet. Si des brebis galeuses persistent à le faire, elles sont virées.

McCarthy : C'est toute la triste histoire de Gary Webb. Quel avertissement adressé aux autres journalistes !…

Valentine : De nombreux journalistes ont été harcelés pour avoir à peine évoqué la vérité. Ils ne sont pas les seuls. On rappellera le cas de John Service, que j'ai évoqué précédemment.

McCarthy : Si les drogues étaient décriminalisées, tout ce bazar volerait en éclats. Vous ne pourriez plus entretenir des flics à ne rien faire sauf empocher les pots-de-vin. La CIA n'aurait plus aucun intérêt à diriger des cartels de contrebande. Ils nous

disent toujours que si on légalisait les drogues, on irait à une catastrophe humanitaire, avec des gens qui mourraient d'overdose dans les rues, et que c'est pour ça qu'il faut les laisser s'en occuper à notre place.

Valentine : Pourtant, dans les pays où la législation sur les drogues est plus permissive, on ne voit pas de cadavres dans les rues, avec des seringues plantées dans le bras, ou des pailles à sniffer fichées dans le nez. Les gens veulent tous vivre en bonne santé, et c'est le contexte politique et économique qui les en empêche. La discrimination et l'absence de perspectives économiques poussent toute une frange de la population vers le marché illégal de la drogue, aussi bien en tant que revendeurs que consommateurs. Chez les riches et les célébrités, la drogue est un divertissement anodin, car ils ont des avocats et peuvent toujours s'offrir une cure de désintoxication à la clinique Betty Ford.

C'est le gouvernement qui crée les conditions qui poussent une partie de la société à se droguer. L'industrie pharmaceutique fait partie du problème, comme tout un tas de co-conspirateurs, comme l'industrie du divertissement. À chaque fois que vous allumez la télé, il y a une publicité qui vous dit d'avaler ce cacheton. La pub suivante vous dit que non, surtout pas, avalez plutôt celui-là. C'est le libre marché dans toute sa splendeur, qui boit le sang ces gens.

Je pense que ça irait mieux si les fréquences étaient publiques, et non privées. On pourrait éliminer toute cette pub. Il serait également utile de nationaliser l'industrie pharmaceutique, et d'interdire le profit aux systèmes des assurances maladie et du maintien de l'ordre. Nous aurions alors peut-être quelque chose qui s'approcherait de la démocratie. Mais tant que les vautours capitalistes contrôleront l'appareil de la Sécurité nationale et les médias, ça ne se produira jamais.

McCarthy : Notre conversation était partie spécifiquement du Mexique, mais dès que l'on commence à tirer sur le fil, on ne peut qu'aboutir à ces conclusions: ce n'est pas une histoire de drogue ni une histoire de contrebande d'armes vers le Mexique. Ce n'est pas non plus une affaire de domination du marché mondial de la drogue par les États-Unis... Non, c'est une affaire de domination et de contrôle. C'est l'histoire d'une poignée d'individus qui conspirent, littéralement, pour enfermer et garder le reste de l'humanité sous leur contrôle.

Valentine : Ouaip. On se focalise sur l'une des parties de bonneteau de gens qui sont capables d'en gérer quarante en même temps... et l'on ne comprend jamais à quel jeu eux jouent vraiment. Il faut éviter de s'arrêter sur les opérations particulièrement sensationnelles comme Gunrunner, ce n'est jamais qu'un grain de sable dans le désert.

McCarthy : C'est le secret des grands prestidigitateurs : ils savent détourner l'attention. Même dans l'art de la guerre, il faut savoir dépister l'adversaire. C'est pourquoi il faut tant vous remercier, Doug. Vous êtes celui qui creuse pour nous. Vous êtes celui qui les surveille, jour après jour. Et si, grâce à votre intervention, il y a une personne de plus qui comprend ce qui se passe, c'est une victoire. Oh, pas une grande victoire, mais une victoire quand même. Et les triomphes commencent toujours par des petites victoires.

PARTIE 3

PHOENIX, OU LES FONDATIONS DU *HOMELAND SECURITY*

« *Cette démocratie si parfaite fabrique elle-même son inconcevable ennemi, le terrorisme. Elle veut, en effet, être jugée sur ses ennemis plutôt que sur ses résultats. L'histoire du terrorisme est écrite par l'État ; elle est donc éducative. Les populations spectatrices ne peuvent certes pas tout savoir du terrorisme, mais elles peuvent toujours en savoir assez pour être persuadées que, par rapport à ce terrorisme, tout le reste devra leur sembler plutôt acceptable, en tout cas plus rationnel et plus démocratique.* »

Guy Debord, *Commentaires sur la société du spectacle*

CHAPITRE 15

L'ESPION QUI DEVINT PARLEMENTAIRE, OU POURQUOI IL FAUT INTERDIRE AUX AGENTS DE LA CIA L'EXERCICE DES FONCTIONS PUBLIQUES

Robert R. Simmons, dit « Rob », alors qu'il était en campagne pour un siège au Congrès en 2000, diffusa dans ses spots télévisés et sur son site Internet une photographie le représentant en uniforme de l'armée, debout devant le drapeau américain. L'intention était évidente : Simmons se donnait à voir et se célébrait à la fois en tant que soldat et en tant que patriote.

La dernière semaine de la campagne prit une tournure imprévue, à la suite des révélations sur ses états de service. Simmons n'avait pas servi au Viêt Nam en tant que soldat, mais en tant qu'officier de la CIA, et on l'accusait désormais d'avoir commis des crimes de guerre. Simmons rejeta l'accusation, qu'il qualifia de calomnie.

« Tous les vétérans, tous les hommes qui ont servi leur pays en guerre sont scandalisés », affirma Simmons, espérant faire lever sur le patriotisme des électeurs encore indécis – et dénonçant, indirectement, l'œuvre de la CIA.

L'accusation était venue de l'équipe de son concurrent, le démocrate Sam Gejdenson, qui représentait le 2e district du Connecticut à la Chambre depuis 1981. Elle produisit le contraire de l'effet escompté.

Déstabilisé par l'afflux de solidarité pour Simmons, Gejdenson renvoya même l'un de ses collaborateurs de campagne pour avoir incité deux (oui, deux) étudiants à planifier (oui, planifier) une manifestation contre Simmons et son passé trouble. On convainquit les étudiants – « placés sous répression politique », selon la terminologie de la CIA – d'abandonner leur projet de manifestation.

Le journal local, le *New London Day*, souligna l'aspect partisan et politicien des accusations et dénonça un « coup bas » de Gejdenson, mais refusa de prendre en considération la teneur des accusations. J'écrivis donc au rédacteur en chef du journal, pour lui expliquer que j'avais, moi, interviewé Simmons douze ans plus tôt. Je proposai d'écrire un article à son sujet, mais le journal préféra attendre la fin des élections.

Il semblait évident que le journal essayait de protéger Simmons. Et

Simmons remporta l'élection. Avec une avance inférieure à 3000 voix, mais, jusqu'à la dernière semaine de campagne, il avait été en retard sur Gejdenson. C'étaient les accusations de torture qui avaient permis sa remontée victorieuse.

Bénie soit l'Amérique

Quand le *New London Day* publia, enfin, un dossier sur le passé sordide de Simmons dans la CIA, il dut admettre que ce n'était pas qu'un « coup bas ». Au contraire, la campagne de dénonciation était partie d'un article que ce même quotidien avait publié en 1994, quand Simmons, dans un rare moment de candeur, avait admis que lorsqu'il dirigeait le Centre d'interrogation de la province de Phú Yên, il avait menacé de priver de leurs traitements certains détenus blessés s'ils ne livraient pas leurs informations. Mais bien sûr, nous avait-il rassurés, il n'avait jamais mis ses menaces à exécution.

Pour Simmons, ce genre de tactiques – menacer de privation de soins – n'entrait pas dans la catégorie des crimes de guerre. Au contraire, avait affirmé Simmons le plus naturellement du monde : « Mon intervention personnelle avait permis de sauver de nombreuses vies, elle a évité bien des amputations chez les détenus. »

Ce genre d'explications suffisait amplement au *New London Day*, qui n'avait pas cherché pendant combien d'heures ou de jours Simmons, dans ses menaces, avait pu bloquer les soins. Ou si ses victimes comptaient aussi des vieillards ou des enfants. Le quotidien ne s'était pas non plus soucié de savoir si les personnes que Simmons avait persécutées étaient coupables ou innocentes, ou si elles avaient été contraintes de signer de fausses confessions pour avoir le droit d'arrêter de saigner. Conformément à la vision racialiste que les propagandistes de l'armée étaient parvenus à généraliser durant la guerre du Viêt Nam, notre journal partait du principe que tous les Vietnamiens détenus au Centre provincial d'interrogation de Simmons méritaient, en quelque sorte, de subir les atrocités qu'on leur infligeait. D'ailleurs, ces gens-là ne cherchaient-ils pas tous à tuer d'héroïques citoyens américains comme Rob Simmons ?

Les artifices du journal ne m'avaient pas étonné. Depuis la publication de *The Phoenix Program* en 1990, j'avais vu cette rhétorique de la guerre s'insinuer progressivement partout, et répandre cette réécriture révisionniste de l'histoire de la guerre du Viêt Nam. Les régimes réactionnaires de Reagan, Bush et Clinton avaient tous suivi une ligne d'interventions militaires et clandestines, et toujours plus fréquentes, du Salvador à l'Irak, en passant par la Serbie. Ces interventions s'accompagnaient d'une entreprise de médiatisation intense destinée à purger le fragile psychisme américain du « syndrome du Viêt Nam ».

Le 11 Septembre fut l'acte final de ce processus. D'un coup, la privation de soins se retrouvait dans les procédures normales de la CIA, c'était l'une des « techniques d'interrogation avancées » ajoutées par la gestion Bush-Cheney-Rumsfeld. La torture devint si populaire qu'en 2003, la Cour suprême américaine autorisa le recours à la privation de soins à des fins de maintien de l'ordre domestique. Par six votes contre trois, la Cour exonéra de toute culpabilité plusieurs flics californiens qui avaient refusé les soins à un Hispanique sur lequel ils avaient tiré à cinq reprises. Les flics, comme Simmons, avaient expliqué qu'ils essayaient simplement d'obtenir ses aveux[227].

Pourtant, la privation de soins pour faire flancher les méchants n'a pas toujours eu bonne presse auprès des militaristes américains. La campagne présidentielle de 2008 fut l'occasion d'un retour sur le passé de prisonnier du candidat républicain John McCain. La privation de soins dont il avait été victime dans les geôles vietcongs fut dénoncée comme une barbarie à laquelle seule la pire racaille rouge avait pu s'adonner.

McCain, dont l'avion avait été abattu alors qu'il bombardait les populations civiles du centre de Hanoï, avait passé cinq ans et demi en captivité au Nord-Viêt Nam. Lors de sa capture, il avait souffert de fractures aux bras et à la jambe droite. Ses geôliers ne lui avaient administré que des soins minimes, et ses conditions d'incarcération avaient été abominables. McCain se souvint, les sanglots dans la voix : « Ils me répétaient en boucle : "Pas de soins tant que tu ne parles pas." »[228]

McCain avait souffert. « Je pensais que si j'arrivais à résister, ils finiraient bien par m'amener à l'hôpital. Les gardes me nourrissaient très chichement, et m'accordaient de boire de l'eau. J'arrivais à garder l'eau en moi, mais je vomissais systématiquement la nourriture solide. »

« Mon genou avait la taille, la forme et la couleur d'un ballon de foot américain. Je me souvenais que, lorsque j'étais instructeur de vol, un élève avait actionné son siège éjectable, il s'était brisé le fémur. Il souffrait d'un choc circulatoire, le sang s'était répandu dans sa jambe, et il en était mort. Cela avait été une véritable surprise pour moi: on pouvait mourir d'une jambe cassée. Et là, je réalisais que c'était en train de m'arriver. »

McCain avait fini par craquer. Il avait promis à ses gardes des informations militaires s'ils l'amenaient à l'hôpital. Cela lui avait valu son surnom de « rossignol ».

Si je reproduis ici la terrible histoire de McCain, c'est pour illustrer la teneur véritable de la manipulation à laquelle s'était livré le *New London Day* en minimisant les critiques contre Simmons. Les victimes de Simmons sont muettes. On n'entend ni leurs hurlements de douleur, ni les tourments de leur terreur en arrière-fond. En quoi le récit de leur souffrance aurait-il été différent de celui de McCain ?

Cette capacité magique à présenter une même chose comme une faute ou un bienfait en fonction du contexte joue un rôle essentiel dans la guerre

---

[227] Affaire « Chavez v. Martinez, 538 U.S. 760 (2003) ».

[228] « John McCain, prisonner of war: A first-person account », *US News and World Report*, le 28 janvier 2008.

politique et psychologique que l'on mène depuis soixante-dix ans contre le peuple américain. Une guerre de manipulation de l'opinion conduite, bien sûr, par de vieux criminels de guerre réhabilités, comme John McCain ou Rob Simmons, et par l'inlassable fraternelle du renseignement. Et puis il y a les victimes : McCain avait été blessé alors qu'il bombardait des civils innocents de la capitale d'une nation étrangère, tandis que les détenus blessés que terrorisait Simmons avaient été arrachés en pleine nuit à leur domicile pendant des rafles du programme Phoenix.

Ce genre de numéro parfaitement rodé, tentai-je d'expliquer au *New London Day*, démontrait que Simmons était avant tout un professionnel de la dissimulation, et que, pour cette raison, il ne devrait jamais être amené à exercer des fonctions publiques. C'est un menteur auquel il est impossible de faire confiance. Hélas, de nombreux Américains trouvent du réconfort dans ce régime de double standard perpétuel, qui les absout de toute complicité dans les crimes que leur nation commet.

Le pire, c'est que Simmons peut compter sur l'aide de légions d'alliés dans les médias qui censureront toute critique, sur d'anciens collègues de la CIA qui lui fourniront un alibi, et sur des historiens faussaires qui habilleront sa propagande d'un semblant de vérité.

Politique officielle contre réalité opérationnelle

Au début de mes recherches sur le programme Phoenix, j'avais présenté à la CIA une demande d'accès aux informations, conformément à la loi sur la Liberté de l'information de 1966. Je voulais avoir accès à tout le matériel concernant les Centres provinciaux d'interrogation. Ma demande fut refusée.

Quarante ans après leur fermeture, les Centres provinciaux du Viêt Nam restent murés dans le secret. La CIA ne rendra jamais publique la documentation qu'elle possède sur eux, ni sur leurs impénétrables petits frères modernes, les « sites noirs » qu'elle a ouverts dans huit nations au lendemain du 11 Septembre: en Thaïlande (où le commandant d'Al-Qaïda Abou Zoubaydah fut waterboardé), en Afghanistan, et dans « plusieurs démocraties d'Europe de l'Est »[229].

Et quand bien même la CIA finirait par rendre public quelque chose à leur égard, il ne faudrait rien en croire. Les agents de la CIA sont formés pour ne jamais s'incriminer dans leurs rapports écrits ou oraux. C'est essentiel, du fait de leur impératif de « dénégation plausible ».

Par-delà la narration officielle que propagent quelqu'un comme Simmons et tous ses co-conspirateurs, il est possible de reconstituer les réalités opérationnelles de ces Centres en étudiant leur contexte psychologique, administratif et bureaucratique. Ce faisant, on peut démontrer que les crimes commis au sein des Centres provinciaux d'interrogation, bien qu'absents des

---

[229] « US on defensive as reports of "secret torture" pile up », *AFP*, le 2 décembre 2005.

formulations d'intentions officielles, sont le produit soigneux d'une démarche volontaire.

La psychologie des officiers de la CIA et de leurs serviteurs dans les médias est le principal facteur unifiant dans cette conspiration. McCain, le torturé, et Simmons, le tortionnaire (si l'on s'en tient aux mêmes standards d'appréciation), sont les premiers convaincus du mythe héroïque qu'ils ont mis en place à propos d'eux-mêmes. Ce n'est pas un hasard : le « mythe du héros » anime la littérature et la philosophie occidentales depuis que l'élite de Grèce a payé Homère pour rédiger l'*Iliade* et l'*Odyssée*. Depuis lors, la classe guerrière est parée des plus hautes vertus, tandis que les tragiques conséquences de son impérialisme de maraude relèvent du « destin ».

La thématique du héros guerrier n'a cessé de forger les développements sociaux en Occident. C'est elle qui a sauvé l'Ancien Testament de l'oubli. Combien de fois avons-nous vu les héros de Hollywood répéter le discours d'Henri V à ses hommes à la veille de la Saint-Crispin ?

Car celui qui aujourd'hui versera son sang avec moi sera mon frère , si vile que soit sa condition, ce jour l'anoblira.

L'initiation au sein d'une société secrète – « une bande de frères d'armes » – qui se pense hors et au-dessus de la société civile est un poison mental. Même les soldats confédérés sont célébrés comme des héros ; car aussi vils qu'ils aient pu être, ils ont tué et sont morts en obéissant à leurs officiers. L'identité rhétorique de l'Amérique, qui se voit en nation exceptionnelle, ne fait que dériver du mythe macho du cow-boy Marlboro.

Ce qui singularise les officiers de la CIA, c'est qu'à travers leur alliance avec l'establishment de la Sécurité nationale et les scribes homériques d'Hollywood, ils détiennent le pouvoir démiurgique de promulguer des mythes et de les ériger au rang de faits, tout en cachant la vérité.

Le prestige acquis par John McCain durant ses années au Sénat lui permit de faire passer des lois cachant des milliers de documents relatifs aux comptes-rendus des prisonniers de guerre. McCain avait prétendu vouloir cette législation pour protéger le droit à l'intimité des anciens prisonniers, mais Sydney H. Schanberg[230] estime qu'il avait agi pour étouffer les détails de sa propre collaboration avec ses geôliers nord-vietnamiens[231].

Simmons avait combiné un coup similaire. Alors qu'il occupait le poste d'assistant législatif au Congrès, il aida à la rédaction et à la validation de la loi de Protection de l'identité dans le renseignement, qui criminalise le fait de dévoiler le nom des agents de la CIA. Il était déjà illégal de rapporter « les sources et méthodes » de la CIA, mais cette loi ajouta un mur d'enceinte

---

[230] N.D.É. : Sydney Schanberg (1934-2016) était un journaliste américain du *New York Times*, célèbre pour avoir raconté la prise de pouvoir des Khmers rouges au Cambodge. Son récit lui valut le prix Pulitzer en 1976. Le livre qu'il écrivit en 1980 est à l'origine du film *La Déchirure*, de Roland Joffé.

[231] Sydney H. Schanberg, « Why has McCain blocked info on MIAs ? », *The Nation*, le 18 septembre 2008.

supplémentaire à la forteresse légale qui protège les agents de la CIA des conséquences de leurs crimes. Et là, bien à l'abri de la justice, ils n'ont plus qu'à peaufiner leur déguisement de boy-scout.

Tous les leaders de la pègre savent comment se comporter face à la presse. En 1958, le reporter Dom Frasca parvint à arracher une interview à Vito Genovese, juste avant qu'il n'entre en prison pour trafic de drogue.

« Don Vitone » aimait le golf, il portait des lunettes en verre fumé, il vivait seul dans une maison de campagne de cinq pièces. Il faisait la cuisine lui-même – principalement des plats italiens. Et il recevait régulièrement la visite de ses huit petits-enfants. Quand Frasca l'interrogea sur ses différents trafics, il attribua tous ses problèmes à la ménopause de son ancienne femme. Grâce à son humour railleur, Vito Genovese parvint à maintenir Dom Frasca à une distance respectueuse, sans jamais se montrer insultant. La comédie n'est pas un art si compliqué. Les meilleurs hommes politiques, criminels et agents de la CIA la pratiquent tout naturellement. Le problème, pour nous, c'est que les acteurs finissent par croire à leurs mensonges. Les mythes qu'ils absorbent finissent par devenir ce « mensonge en son âme » contre lequel nous mettait déjà en garde Platon dans *La République*[232]. Ce n'est pas « le destin » qui pousse quelqu'un à tuer ou à torturer pour le profit, et c'est se mentir à soi-même que de se convaincre qu'on n'a pas d'autre choix.

Tous ne succombent pas à cette mystification de masse, heureusement. Warren Milberg, un agent de la CIA que j'ai pu interviewer pour mon livre *The Phoenix Program*, me raconta comment, en 1967, le Pentagone l'avait invité, lui et deux officiers de l'armée de l'air, à rejoindre un programme de contre-insurrection secret au Viêt Nam. Les volontaires reçurent une formation complète et furent expédiés à Saïgon ou dans la province vietnamienne, où ils furent mis à disposition des haut gradés de la CIA. La plupart furent employés en tant qu'officiers paramilitaires dans les campagnes. Plusieurs devinrent coordinateurs Phoenix.

Milberg, qui se décrivait lui-même comme un représentant de la « caste des protégés », rejoignit le programme. Les deux autres officiers déclinèrent l'offre pour des raisons de conscience. Jacques Klein refusa parce qu'il « estimait que les moyens et les méthodes qui allaient être employés dans Phoenix seraient identiques aux moyens et méthodes employés par les nazis durant la Seconde Guerre mondiale ».

Klein avait pris ses responsabilités en tant qu'individu. Simmons avait sacrifié les siennes et avait à jamais corrompu son âme. C'est aussi simple que ça.

« Qu'est-ce que tu faisais pendant la guerre, dis, papa ? »

Simmons s'enrôla dans l'armée en juillet 1965. Il entra à l'école du

---

[232] Platon, *La République*, II, 582a-584d.

renseignement de l'armée à l'automne suivant, et en sortit diplômé avec le grade de premier lieutenant. Il arriva au Viêt Nam en avril 1967, à Biên Hòa, une grande ville du front du 3ᵉ corps de l'armée sud-vietnamienne, près de Saïgon.

Simmons aimait la guerre, et il se porta volontaire pour un nouveau contrat. Il servit alors, jusqu'à décembre 1968, dans l'équipe 96 de MACV à Can Tho, où se trouvait le quartier général de la CIA auprès du 4ᵉ corps d'armée[233]. Simmons avait pour mission de travailler avec les militaires sud-vietnamiens et les forces de police pour neutraliser le système de ravitaillement clandestin des vietcongs. Des agents secrets et des contrebandiers faisaient affluer les armes, la drogue et d'autres biens par les diverses escales commerciales le long de la frontière avec le Cambodge. Simmons réussit sa mission et, en guise de récompense, on l'envoya faire état de ses découvertes à l'ambassadeur Ellsworth Bunker. Ce fut le début du programme de surveillance de la frontière cambodgienne.

Pendant son séjour à Can Tho, Simmons avait collaboré avec des agents de la CIA. « J'aimais bien les gens de l'agence, m'avait-il raconté. Ils m'écoutaient, et posaient des questions très intelligentes. »

Les types de la CIA aimaient bien Simmons, eux aussi. Par conséquent, ils lui obtinrent un entretien d'embauche au quartier général. Il fut engagé, et suivit le programme d'entraînement des agents débutants, qui incluait une formation paramilitaire (se servir d'armes, fabriquer des bombes...) et de renseignements (surveillance, espionnage, gestion de réseaux d'agents, utilisation des sociétés-écrans...). C'était le même programme que celui que Milberg avait rejoint et que Klein avait quitté. Et que l'on a multiplié depuis le 11 Septembre.

Simmons revint au Viêt Nam en novembre 1970, en tant qu'agent de la CIA, cette fois. Il se faisait passer pour un employé civil du département de la Défense, travaillant au sein du groupe de coordination de la pacification et de la sécurité[234]. Alors qu'il devait retourner à Can Tho, il fut dirigé vers la province de Phú Yên, où un agent de la CIA avait récemment perdu les pédales. Ce dernier s'était enfermé dans une pièce, avec une arme. Le pauvre bougre avait été renvoyé à la maison, tout comme son prédécesseur. D'après Simmons, l'agent qu'il remplaçait avait été renvoyé pour avoir frappé un prêtre, un type à la Don Luce qui, ironiquement, était à ce moment-là en train d'enquêter sur des abus commis au Centre provincial d'interrogation de Phú

---

[233] Rappelons que les équipes de Soutien au développement rural et aux opérations civiles (SDROC) dépendaient de MACV.

[234] Le SDROC comptait onze divisions : Sécurité publique ; Coordination de la pacification et de la sécurité ; Forces populaires et régionales ; Phoenix ; Chieu Hoi ; Opérations psychologiques ; Réfugiés ; Santé publique ; Logistique du management ; Politique ; Développements de la vie nouvelle.

Yên[235].

Ce n'était pas la seule ironie à l'attendre.

Située dans le secteur du 2e corps, Phú Yên était une province à « forte densité vietcong ». Les agents de la CIA étaient confinés dans leur base, portaient des gilets pare-éclats et un pistolet-mitrailleur, disposaient d'une équipe de gardes du corps chinois Hoa, et essuyaient régulièrement des tirs de mortier.

Simmons fut redirigé vers la base CIA de Tuy Hòa, la capitale provinciale. Il ne m'avait pas donné le nom de son responsable, l'officier chargé de la province (OCP), mais il m'avait décrit son homologue, le chef de la police spéciale, Nguyen Tam. C'était un para de l'armée de la République du Viêt Nam, et un ancien de la Légion étrangère française. Tam était un vétéran endurci, qui ne faisait pas confiance à Simmons, et qui ne parvenait pas à maîtriser ses subordonnés, partis en roue libre. Simmons rédigea initialement quelques rapports à propos de la corruption dans la police, mais, m'avait-il expliqué, « Morales ne les avait jamais fait remonter jusqu'à Saïgon »[236].

En 1970, le chef de poste à Saïgon Ted Shackley amena la CIA à prendre ses distances avec les programmes de pacification, Phoenix inclus, qu'elle avait elle-même mis en place au début de la guerre. Le désengagement de la CIA se poursuivit en 1971, alors que les négociations pour un cessez-le-feu étaient en cours. Les relations avec le renseignement militaire se détérioraient, et, en parallèle, Simmons n'était pas autorisé à rencontrer le conseiller provincial principal de la branche du SDROC.

---

[235] Dans *Hostages of War* (Indochina Resource Center, 1973), Luce fit le travail que la presse américaine n'avait pas osé faire. Il alla visiter le système carcéral du Sud-Viêt Nam. C'est lui qui fit éclater l'affaire des « cages à tigres » en 1970. Luce parlait du Sud-Viêt Nam comme d'un « État-prison », et disait de Phoenix que c'était une reproduction en microcosme de la perversité et de la toute-puissance de l'influence américaine sur la société vietnamienne. Il considérait que la CIA était responsable de la dégradation morale qui avait permis la torture, la répression politique et les assassinats. Pour Luce, les abus n'étaient pas des accidents, mais l'aboutissement logique du système. « L'utilisation répandue de la torture [...] n'est possible que parce qu'une confession ainsi obtenue est valable devant les tribunaux », avait-il affirmé. Il avait également relevé que « bien que Phoenix ait été nommé d'après l'oiseau de proie mythologique qui voit tout et chasse avec précision, l'opération se caractérisait par son fonctionnement aveugle. Pour bien des Vietnamiens, le programme Phung Hoàng était une menace mortelle omniprésente ». N.D.É. : Don Luce (1934) est la figure typique du militant humanitaire et du « lanceur d'alerte ». Parti aider les réfugiés vietnamiens au Sud avec le très officiel International Voluntary Service en 1958, il entra progressivement en rupture avec la conduite américaine de la guerre. Le livre qu'il publia en 1969, à son retour aux États-Unis, fut l'un des premiers témoignages à bouleverser l'opinion américaine. Il devint un important militant d'un pacifisme apaisé, et donna des milliers de conférences, même après la fin de la guerre du Viêt Nam, tout en poursuivant une carrière caritative.

[236] David Morales était un fidèle compère du chef de poste Ted Shackley.

Shackley m'avait dit que la CIA supervisait encore Phoenix en 1972, mais uniquement en « service après-vente ». Tout au plus, quand un chef de province ne voulait pas coopérer avec les Centres d'interrogation, ou que l'un des Centres était saturé, et que la province ou la région ne savait pas comment gérer la situation, le directeur de Phoenix allait voir le secrétaire général de la police nationale pour lui donner des instructions. De temps à autre, une source particulièrement riche d'informations faisait encore le déplacement jusqu'à Saïgon[237]. Les cadres de la hiérarchie faisaient-ils remonter les dossiers ?

Shackley insistait : « Phoenix n'avait rien à voir avec les opérations de renseignements. Il était totalement indépendant de la Branche spéciale chargée de l'infiltration des vietcongs. Si un type pouvait être employé en mission d'infiltration, on le prélevait de Phoenix. »

C'était sous la gestion de Shackley que Phoenix était devenu une gigantesque opération de surveillance sous contrôle militaire, tandis que la Branche spéciale devait se concentrer sur « les leaders et activistes politiques clés de l'infrastructure vietcong. Il fallait éviter de saturer le système avec les membres du front de bas niveau »[238].

Typiquement, les opérations de la Branche spéciale commençaient par la rédaction d'un rapport sur un individu soupçonné d'appartenir à l'infrastructure vietcong. La Branche spéciale plaçait le suspect sous la surveillance d'agents de la police spéciale, qui se relayaient par équipes de deux, vingt-quatre heures sur vingt-quatre. Les agents finissaient par découvrir où le suspect habitait et travaillait, et où se trouvaient ses « points de contact ». D'autres agents étaient placés dans les commerces proches, dans la boutique de soupes à côté de chez lui, ou chez le réparateur de bicyclettes à côté de son café préféré. Tous les endroits qu'il fréquentait étaient surveillés. La police spéciale cherchait à savoir, par exemple, si le suspect et ses camarades imprimaient des tracts dans une planque pour l'Association des femmes de la révolution. Si l'on pouvait établir que le suspect était impliqué dans des activités révolutionnaires, il était arrêté en secret, interrogé et, dans le meilleur des cas, transformé en informateur. Ce qui conduisait à plus d'arrestations, et ainsi de suite. Les meilleurs éléments ainsi arrêtés étaient contraints de travailler en tant qu'agents de pénétration pour le compte de la police spéciale ; ils passaient des informations à leur officier traitant, ce qui entraînait d'ultérieures vagues d'arrestations.

Pour des raisons de sécurité, on prenait des photos des agents employés en infiltration en compagnie de membres de la police spéciale. On leur faisait aussi signer une déclaration sur l'honneur indiquant qu'ils travaillaient pour la République du Viêt Nam. Que l'agent veuille interrompre sa collaboration, et

---

[237] En 1971, George Weisz gérait la branche vietcong de la station de la CIA. Il recevait les rapports Phoenix et ceux de la Branche spéciale, et pouvait s'appuyer sur les meilleurs agents de pénétration.

[238] Ralph Johnson, *The Phoenix Program: Planned Assassination or Legitimate Conflict Management*, American University, 1982.

ces photographies et confessions finissaient entre les mains des vietcongs.

Voilà la cuisine de l'espionnage dans laquelle baignait Simmons. À son arrivée à Tuy Hòa, l'équipe comprenait trois autres agents de la CIA, en plus de l'officier chargé de la province. L'un d'eux était le conseiller des forces coréennes présentes dans la province. Le second, un vétéran avec plus de vingt ans d'expérience, supervisait les opérations « unilatérales », sans aucune coordination avec les agences sud-vietnamiennes, qui étaient toutes infiltrées par l'infrastructure vietcong. L'OCP passait la plus grande partie de son temps avec l'agent des opérations unilatérales. Simmons était le bleu de la bande, et son chef ne perdait guère de temps à l'encadrer : il travaillait, après tout, en relation avec des tierces parties auxquelles on ne pouvait pas se fier.

« Nous tenions des réunions, nous échangions, expliquait Simmons, mais l'OCP accordait le plus gros de son attention au gars des opérations unilatérales, aux rapports politiques relatifs aux groupes dissidents, aux élections et aux candidats susceptibles de les gagner. »

Le troisième agent était le conseiller du chef du Centre provincial d'interrogation, et il quitta le Viêt Nam très vite après l'arrivée de Simmons. Il ne fut pas remplacé, du fait de la politique de réduction des effectifs, et c'est à Simmons qu'échut cette fonction peu gratifiante.

Mais tout était loin d'être sinistre. « Fin 1970, s'était souvenu Simmons, nous avions le sentiment que nous étions en train de gagner la guerre. Nous n'avions toujours pas pris Hanoï, nous n'avions pas pacifié les campagnes, mais nous réduisions la menace que représentait l'infrastructure vietcong, et nous avions fait reculer les forces principales de l'armée nord-vietnamienne. »

La mission de Simmons impliquait le renseignement et les opérations paramilitaires. Côté renseignement, il dirigeait le chef de la police spéciale Tam dans des opérations conçues pour identifier les membres de l'infrastructure vietcong. Il fallait se rendre maîtres de l'environnement politique en pénétrant l'IVC. Ce n'était pas une tâche aisée. Dans les zones contrôlées par l'État sud-vietnamien, les soutiens vietcongs avaient déjà une couverture réelle – leur vie de fermier, médecin, enseignant – à leur entrée dans la rébellion, où ils devenaient par exemple messagers vers les villages et hameaux. À la campagne, les membres de l'IVC étaient armés, et se cachaient dans des repaires secrets.

On comprend d'autant mieux l'action de la CIA de nos jours en Afghanistan, en Irak et ailleurs, quand on sait comment elle travaillait avec la police spéciale au Viêt Nam. Par exemple, en mai 2016, le Pentagone a annoncé que des dizaines de « conseillers » avaient été déployés au Yémen au cours des deux semaines précédentes. Ces conseillers, apprenait-on, « travaillent avec les troupes de la coalition saoudienne et arabe, lesquelles cherchent à imposer leur autorité sur la portion méridionale du pays, y compris dans les zones contrôlées par Al-Qaïda dans la péninsule arabique (AQPA) »[239].

---

[239] Thomas Gaist, « US Defense Department announces deployment of troops in

Comme souligné plus haut, les conseillers de la CIA comme Simmons travaillaient souvent sous couverture militaire. Aujourd'hui, c'est toujours la pratique au Yémen et ailleurs. La CIA finance, équipe et dirige les forces de police spéciale qu'elle a créées partout dans le monde. Et au sujet desquelles les médias observent le silence le plus rigoureux.

Au Viêt Nam, la CIA avait organisé la police spéciale en sections. On trouvait, sous l'autorité du chef, une section Interrogation, une section « Études et Plans », et la suprêmement importante section des Services secrets (SSS).

La SSS était elle-même divisée en deux sous-sections. La première guettait, traquait, et arrêtait les sympathisants de bas niveau de l'infrastructure vietcong, tandis que la seconde, d'une importance stratégique majeure, s'occupait des opérations d'infiltration en profondeur. Dans la mesure où la préparation des opérations spéciales demandait l'accès à des renseignements stratégiques, le chef de la police spéciale était impliqué dans la supervision des affaires SSS avec son conseiller CIA, lequel rencontrait directement les officiers traitants de la SSS et les assistait dans la gestion de leur réseau d'agents sur le terrain.

Le recrutement des agents était compartimenté. Dans un premier temps, la police spéciale identifiait un membre de l'IVC potentiellement « recrutable », ou un individu qui pouvait être utilisé pour approcher de l'extérieur des membres de l'infrastructure. Il fallait ensuite déterminer s'il était possible d'en faire un agent. Que faisait-il ? Vivait-il dans une zone où opérait l'IVC ? Cette personne avait-elle déjà des contacts avec les vietcongs ?

Ces candidats au recrutement étaient appelés des HRPR, Hypothèse de recrutement potentielle du renseignement. Si leur dossier était satisfaisant, ils étaient recrutés.

La police spéciale établissait ensuite, avec le conseiller CIA, un plan préliminaire pour l'entraînement de la recrue aux techniques du renseignement : comment collecter les informations, comment identifier les informations intéressantes, comment entretenir une couverture, comment entrer en contact et transmettre ses rapports secrets à un officier traitant… Une fois le plan approuvé par le conseiller CIA – le Simmons de circonstance –, ce dernier ouvrait sa caisse noire et fournissait l'argent pour rémunérer l'agent. Il lui procurait aussi tout l'équipement nécessaire : caméras, enregistreurs, planques, et même des articles comme des antibiotiques, de manière à obtenir la coopération de la cible.

Le chef de la police spéciale, le chef de la SSS et l'officier traitant de la SSS rencontraient ensuite régulièrement le conseiller CIA pour évaluer les retours d'informations de l'agent. Quand tout se passait bien, on établissait un plan opérationnel, et si l'agent parvenait à devenir un activiste vietcong, on passait au stade du plan d'infiltration. Enfin, si l'agent réussissait à « retourner » un cadre de l'infrastructure vietcong et à faire de lui un espion au sein de l'insurrection, le plan devenait un plan de pénétration. À partir de ce stade, la gestion de l'opération était transférée à la CIA. La police spéciale

---

Yemen », *World Socialist Web Site*, le 9 mai 2016.

avait pour ordre de protéger le plan, de l'entretenir et ne plus intervenir dans son déroulement.

Dans toutes les affaires, la police spéciale devait suivre les consignes du conseiller CIA et satisfaire à toutes ses exigences. Ce qui supposait une certaine dimension d'humiliation, car les conseillers comme Simmons parlaient rarement le vietnamien, et, même avec l'aide d'un traducteur, les subtilités de la culture vietnamienne – sans parler de la complexité inhérente aux opérations de pénétration – leur échappaient en grande partie. Il s'installait donc une méfiance mutuelle entre les parties.

Dans un contexte aussi pervers, un officier de la CIA comme Simmons devait constamment réaffirmer sa position dominante, tandis que les incompréhensions et les rancunes s'accumulaient. Inévitablement, les officiers comme Simmons étaient amenés à intérioriser une autre dimension essentielle du mythe du héros : la mentalité du « chef de guerre » colonial à la Lord Jim, le personnage de Joseph Conrad.

C'est bien cette lutte entre chefs de guerre mégalomaniaques, intriguant les uns contre les autres pour s'emparer du contrôle politique de leur environnement, qui caractérise les coulisses cachées de l'exercice du pouvoir dans sa définition américaine.

Phoenix à Phú Yên

La police spéciale envoya un représentant à la Commission Phoenix de la province de Phú Yên, avec des informations et des documents provenant de sa section « Études et Plans ». Mais elle n'avait aucun pouvoir sur la Commission ou sur ses opérations de terrain. Simmons ne voyait en Phoenix qu'un doublon des opérations de police spéciale. Et un doublon plus vulnérable encore. La police spéciale « envoyait ses rapports » au Centre de coordination du renseignement et des opérations Phoenix, qui n'était, avait-il observé, « qu'un ensemble de types qui classaient des dossiers », mais bien plus exposés. Le Centre de coordination Phoenix « se trouvait sur la ligne de front, et pas en centre-ville ». Il était une cible plus facile pour l'ennemi. Dans la province de Phú Yên, les Centres districtuels de coordination étaient souvent pris d'assaut, et les fichiers volés.

L'infiltration était générale. La CIA savait que l'infrastructure vietcong était parvenue à infiltrer la police spéciale, et la police spéciale savait que Phoenix avait été infiltré.

« Lors de nos visites, les gens de Phoenix partageaient avec nous leurs fichiers, racontait Simmons. Nous les utilisions pour monter nos dossiers. En retour, nous envoyions des copies de chacun de nos rapports au Centre provincial de coordination du renseignement et des opérations. Mais la Branche spéciale de la police disposait de ses propres fichiers, et, quand nous tenions un individu prêt à coopérer au Centre provincial d'interrogation, nous gardions l'information pour nous, au cas où nous parviendrions à en faire un agent double : nous savions que le Centre de coordination avait été infiltré. »

Simmons et les Unités provinciales de reconnaissance

En 1971, la CIA prit ses distances avec les Unités provinciales de reconnaissance, avec Phoenix et avec la Branche spéciale. Simmons lui-même ne fut jamais responsable d'une Unité provinciale de reconnaissance. Il connaissait personnellement le chef vietnamien de celle de sa province, « un type intelligent, responsable et honorable », et il laissait l'Unité utiliser sa radio, mais son implication dans leur activité n'est jamais allée outre.

En revanche, d'après Simmons, le coordinateur Phoenix de la province de Phú Yên travaillait en contact rapproché avec l'Unité provinciale de reconnaissance. L'Unité de reconnaissance prenait en effet ses informations dans les Centres districtuels de coordination Phoenix pour préparer ses opérations contre les cadres de l'infrastructure vietcong dans les villages ou les hameaux. L'Unité de reconnaissance demandait tout simplement « qu'est-ce que vous avez sur tel village ? », et le chef choisissait ensuite les cibles en s'appuyant sur la documentation fournie.

Le conseiller régional de l'équipe de reconnaissance, Jack Harrell, avait suivi sa formation à la CIA en même temps que Simmons. Harrell payait l'Unité de reconnaissance une fois par mois, avec de l'argent de sa caisse noire. Trente ans plus tard, Simmons appela Harrell à la rescousse pour l'appuyer dans la fable qu'il avait récitée au *New London Day*, disant que personne n'avait jamais été torturé au Centre provincial d'interrogation de Phú Yên. Et Harrell, bien sûr, confirma.

Simmons et le Centre provincial d'interrogation

Sous la supervision de Simmons, la police spéciale plaçait sur une liste noire les individus soupçonnés d'appartenir à l'infrastructure vietcong, enfants compris. S'ils étaient accusés par un informateur, ou s'ils se livraient à des activités en apparence suspectes, ils étaient enlevés et amenés au Centre provincial d'interrogation. Simmons était impliqué dans chacune des phases de chacune de ces opérations.

Le Centre provincial d'interrogation était un bâtiment d'un étage, avec un toit en tôle, dans le centre-ville de Tuy Hòa. Le bureau de Simmons était situé un peu plus loin, dans un préfabriqué Quonset posé sur la parcelle de terrain du commissariat de la police nationale. Son interprète s'entendait bien avec le chef du Centre provincial d'interrogation. L'homme était un officier de la section Interrogation, dépendant directement du chef de la police spéciale, et de Tran Quang Nam, le chef de la police nationale de la province. D'après Simmons, le chef du Centre d'interrogation était un homme « intelligent, instruit. Il venait de Saïgon. C'était un progressiste ». Le chef du Centre d'interrogation ne s'occupait pas des opérations de pénétration ; il aidait l'officier traitant de la SSS à identifier les pistes de travail pour le chef de la police spéciale. Simmons, cependant, était obsédé par le contrôle, et considérait que le Centre d'interrogation était « l'endroit clé pour recruter les agents doubles ». Aussi, l'équipe du chef du Centre fournissait des rapports à Simmons. Après traduction et lecture, Simmons interrogeait les prisonniers qui pouvaient, d'après lui, devenir agents de pénétration. Il dirigeait lui-même les interrogatoires, mais, avait-il souligné, il ne s'était « jamais » laissé prendre au piège de « situations ingérables ».

Comme tout ce que fait la CIA, l'existence des Centres provinciaux d'interrogation était cachée au public américain. Mais, pour les civils qui vivaient à proximité, ces Centres, comme les bases de l'armée, n'en étaient pas moins une réalité sinistre. Leur réputation était atroce, et les citoyens sud-vietnamiens s'en plaignaient en permanence. En théorie, le conseiller du Centre d'interrogation, bien qu'en retrait, devait aussi assurer une fonction de médiation avec la population civile alentour. Il devait s'efforcer d'améliorer les conditions au Centre, conformément aux plaintes des citoyens : davantage de lumière, de fenêtres, d'espace, de nourriture, de médicaments... C'était dans cette optique de relations publiques que Simmons avait accès à des médecins vietnamiens et, en de rares occasions, américains.

Les Centres d'interrogation étaient aussi des lieux de passage. Les détenus étaient supposés n'y rester que quelques jours tandis que leurs dossiers allaient à la Commission provinciale de sécurité (CPS). Si un dossier comprenait suffisamment de preuves pour démontrer qu'un individu était bien « une menace pour la sécurité nationale », ce dernier était alors placé en « détention administrative », sans accès à un avocat, et en dehors de toute procédure légale. Chaque province possédait son centre de détention, qui était distinct des prisons et des Centres provinciaux d'interrogation. Le même système est encore en vigueur aujourd'hui, dans toutes les nations qu'occupent les États-Unis. Les compagnies privées américaines s'en mettent plein les poches avec les contrats de construction.

Les hauts cadres de l'infrastructure vietcong étaient envoyés au Centre national d'interrogation, à Saïgon. Les individus considérés comme une menace pour la sécurité nationale étaient ensuite expédiés dans diverses prisons, et notamment sur la terrible île de Côn Son, où on les plaçait, parfois menottés, dans les « cages à tigres ». Il s'agissait de rangées de cellules de béton enterrées, en forme de cercueil, avec pour toit des grilles de fer par lesquelles les gardes surveillaient les prisonniers. L'existence de ces cellules, qui remontait à l'époque coloniale française, n'a été révélée qu'en 1970 par Don Luce.

L'Unité spéciale des forces de renseignements

Les chasseurs de têtes de la CIA recrutaient les éléments des Unités provinciales de reconnaissance parmi les minorités ethniques et sociales du pays. Leurs rangs étaient remplis de Sino-Vietnamiens de l'ethnie Hoa, de Montagnards, de Chams musulmans, de Cambodgiens, de détenus et d'anciens vietcongs. Le seul point commun qui les unissait était leur capacité à tuer sans remords. La réputation de ces unités, connues pour leurs crimes de guerre, posait un problème. Dès 1970, elles avaient été baptisées, par la journaliste

Georgie Anne Geyer, dans un article pour *True Magazine*, « les tueurs à gages de la CIA »[240].

C'est pourquoi, en 1971, la CIA commença à prendre ses distances. Simmons reçut l'ordre de développer sa propre unité paramilitaire pour capturer et tuer les membres de l'infrastructure vietcong. Du fait de sa formation paramilitaire, il était tout à fait capable et désireux de monter des opérations où l'on éliminerait des membres désignés de l'IVC.

À l'occasion de notre interview de 1988, Simmons m'avait montré les comptes-rendus de ses opérations paramilitaires dans la province de Phú Yên. L'un de ces comptes-rendus expliquait comment les forces spéciales de la police, en novembre 1970, étaient parvenues à tuer trois membres de l'IVC. Sur la base d'un tuyau provenant d'un informateur, les vietcongs furent pris en embuscade de nuit, pendant qu'ils creusaient un trou de tirailleur à l'extérieur du hameau de Vinh Phu. Selon le compte-rendu, l'un des vietcongs tués, nommé Nguyen Van Toan, était le secrétaire du chapitre du parti communiste, et le président du comité populaire révolutionnaire du village. Toan avait 20 ans, et il avait été tué sur la terre du village qui l'avait vu naître.

Au vu du succès de l'opération, Simmons reçut l'ordre de prendre en charge le développement des capacités paramilitaires de la province. Il conçut à cet effet plusieurs « prototypes » d'équipes « d'action spéciale » sur le front du 2ᵉ corps. Son Unité spéciale des forces de renseignements (USFR) fut prête à la fin de l'année 1971. Les recrues provenaient des districts proches. Il s'agissait de volontaires de la police spéciale ou des forces d'intervention de la police nationale. Simmons parvint à en mettre six sur pieds, composées chacune de quatre hommes de la police spéciale, et de quatre autres des forces d'intervention. L'USFR de la province de Phú Yên avait ses propres locaux. Elle était dirigée par l'officier de police spéciale Nguyen Van Quy. Et elle était financée et conseillée par Simmons.

Simmons ne m'avait pas dit s'il lui était arrivé d'accompagner les USFR dans leurs missions, mais c'était une obligation du règlement chez les officiers paramilitaires de la CIA.

Dans un compte-rendu daté de décembre 1971, le commandant de la police nationale de la province de Phú Yên commentait plusieurs opérations USFR, en employant notamment le terme « assassiner ». Repris par Simmons, qui contestait l'utilisation de ce terme, le colonel Nam s'était rabattu sur le verbe « exterminer » pour décrire une mission au cours de laquelle deux membres de l'infrastructure vietcong avaient été tués dans une embuscade[241].

Pour illustrer l'efficacité de l'USFR, Simmons m'avait montré la copie

---

[240] Georgie Anne Geyer, « The CIA's hired killers », *True Magazine*, février 1970.

[241] « Bien sûr, nous avons participé à des assassinats », avait avoué Charlie Yothers, chef des opérations de la CIA pour le front du 1ᵉʳ corps en 1970. « C'était la fonction des équipes provinciales de reconnaissance : l'assassinat. Je suis certain que le mot n'a jamais fait son apparition dans aucun document de programme officiel, mais comment voudriez-vous qu'on appelle un homicide ciblé ? »

d'une lettre du 29 janvier 1972 envoyée à sa hiérarchie. Il y demandait des médailles pour les membres de l'USFR qui avaient pris part « à la récente opération Lien Tri ».

L'opération Lien Tri avait débuté par un tuyau d'un informateur. Il indiquait que des éléments du comité de l'équipe d'action du parti de Tuy Hòa avaient prévu d'entrer dans le hameau de Lien Tri, afin d'y établir des planques d'où seraient ensuite parties les attaques vers Tuy Hòa et ses faubourgs Nord. Les Nord-Vietnamiens étaient en train de jeter les bases de leur offensive de printemps de 1972. L'USFR se rendit sur place le lendemain pour intercepter l'équipe d'action vietcong. À 21 h, ils virent quatre vietcongs, accompagnés de trois femmes et de sept jeunes, en train de creuser un trou. Ils « ouvrirent le feu ». L'équipe tua ainsi Trinh Tan Luc, membre du comité du parti de Tuy Hòa, et Nguyen Dung, membre du comité des affaires courantes de Tuy Hòa. L'opération fut conclue en deux heures.

Les lois écrites par les Américains autorisaient Simmons à ouvrir le feu sur des civils sud-vietnamiens, comme ces trois femmes et ces sept enfants en train de creuser leur trou. Simmons, de son côté, était enchanté d'avoir pu « exterminer » deux membres de l'infrastructure vietcong qui avaient récemment organisé une attaque à Tuy Hòa.

Dans son courrier, Simmons déclarait à son supérieur : « L'opération Lien Tri incarne à la perfection le type d'opérations que nous encourageons la police à conduire contre les vietcongs et leur infrastructure dans la province de Phú Yên. » Il poursuivait : « La police spéciale avait préparé des informations détaillées sur les sujets vietcongs visés, et chargé ses sources locales de réunir des informations sur les cibles. Forte de ces informations d'une efficacité immédiate, la police fut en mesure de rassembler rapidement une équipe d'intervention suffisamment bien équipée pour réagir vite à la menace. Les résultats parlent d'eux-mêmes. »

Simmons dirigea une opération supplémentaire avant de quitter le Viêt Nam en juin 1972. Au cours du printemps, l'armée nord-vietnamienne et l'infrastructure vietcong avaient attaqué le Centre provincial d'interrogation et la base de la CIA à Phú Yên. La province de Binh Dinh, qui jouxtait Phú Yên par le nord, avait été submergée par les forces ennemies, qui marchaient alors vers Tuy Hòa.

Alors que la panique gagnait tout le monde, et que les contacts avec le reste de la 2e région étaient coupés depuis des jours, Simmons décida d'agir. Il retourna seul, de nuit, à la base de la CIA alors encerclée, pour surveiller les communications radio. Le lendemain, sortant de sous son bureau, il aida les renforts et les ravitaillements à rejoindre la tête de pont. Une opération éclair. Toutefois, une fois que l'attaque principale avait été repoussée par la contre-attaque de l'armée du Sud, Simmons et les autres Américains se retrouvèrent confrontés à une autre menace : les réfugiés de la région de Binh Dinh affluaient, et il était certain que l'infrastructure vietcong avait infiltré ses tueurs dans la foule en transit. Le personnel de la CIA de Binh Dinh avait été promis à l'assassinat (un terme que Simmons n'acceptait que lorsque les victimes étaient américaines), et les rapports indiquaient que les officiers de Phú Yên seraient les suivants sur la liste.

La peur et l'appréhension étaient palpables, mais Simmons réussit à sauver la mise au moment le plus critique. Des documents capturés au cours du mois de mars avaient révélé que l'IVC planifiait d'infiltrer Tuy Hòa en exploitant le va-et-vient des triporteurs Lambro[242]. Simmons expliquait :

« Nous avons raflé tous les chauffeurs de Lambro, et les avons amenés au Centre provincial d'interrogation. On parle de quinze à vingt personnes, tout au plus. Au cours des interrogatoires, nous avons appris qu'ils avaient tous été cooptés par les vietcongs. Ils avaient introduit dans Tuy Hòa des équipes de vietcongs déguisés en fermiers à bord de leurs Lambro. Toute la flotte de Lambro de la ville était pilotée par des membres de l'IVC, comprenant même quelques femmes, et tous avaient caché des armes sous les sièges, en vue d'attaques contre les agences gouvernementales. »

Comme Simmons aime à le dire, les résultats parlent d'eux-mêmes. Mais, et l'autre son de cloche ? Que pensaient les citoyens sud-vietnamiens et le gouvernement – que les États-Unis appuyaient sans retenue de moyens – de la CIA et de ses opérations ?

Transformations mythologiques

« Je ne suis qu'une pauvre fille de la ferme », raillait Simmons, d'une voix de fausset. Il se moquait d'une femme arrêtée et placée en détention, sans procès, au Centre provincial d'interrogation. « Nous l'avons ensuite relâchée, et surveillée pendant trois mois. Ensuite, nous avons mis son nom dans le journal. Une arrestation et un peu de surveillance ont suffi à la neutraliser, ainsi que son organisation. »

Ce que Simmons décrivait était tout simplement un mécanisme de terreur, appliqué sur un peuple. Il avait voyagé 16 000 km pour terroriser et tuer des citoyens vietnamiens, comme Nguyen Van Toan, assassiné à 20 ans à la sortie de son village, parce qu'il croyait à l'idée de réforme agraire et qu'il résistait la domination étrangère. Cet Américain « exceptionnel » a terrorisé et tué, sans la moindre défaillance, sous prétexte d'offrir au peuple vietnamien le droit à l'autodétermination. Et pourtant, malgré tous ses brillants efforts, certains des sympathisants communistes qu'il s'était employé à terroriser avaient ensuite été élus et s'étaient vu confier des responsabilités publiques dans le cadre des accords de cessez-le-feu.

Simmons avait beau prétendre que les Centres provinciaux d'interrogation et les Unités provinciales de reconnaissance étaient des institutions démocratiques, de nombreux Sud-Vietnamiens n'étaient pas convaincus. Dès juin 1969, l'Assemblée nationale de la République du Viêt Nam interpella les

---

[242] N.D.T. : Il s'agit de petites fourgonnettes trois-roues de fabrication italienne, conçues par la marque Lambretta durant l'immédiate après-guerre. Leur endurance et leur rusticité en ont fait un véhicule de choix pour la paysannerie de toute l'Asie.

ministres de la Défense, de la Justice et de l'Intérieur à propos des abus commis par les fonctionnaires du programme Phoenix. Elle rapporta des épisodes d'arrestations illégales, de torture et de corruption. Quatre-vingt-six députés signèrent une pétition demandant une explication. Le ministre de la Justice Le Van Thu indiqua que le versant extrajudiciaire du système, les Commissions provinciales de sécurité, avaient le droit de condamner les membres de l'IVC à deux ans de détention sans avoir à établir leur participation à une activité criminelle. D'après le ministre Thu, il fallait pouvoir arrêter toute personne soupçonnée de complicité avec les vietcongs sans attendre que l'on ait amassé suffisamment de preuves, tant il était difficile, dans la pratique, de réunir ces dernières. L'explication n'avait que modérément convaincu[243].

Un parlementaire accusa le chef de la police de la province de Vinh Binh d'arrêter à dessein des innocents pour les racketter. Une autre députée expliqua que les suspects étaient placés en détention pendant six ou huit mois avant que leur cas ne soit examiné, et qu'ils étaient régulièrement torturés pour leur arracher des aveux. D'après elle, le programme Phoenix avait amené le peuple à détester le gouvernement. D'autres députés furent outrés d'apprendre que les troupes américaines procédaient à l'arrestation de force, et illégalement, de suspects durant leurs opérations militaires.

Cette dernière accusation, Colby la nia lors des auditions du Congrès de 1971. Le parlementaire Reid lui avait demandé si les conseillers Phoenix tuaient ou procédaient en personne à des arrestations, ou bien s'ils se limitaient simplement à désigner les individus qui allaient ensuite finir sur les listes de personnes à tuer, ou à arrêter et condamner[244].

Colby répondit : « Ils ne procèdent certainement pas à des arrestations, parce qu'ils n'ont pas le droit de le faire. » Il rajouta cependant, de manière spécieuse : « Il arrive que, de temps à autre, un conseiller des forces de police accompagne une unité de police lors de la capture d'un individu, mais ce n'est jamais lui qui débusque et capture le suspect. »

Au cours des mêmes auditions, l'officier du renseignement militaire Michael Uhl confirma que tous les détenus civils étaient déclarés membres de l'IVC et que, malgré les dénégations de Colby, les Américains procédaient à l'arrestation de civils vietnamiens. « À Duc Pho, où se trouve le campement de la 11e brigade, expliqua Uhl, nous pouvions arrêter et placer en détention n'importe quel civil vietnamien, selon notre bon plaisir, et en dehors de toute coordination avec l'armée sud-vietnamienne ou avec les autorités gouvernementales. »

Quant à la véracité des informations obtenues « auprès d'informateurs payés, qui pouvaient très bien n'être que des agents provocateurs, ou des opportunistes cherchant à régler des comptes personnels », Uhl avoua que

[243] Dinh Tuong An, « The Truth about Phoenix », *op. cit.*

[244] « US Assistance Programs in Vietnam », Commission sur les opérations du gouvernement, Sous-commission sur les opérations extérieures et sur les informations gouvernementales, les 15, 16, 19, 21 juillet et 2 août 1971 ; *passim.*

« des informations non vérifiées, et en réalité invérifiables, avaient tout de même été employées dans la désignation de cibles pour l'artillerie, pour les tirs de harcèlement et d'interdiction, pour les B-52 et autres frappes aériennes. Et souvent, il s'agissait de zones peuplées ».

Les ruses rhétoriques de Colby ne trompaient personne au Viêt Nam. Une opposition spontanée s'était levée contre l'occupation américaine et contre sa violence systématique, et pas seulement chez les communistes. Lors d'une audition du Sénat, J. William Fulbright, le président de la Commission sénatoriale des affaires étrangères, demanda à Colby où se trouvait « M. Truong Dinh Dzu, qui était arrivé second lors de la dernière élection »[245].

« M. Dzu se trouve à la prison Chi Hoa de Saïgon », répondit Colby, précisant que son arrestation ne relevait pas de Phoenix. Il avait violé l'article 4, qui criminalisait toute proposition de former un gouvernement de coalition avec les communistes[246].

En dehors de Colby et de ses complices, tout le monde rangeait dans le même sac les fonctionnaires vietnamiens achetés par les Américains, les conseillers américains de Phoenix et l'invasif système judiciaire, là encore créé à la va-vite par les Américains, pour permettre toutes les atrocités que l'occupation infligeait au peuple.

De son côté, la CIA assimilait toute opposition – qu'il s'agisse de pacifistes, de partisans de la neutralité ou d'opposants politiques – à l'infrastructure vietcong. Les Vietnamiens n'étaient pas dupes. Ils savaient que la CIA n'avait aucune intention d'écourter la guerre si la paix passait par le partage du pouvoir avec les communistes. Comme en Afghanistan aujourd'hui, la CIA cherchait avant tout, au Viêt Nam, à éviter tout rapprochement entre les parties. C'est la raison pour laquelle, avec les lois An Tri, elle avait rendu passible de la peine de mort ou d'incarcération sans procès le simple fait de défendre l'idée de paix avec les communistes.

Malgré les efforts du peuple vietnamien pour parvenir à une solution négociée, la CIA persistait à considérer, encore en 1972, les partisans de la neutralité et les promoteurs de la paix comme des candidats à l'élimination. Et le membre du Congrès Rob Simmons était l'un des rouages de cette machinerie génocidaire, qui visait à briser l'aspiration du peuple vietnamien à vivre en paix.

Les partisans de la suprématie américaine, de nos jours, n'agissent pas différemment. Ils lancent l'Amérique dans une guerre puis dans une autre, poussent la jeunesse du monde musulman au fondamentalisme, attisent en eux

---

[245] « Vietnam Policy and Prospects », Commission sur les relations étrangères, Sénat des États-Unis d'Amérique, du 17 au 20 février et les 3, 14, 17, 19 mars 1970 ; *passim*.

[246] La stratégie défensive de Colby fut détaillée dans le télégramme du département d'État 024391 (daté du 17 février 1970), dans lequel on lisait : « Nous pensons que les questionnaires visant à faire de Phoenix un programme d'assassinats peuvent être réfutés avec succès en rappelant systématiquement les choix politiques américains/sud-vietnamiens, et en reconnaissant l'existence d'accidents ou d'abus. »

une soif de vengeance, que nos leaders utilisent ensuite sournoisement pour restreindre nos libertés individuelles et mettre en place un État policier aux États-Unis.

Je dois dire qu'être en présence de Simmons m'avait mis mal à l'aise, comme on l'est toujours face à des officiers de la CIA. On comprend nettement que les abus qu'ils ont infligés à leurs victimes ont à jamais corrompu leur âme. Ils n'ont plus à se faire violence pour déshumaniser leurs ennemis imaginaires : c'est devenu pour eux une seconde nature.

C'est d'ailleurs le point que j'essayais de soulever lorsque j'écrivis au *New London Day* : en quelles proportions Simmons avait-il été lui-même affecté par tous ces abus dont il s'était rendu responsable ? Sa sensibilité malade ne risquait-elle pas d'influencer sa prise de décision, maintenant qu'il devenait un serviteur public ?

Le journal considéra que mes inquiétudes étaient dérisoires. Pourtant, les effets de la torture sur celui qui la commet sont connus. En décembre 2014, le *Washington Post* cita le rapport du Sénat sur les actes de torture commis par la CIA. Le rapport indiquait que « de nombreux agents » de la CIA qui s'étaient livrés à la torture en Irak et ailleurs dans le monde « souffraient de graves problèmes personnels et professionnels, amplement documentés » qui auraient dû « remettre en question » leur collaboration avec la CIA et leur accès à des informations confidentielles. L'auteur de l'article du *Washington Post* posait la question : « À quoi devons-nous nous attendre, à l'avenir, de personnes qui ont administré de force des clystères nutritifs à des détenus, qui les ont waterboardés, ou qui leur ont infligé les autres terribles traitements décrits dans le rapport ? »[247]

On m'avait muselé en 2000, quand Simmons concourait pour entrer au Congrès. Depuis, les événements ont justifié mes craintes. L'accès aux responsabilités publiques de gens comme Simmons a bien déterminé un dangereux glissement du pays vers le fascisme. Depuis, comme je le démontrerai plus loin dans ce livre, Simmons et tous ses co-conspirateurs de la CIA ont appliqué à leurs ennemis de gauche les mêmes tactiques qu'ils employaient au Viêt Nam.

Lorsque je l'avais interrogé sur la moralité des Centres d'interrogation et des escadrons de la mort, il m'avait répondu : « Presque tout ce que nous faisions était gentillet. » Il n'admettait aucune responsabilité. Il reconnaissait tout au plus quelques cruelles négligences, et, du fait du secret de la CIA, il n'existe aucune preuve officielle permettant de le contredire. Il reste, en revanche, des preuves circonstancielles.

Responsabilité résiduelle

---

[247] Lydia DePillis, « This is how it feels to torture », *The Washington Post*, le 11 décembre 2004.

Dans son dossier sur Simmons, le *New London Day* avait soigneusement évité d'évoquer la question pourtant primordiale de la responsabilité américaine dans la répression systémique au Viêt Nam. On avait préféré mettre en avant les bonnes intentions de Simmons. En soutien à sa défense, le journal avait cité Gary Mattocks, qui dirigeait en 1971 les équipes provinciales de reconnaissance de la CIA sur le front du 4e corps d'armée. Mattocks, dont nous avons déjà longuement commenté les états de service pour la CIA dans ces pages, affirmait avoir rendu plusieurs fois visite à Simmons au Centre provincial d'interrogation, sans avoir jamais assisté à des scènes de torture. Il avait tenu à préciser ses propos en ajoutant : « Nous avions pour ordre d'évacuer les lieux en cas de mauvais traitements. Mais nous ne pouvions pas imposer leur conduite aux Vietnamiens. C'étaient eux qui décidaient. »

Quand Mattocks affirme que « c'étaient eux qui décidaient », il ment. Et bien que le *New London Day* se satisfasse de ses mensonges, de nombreuses preuves permettent de les dénoncer.

La police spéciale savait bien, elle, « qui décidait ». L'un de ses agents les plus haut gradés m'avait expliqué que cette organisation – et derrière elle, l'État vietnamien dans son ensemble – « était à l'image de ces personnes dans le besoin : n'importe quel cadeau était bon à prendre. Et d'une année à l'autre, les cadeaux étaient plus modernes, plus opulents. L'État vietnamien était donc d'autant plus enclin à suivre les consignes qui accompagnaient les cadeaux, quelles qu'elles fussent ».

L'officier de la police spéciale m'avait cité ce proverbe utilisé dans les cercles de la finance sud-vietnamienne : « Qui paye gouverne. »

Simmons, en réalité, ne disait pas autre chose. Lors de notre interview, en 1988, je l'avais interrogé sur ses relations avec ses homologues vietnamiens. Il m'avait expliqué que le chef du Centre provincial d'interrogation appartenait « à la chaîne de commandement de la police, mais il savait aussi que c'était la CIA qui lui avait construit son bâtiment, et qui le lui avait confié. OK. Il savait que le bâtiment, c'était "le gars dans le préfabriqué" qui le lui avait fourni ».

Je lui avais ensuite demandé si c'était la CIA qui payait les salaires de la Branche spéciale de la police. Il me l'avait confirmé : « C'est exact. Et pour les agents doubles aussi : quand on tombait sur un candidat particulièrement prometteur, c'était la CIA qui mettait l'argent. »

« J'étais très intéressé par les développements qualitatifs de certains des interrogatoires. J'avais accès à des ressources que je pouvais débloquer d'un coup de fil, de manière à obtenir ce que je cherchais. »

Et Simmons obtenait toujours tout ce qu'il cherchait. Car, comme on le sait bien, « qui paye gouverne ».

Dans une lettre adressée au directeur, je proposai au *New London Day* d'envoyer un journaliste au Viêt Nam interroger n'importe quel survivant qui serait passé par le Centre provincial d'interrogation de Phú Yên durant la période où il était placé sous la supervision de Simmons. De cette manière, on pourrait aisément vérifier si Simmons était bien « une personnalité publique irréprochable aux mains propres », comme l'avait affirmé le directeur du journal. Allez entendre l'autre son de cloche, demandez leur verdict aux victimes. Le journal préféra s'en tenir aux mythes homériques à propos du héros Simmons. Il n'envoya jamais personne au Viêt Nam. Il n'essaya même pas d'entrer en contact avec des fonctionnaires ou des historiens vietnamiens compétents.

Il existe, pourtant, des rapports contemporains des faits sur les conditions de détention dans les Centres provinciaux d'interrogation. L'un d'entre eux est une lettre datée du 9 novembre 1973, adressée par David et Jane Barton au député Robert N. C. Nix de la Sous-Commission du Congrès aux affaires de l'Asie et du Pacifique. De mai 1971 à mai 1973, les époux Barton dirigeaient un centre de réhabilitation de la Société religieuse des amis[248] dans la province de Quang Ngai. Quang Ngai est proche de Phú Yên, et ce que les Barton ont raconté à propos du Centre d'interrogation de Quang Ngai était probablement valable pour le Centre de Phú Yên que supervisait Simmons. Voyons donc ce que contenait leur lettre.

Les Barton dénonçaient le recours à la privation de soins comme forme de torture. Ils observaient que les soins administrés aux détenus étaient « presque inexistants ». Pendant les deux années passées à Quang Ngai, « aucun médecin ou personnel médical vietnamiens n'était venu visiter les prisonniers, et on n'administrait rarement plus que de l'aspirine ». Les prisonniers étaient gravement malades. On rencontrait des cas de pneumonie, des fractures mal ressoudées, des blessures infectées et de la malnutrition. Des détenus étaient enchaînés à leur lit, et les fonctionnaires de la prison prenaient rarement la peine d'isoler ceux qui étaient porteurs de maladies contagieuses, comme la tuberculose.

Les Barton signalaient un autre problème : « De nombreux prisonniers hospitalisés chez nous pour traitement étaient renvoyés au Centre pour d'autres séances d'interrogation, alors même qu'ils étaient gravement malades. C'était le cas, par exemple, d'une jeune femme de 19 ans chez qui les médecins avaient diagnostiqué un grave problème cardiovasculaire dont les conséquences pouvaient être sérieuses. La patiente était en outre dans l'impossibilité de marcher, à cause d'une blessure par balle vieille de trois mois, et qui avait entraîné une fracture du fémur. Le médecin de la Société religieuse des amis avait demandé l'autorisation aux autorités américaines et vietnamiennes de retirer la balle et d'examiner de plus près l'état du cœur de la patiente, mais la permission lui fut refusée. Ils étaient conscients des dangers pour la vie de la prisonnière, pourtant elle fut renvoyée au Centre d'interrogation sans traitement. »

Et voici ce que les Barton avaient écrit au sujet de la torture dans les Centres provinciaux d'interrogation :

« La majorité des malades que nous étions amenés à soigner avaient été torturés. Nous avons réuni des preuves de torture au cours des visites médicales... à travers des questionnaires ou lors de conversations... mais aussi

---

[248] N.D.É. : L'American Friends Service Committee (AFSC) est une organisation humanitaire affiliée aux Églises Quakers.

dans nos radios et photographies. Les prisonniers nous ont expliqué qu'au Centre provincial d'interrogation, on les forçait à boire de grandes quantités d'eau mélangée à de la chaux, du savon ou de la sauce de poisson salée. Une fois que leur estomac était bien gonflé, l'interrogateur sautait dessus. L'un des médecins de la Société religieuse des amis avait examiné plusieurs patients souffrant d'absences épileptiques et de pertes de mémoire, qu'il attribuait aux dégâts cérébraux entraînés par l'ingestion de ces mélanges toxiques. Des prisonniers ont également expliqué à l'un des docteurs de la Société qu'on les forçait à s'allonger sur une table, et que, s'ils ne répondaient pas correctement durant l'interrogatoire, l'interrogateur passait le bras sous leur cage thoracique et leur fêlait ou brisait les côtes. Ce même médecin avait constaté, lors des visites médicales ou des examens radiographiques, que plusieurs détenus souffraient de fêlures ou de fractures des côtes. Il était fréquent que des prisonniers souffrent d'hémorragies ou de blessures internes. Ces prisonniers expliquaient qu'ils avaient été placés dans des barils métalliques remplis d'eau qu'on avait ensuite violemment frappés, ce qui provoquait des blessures internes sans laisser de marques extérieures de torture sur le corps. De nombreux prisonniers avaient été très visiblement battus, et souffraient dans plusieurs cas de fractures du crâne, d'hémorragies cérébrales, et des diverses paralysies qu'elles pouvaient entraîner. Les prisonniers étaient également torturés à l'aide de l'électricité. On leur attachait des fils électriques aux orteils, aux doigts, ou aux parties génitales. Ils perdaient connaissance à chaque décharge, et, au réveil, l'interrogatoire reprenait. Si les réponses des prisonniers ne satisfaisaient pas les interrogateurs, ils recevaient d'autres décharges électriques. La torture par l'électricité semblait être à l'origine d'étranges réactions physiologiques, convulsions ou attaques épileptiques, notamment chez les prisonnières. Nous avons répertorié au moins vingt-cinq femmes qui avaient en moyenne entre huit et dix crises par jour. Durant nos visites médicales de routine aux prisonniers, nous avons pu constater et documenter les dégâts mentaux ou physiques permanents que les prisonniers avaient subis, à la suite des tortures décrites ci-dessus[249]. »

Les Barton espéraient convaincre le Congrès de mettre un terme au financement de la répression systématique qui s'exerçait sur la population vietnamienne. Voici ce qu'ils en disaient :

« Nous étions dévastés, d'entendre des récits des tortures qui se déroulaient dans des Centres d'interrogation construits par l'Amérique, et de voir des hommes et des femmes, cultivateurs de riz de la campagne de Quang Ngai, continuellement arrêtés et transférés dans ces Centres à bord de véhicules payés par l'Amérique. Il était tout aussi désespérant de parler avec un commandant vietnamien de la police nationale, formé à l'Académie américaine de police internationale, et de découvrir qu'il nous demandait un

---

[249] On se souviendra de la photo de la prison d'Abou Ghraib avec ce prisonnier dans une position christique, le visage couvert d'une cagoule, des fils électriques reliés aux doigts et aux parties génitales.

gros pot-de-vin pour relâcher le frère de l'un de nos collaborateurs vietnamiens. Les incidents de ce type, pour fréquents qu'ils fussent, n'étaient en réalité que des piqûres de rappel superficielles, parmi tant d'autres, quant à la manière dont l'aide et l'argent américains étaient mis à contribution pour maltraiter et emprisonner des civils vietnamiens. » Se fondant sur les allégations de torture dans les Centres provinciaux d'interrogation, le député Paul McCloskey se rendit au Viêt Nam au début de l'année 1971. Sur place, il demanda à l'officier de la CIA John Mason, directeur du programme Phoenix, d'organiser la visite d'un Centre provincial d'interrogation. L'accès au Centre se révéla plus compliqué que prévu. McCloskey était attendu à la porte par un agent de la CIA aux cheveux roux, portant un revolver sur chaque hanche, comme un cow-boy. Héros de la guerre de Corée, et officier supérieur réserviste, McCloskey l'envoya paître ailleurs et imposa sa visite à l'intérieur du Centre.

On reconnaîtra au *New London Day* le mérite d'avoir cité McCloskey, qui disait avoir vu « des instruments de torture dans la salle des interrogatoires – des fouets, des menottes, des choses de cette nature ».

Le *New London Day* omit en revanche les déclarations de McCloskey et de plusieurs de ses collègues qui, de retour aux États-Unis, dirent qu'ils étaient persuadés que « la torture était considérée comme une chose normale durant les interrogatoires », et que « des civils et du personnel militaire américains avaient, depuis trois ans, participé à un processus délibéré de négation des droits de milliers de personnes, incarcérées dans ces Centres construits avec des dollars américains ».

Malgré la censure, les témoignages des Barton, de McCloskey et du chef de la police spéciale anonyme que j'ai cité plus haut sont incontestables et se complètent mutuellement. La CIA, de manière collective, et ses officiers, sur le plan individuel, étaient responsables de tous les crimes commis par la police spéciale, y compris la torture dans les Centres provinciaux d'interrogation.

Comme Jacques Klein l'avait souligné, la CIA était une force d'occupation qui fonctionnait systématiquement comme la Gestapo et les Einsatzgruppen de la SS en France.

Responsabilité résiduelle et crimes de guerre systématiques

Phoenix, les équipes provinciales de reconnaissance, les Centres provinciaux d'interrogation et la police spéciale faisaient partie d'un système de répression conçu et mis en place par la CIA pour s'assurer du contrôle politique de la population au Viêt Nam. Mais est-ce que tout – les assassinats, le trafic, les massacres, les « cages à tigres », la terreur, la torture – était bien justifiable et légitime ? En 1971, la légalité de ce système était discutée, et pas seulement par les militants pacifistes, mais aussi par la Sous-Commission de la Chambre des représentants sur les opérations extérieures et l'information du gouvernement[250].

Comme toujours, c'était un lanceur d'alerte qui avait fourni ses munitions au Congrès. À la fin de l'année 1970, un officier du renseignement militaire, du nom de Barton Osborn, remit à un assistant de la Sous-commission une copie du manuel d'entraînement qu'on lui avait donné à Fort Holabird. D'après William Phillips, l'assistant en question, le manuel « montrait que la doctrine Phoenix n'était pas une solution qui avait été improvisée sur le terrain, là-bas, mais qui avait été validée par le gouvernement américain. Voilà où résidait le problème: c'était une doctrine ». « À travers l'officier de liaison détaché au Congrès, nous avons alors demandé à l'armée de nous fournir officiellement une copie du manuel d'entraînement employé à Holabird. Ils nous en ont fait parvenir une version expurgée, dont ils avaient renuméroté les pages. »

Ce furent cette tentative de dissimulation et ce refus des responsabilités qui incitèrent McCloskey à rendre visite à la direction de Phoenix en avril 1971. Il s'agissait de préparer les audiences à venir pour l'été suivant.

Il y rencontra le colonel James Hunt, l'officier instructeur de Phoenix, Jake Jacobson, le directeur du SDROC, et Mason, le directeur du programme Phoenix. Hunt racontait : « J'étais sur le point de monter sur l'estrade pour faire mon rapport quand Mason m'a chuchoté à l'oreille : "On est obligé de leur parler, mais moins on leur en dit, mieux c'est." Dès sa première question, McCloskey a demandé s'il se trouvait quelqu'un dans le programme qui travaillait pour la CIA. Mason a dit que non. Il a démenti toute implication de la CIA. Jake aussi. »

Le fait que Mason et Jacobson aient « si délibérément menti » avait déplu à Hunt. Et cela avait déplu à McCloskey qui, de retour à Washington, déclara que Phoenix « violait plusieurs traités et lois ». La base légale de cette attaque se trouvait à l'article 3 des Conventions de Genève, qui interdit « les condamnations prononcées et les exécutions effectuées sans un jugement préalable rendu par un tribunal régulièrement constitué, assorti des garanties judiciaires reconnues comme indispensables par les peuples civilisés ».

L'article 3 interdit également les mutilations, les traitements cruels (comme la privation de soins) et la torture.

Ayant signé ces Conventions, le Congrès connaissait bien évidemment les obligations de l'article 3 ; il choisit de les ignorer. Un nouveau problème se présenta, cependant, quand l'ambassadeur américain auprès du Comité international de la Croix-Rouge (le CICR) adressa une lettre au Congrès. Dans sa lettre du 7 décembre 1970, Imer Rimestead avait écrit : « En ce qui concerne les civils sud-vietnamiens capturés par les forces américaines et transférés par elles aux autorités de la République du Viêt Nam, le gouvernement américain reconnaît qu'il conserve une responsabilité résiduelle, en ceci qu'il doit collaborer avec le gouvernement vietnamien pour s'assurer que lesdits civils sont traités en conformité avec les exigences de l'article 3 des Conventions. »

Pour la plus grande consternation des professionnels de la guerre

---

[250] « US Assistance Programs in Vietnam », *op. cit. ; passim.*

américains, la lettre de Rimestead signifiait qu'il ne leur était plus possible de considérer que les milliers de civils pris dans les filets de Phoenix n'étaient qu'une affaire interne du gouvernement vietnamien. Pour Rimestead, parce qu'elle avait fondé Phoenix, la police spéciale et l'administration pénitentiaire du Sud, l'Amérique avait acquis de fait une « responsabilité résiduelle » vis-à-vis des détenus – et des gouvernements fantoches qui, sans l'argent américain, n'auraient jamais existé. Cela vaut pour le gouvernement de la République du Viêt Nam, mais aussi pour ceux d'Irak et d'Afghanistan.

La lettre de Rimestead sous-entendait que les professionnels de la guerre américains étaient des criminels de guerre. Elle contraignait les avocats de la CIA, du département d'État et du Pentagone à réviser les procédures Phoenix et contester leur illégalité devant la Sous-Commission de la Chambre, l'été suivant. Comme on l'a vu plus haut, par chance pour eux, le *New York Times* commença le 13 juin à publier des extraits des Pentagon Papers, dont le nom même servait à défausser la CIA de ses responsabilités. En conséquence, l'attention du public, au mois de juillet, fut absorbée ailleurs, et rares sont ceux qui entendirent le député Reid demander à Colby s'il était bien sûr de reconnaître « un membre de l'infrastructure vietcong d'un citoyen loyaliste du Sud ».

« Non », avait répondu Colby. Mais cela n'avait jamais empêché un Rob Simmons de jeter les gens dans son Centre d'interrogation. Au contraire, la CIA, en tant que membre de la Task Force interagences au Viêt Nam, prétendait que les Conventions de Genève ne garantissaient aucune protection aux détenus civils, car « les citoyens d'un État co-belligérant ne jouissent pas d'un statut protégé quand l'État duquel ils sont originaires possède une représentation diplomatique auprès de l'État dans lequel ils sont détenus ».

La CIA affirmait également que l'article 3 des Conventions « ne s'applique qu'aux condamnations pour crimes, et n'interdit pas à un État d'interner des citoyens, ou de les soumettre à des détentions d'urgence quand ces mesures sont nécessaires pour la sécurité ou la préservation de l'État ». Passant à la trappe les exécutions de civils « effectuées sans un jugement préalable rendu par un tribunal régulièrement constitué », la CIA prétendait que les procédures de détention administrative ne violaient pas l'article 3, car elles ne reposaient « sur aucune condamnation ».

Quand le régime Bush se mit lui aussi à incarcérer les suspects en Afghanistan, en Irak et à Guantánamo, il prétendit bien sûr que la détention administrative était absolument légale. J'ai donc examiné avec le professeur de droit Jennifer Van Bergen la légitimité de cette position. Nous sommes parvenus à la conclusion que, partout où il y a détention administrative, il y a torture. La connexion entre les deux existe, même dans ces contextes où les procédures qui conduisent à ces mises en détention, pour reprendre l'affirmation du conseiller de l'administration Bush Aberto Gonzales, « ne relèvent pas de l'improvisation, mais sont au contraire soignées, raisonnées et prudentes »[251].

Cette conclusion, nous y étions parvenus en raison des carences immenses dans la forme de la détention administrative. Il y a d'abord l'absence du garde-fou des droits de l'homme et des garanties légales traditionnelles, telles que l'obligation du respect des procédures légales, l'*habeas corpus*, le procès équitable, le conseil juridique confidentiel et le contrôle juridictionnel. Il y a ces définitions, procédures et normes vagues et trompeuses. Il y a l'insuffisance et la légèreté de la procédure accusatoire. Il y a le poids excessif que s'arroge le pouvoir exécutif grâce à ses états d'urgence prolongés à volonté (comme c'est le cas dans la guerre contre le terrorisme). Il y a, enfin, l'implication de la CIA et d'autres agences secrètes – et donc non responsables – du pouvoir exécutif.

Lorsque l'on massacre de cette manière le système judiciaire, les droits de l'homme sont réduits à l'état de plaisanterie. Comme l'avait dit William F. Schulz, directeur exécutif d'Amnesty International, « cette année, nous n'avons pas simplement assisté à une série de violations brutales des droits de l'homme, qui auraient été commises de manière indépendante par différents gouvernements à travers le monde. Non, cette année, nous avons été confrontés à quelque chose de bien plus dangereux et fondamental. Cette année, nous avons vu les États-Unis s'attaquer méthodiquement au socle si fragile sur lequel avait été érigé avec tant de difficultés, pièce après pièce, depuis la fin de la Seconde Guerre mondiale, le droit international des droits de l'homme »[252].

Le « socle sur lequel avait été érigé le droit international des droits de l'homme » a été détruit à jamais par les régimes de Bush et d'Obama, et par la résurrection des pratiques remontant au Viêt Nam. Les similitudes entre la répression systématique du peuple vietnamien et ce qui se passe de nos jours avec la guerre contre le terrorisme, et son versant domestique, la Homeland Security, ne se limitent pas aux procédures et aux décisions politiques. Elles incluent aussi les campagnes de guerre psychologique qui creent la peur nécessaire à l'adhésion de l'opinion à ces mêmes procédures et décisions politiques.

Le lien entre détention administrative, torture et répression policière est sous les yeux de tous, mais la censure systématique de l'information empêche que la société prenne acte de son existence. Les États-Unis et Israël sont aux avant-postes de ces funestes développements. Ils confectionnent les crises les unes après les autres pour prolonger l'impression de péril national, et ils les assortissent de séries de décrets d'état d'urgence visant les classes vulnérables de la population et plus spécifiquement les citoyens américains noirs et musulmans. Les lois du renseignement qui permettent d'espionner les citoyens sans avoir à démontrer une quelconque activité criminelle sont révisées et

---

[251] Jennifer Van Bergen, Douglas Valentine, « The dangerous world of administrative retention », *Case Western Reserve Journal of International Law*, no 37, 2006.

[252] *Ibid.*

amplifiées dans leurs champs d'application. Le recours secret à la torture permet d'arracher les aveux, et des « Chambres étoilées[253] de la sécurité » ont été spécifiquement mises en place pour opérer hors de la légalité internationale. Et l'on ne parle même pas du secret qui enveloppe Guantánamo.

Quand on les pousse dans leurs retranchements, les experts en relations publiques du gouvernement expliquent que la torture est nécessaire à la défense de la liberté. Cheney n'en a jamais démordu. Trump a promis d'exhumer le waterboarding, et pire s'il le faut. Ça a beaucoup joué en sa faveur.

Ce ne sont jamais que les instincts bestiaux du psychisme humain que l'on retrouve derrière ces logiques perverses. Ces instincts que la mafia et la CIA savent canaliser à leur avantage pour établir leur domination. Ce qui différencie la CIA de la mafia, entre autres, c'est que la CIA contrôle plus efficacement les institutions publiques et l'information. La CIA, par exemple, possédait et faisait tourner trois journaux à Saïgon.

Qui sait combien elle en possède aux États-Unis…

Déterminés à ne pas commettre les mêmes erreurs qu'à l'époque de la guerre du Viêt Nam, les régimes Bush et Obama ont empêché les médias de publier les photos des cercueils américains rentrant d'Irak et d'Afghanistan. Comme Bush, Obama s'est appuyé sur la censure, la désinformation et la propagande pour masquer la brutalité de sa ligne politique et de ses pratiques. On ne nous a jamais montré un corps déchiqueté lors d'une frappe de drone. Les pratiques et intentions criminelles ont été soigneusement dissimulées.

Tout fonctionnaire qui participe à cette conspiration criminelle devrait être considéré comme responsable de ses conséquences prévisibles – et cela inclut Rob Simmons. C'est la raison pour laquelle notre pays a besoin d'un tribunal des crimes de guerre. Au strict minimum, Simmons devrait être poursuivi pour violation des droits de l'homme, pour le fait qu'il a entravé les garanties de sécurité juridique dues aux citoyens.

La sécurité juridique est un droit de l'homme reconnu par le droit international, et dont doit pouvoir jouir tout individu. Pourtant, quand le député Reid avait demandé à Colby si les civils détenus avaient accès à un avocat, il lui avait répondu « non ».

Époustouflé, McCloskey avait demandé à Colby : « La détention administrative s'applique aux gens que l'insuffisance de preuves empêche de condamner, n'est-ce pas ? »

Colby avait acquiescé.

McCloskey s'était emporté : « Et donc, la personne visée par la procédure, ou identifiée, n'a pas le droit de se défendre, n'a pas le droit à un conseil, n'a pas le droit à une confrontation avec ses accusateurs, n'a pas le droit de consulter son dossier, c'est correct ? »

« C'est correct », avait répondu Colby.

« C'est tout le problème du programme Phoenix, tel que j'ai pu le constater sur place pendant ma visite, avait repris McCloskey. Même si les preuves sont

---

[253] N.D.T. : Tribunaux anglais qui opéraient sans jury et sur la base d'un seul témoin.

insuffisantes pour condamner un homme, même si elles sont insuffisantes pour démontrer avec une probabilité raisonnable qu'il pourrait représenter une menace pour la sécurité, il est quand même possible de l'envoyer dans un Centre provincial d'interrogation. »

Exaspéré, le député Reid avait ajouté : « Ce qui est tout aussi choquant que les assassinats, les tortures, les arrestations improvisées de civils dans le cadre du programme Phoenix, c'est que dans de nombreux cas, les renseignements sont si mauvais qu'ils condamnent des innocents. »

Reid avait présenté la liste, validée par le conseiller CIA de la Branche spéciale de la police de la province de Binh Dinh, des cadres de l'infrastructure vietcong raflés au cours du mois de février 1967. Reid avait observé :

« Je trouve significatif que, des soixante et un noms présents sur cette liste, trente-trois correspondent à des femmes, et que certains individus soient âgés de 11 ou 12 ans. »

Le peuple vietnamien comprenait-il vraiment que la CIA tenait à les protéger du terrorisme ?

Ted Jacqueney, fonctionnaire du SDROC, avait expliqué devant le Congrès en 1971 que « les arrestations sans mandat ni motif » étaient la principale source de plaintes de la population de Da Nang. « J'ai personnellement vu, dans les villes, de pauvres gens trembler littéralement de peur quand je les interrogeais au sujet du rôle de la police secrète lors de la précédente élection. Un pêcheur de Da Nang, si loquace et communicatif quand il s'agissait de commenter les problèmes économiques, s'était fermé comme une huître, terrorisé, quand j'ai abordé la question de la police. Il m'avait répondu qu'il devait "penser à sa famille". Au terme de mes nombreuses interviews au Viêt Nam sur le sujet, j'en suis arrivé à la conclusion qu'aucun groupe, et pas même les vietcongs, si craints et détestés, n'était aussi craint et détesté que la police secrète sud-vietnamienne. »

Jacqueney avait ajouté : « On trouve dans chaque province du Viêt Nam un Centre provincial d'interrogation où, raconte-t-on, on utilise la torture pour interroger les individus soupçonnés d'être affiliés aux vietcongs. »

« L'an dernier, un conseiller de police de l'USAID affecté au groupe de conseil de la ville de Da Nang m'a dit qu'il refuserait à jamais de remettre les pieds dans un Centre provincial d'interrogation, car "on commet des crimes de guerre là-bas"... Un autre ami, lui-même conseiller Phoenix, a été démis de ses fonctions pour avoir refusé de compiler les informations sur des individus dont il savait qu'ils seraient injustement pris dans la nasse, au vu de la faiblesse des preuves. »

L'officier du renseignement militaire Bart Osborn avait confirmé : « Je n'avais aucun moyen de savoir sur quoi se fondaient mes agents quand ils me signalaient des suspects. Il n'y avait pas de procédure de vérification, pas d'enquête, pas de seconde opinion. » Osborn avait également ajouté : « En un an et demi, je n'ai jamais rencontré d'individus arrêtés en tant que potentiel vietcong et qui ont survécu à leur interrogatoire. Et j'en ai vu défiler, des suspects, en un an et demi. »

« Ils sont tous morts ? », avait demandé Reid, incrédule.

« Tous morts, avait répondu Osborn. Pas une seule fois il n'a pu être établi avec certitude que l'un de ces suspects collaborait bien avec les vietcongs. Mais ils sont tous morts quand même. Soit torturés à mort, ou encore jetés dans le vide depuis un hélicoptère. »

Au terme des audiences parlementaires, les députés Paul McCloskey, John Conyers, Ben Rosenthal et Bella Abzug avaient rendu leurs conclusions : « Les Américains ont imposé au peuple vietnamien un système judiciaire qui leur refuse la sécurité juridique. Ce faisant, nous avons violé la Convention de Genève de 1949 sur la protection des populations civiles, tout en exigeant, sans économiser nos efforts, que le Nord-Viêt Nam applique les Conventions de Genève à nos prisonniers de guerre. »

« Ceux d'entre nous qui se sont rendus au Viêt Nam craignent que le programme Phoenix ne soit qu'un instrument de terreur ; que la torture fasse partie intégrante des interrogatoires... Et que les hauts fonctionnaires américains responsables de ce programme, au mieux, sont incapables d'en comprendre l'illégalité. »

Ils avaient terminé ainsi : « Le personnel civil et militaire américain participe depuis plus de trois ans à un déni de sécurité juridique délibéré à l'encontre de milliers de personnes enfermées en secret dans des centres construits avec l'argent américain. » Ils suggéraient qu'il était du devoir du Congrès d'agir rapidement, et de manière décisive pour mettre au jour et arrêter toutes les pratiques dénoncées.

C'est en tant que participant à une entreprise génocidaire que Rob Simmons devrait être poursuivi, et jugé comme criminel de guerre.

Naissance du guerrier psychologique

Rob Simmons avait été formé et excellait dans l'art de la duplicité et de la tromperie. Il savait torturer les gens pour leur faire dire ce qu'ils n'avaient pas envie de dire. Il avait également monté une expédition, avons-nous vu, qui avait assassiné des gens dans leur propre village.

Comment ces expériences l'avaient-elles affecté ? Comment avait-il pu supporter, à 28 ans, et pendant dix-huit mois, les hurlements des prisonniers, les conditions misérables de leur détention ? C'est impossible à imaginer ; il faudrait l'avoir vécu.

Quand j'ai rencontré Simmons en septembre 1988, non seulement il montrait des signes de trouble de stress post-traumatique, mais il admettait en souffrir. « Les gens ne résolvent jamais leur expérience de la guerre », m'avait-il confié dans un soupir lugubre. Il semblait sur le point d'exploser, prêt à recracher toute la haine accumulée contre la gauche pacifiste qui avait saboté l'effort des patriotes. Il écumait de rage à propos « des vietcongs, qui manipulaient les médias américains, et des types comme Walter Cronkite, qui avaient fait croire que Phoenix était un programme d'assassinats ».

Simmons était un superpatriote façon Barry « renvoyez-moi tout ce beau monde à l'âge de pierre » Goldwater, qui considérait que le 1er amendement « n'a jamais été conçu pour permettre à tout le monde de dire n'importe quoi ».

Il se réservait, en tant que membre de la caste des protégés, le droit de déterminer si oui ou non un membre des Black Lives Matter pouvait parler librement. L'univers moral de Simmons prend pour clef de voûte le drapeau, symbole sacré de la liberté, et le brûler devrait être hors la loi.

En 2001, à l'occasion d'un de ses premiers votes de sa carrière de député, il appuya un amendement antiprofanation du drapeau. En juin 2003, il vota en faveur d'un amendement constitutionnel qui la rendait illégale. Lorsque j'avais écrit à son sujet en 2000, j'avais dit qu'en raison de son idéologie, de ses activités au Centre provincial d'interrogation, de ses interventions en faveur de la CIA quand il siégeait en tant que directeur du personnel de la Commission sénatoriale sur le renseignement, j'avais des doutes sur son aptitude à gouverner dans une société ouverte, régie par une Constitution qui garantit la sécurité juridique à tous les Américains, profanateurs du drapeau, militants pacifistes et gauchistes compris.

Sa carrière après le Viêt Nam, en effet, ne plaide pas en sa faveur. Dans un premier temps, il resta à la CIA en tant qu'officier des opérations. Entre 1975 et 1978, il organisa une opération de premier ordre qui empêcha les Taïwanais d'obtenir de quoi faire leur bombe nucléaire. Des documents essentiels pour Taïwan avaient été dérobés, ce qui avait compromis les possibilités de transaction. Ce fut le grand fait d'armes de Simmons[254].

En 1977, cependant, Stansfield Turner, directeur de la CIA de Jimmy Carter, renvoya près de 600 employés de la branche des Actions clandestines de la CIA. Cette purge fut appelée « Le massacre d'Halloween de 1977 ».

Simmons était furieux contre Turner, et contre les critiques qui venaient de la gauche : « J'avais servi à l'étranger, j'avais risqué ma vie et celle de ma famille dans des contrées à problèmes, et voilà comment on me remerciait, avait-il raconté à Joseph Persico. Les gens dehors nous traitaient comme des moins-que-rien, comme des parias. »[255]

En réalité, sa tirade n'avait pas grand-chose d'authentique. C'était une prestation calibrée d'acteur, et sa sortie d'artiste théâtrale en 1979 n'avait absolument pas signifié la fin de ses relations avec la CIA. Au contraire, Simmons conserva son autorisation TOP SECRET, et il devint ensuite l'assistant parlementaire du sénateur néoconservateur John H. Chafee dans la Commission sénatoriale sur le renseignement, et obtint, dans la foulée, un diplôme d'administration publique à Harvard. Cette section de son CV a toutes les caractéristiques de l'opération clandestine.

Il me semblait, à moi, que Simmons avait enfilé un faux nez : il travaillait désormais en tant que « personnel administratif » dans une institution, mais il continuait de recevoir en secret les ordres de la CIA. D'ailleurs, les jeunes

---

[254] Bob Woodward, *Veil: The Secret Wars of the CIA, 1981-1987*, Simon & Schuster, 1987. N.D.É. : Bob Woodward (1943) est un journaliste du *Washington Post* célèbre pour avoir, avec son collègue Carl Bernstein, révélé l'affaire Watergate.

[255] Joseph Persico, *Casey: The Lives and Secrets of William J. Casey from the OSS to the CIA*, Viking, 1990, p. 276.

officiers sont souvent approchés par la CIA alors qu'ils suivent leur formation d'officier supérieur au Command & General Staff College.

Simmons était vraisemblablement encore en mission pour le compte de la CIA. Au sein de l'équipe de Chafee, il aida à la rédaction et à la promulgation de loi de Protection de l'identité dans le renseignement de 1982. Cette loi fut conçue en réaction à la divulgation, quelques mois auparavant, de l'identité d'agents de la CIA par les magazines *Counterspy* et *Covert Action Quarterly*, auxquels avaient collaboré les anciens de la CIA Philip Agee et Bart Osborn, déjà cités plus haut. La CIA détestait ces deux renégats avec une rage aveugle. À travers des relais officieux dans les relations publiques, elle avait tenté de leur faire porter la responsabilité du meurtre, en décembre 1975, de son agent à Athènes Richard Welch.

La loi de Protection criminalise la divulgation de l'identité des agents de la CIA. C'est elle qui fait condamner les lanceurs d'alerte comme John Kiriakou, qui dénonça en 2007 les actes de torture commis par la CIA.

Ayant prouvé son utilité, Simmons fut choisi en 1981 pour diriger le personnel de la Commission sénatoriale sur le renseignement, à majorité républicaine. Les démocrates essayaient de mettre en examen William Casey, que le président Reagan, fraîchement élu, venait de choisir comme directeur de la CIA. D'après Persico, le président de la Commission Barry Goldwater avait engagé Simmons précisément pour verrouiller l'enquête contre Casey. Et Simmons fit admirablement son travail : il fit confectionner un rapport final de cinq pages, saucissonné de toutes parts, qui estimait que Casey n'était « pas inadéquat » à la fonction proposée[256].

Le rapport faisait l'impasse sur les relations de Casey avec des personnages de la pègre comme Robert Vesco, sur ses liens avec l'affaire de corruption ITT, et autres libertés criminelles qu'il s'était concédées tout au long de sa quête du pouvoir. Comme l'avait expliqué Simmons à Persico : « Casey n'escroquait pas les veuves et les orphelins. Il tirait simplement avantage de la loi. »[257]

« Tirer avantage », c'est la norme, pour les riches et les puissants que Simmons sert – comme Donald Rumsfeld; un jour ils livrent des gaz neurotoxiques à Saddam Hussein, et le lendemain ils le tuent, avec toute sa famille et son entourage, puis volent toutes leurs possessions.

Les craintes des démocrates au sujet de Casey se vérifièrent dès qu'il prit ses fonctions de directeur central du Renseignement. Il prit le contre-pied de toutes ces décisions de Turner que Simmons détestait tant, et remit en selle le réseau de contre-terrorisme que les carriéristes de la CIA avaient mis en place dans le dos de Carter. Casey s'appuya sur le réseau pour contourner le Congrès et lancer l'Enterprise, l'écran de sociétés que le major-général Richard Secord avait conçu pour vendre en secret, à travers des agents israéliens, des armes à l'Iran et financer ainsi la guerre illégale des contras au Nicaragua. Sous la

---

[256] *Ibid.*, p. 276.

[257] *Ibid.*, p. 277.

direction de Casey, la CIA forma des escadrons de la mort, détruisit une raffinerie, et démolit un port au Nicaragua. Et ce, dans la plus parfaite violation du droit international. Il s'agissait avant tout de terroriser la population, ce que John Stockwell, un autre relaps de la CIA, appelait de la « déstabilisation »[258]. La déstabilisation, expliquait Stockwell, « consiste à engager des agents pour détruire l'harmonie sociale et économique d'un pays. On emploie cette technique pour mettre sous pression le gouvernement, avec deux issues possibles : ou bien le gouvernement se soumet aux exigences américaines, ou bien les États-Unis profitent de son effondrement pour organiser un coup d'État et placer leurs hommes au pouvoir ».

« Il s'agit de mettre volontairement en place des conditions où le fermier ne parvient pas à mettre ses produits sur le marché ; où les enfants n'arrivent plus à aller à l'école ; où les femmes restent cloîtrées chez elles, terrifiées ; où tous les programmes de l'État sont frappés de paralysie ; où les hôpitaux sont contraints de soigner des blessés plutôt que des malades ; où le capital étranger est effrayé et quitte le pays, ce qui plonge le pays en état de faillite. »[259]

« Et ils ne s'arrêtent pas là », avait ajouté Stockwell.

Voilà ce que fait la CIA, partout dans le monde, tous les jours. Simplement, ils ne vous en parleront pas sur la National Public Radio. Simmons, lui, connaissait toutes ces pratiques, et c'est pourquoi la CIA l'avait placé dans l'équipe du sénateur Goldwater.

Depuis son poste de directeur du personnel de la Commission sénatoriale, Simmons escortait les délégations d'enquêteurs dans les bases secrètes de la CIA. Sous sa supervision, les débats ne portaient pas sur la moralité des tentatives de subversion de la loi américaine ou des nations étrangères, mais sur la meilleure manière d'y parvenir. Entouré de ses compères de la fraternelle du renseignement, il régnait en maître sur l'enquête. Et, étrangement, Simmons réussit à passer à côté de tout le mécanisme « drogue-contre-armes » qu'avait mis en place Casey, et qui rapportait 1 million de dollars par mois aux contras. Quand le scandale Iran-Contra finit par exploser, Simmons, qui avait accès à tous les témoins et avait lu tous les documents secrets, prétendit avoir été berné par un autre officier de la CIA.

En réalité, révéler la vérité au peuple américain était, tout au plus, une tâche administrative. Son véritable rôle, opérationnel, lui, consistait à protéger la vieille fraternelle secrète qui contrôle la CIA.

---

[258] N.D.É. : John Stockwell (1937) est un ancien agent de la CIA, qui démissionna après avoir conduit des opérations clandestines pour le compte de l'agence en Angola durant la guerre civile, en 1975. Il écrivit ensuite le livre *In search of enemies* (« À la recherche d'ennemis »), dans lequel il dénonçait les méthodes paramilitaires de la CIA dans le tiers-monde. Il accusa également, dans le grand talkshow de CBS *Sixty Minutes*, le directeur de la CIA William Colby ainsi qu'Henry Kissinger d'avoir systématiquement menti au Congrès quant à la réalité des opérations de la CIA.

[259] John Stockwell, « The Secret Wars of the CIA », conférence, consultable sur : http://serendipity.li/.

Que Casey ait trompé le Congrès n'était qu'une peccadille, pour Simmons. « C'est la mentalité des gens qui ont fait la guerre », expliquait Bob Woodward.

« Ce qui comptait vraiment, pour Simmons, c'était le danger, le vécu réel. Le reste n'avait aucune importance. Il s'agit de personnes qui en ont envoyé d'autres à la mort. Alors, une vague affaire d'argent, ce n'était rien. C'était facile. Et les critiques non plus, ce n'était rien. Un juge, un sénateur, un journaliste ou un caricaturiste allait vous casser du sucre sur le dos ? Et après ? Qu'est-ce que vous en avez à faire, quand vous avez fait la guerre et que vous avez survécu... »[260]

Pour ce genre d'activiste, figé dans le mythe du guerrier homérique, le véritable test, c'est de tuer un autre homme. Vous ne pouvez pas comprendre la vie tant que vous ne l'avez pas fait. 50 000 soldats américains ont été sacrifiés sur cet autel païen au Viêt Nam, pour que des seigneurs du crime puissent ériger un empire sur leurs os.

Mentir, tricher, voler

Simmons quitta le Congrès en 1985, non sans avoir été récompensé par Casey et par le Sénat. Il devint alors chargé de cours à Yale, où il tint des cours intitulés « Le Congrès et le renseignement américain » et « Les politiques du renseignement ». En 1991, il fut élu à l'Assemblée générale du Connecticut, où il siégea huit ans durant.

Simmons déclara, durant sa campagne pour le Sénat en 2009 : « Je suis honoré d'avoir servi dans l'armée américaine et dans la CIA, d'avoir mis ma vie en jeu dans des missions complexes et dangereuses à l'étranger, pour protéger notre peuple et nos intérêts. »

Simmons restait fidèle à lui-même, dans son patriotisme fanatique comme dans sa propension à se tresser des couronnes de laurier. Mais était-il vraiment fier d'avoir participé au génocide de 2 millions de personnes qui n'avaient jamais menacé les États-Unis ?

Apparemment, oui. C'est l'effroyable pouvoir du mensonge à soi-même, des personnages que l'on joue, et qui finissent par nous remplacer à force de trop y croire. Comme la morsure d'un zombie. Mais nous, sommes-nous bien sûrs de vouloir confier des responsabilités publiques à ces idéologues obnubilés par leurs mensonges, qui servent l'armée et la CIA plutôt que le peuple américain et la démocratie ?

En 2000, dans un article paru sur *Counterpunch*, je demandais aux électeurs si l'on pourrait jamais faire confiance à Simmons. Comment pouvait-on être sûr qu'il ne jouait pas un double jeu, qu'il ne cachait pas quelque secret, qu'il n'était pas en train de promouvoir, d'une manière ou d'une autre, un agenda militariste ou une guerre, peu importe le prix, peu importe la nécessité ?

---

[260] Bob Woodward, *Veil...*, *op. cit.*, p. 171.

Comme Simmons l'avait dit par le passé, « dans le renseignement, vous devez mentir, tricher et voler pour arriver à la vérité. Et vous le faites pour la sécurité nationale ». Le problème, comme l'expliquait Martin Pera, agent du Bureau fédéral des narcotiques, c'est que « vous ne pouvez pas laisser votre moralité au vestiaire – aller mentir, tricher et voler – et la reprendre le soir comme si de rien n'était. En fait, si votre efficacité dépend de votre talent à mentir, tricher et voler, ces pratiques deviennent pour vous des outils au quotidien ». C'est exactement ce que fit Simmons quand il était assistant législatif, puis directeur du personnel à la Commission sénatoriale sur le renseignement.

Il y avait été placé pour mettre en œuvre un agenda secret de la CIA. Sa carrière tout entière illustre comment la fraternelle du renseignement parvient à soumettre les branches exécutive, législative et judiciaire du pouvoir aux intérêts de l'industrie de l'armement, et aux intérêts de ses sœurs siamoises que sont la CIA et l'armée, tout en renforçant, jour après jour, l'appareil répressif ciblant le peuple américain.

Nous sommes sous la loi du crime organisé, section patriotisme et sécurité nationale. Parce que, tout de même : la CIA gère un trafic « armes-contre-drogue » par l'intermédiaire d'une organisation paramilitaire clandestine, tandis que ses experts logistiques gèrent le transport à travers des sociétés d'expédition, et que ses experts financiers créent les banques off-shore qui permettent de recycler l'argent et de le rendre disponible pour de nouvelles opérations. Tout ceci est très compartimenté. Pendant ce temps, des officiers du renseignement corrompent des fonctionnaires des douanes ou des corps de police spécialisés, qui pour certains facilitent, parfois même à l'insu de leur propre gouvernement, la construction et le fonctionnement des « sites noirs » de la CIA.

Simmons, du fait de son don naturel pour le jeu d'acteur, est la personne idéale pour assurer les relations publiques de ce genre d'entreprise. Il était, à l'époque de notre interview, lecteur à l'église épiscopalienne dans la très chic Stonington, dans le Connecticut. Il savait que j'avais parlé à Colby, et il était heureux d'évoquer les aspects de son activité à la CIA qui pouvaient promouvoir le mythe qu'il était en train de mettre en place autour de sa personne. Il se préparait à emprunter le chemin de la carrière politique ; il visait le Congrès – un choix professionnel qui semblait décidé en amont.

En 2000, je posais la question : dans une nation désormais nettement divisée sur le plan idéologique, et dans le cas où l'administration Bush s'embarquerait dans une campagne génocidaire contre un ennemi taillé sur mesure, comme Johnson et Nixon l'avaient fait au Viêt Nam, et comme Reagan et Bush père l'avaient fait durant Iran-Contra, comment un guerrier politique et psychologique radical comme Simmons se positionnerait-il ? Trahirait-il la volonté du peuple américain, qui aspire à vivre en paix, pour servir à nouveau ses patrons de la CIA ? Comment Simmons se positionnerait-il si l'Amérique entrait dans une ère de dissension interne ? Son historique de vote « parle pour lui », pour reprendre cette expression qu'il aime tant. Cet homme, qui considère que « le renseignement est la première ligne de défense dans la guerre contre le terrorisme », vota pour autoriser le régime Bush à recourir à l'espionnage électronique pour acquérir de l'information à l'étranger sans autorisation préalable de la Justice. Il vota pour autoriser les services de sécurité à espionner les citoyens américains sans mandat, et sans interpeller la Cour de surveillance du renseignement étranger des États-Unis. Il vota pour arracher la collecte de renseignements à toute supervision civile, ce qui mine nos droits constitutionnels[261].

Il vota en faveur de la guerre contre l'Irak, dans le cadre de la guerre contre le terrorisme, pour son invasion, et pour son occupation perpétuelle.

Toujours dans le cadre de la guerre contre le terrorisme en Afghanistan et en Irak, il vota pour que l'on vole 78,9 milliards de dollars au peuple américain et qu'on les donne à l'industrie de l'armement, sous la forme d'un « fonds d'urgence ». 62,5 milliards allèrent financer les opérations militaires ; 4,2 milliards allèrent à la Homeland Security ; 8 milliards servirent à la reconstruction et à l'aide humanitaire de l'Irak, ainsi qu'à aider nos alliés ; 3,2 milliards allèrent au secteur aéronautique américain pour renforcer sa sécurité ; et 1 milliard alla à la Turquie, qui, en échange, permet aux agents de la CIA d'infiltrer la Syrie.

Simmons vota pour que toujours plus d'argent américain aille à la machine de guerre, tandis que toujours plus d'Américains quittaient la classe moyenne pour entrer dans la pauvreté. Il vota OUI quand il fallait rendre permanents les allègements fiscaux de Bush, et l'Association américaine des retraités lui interdit d'utiliser son nom dans ses publicités électorales.

Il reçut la meilleure note chez la NRA, et il vota pour le maintien du recrutement militaire sur les campus universitaires.

Il vota OUI à la construction d'une clôture le long de la frontière mexicaine, et OUI à une réforme de l'immigration sans amnistie.

Tandis qu'il était président de la Sous-Commission nationale pour le renseignement, le partage des informations et l'évaluation du risque terroriste, il milita pour l'intensification de la coordination entre les autorités fédérales, nationales et locales selon le modèle du programme Phoenix.

Il vota en faveur de la création du poste de directeur national du Renseignement et d'un Centre national de l'antiterrorisme, tous deux inspirés de l'expérience Phoenix.

Il vota OUI quand il fallut rendre le Patriot Act permanent ; OUI pour le maintien du serment d'allégeance au drapeau; OUI à la suppression des films pour adultes et des cafetières dans les cellules des prisons ; OUI à l'emploi des patrouilles frontalières dans la guerre contre la drogue et contre le terrorisme ; OUI à l'autorisation de la prière à l'école en temps de guerre contre le terrorisme ; OUI à la politique énergétique nationale du régime Bush; et OUI au maintien de l'interdiction de circulation des Cubains tant qu'ils ne libèrent pas leurs prisonniers politiques.

---

[261] Voir la fiche « Rob Simmons on Homeland Security » (2010) sur le site : http://ontheissues.org/.

Membre du Congrès durant la période la plus critique des cinquante dernières années de l'histoire législative américaine, Simmons fut un ardent défenseur des pratiques et politiques extralégales du régime Bush en matière de détention administrative et de torture des suspects.

En 2006, la journaliste Dori Smith interviewa Wells Dixon, un avocat du Centre pour les droits constitutionnels, sur Talk Nation Radio, une radio du Connecticut. Dixon avait travaillé, notamment, sur des questions relatives à Guantánamo. Smith demanda à Dixon son avis sur la déclaration de Simmons, qui prétendait que « les suspects de la guerre contre le terrorisme ne sont pas concernés par les Conventions de Genève, et que les règles en vigueur par le passé ne s'appliquent pas à eux »[262].

Dixon répondit que Simmons avait tort. Il souligna : « Les Conventions de Genève et son article 3 font partie de la loi militaire américaine et de la formation militaire. Ils font partie du Code unifié de Justice militaire, et de la règle AR 190-8 du Règlement administratif de l'armée américaine, qui définit les normes de traitement des prisonniers. Les Conventions de Genève, enfin, ont protégé nos soldats pendant plus de cinquante ans, et continueront de le faire tant que nous y adhérerons pleinement nous-mêmes. »

Simmons avait également prétendu que, parce que la guerre contre le terrorisme ne nous oppose pas à des nations souveraines ou à des mouvements de libération organisés, les règles d'engagement relatives aux prisonniers ne sont pas valides. Il affirmait également que ces lois sont vagues, et que les soldats à Guantánamo ou Abou Ghraib ne savaient pas comment les interpréter.

Encore une fois, Simmons falsifiait la réalité. Dixon rappela que « la Cour suprême, dans l'affaire Hamdan, avait établi qu'il n'existait aucun fondement pour prétendre que le Code unifié de Justice militaire ne s'applique pas à la guerre contre le terrorisme ».

Dans une autre affirmation particulièrement outrancière, Simmons était même allé jusqu'à prétendre que les conditions de détention à Guantánamo étaient moins rigides qu'à la prison Osborn, dans son Connecticut. Là encore, Dixon apporta une correction : « Les conditions à Guantánamo ne sont pas moins rigides qu'au pénitencier Osborn. Ce qui est indubitable, en revanche, c'est que les détenus de Guantánamo ont subi la torture et des mauvais traitements de la part du personnel militaire américain et des agents de la CIA. Le Centre pour les droits constitutionnels a documenté ces faits dans un rapport publié en juillet, qui contient des témoignages directs d'actuels détenus et de leurs avocats sur les nombreux abus qui leur ont été infligés durant leur captivité à Guantánamo. »

Dixon rappela aux auditeurs que Rumsfeld avait approuvé une liste de techniques, qui comprenait « l'exploitation des phobies ». Un détenu avait été privé de sommeil pendant quarante-neuf jours sur cinquante, placé en

---

[262] « Rob Simmons was a torturer in Vietnam », podcast de Talk Nation Radio, du 5 octobre 2006, transcrit sur le forum: https://www.democraticunderground.com/.

hypothermie, et trompé, en lui faisant croire qu'il se trouvait en Égypte, et qu'il serait torturé s'il ne livrait pas ses informations au gouvernement.

D'après Dixon, les méthodes « d'interrogation avancées » de Rumsfeld relevaient de la torture. « Le directeur juridique de la marine, Alberto Mora, a dit en 2004, dans un mémorandum, qu'il considérait que ces pratiques, si elles n'étaient pas illégales, étaient indignes de l'armée, et qu'elles appartenaient, à son avis, à la catégorie de la torture. Dans son approche rhétorique, il demandait ce que signifiait réellement la "privation de lumière" et de "*stimuli* auditifs". Un détenu peut-il être enfermé dans la plus parfaite obscurité, et, si oui, pour combien de temps ? Un mois ? Un an ? Il a également demandé jusqu'où on pouvait "exploiter les phobies" des détenus : jusqu'à ce qu'ils sombrent dans la folie ? Si l'on prend en compte les conclusions de personnages comme M. Mora, il ne fait aucun doute que les détenus de Guantánamo ont été soumis à la torture et aux mauvais traitements. »

Dori Smith rappela également que Simmons avait appuyé une proposition de loi par laquelle les détenus seraient amenés à comparaître devant des tribunaux militaires qui pouvaient leur cacher les éléments classifiés de leur dossier. C'est exactement ce que les États-Unis avaient imposé au Viêt Nam, et Simmons le savait parfaitement, pour avoir envoyé lui-même des suspects devant ces Cours de sécurité staliniennes.

Dixon rappela qu'à propos de l'affaire Hamdan, la Cour suprême avait également statué qu'il n'y avait aucune raison de considérer que le Code unifié de Justice militaire n'était pas valide pour juger les terroristes présumés. Il observa qu'après quatre ans, les terroristes présumés ne pouvaient plus présenter aucun intérêt du point de vue du renseignement, ni représenter aucune menace pour les États-Unis. Ils n'étaient plus que des pions sur l'échiquier du grand jeu des relations publiques. La CIA elle-même avait admis dans un rapport de 2002 que la plupart des pensionnaires de Guantánamo « s'y trouvaient parce qu'ils avaient été capturés au mauvais endroit, au mauvais moment ». Ils n'avaient rien à voir avec le terrorisme. Cet aveu avait été repris par de nombreux militaires, y compris par Jay Hook, l'ancien commandant de Guantánamo, qui avait dit : « Écoutez, des fois, on a simplement attrapé des types qui n'avaient rien à voir. »

Dixon souleva un autre point troublant : la loi de 2006 des Commissions militaires, portant sur la juridiction des tribunaux militaires dans la guerre contre le terrorisme, « suspend dans l'une de ses dispositions l'*habeas corpus* pour tout étranger en détention aux États-Unis ». Cette suspension s'étend « aux étrangers respectueux de la loi, prélevés dans les rues de New Haven ou Hartford, et les prive de tout recours sérieux contre leur détention ».

« Du fait de cette disposition, nous nous attendons à ce que les États-Unis décident de rejeter un grand nombre de procédures de recours en *habeas* faites par les détenus de la guerre contre le terrorisme. Nous contesterons la loi en nous fondant sur l'inconstitutionnalité de la suspension de l'*habeas corpus*. »

Dori Smith demanda ensuite si la privation de soins aux détenus blessés, comme le faisait Simmons au Viêt Nam, constituait bien une violation des Conventions de Genève.

La réponse de Dixon fut catégorique : « Absolument. Le refus des soins médicaux à un individu prisonnier des États-Unis serait absolument illégal et indéfendable, et violerait les Conventions de Genève. Aucun doute n'est possible à ce sujet. »

Smith rebondit : « Mais ne pensez-vous pas qu'il aurait dû être plus honnête à ce sujet quand il a proposé de réformer la loi américaine et la manière dont nous interprétons les Conventions de Genève ? »

Dixon souligna que les règlements militaires ne s'appliquent pas à la CIA, et que l'affaire Maher Arar « avait démontré que la torture n'est non seulement pas fiable, mais qu'elle est même très dangereuse ». Une fois extradé par les États-Unis vers la Syrie, Arar avait avoué sous la torture une collusion avec Al-Qaïda, alors qu'il était innocent. Il avait été blanchi par le Canada (dont il était un ressortissant) après que la Syrie l'y avait renvoyé, faute de preuves. « J'y vois la démonstration que la contrainte et la torture ne sont absolument pas utiles dans les procédures d'interrogation. »

« L'autre exemple que je voudrais évoquer, poursuivit Dixon, est celui d'Ali Mohamed Al-Fakheri, dit Ibn al cheikh Al Libi, capturé en Afghanistan quelques mois après le 11 Septembre, et soupçonné d'être un proche de ben Laden. Il a été extradé par la CIA en Libye, où il a été torturé. Durant ces sévices, il a "révélé" des informations relatives aux liens entre l'Irak et Al-Qaïda. Ces informations ont servi de base à l'intervention de Colin Powell à l'ONU en février 2003. Nous savons aujourd'hui qu'il n'existait aucune relation entre l'Irak et Al-Qaïda, et que les informations fournies par Al-Fakheri étaient fausses. Et nous savons quelles funestes conséquences ont eues ces mensonges. Voilà pourquoi je suis très méfiant quand un parlementaire comme Simmons ou je ne sais quel expert des interrogatoires justifie l'emploi de la contrainte ou d'autres moyens pour obtenir leurs informations. »

Il y a de quoi se méfier, en effet : Simmons trouve toujours un moyen de blanchir la CIA de ses malversations. Ce faisant, il est vrai, il se blanchit lui-même.

C'est la triste réalité, dès lors qu'une nation est gouvernée par un membre de la caste des protégés, qui ne rend de comptes qu'à ses compères.

CHAPITRE 16

LA TRAJECTOIRE DU MAJOR-GÉNÉRAL BRUCE LAWLOR : DE SIMPLE AGENT DE LA CIA AU VIÊT NAM À DIRECTEUR DE LA HOMELAND SECURITY

J'avais adressé en août 2002 une lettre ouverte au major-général Bruce Lawlor, au siège de la Homeland Security, où il venait d'être nommé directeur principal de la Protection et de la Prévention. Lawlor était également un ancien agent de la CIA que j'avais longuement interviewé à l'époque de *The Phoenix Program*.

À bien y réfléchir, c'était un plan de carrière tout à fait logique. Lawlor avait été impliqué dans des opérations Phoenix au Viêt Nam, il avait donc parfaitement sa place à la Homeland Security, qui avait été conçue en prenant Phoenix pour modèle. Il y avait un détail surprenant, cela dit. Lorsque j'avais fait sa connaissance en 1988, Lawlor était un simple avocat dans une petite ville du Vermont. Il éprouvait alors un sentiment d'abandon et une certaine rancœur à l'égard de ses anciens patrons de la CIA.

Et il était furieux contre la gauche, également. Il avait fait campagne pour devenir procureur général du Vermont à l'occasion des primaires démocrates de 1984, et, dans un souci de transparence, il avait fait état de son passé dans la CIA et dans le programme Phoenix. Cela figurait sur le CV que son équipe de campagne distribuait à la presse. Et d'un coup, l'imprévisible s'était produit : un petit magazine radical avait publié un article au vitriol sur Lawlor et Phoenix. Dans la foulée, les groupes anti-impérialistes et pacifistes du Vermont avaient adressé des courriers aux délégués de la Convention démocrate, proclamant : « Un assassin pour procureur général : jamais. »

Lawlor avait perdu la primaire. Même les visites de William Colby, natif du Vermont, et qui était venu témoigner en sa faveur durant sa campagne, n'avaient pu l'empêcher.

Comme les temps ont changé ! Dix ans après la fin de la guerre du Viêt Nam, on parvenait encore à convaincre les électeurs qu'un ancien membre d'un programme clandestin de torture et d'assassinats n'était pas le personnage le plus indiqué pour diriger les forces de l'ordre d'un État. Depuis le 11 Septembre, ce qui était une infamie est devenu une distinction. Quoi qu'il en soit, quatre ans après sa défaite, Lawlor était toujours furieux contre la mouvance pacifiste qui, selon lui, l'avait calomnié. Dans ma lettre ouverte de 2002, je demandais tout simplement ce qu'il avait prévu contre les gens comme moi, maintenant qu'il était chargé de la prévention et de la protection de notre patrie.

C'est reparti pour un tour

Que d'anciens agents de la CIA se retrouvent à des postes clés de l'administration n'est pas une nouveauté. Le chapitre précédent, traitant de la carrière parlementaire de Rob Simmons, qui dirigeait une chambre de torture au Viêt Nam, l'a amplement démontré. Je pense aussi au cas de Porter Goss, diplômé de Yale et membre du premier cercle d'alliés de la dynastie Bush. Goss avait dirigé la division des Opérations de la CIA pendant plus de dix ans. Il avait attaqué Cuba, géré des réseaux d'agents au Mexique, et finalement servi à Londres. On ne sait rien de précis sur ses activités, mais on sait en revanche qu'il disposa, pour sa campagne électorale victorieuse de 1988 pour le Congrès, d'immenses quantités d'argent. Il y officia en fidèle serviteur de la cause néoconservatrice, jusqu'à ce qu'en 2006 Georges W. Bush fasse de lui son directeur de la CIA. Goss, rappelons-le, se trouvait peu avant le 11 Septembre au Pakistan, où il avait rencontré le général Mahmoud Ahmed, alors chef de l'Inter-Services Intelligence, l'équivalent local de la CIA. Le réseau d'agents de Mahmoud Ahmed « était en relation avec Oussama ben Laden, et finançait, soutenait et entraînait directement les talibans »[263].

D'autres barbouzes visqueuses traînent leurs guêtres dans les halls du Congrès, comme William Hurd, qu'on a longtemps vu rôder autour du Pakistan, de l'Afghanistan et de l'Inde. Comme pour Simmons et Goss, il semblerait que la CIA ait amplement arrosé sa marche vers le Congrès. C'est en y plaçant des hommes comme ceux-là qu'elle compte soumettre le peuple américain au même régime d'oppression déjà en vigueur dans tant d'autres nations.

La question mérite d'être posée : le fait de placer d'authentiques criminels de guerre à des positions d'autorité au sein des branches exécutive et législative est-il l'expression d'une société libre ? Ou bien la CIA, avec ses méthodes semblables à celles du crime organisé, sa tendance à corrompre tout ce qui l'entoure, est-elle définitivement antithétique aux institutions démocratiques ? Faut-il interdire aux agents de la CIA de briguer des fonctions publiques ? Comment pouvons-nous les empêcher de traiter leurs ennemis domestiques comme ils traitaient leurs ennemis étrangers ?

J'admets que j'étais effrayé de savoir que « Bruce » était maintenant devenu major-général et l'un des dignitaires les plus haut placés du terrifiant Bureau de la Homeland Security. Il avait d'un coup accès à toutes les listes

---

[263] Human Right Watch, « Crisis of Impunity: The Role of Pakistan, Russia, and Iran in Fueling the Civil War in Afghanistan », rapport, le 13 juillet 2001.

noires établies par le régime Bush, et il pourrait compter sur toutes les équipes clandestines qu'il voudrait si la décision était prise de neutraliser des dissidents. En tant que réplique du « programme de coordination » Phoenix, l'appareil de la Homeland Security permet de camoufler toutes sortes de chantages clandestins et de trafics.

Mais plus que tout, je craignais que Lawlor ne travaille encore pour la CIA, ou que, si ce n'était plus le cas, qu'il n'en ait tout de même gardé la mentalité. Je craignais, tout simplement, qu'il ne soit une menace pour la démocratie en Amérique. Cette crainte était notamment alimentée par le fait que, nulle part dans ses biographies, on ne lisait qu'il avait travaillé pour la CIA. Cette omission témoignait d'une évidente intention de dissimulation.

On prendra pour exemple la biographie publiée par la Session exécutive sur la préparation domestique, un groupe d'étude sénatorial sponsorisé par Harvard et par les départements de la Défense et de la Justice, et qui se décrit comme « un groupe de travail permanent composé de professionnels de premier plan et de spécialistes universitaires préoccupés par le terrorisme et la gestion de crise ». On pouvait y lire qu'il avait été le général commandant du Groupement opérationnel conjoint – Soutien civil (GOC-SC) de Fort Monroe. Le GOC-SC, y expliquait-on, avait été formé pour fournir « à une agence civile fédérale majeure une capacité de commandement et de contrôle sur les équipes de gestion de crise du département de la Défense dans l'éventualité d'un incident impliquant des armes de destruction massive aux États-Unis, sur ses territoires ou possessions ».

Cette « agence civile fédérale majeure » n'était-elle pas la CIA ? m'étais-je demandé. Fondé à peine deux ans avant le 11 Septembre, le GOC-SC avait des allures de prophétie autoréalisatrice.

Dans sa feuille de route de l'an 2000, intitulée « La reconstruction des défenses américaines », le très néoconservateur Project for a New American Century craignait « qu'en l'absence d'un événement catastrophique et catalyseur – comme un nouveau Pearl Harbor », l'adaptation des forces armées américaines aux « nouveaux concepts opérationnels et nouvelles technologies » ne soit trop lente. Et cela encore, pour bien des gens, avait l'allure d'une prophétie autoréalisatrice.

Bien sûr, Lawlor se trouvait à la tête du GOC-SC le 11 septembre 2001, et ce, jusqu'au mois d'octobre, quand la structure fut fusionnée avec Northcom.

Nulle part on ne lit dans la biographie fournie par la Session exécutive que Lawlor a travaillé pour la CIA. Pourquoi ?

Dans une autre fiche biographique publiée en 2000, celle-ci, par le Centre de biosécurité, on lisait que Bruce Lawlor avait été choisi en mai 1998 comme « directeur adjoint aux Opérations, à la Préparation et à la Mobilisation du Bureau du chef de cabinet adjoint aux Opérations et aux Plans ». « En tant que directeur adjoint, il surveille les opérations de l'armée à travers le monde et supervise l'effort d'intégration de la garde nationale et de la réserve militaire. »[264]

C'est une information significative, dans la mesure où la garde nationale et la réserve militaire sont devenues, comme le GOC-SC, des parties intégrantes de Northcom, la composante militaire du dispositif de la Homeland Security. Northcom avait été formé après le 11 Septembre pour développer la capacité de collaboration de l'armée avec les agences civiles de maintien de l'ordre. Depuis lors, nous avons vu l'armée étendre progressivement son influence sur elles, avec les résultats effroyablement prévisibles que l'on sait. L'effet le plus radical aura été la militarisation des forces de police à travers tout le pays, et le déploiement intimidant de soldats dans les aéroports et les gares ferroviaires. Avec le temps, les Américains ont appris à se soumettre au quotidien à cette expression systématique de la violence et de la toute-puissance de l'État. Ils ont été pacifiés.

Les départements de Police à travers tout le pays reçoivent d'épatants petits gadgets développés par l'armée, comme le traqueur de téléphone Stingray ou le mouchard téléphonique IMSI. Ces technologies de surveillance et leur diffusion constituent autant d'attaques contre le 4e amendement de la Constitution, qui protège le citoyen contre les perquisitions et les saisies arbitraires. Elles sont souvent déployées en secret, et les flics qui y recourent sont obligés de signer des accords de confidentialité avec le FBI. Ces gadgets sont généralement employés pour identifier toutes les personnes qui participent aux manifestations de Black Lives Matter ou aux meetings pour le boycott d'Israël.

De nombreux flics ont eu une expérience dans l'armée. De retour dans la société civile, ils se voient toujours comme des héros chargés de protéger un empire. Le FBI et la CIA savent en profiter, et les recrutent pour leurs petites sociétés secrètes entre garçons. Ces types finissent par se considérer au-dessus de la loi ; ils sont alors tout heureux de reproduire sur les dissidents domestiques les méthodes extralégales apprises lors des opérations extérieures.

Ce sont des personnes dont la sensibilité intérieure a été dévastée par les crimes auxquels ils ont pris part sur les fronts étrangers. Dans les colonies, on leur a fait prendre d'assaut des maisons de civils irakiens ou afghans, le doigt sur la gâchette. Quand ils deviennent flics, ils savent dès le départ quelles sont leurs cibles : les pauvres, les noirs, les gauchistes, les écolos et les militants pacifistes qui ne respectent pas les sacrifices qu'ils ont endurés pour le bien de la nation.

Bruce Lawlor au Viêt Nam

Les cadres politiques possèdent et dirigent la police de ce pays comme ils possèdent et dirigent les forces de police spéciale des pays sous occupation

---

[264] Cette fiche biographique a disparu depuis, mais est toujours consultable sur les principaux sites d'archivage d'Internet.

américaine. De tous les gadgets qu'ils distribuent, PredPol est l'un des plus appréciés. « Il s'agit d'un programme informatique de "police prédictive", initialement conçu par la société du même nom, avec le financement du Pentagone, pour "traquer les insurgés et prédire les pertes en Irak". Harsh Patel, l'un des conseillers de la société PredPol, avait travaillé pour In-Q-Tel, le fonds d'investissement technologique de la CIA. Fondé sur les statistiques criminelles d'une police racialement orientée, le logiciel enverra des flots d'agents dans ces mêmes quartiers que les autorités écument en priorité depuis toujours. Il est évident que, si c'est le cas, plus d'agents trouveront toujours plus de crimes : ce sont les bases d'une boucle parfaite de préjugés, d'arrestations et de "succès technologiques". Pour bien comprendre ce dont on parle ici, il faut savoir qu'avec ou sans ordinateur, on arrête quatre fois plus de noirs que de blancs pour possession de cannabis, alors que sa consommation est globalement comparable entre les deux groupes. »[265]

Je reviendrai sur l'infiltration des forces de l'ordre par la CIA, le FBI et le Pentagone dans le prochain chapitre. Pour le moment, penchons-nous sur la biographie officielle de Lawlor sur la page de la garde nationale américaine, qui indique que « la carrière dans l'armée du général débuta en 1967. Après avoir servi au Viêt Nam entre 1971 et 1973, il fut nommé officier du renseignement au tour extérieur en 1974 ».

Encore une fois, l'information est volontairement confuse. On oublie de préciser que Lawlor avait été officier de la CIA. Et de fait, le lecteur qui ne se méfie pas aura tendance à imaginer que Lawlor était un militaire de carrière.

Pourquoi Lawlor avait-il toléré le recours à ce genre de subterfuge ? Parce qu'il travaillait toujours pour la CIA, sous couverture militaire, quand il a accepté son job à la Homeland Security ?

J'ai croisé le nom de Lawlor pour la première fois dans *Everything We Had*, le livre d'entretiens avec des vétérans du Viêt Nam d'Al Santoli[266]. L'interview de Lawlor était provocatrice. Dans la section intitulée « Le Phoenix », Santoli disait que Lawlor avait été l'officier traitant de la CIA pour le front du 1er corps d'armée entre novembre 1971 et décembre 1973. Santoli avait rapporté les propos de Lawlor, qui racontait qu'afin de gagner la guerre, « il fallait entrer dans le tas et éliminer la capacité des vietcongs à contrôler ou influencer la population. C'était ça, l'enjeu de la pacification. Le mot clé, c'était "extirper". Nous y étions allés pour neutraliser leur structure politique ».

Et dans le jargon de Phoenix, neutraliser, cela signifiait « assassiner », « emprisonner » ou « transformer en transfuge ou en agent double ». Le contrôle politique, c'était cela l'enjeu.

Lawlor s'était autorisé d'autres déclarations provocatrices, et notamment ce trait d'esprit dans lequel je retrouvais mes propres conclusions sur la CIA :

---

[265] Matthew Harwood, Jay Stanley, « American Military Technology Has Come Home – To Your Local Police Force », *The Nation*, le 19 mai 2016.

[266] Al Santoli, *Everything We Had: An Oral History of the Vietnam War*, Ballantine Books, 1985.

« Nous avions laissé les Vietnamiens corrompre le système, et nous l'avions fait parce que nous étions, en réalité, nous-mêmes corrompus. »

Je lui avais donc écrit pour lui proposer une interview, désireux de savoir comment il avait abouti à ce constat de corruption. Il accepta, et me confirma tout ce que j'avais pu lire de lui chez Santoli, en y ajoutant des détails surprenants.

Lawlor m'expliqua qu'il avait rejoint la CIA (et non l'armée) en 1967, pendant ses études de sciences politiques à l'université George-Washington. Après l'obtention de sa licence, la CIA l'envoya à son école de formation. Il suivit les cours de préparation paramilitaire aux armes et aux tactiques de guerre, puis fut formé en tant qu'agent de renseignements. Il fut ensuite affecté au Bureau du Viêt Nam au quartier général de Langley. Il reçut là-bas un entraînement spécialisé pour la direction d'opérations d'agents au Viêt Nam, et il y suivit également un cours de langue vietnamienne.

À Langley, Lawlor développa une relation particulière avec l'officier chargé du Bureau du Viêt Nam, Al Seal. Ainsi, quand Seal fut nommé chef de la base de Da Nang, il proposa à Lawlor de le suivre là-bas.

Une fois arrivé à Saïgon, en novembre 1971, Lawlor rejoignit l'équipe de traducteurs de l'ambassade. Il arriva à Da Nang quelques semaines plus tard, où il fut affecté au Bureau du contre-espionnage. Il se trouvait toujours à ce poste lors de l'offensive de mars 1972, au cours de laquelle il se lia d'amitié avec Patry Loomis. C'est le même Loomis qui devint ensuite célèbre en tant qu'associé d'Ed Wilson, l'ami de Ted Shackley pris dans le scandale des livraisons d'armes à la Libye[267].

Quand, l'été 1972, Loomis devint conseiller régional des Unités provinciales de reconnaissance de la 1ère région, Lawlor le remplaça à son ancien poste d'officier chargé de la province de Quang Nam et des relations avec la police spéciale. Dans ce nouveau rôle, Lawlor fit à Quang Nam exactement ce qu'avait fait Simmons à la province de Phú Yên. Avec le capitaine Lam Minh Son, il sélectionna les officiers les plus agressifs de la Branche spéciale de la police pour les constituer en Unité spéciale des forces de renseignements (USFR), qui chassa les membres de l'infrastructure vietcong dans les hameaux et les villages.

« Lam était conscient que ses éléments n'étaient pas en mesure d'effectuer des interventions paramilitaires dans les zones rurales, m'avait expliqué Lawlor. C'est pourquoi nous avions formé des types de la Branche spéciale aux techniques de l'infanterie. » La décision avait été prise en prévision d'un éventuel cessez-le-feu, de sorte que les Unités provinciales de reconnaissance seraient placées sous le contrôle de la Branche spéciale et intégrées aux forces spéciales de police paramilitaire de Lam.

Las des tâches administratives, Lawlor s'était mis à accompagner Loomis

---

[267] Seymour Hersh, « The Qaddafi connection », *The New York Times*, le 14 juin 1981. Loomis travaillait depuis 1976 en Extrême-Orient, sous couverture dans une compagnie aérienne, dans le cadre du réseau antiterroriste global de la CIA.

dans les opérations des Unités provinciales de reconnaissance. Il s'habillait en tenue camouflée, et participait aux embuscades et autres missions d'enlèvement. À l'époque, les Unités provinciales de reconnaissance étaient devenues, selon Lawlor, « une attribution supplémentaire du conseiller de la Branche spéciale dans chacune des provinces. C'est à travers la Branche spéciale que la CIA faisait parvenir les salaires des Unités de reconnaissance à leur commandant régional pour le front du 1er corps d'armée, le major Vinh, qui à son tour les distribuait aux chefs provinciaux ».

Lors des auditions parlementaires de 1971, Colby avait décrit les Unités provinciales de reconnaissance comme des « groupes spéciaux qui n'entraient pas dans la structure régulière de l'État. Mais depuis, leur intégration aux structures étatiques a beaucoup progressé, de même qu'elles se comportent désormais conformément aux règles de conduite dictées par le gouvernement ».

Dans son article intitulé « Les Tueurs à gages de la CIA », Georgie Anne Geyer avait raconté comment « il avait été décidé, tôt dans la guerre, en raison de l'absence d'idéologie dans les camps américain et sud-vietnamien, d'emprunter ses convictions les plus utiles à l'ennemi ». Frank Scotton, l'ami de Dan Ellsberg, et dont elle rapportait les propos, avait dit : « Après tout, ils nous ont bien volé les secrets de la bombe atomique et tout le reste. »[268]

En conséquence, avait expliqué Geyer, « Scotton et quelques autres Américains avaient organisé un mouvement de contre-guérilla dans la province septentrionale de Quang Ngai. La terreur et les assassinats faisaient bien sûr partie du répertoire. À un moment, l'US Information Service (l'agence qui employait Frank Scotton) avait même fait imprimer 50 000 feuillets ornés d'une paire d'yeux sinistres. Ils étaient laissés sur les cadavres après les assassinats ciblés ou, parfois même – comme nos terroristes sont joueurs ! –, cloués sur les portes pour faire croire aux gens qu'ils étaient les prochains sur la liste »[269].

---

[268] Georgie Anne Geyer, « The CIA's hired killers », *op. cit.*

[269] C'est Robin Moore qui a mentionné cette histoire de feuillets dans sa nouvelle *The Country Team* (Crown Publishers, 1967). Le livre raconte l'histoire d'un mercenaire nommé Mike Forrester, qui, après avoir été chassé de Cuba, s'achète une plantation de caoutchouc dans la contrée imaginaire de Mituyan. La CIA lui demande alors d'acheter la récolte locale d'opium avant que les communistes ne puissent s'en emparer, et de la vendre à la mafia. Forrester accepte si la CIA lui jure que l'opium sera ensuite cédé à des compagnies pharmaceutiques. Il est convenu qu'il gardera pour lui la moitié de la recette, ce qui lui permettra d'entretenir son armée personnelle. Forrester va donc acheter la récolte d'opium à un chef tribal qui ressemble au véritable chef de Houei Sai, pas loin de la base L118A de la CIA au Laos, et dont j'ai parlé au chapitre 2 de ce livre. La CIA lui a fourni une presse pour compacter l'opium en briques. Les guérilleros communistes furieux déferlent sur sa plantation, mais ils sont pris en embuscade par une équipe de choc dirigée par un officier de la CIA appelé « Scott », qui travaille sous couverture pour l'US Information Service (USIS). Quand Scott(on) rencontre ensuite Forrester, il lui montre un jeu de cartes, toutes noires, « avec un horrible œil blanc

« Mais, avait ajouté Geyer, si les anti-guérilleros de Scotton étaient bien des assassins de nuit, de jour, ils affectaient d'être des âmes charitables. Les Unités provinciales de reconnaissance ne tuent que de nuit. [De plus,] leurs membres sont d'excellents tortionnaires. Le recours à la torture est si fréquent que les vietcongs mettent en garde leurs membres contre ceux des leurs qui ont été relâchés sans avoir été torturés. »

Geyer avait rapporté les propos d'un conseiller CIA des Unités provinciales de reconnaissance : « Il nous arrive parfois de tuer un suspect pour en inciter un autre à parler. » Un autre conseiller lui avait expliqué qu'il « prenait son dîner avec les membres de son Unité de reconnaissance sur les cœurs et les foies des ennemis abattus ». Un autre encore lui avait expliqué qu'il faisait ce métier depuis vingt-deux ans, partout dans le monde. Il avait cité l'Égypte à l'accession au pouvoir de Nasser, puis le Congo : « [C'était] quand nous essayions de nous débarrasser de Tschombé. » Comme l'avait expliqué Geyer : « Son métier, comme celui de tant d'Américains au Sud-Viêt Nam, c'était la terreur. »

Geyer considérait que les conseillers américains des Unités provinciales de reconnaissance en étaient « les véritables leaders ». Ceci contredisait les déclarations de Colby, qui prétendait que les Américains n'y tenaient qu'un rôle « de conseil et d'assistance ».

Jusqu'au cessez-le-feu de janvier 1973, le métier de Lawlor avait été plutôt tranquille. En tant que conseiller de la Branche spéciale, il devait simplement collaborer avec le capitaine Lam, et récupérer les comptes-rendus du Centre provincial d'interrogation de Hoi An. Il n'avait quasi jamais affaire à l'armée américaine ou au conseiller provincial supérieur : il n'agissait « jamais dans le cadre de Phoenix, mais seulement sur la base d'informations provenant de sources unilatérales ou des Unités de reconnaissance. Il y avait très peu d'interactions avec la Branche spéciale, parce que personne ne parlait à personne ».

Le cessez-le-feu introduisit des changements radicaux. Notamment pour les Unités provinciales de reconnaissance, qui, après janvier 1973, passèrent sous la juridiction de la Branche spéciale. La CIA, qui avait perdu le contrôle direct sur leur hiérarchie, continuait d'assurer leur financement. Mais les cordons de la bourse s'étaient resserrés. Lawlor expliquait que les haut gradés des équipes de reconnaissance durent se tourner vers des activités comme la corruption, le trafic de drogue ou le racket pour combler le manque à gagner. La situation tourna mal. Vinh, le chef des Unités provinciales de reconnaissance pour la 1ère région, demanda un tribut à Phan Van Liem, chef des Unités de reconnaissance de la province de Quang Nam, lequel était devenu agent de change pour les vietcongs.

Un membre de l'Unité provinciale de reconnaissance de Quang Nam finit

---

dessiné en leur centre ». Scott explique que l'USIS en avait fait imprimer 20000 au Viêt Nam, avant de poursuivre, plein d'entrain : « Quand nous identifiions qui étaient les agents communistes dans un village, nous les assassinions et nous laissions l'une de ces cartes sur les corps. »

par aller trouver Lawlor pour lui dire que la situation « était devenue hors de contrôle ». En bon idéaliste, Lawlor décida d'enquêter. Jusqu'à ce qu'il se retrouve, lors d'une visite au Centre provincial d'interrogation de Hoi An, face au cadavre d'une femme, étendu sur une table. Elle avait eu le tort d'être au courant des magouilles du chef des Unités de reconnaissance ; elle avait donc été violée et assassinée.

« Et voilà que d'un coup, m'avait raconté Lawlor, M. Liem veut que je l'accompagne pour une mission aller simple, avec les autres gars de l'Unité qui me disent : "N'y va pas !" »

Après l'offensive de Pâques 1972, l'armée nord-vietnamienne s'était concentrée, d'après Lawlor, sur la réparation de ses itinéraires d'infiltration, en prévision de l'offensive suivante. Puis ce fut le cessez-le-feu, à l'occasion duquel chaque village dut déclarer lui-même s'il était contrôlé par la République du Viêt Nam ou bien par les vietcongs. « D'un coup, on croulait sous le travail. Dès qu'un type mettait un drapeau vietcong sur son toit, on s'occupait de lui. On ne le tuait pas, non. Mais nous pouvions l'arrêter pour interrogatoire. Et en pratique, nous étions débordés. »

C'est aussi à l'époque du cessez-le-feu que « la clique du country-club » s'empara du pouvoir. Al Seal, l'officier du Bureau régional, fut remplacé par Tom Flores, un vétéran de la division Hémisphère Ouest de la CIA. Flores arriva avec son propre adjoint et son chef des opérations. Le consulat de Da Nang fut investi par un plein contingent de la CIA, qui avait désormais besoin d'une couverture – celle offerte par le département d'État – pour continuer de gérer – absolument illégalement – les Centres d'interrogation et les Unités provinciales de reconnaissance.

Lawlor avait décrit Flores comme « le parfait vétéran à qui on avait confié son dernier dossier », et qui avait pour objectif « de vivre paisiblement, de ne surtout rien bousculer, et de profiter de ce qui était bon à prendre ». C'était l'ambiance générale, au consulat. Lawlor m'avait donné l'exemple d'un conseiller à la Sécurité publique des forces opérationnelles :

« Un des types qui organisaient le racket des commerçants. Il est sorti de la guerre plus riche que vous ou moi ne le deviendrons jamais. Mais on ne pouvait pas le prouver. »

Lawlor l'avait signalé à ses chefs, et on lui avait répondu : « Ne m'ennuyez pas avec ça. » Ou encore : « Et qu'est-ce que vous attendez de moi ? » Comme aujourd'hui avec la Homeland Security, beaucoup d'Américains étaient allés au Viêt Nam pour s'en mettre plein les poches. « L'officier de liaison de la Branche spéciale à Hué était devenu l'observateur pour la province de Thua Thien, se souvenait Lawlor. C'était un flic à la retraite, et il aimait la belle vie. Mais il n'y avait aucune ferveur en lui, il prenait tout à la légère. Comme il voulait rester sur place après la fin de son contrat, il avait accepté de devenir observateur. Il assurait les liaisons. »

Lawlor se souvenait également du net déclin moral qu'avaient entraîné le démantèlement des USFR et le passage des Unités provinciales de reconnaissance sous le commandement de la police nationale à l'occasion du cessez-le-feu : « Les déserteurs s'étaient multipliés, l'extorsion et le racket s'étaient répandus. Nous ne pouvions plus payer tout le monde, alors la situation a échappé à notre contrôle. »

La mission des Unités provinciales de reconnaissance restait inchangée, de même que leur présence sur le terrain, mais, « depuis que la figure du conseiller CIA ne prenait plus part directement à leurs activités, le nombre des opérations avait chuté, et les excuses pour ne pas les lancer s'étaient multipliées ».

Lawlor essaya de conserver son contrôle sur les Unités de reconnaissance en leur fournissant des gadgets tape-à-l'œil, comme des hélicoptères Nighthawk armés de canons rotatifs et de projecteurs, et capables d'évacuer rapidement les combattants blessés vers l'hôpital de Da Nang.

« La coordination Phoenix n'y avait pas survécu, affirmait Lawlor. Il n'en restait rien. Les Vietnamiens nous assuraient de leur coopération, mais en réalité n'en faisaient rien. Il n'y avait plus de coordination possible avec la police spéciale. Et quand la Branche spéciale et le contre-espionnage de l'armée sud-vietnamienne se réunissaient, ils essayaient de protéger leurs informations plutôt que de les partager. »

Dès que la charge de rémunérer les Unités provinciales de reconnaissance revint à la Branche spéciale, à l'échelle de la province, « le major Vinh se montra préoccupé. Il devait maintenant rendre des comptes à Saïgon. Il devait également partager avec eux. Et donc Vinh essaya de truander sur le partage, et, ce faisant, il brisa ce qui jusque-là avait formé une machine unie ».

Le programme des Unités de reconnaissance était une entreprise criminelle devenue folle. Comme le monstre de Frankenstein, il avait échappé au cerveau malade et criminel qui l'avait conçu.

C'est en novembre 1973, à quelques mois de la fin de son contrat, que survint pour Lawlor la « goutte qui fit déborder le vase ». Il avait appris, au cours de son travail au Bureau du contre-espionnage de Da Nang, qu'un réseau d'espions de l'armée nord-vietnamienne avait infiltré la région. La Branche spéciale s'était contentée de liquider quelques agents de faible importance, au lieu de frapper les espions les plus haut placés. « Cette opération avait été une immense mascarade, avait commenté Lawlor. Les espions les plus importants continuaient de travailler tranquillement. »

L'un des agents de l'armée nord-vietnamienne était la maîtresse du chef des opérations de Tom Flores. Lawlor le signala à Flores qui, pour seule réaction, lui reprocha « d'être dans le camp des viets ».

Lawlor commit alors son péché capital : il court-circuita la sacro-sainte chaîne de commandement de la CIA en transmettant une copie de son rapport au chef de la sécurité de la station CIA de Saïgon. Le chef des opérations de Flores fut renvoyé chez lui, mais Lawlor était désormais « grillé ». Des équipes de sécurité débarquèrent dans son bureau, confisquèrent son équipement, et lui présentèrent un billet de retour pour la maison.

« Ça m'avait totalement fait déchanter », avait admis Lawlor. Il retourna au quartier général de Langley, où Ted Shackley – à l'époque, chef de la division Sud-Est asiatique – accepta sa démission.

Lawlor était amer. « L'agence nous avait trahis, disait-il. Elle nous avait envoyés combattre l'IVC en profitant de notre enthousiasme. Nous n'étions pas prêts quand notre idéalisme s'est heurté au mur de la réalité. Nous risquions nos vies pour obtenir des informations sur l'IVC, des informations dont on nous disait qu'elles étaient lues par le président. Et en réalité, elles étaient transférées par des gens qui n'en avaient rien à faire à des supérieurs qui ne s'intéressaient qu'à l'alcool et aux femmes. »

La Homeland Security, ou le parti de la revanche

Étrangement, malgré l'amertume accumulée lors de l'expérience vietnamienne, Lawlor en redemanda. Lorsqu'il échoua à arracher l'investiture démocrate pour le poste de procureur général, Colby vola à son secours et lui obtint un entretien d'embauche à Langley avec Rudy Enders, le chef de la division spéciale des Opérations paramilitaires. Lawlor avait envie de rempiler, et de contribuer aux sales magouilles de la CIA en Amérique centrale, mais l'évocation, au cours de la discussion, de l'incident de Da Nang sembla compromettre son retour à l'agence. Officiellement, du moins.

Lawlor, comme tant d'autres, avait soif de revanche, tout simplement. Nelson Brickham, le fondateur du programme Phoenix, avait comparé l'état d'esprit de la droite américaine militante au lendemain de son humiliante défaite face aux Vietnamiens à la frustration de la nation allemande après la Première Guerre mondiale. Et nous savons que sans cette amertume et cette frustration (et les financements de soutiens du fascisme comme Henry Ford), jamais Hitler n'aurait pu émerger des ruines de la République de Weimar.

Il se passa la même chose en Amérique avec les attaques télécommandées du 11 Septembre. Symboliquement, le 11 Septembre permit de faire table rase. Tous les interdits moraux qui paralysaient la droite rabique furent levés ce jour-là. Toute la rage qu'elle avait accumulée durant le régime dégénéré des Clinton put enfin se déchaîner. Elle se mit à déferler, sous le prétexte de l'antiterrorisme, aussi bien sur des nations dotées de grandes réserves de pétrole que sur les individus, qu'ils soient soupçonnés d'être des terroristes ou des dissidents domestiques. Et elle se retourna même contre nos braves concitoyens patriotiques.

Lawlor, comme Simmons, avait l'allure du type amer qui voulait sa revanche. Les deux adhèrent probablement aux théories fascisantes d'un Michael Ledeen, qui considère que la faute du 11 Septembre incombe à Bill Clinton, « incapable d'organiser convenablement l'appareil de la Sécurité nationale »[270].

---

[270] Michael Ledeen, « What do we know », *National Review Online*, le 1er octobre 2001 (article aujourd'hui absent de l'archive du site de *National Review*, mais repris ailleurs sur Internet). N.D.É. : Michael Ledeen (1941) est un historien, éditorialiste et lobbyiste néoconservateur. Il fut conseiller du secrétariat d'État américain et du Conseil de sécurité nationale de la Maison Blanche. Après avoir défendu l'intervention en Irak, il milite depuis des années pour le changement de régime en Iran et la promotion généralisée des Printemps arabes.

Vous aviez des gens qui attribuaient les attaques à une conspiration du Mossad, de l'Arabie Saoudite et des membres du Project for a New American Century que le régime Bush avait placés dans le Bureau des plans spéciaux de la Maison Blanche... mais pour Ledeen, tout était dû au

« manque de respect volontaire de Clinton pour les questions de sécurité ».

« Les temps nouveaux demandent des hommes nouveaux, forts de valeurs nouvelles, avait proclamé Ledeen. La classe politique dans son intégralité finira par le comprendre et l'applaudira. Elle accordera à Tom Ridge (conseiller présidentiel pour la Sécurité nationale) une chance de réussir, et à notre camp de prévaloir. »

Et de fait, ce fut l'acte de naissance officiel de la Homeland Security. Sur le plan administratif, le nouvel appareil de la Sécurité nationale prend, au lendemain du 11 Septembre, la forme d'un bureau spécifique de la Maison Blanche (Office of Homeland Security). À la tête de ce Bureau de la Homeland Security, Tom Ridge, chargé de « développer et de coordonner la mise en œuvre d'une stratégie nationale globale de sécurité afin de protéger les États-Unis des attaques ou menaces terroristes », prépara la construction d'un nouveau ministère de l'antiterrorisme, le département de la Homeland Security (DHS). À partir du 25 novembre 2002, date de la fondation du département, le Bureau devint le Conseil de de la Homeland Security, avec pour mission officielle d'assurer la liaison entre la Maison Blanche et le DHS, mais, en réalité, de garder le DHS sous autorité politique.

Et derrière Ledeen, ils étaient nombreux, à vouloir régler leurs comptes... Ils rejoignirent tous le cirque de la Homeland Security, en espérant que Ridge allait parvenir à broyer la gauche et à faire triompher le camp néoconservateur.

C'est avec cette lecture des événements à l'esprit, et convaincu que Lawlor était dans la droite ligne de Ledeen, que j'avais essayé de reprendre contact avec lui pour une interview. J'avais appelé son bureau, parlé avec sa secrétaire, qui m'avait dit qu'il me rappellerait, ce qu'il n'a jamais fait.

Par expérience personnelle, je savais que les gros durs de la CIA n'oublient jamais un affront, et je m'inquiétais pour ces gens qui avaient combattu pour mettre un terme à la guerre du Viêt Nam, et pour ceux qui en 2002 protestaient contre l'impérialisme et les dérives de l'État policier du régime Bush.

C'est pourquoi, dès 2002, j'avais adressé une lettre ouverte à Bruce Lawlor, publiée sur *Counterpunch*. La voici :

Pour autant que je sache, général Lawlor, nous vivons toujours dans une démocratie. Bien que le régime Bush semble pressé d'exploiter les attaques du 11 Septembre, sans même attendre les conclusions des enquêteurs, pour transformer l'Amérique en une dictature militaire, nous ne sommes pas encore (que je sache) sous la loi martiale. Les fonctionnaires tels que vous sont encore dans l'obligation de rendre des comptes aux citoyens.

Je prends donc la parole, au nom de tous les gens inquiets des risques de violation que le régime Bush corrompu fait courir aux libertés civiles et aux droits de l'homme à travers son appareil de la Homeland Security. Et voici les questions pour lesquelles j'attends de vous des réponses :

1)   Que s'est-il passé en 1995, pour que vous abandonniez votre carrière

juridique et rejoigniez l'Army War College ? La CIA a-t-elle joué un rôle dans cette décision ?

2)   Comment votre formation à l'Army War College a-t-elle conduit à votre affectation, en tant qu'assistant spécial du Commandant suprême des forces alliées en Europe, entre juin et octobre 1996 ? Les officiers de la CIA agissent souvent en tant qu'« assistants spéciaux ». Serviez-vous en tant qu'agent de liaison de la CIA auprès du Commandant suprême ?

3)   En mai 1998, vous êtes devenu directeur adjoint aux Opérations, à la Préparation et à la Mobilisation du Bureau du chef de cabinet adjoint aux Opérations et aux Plans. Dans le cadre de vos fonctions, vous deviez gérer les unités de la garde nationale et de la réserve militaire à travers le monde. Ces fonctions, par leur dimension internationale, tombaient dans le champ de compétences de la CIA. La CIA vous a-t-elle aidé dans vos fonctions ? Quelle a été la nature de vos relations avec la CIA à ce poste ?

4)   Vous avez été le premier commandant du Groupement opérationnel conjoint – Soutien civil. Était-ce dans le cadre d'une mission de la CIA ? Ou bien étiez-vous en relation avec la CIA ? Cette fonction vous a-t-elle été confiée en raison de votre expérience en tant qu'officier de la CIA au Viêt Nam, et était-ce votre proximité avec le programme Phoenix qui vous a valu ce poste ? Quelles sont vos autres qualifications ?

5)   Le 24 mars 2000, dans une déclaration au Congrès, vous sembliez vous préparer à vos actuelles fonctions au sein de la Homeland Security. En un certain sens, vous avez même prédit les événements calamiteux du 11 Septembre. Disposiez-vous, en réalité, d'une connaissance anticipée de ces attaques ?

6)   Au cours de cette déclaration, vous avez dit qu'en tant que commandant du GOC-SC, vous aviez créé les équipes de soutien civil (ESC), appelées à intervenir en cas d'incident lié aux armes de destruction massive. Vous avez décrit les ESC comme des « éléments de la garde nationale, qui peuvent donc agir sous l'autorité étatique ou fédérale. Elles sont équipées de systèmes de communication avancés qui permettront aux équipes locales d'intervention rapide d'être en relation avec les échelons administratifs proches et les centres d'expertise fédéraux. Les ESC sont aussi équipées de matériel de détection dernier cri, qui permettra aux équipes locales d'intervention rapide d'identifier rapidement les agents de destruction massive potentiels ». Voici ce que vous avez déclaré devant le Congrès. Pourriez-vous nous dire quel rôle joue la CIA dans les opérations des ESC ? Tout cela m'a l'air d'être une façade pour la CIA. Y a-t-il une ESC non loin de chez moi, et me permettrez-vous d'aller observer son fonctionnement ?

7)   Quelle est votre relation avec la CIA dans le cadre de vos fonctions de directeur principal de la Protection et de la Prévention au Bureau de la Homeland Security ? En quoi consiste votre travail ? Est-il vrai que le Bureau de la Homeland Security à la Maison Blanche fonctionnera comme un centre de décision stratégique, tandis que le futur département de la Homeland Security assurera les fonctions tactiques et opérationnelles ? Quel est le rôle du Conseil de la Homeland Security, et en quoi consiste votre relation avec lui ?

Pouvons-nous consulter un organigramme de ces entités, qui détaillerait également les endroits où la CIA a infiltré ses agents clandestins ?

8)   Enfin, dernière question, mais non la moindre, je vous prie de nous expliquer l'absence notable de toute référence à votre passé dans la CIA dans vos biographies officielles. Cette absence laisse supposer que vous travaillez toujours pour la CIA. Est-ce le cas ? Et dites-nous, s'il vous plaît, si vous ou d'autres comme vous entendez utiliser votre pouvoir pour obtenir votre revanche sur vos adversaires idéologiques.

Bruce n'a jamais répondu. Je ne m'attendais pas à ce qu'il le fasse, en réalité. Le but (rhétorique) de cette lettre ouverte n'était pas de dévoiler les connexions et les ramifications de la CIA dans le nouvel appareil de la Sécurité nationale, mais d'alerter sur ces risques de revanche et, ce faisant, de l'empêcher.

Red Squads et diversions

Quand la CIA est impliquée, il y a toujours des trappes et des leurres mortels. On l'avait vu avec l'opération Twofold, quand la CIA avait infiltré son équipe de tueurs à l'intérieur de l'équipe de sécurité interne de la DEA. La CIA, avons-nous dit à plusieurs reprises, ne fait rien qu'elle ne puisse démentir, et l'appareil de la Homeland Security lui offre un espace illimité où déployer ses opérations clandestines, manipuler la société et organiser le contrôle politique du peuple américain.

Twofold n'est en réalité qu'un épisode parmi tant d'autres des risques que représente une telle configuration institutionnelle. La direction de Phoenix, dans son rapport de fin d'année de 1970, citait un extrait d'une circulaire vietcong intitulée « Sur la structure de l'organisation de renseignements ennemie Phung Hoàng dans les villages ».

La circulaire vietcong expliquait que la CIA avait demandé aux officiers traitants de la Branche spéciale de constituer et d'entretenir dix cellules d'Organisation du renseignement populaire (ORP). Chacune de ces cellules était composée de trois agents, placés dans un hameau. Les agents de l'ORP devaient désigner les membres de l'infrastructure vietcong, mais également prendre part à la guerre psychologique afin de « miner le prestige des familles du camp révolutionnaire, créer la dissension entre elles et les gens, et anéantir la confiance du peuple dans la révolution ».

Les agents de l'ORP avaient dressé des listes de cadres de l'infrastructure vietcong à assassiner à l'entrée en vigueur du cessez-le-feu. « La consigne est donnée de tuer cinq cadres dans chaque village pour y faire basculer l'équilibre entre l'ennemi et les forces amies », expliquait la circulaire. « [Les chefs des villages du Sud-Viêt Nam ont donc pour objectif prioritaire de] confier aux assistants de sécurité et de renseignements Phoenix l'organisation et la supervision de forces populaires d'autodéfense. Ces agents Phoenix y sélectionnent un certain nombre d'individus tyranniques et constituent en leur sein des équipes armées invisibles, de trois à six membres, et bien entraînés. Ces équipes sont chargées d'assassiner nos cadres clés, comme cela a été fait dans la province de Vinh Long. »

Tout au long de ce livre, j'ai illustré comment la CIA se sert de « programmes civiques » pour y installer ses équipes de tueurs clandestines, et attaquer ses ennemis politiques. La première étape consiste à garantir la faculté de dénégation. Phoenix, avec sa devise « Protéger le peuple contre le terrorisme », se parait d'atours de bonté et de lumière. Et en même temps, la CIA infiltrait des équipes secrètes de tueurs dans les forces populaires d'autodéfense chargées de « protéger le peuple contre le terrorisme », dans le but d'assassiner sans procès ceux qu'elle soupçonnait – bien souvent sur la base de preuves dénuées de validité – d'aider les vietcongs d'une manière ou d'une autre. Et qu'ils fussent vietcongs ou non, il s'agissait de civils qui auraient dû être traités légalement comme tels.

C'est exactement la même duplicité qui imprègne l'appareil de la Sécurité nationale. Le département de la Homeland Security a même repris, telle quelle, la devise de Phoenix, « Protéger le peuple contre le terrorisme », avec les mêmes ambitions de dissimulation. On peut se poser la question : en temps de crise, ces forces de sécurité conduiront-elles, elles aussi, des opérations de guerre psychologique ou des actions paramilitaires dans le style de Phoenix contre les dissidents américains ?

Il suffit de regarder le cas de Bruce Lawlor. Il dénonça le viol et le meurtre d'une femme dans un Centre provincial d'interrogation, et, comme rien ne se passait, il retourna à ses occupations. Rob Simmons passa dix-huit mois à l'intérieur d'un Centre provincial d'interrogation, sans ne jamais rien remarquer de suspect. Bob Kerrey, comme on le verra dans l'un des chapitres suivants, extermina avec son équipe de Navy SEALs la population d'un village vietnamien, femmes et enfants compris.

Voilà ce que ces gens font. Ensuite, ils reviennent au pays, ils chuchotent les mots magiques « Dieu et la patrie », et tout est pardonné. Qu'ont-ils jamais fait, en réalité, sinon montrer une intense propension au meurtre ? C'est ce qui leur a valu d'être accueillis dans les rangs de « la caste des protégés », pour qui l'homicide n'est pas puni.

Ces gens ont perdu pied. Lawlor savait que les officiers de la CIA pervertissaient systématiquement des sociétés entières, et, ce faisant, se pervertissaient eux-mêmes. Il l'a même reconnu. Et pourtant, il a toujours rêvé de devenir lui-même un membre de la caste des protégés. Pourquoi ? Pour pouvoir se venger ? Et de qui ? Car aussi paradoxale que soit la question, elle se pose.

Le frère du mentor de Frank Scotton, Dick Noone, avait manipulé les rêves d'une tribu pacifique de Malaisie pour en faire une force de police « connue pour ses massacres impitoyables de guérilleros communistes ». Scotton avait fait la même chose avec les tribus des montagnes au Viêt Nam.

Les rêves de l'Amérique aussi peuvent être remodelés. Les producteurs d'Hollywood empochent des milliards en exaltant les vertus violentes de la classe guerrière dominante. Les jeux vidéo guerriers ont fait du meurtre et de la mutilation des musulmans une ambition pour tous les jeunes Américains. Ils se sentent puissants. C'est un antidote contre leur aliénation sociale.

La CIA façonne nos rêves de démocratie en contrôlant l'information qui arrive jusqu'à nous. Le rapport du Sénat de 6000 pages sur la pratique de la torture par la CIA a été réduit à une version de 525 pages, qui sont en plus pleines de caviardages. Le résumé parvenait tout de même à expliquer comment les officiers de la CIA torturaient plus de suspects qu'ils ne l'avouaient et de manière autrement plus cruelle, comment ils avaient trompé le Congrès et les médias, et comment ils avaient organisé à la va-vite leur dénégation. Le résumé expliquait que la torture n'avait aucune autre utilité sinon le plaisir des agents de la CIA.

Nous ne sommes pas autorisés à connaître les détails de l'histoire ou les noms des victimes. Les preuves sont restées cachées, et aucun agent de la CIA n'a été poursuivi. Mais au moins, on sait pourquoi les agents de la CIA commettent des crimes. Ils le font parce qu'ils aiment ça, et que c'est comme ça qu'ils deviennent riches, puissants et protégés.

John Kiriakou, l'agent de la CIA qui avait dénoncé la pratique du waterboarding en 2007, est en revanche l'un des deux agents de la CIA qui ont fini en prison lors de l'explosion criminelle impériale de l'après-11 Septembre. Son crime était d'avoir révélé la vérité. Sa condamnation fut un avertissement brutal adressé aux autres agents : dans le monde souterrain du crime organisé par la CIA, la seule loi à respecter est celle de l'*omerta*.

Épilogue

Pourquoi, objecterez-vous, s'inquiéter de la piétaille telle que Lawlor et Simmons, quand ce sont des généraux de la mafia comme George H. W. Bush qui sont au pouvoir ? Bush père, alors qu'il était directeur central du Renseignement, posa les fondations pour la banalisation de l'antiterrorisme généralisé. C'est lui qui permit au général Richard Secord de déployer son Enterprise, et qui rendit possible le trafic d'armes qui finança la guerre illégale des contras au Nicaragua. C'est Bush père qui jeta les bases du programme Phoenix global.

Durant sa présidence calamiteuse, Bush envahit le Panama en décembre 1992, et fit tuer des centaines d'innocents pour kidnapper l'ancien agent de la CIA Manuel Noriega. Il accorda la grâce présidentielle à six fidèles membres du parti républicain impliqués dans le scandale Iran-Contra, au cours de l'une des plus grandes falsifications de l'histoire du crime[271].

Comme l'avait expliqué David Johnston dans le *New York Times*, « Bush a balayé d'un revers de main une condamnation, trois reconnaissances de culpabilité et deux procédures en cours, anéantissant le peu qu'il restait du travail de Walsh, procureur dans l'affaire Iran-Contra ». Johnston avait souligné l'existence de preuves démontrant « que des fonctionnaires parmi les

---

[271] Caspar Weinberger, Robert McFarlane, Elliott Abrams, Clair E. George, Duane R. Clarridge et Alan D. Fiers Jr.

plus haut placés de l'administration Reagan avaient conspiré pour mentir au Congrès et au peuple américain »[272].

Le fils demeuré de Bush, W., fit à son tour honneur à la tradition d'assassin de masse de la famille, en déclenchant une guerre illégale contre l'Irak et « contre le terrorisme », avec son cortège d'horreurs. Comme son père, W. est vénéré parmi les Ultras, que son mépris pour le droit international et son interventionnisme ont enrichis.

Bruce Lawlor n'était pas aussi puissant, mais il exerça une influence notable durant une période décisive. Selon le *Washington Post*, Tom Ridge, son patron à la Homeland Security, lui déléguait la plus grande partie de son travail[273]. Le journal indiquait que Lawlor « s'était mis à dos de nombreuses personnes à la Maison Blanche et au département de la Homeland Security en raison de ses manières brusques et de son caractère dissimulateur ».

Peut-être que si Lawlor était si « dissimulateur », c'est qu'il travaillait pour la CIA ? Lorsqu'il quitta son poste en 2003, le département de la Homeland Security n'existait que depuis six mois, et, toujours d'après le *Washington Post*, était « en proie aux aléas financiers, à la désorganisation, à la guerre des clans, tandis que le soutien de la Maison Blanche se faisait chancelant. Le département n'avait accompli, d'après des fonctionnaires de l'administration et des experts indépendants, que des progrès partiels et désordonnés vers ses objectifs ».

Le coupable, pour le *Washington Post*, c'était Lawlor, qui, souvent, « contribua à fourvoyer Ridge dans de mauvaises directions, et qui fut à l'origine de la plus violente querelle de la courte histoire du département ». Lawlor avait examiné et approuvé un accord passé entre Ridge et le procureur général John Ashcroft, qui confiait au département de la Justice, et non à la Homeland Security, la charge d'enquêter sur les filières de financement du terrorisme. Le document exaspéra les services secrets, « qui durent interrompre des centaines d'enquêtes pour se plier aux procédures des enquêtes financières. Ridge présenta ses excuses, mais l'apaisement prit encore plusieurs mois... ».

Par son action, Lawlor avait fait en sorte que le pouvoir reste entre les mains de la cinquantaine de personnes du Conseil de la Homeland Security de Bush, le successeur du « Bureau », dirigé par la CIA. Bricolé comme le programme Phoenix en son temps, le département de la Homeland Security « était dépourvu d'infrastructure politique à son sommet ».

« Le rôle et les missions du département sont encore en cours de définition », avait à l'époque expliqué un fonctionnaire.

Lawlor n'avouera jamais quelle mission il assurait, ni si et comment il était parvenu à l'accomplir. Je suis convaincu qu'il avait été chargé de déstabiliser

---

[272] David Johnston, « Bush pardons six in Iran affair, aborting a Weinberger trial; prosecutor assails "cover up", Bush diary at issue », *The New York Times*, le 25 décembre 1992.

[273] « Homeland Security struggles toward goals », *The Washington Post*, le 7 septembre 2003.

le département de la Homeland Security, de manière à ce que la CIA puisse y prendre pied et s'emparer de son contrôle alors qu'il en était encore aux premières phases de son développement.

Quoi qu'il en soit, Lawlor est resté graviter à Washington, en tant que consultant. Il a rentabilisé ses contacts au sein de divers conseils d'administration et chaires académiques, y compris au Conseil de la Homeland Security. Il a enfin pu assouvir ses ambitions, mais à quel prix ?

Nous allons voir, au chapitre suivant, comment le département de la Homeland Security a servi de cheval de Troie dans des opérations secrètes de la CIA.

CHAPITRE 17

HOMELAND SECURITY : LE PHOENIX REGAGNE SON NID

Dans les articles que j'ai écrits sur le département de la Homeland Security entre 2001 et 2003, je disais que l'Amérique se trouvait en état de siège idéologique depuis le 11 Septembre. En s'effondrant, les tours jumelles avaient levé à tout jamais les interdits moraux et psychologiques qui pesaient sur les Ultras du camp conservateur. Toute la rage et toute la frustration qu'ils avaient accumulées pendant la guerre du Viêt Nam et sous les administrations Carter et Clinton explosèrent en un torrent belliciste. Les démocrates, défiés par les attaques à l'anthrax, les rejoignirent dans le camp de la guerre et, dès le 15 septembre 2001, le Congrès, à l'exception d'un glorieux dissident, alloua à Bush 40 milliards de dollars et le mandat d'user de « toute la force nécessaire et adaptée » contre tous ceux qui auraient été impliqués dans un attentat terroriste qui, en grande partie, ne ferait l'objet d'aucune enquête.

Bush lança donc sa sainte croisade contre l'Islam, mais prit pour cible l'Afghanistan et l'Irak, et non l'Arabie Saoudite, d'où venaient la majorité des individus officiellement reconnus responsables des faits du 11 Septembre. Et où se trouvaient les grandes familles avec lesquelles il était partenaire en affaires. Pour verrouiller cette sinistre aventure néocoloniale au Moyen-Orient, Bush décida, le 8 octobre 2001, de la création du Bureau de la Homeland Security, chargé de détecter et prévenir les attaques terroristes et/ou attaques par armes de destruction massive sur le sol américain, et d'y répondre. C'est l'acte de naissance de ce monstre qu'est la Homeland Security.

Trois semaines plus tard, Bush signa, toujours avec un soutien écrasant du Congrès, le Patriot Act, qui accrut les pouvoirs des forces de l'ordre et les facultés de collecte de renseignements domestiques de l'État, et qui fit reculer les droits et les protections des citoyens contre les intrusions du gouvernement dans leur vie.

Bush, qui jusque-là était « le président qui avait volé l'élection de 2000 », devint celui qui guiderait la guerre de vengeance contre l'Afghanistan. Sa cote de popularité doubla instantanément.

En l'absence de toute opposition politique, l'argumentaire de Bush pour justifier son agression néocoloniale put librement devenir table de la loi, avec la promulgation, en septembre 2002, du document programmatique de stratégie de Sécurité nationale des États-Unis. Par ce document, l'establishment de la Sécurité nationale, cette alliance du politique et du militaire, s'accordait le droit divin de déclencher des attaques préventives destructrices contre n'importe quelle nation musulmane riche en ressources naturelles. La Russie et la Chine constituant, pour leur part, ces objectifs stratégiques à long terme.

Cette stratégie homicide a l'avantage de réconforter les Américains, puisque le terrorisme américain vise le musulman, cet « autre ». Mais c'est ignorer les clauses cachées de si belles doctrines. Puisque cette expérience néocoloniale a choisi de se faire passer pour une éternelle guerre contre le terrorisme, pour « protéger le peuple américain », elle est dans l'obligation de renouveler constamment l'urgent besoin de son existence[274]. Et de fait, en prenant les vies et en ruinant l'existence de millions d'innocents, elle génère à son tour plus de terrorisme. Et encore : les attaques terroristes sur le sol américain sont rarissimes et isolées ; bien souvent, ce qui relève du terrorisme n'est que le fruit d'incitations et de pièges tendus par le FBI. Des 508 individus poursuivis pour des faits de terrorisme au cours de la décennie qui a suivi le 11 Septembre, 243 avaient été en relation avec un informateur du FBI, tandis que 158 étaient les victimes d'opérations montées de toutes pièces[275]. Sans parler de ces nombreuses attaques que beaucoup considèrent comme des opérations sous faux drapeau.

De plus, le néocolonialisme alimente une dissension perpétuelle à l'intérieur même des États-Unis. Il existe, malgré tout, des citoyens américains éclairés qu'horrifient les agressions commises par leur gouvernement. Et c'est cette dissension interne que recherche l'establishment de la Sécurité nationale. Donnez-lui le nom que vous voulez – cercle vicieux, prophetie autoréalisatrice… –, mais sachez que l'élite au pouvoir trouve dans cette dissension le prétexte pour imposer des mesures répressives qui entretiennent et accroissent son emprise politique. C'est « pile je gagne, face tu perds », pour les capitalistes, dans la mesure où l'État policier rémunère grassement ceux qui investissent dans sa mise en place.

Ne vous y trompez pas, d'ailleurs : Homeland Security n'est qu'un euphémisme pour « Sécurité intérieure », un terme qui, comme la maxime « séparés, mais égaux », ne peut plus être directement employé de nos jours en raison de sa violente connotation maccarthyste.

Vues de cette perspective, la « guerre contre le terrorisme » et la Homeland Security sont les deux faces d'une même pièce, celle de la lutte à mort entre les classes. Elles sont l'application de la même vorace idéologie capitaliste, l'une sur le plan domestique, l'autre sur le plan de la politique étrangère. C'est une nécessité pour la classe supérieure, dont la puissance ne croît qu'à mesure

---

[274] Sur le site officiel du département de la Homeland Security (https://www.dhs.gov/), il est écrit que la menace terroriste est un risque permanent.

[275] Trevor Aaronson, « The Sting », *The Intercept*, le 16 mars 2015.

qu'elle diminue numériquement. Le 1%, dans sa propre stratégie de lutte des classes, doit organiser sans défaillir la confrontation entre la classe moyenne et les classes inférieures.

Sur le plan psychologique, le phénomène de la Homeland Security est la panacée par laquelle la droite obsessionnelle entend surmonter le « syndrome du Viêt Nam » et réaffirmer la domination blanche sur l'Amérique, mais également sur le reste du monde. Depuis sa défaite ignominieuse de 1975, chaque nouvelle campagne d'agression a permis aux participants et aux architectes de la guerre du Viêt Nam de se rapprocher de leur rédemption.

Le 11 Septembre fut un événement cathartique pour les auteurs de crimes de guerre au Viêt Nam. Pour leurs dirigeants, ce fut une apothéose. Tous les crimes pour lesquels ils étaient détestés devenaient désormais la recette qui rendrait l'Amérique, pour reprendre l'expression de Trump, « great again ».

La campagne de guerre psychologique débuta dès le 11 Septembre ; les va-t-en-guerre saturèrent de leur propagande les ondes et les éditos dans la presse. Quiconque protestait était « antiaméricain » et devenait un sympathisant des terroristes. La propagande ne s'est pas arrêtée depuis. Comme du temps de la guerre du Viêt Nam, les manifestants pacifistes et les défenseurs des droits civiques sont devenus des ennemis de l'État, et donc les cibles de l'infrastructure de la Sécurité nationale.

Une administration au service de leur folie

Les hauts dignitaires de l'État tels que Dick Cheney ou Donald Rumsfeld savent que le pouvoir politique, économique et militaire ne se gouverne qu'à travers des structures à l'organisation complexe. Leurs effectifs regorgent de gens comme Nelson Brickham, le fondateur de Phoenix, qui savent parfaitement ce qu'ils font.

Après le 11 Septembre, les Ultras se sont immédiatement attaqués à la consolidation à long terme de leur pouvoir. Bush, par la signature du Homeland Security Act, donna naissance au département de la Homeland Security, qui allait coordonner les capacités antiterroristes d'une douzaine d'agences fédérales. Le Homeland Security Act institua également le Conseil de la Homeland Security, chargé de définir la ligne politique du département. Le Conseil, qui prit la succession du Bureau, compte à sa tête quatre membres permanents: le président américain, le vice-président, le secrétaire de la Défense et le procureur général. C'est la version domestique du Conseil de sécurité nationale. Il doit être vu comme une version étendue du Comité Phoenix du Viêt Nam, qui était composé de l'adjoint au SDROC (William Colby) – en tant que président –, du chef de poste de la CIA, de l'assistant des directeurs de cabinet pour le Renseignement et les Opérations de MACV, et du chef du développement révolutionnaire de la CIA.

L'appareil de la Homeland Security connut une nouvelle évolution en mai 2003, avec la création par Bush du Centre d'intégration de la menace terroriste (CIMT), placé sous la direction de John Brennan, son futur directeur national du Renseignement. Ce nouvel outil de coordination de la Maison Blanche, basé au siège de la CIA, rassemblait des experts de la lutte antiterroriste provenant de la CIA, du FBI, du département de la Défense et du département de la Homeland Security. Il référait directement au personnel politique de la Maison Blanche, en dehors de tout contrôle civil et de toute supervision du Congrès.

La Homeland Security adopta en 2004 son actuelle assise, avec la transformation du CIMT en Centre national de l'antiterrorisme (CNAT), placé sous l'autorité de la figure nouvelle du directeur national du Renseignement[276]. Le CNAT fonctionne exactement comme une direction Phoenix planétaire, avec sa liste informatisée des suspects. Il écume librement les bases de données civiles ou policières, domestiques ou étrangères, à la recherche de « cibles de haute valeur ». Les cibles de haute valeur sont ensuite capturées, incarcérées et, quand c'est possible, retournées et transformées en agents de pénétration, aux États-Unis comme au-delà des frontières. Lorsque le recrutement échoue, les cibles sont placées sur les « listes d'élimination » inaugurées par Obama, et sont neutralisées par les drones Predator omniscients, ou par une équipe de la CIA ou des forces spéciales bourrées de tueurs fous.

Les instruments tels que le CNAT facilitent la fusion des opérations antiterroristes domestiques ou à l'étranger. Le CNAT collecte les données relatives aux citoyens américains depuis n'importe quel type de base de données de surveillance, les conserve et les analyse dans le cadre de sa démarche de « pacification » préventive. La CIA, qui gère le Centre des opérations du CNAT, peut déclencher l'intervention combinée de n'importe quelle composante de la Homeland Security dans l'éventualité où un « cas à risque » émergerait, tout comme Phoenix dirigeait l'intervention combinée de toutes les agences actives au Viêt Nam. Le réseau du CNAT s'étend de la Maison Blanche jusqu'aux plus petits des villages américains, il embrasse tout le monde, depuis les parlementaires et dirigeants d'entreprises aux flics qui tuent les ados noirs ou pourchassent les anciens combattants devenus SDF.

Mécanismes parallèles

Le département de la Justice, la CIA et l'armée ont, au sein de l'administration fédérale, leur propre chaîne de commandement, indépendante de leurs fonctions au sein de l'appareil de la Homeland Security. Ces chaînes de commandement, véritables mécanismes parallèles, sont jalousement protégées par ces entités.

L'armée, avec ses 800 bases à travers le monde, son propre système légal, son budget qui représente le premier poste de dépenses fédéral, est le véritable « éléphant dans le salon ». Les militaires et leurs complices dans l'industrie de l'armement sont la principale force motrice derrière l'impérialisme américain et la surveillance de masse domestique – rien ne les fera changer de cap, si ce

---

[276] Depuis octobre 2012, le directeur national du Renseignement a aussi pour mission de neutraliser les lanceurs d'alerte.

n'est une mutinerie de la base, comme au Viêt Nam. Le commandement Nord des États-Unis, Northcom, constitue l'épine dorsale de l'appareil de la Homeland Security. C'est depuis cette citadelle que les militaires, tour à tour, intimident, aident ou épient leurs interlocuteurs de l'administration civile.

La NSA, créée par Bush au lendemain du 11 Septembre, sert d'yeux et d'oreilles à la Homeland Security. Son programme de surveillance des terroristes a été déclaré anticonstitutionnel en 2006, mais la procédure a été déboutée en appel. Le programme a quant à lui été remplacé par un équivalent appelé PRISM. Le lanceur d'alerte Edward Snowden a révélé que PRISM enregistre les communications des citoyens chez toutes les plus grandes sociétés américaines sur Internet[277].

Le département de la Justice intervient en sous-main à travers les Forces opérationnelles combinées contre le terrorisme du FBI. Présentes dans plus de cent villes américaines, et dans cinquante-six antennes locales du FBI, ces Centres de coordination façon Phoenix se concentrent sur les cibles « d'importance supérieure » et dont l'activité se déploie sur plusieurs États américains à la fois. Sur son site officiel, le FBI décrit ces « forces opérationnelles combinées » comme « de petites cellules, hautement efficientes et au fort ancrage local, qui combinent l'effort passionné d'enquêteurs, d'analystes, de linguistes, de forces d'intervention et d'autres experts provenant de douzaines d'agences américaines différentes œuvrant dans le maintien de l'ordre et le renseignement ».

La Sécurité nationale fait partie du mandat originel du FBI. Le Bureau a lancé en 1996 à Cleveland son programme InfraGard. InfraGard est un « organisme sans but lucratif » qui cherche à développer les partenariats public-privé entre les entreprises et le FBI. C'est, en substance, un programme Phoenix du secteur privé, dans lequel des hommes d'affaires, des présidents d'université, des agences locales et étatiques de maintien de l'ordre viennent dénoncer au FBI les actes hostiles contre « les infrastructures américaines essentielles ». InfraGard opère en secret et compte plus de 50 000 membres. L'Union américaine pour les libertés civiles a qualifié InfraGard de « programme SIPT de délation du monde de l'entreprise » qui sert « d'yeux et d'oreilles surnuméraires au FBI »[278]. Depuis 2003, le département de la

---

[277] Timothy B. Lee, « Here's everything we know about PRISM to date », *The Washington Post*, le 12 juin 2013.

[278] Jay Stanley, « The surveillance-industrial complex: How the American government is conscripting business and individuals in the construction of a surveillance society », rapport de l'Union américaine pour les libertés civiles, août 2004. N.D.É: L'opération SIPT, ou Système d'information et de prévention du terrorisme, était un programme de délation domestique lancé par George W. Bush en juillet 2002, et qui demandait aux employés des sociétés privées ayant accès aux domiciles des citoyens dans le cadre de leur activité professionnelle (livreurs, employés des télécoms, du câble, etc.) de rapporter ce qu'ils voyaient lors de leurs interventions et de signaler tout ce qui pouvait relever d'une activité terroriste. Le programme SIPT fut annulé en novembre 2002 en

Homeland Security, sous la supervision du FBI, partage l'autorité sur les ressources InfraGard.

Il faut rappeler ici que la juridiction du FBI ne concerne pas la CIA qui, comme l'armée, évolue au-dessus et au-delà des lois auxquelles le reste de la société est tenu de se plier. Mais si l'armée est un éléphant dans le salon, la CIA est un serpent caché dans les hautes herbes du jardin. Son appendice dans la Homeland Security est le Centre antiterrorisme. Formé en 1986, c'est un descendant direct de l'opération Chaos que nous avons vue dans le détail au chapitre 11. Le Centre fonctionne à la manière d'un programme Phoenix mondial, à travers son réseau de Centres de renseignements antiterroristes, en collaboration avec les forces armées, les forces de police ou les services de renseignements corrompus des pays infectés. Le réseau du Centre antiterrorisme possède son propre système de communication, qui lui permet de contourner le département de la Justice, le département d'État, le Pentagone et les procédures administratives réglementaires de la CIA. Le Centre possède également sa propre unité paramilitaire pour ses opérations spéciales, qui fonctionne elle aussi comme une Unité provinciale de reconnaissance, mais au rayon d'action mondial.

Le Centre antiterrorisme travaille en collaboration avec le Centre du crime et des narcotiques de la CIA pour gérer les aspects stratégiques des trafics internationaux de stupéfiants et d'armes en provenance de nations productrices de drogue comme la Bolivie et l'Afghanistan.

Il y a, en principe, une cloison étanche entre la CIA et les agences de maintien de l'ordre domestiques, à l'image de celle que le Posse Comitatus Act avait érigée entre les institutions civiles et l'armée. La CIA, toutefois, comme elle l'avait fait jadis avec la DEA, infiltre ses agents dans les Forces opérationnelles combinées gérées par le FBI et dans le département de la Homeland Security. Les agents de la CIA n'apparaissent sur aucun organigramme, mais ils sont bien là.

Ainsi, quatre mois après le 11 Septembre, le directeur central du Renseignement George Tenet organisa personnellement, en accord avec Michael Bloomberg, le maire islamophobe de New York, l'infiltration de David Cohen, un haut officier de la CIA, au sein du département de Police de la ville. Au poste de commissaire adjoint au Renseignement. Le *New York Times* et le *Daily News* ensablèrent bien sûr soigneusement l'affaire. Le prix Pulitzer Matt Apuzzo[279] s'était étonné que « personne ne se soit interrogé sur le bien-fondé qu'il y a à placer dans une institution chargée de faire respecter la légalité un individu formé pour violer les lois des nations étrangères. Personne n'avait même daigné vérifier les affirmations du CV à moustaches de Cohen, dans lequel il prétendait avoir obtenu une maîtrise en relations

---

raison des critiques et des doutes sur sa légalité.

[279] Matt Apuzzo (1978) est un journaliste américain du *New York Times* qui a enquêté sur la politique de torture américaine. Il a remporté deux fois le prix Pulitzer.

internationales à l'université de Boston[280]. L'erreur, en soi, n'avait aucune gravité. Mais le fait qu'elle soit passée inaperçue révélait en revanche l'ampleur de la désinvolture des médias, sur laquelle Cohen allait pouvoir compter à son nouveau poste »[281].

Expert des méthodes de répression israéliennes, Cohen put mettre en place son propre jihad antimusulmans à New York, avec l'approbation de Bloomberg. Comme il l'avait expliqué : « En matière de terrorisme, c'est déjà trop attendre qu'attendre d'avoir une présomption de crime pour enquêter. »[282]

Concepts et programmes

Le département de la Homeland Security reprend le postulat de départ de son modèle théorique Phoenix, qui suppose que les gouvernements doivent gérer les sociétés à travers la terreur implicite et explicite. Son objectif stratégique est de creuser toujours plus le fossé entre les élites et les masses de la citoyenneté, tout en broyant tous ceux qui ne peuvent être idéologiquement assimilés.

Phoenix ou le DHS sont des structures changeantes. Elles sont également très comparables ; on ira consulter la description de l'organisation de Phoenix mentionnée au début du chapitre 3. Ainsi, la direction exécutive du DHS assure les mêmes fonctions que la direction de Saïgon, qui coordonnait l'action des agences de renseignements et les opérations antiterroristes. La direction du DHS supervise un ensemble labyrinthique de bureaux et de directions dont les compétences se superposent, et que la plupart des parlementaires sont bien incapables de cartographier. Autrement dit, le pouvoir central est entre les mains des hauts fonctionnaires qui dirigent les agences fédérales. Traditionnellement, l'administration de Washington se heurte à l'autorité des différents États américains qui, en tant que membres d'une république, refusent l'intrusion fédérale. Les fonctionnaires à la tête du DHS (avec leurs sponsors de la Maison Blanche et du Congrès) cherchent en permanence à acheter la soumission de représentants, gouverneurs et hommes d'affaires locaux par la grande gabegie fédérale.

Au passage, le DHS compte également un sous-secrétaire adjoint au Renseignement et à l'Analyse, qui rend des comptes directement au secrétaire de la Homeland Security. Cet adjoint dirige le Bureau du renseignement et d'analyse (R & A), et s'appuie sur 1000 analystes provenant de nombreuses agences gouvernementales. Le R & A met en relation les services de renseignements avec les interlocuteurs optimaux au sein des gouvernements

---

[280] On a vu au chapitre précédent comment quelqu'un comme Lawlor peut cacher son passé à la CIA dans un CV.

[281] Matt Apuzzo, Adam Goldman, « How a former CIA official turned the NYPD into a spying powerhouse », *Business Insider*, le 6 septembre 2013.

[282] *Ibid.*

territoriaux, locaux, tribaux. Le Bureau gère également, et c'est plus important, de vastes réseaux d'agents comme InfraGard, en collaboration avec le secteur privé. Il le fait à travers une structure conjointe Renseignement/secteur privé nommée, sans la moindre ironie, Homeland Security Enterprise.

Le Bureau du renseignement peut s'appuyer sur le Bureau de coordination et de planification des opérations, lequel dirige le Centre national des opérations du DHS (CNO). Le CNO rassemble et « fusionne » les informations remontant des administrations fédérales, locales, tribales, territoriales, des réseaux sociaux et des agences du secteur privé. Les Bureaux du renseignement et des opérations travaillent conjointement à la détection des problèmes, et émettent des bulletins de risques relatifs aux menaces perçues ou provoquées. Ils gèrent ensemble des dispositifs de sécurité spécifiques confidentiels sur lesquels vous n'êtes censés rien savoir.

Le DHS dispose aussi d'un Centre des opérations de crise (CCC). Le COC est l'aboutissement d'un processus de « subsidiarisation » long de plusieurs décennies, qui débuta avec la Défense civile – qui construisit les abris antiatomiques et enseigna aux écoliers comment se cacher sous leur chaise en cas d'attaque nucléaire soviétique – et qui continua avec la FEMA – l'Agence fédérale de gestion des crises, absorbée en 2003 par le DHS. La FEMA et les institutions qui l'avaient précédée mirent progressivement en place à l'échelon local les structures capables d'assurer « la continuité de l'État » en temps de crise nationale. La notion de « continuité » comprend, bien entendu, la censure de la presse et l'internement des individus soupçonnés de représenter un danger pour le bon ordre de la société. Aujourd'hui, les tentacules du COC sont présents dans chacun des nouveaux abris antibombes, super-cosy et high-tech, et ont envahi les sièges des grandes entreprises, où ils absorbent silencieusement les rumeurs relatives aux « risques pour la sécurité » colportées par le bouche à oreille ou les e-mails cryptés.

Le DHS compte aujourd'hui plus de 250 000 employés, dont des enquêteurs chargés de surveiller ses propres services, ainsi que chacune des agences qui lui sont subordonnées, et toutes les branches de l'armée. Ces employés du DHS jouissent d'un pouvoir discrétionnaire considérable, qui leur permet d'ouvrir le courrier adressé depuis l'étranger à des citoyens américains – une mesure qui, en d'autres temps, aurait été considérée comme illégale.

Le DHS peut compter sur une autre unité d'enquêteurs qui supervise les opérations internationales et les fonctions de renseignements. Elle est composée de près de 7000 agents spéciaux, qui opèrent dans 200 villes américaines et 60 pays à travers le monde. Elle collabore avec la CIA et assigne des agents aux groupes de renseignements de terrain du FBI, à travers lesquels ils gèrent conjointement un vaste réseau d'informateurs. Plusieurs unités d'enquêteurs du DHS disposent d'équipes spéciales de réaction rapide paramilitaires, qui sont entraînées et dirigées par les officiers paramilitaires de la CIA.

Le département possède sa propre unité antiterroriste et une unité d'enquête sur les crimes de guerre, cette dernière évitant soigneusement le linge sale de la CIA. Ainsi, lorsqu'une Cour de justice italienne condamna un groupe d'agents de la CIA pour l'enlèvement d'un innocent à Milan et son transfert en Égypte, où il fut torturé, le DHS détourna pudiquement le regard. Comme les agents du FBI, ceux du DHS n'ont aucune autorité sur la CIA, qui peut librement terroriser qui elle veut, où elle veut.

Enfin, le DHS dispose de Centres de fusion dans toutes les grandes villes américaines, qui remplissent exactement la même fonction que les Centres Phoenix de coordination du renseignement et des opérations au Viêt Nam. Toutes les organisations de maintien de l'ordre à l'échelle de l'État ou de la ville doivent envoyer un représentant au Centre de fusion local, qui essaie d'identifier les menaces par l'analyse et le partage du renseignement. Les polices des États ou les polices municipales y vont de leur contribution, en fournissant des locaux et des ressources (et des tuyaux) à la majorité des Centres de fusion. Il existe même un Centre à Mexico.

L'Union américaine pour les libertés civiles a comparé les Centres de fusion – parce qu'ils s'appuient sur des officiers de liaison antiterroriste (OLAT) du secteur privé – au programme SIPT, de triste mémoire. Un OLAT est un citoyen spécifiquement formé à détecter et à signaler les activités suspectes. Ils ne sont en rien différents des cadres de l'Organisation du renseignement populaire sud-vietnamienne évoquée au chapitre 16. Ils épient ce que disent les clients, les passants, et signalent ensuite les « remarques suspectes » – quand ils ne les inventent pas par ennui ou irritation – dans la base de données qui leur est destinée[283].

La Californie comptait en 2014 plus de 14 000 OLAT. Il s'agit de flics, de types qui rêvent d'être flics, de secouristes, d'employés des services publics ou des compagnies ferroviaires, etc.[284] Ils ont été employés pour surveiller les manifestations et les militants de groupes comme Occupy Wall Street ou Black Lives Matter[285].

Les employés des Centres de fusion passent leur journée à jouer à des jeux vidéo de guerre ; ils rêvent d'être des superguerriers en armure. Quand ils sont las de jouer, ils s'en prennent à des opposants politiques ou à des membres des minorités détestées. Le Centre de fusion du Missouri s'attaqua aux supporters de Ron Paul, à des groupes pro-vie antiavortement et à de soi-disant

---

[283] En juillet 2016, le réceptionniste d'un hôtel accusa un musulman d'avoir proclamé son allégeance à l'État islamique. Les flics l'arrêtèrent. En réalité, il n'avait pas proclamé quoi que ce soit. Il était aux États-Unis pour des raisons médicales. « U.S. apologizes for Arab man's "unfortunate incident" in Ohio », *CBS News*, le 4 juillet 2016.

[284] Herb Brown, « California's Terrorism Liaison Officers program modeled nationwide », *California Peace Officers' Association*, le 27 octobre 2014.

[285] Beau Hodai, « Dissent or terror: How the nation's counter-terrorism apparatus, in partnership with corporate America, turned on Occupy Wall Street », rapport, Center for Media and Democracy, mai 2013 ; Darwin Bond Graham, « Counter-terrorism officials helped track Black Lives Matter protesters », *East Bay Express*, le 15 avril 2015.

« théoriciens du complot ». Au Texas, on s'en prit aux lobbies musulmans et aux militants pacifistes. Un analyste du DHS dans le Wisconsin s'attaqua aux militants antiavortement. Un prestataire du DHS en Pennsylvanie espionna des écologistes et l'organisation d'une manifestation pour la protection du 2e amendement. La police du Maryland inscrivit dans la base de données du FBI des opposants à la peine de mort et des pacifistes. Et en 2009, le Centre de fusion de Virginie publia un rapport d'évaluation de la menace terroriste, dans lequel les universités traditionnellement fréquentées par la communauté afro-américaine étaient identifiées comme des plaques tournantes d'activités liées au terrorisme. Le même document assimilait l'hacktivisme et le terrorisme.

Les Centres de fusion, bien entendu, comme les forces conjointes du FBI, sont infiltrés par la CIA, qui les utilise comme un paravent pour ses propres opérations. C'était prévisible, dans la mesure où la CIA a toujours placé ses agents dans les forces de police des États américains et dans les Red Squads des polices métropolitaines. Des agents spécialisés « façon opération Chaos » recrutent des citoyens américains voyageant souvent, mais également des étudiants étrangers, des diplomates, des scientifiques et des hommes d'affaires prêts à vendre leur patrie pour un SUV ou une tape dans le dos.

La Homeland Security, ou le terrorisme implicite

En fin de compte, le département de la Homeland Security ne fait jamais que protéger les possédants de ceux qui ne possèdent rien, tout comme les coordinateurs Phoenix protégeaient les grands propriétaires terriens de la réforme agraire voulue par l'infrastructure vietcong.

« C'est tout le problème, quand on soutient des personnalités plutôt que des institutions démocratiques, m'avait expliqué Stan Fulcher lors de nos conversations en 1987. Les Vietnamiens ont été anéantis par notre corruption. Nous les avons étouffés sous l'argent. Et c'est exactement ce qui se passe en Amérique centrale aujourd'hui. Quand vous achetez un colonel dans l'armée clientélaire du Salvador, vous l'achetez avec toute sa corruption. »

Et les milliards de dollars pris dans vos poches et confiés au DHS et à l'arnaque de la Sécurité intérieure, eux aussi, étouffent l'Amérique sous la corruption.

Au vu de la quasi-inexistence des actes terroristes aux États-Unis, on en déduit que la « Sécurité intérieure » existe avant tout pour protéger les infrastructures d'importance critique du secteur privé de la colère de citoyens dépossédés de leurs droits, fussent-ils un jour pris de l'envie de réclamer justice et responsabilité au gouvernement et aux multinationales. Dans l'optique capitaliste, le DHS est une composante clé de cette criminalité légale dont parlait Johan Galtung :

« La violence individuelle est la marque de l'amateur. La violence structurelle, voilà l'outil du professionnel. L'amateur en mal de domination se sert d'un pistolet ; le professionnel utilise les structures sociales. La criminalité légale du système social et de ses institutions, du gouvernement et des individus au niveau interpersonnel est une violence tacite. La violence structurelle est une structure d'exploitation et d'injustice sociale. »[286]

Et de fait, le but déclaré de la Homeland Security Enterprise du Bureau du renseignement et d'analyse du DHS est bien la protection des infrastructures d'importance critique des secteurs public et privé. Pas la protection des citoyens. À cet effet, le DHS affecte des agents de renseignements et des conseillers en sécurité et protection aux Centres de fusion. Cet aspect de l'activité du DHS relève de la direction des programmes nationaux de protection, qui s'occupe de la sécurité cybernétique et physique (les blocs de ciment autour des bâtiments, c'est eux).

Étant donné que vous avez encore moins de probabilités d'être tué par un terroriste que par une piqûre d'abeille, on peut légitimement dire que ce partenariat public-privé n'a jamais sauvé aucune vie. Les Centres de fusion et leurs directeurs du DHS opèrent, en revanche, comme une police politique et imposent l'idéologie capitaliste et ultraconservatrice en roue libre qui caractérise l'Amérique des multinationales. Dans leur agenda idéologique, les dirigeants du DHS essaient de promouvoir auprès du public l'idée de déférence envers les flics, les soldats et les colosses du secteur privé qui collaborent à la Homeland Security Enterprise. En revanche, pour eux, les droits constitutionnels des uns et des autres ne méritent aucune déférence. On l'a vu avec le joueur de la NFL Colin Kaepernick, mis au pilori pour ne pas avoir voulu se lever pendant l'hymne national. Les dirigeants du DHS instillent dans l'opinion publique l'idée que les individus rétifs, anticonformistes, sont suspects.

Comme le programme Phoenix d'après lequel il a été conçu, le département de la Homeland Security coordonne la corruption et la répression systématiques du militantisme américain pour le compte de l'élite politique des riches. La loi qui a sanctionné la fondation du département a en même temps privé 180 000 fonctionnaires de leurs droits syndicaux – sous prétexte qu'ils seraient suspendus dans le cas « où il y aurait une crise ». Pour le compte de ses clients du secteur privé, le Congrès a supprimé les protections civiques et syndicales des employés du DHS, qui peuvent désormais être réaffectés ou renvoyés sans notification aux représentants syndicaux. Encouragée par le Congrès, la direction du DHS a essayé d'obtenir le droit d'outrepasser les dispositions des conventions collectives, mais, étrangement, la Cour fédérale a torpillé cet assaut frontal contre les syndicats.

Les actionnaires majoritaires de la Homeland Security Enterprise sont les propriétaires des sociétés privées qui constituent en soi l'infrastructure critique du complexe de la Sécurité nationale : tout ce qui peut être associé à la guerre ou au maintien de l'ordre. Leurs associés du monde intellectuel occupent des fonctions surrémunérées dans les plus grands cabinets juridiques, les hôpitaux, les universités, les ONG et les fondations ; ils travaillent avant tout à leur plan

---

[286] N.D.É. : Johan Galtung (1930), mathématicien et sociologue norvégien, militant pacifiste, est considéré comme le fondateur de l'irénologie, l'étude de la paix et des conflits.

de carrière, et à éliminer la compétition.

Ce que Lucien Conein m'avait dit au sujet de Phoenix correspond tout à fait à la Homeland Security. C'est un grand système de chantage mis en place par le gouvernement : « Si tu ne fais pas ce que je demande, tu es un vietcong. »

Et c'est ce qu'est devenue la Homeland Security : un racket à la protection. Au niveau stratégique et politique, elle est composée de banquiers et de lobbyistes du monde de l'entreprise qui achètent des fonctionnaires et des élus pour créer des filières d'évasion fiscale légale pour les riches. Elle s'appuie sur un système de surveillance généralisée voué à terroriser les travailleurs, qui savent qu'ils peuvent être licenciés s'ils se laissent aller à des déclarations suspectes. Il y a enfin les fonctionnaires corrompus, qui récompensent leurs généreux donateurs de l'industrie de l'armement en engloutissant l'argent des contribuables dans la machine de guerre.

Pour les actionnaires de l'establishment de la Sécurité nationale, la Homeland Security Enterprise est leur plus grande réussite. Pas uniquement pour la gabegie des dépenses illimitées allouées à leurs projets de défense : c'est un rêve devenu réalité pour leurs cadres également, pour tous ces gens qui, comme Bruce Lawlor ou Rob Simmons, ont vendu leur âme à la secte de la mort qu'est la CIA, et qui savent tout des arcanes de la Sécurité intérieure.

Depuis la mise en place du racket à la protection de la Homeland Security, plus de 8000 milliards de dollars ont été retirés des programmes sociaux et réaffectés à la Sécurité intérieure. Ils ont permis au complexe de la Sécurité nationale de s'offrir 250 000 nouveaux cadres pour pacifier des masses américaines enthousiastes. Pour l'Américain moyen, qui voit l'argent de ses impôts aller à ses « protecteurs », c'est l'endettement et la soumission éternels. Ce sont les médias d'information et Hollywood qui assurent le versant « guerre psychologique » du programme de pacification. Ensemble, ils effacent la mémoire historique et la conscience morale du peuple américain, qui n'a même plus besoin de prétendre qu'il ne vit pas dans une société de ségrégation. La seule chose qui compte, désormais, c'est la domination sur « l'autre ». Et elle est enfin à la portée de tous, pour peu que l'on accepte de devenir un espion de la Homeland Security.

Les méthodes pour y parvenir sont aussi vieilles que le langage et le mythe de Cronos qui renverse Ouranos. Depuis les premières lueurs de la civilisation, de vieux hommes décadents inventent des dieux et des religions pour organiser les jeunes mâles en clans guerriers. Ils les endoctrinent à coups de slogans patriotiques, pour leur faire croire qu'ils « sont spéciaux », puis les envoient chez leurs voisins pour les piller et violer les femmes. En organisant la société de la sorte, les vieux protègent leurs richesses, leur pouvoir et leurs femmes de l'agressivité des jeunes, qui, autrement, les tueraient pour s'emparer de tous leurs biens.

En Amérique, les flics sont organisés et endoctrinés pour fonctionner comme un clan guerrier, autorisé à utiliser la « violence explicite » pour pacifier la population. Pendant leurs safaris dans les ghettos noirs, ils tuent des ados parce que ceux-ci portent des pantalons bouffants ou les ont regardés de travers. Ils arrosent les pacifistes, ces hérétiques blancs, de gaz lacrymogène et de balles en caoutchouc, puis les matraquent allègrement avant de les arrêter. Tout le monde sait que les flics ne sont jamais punis pour recours excessif à la violence explicite, ce qui installe de fait dans la société un pouvoir de « terreur implicite » : les flics imposent la loi, mais n'y sont pas soumis.

Les cadres du DHS en civil assurent les mêmes fonctions propagandistes. Ils savent que la terreur, qu'elle soit implicite ou explicite, est un principe d'organisation de la société. On trouve parmi eux de nombreux anciens combattants, formés aux techniques de pacification à l'occasion des opérations de perquisition systématiques en Afghanistan et en Irak. C'est avec ces techniques qu'ils ont fait de ces pays des enfers humanitaires, jamais mentionnés par la presse américaine. Entre eux, ils s'appellent les « défonceurs de portes ».

Leur hiérarchie embrasse une perspective d'ensemble plus ample. Elle étudie avec intérêt la terreur collective qu'Israël inflige au peuple palestinien dans l'espoir de broyer son âme. Aux plus hauts niveaux du gouvernement, enfin, on conduit des guerres économiques qui s'apparentent aux sièges d'antan, et qui plongent des nations entières dans la pauvreté. Alors qu'elle était ambassadrice des États-Unis à l'ONU, Madeleine Albright avait reconnu que les sanctions américaines contre l'Irak avaient provoqué la mort d'un demi-million d'enfants. « Nous pensons que cela en vaut la peine », avait-elle commenté.

Nos monstrueux dirigeants savent toujours comment justifier leurs interventions. Il suffit de diaboliser les dirigeants étrangers dans les médias. Et dans le cas où l'on n'arrive pas à effrayer suffisamment le public avec des hommes de paille comme Saddam, Kadhafi ou Kim, on annonce des risques d'attaque, avec un code couleur officiel. Ces attaques, bien sûr, ne se produisent jamais, mais les chaînes d'info racontent que, sans que nous nous en soyons rendu compte, nos agents secrets sont parvenus à nous sauver la mise.

Tout est résumé dans cette célèbre phrase de Guy Debord : « Mais l'ambition la plus haute du spectaculaire intégré, c'est encore que les agents secrets deviennent des révolutionnaires, et que les révolutionnaires deviennent des agents secrets. »

Oui, les cadres de la Homeland Security sont des experts de la terreur implicite et explicite. Cette dernière prend la forme d'agents de sécurité fanatisés qui scrutent avec leur regard de fou les touristes dans les aéroports. Elle prend la forme de ces flics grotesques et maladroits, cramponnés à leurs véhicules blindés, engoncés dans leurs gilets pare-balles... On les voit qui agitent leurs armes automatiques pendant qu'ils perquisitionnent sans présomption raisonnable les véhicules et les maisons d'une ville entière, placée sous couvre-feu après un attentat comme celui du marathon de Boston, ou parce qu'un gamin blanc désaxé et sous Prozac a fait un carton dans son lycée bourgeois.

J'ai mentionné plus haut comment les forces sociales sont manipulées pour étouffer les protestations comme celle qu'avait lancée Colin Kaepernick, et pour fouler aux pieds les droits constitutionnels des citoyens. Ainsi, à l'occasion des assassinats de flics à Dallas en juillet 2016, des personnes avaient été arrêtées pour avoir critiqué la police sur Facebook et Twitter[287]. En une autre occasion, le président du Comité de la sécurité publique de l'Oklahoma a proposé une loi qui « criminaliserait le port d'un masque, d'une cagoule ou d'un couvre-chef lors de la perpétration d'un crime, ou dans le but de cacher intentionnellement l'identité d'une personne dans un lieu public »[288].

Le message adressé aux amis et aux familles des individus ciblés par la terreur de l'État est clair : vos libertés s'arrêtent avant que vous ne puissiez les exercer.

Ces opérations psychologiques ont pour but de vous faire croire que les autorités savent tout de vous et utiliseront ces informations pour vous détruire. Et elles s'en sont donné les moyens, désormais. Elles sont parvenues à installer sur le sol national les quatre axes essentiels de la toute-puissance et de l'omniscience de Phoenix: un réseau de surveillance et d'informateurs qui identifie les suspects ; des Centres d'interrogation qui les soumettent à la torture ; des équipes antiterroristes qui les kidnappent ou les assassinent ; des lois de détention administrative qui rendent tout cela possible.

Nous avons eu droit, avec le programme d'information sur le terrorisme lancé par le procureur général de Bush, John Ashcroft, à la version domestique du programme vietnamien d'informateurs, Hamlet. Consultez donc sur Internet ses dispositions relatives à la surveillance de masse.

Le programme de Centres provinciaux d'interrogation a servi de modèle au réseau de prisons secrètes, de centres de détention et de pénitenciers que les États-Unis construisent partout à travers le monde. La CIA a perfectionné son art de la torture sur le site cubain de Guantánamo ; elle châtie maintenant les suspects en les poussant peu à peu à la folie.

Même chose sur le sol national. Le DHS gère des centres de détention pour les immigrés clandestins, mais ne fait rien contre ceux qui les emploient. Il y a, sur des terrains de l'armée, des centres de détention vides qui n'attendent qu'une crise nationale, du genre de celles que la CIA sait si bien confectionner à l'étranger pour justifier nos interventions militaires. Le moment venu, ces centres seront remplis avec les suspects figurant sur des douzaines de listes noires.

La détention administrative est le principe légal qui rend possible la pacification de la société américaine. Au Viêt Nam, les suspects étaient charriés entre les Centres d'interrogation, les camps d'internement et les prisons jusqu'à ce qu'ils confessent, meurent ou fassent défection. Le sort des survivants était laissé à la discrétion de tribunaux militaires ou de comités de sécurité de type stalinien, conseillés par la CIA. Les condamnés de première importance gagnaient leur billet pour l'île de Côn Son, à 160 km au large de la

---

[287] Naomi LaChance, « After Dallas shootings, Police arrest people for criticizing cops on Facebook and Twitter », *The Intercept*, le 12 juillet 2016.

[288] « Opposition grows to bill that would jail and fine protesters who wear masks and hoodies », *Counter Current News*, le 4 février 2015.

pointe Sud du Viêt Nam. Côn Son, l'île aux « cages à tigres », le modèle de Guantánamo...

En septembre 1969, la CIA lançait le Comité central de sécurité (CCS) de Saïgon, afin de déterminer le sort des civils arrêtés dans le cadre des lois de détention administrative. Le CCS était placé sous la direction du Premier ministre vietnamien. Le directeur national des prisons, le directeur général de la police nationale et cinq chefs d'établissements carcéraux y siégeaient également. Le Comité évaluait les possibilités de libération anticipée ou conditionnelle des condamnés communistes, mais, sans gros pots-de-vin, il reconduisait toujours la détention. On notera avec intérêt que l'Assemblée nationale vietnamienne avait tenté d'abolir le CCS en décembre 1970 – en vain.

Si vous pensez que cela ne peut pas arriver chez nous, détrompez-vous. Prenons le cas de Donald Bordenkircher. Bordenkircher fut, au Viêt Nam, le directeur des prisons du SDROC (les fameux « développements révolutionnaires ») et conseiller du directeur national des prisons. Il avait commencé sa carrière en 1957, en tant que surveillant pénitentiaire à la prison d'État de San Quentin. En 1967, il devint assistant du directeur de l'établissement. La même année, il fut recruté par le Bureau de la sécurité publique de l'USAID (l'un des faux nez habituels de la CIA). Il passa les cinq années suivantes à « améliorer » les conditions dans les prisons vietnamiennes. Bordenkircher considérait que « nous faisions un boulot magnifique avec les prisonniers, et avec tout le reste de la guerre aussi »[289].

Le problème, expliquait-il, c'était que la gauche avait paralysé l'armée. Quand Bush envahit l'Irak, Bordenkircher avait 69 ans. Il se porta volontaire pour aider à placer cette nation obscurantiste sous la domination américaine. Comme tous les vétérans du Viêt Nam, il rêvait d'en gagner enfin une. Il devint sous-traitant du département de la Justice et, en tant que directeur national des Opérations pour toutes les prisons irakiennes, il fut chargé de procéder à la fermeture du site d'Abou Ghraib. Voici son témoignage : « Je suis souvent venu visiter la prison avec mon équipe. Après avoir tout lu et vérifié, après avoir parlé à un maximum de gens, je suis parvenu à la conclusion que les troupes américaines à Abou Ghraib n'avaient pas été très brutales. »

Aujourd'hui, le système pénal américain ressemble aux régimes carcéraux qu'il a imposés au Viêt Nam, à l'Afghanistan et à l'Irak. On y retrouve les mêmes geôliers, avec la même mentalité d'Ultras. Ils travaillent consciencieusement : comme la guerre contre le terrorisme, l'industrie de l'incarcération est en pleine croissance. Depuis que Nixon a déclaré la « guerre contre la drogue » en 1970, la population carcérale est passée de plusieurs centaines de milliers de détenus à plusieurs millions, en majorité noirs. D'après l'Union américaine pour les libertés civiles, aux États-Unis, un adulte sur trente

---

[289] Don Moore, « The man who closed down Abu Ghraib prison talks about conditions in Iraq », *Charlotte Sun Newspaper*, le 9 juillet 2007, consultable sur : https://donmooreswartales.com/.

et un se trouve ou en prison, ou en période probatoire, ou en liberté conditionnelle. L'Amérique ne représente que 5% de la population mondiale, mais 25% de la population carcérale.

Posez-vous la question : comment peut-on être à la fois la patrie des hommes libres et le plus grand État-geôlier au monde, avec le plus fort taux d'incarcération par habitant de la planète ?

Les prisons, publiques et privées, sont la clef de voûte de l'industrie de la répression domestique, ainsi qu'une source de profits illimités pour les investisseurs de l'appareil criminel, mais légal, de la Sécurité intérieure. Du point de vue des affairistes, la détention administrative est un secteur d'avenir. C'est la garantie, avec l'imposture du plaider-coupable, que le complexe de la Sécurité nationale pourra continuer à remplir les prisons avec des gens qui n'ont rien à y faire.

Pour comprendre ce dont notre avenir sera fait, il suffit de regarder Israël, qui a été un maître précieux pour les États-Unis. Là-bas, la détention administrative permet de rafler les civils, de les emprisonner et de les torturer indéfiniment, de raser leur maison au bulldozer, de les mettre à la rue, et de voler tout ce qu'ils possèdent, juste parce qu'ils sont Palestiniens.

Être un Palestinien sans État est un crime statutaire, là-bas, comme être un militant pacifiste l'est chez nous. Il suffit de s'appuyer sur une définition du terroriste la plus floue possible.

Le Patriot Act, la création de la Homeland Security et les lois de Renforcement de la sécurité domestique sont autant de pièces qui, imbriquées, rendent possible la détention administrative. Des citoyens américains capturés en territoire étranger, comme John Lindh, ou soupçonnés d'avoir pris part – toujours à l'étranger – à des activités terroristes peuvent être enfermés indéfiniment dans des prisons militaires, sans aucun contact avec un avocat ou avec leur famille. Aucune Cour fédérale ne peut consulter le dossier qui motive leur détention. Et ils peuvent être exécutés si le président juge qu'ils sont coupables. La version domestique du Comité central de sécurité continue d'organiser ses tribunaux secrets à Guantánamo. Guantánamo, dont Obama, dans son discours de réception du prix Nobel, se vantait d'avoir ordonné la fermeture. Cela fera bientôt dix ans.

Les lois de détention administrative s'appliquent sur le sol national également. Si votre nom ne fait que ressembler à celui d'une personne présente sur une « no-fly list », vous pouvez finir en détention. Le DHS arrête régulièrement et sans motif des suspects, et ne révèle ni leur identité, ni leur localisation. Des agents du DHS, déguisés en policiers, peuvent librement s'acharner sur des manifestants, et les contraindre à devenir des informateurs. Il leur suffit de les placer indéfiniment en détention en tant que « témoins matériels », quand il est impossible de les impliquer dans un crime.

Il est impossible d'invalider ou de rendre publics les témoignages que le DHS obtient grâce à ses injonctions secrètes à témoigner, si bien qu'il est impossible de se défendre contre une fausse accusation. Vous avez donc des personnes, arrêtées pour des crimes inconnus découverts par des procédés de surveillance secrets, à qui l'on nie le droit de consulter le mandat judiciaire à l'origine de leur arrestation ou les preuves réunies contre elles. Les détentions, les preuves, les procès, les déportations et les exécutions relèvent désormais du secret.

La détention administrative est la violence structurelle du professionnel. Elle fonctionne avec l'informateur et le programme de surveillance qui « identifie » les terroristes objectifs aux moindres prémices d'activisme dans la société. C'est ainsi que ce système judiciaire sur mesure, naturellement biaisé contre les pauvres, est devenu la forme ultime du terrorisme des Ultras. C'est le plus grand racket jamais inventé : si vous ne faites pas ce que les gangsters nationaux attendent de vous, votre nom finit sur une liste noire, et vous disparaissez de la circulation.

Ils l'ont fait avec José Padilla[290].

Guerre politique et guerre psychologique

Le capitalisme est l'idéologie de l'Amérique, et le monde des affaires est le parti au pouvoir, qui contrôle les deux partis politiques officiels. On doit à son aile démocrate, qui travaille avec les dirigeants du monde syndical, les grandes réformes antitravailleurs des temps récents, comme les délocalisations. Les républicains, eux, ont toujours appuyé le monde des affaires contre les travailleurs, les propriétaires contre les locataires. Le monde des affaires a un objectif stratégique : contrôler politiquement les gens, en Amérique et ailleurs dans le monde, pour s'emparer de leur patrimoine, de leurs richesses et de leurs ressources.

Ils recourent à la manipulation psychologique de masse, pendant qu'ils centralisent les pouvoirs entre les mains des multinationales et des institutions financières internationales, qui échappent à toutes les lois. Les mythes de la démocratie et les organisations de façade du style de Rotary Club servent à travestir l'infrastructure du parti du business en Amérique. Aujourd'hui comme hier, ce dernier s'appuie sur des ressources illimitées et sur les techniques de vente perfectionnées par ses instructeurs professionnels de l'industrie de la publicité. Au Viêt Nam, les Américains avaient distribué des millions de prospectus qui, d'un côté, rappelaient les valeurs traditionnelles d'obéissance à l'autorité du confucianisme et, de l'autre, faisaient du communisme une force sociale perturbatrice qui devait être éliminée. Rudy Giuliani, aujourd'hui, fait exactement la même chose avec Black Lives Matter.

Mais les Américains étaient complètement déconnectés de la réalité de la vie dans les campagnes vietnamiennes. Ils n'avaient que ces « médias » pour

---

[290] N.D.É. : José Padilla (1970), citoyen américain, converti à l'Islam, fut soupçonné d'avoir émis le souhait, au Pakistan, de faire exploser, « un jour », une « bombe H artisanale » sur le sol américain. Arrêté à son retour aux États-Unis, et bien qu'il n'ait jamais entrepris la moindre démarche pour mettre à exécution un tel projet, Padilla fut condamné à vingt et un ans de prison pour terrorisme, au terme de plusieurs années de détention administrative et de « techniques d'interrogatoire avancées ».

s'adresser à la société contadine. Ils s'imaginaient que des petites bandes dessinées suffiraient à vendre « la démocratie » et « la libre entreprise » à des masses en grande partie illettrées, pendant que, sur le terrain, les cadres de l'infrastructure vietcong visitaient les paysans les uns après les autres, leur parlaient directement, établissaient des liens personnels.

Incapable de vendre son produit à travers les médias, la CIA opta pour la coercition. Elle développa son programme d'informateurs Hamlet. Elle demanda aux chefs des villages d'organiser des cours d'idéologie politique gouvernementale pour les paysans tentés par les idées révolutionnaires. La présence était obligatoire. Le cours durait une semaine, « avec des rallonges prévues pour les individus à problèmes ». La CIA, pour multiplier les défections, proposa des formations, et « le petit peuple fut encouragé à signaler les activités de l'infrastructure vietcong à la police en déposant des notes dans des boîtes aux lettres locales ». Selon les provinces, on estime que ces boîtes aux lettres fournirent jusqu'à 40% des informations utilisées dans les opérations Phoenix.

Les opérations psychologiques furent une arme d'une remarquable efficacité contre l'infrastructure vietcong. En août 1970, l'assistant spécial du Pentagone à la Contre-insurrection et aux Activités spéciales expliqua que Phoenix constituait « la priorité des opérations psychologiques de MACV ».

C'est à la même époque que les membres de la Commission d'enquête du Congrès établirent que la CIA avait utilisé le programme Phoenix comme « un instrument d'assassinat politique de masse » afin de neutraliser les hommes politiques ou les activistes qui s'opposaient au régime fantoche du Sud ou voulaient tout simplement la paix[291].

Cinq ans plus tard, la Commission Church dévoila l'ampleur des manœuvres du FBI pour étouffer le parti communiste aux États-Unis. Le parti communiste américain, prétendait le FBI, contrôlait les mouvances pacifistes et d'égalité civique. Le FBI avait employé l'arsenal vietnamien de Phoenix : il avait répandu des mensonges, produit de faux documents pour briser des mariages, et harcelé les militants jusqu'à ce qu'ils se soumettent. Les agents du FBI avaient par exemple convaincu les directeurs d'universités d'empêcher les dissidents d'y prononcer des discours publics. Non qu'il y ait eu la moindre preuve que ces étudiants étaient des agents soviétiques, ou qu'ils fomentaient la rébellion armée. C'était simplement leur idée de société juste que le FBI cherchait à étouffer, en compagnie du 1er amendement de la Constitution.

L'armée était à l'avant-garde de la répression de la mouvance pacifiste, et elle le reste aujourd'hui. Nous avons évoqué au chapitre 4 Sid Towle, qui était en 1970 lieutenant au sein du 116e groupe de renseignements militaires, à Washington. En tant que chef d'une équipe de contre-espionnage, Towle

---

[291] « Vietnam Policy and Prospects 1970 », audiences de la Commission sur les relations étrangères, Sénat des États-Unis d'Amérique, du 17 au 20 février et les 3, 14, 17 et 19 mars 1970. Déclaration tirée du rapport sur les aspects sécuritaires de la pacification et du développement par William E. Colby.

enquêtait sur la participation du personnel militaire aux actions pacifistes et conduisait « des opérations offensives de contre-espionnage » dans la capitale. Il faisait notamment dégénérer les manifestations antiguerre en allumant des bûchers et en incitant les gens à l'émeute, de manière à permettre à la police de matraquer tout le monde. Le 116e groupe s'attaquait spécifiquement aux leaders de la mouvance pacifiste, dont les photos étaient affichées aux murs du quartier général.

Aujourd'hui, les agents du DHS ont pris la relève. Ils ont eu quarante ans pour tirer les leçons de leurs erreurs, et ils peuvent s'appuyer sur quarante ans de progrès technologiques : la neutralisation politique n'a jamais été aussi facile. On prendra l'exemple de l'envoi des lettres contaminées à l'anthrax adressées aux sénateurs démocrates après le 11 Septembre, et dont on sait maintenant qu'il s'agissait d'un coup monté[292]. Une poignée d'opérations de « propagande noire » aura suffi à museler l'opposition à la promulgation du Patriot Act.

La gestion de l'information – qui va de la confidentialité officielle aux campagnes de calomnie – permet la pacification des masses par la terreur implicite tout en donnant une apparence de légalité, de moralité et de popularité à l'appareil de la Sécurité nationale. Les Américains sont la cible de la plus grande et de la plus ambitieuse des campagnes de guerre psychologique jamais combattues sur Terre.

La guerre psychologique exige aussi – et c'est essentiel – l'endoctrinement et l'enrégimentement exemplaires des cadres politiques. Comme l'avait dit Michael Ledeen, ancien employé du Pentagone, du département d'État et du Conseil de sécurité nationale, durant les jours qui avaient suivi le 11 Septembre : « Les temps nouveaux demandent des hommes nouveaux » qui veulent vraiment « éradiquer les déviances mentales » présentes chez tous ces gens incapables de trouver une place au sein du parti du business – ou qui n'acceptent pas ses agressions travesties en « guerre contre le terrorisme ».

L'armée a une longue expérience dans la formation des cadres politiques. Les soldats appelés à participer à Phoenix suivirent à Fort Bragg un cours d'endoctrinement incitatif dispensé par la CIA. Ces gens furent, en pratique, les premiers cadres politiques à infiltrer l'armée américaine. En s'attaquant aux populations civiles, ils ont violé les lois de la guerre ; ils ont fait leur la ligne politique du parti du business, ce qui leur a valu une belle carrière. Comme on l'a déjà dit, de nombreux vétérans de Phoenix, de la CIA comme de l'armée ont occupé des postes importants au sein du DHS. Roger Macking, le premier chef des opérations antidrogue du DHS, était un agent de la CIA au Viêt Nam et dirigeait les opérations de la police spéciale à Da Nang.

À Fort Bragg, les experts en opérations psychologiques de la CIA enseignaient aux conseillers Phoenix en quoi consistait la guerre politique. Au début des années 1980, l'agent de la CIA Duane Clarridge fit traduire en espagnol le manuel de formation Phoenix et l'employa pendant la guerre

---

[292] Graeme MacQueen, *The 2001 Anthrax Deception*, Clarity Press, 2014.

illégale des contras voulue par le régime Reagan. Intitulé « Opérations psychologiques en contexte de guérilla », on pouvait y lire que « l'être humain devrait toujours être considéré comme l'objectif prioritaire de toute guerre politique. Et en tant que cible militaire, son esprit est sa composante la plus importante. L'"animal politique" est vaincu quand on atteint son esprit : il n'est pas nécessaire d'ouvrir le feu ».

Les cadres du DHS reçoivent le même genre de cours « d'endoctrinement incitatif » avant d'être relâchés dans la nature. Et à leur tour, ils enseignent aux civils des « infrastructures prioritaires » comment espionner et dénoncer leurs collègues : il suffit que ces derniers révèlent, par inadvertance, des informations relatives aux vulnérabilités desdites infrastructures pour être considérés comme des « terroristes objectifs ». Les espions du DHS surveillent chaque « terroriste objectif » du secteur privé, puis vient le moment de les dénoncer aux médias : untel est alors « sous enquête ». Les détails les plus intimes de sa vie, que la surveillance de masse a permis d'accumuler, deviennent des armes contre lui. On dévoile ses aventures extraconjugales, son recours au cannabis médical, son passé psychiatrique... Il est rapidement neutralisé.

Et si on ne lui trouve aucune vulnérabilité, les équipes de hackers de la CIA peuvent les créer de toutes pièces.

Ces méthodes hautement perfectionnées d'endoctrinement incitatif font des Américains complaisants ces « gens nouveaux » annoncés par Ledeen, qui idolâtrent la CIA, le FBI, la NSA et le DHS. Les gens qui ne sont pas cadres du DHS, mais qui désirent tout de même servir la cause Ultra peuvent rejoindre des organisations de façade comme les Corps citoyens, le Bureau d'innovation sociale et de participation civique, ou les équipes communautaires de réaction aux crises. Le programme de surveillance des quartiers, plus populaire que jamais, fournit aux Centres de fusion les fausses rumeurs qui permettent à ces flics hyperagressifs d'incarcérer les activistes en tant que « terroristes objectifs ». Le Corps des médecins réservistes donne l'opportunité à des médecins surpayés de traquer les individus suspects parmi la masse de miséreux privés de toute protection sociale, qui s'accumulent aux strates inférieures d'un système médical pipé. La pression pour rejoindre ces nouvelles légions est intenable. Quand Bush, le 6 juin 2002, avait annoncé la création du DHS, il avait tenu à souligner sa mission principale : « mobiliser et stimuler » le peuple américain, lui confier « la mission d'attaquer l'ennemi là où il se cache et complote ». C'est-à-dire qu'il voulait que les « hommes nouveaux » de Ledeen aillent extirper l'ennemi intérieur, de la même manière que la CIA extirpe les insurgés dans les colonies.

Les cadres les plus motivés sont entraînés aux « techniques de persuasion en vue du contrôle des groupes ciblés », comme préconisé par le manuel « Opérations psychologiques en contexte de guérilla ». À l'occasion de la prochaine crise d'ampleur nationale, ces cadres seront mobilisés, participeront aux manifestations de masse, brandiront des pancartes, hurleront les slogans prévus et, si nécessaire, prendront cordes et fusils pour organiser les lynchages.

En théorie, il suffit d'organiser 5% de la population pour contrôler les 90%

d'indifférents et écraser les 5% qui constituent la résistance.

Ce type de guerre psychologique est le plus grand risque auquel nous expose l'appareil de la Homeland Security. Tout est une affaire de chantage. À travers tout le pays, des centaines d'entreprises et d'institutions ont été placées sur la liste de surveillance des terroristes. Un fonctionnaire de Bush avait dit que la seule présence sur cette liste pouvait suffire à anéantir chacune de ces organisations... Sans même larguer une seule bombe, sans même répandre la moindre spore d'anthrax[293].

Les listes noires foisonnent. Il y a la liste noire TIPOFF; la liste d'interdiction de voyage aérien ; ou encore la liste noire CAPPS II, qui croise les informations des cartes de crédit avec des bases de données secrètes pour établir la dangerosité d'une personne. Il y a toutes les listes noires locales, comme celle entretenue par le département de Police de Denver[294].

Et il y a les listes secrètes, dont vous ignorez tout.

Au départ, la prolifération des listes noires représentait « un casse-tête pour de nombreux départements et agences fédéraux, qui espéraient influencer la Homeland Security sans paraître déloyaux »[295].

Dans un article de *USA Today* de 2002, James Bamford reprenait un compte-rendu provenant de chez Knight Ridder, et qui disait : « Un nombre croissant d'officiers de l'armée, de spécialistes du renseignement et de diplomates affirment en privé que l'exécutif étouffe les points de vue opposés au sien, et qu'il fait pression sur les analystes du renseignement pour qu'ils rédigent des rapports confirmant la thèse de la Maison Blanche au sujet de Saddam Hussein, présenté comme une menace immédiate contre laquelle une action militaire préventive des États-Unis est nécessaire. »[296]

Si un dissident ou un fonctionnaire rétif sont inattaquables, on crée de faux documents pour les salir. Au Viêt Nam, un opposant politique incarcéré du président Thieu avait révélé l'existence de « campagnes systématiques de diabolisation, fondées sur de faux documents ». Ces faux documents, sur la base desquels on justifiait les arrestations ou la conduite d'opérations illégales, étaient souvent présentés comme des « documents saisis ». Comme l'avait observé un assistant parlementaire travaillant dans la Commission d'enquête sénatoriale sur Phoenix, « il semblerait qu'on ait saisi des documents en mesure de prouver n'importe quelle thèse ou de justifier rétrospectivement

---

[293] Bob Woodward, « CIA told to do "Whatever necessary" to kill Bin Laden », *The Washington Post*, le 21 octobre 2001.

[294] Matthew Rothschild, « More anti-war activists snagged by "No-Fly lists" », *The Progressive*, le 16 octobre 2002. Voir aussi : « Unisys News Report », Blue Bell, PA, le 19 août 2002.

[295] David Firestone, Elizabeth Becker, « Traces of Terror: The reorganization plan; House leadership bows to President on Security Dept. », *The New York Times*, le 19 janvier 2002.

[296] James Bamford, « Maintain CIA's Independence », *USA Today*, le 24 octobre 2002.

quasi n'importe quelle décision »[297].

Si l'histoire est appelée à se répéter, la paranoïa qui a contaminé la communauté musulmane américaine devrait, à l'occasion de la prochaine crise, prendre une ampleur nationale. Tous se soupçonneront mutuellement d'être des espions à la solde de la police de la pensée, tandis que les arrestations nocturnes et les disparitions dans les centres de détention deviendront monnaie courante. Entre temps, la définition du terroriste objectif aura été étendue pour inclure toute personne jugée dangereuse pour l'ordre public. Comme l'avait écrit l'ambassadeur Ellsworth Bunker en 1972 à propos du décret secret d'état de crise promulgué par la République du Viêt Nam :

« Cela signifie que pratiquement toutes les personnes arrêtées peuvent être placées sous le coup d'une accusation criminelle et non plus politique. »[298]

Il n'y aura même plus besoin d'une accusation précise : un espion du DHS accuse son voisin – celui dont le chien vient faire ses besoins sur sa pelouse – de troubler l'ordre public, et le malchanceux s'envole vers le Guantánamo local.

Dernier point, et non le moindre, on assistera à la résurrection du crime de sédition. Sa définition sera étendue pour inclure la diffusion d'informations au sujet de la corruption du gouvernement, tandis que la contestation de l'autorité de l'État deviendra du sabotage de l'effort national. Appeler à la désobéissance reviendra à menacer la Homeland Security. Des e-mails sarcastiques ou satiriques qui attribueraient la responsabilité du 11 Septembre à Bush ou à Israël vous vaudront une dénonciation en tant que terroriste objectif par les fonctionnaires du Bureau de la sécurité sur Internet. Et en l'absence de « déclarations » répréhensibles, ces mêmes fonctionnaires les rédigeront à votre place.

Ne riez pas. Les lois antiterroristes votées par le Congrès autorisent les fouilles secrètes du domicile des personnes dont le profil correspond à celui, ô combien nébuleux, du « suspect de terrorisme ». Étant donné que ces fouilles secrètes violent le 4e amendement de la Constitution, le gouvernement travaille à « d'autres outils qui simplifieraient le travail de l'administration »[299].

Souvenez-vous, les experts légaux de la CIA avaient prétendu que l'article 3 des Conventions de Genève « ne s'applique qu'aux condamnations pour crimes, et n'interdit pas à un État d'interner des citoyens, ou de les soumettre à des détentions d'urgence quand ces mesures sont nécessaires pour la sécurité ou la préservation de l'État ».

---

[297] Commission du Sénat sur les relations étrangères, rapport de Commission, Cambodge, mai 1970, p. 5.

[298] Ambassadeur Ellsworth Bunker, « Presidential decree law on administrative detention and An Tri proceedings », télégramme du département d'État no 050556Z, janvier 1973.

[299] Procureur général John Ashcroft, « Discours à l'attention de la Conférence des maires américains », le 25 octobre 2001.

Ainsi, la détention à durée indéterminée, la torture ou les exécutions sommaires, décrétées sans procès tenu devant une Cour dûment constituée, relèveront toutes de « procédures administratives ». Elles sont donc parfaitement légales dans le régime criminel de Homeland Security.

Voilà ce qu'est Phoenix, voilà ce que le complexe de la Sécurité nationale réserve à l'Amérique.

PARTIE 4

FABRIQUER LE CONSENTEMENT : LA CRÉATION D'UNE VISION DU MONDE AMÉRICAINE

> « *Tous les experts sont médiatiques-étatiques, et ne sont reconnus experts que par là. Tout expert sert son maître, car chacune des anciennes possibilités d'indépendance a été à peu près réduite à rien par les conditions d'organisation de la société présente. L'expert qui sert le mieux, c'est, bien sûr, l'expert qui ment. Ceux qui ont besoin de l'expert, ce sont, pour des motifs différents, le falsificateur et l'ignorant. Là où l'individu n'y reconnaît plus rien par lui-même, il sera formellement rassuré par l'expert.* »

> Guy Debord, *Commentaires sur la société du spectacle*

CHAPITRE 18

BOB-LA-GRENADE ET LA CIA, OU POURQUOI NOUS AVONS BESOIN D'UN TRIBUNAL DES CRIMES DE GUERRE

C e chapitre est une compilation de deux articles différents. Le premier avait été publié sur *Counterpunch* le 11 décembre 2003 sous le titre « La chasse à l'homme préventive : le nouveau programme d'assassinats de la CIA ». Il répondait à Seymour Hersh qui, trois jours plus tôt dans le *New Yorker*, posait la question : « Cibles mouvantes : le plan de contre-insurrection en Irak commettra-t-il les mêmes erreurs qu'au Viêt Nam ? »[300]

L'autre article, écrit deux ans et demi plus tôt, toujours sur *Counterpunch*, s'intitulait « Bob-la-grenade, et l'urgence d'un procès pour les crimes de guerre de la CIA ». J'y expliquais comment l'ancien sénateur Bob Kerrey avait, à la tête de son équipe de Navy SEALs, attaqué un village vietnamien en 1969 et assassiné vingt femmes et enfants. Il avait menti au sujet de l'opération, prétendant que son équipe avait tué vingt et un vietcongs. Il avait reçu une médaille pour ses bons services.

C'est grâce à cette dissimulation que la carrière politique de Kerrey avait pu décoller. Il passa d'un poste important du secteur public à l'autre, et ce, jusqu'en mai 2016, quand il devint président du Conseil des curateurs de l'université Fulbright au Viêt Nam.

On imagine sans mal la réaction qu'aurait eue J. William Fulbright[301], qui avait écrit, dans son livre *L'Arrogance du pouvoir* : « L'homme ne peut commettre d'actes barbares sans lui-même devenir un barbare... L'homme ne peut défendre les valeurs de l'humanité par le recours à la violence calculée, non provoquée, sans mortellement blesser les valeurs qu'il essaie de défendre. »

---

[300] Seymour Hersh, « Moving targets... », *op. cit.* Le parti Baath est entré dans la clandestinité après l'invasion américaine, précisément pour éviter les assassinats.

[301] N.D.É. : James William Fulbright (1905-1995) était un homme politique américain, membre du parti démocrate et sénateur de l'Arkansas de 1945 à 1975. Il fut, dès 1966, un ardent opposant à la guerre du Viêt Nam.

Les médias américains réagirent comme prévu : ils se gardèrent bien d'émettre un quelconque jugement sur le fait qu'un homme ayant tué des Vietnamiens en masse soit placé à la tête d'une institution vietnamienne. Au contraire, la plupart des commentaires de la presse rapportaient l'avis positif de Vietnamiens satisfaits de cette nomination.

Que se serait-il passé si les rôles avaient été inversés ? Que se serait-il passé si le gouvernement vietnamien avait envoyé un ancien révolutionnaire, connu pour avoir assassiné des femmes et des enfants américains, diriger une université vietnamienne aux États-Unis ? Les médias se seraient insurgés, et auraient exigé que l'on bombarde à nouveau Hanoï.

L'hypocrisie des médias américains est une source d'émerveillement constant.

Dans mon article de 2001 sur Kerrey, je maintenais que la CIA, qui avait instigué le raid de Thanh Phong, aurait dû être poursuivie pour sa politique de crimes de guerre au Viêt Nam. Je ne désespère pas que cela se produise un jour, surtout après le 11 Septembre et les horreurs successives dont la CIA s'est rendue coupable. La seule différence, c'est qu'aujourd'hui, je mettrais aussi les médias dans le box des accusés.

L'article du *New Yorker* de Seymour Hersh est un bon exemple des pratiques d'interprétation des médias de masse, désormais dans l'impossibilité de cacher que l'assassinat politique est une pratique officielle des États-Unis. Dans son texte, Hersh révélait un nouveau type d'opération des forces spéciales, appelée « chasse à l'homme préventive ». Il la comparait à l'opération Phoenix et soulignait que « Thomas O'Connell, le nouveau secrétaire assistant aux Opérations spéciales du Pentagone, bien que civil, est un vétéran de l'armée, qui a servi dans le programme Phoenix au Viêt Nam, et qui au début des années 1980 dirigeait Grey Fox, l'unité de commandos secrète de l'armée ».

Un article de Julian Borger, paru le même jour, abordait le même sujet, l'emphase rhétorique en moins[302]. Borger rappelait, comme l'avait révélé le *New York Times* un mois plus tôt, que l'unité conduisant des opérations façon Phoenix en Irak s'appelait la Task Force 121. Elle était entraînée par des commandos israéliens, et avait été conçue pour capturer ou assassiner les hauts dignitaires du parti Baath de Saddam Hussein.

Ces dignitaires avaient pris la clandestinité. Ils se cachaient dans leur famille, chez leurs amis ou leurs soutiens, si bien qu'assez vite, la Task Force 121 s'était retrouvée à enfoncer les portes des habitations privées et, comme l'avait correctement souligné Hersh, « à tuer n'importe qui lié de près ou de loin aux réseaux souterrains du parti ».

Rappelons-nous que, quarante ans plus tôt, Frank Snepp, de la CIA, avait écrit que « les équipes d'intervention de Phoenix balayaient à large spectre. Elles arrêtaient sur la base du moindre soupçon et, une fois que les prisons

---

[302] Julian Borger, « Israel trains assassination squads in Iraq », *The Guardian*, le 8 décembre 2003.

étaient pleines, elles administraient elles-mêmes la justice ». L'article de Seymour Hersh, en somme, était une non-nouvelle. Les commandos de la CIA, d'ailleurs, se trouvaient en Irak depuis 2002, où ils entraînèrent les forces rebelles kurdes, qui elles-mêmes guidèrent les diverses Task Forces en 2003. Ce sont ces premières équipes de la CIA qui compilèrent les listes noires que la Task Force 121 utilisa contre Saddam Hussein et son cercle proche. Les militaires avaient appelé cette première aventure « la décapitation », et lui reconnaissent d'avoir efficacement dégradé la capacité de résistance de l'armée irakienne à l'invasion américaine.

Avant l'invasion, des agents de la CIA avaient réussi à obtenir la défection d'officiers de l'armée et de fonctionnaires irakiens majeurs. Ils avaient eu pour mission ensuite de colporter la propagande noire de l'agence, que la presse reprit largement chez nous. On songera, par exemple, à l'article de Chris Hedges, paru le 8 novembre 2001 dans le *New York Times*, et intitulé « Des transfuges indiquent que l'Irak entraîne des terroristes ».

D'ailleurs, décrire Phoenix comme un programme de forces spéciales voué à l'assassinat est au mieux une demi-vérité. Cela reviendrait à décrire le base-ball comme un jeu où on lance une balle, sans rien décrire du rôle des équipes sur le terrain ou du batteur. La CIA dirigeait l'intégralité de ce programme aux facettes multiples, tout comme elle dirige toutes les Task Forces en Irak, en Afghanistan, au Pakistan, au Yémen, etc. De grandes figures du journalisme de gauche, toutefois, continuent de propager la fable qui prétend que ce sont les militaires qui décident ; on espère que c'est uniquement par stupidité[303].

Les unités de forces spéciales participaient, certes, aux opérations Phoenix, mais, comme je vais l'expliquer dans ce chapitre, elles n'étaient qu'un des nombreux éléments combinés du programme, et elles intervenaient toujours sous la supervision d'un gradé de la CIA.

Les opérations Phoenix pouvaient aller de la mission d'enlèvement, accomplie par de petites unités, aux grandes manœuvres de ratissage à la manière du massacre de My Lai, avec la mobilisation de centaines de soldats américains et vietnamiens, d'agents de la police spéciale et d'équipes de guerre psychologique. Dans leur traque des cellules politiques communistes, les gradés de Phoenix pouvaient ordonner des missions au Cambodge, au Laos et au Nord-Viêt Nam, en plus du Sud. Le colonel Douglas Dillard m'avait révélé qu'ils avaient également la possibilité de commander des frappes aériennes massives.

Dillard se trouvait à l'époque sous les ordres de Jim Ward, un officier régional de la CIA. De la mi-1968 à la mi-1969, il avait coordonné des opérations Phoenix dans la région du delta du Mékong. Ward et lui pouvaient effectivement appeler des frappes de B-52 sur des groupes ou même sur des individus. « Une fois que nous avions compris leur mode opératoire, nous cherchions à les faire vivre dans la peur. L'idée était d'influencer leurs

---

[303] Douglas Valentine, « Antiwar reporting on the national security state », *LewRockwell.com*, le 8 février 2010.

mouvements, de manière à les empêcher de s'assembler en bataillons, m'avait expliqué Dillard. C'est le plan que nous avions appliqué à partir de l'été 1968, et la pression que nous exercions ainsi sur les vietcongs nous avait valu d'assez belles défections. La coordination des opérations, dans l'ensemble, portait ses fruits. »

C'est ce point précis qu'il faut retenir, pour comprendre la mission de Kerrey : le fonctionnement de Phoenix supposait une coordination systématique complète à tous les niveaux du programme. Ainsi, la CIA ne pouvait pas lancer d'opération en territoire ennemi, aussi petite fût-elle, sans consulter d'abord ses partenaires de l'armée, car, comme l'avait expliqué Dillard : « Il était possible que les gens à l'échelon opérationnel aient programmé une frappe de B-52 dans le secteur. »

Dans sa thèse de 1974 à l'université de l'armée de l'air, et intitulée « Les applications futures du programme Phoenix »[304], Warren Milberg avait décrit une opération Phoenix type, qui avait impliqué plusieurs compagnies d'infanterie de l'armée américaine. L'opération s'était déroulée au début de l'année 1968, dans le village de Thuong Xa, situé dans la province de Quang Tri. Thuong Xa avait servi de zone de ralliement pour les Viêt-Minhs durant la guerre d'Indochine, et ses habitants étaient encore favorables aux communistes. Toutefois, expliquait Milberg, ce soutien avait été arraché aux villageois par des atrocités et par la propagande armée. Les Américains n'avaient donc pas d'autre choix que de sauver les villageois d'eux-mêmes. Le Conseil de sécurité provincial prit donc la décision de lancer une opération Phoenix « de grande envergure » sur Thuong Xa. Ce fut Bob Brewer, agent de la CIA responsable pour la province, et patron de Milberg, qui la dirigea. Brewer se comportait en seigneur de la guerre ; une fois le feu vert donné, « il ne transmettait aux diverses institutions vietnamiennes de la province de Quang Tri que les informations les plus essentielles ».

Il s'agissait d'éviter que les fonctionnaires locaux de mèche avec les vietcongs n'interfèrent sur la planification des opérations. Ainsi, le nom du village ciblé ne fut révélé aux autorités vietnamiennes que la veille du lancement de l'opération.

C'était dans le Centre districtuel de coordination du renseignement et des opérations, fraîchement établi à proximité de Thuong Xa, qu'avait été planifiée l'opération. On y avait fait confluer les données provenant des informateurs de la Branche spéciale de la police sud-vietnamienne et celles du Centre provincial. On avait établi au Centre provincial de Quang Tri une liste noire des individus soupçonnés d'appartenir à l'infrastructure vietcong, qui avait ensuite été croisée avec le fichier général de la direction de Saïgon afin de garantir la sécurité des agents de la CIA en pénétration longue.

Avant l'opération, les équipes de l'Unité provinciale de reconnaissance,

---

[304] Warren Milberg, « The Future Applicability of the Phoenix Program », rapport de recherche no #1835-74, Air Command and Staff College, Air University, Maxwell Air Force Base, Alabama, mai 1974.

conseillées par les marines détachés auprès de la CIA, avaient été envoyées localiser et surveiller les membres de l'IVC visés. Les itinéraires d'évacuation avaient été identifiés et préparés pour des embuscades, tandis que les forces locales de l'armée et des marines avaient été affectées à l'encerclement du village. Exactement comme à My Lai, lors du massacre du 16 mars 1968[305]. Le jour du lancement de l'opération, à l'aube, des avions américains larguèrent au-dessus du village des milliers de prospectus de propagande, incitant les membres de l'IVC à se rendre, et promettant des récompenses aux transfuges et aux informateurs. Comme à My Lai.

Aucun villageois n'accepta l'offre. Au contraire, la population prit son mal en patience. Tôt le matin, les équipes « antiterroristes » de l'Unité provinciale de reconnaissance, accompagnées d'interrogateurs de la Branche spéciale et de conseillers de la CIA comme Milberg, commencèrent leurs perquisitions, à la recherche d'armes, de documents, de réserves de nourriture et de membres de l'IVC.

Comme l'avait observé Milberg, la police spéciale et ses conseillers de la CIA « comparaient le nom et la description de chaque villageois de Thuong Xa – hommes, femmes ou enfants – avec ceux de leurs listes noires ».

Les suspects étaient amenés dans les aires de vérification, tandis que les agents de guerre psychologique du développement révolutionnaire divertissaient et nourrissaient les villageois « innocentés ». Durant le ratissage, les vietcongs avaient été progressivement repoussés vers l'extrémité nord-est du village, où ils avaient été capturés, ou tués, en tentant le passage en force à travers le « cercle d'acier » disposé par Milberg.

L'opération de Thuong Xa permit l'arrestation de deux membres de l'infrastructure vietcong. L'un était le chef du parti du district, l'autre était le chef de l'association locale des fermiers du Front national de libération. Les huit autres vietcongs recherchés avaient été tués ou s'étaient enfuis. Deux équipes de guerre psychologique restèrent sur place pour rétablir l'autorité du gouvernement fantoche du Sud, mais elles furent chassées du village en l'espace d'un mois: le temps qu'il fallut pour que Thuong Xa repasse entre les mains des communistes.

Ce genre d'opérations engloutissait des ressources considérables pour ces résultats et un tableau de chasse dérisoires. La CIA décida donc de privilégier les petites opérations unilatérales, du genre de celles conduites par Bob Kerrey. L'armée, initialement, s'y opposa un temps, pour des raisons à la fois morales et légales. Le général Bruce Palmer, qui commandait la 9ᵉ division d'infanterie dans le delta du Mékong, critiqua « l'affectation non volontaire » de soldats américains à Phoenix. Il considérait que « des gens en uniforme, qui ont fait le serment de se soumettre aux Conventions de Genève, ne devraient pas être placés dans des situations qui les conduiraient à enfreindre ces lois de la

---

[305] Voir, sur Internet, « The Phoenix Program, My Lai and the "Tiger Cages" », texte tiré de mon livre *The Phoenix Program*, et reproduit par exemple sur le site http://www.whale.to/.

guerre ».

Les réticences du commandement militaire conventionnel n'étaient pas partagées par les forces spéciales américaines, comme les Navy SEALs, qui n'ont aucun scrupule à tuer les civils. Comme l'avait observé Frank Snepp, la prolifération des opérations Phoenix de petite envergure avait « placé la légalité entre leurs mains ». Elles avaient également démontré qu'elles étaient l'option la plus efficace en matière de lutte contre-insurrectionnelle.

Aujourd'hui, entre les mains de la CIA, les forces spéciales américaines et les innombrables compagnies de sécurité privées – dispensées de toute responsabilité – sont devenues les policiers de l'empire américain. Toutes les branches de l'armée se sont créé leurs propres commandos pour pouvoir conduire ces opérations « extralégales ». C'est la nouvelle tendance.

Accuser la victime

Seymour Hersh, on le lui reconnaîtra, disait la vérité en affirmant que les « cibles mouvantes » étaient des membres du parti Baath[306]. Mais il avait scrupuleusement évité de replacer la guerre du Viêt Nam et la guerre d'Irak dans leur contexte. Il avait glissé sur le fait, pourtant central, que les programmes d'assassinats de la CIA, en Irak comme au Viêt Nam, étaient illégaux précisément parce qu'ils prenaient pour cible des civils. Il n'avait pas mentionné le réseau de Centres d'interrogation de la CIA, ni les programmes d'informateurs gérés par les polices spéciales et sur lesquels repose la pacification. De même qu'il n'avait pas mentionné comment les chefs de guerre américains, par l'artifice des lois de détention administrative, avaient privé des civils irakiens et vietnamiens d'un procès équitable et légal dans leur propre pays ; c'est pourtant l'une des caractéristiques du modèle Phoenix, que la CIA applique dans chacune des nations que les États-Unis conquièrent, puis avilissent.

Hersh avait certes dénoncé les conséquences des informations fallacieuses, mais il avait oublié leur aspect le plus sanglant : il suffisait de quelques mots, prononcés par un informateur anonyme, pour que des membres du parti Baath qui n'avaient jamais nui à un seul citoyen américain soient indéfiniment placés en détention, torturés jusqu'à ce qu'ils passent aux aveux, ou deviennent des

---

[306] Comme ils l'avaient fait pour l'infrastructure vietcong au Sud-Viêt Nam, les États-Unis se conférèrent, en Irak, le droit divin d'exterminer les dignitaires du parti Baath, avec leurs familles et leurs amis. Cela fut vécu comme une injustice par les membres du parti Baath, qui, dans leur très grande majorité, n'avaient pas de sang américain sur les mains. Et, comme leurs prédécesseurs vietnamiens du village de Thuong Xa, les Irakiens baathistes qui avaient survécu à l'opération Shock and Awe, et que la campagne de terreur policière orchestrée par la CIA n'était pas parvenue à soumettre, continuèrent de résister. Certains forgèrent des alliances et contribuèrent même à la création de l'État islamique. Voir : Dina al-Shibeeb, « Where is Iraq's Baath party today ? », *Al Arabiya News*, le 21 août 2015.

agents doubles et colportent la propagande américaine. Non, Hersh avait préféré parler des militaires coupables qui étaient passés à travers les mailles du filet.

Il n'avait pas accusé le commandant Stanley McChrystal de crimes de guerre, pourtant systématiques durant la phase de « nettoyage politique » qui avait précédé la « reconstruction » de l'Irak. Hersh s'était également bien gardé de dire que la « Task Force de frappe » était un escadron de la mort à tous les effets, comme il avait gardé le silence sur les noms des criminels de guerre qui, depuis leur quartier général à 75 km au nord de Bagdad, avaient fait tourner, jour après jour, la machine homicide de McChrystal. Hersh avait aussi oublié de rappeler que tout le monde, et pas uniquement les membres du parti Baath, pouvait finir sur les listes d'élimination de la CIA. Il suffisait de résister à l'invasion américaine. Et le meurtre de ces gens, contrairement à ce que prétendait Hersh, n'était pas la conséquence de défaillances du renseignement. C'était une politique, et ça l'est encore aujourd'hui. Comme l'avait appris la CIA au Viêt Nam, l'élimination de cibles spécifiques ne suffit pas à soumettre une population. C'est en la terrorisant par les massacres de masse que l'on atteint cet effroyable objectif.

À en croire Hersh, en 2003, le souvenir de Phoenix tourmentait « une grande partie » des fonctionnaires anonymes qu'il avait interviewés. Selon ses dires, ils craignaient que cette stratégie de chasse à l'homme préventive ne se transforme en un nouveau programme Phoenix. C'était faux, bien sûr. Les fonctionnaires du régime Bush qui avaient planifié cette guerre, dont le vétéran de Phoenix John Negroponte, savaient parfaitement quelles seraient les conséquences de leur chasse à l'homme préventive. Ils étaient déterminés à utiliser Phoenix pour briser à jamais la société irakienne, pour la gouverner à travers un réseau de collaborateurs corrompus, et pour voler son pétrole. Hersh ne présente jamais l'agression militaire américaine comme une conséquence du capitalisme et de l'impérialisme.

C'est comme cela que procèdent les journalistes à la Hersh : ils mettent en avant des interviews sélectionnées avec soin, pour donner vie au script fourni par la CIA. On prendra l'exemple de ce conseiller anonyme du Pentagone, qui justifiait la chasse à l'homme préventive par le fait que les dirigeants américains étaient dans l'obligation d'empêcher les « terroristes » du 11 Septembre de frapper à nouveau. En d'autres termes, l'Amérique n'avait pas le choix. De manière frappante, Hersh avait oublié de rappeler que l'Irak n'avait rien à voir avec le 11 Septembre. Les « terroristes », en Irak, sont ceux qui ont tenté de résister à l'invasion américaine. Et on cherche encore leurs armes de destruction massive.

Hersh ne dit jamais rien du rôle de la CIA ou des forces spéciales dans la politique américaine de crimes de guerre, non déclarée, mais intentionnelle et entretenue dans la durée. Il y a toujours, dans ses constats, une justification pour ce que font les Américains. Ils peuvent être trompés, certes. Et parfois, on les trompe. Mais c'est uniquement lorsque la survie de la nation est en jeu.

Dans son tour de force apologétique final, Hersh était parvenu à blanchir ses sources américaines de toutes les erreurs qui avaient pu être commises.

« Pour le choix de leurs cibles, disait-il au sujet de Phoenix, les Américains utilisaient les informations fournies par les chefs de village et les officiers de l'armée sud-vietnamienne. C'est ce qui a fait dérailler l'opération. »

Même provenant d'un artisan comme Hersh, on est étonné par ce niveau de désinformation. Comme Milberg l'avait expliqué, la CIA excluait ses interlocuteurs vietnamiens de la planification des opérations. Ce qui n'empêchait pas ces dernières d'échouer: parce que le peuple soutenait les communistes, pas parce qu'il les craignait.

Hersh n'était apparemment pas capable de comprendre que les Américains étaient tout à fait conscients de la nature fallacieuse des informations qui leur parvenaient. C'était le fonctionnement prévu dès l'origine. La CIA avait délibérément conçu Phoenix pour qu'il croule sous les fausses confessions et fausses accusations. C'était la garantie de son immunité contre les accusations de terrorisme et de massacres de masse.

Ce qu'un auteur ne dit pas est souvent bien plus important que ce qu'il dit. Hersh n'a jamais parlé de l'amertume éprouvée par les soldats américains à l'encontre de la population locale, lorsqu'ils commencèrent à mourir en Irak. Cette amertume répondait à la haine que leur vouaient les Irakiens dont ils enfonçaient les portes, envahissaient les maisons, et qu'ils emportaient par camions entiers vers les centres de torture. C'est pourtant le genre de schéma de haine mutuelle que les gestionnaires de la guerre américains intègrent dans tous leurs plans d'action. Pourquoi les journalistes ne l'admettent-ils jamais ?

William Calley[307] et son équipe rendaient tous les hommes, femmes et enfants vietnamiens responsables de la mort de leurs camarades. C'est pourquoi la grande majorité du peuple américain refusait de les condamner pour le massacre de centaines de civils à My Lai. C'est ce qui rend l'Amérique exceptionnelle : nos vies ont de la valeur, celle des autres, non. C'est ce double standard qui permet à la machine de guerre américaine de déchaîner sa vertueuse sauvagerie dans le monde musulman, et qui permet aux médias d'affirmer qu'il s'agit de « protéger les citoyens américains contre le terrorisme ».

Voilà pourquoi j'appartiens au camp de ceux qui affirment qu'une partie des hauts dirigeants américains sont animés de mauvaises intentions. Ceux qui préparèrent la guerre en Irak savaient que les crimes de guerre comme le massacre de My Lai y abonderaient, exactement comme au Viêt Nam, et pour les mêmes raisons. Ces dirigeants utilisent, de manière toujours moins discrète, la CIA pour mettre à exécution une grande partie de leurs projets malfaisants.

---

[307] N.D.É. : William Laws Calley Jr. (1943) est un sous-lieutenant de l'armée américaine, condamné en 1971 pour le meurtre prémédité de vingt-deux civils parmi les cinq cents victimes du massacre de My Lai en 1968. Condamné à la prison à vie, Nixon ordonna qu'il soit placé en régime d'assignation à résidence, à Fort Benning, en attente de l'appel. Lors du second procès en 1974, le jugement fut profondément révisé. Il fut condamné à une peine de trois ans et demi de prison, de fait déjà purgée, ce qui fit de lui un homme libre.

Les programmes clandestins qui aboutissent à l'homicide de masse des civils dont ils détestent les idées et convoitent la richesse sont une grande tradition des gestionnaires de la guerre de chez nous. Et tout au long de son œuvre criminelle, la CIA a systématiquement pu compter sur des journalistes comme Hersh, qui oublient consciencieusement cet aspect de l'équation. Dans le monde pervers des « sources anonymes » et des quiproquos, les Américains ne peuvent jamais être animés d'intentions malsaines.

Hersh, en reprenant les propos de son écurie de « sources anonymes » – qui ont toujours le profil du gros dur qui parle comme John Wayne –, a perpétué le mythe de l'agression irakienne. Écoutons donc l'une des héroïques sources américaines de Hersh : « La seule manière de gagner, pour nous, c'est d'intervenir de manière non conventionnelle. Nous allons devoir jouer au même jeu qu'eux. Guérilla contre guérilla. Terrorisme contre-terrorisme. Nous devons soumettre les Irakiens par la terreur. »

Tout ce baratin n'a qu'un seul objectif : il sert à réconforter les pseudo-intellectuels, la classe moyenne de gauche et la « gauche compatible », qui constituent le lectorat de Hersh, en leur racontant que l'Amérique n'a pas d'autre choix que de recourir au terrorisme.

Les hommes en noir

Dans un effort concerté pour soumettre un peuple entier par la peur, la CIA avait fait le choix, au Viêt Nam, de la non-conventionnalité. Et la non-conventionnalité, c'étaient les Centres Phoenix et le terrorisme ciblé dans chacun des 240 districts du pays. Par cette nouvelle orientation, la CIA remplaçait la stratégie de la massue, avec ses raids de B-52 et ses opérations « recherche et destruction » du genre du massacre de My Lai, par celle du « scalpel » et par les assassinats ciblés dans l'infrastructure vietcong. Robert Komer, le cocréateur de Phoenix, parlait « d'approche sniper ».

C'étaient ces opérations antiterroristes lancées unilatéralement par la CIA qui étaient la source principale du terrorisme américain. Dans sa série d'articles de 1970-1971, rappelons que Dinh Tuong An avait souligné la dimension de terreur qui accompagnait les opérations au sol de Phoenix :

« [...] là où les hélicoptères et les B-52 ne peuvent intervenir, il y a ces uniformes noirs, qui font ce qu'ils veulent. Ce sont ces Américains en uniformes noirs qui sont les plus dangereux. »[308]

An dénonçait la violence des commandos antiterroristes de la CIA, mais ses propos auraient été tout aussi adaptés pour commenter l'opération des Navy SEALs du 25 février 1969 à Thanh Phong. Au cours de cette mission, le futur gouverneur du Nebraska puis sénateur Bob Kerrey et les sept hommes de son équipe avaient assassiné, de sang-froid, plus d'une douzaine de femmes et

---

[308] Notons que les troupes de l'État islamique ont, elles aussi, adopté le noir.

enfants[309].

En outre, de retour à leur base navale, les SEALs avaient menti. Kerrey avait indiqué qu'ils avaient tué vingt et un guérilleros vietcongs au cours d'une bataille effroyable, ce qui lui valut une médaille de l'étoile de bronze. Le recours aux crimes de guerre sur le front vietnamien comme une stratégie de la part de la CIA avait été décrit comme un « contre-putsch » par son concepteur, Ralph Johnson. Johnson, un pionnier de la guerre politique, était un vétéran des Flying Tigers, et un Casanova notoire, qui entretint même une liaison avec l'épouse du Premier ministre Nguyen Cao Ky. Ses collègues décrivaient Johnson comme un « camelot, séducteur et beau parleur ». Dans son livre *The Phoenix Program: Planned Assassination or Legitimate Conflict Management*, Johnson expliquait que le « contreputsch » consistait à « retourner la stratégie de terreur communiste, qui avait prouvé son efficacité, en une stratégie de pacification conjointement menée par les États-Unis et Saïgon »[310].

On reconnaît l'argument fallacieux recyclé chez Hersh, qui prétend que nous n'avons pas d'autre choix que d'adopter les pratiques de « terrorisme sélectif » de l'adversaire et de les employer pour nous protéger. Considérer qu'il fallait être plus terrifiant que les vietcongs supposait de croire que cette guerre était avant tout une guerre de nature politique et psychologique. La CIA prétendait que cette guerre était celle de deux factions idéologiques adverses qui représentaient chacune 5% de la population, tandis que les 90% restants étaient simplement pris entre les tirs et ne souhaitaient que la fin du conflit.

D'un côté, vous aviez les communistes, soutenus par leurs camarades de Moscou et de Pékin. Les communistes militaient pour une réforme agraire, pour débarrasser le Viêt Nam des partisans de l'Amérique, et pour la réunification du Nord et du Sud. L'autre faction était composée des Américains et de leurs collaborateurs du gouvernement de la République du Viêt Nam. Ces vassaux vietnamiens étaient souvent catholiques, et appartenaient à cette classe politique que la CIA avait exfiltrée du Nord en 1954. Cette seconde faction combattait pour protéger la riche élite politique du Sud-Viêt Nam au service des hommes d'affaires américains.

Les deux factions en compétition avaient le même objectif : amener dans leur camp les 90% d'indécis, par la force si nécessaire.

La stratégie du « contre-putsch » fut adoptée et mise en œuvre par Peer de Silva, qui fut nommé chef de poste à Saïgon en décembre 1963. De Silva avait expliqué qu'il avait été choqué par les abominations commises par les vietcongs. Dans son autobiographie *Sub Rosa*, il décrivait comment les vietcongs avaient « empalé un jeune garçon, le chef du village, et sa femme enceinte sur des pieux aiguisés. Pour s'assurer que cette vision d'horreur

---

[309] Il fallut attendre trente-deux ans pour que Gregory Vistica dévoile cette affaire dans son article « One awful night ub Thanh Phong » (*The New York Times*, le 25 avril 2001)

[310] Ralph Johnson, *The Phoenix Program: Planned Assassination...*, *op. cit.*, p. 5.

frappe bien les esprits des villageois, le chef de l'unité de terreur vietcong avait éventré la femme avec sa machette, pour que le fœtus s'étale sur le sol »[311].

Plusieurs vétérans de l'armée ou de la CIA à qui j'ai parlé avaient vécu une expérience comparable à celle de Peer de Silva. C'est le cas de Warren Milberg, par exemple. Il avait accompli son premier contrat au Viêt Nam en tant qu'agent de sécurité de l'armée de l'air. Il y retourna en 1967 en tant qu'agent de la CIA, cette fois. « Je vis comment les vietcongs agissaient dans les hameaux. Et ce qui restera à jamais dans mon esprit, c'est la terreur et les tortures qu'ils infligeaient pour obtenir la docilité et la crainte des villageois. »

Milberg avait narré : « [Il y avait eu] un épisode où la femme enceinte d'un certain chef de village avait été éventrée, et la tête de son enfant à naître éclatée à coup de crosse de fusil. Nous étions tombés sur cette scène par hasard, quelques heures à peine après les événements. De ma vie, je n'avais encore jamais rien vu de tel. »

Le colonel Douglas Dillard, mentionné plus haut, rapportait avoir été témoin de faits similaires. Nommé chef du programme Phoenix dans le delta du Mékong en février 1968, il m'avait raconté : « J'étais arrivé à Can Tho un vendredi après-midi. Deux sergents de l'armée, qui allaient ensuite devenir mes assistants administratifs, étaient venus m'accueillir à l'aéroport, pour me conduire à la base. Ils m'avaient installé au siège régional de la CIA. »

Le lendemain, Dillard s'était rendu en hélicoptère dans la province de Chau Doc, à la frontière cambodgienne. « C'était mon premier contact avec la vraie guerre, avait-il poursuivi. C'était juste après le Tet, et il y avait encore beaucoup d'activité. Dew Dix, le jeune sergent en poste là-bas, avait visité un petit village plus tôt dans la matinée. Les vietcong étaient venus et avaient accusé un couple de collaboration avec le gouvernement. Ils leur avaient tiré dans la tête, par les oreilles. Leurs corps avaient été entassés sur une charrette. Nous y étions retournés, et devant ce spectacle, j'ai pris conscience de ce que devait réellement endurer la population. Les vietcongs venaient de nuit, ils rassemblaient les villageois, leur interdisaient de coopérer, et ils faisaient un exemple avec les collaborateurs. Ils les abattaient sur place, d'une balle dans l'oreille. »

« J'ai compris quel était mon devoir. J'ai compris quels problèmes d'ordre psychologique il allait falloir surmonter pour obtenir la coopération de ce groupe particulier de villageois au programme Phoenix. Pour moi, nous ne pouvions intercepter, retourner, tuer, blesser ou capturer les forces de la guérilla vietcong dans notre secteur que si Phoenix recevait des informations pertinentes, fraîches et détaillées. Le renseignement villageois servait même pour les bombardements : en interceptant des messages, ou en capturant un membre de l'infrastructure vietcong, il était parfois possible d'obtenir des informations sur l'activité des forces principales de la guérilla. On pouvait envoyer un raid de B-52 dessus, ce qu'on avait fait sur le front du 4e corps d'armée. »

---

[311] Peer de Silva, *Sub Rosa*, Times Books, New York, 1978, p. 249.

La véracité de ces « présentations de la terreur vietcong » peut faire l'objet d'un débat. Comme je l'ai rappelé au chapitre 6, l'agent de la CIA Robert Haynes, qui avait été l'adjoint d'Evan Parker à la direction de Phoenix en février 1968, avait expliqué au sénateur Brewster que les équipes de la CIA commettaient parfois des atrocités qu'elles maquillaient en crimes vietcongs.

Ces opérations de propagande noire n'étaient pas rares. Dans son autobiographie intitulée *Soldier*, Anthony Herbert raconte qu'il avait intégré le groupe des opérations spéciales de la CIA à Saïgon à la fin de l'année 1965, et qu'on lui avait proposé de prendre part à un programme secret de guerre psychologique. « Ils voulaient que je dirige des équipes d'assassinats qui tuaient des familles entières et essayaient ensuite de le faire passer pour l'œuvre des vietcongs. Le raisonnement, c'était que tout Vietnamien qui verrait qu'une famille de vietcongs a été tuée par d'autres vietcongs serait effrayé de rejoindre l'insurrection. Et bien sûr, le reste du village serait plus susceptible de faire allégeance, d'une manière ou d'une autre, à notre camp. »[312]

Non seulement Herbert avait refusé de rejoindre le programme de propagande noire du groupe des opérations spéciales, mais en plus, il avait dévoilé l'une des sales magouilles de la CIA. En retour, le milieu militaire dénigra Herbert, car, c'est connu: il n'est pas permis de dire que des Américains ont mal agi à dessein.

Il n'est pas non plus permis d'envisager leur hypocrisie. Même si un chef de poste comme Peer de Silva, qui dénonçait pourtant la monstruosité des vietcongs, a autorisé la création de petites « équipes antiterroristes » chargées de faire la même chose, ou pire. Ces formations, qui allaient ensuite devenir les Unités provinciales de reconnaissance, devaient commettre des actes de terrorisme sélectif et en faire porter la responsabilité aux vietcongs. De Silva les décrivait en ces termes dans son livre : « Elles avaient été pensées pour porter le danger et la mort directement chez les cadres vietcongs, surtout dans les zones où ils se pensaient en sécurité. »

Les diverses branches de l'armée se méfiaient de leurs homologues vietnamiens ; elles créèrent donc leurs propres forces antiterroristes pour terroriser les vietcongs, chacune dans leur zone d'affectation. La marine était chargée de la sécurité du delta du Mékong; elle confia la création de ses unités antiterroristes à son programme SEAL, alors dans sa prime enfance. Il avait été autorisé par Kennedy en 1962, et était toujours dans sa phase expérimentale au milieu des années 1960.

J'avais reproduit dans *The Phoenix Program* la longue interview que m'avait accordée le lieutenant de la marine John Wilbur. Wilbur était arrivé au Viêt Nam en 1967, dans le rôle du commandant adjoint de la SEAL Team 2, un détachement de douze hommes qui ne comptait aucun vétéran dans ses rangs. La SEAL de Wilbur fut affectée à la guérilla fluviale. Ses quartiers se situaient dans des baraquements sur le quai de la rivière My Tho, en plein milieu du delta du Mékong.

---

[312] Anthony Herbert, *Soldier*, Holt, Rinehart & Winston, 1973, p. 105-106.

« Franchement, m'avait dit Wilbur, la marine ne savait pas quoi faire de nous. Ils ne savaient pas quels objectifs nous confier, ni comment nous faire intervenir opérationnellement. C'est pourquoi ils nous ont dit : "Bon, les gars, vous sortez et vous coupez leurs lignes de ravitaillement, vous tendez des embuscades de harcèlement, et vous leur infligez des dégâts de la manière qui vous semblera adéquate." »

« On nous demandait principalement d'être réactifs, et d'intervenir en protection des patrouilles de la marine fluviale, avait expliqué Wilbur. C'était la plus évidente et directe de nos missions. Les chefs d'escadre de la marine fluviale nous communiquaient les renseignements par les patrouilleurs. Ils nous indiquaient où ils avaient aperçu l'ennemi, ou bien l'endroit où on leur avait tendu une embuscade. Nous nous mettions alors en chasse. »

Il y avait une grande différence, cependant, entre avoir un objectif et l'atteindre. Malgré leur entraînement de pointe et leur endoctrinement, les SEALs connurent des débuts calamiteux. Wilbur racontait : « C'était une suite de ratages désastreux. Lors de notre première opération, nous étions partis à la marée descendante, et nous étions restés coincés dans les vasières pendant six heures, à découvert, avant qu'on vienne nous récupérer. Nous n'avions pas de Vietnamiens dans l'équipe, et même les choses les plus élémentaires nous échappaient. Nous ne pouvions pas distinguer un membre de l'infrastructure vietcong d'un type qui sortait chercher des filles le soir. Tout ce qu'on savait, c'est qu'il y avait les couvre-feux, et les zones de tir sans restriction. Les décisions de couvre-feux, ou la définition des zones de tir sans restriction étaient plus ou moins devenues une affaire administrative et politique. C'était décidé par des gens vraiment irrécupérables. » Le statut de « zone de tir sans restriction » autorisait les pilotes d'avion et les navires de guerre à ouvrir leur feu sur les « cibles d'opportunité », population ou villages inclus, sans qu'il soit nécessaire d'en recevoir l'ordre de la hiérarchie.

« Nous, nous nous perdions. On avait des blessés. Les gens ouvraient le feu sur nous, ils ripostaient… Parfois, nous n'arrivions jamais à l'endroit où se trouvaient ces gens sur lesquels on devait tirer. La frustration était énorme, continuait Wilbur. On n'avait aucune garantie que l'information dont on disposait était fiable, ou simplement encore valable. »

Wilbur avait raconté cet épisode où son équipe avait « attaqué une île située en face des positions de la 9e division d'infanterie ». « Nous avions encerclé la localité le matin, et nous y avions pénétré, les armes défouraillées. Je m'étais faufilé, je me souviens, jusqu'à une hutte collective – au Viêt Nam, ces huttes étaient souvent de simples cabanes qui recouvraient des casemates de boue séchée où les villageois se réfugiaient pendant les attaques –… Nous cherchions un hôpital de campagne vietcong… J'étais donc là, une grenade dégoupillée à la main, mon pistolet automatique dans l'autre… Il y avait des gars qui couraient partout, qui hurlaient, l'adrénaline hors de contrôle. Il y avait des coups de feu, mais j'étais incapable de comprendre qui tirait sur qui. Je me souviens que je n'avais qu'une envie, c'était de balancer cette putain de grenade dans la hutte et d'exploser tout ce qui se trouverait dedans. Et puis d'un coup, je découvre qu'elle n'est occupée que par des femmes et des enfants. Ça a été une expérience déchirante. »

La CIA préleva des éclaireurs vietnamiens de son programme d'Unités provinciales de reconnaissance pour les affecter aux SEALs de Wilbur. Les SEALs, cependant, se méfiaient des Unités de reconnaissance ; une fois passée la phase d'acclimatation, ils recommencèrent à travailler de manière unilatérale.

Ce qui nous amène à Bob Kerrey.

Phoenix débarque à Thanh Phong

Le village de Thanh Phong se situait dans le delta du Mékong, dans la province de Kien Hoa. C'était une localité qui, en février 1969, avait la réputation d'être sous le contrôle de l'infrastructure vietcong.

La province de Kien Hoa était parsemée de rizières et de cours d'eau. Sa forte capacité de production de riz la rendait précieuse aux insurgés comme à la République du Viêt Nam. Malgré sa proximité avec Saïgon, c'était donc l'une des régions les plus infiltrées du Sud-Viêt Nam. On estimait le nombre de membres de l'IVC dans la province de Kien Hoa à 4700 personnes, ce qui représentait plus de 5% des effectifs de l'insurrection.

Durant l'opération Speedy Express, la 9ᵉ division d'infanterie de l'armée américaine passa le premier semestre de l'année 1969 en maraude dans cette province, rasant des villages entiers et massacrant 11 000 civils, tous prétendument vietcongs, ou sympathisants de leur cause.

Simultanément, la marine patrouilla sur les voies d'eau de Kien Hoa, à la recherche des guérilleros qui avaient échappé à l'offensive génocidaire de l'armée. En tant que « combattants non conventionnels » de la marine, les SEALs devaient assurer les missions d'enlèvement similaires à Phoenix dans le delta[313]. La marine, d'ailleurs, coordonnait ses opérations anti-IVC avec la direction Phoenix de Saïgon, avec le quartier général régional Phoenix de Can Tho, et avec tous les agents de la CIA chargés des provinces où les opérations devaient avoir lieu. Comme Jim Ward et Doug Dillard l'avaient expliqué, la coordination avec Phoenix était nécessaire pour s'assurer que les SEALs ne s'attaquent pas à des agents doubles de la CIA dans les villages.

Dans son livre *The Education of Lieutenant Kerrey*, Gregory Vistica rapportait que « les conseillers SEALs furent mis à disposition du programme Phoenix, et la CIA leur confia la formation d'Unités provinciales de reconnaissance ». Vistica ajoutait : « En 1968, des pelotons de SEALs complets intervenaient régulièrement aux côtés des Unités provinciales de reconnaissance. »[314]

---

[313] De manière générale, le programme Phoenix s'appuyait sur les marines dans la région militaire du 1ᵉʳ corps, sur les forces spéciales dans celle du 2ᵉ corps, et sur l'armée de terre dans celles des deux autres corps.

[314] Gregory Vistica, *The Education of Lieutenant Kerrey*, Thomas Dunne Books, 2003,

Les conseillers Phoenix de la province de Kien Hoa ne dépendaient pas d'unités militaires particulières, mais du programme de développement révolutionnaire du SDROC. Ils appartenaient donc à l'équipe de conseillers 88 de MACV. Les conseillers Phoenix du Centre districtuel de coordination du renseignement et des opérations portaient d'ailleurs l'écusson MACV, et provenaient souvent du contre-espionnage de l'armée (comme dans le cas malheureux de Sid Towle). Comme l'avait souligné Vistica dans son livre, le commandement de l'équipe 88 devait « coordonner le programme de pacification du département d'État et les branches de renseignements de la CIA et de l'armée »[315].

En se fondant sur les informations provenant du Centre districtuel de coordination Phoenix local, le commandant de l'équipe 88 fut convaincu que le minuscule village côtier de Thanh Phong était une place forte vietcong, et qu'une importante équipe de l'infrastructure vietcong viendrait prochainement le visiter. Ces renseignements provenaient du chef de poste provincial de la CIA, qui avait connaissance de toutes les opérations « anti-IVC » de Kien Hoa ; ils avaient été transmis au chef de poste régional de la CIA (Jim Ward, ou son successeur), puis étaient remontés jusqu'au commandement des SEALs dans la marine. Le commandement ordonna ensuite au lieutenant Bob Kerrey et à son équipe de SEALs de capturer ou de tuer les individus ciblés. C'était la première mission de Kerrey, il avait 25 ans.

Vistica avait raconté le déroulement de la mission dans son article du *New York Times*.

« Le groupe de Kerrey s'appelait Delta Platoon, SEAL Team 1, Fire Team Bravo. De manière officieuse, elle était surnommée "les raiders de Kerrey", en l'honneur de leur valeureux commandant qui, comme il l'avait souvent affirmé, était "prêt à reprendre Hanoï un couteau entre les dents." Seuls deux hommes, Mike Ambrose et Gerhard Klann, avaient déjà une expérience dans les SEALs au Viêt Nam. Pour tous les autres – William J. Tucker III, Gene Peterson, Rick Knepper, le médecin Lloyd Schreier et Kerrey lui-même –, c'était un bond dans l'inconnu. »

Le peloton de Kerrey avait ses quartiers à Cat Lo, non loin de Vung Tau, où s'étalait le Centre de développement révolutionnaire où la CIA entraînait les équipes provinciales de reconnaissance. C'est de la base CIA Navy de Vung Tau que l'équipe de Kerrey partit pour la « zone secrète de Thanh Phu », à bord de swift boats, les patrouilleurs fluviaux rapides de la marine américaine.

Tout laisse penser que l'équipe de SEALs de Kerrey était sur une mission typique de Phoenix. En février 1969, le programme dépendait toujours de la CIA ; les renseignements provenaient d'un Centre de coordination et lui étaient parvenus à travers la chaîne de commandement décrite ci-dessus. Vistica avait interviewé le capitaine David Marion, conseiller senior du SDROC pour le district de Thanh Phu, où se situait Thanh Phong. Il avait été affecté au conseil

---

p. 71.

[315] *Ibid.*, p. 75.

de la plus haute autorité locale, le chef de district Tiet Lun Duc. Duc était un officier militaire de 45 ans, formé à Fort Bragg, et il avait classé le district de Thanh Phu « zone de tir sans restriction ».

D'après les renseignements transmis par le Centre districtuel de coordination de Thanh Phu, le « secrétaire de l'infrastructure vietcong » du village avait prévu une réunion dans la zone, à une date encore inconnue. Sur la base de ces informations pour le moins brumeuses, il fut décidé de lancer une chasse à l'homme préventive sur cible mouvante. Une fois encore, l'opération suivait la procédure opérationnelle standard de Phoenix.

Thanh Phong comptait entre soixante-quinze et cent cinquante habitants, répartis sur « quatre ou cinq grandes huttes collectives disséminées à 400 mètres du rivage. Les comptes-rendus de la mission indiquent que le 13 février 1969, l'équipe de Kerrey pénétra dans le périmètre de Thanh Phong, fouilla deux huttes, "interrogea quatorze femmes et petits enfants" à propos du secrétaire du village. Ils repartirent le lendemain sur le patrouilleur rapide, et revinrent dans le secteur à la nuit tombée. Ils durent néanmoins renoncer à poursuivre leur mission à cause d'une panne de radio ».

L'opération de Kerrey suivit exactement les procédures Phoenix telles que les ont décrites Warren Milberg et Dinh Tuong An. La CIA envoyait toujours en reconnaissance une petite équipe (une Unité provinciale de reconnaissance, l'équipe de « chasse ») dans les villages, la veille, pour cartographier les lieux ou capturer les sujets à interroger. Le lendemain, l'Unité provinciale de reconnaissance ou l'équipe antiterroriste revenait, mais avec l'équipe d'élimination, pour s'occuper de la cible principale (les villageois eux-mêmes). Le quartier général, pour qui la seule règle de guerre psychologique connue était la course à la plus grosse pile de cadavres, couvrait les massacres. Les victimes étaient toutes identifiées comme des combattants vietcongs armés et dangereux.

Certains détails classiques des opérations Phoenix sont absents du récit de Kerrey. Par exemple, nous ne savons pas comment les SEALs menèrent leurs interrogatoires. Avaient-ils un interprète des Unités provinciales de reconnaissance avec eux ? Avaient-ils coupé des doigts ? Quoi qu'il en soit, Kerrey connaissait la configuration du village, le nombre d'habitants, et où ils vivaient. Tout ce qui manquait, c'était une provocation, du type de celles fournies par la propagande noire de la CIA. Et quelques jours plus tard, magiquement, la provocation finit par se produire. Un vietcong avait commis une atrocité quelconque dans le secteur, une « monstruosité » du genre de celles rapportées par Milberg, de Silva et Dillard, et dont on a parlé plus haut.

Le capitaine Martin et le chef de district Duc répondirent à la provocation de la manière habituelle ; ils annoncèrent aux villageois qu'une opération allait avoir lieu, et que quiconque se trouverait sur place serait considéré comme un vietcong et serait tué. Et de fait, le 25 février, un patrouilleur rapide ramena Kerrey et son équipe de SEALs à Thanh Phong pour finir le travail. Les sicaires arrivèrent sur place vers minuit et, d'après le rapport de Kerrey, tous les meurtres furent commis en état de légitime défense.

Selon Kerrey, son équipe tomba sur une habitation qu'elle n'avait pas remarquée lors de sa première visite au village – alors qu'elle se trouvait sur l'itinéraire prédéterminé qu'elle avait emprunté quelques jours plus tôt. L'habitation était occupée, avait poursuivi Kerrey, par deux sentinelles armées. Il envoya deux SEALs les tuer au couteau – généralement des poignards de combat Gerber Mark II. C'est une technique que l'on enseigne aux commandos américains : on place la main sur la bouche de la victime endormie avant d'enfoncer la lame sous la seconde côte jusqu'au cœur et de la faire osciller pour sectionner la colonne vertébrale. Alternativement, le commando peut se contenter de trancher la gorge d'une oreille à l'autre. Cela fait, toujours selon Kerrey, l'équipe se faufila jusqu'au hameau en suivant un fossé. Soudain, quelqu'un ouvrit le feu sans sommation sur les SEALs, qui répliquèrent avec fureur. Ils tirèrent plus de 1200 munitions. Une fois les fumées dissipées, les cadavres de quatorze individus gisaient au sol, blottis les uns contre les autres, ainsi que sept autres plus loin, fauchés alors qu'ils tentaient de fuir.

C'est du moins la version de Kerrey, telle que l'avait rapportée Vistica. Mais d'après Gerhard Klann, qui était le SEAL le plus expérimenté de l'équipe, et qui plus tard combattit au sein de la SEAL Team 6 (celle qui aurait tué ben Laden), la tuerie n'était pas la conséquence d'une embuscade, mais un acte délibéré et méthodique.

Klann avait expliqué à Vistica que Kerrey lui avait ordonné de tuer un vieillard, une vieille femme et trois enfants dans la première habitation – celle dont Kerrey disait qu'elle était occupée par des sentinelles vietcong armées. Le vieillard avait résisté, et Kerrey avait dû s'agenouiller sur lui pour que Klann puisse lui trancher la gorge. Comme dans *De sang-froid* de Truman Capote, un troisième SEAL était venu prêter main-forte pour tuer la vieille femme et les enfants, qui étaient désormais réveillés et hurlaient. Pham Tri Lanh, une femme vietnamienne qui avait vu les meurtres, avait confirmé la version de Klann. Elle avait ajouté que le vieil homme, Bui Van Vat, et sa femme, Luu Thi Canh, étaient les grands-parents des enfants. Vistica, pour confirmer leur existence, s'était rendu sur leurs tombes au village (ce que le *New London Day* aurait pu faire de son côté, s'il était si intéressé par ce qui s'était passé au Centre provincial de Rob Simmons). Après avoir éliminé les cinq premiers « sympathisants des cocos » à peau jaune, nos héroïques SEALs avaient abandonné leur mission de chasse à l'homme préventive. Ils savaient que les autres villageois avaient entendu les cris de la première famille, avait raconté Klann. Ils avaient donc « rassemblé à la lisière du village toutes les femmes et les enfants d'un groupe de huttes », avant de fouiller les habitations. Ne trouvant aucune arme ou preuve de l'existence de la cellule politique qu'ils recherchaient, ils avaient massacré tout le monde pour cacher le meurtre de la première habitation, et pour laisser un avertissement aux paysans des villages alentour, dans la plus pure tradition de la guerre psychologique.

Klann avait raconté que les villageois avaient été réunis à quelques mètres à peine de la famille qu'ils avaient surinée, et que c'était Kerrey qui avait pris la décision. Après le mitraillage, on entendait encore des pleurs et des gémissements. Ils avaient dû finir les survivants, parmi lesquels se trouvait un bébé.

Ensuite, ils étaient rentrés au bercail, et avaient raconté avoir tué vingt et un vietcongs. Pour reprendre le commentaire de l'officier CIA Peer de Silva, les SEALs ne reculaient devant aucune monstruosité pour obtenir l'impact politique et psychologique recherché.

« Vous passez la moitié de votre vie rien qu'à maquiller les choses. »[316]

Il est absurde de prétendre que Kerrey et ses SEALs ne savaient pas ce qui les attendait au village, ou qu'ils n'avaient pas prévu de tuer tout le monde à Thanh Phong.

Le capitaine des marines Robert Slater avait travaillé sous les ordres de la CIA entre le début de l'année 1967 et le début de l'année 1969. Il avait assuré les fonctions de chef du programme des Centres provinciaux d'interrogation et de conseiller en chef pour les interrogatoires auprès de la police spéciale. Dans son mémoire rédigé en 1970 pour l'Institut du renseignement militaire intitulé « Histoire, organisation et *modus operandi* de l'infrastructure vietcong », Slater affirmait que la figure du « secrétaire de district du parti » était le maillon le plus important de la chaîne hiérarchique de l'infrastructure vietcong.

Slater expliquait : « Le secrétaire de district du parti ne dort généralement pas dans sa maison familiale, et parfois même hors de son propre village, pour éviter de faire courir des risques à sa famille lors des tentatives d'assassinat qui le visent. » Mais il ajoutait : « Souvent, les alliés ont identifié le village d'origine des secrétaires de district et l'ont pris d'assaut : dans les échanges de tirs, l'épouse et les enfants des secrétaires ont été tués ou blessés. »

À Thanh Phong, l'équipe de SEALs de Kerrey s'était attaquée au village d'origine d'un secrétaire de district, et l'opération s'était soldée par le résultat habituel : la cible principale n'avait pas été trouvée, mais tout le monde là-bas avait été tué, enfants compris.

Tel était le contexte intellectuel dans lequel Kerrey avait commis son crime de guerre. Tuer la famille et les amis de la cible principale faisait partie de la procédure standard. Il suffisait, pour se dédouaner, de prétendre qu'ils étaient les victimes accidentelles de dommages collatéraux. Mais quand cela se produit encore, et encore, à chaque fois, sans relâche, pendant des années, la ficelle finit par se voir. La mafia a un terme spécifique pour désigner le code sacré du silence : l'*omerta*. C'est l'*omerta* et elle seule qui a permis à Kerrey et à ses SEALs de s'en tirer à si bon compte après avoir tué et mutilé vingt et une personnes sans défense, et prétendu qu'il s'agissait d'un accrochage violent avec les vietcong[317].

---

[316] « You spend half your life just covering up », extrait de la chanson « Born in the USA » de Bruce Springsteen.

[317] L'*omerta* se pratique aussi à la CIA. Littéralement, le mot signifie « le fait d'être un homme » et renvoie à l'idée de l'homme accompli qui affronte seul ses problèmes, sans

On touche ici à la quintessence de l'idolâtrie américaine pour l'armée. William Calley, qui avait été condamné pour avoir assassiné vingt-deux civils désarmés à My Lai, fut accueilli comme un héros, passa trois ans en résidence surveillée chez lui, avant d'être gracié par Nixon. Calley s'était défendu en expliquant que les massacres de civils étaient monnaie courante. Le sénateur (et futur secrétaire d'État) John Kerry avait utilisé le même argumentaire de niveau « cour d'école primaire » pour défendre son ami Bob Kerrey : « Tout le monde le fait. » Avec les sénateurs Max Cleland et Chuck Hagel, Kerry avait expliqué en 2001 qu'une enquête sur Thanh Phong aurait été contre-productive, en ceci qu'elle aurait mis sous accusation « le guerrier, et non la guerre »[318].

Et bien qu'il « ait qualifié la guerre du Viêt Nam d'entreprise criminelle dans son essence… Kerry avait aussi développé la théorie, lors d'un passage à la télévision, que les soldats ne devaient pas être condamnés pour des actions imposées par les politiques de l'État américain. Le raid sur Thanh Phong faisait partie de l'opération Phoenix, avait-il dit, et le programme Phoenix était un programme d'assassinats décidé par les États-Unis d'Amérique »[319].

Le crime de guerre de Kerrey était aggravé par le fait que les civils tués par ses SEALs étaient prisonniers. Bob « aucun remords » Kerrey s'était défendu en expliquant qu'il avait eu pour consigne de ne pas faire de prisonniers. Il ne voulait pas tuer les enfants de Thanh Phong, mais c'étaient les ordres…

Où a-t-on déjà entendu ça ?

Quoi qu'il en soit, la justice, d'une manière ou d'une autre, a prévalu. Lors de sa mission suivante, une grenade atterrit entre les pieds de Kerrey. Impossible de savoir qui l'avait lancée. Peut-être un de ses amis SEALs, pour une raison inconnue ? Bref, la grenade, en arrachant la partie inférieure de la jambe de Kerrey, mit un terme à sa carrière de tueur. Il rentra à la maison pleurnicher entre les bras de sa mère.

Après quelques mois d'autocommisération, Kerrey passa ensuite par la phase de déni et de révisionnisme qui accompagne les crimes de guerre. C'est un processus de recomposition de l'identité qu'il partage avec de nombreux vétérans du Viêt Nam et des guerres néocoloniales de l'Amérique depuis le 11 Septembre. Dans une large mesure, le succès de leur mystification collective définit un authentique particularisme américain.

La renaissance de Kerrey dans la peau d'un héros officiel débuta le 14 mai 1970, quand il reçut la médaille de l'honneur, dix jours à peine après le massacre de quatre étudiants pacifistes par la garde nationale à l'université d'État de Kent. Cette médaille fut pour lui un fructueux blanc-seing, qui n'était pas sans rappeler le statut initiatique d'« homme d'honneur » qu'accorde la mafia aux siens. Accueilli dans la caste exclusive des protégés, Kerrey serait

---

chercher l'aide des autorités.

[318] Patrick Martin, « New schools students demand ouster of Kerrey over Vietnam War atrocity », *World Socialist Web Site*, le 14 mai 2001.

[319] *Ibid.*

désormais riche et célèbre. Le seul fardeau qu'il porterait, désormais, serait la rancœur qu'il vouait à ces militants pacifistes incapables d'apprécier son sacrifice.

Sa carrière était sur des rails. Il devint gouverneur du Nebraska en 1982, eut pour compagne la starlette Debra Winger, devint une « célébrité », et fut élu au Sénat, où il siégea également comme vice-président de la Commission Renseignement. Exemple typique du spécimen néolibéral, il se lança même dans la course présidentielle en 1990, où il put sentencieusement faire la morale à un Bill Clinton coupable d'avoir évité l'armée.

Kerrey n'était plus au gouvernement quand Klann, en 2001, révéla ce qui s'était réellement passé à Thanh Phong. Les Ultras, néanmoins se ruèrent immédiatement à sa défense. Son équipe de SEALs, à l'exception de Klann, fit bloc autour de lui et confirma sa version des événements. Kerrey accusa Klann de nourrir des rancunes personnelles contre lui et, implicitement, d'avoir menti.

Le colonel David Hackworth, qui représentait l'establishment militaire, défendit Kerrey en affirmant qu' » il y avait eu des milliers d'atrocités dans le genre », et que sa propre unité « avait commis au moins une douzaine de ces horreurs ». Le tout confessé avec la plus sereine des désinvoltures[320].

De son côté, Jack Valenti, parlant au nom de l'industrie hollywoodienne de propagande qui par ses investissements immenses entretient la figure du héros de guerre américain, expliqua au *Los Angeles Times* que « toutes les normes du contrat social deviennent caduques » en temps de guerre. D'où l'on devrait déduire qu'il est tout à fait acceptable que les terroristes s'en prennent aux civils occidentaux, puisqu'il leur est impossible de débusquer chez eux les agents de la CIA qui opèrent en secret[321].

Kerrey reçut également le soutien de la corporation des vétérans du Viêt Nam dans la presse. David Halberstam, ancien correspondant du *New York Times* et auteur de *The Best and the Brightest*, avait décrit la région de Thanh Phong comme « un repaire absolu de bandits » dont tous les habitants, « en 1969, étaient des vietcongs de troisième génération »[322]. Ce qui, formulé autrement, revenait à dire que tous ces gens avaient mérité de crever.

Les clichés sont le nerf de la guerre révisionniste dans ce qu'elle a de plus ignoble, et la diatribe raciste, anticommuniste de Halberstam montre qu'il se comporte avant tout comme un mystificateur au service du parti des riches.

Deux autres journalistes se distinguent au sein de leur corporation par leur complicité avec les crimes de guerre au Viêt Nam. Neil Sheehan, auteur du si

---

[320] David Hackworth, « The horror that will never go away », *King Features Syndicate*, le 1er mai 2001.

[321] Jack Valenti, « Killing civilians goes with the duty of war », *Los Angeles Times*, le 8 mai 2001.

[322] Patrick Martin, « New schools students... », *op. cit.*

bien intitulé *A Bright Shining Lie*[323], avait admis qu'il avait vu, en 1966, les GI massacrer 600 civils dans cinq villages de pêcheurs. Il avait passé trois ans au Viêt Nam, et pas un instant il ne lui était venu à l'esprit qu'il avait assisté à un crime de guerre. Non, c'était la routine.

Morley Safer est le suivant sur la liste des co-conspirateurs. C'est lui qui avait tué dans l'œuf mon livre *The Phoenix Program* avec sa recension d'une demi-page dans le *New York Times*.

Je n'avais pas été surpris que le *New York Times* confie à Safer, qui me haïssait, la mission d'assassiner mon livre. J'y avais écrit ces lignes : « Dans le petit jeu entre la CIA et la presse, une main lave l'autre. Les journalistes falsifient ou censurent régulièrement des informations pour avoir accès aux fonctionnaires informés, et en échange, les fonctionnaires de la CIA font "fuiter" des affaires vers les journalistes auxquels ils doivent des faveurs. Cette relation atteint des sommets incestueux quand journalistes et fonctionnaires sont effectivement unis par des liens personnels. On se souviendra du commandant des Unités provinciales de reconnaissance du delta du Mékong Charles LeMoyne, et de son frère James, journaliste au *New York Times*[324]. De la même manière, si Ed Lansdale n'avait pas pu compter sur Joseph Alsop, un idéologue anticommuniste fanatique, pour imprimer sa propagande noire aux États-Unis, la guerre du Viêt Nam n'aurait probablement jamais eu lieu[325]. »

À l'époque de la recension (octobre 1990), je m'étais imaginé que Safer me détestait principalement parce que j'avais accusé la presse d'avoir dissimulé des crimes de guerre. Je pensais qu'il avait également agi par intérêt économique : quelques mois plus tôt, il avait publié un livre sur le Viêt Nam dégoulinant d'autosatisfaction. Je me trompais. Ce n'est que vingt-cinq ans plus tard que j'ai pu découvrir ses véritables motivations. En 2010, à la conférence American Experience, Safer avait révélé pour la première fois sa relation « incestueuse » avec Colby, et il lui devait tout simplement une faveur[326].

« On m'avait appelé et demandé de venir trouver Colby à son bureau, avait expliqué Safer. Je l'avais déjà rencontré, mais je n'avais pas de relations particulières avec lui. À mon entrée dans son bureau, Colby m'a demandé :

---

[323] N.D.T. : Titre que l'on traduirait par « Un scintillant mensonge ».

[324] LeMoyne commandait l'Unité provinciale de reconnaissance du delta lorsque Kerrey conduisit sa mission sur Thanh Phong.

[325] N.D.É. : Au sujet d'Ed Lansdale, « le père des stratégies et tactiques américaines de contre-insurrection », voir la note 16 du chapitre 1. Joseph Wright Alsop (1910-1989) fut un journaliste en syndication extrêmement influent entre la fin de la Seconde Guerre mondiale et les années 1960. Il était également un collaborateur de la CIA, pour laquelle il remplissait des missions de renseignements en profitant de son statut de journaliste, notamment aux Philippines.

[326] Département d'État américain, « L'expérience américaine dans le Sud-Est asiatique, 1946-1975 », table ronde avec les médias du 29 septembre 2010.

"Écoutez, est-ce qu'il vous serait facile de disparaître pendant trois jours ?" [rires] J'ai répondu: "Je suppose." [rires] Il m'a alors dit : "Bien, soyez à l'aéroport [inaudible] demain matin à 5 h 30." »

Bernard Kalb, le modérateur du débat, avait demandé à Safer si Colby avait voulu qu'il vienne accompagné d'une équipe de tournage.

« Non, non, avait répondu Safer. Quand je me suis présenté à l'aéroport, Colby m'a dit : "Bon, voilà les règles du jeu. Je pars pour une tournée d'inspection des stations au Viêt Nam. Vous m'accompagnez, mais vous ne prenez pas de notes, et vous ne rapporterez rien de ce que vous entendrez." C'est comme ça que j'ai passé trois jours, principalement dans le delta, vraiment très, très instructifs. Colby ne m'a demandé de quitter les baraquements qu'en une seule occasion. C'était fascinant. Tout ce que ces types vous faisaient parvenir, quel que soit le canal choisi, était si littéralement falsifié... Même aujourd'hui, j'éprouve toujours des scrupules à en parler librement. »

Colby avait présenté Safer à des haut gradés de la CIA au Viêt Nam, et à des équipes antiterroristes. Il l'avait fait entrer dans ces Centres d'interrogation. Safer avait pu voir comment ce syndicat du crime qu'est la CIA était organisé et travaillait. Et, à l'image de Don Corleone dans *Le Parrain*, quand Colby accordait une faveur, il fallait la lui rendre.

Voici, donc, comment fonctionne le réseau de la fraternelle du renseignement de la CIA avec ses pantins des médias. Elle n'est jamais, après tout, que la branche du crime organisé de l'État américain.

Bob Kerrey pourrait-il être poursuivi pour meurtre ?

Kerrey prétend qu'il a commis, au Viêt Nam, une atrocité, mais en aucun cas un crime de guerre. Il éprouve du remords, mais pas de culpabilité. Ayant été totalement réhabilité, il s'est convaincu que le Viêt Nam était une « guerre juste ».

Dans un article de 1999 paru dans le *Washington Post*, il avait d'ailleurs posé de manière rhétorique la question de la légitimité de la guerre. « À mon retour en 1969, et durant de longues années successives, j'étais d'avis que cette guerre n'en valait pas la peine. Aujourd'hui, avec le temps, et après avoir pu mesurer tant les bienfaits de la liberté payés au prix de notre sang que les vies humaines détruites par les dictatures, je pense que notre cause était juste, et que notre sacrifice n'a pas été vain. »

Lors de la Convention du parti démocrate de 2000 à Los Angeles, Kerrey avait expliqué aux délégués qu'ils ne devaient pas avoir honte des crimes de guerre, et qu'ils devaient traiter les vétérans tels que lui comme des héros, et non comme des terroristes. « Je ne me suis jamais senti aussi libre que lorsque j'ai porté l'uniforme de notre pays », avait-il dit sans ironie, et sans même relever que la liberté que lui accordait son uniforme lui avait servi à tuer des femmes et des enfants.

Bob Kerrey n'a pas d'autre choix que de colporter la propagande militariste du parti du business s'il veut échapper à son passé. Tant qu'il suivra les consignes, il appartiendra au cercle des protégés. On lui confiera les secrets de l'administration américaine. Et de fait, il fait partie de la poignée d'Américains qui ont eu le privilège de lire le rapport secret sur l'implication de l'Arabie Saoudite dans les faits du 11 Septembre. Kerrey en sait long sur le linge sale.

Comme nous l'avons dit plus haut, Gregory Vistica a retrouvé au Viêt Nam les tombes de Bui Van Vat, de son épouse Luu Thi Canh et de leurs trois petits-enfants à Thanh Phong. Kerrey pourrait donc s'occuper de son propre linge sale et venir rendre hommage à ses victimes. Il pourrait profiter de ses visites à l'université Fulbright pour aller voir le musée des Vestiges de la guerre à Hô-Chi-Minh-Ville. D'après Wikipédia, le musée « consacre un espace à l'incident de Thanh Phong. Il comprend plusieurs photos et le tronçon d'un puisard décrit comme le refuge où s'étaient cachés les trois enfants, et où ils furent tués à leur découverte ».

On peut y lire le récit suivant : « [Les SEALs] tranchèrent la gorge de Bui Van Vat (66 ans) et Luu Thi Canh (62 ans) avant d'extraire leurs trois petits-enfants du puisard où ils s'étaient cachés. Ils en tuèrent deux, et éventrèrent le troisième. Ensuite, ces rangers se rendirent dans les abris des autres familles, tuèrent quinze civils (dont trois femmes enceintes) et éventrèrent une fille. La seule survivante était Bui Thi Luom, alors âgée de 12 ans, et blessée au pied. »

Lors de sa prochaine visite au Viêt Nam, Kerrey osera-t-il se rendre sur les tombes des enfants que ses SEALs ont étripés ? Ou bien craint-il de s'y faire arrêter ?

Comme l'avait dit Michael Ratner, procureur du Centre pour les droits constitutionnels, dans un article de 2001, « Kerrey devrait être jugé pour crime de guerre, car ses actions lors de la nuit du 24 au 25 février 1969 constituent un crime de guerre. Les sept hommes de l'unité de Navy SEALs qu'il dirigeait tuèrent près de vingt civils, parmi lesquels dix-huit femmes et enfants. Comme les auteurs du massacre de My Lai, il devrait être amené dans le box et jugé pour ses crimes »[327].

Les Conventions de Genève, le droit coutumier international et le Code unifié de Justice militaire interdisent tous le meurtre de civils non combattants. La brutalité des autres ne peut servir d'excuse. C'est la raison pour laquelle c'est un impératif moral que de dénoncer le programme Phoenix en tant que base de la politique de crimes de guerre de la CIA. Il est impératif de traduire en justice l'agent de la CIA qui l'a conçu et ceux qui y ont pris part, en y incluant les journalistes qui l'ont ensablé.

Pour que la politique de crimes de guerre des États-Unis puisse cesser un jour, il faut que les citoyens responsables dénoncent le versant sombre de notre psyché nationale, cette tendance qui fait que nous recourons à la terreur pour imposer notre domination planétaire. C'est pourquoi nous avons besoin d'un tribunal des crimes de guerre, comme celui que Bertrand Russell et Jean-Paul Sartre avaient créé en 1966-1967. Dans ce seul livre, j'ai réuni assez de preuves

---

[327] Tribune intitulée « Bob Kerrey as a War Criminal », en libre accès sur le site https://michaelratner. com/.

pour envoyer la clique des Bruce Lawlor, Rob Simmons, Frank Scotton et Bob Kerrey dans le box des accusés.

Le complexe de la Sécurité nationale fera tout pour l'empêcher. L'État américain a pris de nombreuses précautions pour se protéger et protéger ses serviteurs du droit international. Pendant ce temps-là, les États-Unis corrompent les institutions internationales, à l'image de l'ONU, pour poursuivre ses ennemis. On pensera à Slobodan Milosevic[328]. Si l'ONU pouvait s'émanciper de l'influence américaine, elle pourrait établir ce tribunal, sur le modèle du Tribunal pénal international pour l'ex-Yougoslavie ou de celui pour le Rwanda.

D'après Ratner, hélas, en l'état, les moyens légaux pour traduire Kerrey et ceux de son espèce devant la Justice restent bien limités. Les familles des victimes pourraient tenter une procédure civile contre lui dans le cadre de la loi sur l'accusation de délits étrangers. Les crimes de guerre ne font l'objet d'aucune prescription, et d'après le Code des États-Unis sur les crimes de guerre (18 United States Code, section 2441), Kerrey pourrait être condamné à mort ou à la perpétuité. Cependant, à l'époque de ses crimes au Viêt Nam, le Code pénal américain ne s'appliquait pas aux agissements des citoyens américains à l'étranger. Kerrey dépendait de la Justice militaire, et maintenant qu'il n'est plus dans la marine, il ne relève plus de la juridiction des cours militaires.

Suprême ironie : en tant que sénateur, Kerrey vota en faveur d'une loi sur les crimes de guerre qui autorise à poursuivre en justice les auteurs de crimes semblables aux siens.

Ratner indiquait que le procès au Viêt Nam et l'extradition restaient des possibilités : « La juridiction universelle n'exige pas la présence de l'accusé, qui peut être poursuivi et condamné *in absentia* – tandis que son extradition peut être demandée. Dans certains pays, la loi pourrait permettre son extradition vers le Viêt Nam. Kerrey devrait faire très attention à ses destinations internationales et prendre un bon avocat chaque fois qu'il monte dans un avion. Je lui recommande celui de Kissinger. »

Nous savons que cela ne se produira pas. La légalité est morte le 11 Septembre, quand les invasions et les occupations illégales, les meurtres de masse et les assassinats ciblés sont devenus des doctrines d'État. Tant que les médias célébreront les « chasses à l'homme préventives » sur « cibles mouvantes » comme les conditions de notre sécurité, les crimes de guerre continueront, et ils continueront d'alimenter le terrorisme qui menace la multitude des non-protégés.

---

[328] Et l'on notera que le tribunal international pour l'ex-Yougoslavie a acquitté Slobodan Milosevic lors du procès qui a débouché sur la condamnation pour crimes de guerre de l'ancien président serbe de Bosnie Radovan Karadzic. Voir, à ce sujet : Alex Wilcoxson, « The exoneration of Milosevic: The CYT surprise ruling », *Counterpunch*, le 1er août 2016.

CHAPITRE 19

LE SYSTÈME DE RÉCOMPENSES DE L'ÉLITE SECRÈTE AMÉRICAINE

Après la parution dans le *Washington Post* en 2010 de la série en trois volets de Dana Priest et de William Arkin, « Top Secret America », les universitaires et les éditorialistes se lancèrent dans la course de qui prendrait le mieux les mesures de l'appareil « antiterroriste » né du 11 Septembre. D'un coup, tous ces professionnels qui n avaient rien remarqué jusque-là établirent que tout cela coûtait la bagatelle de 75 milliards de dollars, en plus des dangers que ce monstrueux amalgame de surveillance et d'opérations clandestines faisait courir à une « société libre ».

Les auteurs de « Top Secret America », toutefois, s'étaient bien gardés d'aborder certains aspects de la question.

Permettez-moi de vous raconter une histoire qui complète assez bien la leur.

En 1985, un agent de la CIA me contacta. Larry avait servi pendant quinze ans en tant qu'agent de pénétration à l'étranger, il avait fait une dépression, et voulait me raconter son histoire. Il avait lu le livre que j'avais dédié à mon père, *The Hotel Tacloban*, et pensait que je serais en mesure de le comprendre.

L'histoire de Larry débute au Sud-Viêt Nam en 1966. Il était alors marine, et son « enthousiasme » avait été remarqué par un recruteur de la CIA. Le recruteur passa au crible son dossier et constata que Larry était l'enfant unique d'un mariage rompu. Il était orphelin sur le plan émotionnel, et il cherchait à se raccrocher à quelque chose. Il avait pris la voie de l'ultraconservatisme. Au lycée, ses activités préférées étaient d'assister au culte de l'Église luthérienne et de participer aux débats du Rotary Club. Il rêvait alors de devenir, selon ses propres termes, « un croisé », à l'image de son héros John Wayne.

Larry affirmait être « pour la liberté, pour l'American way of life, pour la libre entreprise ». Et il était fortement anticommuniste. Avec en plus son expérience au combat, il constituait un recrutement de choix pour la CIA. Sa vie prit alors une tournure pour le moins étrange. Larry faisait toujours partie du corps des marines, mais il avait été envoyé suivre une formation spéciale à Okinawa, où on lui apprit la plongée sous-marine, le saut en parachute, la démolition et les arts martiaux. Personne ne lui avait expliqué pourquoi on lui faisait suivre ces entraînements, et lui, en bon soldat, n'avait pas posé la question. Il allait vite l'apprendre, cependant : la CIA avait décidé de faire de lui un agent de pénétration.

À l'époque, l'équipe centrale des couvertures de la CIA gérait un vaste réseau d'agents de pénétration et de sociétés indépendantes. Elle agissait (et agit peut-être encore sous un nom différent) en totale indépendance vis-à-vis de la structure administrative de la CIA ; elle était employée par les présidents américains pour les opérations les plus sensibles.

L'équipe des couvertures mit au point une couverture élaborée pour Larry, et seul son officier traitant savait ce qui relevait de la réalité ou de la narration.

Selon le scénario imaginé par la CIA, le père de Larry était un soldat australien qui avait eu, durant la Seconde Guerre mondiale, une liaison aux Philippines avec une femme nommée Velesco, mi-philippine mi-espagnole, appartenant à la classe aisée du pays. On fit fabriquer de faux documents prouvant que sa mère avait travaillé comme avocate à Samboaga. La mère de Larry et le soldat australien n'avaient jamais été mariés légalement, et Larry était, par sa naissance, un citoyen philippin.

Rapidement abandonnée par le soldat australien, la mère de Larry avait fait une dépression dont elle ne s'était jamais remise. Elle avait été hospitalisée, et Larry proposé à l'adoption. À l'âge de 3 ans, Larry avait été accueilli par une famille américaine de la classe moyenne. Ses parents adoptifs très aimants l'avaient élevé comme leur propre fils, sans jamais mentionner qu'il n'était pas leur enfant biologique. Le jeune Larry était, selon la légende forgée par la CIA, populaire et intelligent, avec un don pour la mécanique. La CIA fabriqua également les faux prouvant que Larry avait été scolarisé à l'Institut General Motors pour l'ingénierie automobile, et qu'il avait ensuite suivi les cours de la Sloan School of Management à l'Institut de technologie du Massachusetts.

Toujours selon le récit de la CIA, Larry s'était ensuite enrôlé dans les marines, et avait été sélectionné pour le pilotage d'hélicoptères, en vertu de ses capacités en mécanique. Toutefois, les contrôles administratifs avaient déterminé qu'il était citoyen philippin, et non américain. Cette révélation avait été un choc pour lui, mais aussi l'occasion de visiter les Philippines, « à la découverte de son passé ».

Larry entreprit son voyage immédiatement après avoir quitté les marines en 1968. Conformément au script établi par l'équipe centrale des couvertures, et comme il le fit réellement, Larry se rendit aux Philippines, où il apprit la langue. Il occupa un emploi de manager et de traducteur au sein d'une société minière japonaise. Malgré des états de service positifs, il démissionna pour prendre en franchise une station-service Shell sur l'île de Leyte.

Au cours de la décennie suivante, Larry occupa des postes de direction chez BF Goodrich, une société américaine de construction et de logistique partenaire de la base de l'armée de l'air américaine à Clark, chez General Motors, chez Visa et chez Westinghouse, qui avait construit le premier réacteur nucléaire des Philippines. Les employeurs de Larry lui fournissaient sciemment une couverture, comme toutes les multinationales américaines ont coutume de le faire avec les agents de la CIA. C'est pour elles un moyen de préserver leur influence à l'étranger, et à Washington.

En 1980, Larry était devenu un véritable notable philippin. Sa couverture était impeccable, au point d'entrer en politique et d'accéder à des fonctions publiques. C'est à ce moment que la situation se précipita. Le département d'État finit par apprendre que Larry était un agent de pénétration, infiltré au sein de la législature philippine. Par une série d'actions, on fit en sorte que toutes les traces de son existence soient éliminées, et il fut exfiltré des Philippines.

Après sa dépression, la CIA lui obtint un poste de directeur d'un club Playboy à Détroit. Ensuite, il fut transféré à Washington, où on fit de lui le gérant du restaurant chic Four Ways, non loin du rond-point Dupont. Quand je l'ai rencontré là-bas, Larry et son épouse philippine travaillaient en cuisine et à l'accueil. Pour être sûre que Larry ne déraille pas, la CIA avait mis un ancien agent de sécurité aux finances.

De ma vie, je n'avais jamais vu d'endroit aussi élégant que ce restaurant. C'était un endroit où les officiers du département d'État, les dignitaires étrangers et les gros hommes d'affaires scellaient des accords en dégustant les meilleurs vins et de la haute cuisine. Il n'y avait qu'une table par salle, superbement décorée, chacune avec son serveur.

On m'avait conduit au bar souterrain, où j'avais pris place sur une banquette en cuir. Un Larry nonchalant m'expliqua que toutes les pièces étaient truffées de mouchards de la CIA.

Pendant que nous parlions, un groupe de jeunes hommes élégants accompagnés par un homme plus vieux s'installa à la table juste à côté de la nôtre. Le bar était vide. Ils avaient commandé des boissons, mais étaient restés silencieux et attentifs pendant que Larry me racontait les tenants et les aboutissants de son expérience dans la CIA.

À un moment, Larry m'expliqua que les jeunes de la table d'à côté étaient des élèves de Langley en formation.

Larry m'expliqua que la CIA gère tout un monde parallèle, à travers lequel elle attribue une existence professionnelle puis une retraite confortable aux agents de pénétration comme lui, après leur service, ainsi que des récompenses aux agents méritants, ou un refuge à ceux qui doivent se faire oublier.

La plupart de ces agents ne peuvent présenter aucun CV viable pour la société civile. On leur confie, pour leur nouvelle existence, la gestion d'un concessionnaire Ford ou d'un restaurant chinois, ou n'importe quel job parmi les centaines que proposent les sociétés partenaires.

C'est une sorte de programme de protection des témoins qui, depuis 2001, s'est dilaté de manière exponentielle. C'est le continent secret de l'Amérique « top secret », une pépinière d'agents hautement performants, aux savoir-faire dangereux, qui peuvent être remobilisés à tout instant. Et tous ont en commun de dépendre intégralement des criminels de guerre qui dirigent la CIA.

Comme le disait John Lennon : « Imagine. »

CHAPITRE 20

COMMENT L'ÉTAT ESSAIE DE VOUS RENDRE FOU

Lew Rockwell : Ceux d'entre nous qui s'intéressaient aux audiences de la trop oubliée Commission Church ont appris l'existence de l'opération Mockingbird. Il s'agissait d'un programme par lequel la CIA comptait à l'époque s'emparer du contrôle des médias américains. Mockingbird a-t-elle continué après la Commission ? Ou, demandé autrement : les médias américains ne seraient-ils que le service de presse de la CIA ?

Valentine : Mockingbird, comme vous le savez, était un programme lancé par la CIA au début des années 1950 pour influencer les médias. Sa création peut être attribuée aux officiers de la CIA Cord Meyer et Frank Wisner. Profitant de l'amitié qui le liait au propriétaire de l'éditeur Random House, Meyer a tenté en 1972 d'empêcher la parution du livre d'Al McCoy *The Politics of Heroin in Southeast Asia*. Wisner qualifiait de « tout puissant Wurlitzer » – du nom de la célèbre marque de juke-boxes – les légions de pions qui, comme Morley Safer, étaient, dans le monde de l'édition et du journalisme, aux ordres de la CIA. Un immense juke-box que Wisner pouvait allumer et éteindre à volonté. Signalons au passage que le fils de Wisner avait participé au programme Phoenix.

Dans son livre *Katharine the Great: Katharine Graham and The Washington Post*, Deborah Davis expliquait que « d'après un ancien analyste de la CIA, dès le début des années 1950, Wisner avait mis son plan à exécution. Il contrôlait d'éminents membres du *New York Times*, de *Newsweek*, de CBS et d'autres canaux médiatiques, et plusieurs centaines de pigistes, entre 400 et 600 »[329]. Carl Bernstein, qui s'appuyait sur des documents de la CIA, avait dit la même chose dans son célèbre article paru dans *Rolling Stone* en 1977, et intitulé « La CIA et les médias : comment les médias d'information les plus puissants travaillent main dans la main avec la CIA et pourquoi la Commission

---

[329] Deborah Davis, *Katharine the Great: Katharine Graham and The Washington Post*, Harcourt Brace Jovanovich, 1979.

Church a tout ensablé »[330].

La CIA s'était constitué un réseau stratégique de magazines d'éditeurs, d'étudiants et d'organisations culturelles, qui lui servait de façade pour ses opérations clandestines. Celles-ci incluaient les opérations de guerre psychologique et politique dirigées contre le peuple américain. Dans d'autres pays, le programme prenait pour cible ce que Cord Meyer appelait la « gauche compatible », ce qui correspond aux gauchistes et aux pseudo-intellectuels en mal de reconnaissance, et si faciles à influencer.

Tout ce manège continue à ce jour, bien qu'il ait été révélé dès la fin des années 1960. Les diverses avancées technologiques, Internet compris, ont permis à la CIA de déployer son réseau à travers le monde entier. D'innombrables membres des médias ne savent même pas qu'ils propagent le couplet de la CIA. « Assad est un boucher », « Poutine tue les journalistes », « la répression est omniprésente en Chine »… Ils n'ont aucune idée de ce dont ils parlent, mais cela ne les empêche pas de rabâcher toute cette propagande.

De nos jours, ce n'est même plus une prérogative de la CIA. Plusieurs branches du gouvernement se sont mises à diffuser leur propre propagande à destination des Américains, mais aussi du reste du monde. À commencer par le département d'État et l'armée. L'armée est le plus gros annonceur du pays, je crois, et les médias ont besoin de ces revenus pour leur survie. C'est ce qui me fait dire que les médias dépendent aujourd'hui plus du département d'État et de l'armée que de la CIA. Mais c'est bien la CIA qui avait posé les fondations de ce système.

On se demandera avec profit, dans ce contexte d'omniprésence de la propagande, ce qui peut bien différencier la propagande de la CIA de celle du département d'État et de l'armée, ou encore de celle des publicités aux couleurs de la bannière étoilée infligées aux Américains chaque seconde de leur vie. Partout où vous regardez, vous avez des drapeaux américains qui servent à vendre des choses. Cela aussi, c'est de la propagande. Elle vient du parti du business. Donc, la question est : « Qu'est-ce qui caractérise la propagande de la CIA ? »

Rockwell : Votre commentaire sur la publicité est très intéressant. La Drug Enforcement Administration produit-elle beaucoup de publicité, elle aussi ?

Valentine : Bien sûr. La DEA nous vend l'idée que, dans la guerre contre la drogue, l'Amérique est la victime. Elle rabâche ce genre d'insanités aussi bien durant les auditions parlementaires que dans les campagnes de propagande payées par l'argent du contribuable, comme ces idioties de « Just

---

[330] Carl Bernstein, « The CIA and the Media: How America's Most Powerful News Media Worked Hand in Glove with the Central Intelligence Agency and Why the Church Committee Covered it Up », *Rolling Stone*, 1944. Carl Bernstein est un journaliste d'investigation célèbre, entre autres, pour avoir révélé, avec Bob Woodward, le scandale du Watergate.

say no » de Nancy Reagan et de DARE. Les institutions locales du maintien de l'ordre et leurs versions civiles reprennent ses mots d'ordre. La DEA prétend que des pays comme le Mexique nous inondent de drogue, et qu'elle a besoin de 50 milliards par an pour faire la police à travers toute la planète et arrêter ces horribles personnages qui, généralement, ne nous ressemblent même pas. Et pourtant, les Américains continuent de demander de la drogue, et la guerre continue, continue... La propagande de la DEA est efficace, cela dit. Elle soulage la conscience des Américains: ce n'est pas leur propre demande qui alimente le trafic de drogue, c'est juste la faute de deux ou trois cartels mexicains.

Le FBI est une énorme machine à propagande, lui aussi. J. Edgar Hoover, « la terreur de la pègre », avait compris comment faire des agents du FBI des figures héroïques de la guerre contre le crime. À l'image de ces « braves gars » qui ont tué John Dillinger dans une ruelle à la sortie d'un cinéma. Comme la DEA, Hoover savait comment falsifier les statistiques, et quelles cibles privilégier pour promouvoir les intérêts de son fief. Le gouvernement est composé d'immenses administrations, comme le FBI et la DEA, qui s'arrachent de haute lutte l'argent des contribuables. Leur machine à propagande sert avant tout à conquérir la plus grosse tranche possible du budget fédéral. Il y a donc une multitude de raisons à l'origine de la propagande, qui peut prendre toutes sortes de formes.

La CIA, bien sûr, est elle aussi impliquée dans la compétition pour sa part du gâteau fiscal. Mais elle utilise également la propagande contre tel ou tel peuple, telle ou telle nation, pour des raisons opérationnelles.

Rockwell : Et donc, en quoi la propagande de la CIA se distingue-telle de celle des autres institutions gouvernementales ?

Valentine : À la différence du département d'État, par exemple, dont la propagande fait la promotion des objectifs déclarés du pays, la CIA travaille à des objectifs et des politiques confidentiels. Ils sont généralement enfouis sous les euphémismes et circonlocutions typiques du renseignement et des militaires. La langue de la propagande, en réalité, est très uniforme, si bien qu'on a du mal à savoir d'où elle vient.

La propagande de la CIA a pour fonction de créer les conditions de dénégation plausible de ses opérations. Elle doit cacher ou travestir les faits à la base des campagnes de désinformation conçues pour tromper le public américain. Elle dispose d'agents de briefing qui font le tour des services de presse des autres institutions gouvernementales et qui leur expliquent ce qu'ils doivent dire. Ceci afin de cacher son implication dans des opérations clandestines conçues pour déclencher une guerre, soutenir un groupe terroriste, déstabiliser un gouvernement ami, appuyer un parti ouvertement fasciste en Ukraine ou une dictature militaire en Amérique du Sud...

Toutes ces choses qui, si le public venait à découvrir qu'elles sont le fait de l'État américain, plongeraient la présidence et le gouvernement dans l'embarras le plus profond. On pensera à la tentative de coup d'État en Turquie appuyée sur Fethullah Gülen… Les journalistes, bien entendu, présentent les communiqués soigneusement rédigés par la CIA comme la réalité.

Car la CIA est chargée de toutes ces choses qui sont illégales et antidémocratiques. Sa propagande est généralement qualifiée de « grise » ou « noire ». La propagande noire sert à masquer complètement une opération de la CIA et à l'attribuer à quelqu'un d'autre, ami ou ennemi, peu importe. La propagande grise est celle qui est diffusée à travers les sources fumeuses - ces informateurs anonymes qui sont devenus la « spécialité » de Seymour Hersh, par exemple.

J'ai déjà cité le cas de Chris Hedges et de son article du *New York Times* basé sur les faux témoignages de transfuges irakiens, qui prétendaient que Saddam Hussein entraînait des terroristes pour attaquer l'Amérique. C'était complètement faux, mais c'est aux transfuges irakiens que l'on a fait porter la responsabilité de ces mensonges. Cela, c'est de la propagande noire.

Le film *Argo* de Ben Affleck, plusieurs fois récompensé, raconte de manière libre le sauvetage, par la CIA, du personnel de l'ambassade américaine de Téhéran réfugié dans l'ambassade du Canada lors de la crise des otages en 1979-1980. Le film d'Affleck est fondé sur le livre d'un agent de la CIA, et sa réalisation a reçu également l'aide de la CIA, à travers le réseau de sa « fraternelle » du renseignement, et par l'intervention de son bureau de liaison dans « l'industrie du divertissement ». Parce qu'il faut savoir que la CIA dispose d'un bureau qui collabore avec Hollywood. Si le film est pro-CIA, elle fournit des conseillers. C'est très exactement de la propagande destinée à réécrire l'histoire. Dans ce cas précis, il s'agit de flatter la CIA, avec l'histoire d'un agent positif et chanceux, et de cacher le fait que les Canadiens avaient joué dans le sauvetage un rôle bien plus important que celui de la CIA.

Les journalistes et les auteurs de livres politiques sur l'actualité tendent à reprendre la propagande de la CIA. Certains de manière consciente, les autres parce qu'ils sont stupides. Il existe, pourtant, une discipline obscure appelée « interprétation de la production écrite du renseignement ». Elle demande que l'on étudie ces textes, comme ces rabbins penchés sur le Talmud à la recherche de traces de sens eschatologique, ou comme ces étudiants en littérature anglaise qui cherchent à comprendre ce que sont les « sept transes sacrées » de T. S. Eliot. La propagande possède une dimension ésotérique qui peut rendre fous ceux qui s'y confrontent. Vous avez des agents de la CIA qui passent une vie à démêler la propagande russe. Certains y laissent leur santé mentale. Ils deviennent paranoïaques et voient des ennemis partout. C'est la raison pour laquelle Colby a viré Jim Angleton. Angleton était convaincu que Colby était un agent russe.

Mais il arrive que la propagande soit assez limpide pour que l'on parvienne à discerner les intentions de la CIA.

En 2011, le journaliste Jeff Stein avait écrit un article à propos de Fethullah Gülen, ce leader politique turc exilé en Amérique que j'ai mentionné il y a peu, et qui a été accusé d'avoir tenté de renverser Erdogan par le coup d'État des 15 et 16 juillet 2016. Dans son article, Stein évoquait Osman Nuri Gundes, « un ancien haut responsable du renseignement turc », qui affirmait dans ses mémoires que le mouvement de Gülen « avait servi de couverture à la CIA dès le milieu des années 1990 ». Stein citait également la lettre d'information parisienne *Intelligence Online*, qui avait affirmé que le mouvement abritait dans ses écoles 130 agents de la CIA, rien qu'au Kirghizistan et en Ouzbékistan[331].

Dissimuler ses agents dans des écoles au Kirghizistan et en Ouzbékistan, cela ressemble tout à fait aux pratiques de la CIA. La CIA peut sans difficulté placer un agent principal dans une école, d'où il peut diriger tout un réseau d'agents, et même de tueurs, qui auront tous un accès légal au territoire russe. Un tel dispositif pourrait trouver sa place dans l'appareil de contrebande de stupéfiants entre l'Asie centrale et les États-Unis. En tout cas, c'est une excellente manière de manipuler les mouvements politiques et sociaux et, *a minima*, de diffuser la propagande de la CIA.

Les journalistes comme Stein savent qu'ils doivent consulter des sources et la presse étrangères s'ils veulent réellement savoir ce que manigance la CIA. En parallèle, ils doivent protéger leur « crédibilité » aux États-Unis, c'est pourquoi ils doivent reprendre la version de la CIA. Stein, qui est un journaliste intègre, a donc interrogé deux anciens agents de la CIA, qui lui ont bien sûr affirmé qu'il ne s'agissait que de mensonges, que jamais la CIA ne ferait des choses pareilles. Alors, qui croire ? La CIA ou « vos yeux, ces sales menteurs », pour reprendre l'expression de Groucho Marx ? L'article de Stein est clair ; il n'y a pas besoin d'y passer des heures pour déterminer s'il s'agit de propagande grise, noire, ou de désinformation russe.

Le cas du *New York Times* est différent. Le journal protège activement la CIA. Il a diligemment publié une série d'articles pour étouffer sous une montagne de désinformation et de journalisme orienté tout soupçon sur l'appartenance de Gülen à la CIA. L'un de ces articles, dégoulinant de complaisance, faisait de Gülen « un modéré » qui « milite pour le dialogue interconfessionnel, dirige un réseau mondial d'œuvres caritatives et d'écoles laïques, promeut l'entente avec Israël et s'oppose aux mouvements islamistes radicaux comme les Frères musulmans et le Hamas »[332].

D'après le *New York Times*, et pour tous ses lecteurs, qui reçoivent tout ce qu'ils y lisent comme la vérité universelle, quelqu'un qui appuie Israël et s'oppose au Hamas est forcément un gars bien, et peu importe si on lit plus loin que c'est grâce à l'intervention « d'un ancien fonctionnaire de la CIA que [Gülen] a obtenu sa Green Card ».

Les journalistes du *New York Times* ne rappellent pas que la CIA crée et dirige, au quotidien, des légions de mouvements sociaux et politiques comme

---

[331] Jeff Stein, « Islamic group is CIA front, ex-Turkish intel chief says », *The Washington Post*, le 8 janvier 2011. Article original en français : « Pourquoi Gülen est l'imam favori de la CIA », sur https://www.intelligenceonline.fr/, le site de Pierre Gastineau, le 6 janvier 2011.

[332] Tim Arango, Ben Hubbard, « Turkey pursues cleric living in U.S., blamed as Coup mastermind », *The New York Times*, le 19 juillet 2016.

celui de Gülen, et qu'elle attend parfois même des décennies avant de les activer dans ses tentatives de coups d'État. Ils n'ont pas cru bon, non plus, de signaler que le mouvement de Gülen contrôlait la majeure partie de la presse anti-Erdogan du pays, ni que la CIA utilise toujours ce type de journaux pour diffuser sa propagande avant les putschs. Non, ils ont seulement réservé leurs colonnes aux démentis de Gülen et à ses défenseurs. L'un des experts expliquait que le mouvement de Gülen était composé d'une « génération en or de jeunes gens, de formation scientifique, mais avec une éthique musulmane ».

Personne dans les médias n'ira prendre la peine d'enquêter sur le réseau d'écoles que la mouvance Gülen est parvenue à implanter aux États-Unis. Personne n'essaiera de savoir si ces écoles constituent l'un des maillons d'une opération sophistiquée de contre-espionnage de la CIA. On pourrait avoir affaire à une autre opération Twofold, où la CIA cache dans le mouvement de Gülen une unité chargée de liquider ses rivaux politiques. Le simple fait que personne dans la presse n'ait posé la question est la preuve qu'il s'agit d'une opération de la CIA.

Les médias s'empressent au contraire d'étouffer ces soupçons. Immédiatement après les événements de juillet 2016, les auteurs du groupe PEN Club International[333], qui n'est qu'une caisse de résonnance pour la propagande d'Israël et de la CIA, ont empressé tous ses membres de signer une pétition dénonçant l'arrestation par le gouvernement turc des journalistes impliqués dans la tentative de coup d'État. PEN n'avait pas mentionné qu'un grand nombre de ces journalistes, par leur ministère anti-Erdogan, pour le compte de Gülen, travaillaient silencieusement pour la CIA. Le but d'une pétition aussi dérisoire n'était pas, bien entendu, de faire pression sur le gouvernement turc, mais de fournir aux membres déçus de PEN un cadre de pensée, de les pousser à détester la Turquie, qui a le tort de ne pas être le meilleur ami d'Israël.

Rockwell : La CIA est une spécialiste de longue date des assassinats. L'armée, également. Mais depuis quelques années, nous avons un président qui assassine ouvertement des gens et qui prétend que c'est son droit. Au début, il était – officiellement – impossible pour la CIA d'opérer sur le sol américain. Je pense que c'était un mythe dès le départ. Aujourd'hui, en revanche, la CIA est massivement présente, et active, sur le territoire. Commet-elle également des assassinats chez nous ?

Valentine : C'est impossible à prouver. Vous ne trouverez jamais un document dans lequel il est dit que le président a ordonné à la CIA de tuer un opposant, par exemple un Paul Wellstone, ce sénateur mort en 2002 dans un

---

[333] N.D.É. : Le PEN Club International (pour « Poets, Essayists and Novelists ») est une organisation internationale d'écrivains engagés pour la démocratie et la liberté d'expression. Elle est agréée par l'UNESCO et le Conseil économique et social de l'ONU.

crash d'avion pour le moins suspect. Vous ne trouverez jamais aucune preuve pouvant être utilisée dans un tribunal, et qui montrerait que la CIA a commis ce genre d'assassinats politiques sur le territoire national. La CIA ne s'engage dans ce type d'opérations que lorsqu'elle peut les nier.

Ma conviction personnelle, que je fonde sur ce que j'ai appris de la CIA, est qu'elle tue sur le sol américain. Mais je ne peux pas le prouver pour les raisons que je viens d'énoncer. Elle charge la mafia de recruter un petit escroc pour tuer Martin Luther King Jr., et elle collabore ensuite avec ce que Fletcher Prouty avait appelé « l'équipe secrète » pour brouiller les pistes[334].

Rockwell : Et quelle est votre opinion sur *Inside the Company: CIA Diary*, le livre de Philip Agee[335] ? Je rappelle qu'Agee était, bien sûr, un ancien agent de la CIA, et qu'il a raconté, en substance, quelles personnalités se trouvaient sur le livre de paie de la CIA, et combien étaient contrôlées par l'agence. Le livre vous paraît-il convaincant ?

Valentine : Le livre est très fiable, absolument. L'histoire moderne de la CIA débute avec Agee et ses révélations. Rien de ce qu'a affirmé Agee n'a pu être démenti. Son erreur fatale aura été d'avoir dit la vérité. Il a révélé le nom de centaines d'officiers de la CIA, et en a rattaché plusieurs à des crimes précis. Il n'en fallait pas plus pour le discréditer. Quiconque lit Agee et prétend aborder de manière rationnelle ce qu'il nous dit devient, par association, un traître lui aussi. Ses révélations, par bien des égards, anticipaient la vidéo des « assassinats collatéraux » que Chelsea Manning avait transmise à WikiLeaks. Manning a été tourmentée et emprisonnée pour avoir révélé les crimes que l'armée et la CIA commettent sur une base régulière. Et en Amérique, c'est de la trahison. Agee n'a pas connu directement la prison, mais il a fait l'objet de menaces et a dû se réfugier à Cuba. Agee et les gens qui l'ont publié ont exposé la face cachée de la CIA. Ce n'est pas un hasard si la convocation de la Commission Church suit d'aussi près les révélations d'Agee. Il y a beaucoup de choses qui avaient commencé à filtrer à la fin des années 1960 et au début des années 1970, mais Agee puis John Stockwell ont été les seuls officiers de la CIA à dénoncer dans le détail des faits criminels commis par leur agence et, de manière plus importante encore, ses intentions criminelles.

Cela ne se reproduira plus jamais. Après Agee et Stockwell, la CIA a placé

---

[334] N.D.É. : Leroy Fletcher Prouty (1917-2001) était un militaire américain de l'armée de l'air américaine, qui prit part à des faits d'armes spectaculaires durant la Seconde Guerre mondiale (comme l'évacuation de commandos britanniques prisonniers qui est relatée dans *Les Canons de Navarone*). Après la guerre, il fut le chef des opérations spéciales pour le comité des chefs d'état-major interarmées du président Kennedy. Après avoir quitté l'armée, et après l'assassinat de Kennedy, il dénonça publiquement l'emprise de la CIA sur l'État américain, dans plusieurs livres. L'expression « équipe secrète » est empruntée au titre de l'un des livres de Prouty, *The Secret Team: The CIA and Its Allies in Control of the United States and the World*.

[335] Au sujet de Philip Agee, voir le chapitre 9.

l'un des siens, Rob Simmons, à la Commission Renseignement du Sénat, où il a guidé les étapes de la rédaction de la loi sur l'Identité des agents. Il est aujourd'hui illégal de citer le nom d'un agent de la CIA. Si vous insistez, vous finirez en prison, comme John Kiriakou. Ces mesures répressives sont la réponse légale aux révélations comme celles d'Agee.

Rockwell : On en a appris de belles, tout dernièrement, sur *The Paris Review*... Ce prestigieux magazine littéraire n'est en réalité qu'une façade pour la CIA. Le cas de *National Review*, une revue que j'abhorre, m'a toujours fasciné. Elle avait été fondée par Bill Buckley, un ancien agent de la CIA, et il n'était pas le seul agent à en faire partie. La revue avait reçu la collaboration de plusieurs autres anciens de la CIA. Peut-être faudrait-il placer le terme « ancien » entre guillemets, d'ailleurs. C'est un magazine qui s'était donné pour objectif d'anéantir toute tendance pacifiste « à droite ». Considérez-vous que *National Review*, comme *The Paris Review*, était une opération de la CIA ?

Valentine : J'aime beaucoup votre question, parce qu'elle permet de distinguer les « agents » de la CIA qui travaillent pour un officier traitant, contre salaire, et ces gens qui, comme les propagandistes dans les médias, le font par conviction. Ils dénoncent leurs collègues ou renseignent telle ou telle agence d'espionnage pour des raisons idéologiques. Buckley est l'exemple type. Il y a des gens qui, par leur comportement enthousiaste, donnent l'impression d'être des agents de la CIA, mais en réalité ils sont simplement en pleine osmose idéologique avec elle, et ne se seraient pas comportés différemment s'ils avaient été de véritables agents. Dans le cas de Buckley, il importe peu de savoir s'il agissait en tant qu'agent ou en tant que volontaire mû par ses convictions. Il fait partie de ces gens qui revendiquent de partager l'idéologie de la CIA.

Il est en revanche plus utile de surveiller ce qui se passe « à gauche », une expression qui chez moi inclut la gauche progressiste. Prenez *The Nation*, par exemple. C'est un magazine populaire auprès des progressistes et des gauchistes. S'attendrait-on à ce que *The Nation* adopte les positions de la CIA sur un point particulier ? Se peut-il que la CIA s'y soit infiltrée ? Pourrait-elle en influencer la ligne, dans des situations d'urgence ?

La CIA n'a pas besoin d'infiltrer les milieux Ultras. Elle porte son effort sur ce que Cord Meyer appelle la « gauche compatible ». Cord Meyer avait participé à l'opération Mockingbird, qui était une tentative de séduction de la gauche compatible. Voilà ce que fait la CIA. Elle n'a pas besoin de séduire Bill Buckley ou *National Review*, parce que les Ultras aiment déjà la CIA et savent parfaitement ce qu'il faut en dire. Quoi qu'il arrive, ils écriront exactement la même chose qu'elle. La CIA, en revanche, infiltre les médias qui prétendent être neutres, ou de gauche. Plus un média ou un magazine se positionne à gauche, et plus on doit s'attendre à y trouver la CIA.

Rockwell : Comme dans le cas du Congrès pour la liberté culturelle, il y a quelques années de cela.

Valentine : Exactement. La CIA n'a pas besoin d'expliquer au *New York Times* ce qu'il doit dire. Arthur Ochs Sulzberger Jr. et toute l'équipe savent parfaitement ce que l'on attend d'eux. Ils sont sur la même longueur d'onde que la CIA. Ils partagent les mêmes intérêts et coexistent au sein de la même hyperclasse politique et économique.

La CIA, cependant, veut tout savoir de ce que pensent et planifient les gens, de Marine Le Pen à Benjamin Netanyahu, en passant par Bachar el-Assad. Elle essaie d'influencer tout le monde, le plus possible. Elle infiltre les partis socialistes et essaie de les convertir à l'ultralibéralisme. Elle concentre son activité dans les endroits que l'on considère aux États-Unis comme les plus hostiles, comme la Chine et la Russie. Et elle infiltre les groupes domestiques qui posent un problème. Vous la verrez tenter d'infléchir les positions de Black Lives Matter sur l'égalité. Elle pilote les groupes d'expatriés comme celui de Gülen, et les projette contre les ennemis des États-Unis. Mais plus que tout, la CIA travaille à remodeler l'opinion publique américaine en faveur des interventions extérieures, du soutien militaire à Israël, à l'Arabie Saoudite et à l'Égypte, de manière à ce que le pétrole continue de couler à flots.

Rockwell : Doug, quelles lectures conseilleriez-vous à quelqu'un qui veut apprendre des choses sur la CIA ?

Valentine : En ce qui concerne la propagande, les gens devraient lire deux livres de Noam Chomsky et Edward S. Herman : *Manufacturing Consent: The Political Economy of the Mass Media* et *Counter-Revolutionary Violence: Bloodbaths in Fact & Propaganda*[336]. En plus des livres d'Agee et de Stockwell déjà évoqués, je conseille *The CIA and the Cult of Intelligence*, de Victor Marchetti. Il faut également lire cet autre livre, pas récent, lui non plus, de Fletcher Prouty, *The Secret Team*, qui explique mieux que tout le monde comment la CIA s'infiltre dans les autres agences gouvernementales et comment ses agents arrivent à dicter le programme du gouvernement. Je resterais en revanche à bonne distance de tout ce qui provient de gens qui travaillent pour le *New York Times*. Si vous voulez lire les livres d'Evan Thomas ou de Tim Weiner sur la CIA, prenez ce qui y est dit avec des pincettes. Ils sont dans le culte de la figure héroïque. Je ne perdrais pas mon temps non plus avec les livres universitaires qui s'appuient sur des documents officiels, comme les Pentagon Papers (Prouty explique bien pourquoi) : ils n'ont pas plus de crédibilité qu'un rapport de mission de Bob Kerrey.

Les meilleurs de ces livres sont anciens, et la CIA, depuis quinze ans, a profondément révisé son organisation. Les services clandestins ont changé de

---

[336] N.D.T. : Le premier a été traduit en France sous le titre : *La Fabrication du consentement : De la propagande médiatique en démocratie*. Le second, qui est inédit chez nous, traite de la violence et des massacres de l'intervention américaine au Viêt Nam. Son titre pourrait être traduit par « La violence contre-révolutionnaire : propagande et bains de sang ».

nom. Mais c'est toujours la même partie de bonneteau qui se joue. Soyez donc prévenus : les plus vieux de ces livres sont dépassés en ce qui concerne l'organisation de la CIA, mais rien n'a changé en ce qui concerne les méthodes et les buts poursuivis.

Il est important de lire tout ce que la CIA publie à propos de sa structure. Son site Internet détaille assez honnêtement la manière dont elle est organisée, le nombre de ses branches et divisions, et ce qu'elles font. Il faut juste garder à l'esprit que, comme dans toutes les grandes organisations, les vrais canaux du pouvoir n'apparaissent pas sur les organigrammes. Une entité comme la CIA possède des chaînes de transmission et des modalités d'intervention qui défient toute tentative d'analyse structurelle.

Ce sont des choses difficiles à comprendre, ni plus ni moins que les mathématiques avancées ou la pétrochimie. Cela s'étudie, et ça demande beaucoup d'efforts. Vous devez lire énormément pour rester pertinent. Il faut également lire les publications étrangères sur le sujet, et tout étudier dans le détail.

Prenons l'exemple d'un article de 1989 paru dans la *Marine Corps Gazette*. Un article qui aura donc bientôt 30 ans. Les auteurs y écrivaient :

« Les guerres de nouveau type seront très dispersées, et leur définition restera largement floue. La distinction entre l'état de guerre et l'état de paix deviendra impossible. Il sera également impossible de définir les fronts et les champs de bataille, et la distinction entre civils et militaires finira elle aussi par disparaître. Le succès dépendra avant tout de l'efficacité des opérations conjointes, tandis que la frontière entre responsabilité et mission s'estompera. »[337]

La perle inattendue de l'article, c'est lorsqu'ils expliquent que « ce nouveau type de guerre nécessitera des opérations psychologiques, qui prendront la forme d'interventions des médias d'information ».

On voit bien que tout ceci constitue aujourd'hui la procédure standard, tant hors des frontières que sur le front domestique, qu'il s'agisse d'opérations militaires ou d'interventions de la CIA dans les médias.

L'article avait encore expliqué qu'« il est important de maîtriser les médias pour altérer les opinions domestiques ou étrangères. Sur ce nouveau champ de bataille psychologique, les informations télévisées pourraient devenir des armes opérationnelles plus puissantes que des divisions blindées ». C'était il y a trente ans, ou presque. Avant Internet. L'armée expliquait déjà comment, dans le village global, toutes les frontières nationales s'évanouiraient, et comment les États-Unis deviendraient la puissance dominante, et pourraient influencer les événements partout dans le monde grâce au contrôle de l'information. L'article annonçait que la propagande et les opérations de guerre

---

[337] William S. Lind, colonel Keith Nightengale (armée de terre), capitaine John F. Schmitt (corps de la marine), colonel Joseph W. Sutton (armée de terre), lieutenant-colonel Gary I. Wilson (corps de réserve de la marine), « The changing face of war: into the fourth generation », *Marine Corps Gazette*, 1989.

psychologique deviendraient le principal facteur dans le développement de la vie politique et sociale.

C'était avant que Facebook ne permette de parler à des citoyens du Brésil ou des Philippines, ou de nations ennemies comme la Russie ou la Chine. C'était avant que nous ne puissions lire *Russia Today*, et avoir libre accès à des informations qui contredisent les versions officielles américaines. L'armée, le département d'État et la CIA avaient compris comment évoluerait le monde et se préparaient à prendre le contrôle.

Le processus pour parvenir à voir à travers toute cette information et deviner le jeu de la CIA, qui cherche à canaliser nos pensées, nos émotions, nos comportements, est terriblement complexe. Il est quasi impossible de comprendre qui émet réellement ces informations qui déferlent sur nous : le département d'État, l'armée, la CIA ? Comme l'écrivait la *Marine Corps Gazette*, les frontières se sont évanouies. L'information est si rapide, si omniprésente... Elle se mêle aux messages publicitaires et aux autres types de messages qu'on nous adresse en rafales. Comme l'avaient écrit les auteurs de l'article : tout est flou. Guy Debord en parle dans *La Société du spectacle*. Comment les gens peuvent-ils s'adapter, réviser leur perception de la réalité, pour comprendre d'où viennent ces messages et ce qui est vraiment en jeu ? C'est un défi surhumain, surtout dans un cirque médiatique qui est parvenu à faire de Donald Trump un candidat présidentiel viable. Submergés, déboussolés, les gens tendent à se désengager – c'est ce qui a permis à Trump de créer et contrôler un mouvement social et politique à coups de tweets et de messages symboliques. Comment imaginer que la lecture de quelques livres résoudrait la situation ? Comprenez-vous où je veux en venir ?

Rockwell : Mais c'est encore possible, tout de même ? Cela demande simplement beaucoup d'efforts.

Valentine : Oui, c'est possible, c'est sûr, parce que les informations sont accessibles.

Rockwell : Une dernière question... Je vous préviens, elle est complexe, vous pouvez donc la survoler, sans entrer dans le détail. Puisque vous êtes un expert de la DEA et de la CIA, que pouvez-vous nous dire de la contrebande de drogue par la CIA ? Est-il vrai qu'elle était déjà implantée dans le Triangle d'or à la fin des années 1940, et ainsi de suite, et qu'elle utilise la drogue, ou du moins l'utilisait jusqu'à récemment, à des fins politiques et peut-être même financières ?

Valentine : C'est vrai. Comme je l'ai expliqué ailleurs, l'augmentation des addictions aux États-Unis était la conséquence directe de l'activité de contrebande de la CIA en Extrême-Orient, et, à la fin des années 1960, la vérité était sur le point d'éclater. C'est pourquoi, sous la présidence Nixon, la CIA s'était fixé pour objectif d'infiltrer la DEA. Attention : tant que la situation aux États-Unis était maîtrisée, la DEA et les organisations qui l'ont précédée n'avaient pas besoin de consignes de la CIA : elles savaient que la « guerre contre la drogue » était avant tout un instrument politique au service de la guerre psychologique.

À partir de 1949, les États-Unis ont rendu la Chine communiste officiellement responsable des problèmes de drogue en Amérique. C'était totalement faux, mais le vieux Bureau des narcotiques savait ce qu'on attendait de lui. Son commissaire, Harry Anslinger, était l'un des plus grands propagandistes de tous les temps. Il avait lié la consommation de cannabis à l'image des Mexicains tentant de séduire les femmes blanches. Il avait associé l'addiction à l'héroïne aux musiciens noirs. Il avait manipulé les statistiques pour pouvoir faire des minorités méprisées et des organisations de gauche ses boucs émissaires.

C'est Anslinger qui a appris à la CIA comment faire de la propagande. Il avait d'ailleurs aidé à la constitution de l'OSS. Garland Williams, l'un de ses officiers haut gradés, s'était rendu en Angleterre en 1942, accompagné d'un individu nommé Millard Preston Goodfellow. Goodfellow était un dirigeant du groupe de presse Hearst, et possédait le quotidien *The Brooklyn Eagle*. Williams et Goodfellow étaient tous deux membres du Bureau du coordinateur de l'information, l'agence de renseignements et de propagande de guerre fondée par le président Roosevelt en 1941. Ensemble, en Angleterre, ils avaient rencontré John Keswick, qui avait trempé dans le trafic d'opium en Chine, et qui chaperonnait désormais la direction des Opérations spéciales des services secrets britanniques. Williams et Goodfellow sont revenus à Washington avec les manuels d'entraînement de la direction des Opérations spéciales, et s'en sont servis pour créer l'OSS.

En d'autres termes, il y avait dans le groupe qui a créé la CIA un agent des narcotiques qui a appris aux officiers de l'OSS comment éluder les services de sécurité des nations étrangères (ce que les agences antidrogue continuent de faire de nos jours). Et il y avait aussi un homme de presse pour expliquer à l'OSS comment on devait contrôler le message.

C'est encore la base des procédures standard actuelles au sein de la DEA, de la CIA, du FBI, de l'armée… Tous savent très bien ce qu'ils font. Ils obéissent tous à des motivations internes spécifiques, mais c'est la CIA qui contrôle le produit final.

Rockwell : Eh bien, Doug Valentine, merci pour tout ce que vous faites. Ce n'est pas le genre de carrière qui conduit au pouvoir et à l'argent. Vous avez choisi le chemin de la vérité, et de l'enseignement de la vérité, ce qui fait de nous vos débiteurs. Les portes de l'émission vous sont ouvertes, c'était formidable.

Valentine : Je vous en prie. Je reviendrai avec plaisir.

CHAPITRE 21

COMMENT ON A CAMOUFLÉ LES SALES GUERRES D'OBAMA

Dans un discours adressé aux élèves de l'Académie de West Point au début du mois de décembre 2009, le président Barack Obama avait déclaré : « Nous sommes présents en Afghanistan pour empêcher le cancer de se propager de nouveau dans ce pays. Mais ce cancer a également pris racine de l'autre côté de la frontière, côté pakistanais. C'est la raison pour laquelle nous devons mettre en place une stratégie qui fonctionne des deux côtés de cette dernière. »[338]

Cette formulation éculée et l'utilisation du mot à buzz « cancer » étaient un signe clair. Celui que le renforcement des effectifs en Afghanistan annoncé la semaine précédente répondrait aux attentes de CIA en matière de « guerre politique et psychologique », qui est l'une des pierres angulaires de toute opération de contre-insurrection. La soumission d'Obama au diktat de la CIA était, bien évidemment, en contradiction totale avec sa promesse de campagne de réduire la présence américaine dans les pays musulmans.

Comme je l'ai déjà souligné à plusieurs reprises dans cet ouvrage, la guerre politique et psychologique repose sur la gestion de l'information. Dans ce cas précis, elle reposait sur le révisionnisme minutieux des communiqués officiels du gouvernement, destiné à cacher que c'était la doctrine afghane officieuse de l'État américain et ses actions clandestines - notamment celle qui consiste à s'appuyer sur des seigneurs de la drogue - qui étaient à l'origine dudit cancer.

En effet, il a été rapporté qu'un mois avant qu'Obama n'annonce la relance de l'effort militaire en Afghanistan, l'ambassadeur des États-Unis à Kaboul s'était prononcé de manière défavorable quant à un envoi massif de troupes dans la région « tant que le gouvernement Karzai ne serait pas réformé »[339]. Le général David Petraeus, commandant en chef des forces régionales, avait « dit à M. Obama de considérer les membres du gouvernement Karzai comme une "mafia". Et l'ambassadeur Eikenberry considérait que l'Amérique n'aurait pas

---

[338] Déclaration du président à la nation sur les développements en Afghanistan et en Irak, le 1er décembre 2009.

[339] Peter Baker, « How Obama came to plan "The Surge" in Afghanistan », *The International New York Times*, le 5 décembre 2009.

dû se compromettre avec cette pègre ».

Toute cette rhétorique était évidemment complètement hypocrite, étant donné que l'Amérique avait, à l'origine, elle-même mis en place la mafia Karzai.

Penchons-nous sur les faits historiques, les vrais. La défaite ignominieuse de l'Amérique au Viêt Nam en 1975 ne mit pas fin à son jihad anticommuniste, que le président Carter allait simplement reconditionner avant de le vendre sous la forme d'une politique de promotion des « droits de l'homme ». Tandis que Carter défendait les « droits de l'homme », son conseiller à la Sécurité nationale, Zbigniew Brzezinski, renversait secrètement le régime prosoviétique en plein essor en Afghanistan en 1978. C'était le coup d'envoi d'une nouvelle et grande saison d'opérations clandestines. Les agents de la CIA recrutèrent, financèrent, armèrent et formèrent des chefs militaires issus des ethnies non pachtounes d'Afghanistan, et les intégrèrent à la tristement célèbre Alliance du Nord. Par l'intermédiaire de nations islamiques alliées telles que l'Arabie Saoudite, la CIA recruta également des mercenaires comme Oussama ben Laden et les lança contre les communistes laïcs.

La grande idée de Brzezinski était de déclencher une intervention militaire soviétique et d'entraîner les Russes, grâce à une insurrection minutieusement attisée, dans une guerre d'épuisement semblable à celle du Viêt Nam. Le « cancer » que l'Amérique cherchait à éradiquer à l'époque était le communisme, et avec lui ses objectifs d'égalité des revenus et de libération de la femme afghane. Celle-ci, rappelons-le, était à l'époque encouragée à entreprendre des études universitaires et à mener une carrière professionnelle.

Exactement à la manière d'un Monsanto, qui vend du désherbant truffé de dioxines à de joyeux bourgeois américains aux prises avec leurs problèmes de pelouse, la CIA lança une campagne d'information pour convaincre les musulmans que le communisme allait à l'encontre des principes de base de l'islam, et notamment de la foi en Dieu. Pour tuer dans l'œuf la tentation « coco », la CIA créa les moudjahidines, et ouvrit ainsi la voie à Al-Qaïda. Elle provoqua la guerre civile qui détruisit une société moderne en voie de constitution en Afghanistan.

Vous avez les puissantes entreprises américaines qui, par soif de profit, fabriquent les toxines responsables des vrais cancers, et vous avez la CIA, qui créa le substrat d'où allaient émerger les talibans. Surgis des cendres de la guerre civile que la CIA avait provoquée, les talibans furent la seule force à chercher à rétablir la loi et un semblant d'ordre dans le pays.

Si Obama voulait vraiment débarrasser le monde du cancer, peut-être aurait-il dû bombarder Monsanto ou envoyer ses escadrons de la mort sur les fabricants de tabac ?

Et puisque l'on parle de ce qui est cancérigène, signalons qu'Obama avait trouvé chez Carter une véritable mine d'inspiration. Lors de sa visite au Viêt Nam au printemps 2016, il s'était permis de reprocher au gouvernement de Hanoï ses « violations des droits de l'homme ». Il l'avait fait, bien sûr, sans jamais reconnaître l'effroyable épidémie de cancers déversée par les États-Unis au Viêt Nam. Les épandages systématiques d'agent orange sur 12% du territoire avaient ruiné la vie de plus de 3 millions d'innocents. Et ne croyez pas que cela appartient au passé, à l'histoire de la guerre du Viêt Nam... Cela reste, aujourd'hui encore, un immense problème.

Comme Marjorie Cohn l'avait rappelé en décembre 2015 : « Les personnes exposées à l'agent orange pendant la guerre ont souvent des enfants ou petits-enfants gravement malades ou handicapés. La communauté scientifique internationale a identifié un lien entre l'exposition à l'agent orange et certaines formes de cancers, de troubles de la fertilité, d'immunodéficience, de troubles du système endocrinien et de lésions du système nerveux. Des victimes de deuxième et troisième génération continuent de naître au Viêt Nam, mais aussi dans les familles des vétérans américains et chez les Américano-Vietnamiens de ce pays. »[340]

Certains officiers de la CIA eurent régulièrement recours à ce poison dès 1961 au Viêt Nam, d'après le livre *Vietnam Declassified* de Tom Ahern. L'homologue vietnamien de l'officier Ralph Johnson avait « proposé de déployer des équipes spécifiques pour empoisonner les réserves de riz de l'IVC, piéger ses dépôts de munitions, tuer ou capturer ses membres lors d'embuscades ou de raids dans les villages contrôlés par les communistes, et collecter le renseignement. Johnson soutint ce programme dont il espérait qu'il entraverait l'action des forces vietcong, tout en réduisant la pression communiste sur les villages des Montagnards »[341].

Alors stationné dans la province de Kien Hoa en 1964, Tom Ahern avait proposé d'utiliser « des objets piégés sophistiqués, des bombes incendiaires et des substances toxiques sur le bétail des zones considérées comme étant communistes ». Ahern ne se souciait guère des risques de victimes collatérales ; il suffisait de « larguer des tracts pour avertir les personnes qui empruntaient certaines routes qu'elles couraient un danger mortel »[342].

Les officiers de la CIA comme Tom Ahern savaient parfaitement qu'ils répandaient le cancer. Le gouvernement des États-Unis et son allié britannique avaient mis au point dans les années 1940 une variante militaire de la dioxine destinée, officiellement, à détruire les récoltes nazies et japonaises. Il était établi depuis les années 1950 que la dioxine était un agent cancérigène mortel, à l'image des retombées nucléaires. Les États-Unis savaient donc très bien ce qui arriverait aux Vietnamiens et à leurs propres soldats, traités en simples consommables, lorsqu'ils aspergèrent le Viêt Nam de dioxine. Et ils savaient parfaitement ce qui arriverait lorsqu'ils implantèrent le « cancer moudjahidine » en Afghanistan.

Lorsqu'on lui avait demandé s'il regrettait d'avoir créé des terroristes, Brzezinski avait répondu : « Qu'est-ce qui est le plus important à l'échelle de

---

[340] Marjorie Cohn, « Forty years on, the Vietnam war continues for victims of the Agent Orange », *Counterpunch*, le 17 décembre 2015.

[341] Tom Ahern, *Vietnam Declassified...*, *op. cit.*, p. 64.

[342] *Ibid.*, p. 132.

l'histoire du monde ? Les talibans ou la chute de l'URSS ? Quelques musulmans agités ou la libération de l'Europe centrale et la fin de la Guerre froide ? »[343]

Lorsque Leslie Stahl lui avait demandé si elle regrettait que les sanctions des États-Unis contre l'Irak aient causé la mort d'un demi-million d'enfants, l'ancienne secrétaire d'État Madeleine Albright avait déclaré : « Nous pensons que cela en vaut la peine. »

Madeleine Albright avait fait cette déclaration dans l'émission *Sixty Minutes* en 1996, mais, comme l'avait rapporté Rahul Mahajan, « en parcourant les principales sources d'information depuis le 11 Septembre, on ne trouve qu'une seule référence à ces propos, dans un éditorial du *Orange County Register* (du 16 septembre 2001). Ce silence est frappant, étant donné le rôle majeur que les sanctions contre l'Irak jouent dans l'idéologie de l'ennemi juré de l'Amérique, Oussama ben Laden. Sa vidéo de recrutement montre des photos de bébés irakiens qui dépérissent de malnutrition ou de manque de soins médicaux (*New York Daily News*, le 28 septembre 2001). Les médias de masse américains considèrent qu'il n'est pas convenable d'évoquer la similitude entre la pensée des terroristes du 11 Septembre et celle de Madeleine Albright. Ils ont pourtant en point commun de considérer que la mort de milliers d'innocents n'est jamais que le prix à payer pour arriver à leurs fins politiques »[344].

Alors qu'elle évoquait en octobre 2011 l'inutile destruction de la Libye, dont elle s'était rendue coupable, et la mort de Kadhafi, un couteau enfoncé dans le rectum, Sa Majesté Hillary Clinton avait gloussé : « Nous sommes venus. Nous avons vu. Il est mort. »

Être un Américain d'exception vous dispense à jamais de vous excuser. Être l'un des plus grands leaders américains vous protège à jamais de la prison.

À droite comme à gauche

Une semaine après son allocution auprès des élèves de West Point, Barack Obama recevait le prix Nobel de la paix. Son discours d'Oslo (dans lequel il s'était vanté d'avoir ordonné la fermeture du centre de torture de Guantánamo) représenta une pierre milliaire, pour lui qui avait décidé de s'attaquer au chantier de la relance de la guerre en Afghanistan. Peu lui importait que les mains américaines soient déjà souillées du sang de milliers d'innocents tués dans les bombardements.

Car, après tout, qui s'est jamais soucié du sang de ces innocents ? La duplicité du discours d'Obama avait été acclamée par les néoconservateurs qui, étonnamment, crurent avoir trouvé chez le jeune président métis un représentant de leurs causes interventionnistes bien plus efficace que ce clown

[343] *Le Nouvel Observateur*, du 15 au 21 janvier 1998.

[344] Rahul Mahajan, *FAIR*, le 1er novembre 2001.

inintelligible de George W. Bush.

« Le glissement dans la rhétorique a été frappant à Oslo », avait observé le théoricien néoconservateur Robert Kagan dans un éditorial du *Washington Post*. « Le pseudo-langage plus ou moins révisionniste de gauche qui parsemait ses précédents discours, celui qui soulignait les failles du leadership mondial américain, les coups d'État et les guerres irréfléchies, et qui minimisait ses réussites comme le triomphe de la Guerre froide, avait disparu. »[345]

La « rhétorique de gauche », en effet, était destinée aux électeurs américains, avec pour objectif la victoire à l'élection présidentielle de 2008. À Oslo, l'année suivante, Obama était président. Il pouvait donc se permettre de résumer six décennies de « failles » en une expression de neuf mots : « Quelles que soient les erreurs que nous avons commises. »[346]

C'était avec entrain qu'Obama avait endossé le costume de vendeur d'armes pour la guerre en Afghanistan. Il s'était délecté de son rôle de gardien de la liste noire des personnes à éliminer, il s'était vanté de pouvoir se jouer des frontières internationales pour assassiner les leaders talibans au Pakistan, et plus tard, un citoyen américain au Yémen. Sous l'intendance Obama, le rôle du président passa de leader moral à opérateur de drones Predator spécialisé en frappes chirurgicales.

La posture du dur à cuire qui aime tuer est populaire en Amérique : lorsque Obama quitta la Maison Blanche en 2016, 51% des Américains le soutenaient encore.

Mais Obama n'eut jamais besoin d'emporter l'adhésion d'une majorité d'Américains pour mener la guerre contre le terrorisme. Les Américains sont tellement conditionnés qu'ils se rallient instinctivement autour du drapeau pour soutenir leurs troupes. C'est d'ailleurs le réflexe sur lequel comptaient Obama et l'establishment de la Sécurité nationale quand ils envoyèrent 30 000 soldats supplémentaires en Afghanistan. Et même si cette initiative devait ensuite être classée parmi « les erreurs que nous avons commises », l'affaire était entendue. Des décennies de guerre politique et psychologique ont réussi à attribuer la responsabilité de « ces erreurs » non pas à nos leaders pétris de bonnes intentions, mais à l'opinion publique, dont la seule obligation morale est de soutenir l'armée.

Le truc, c'est de faire en sorte que le public ait l'impression qu'il y a, tous les jours que Dieu fait, un besoin constant et urgent de guerres à soutenir. Obama déguisa simplement la relance de la guerre en Afghanistan en traitement contre le cancer. Il en fit un sujet involontaire de survie personnelle, comme les chimiothérapies et les radiothérapies qui laissent des séquelles terribles sur le corps des patients, mais sont nécessaires si ces derniers veulent vivre.

---

[345] Robert Kagan, « Obama shows he has learned from the early world resistance », *The Washington Post*, le 13 décembre 2009.

[346] Déclaration du président à l'occasion de la réception du prix Nobel de la paix, Bureau du service de presse de la Maison Blanche, le 10 décembre 2009.

Quinze années après que Bush a envahi l'Afghanistan, et après quinze années de guerre civile, les Américains continuent d'acheter cette sorte d'élixir miraculeux qui fera disparaître la peur et l'insécurité que leurs dirigeants ont créées. Cet état de dépendance psychologique les rend incapables de se débarrasser de leurs oppresseurs politiques ici, à la maison.

Le conseil de guerre incestueux d'Obama trouva son symbole dans le mariage entre le néoconservateur Robert Kagan et la néolibérale Victoria Nuland, secrétaire d'État adjointe chargée de l'Europe et de l'Eurasie. Alternant avec précision les doses médicinales de peur et de patriotisme, il fonctionnait en comptant sur la confusion des esprits américains. La plupart des Américains n'ont pas le temps de rechercher ce qui s'est réellement passé en Afghanistan. Et dans le cas précis de la « relance » d'Obama, il n'y a jamais eu « d'insurrection » à réprimer, mais plutôt un mouvement hostile à l'occupation militaire américaine de la part des nationalistes afghans.

On pourrait dire que la politique non déclarée de conquête américaine *via* la corruption massive fut une erreur. On pourrait aussi dire que l'establishment de la Sécurité nationale voulait s'emparer du contrôle du trafic de drogue, pour pouvoir financer la formation d'une nouvelle génération de forces spéciales, tout en colonisant l'Afghanistan pour en faire une base depuis laquelle déstabiliser la Russie et la Chine.

Quelle que soit la manière de présenter les choses, tout se déroule comme prévu, et continuera de se dérouler de la sorte.

Qu'est-ce qu'une contre-insurrection ?

Dans ses discours, le président Obama définissait ainsi les objectifs de l'Amérique en Afghanistan :

1) l'élimination des rebelles talibans hostiles à l'occupation militaire américaine et au régime de fantoches corrompus mis en place par les États-Unis en 2001 ;

2) l'élimination de plusieurs terroristes arabes ;

3) la création d'un gouvernement stable et d'une infrastructure économique proaméricains.

David Galula, auteur de l'ouvrage de référence *Counterinsurgency Warfare: Theory and Practice*, rappelle que la contre-insurrection suppose « la construction ou reconstruction d'un appareil politique au sein de la population »[347].

Vue de cette manière, toute contre-insurrection est aussi une insurrection ; cela dépend simplement de qui raconte l'histoire et du moment où elle commence. En Afghanistan, les talibans faisaient la loi depuis plusieurs années avant que l'Alliance du Nord pilotée par la CIA ne les renverse. Depuis la guerre civile, il existe en Afghanistan deux gouvernements concurrents.

---

[347] David Galula, *Counterinsurgency Warfare...*, *op. cit.*, p. 95.

On ne s'étonnera pas non plus si Trump, dans la droite ligne d'Obama, continue de qualifier les talibans d'insurgés. Mais les talibans, qui en 2005 contrôlaient de nombreuses régions afghanes, voient quant à eux les Américains comme les envahisseurs qui soutiennent une insurrection corrompue hostile à l'autorité de la loi islamique traditionnelle.

Comme le savent tous les propagandistes d'État, l'essence même de l'existence n'est plus d'« être ou ne pas être », mais de définir ou être défini. Ainsi, les Américains, lorsqu'ils racontent l'histoire de l'Afghanistan, n'emploient jamais l'expression « occupation militaire ». Ils parlent uniquement de « contre-insurrection ». Mais la stratégie de l'armée américaine pour chasser les talibans des territoires que les chefs militaires corrompus convoitent économiquement a toujours été celle du « clear and hold » (« nettoyer et s'installer »).

Cette stratégie consiste à pousser les résistants hors de leurs zones sécurisées, à l'extérieur des villes, à travers des programmes façon Phoenix. Les opérations de ce type sont conduites par de petits escadrons de la mort comme celui de Bob Kerrey et son équipe de SEALs. Ce qui s'était passé à Thanh Phong, les commandos américains le reproduisirent à Ghazi Khan quarante ans plus tard, meurtres de femmes et d'enfants inclus. Dans les deux cas, il s'agissait de terroriser les habitants pour qu'ils renoncent à soutenir le mouvement de résistance.

Cette stratégie de la terreur fonctionna en Irak. Selon la version officielle de l'establishment de la Sécurité nationale, la stratégie de relance du conflit de Bush en 2007, avec l'application du « clear and hold » sur le terrain, permit de « remporter » la guerre en Irak. En passant sous silence qu'elle avait tout simplement abouti à la naissance du groupe État islamique, soit un « cancer » de plus.

Tout comme le cas afghan depuis 2002, la réalité en Irak se situe à l'exact opposé de ce qu'on nous a raconté. La stabilisation de la situation irakienne doit plus aux pots-de-vin massifs versés aux tribus sunnites en 2006 (des milliards de dollars émanant du Pentagone et dont on est toujours sans nouvelles) et à l'accord de Bush en 2008 pour une réduction de la présence militaire américaine, qu'à la « relance militarisée » de 2007 et la réduction temporaire des opérations violentes de grande envergure. Mais ce n'était pas la version que Bush et Obama voulaient faire passer auprès du peuple américain.

Par exemple, les propagandistes de l'establishment de la Sécurité nationale Evan Thomas et John Barry, de *Newsweek* (toujours eux) affirmèrent que la stratégie du « clear and hold » avait fonctionné, puisqu'elle avait protégé les « civils amis » qui permettaient à la CIA d'identifier les « terroristes ». C'est-à-dire de mettre en place un système de délation qui voyait les forces spéciales et autres acolytes de la CIA éliminer tout ce qui pouvait être identifié comme un « résistant ».

D'après Thomas et Barry, « en renonçant au recours massif et excessif à la puissance de feu américaine, le commandant de l'armée en Afghanistan, le général Stanley McChrystal, a fait baisser le nombre de victimes civiles, qui sont à l'origine de l'hostilité des populations locales et créent les vocations de jihadistes »[348].

Pourtant, la réalité est bien moins humaine et mesurée.

1) Il est faux d'affirmer qu'une stratégie de contre-insurrection est moins brutale qu'une opération Shock and Awe, comme l'invasion de 2003. Une telle affirmation relève de l'exercice de la propagande, qui vise à faire croire au peuple américain que ce n'est que par erreur qu'on tue et dépouille les innocents.

2) Prétendre que l'on ne cible et n'élimine que des jihadistes permet de cacher le fait que des milliers de personnes se battent non pas pour des motifs religieux, mais patriotiques. Les Afghans (ou toute autre population visée) sont simplement opposés aux envahisseurs américains et à leurs collaborateurs corrompus.

3) L'argument selon lequel des civils fournissent des informations aux Américains parce qu'ils sont « amis » est fallacieux, car la majorité du renseignement est obtenue par la force ou achetée. Il n'y a que dans le monde illusoire d'Evan Thomas et de John Barry qu'un chef de guerre tel que Gul Agha Sherzai, dont les tuyaux menèrent en 2001 au massacre de centaines de ses rivaux personnels et déclenchèrent la guerre civile, peut être qualifié d'« ami ». Comme l'avait révélé Anand Gopal dans son ouvrage *No Good Men Among the Living*, Sherzai avait fourni à la CIA un réseau d'informateurs pour s'attaquer aux adversaires commerciaux, pas aux talibans. En échange, Sherzai s'était vu offrir un contrat pour bâtir la première base militaire américaine en Afghanistan, ainsi qu'une licence presque totale de trafic de drogue. Essayant de provoquer l'insurrection qui lui offrirait le prétexte d'une occupation militaire éternelle, la CIA tortura et tua méthodiquement les leaders afghans les plus respectés au cours d'opérations de type Phoenix, ce qui radicalisa la population.

Les propagandistes de *Newsweek* n'avaient raison que sur un point : lorsqu'ils avaient affirmé que la sale guerre d'Obama s'inspirait du programme Phoenix. Mais une fois encore, ils n'avaient raconté que la partie de l'histoire qu'ils voulaient que les gens entendent. Ils avaient oublié de dire que pour gagner ce genre de guerre, il faut mentir sur la nature de l'ennemi et sur la raison pour laquelle on le tue, lui et tout son entourage.

Le renseignement

Le renseignement s'obtient principalement grâce aux informateurs, aux interrogatoires de prisonniers, aux déserteurs, à l'interception électronique des conversations et aux agents secrets.

1) Les informateurs volontaires comme Sherzai sont en général motivés par l'argent et la vengeance. L'idéologie compte, mais le plus souvent, dans les

---

[348] Evan Thomas, John Barry, « Rethinking », *Newsweek*, le 6 novembre 2009.

guerres civiles, les informateurs agissent parce qu'ils n'ont plus d'autre choix. La CIA est devenue spécialiste dans l'art de diviser les sociétés ou cultures en factions ennemies (par exemple les sunnites et les chiites) pour contraindre les rivaux à devenir ses informateurs.

2) Les prisonniers fournissent aussi des informations sous la contrainte, dans l'espoir d'échapper à une justice partisane d'où les procès équitables sont exclus, et dans laquelle cracher le morceau est la seule alternative à la torture et à la mort. Pour la CIA, créer et contraindre des prisonniers à la délation est l'un des moyens principaux pour s'assurer qu'une société restera divisée et malléable. Semer le doute, la peur et la confusion permet de garder une population sous sa domination.

3) Dans le conflit afghan, les interrogatoires sont menés par les membres de l'armée nationale afghane, de la police secrète afghane ou des milices privées dirigées par des seigneurs de la guerre comme Sherzai. Lorsqu'elles ne sont pas organisées directement par la CIA et les militaires dans leurs bases communes, les séances de torture sont assurées de façon non officielle par des milices privées qui servent de mercenaires à la CIA. Les cibles importantes capturées lors d'opérations unilatérales de la CIA sont torturées dans des bâtiments sécurisés inaccessibles aux miliciens.

Newsweek s'était bien gardé de raconter que la CIA et l'armée américaine avaient acheté aux membres du gouvernement afghan corrompu le droit de gérer des centres de détention et de torture secrets, ainsi que le droit d'utiliser des équipes paramilitaires indépendantes pour cibler, capturer et tuer les Afghans menaçant la sécurité de son très rentable trafic de drogue.

Les centres de détention et de torture secrets de la CIA, qui exploitent les lois de détention administrative élaborées au Viêt Nam, auraient dû être cédés à la police secrète afghane. En théorie, les suspects doivent comparaître devant des « Commissions d'examen » qui leur offrent une infime chance de présenter les preuves de leur innocence. Les journalistes et responsables internationaux des droits de l'homme sont censés pouvoir accéder aux procès.

La réalité est bien différente. Ainsi, le *Washington Post* du 28 novembre 2009 rapportait le cas de deux adolescents afghans qui, « placés en détention administrative par les États-Unis au nord de Kaboul cette année, ont déclaré avoir été battus par des gardes américains, photographiés nus, privés de sommeil et placés en isolement dans des cellules en béton pendant deux semaines, tout en subissant chaque jour un interrogatoire sur leurs liens supposés avec les talibans »[349].

4) Les programmes de transfuges de la CIA pour les musulmans s'inspirent du programme Chieu Hoi élaboré au Viêt Nam. Ils sont l'essence même de la guerre politique et psychologique et reposent totalement sur le contrôle de l'information. L'opération type consiste à larguer des tracts sur un village ennemi ; ces tracts promettent mutilation et mort lente à ceux qui résistent, et

---

[349] Joshua Partlow, Julie Tate, « 2 Afghans allege abuse at U.S. site », *The Washington Post*, le 28 novembre 2009.

des richesses inimaginables à ceux qui font défection.

Les candidats à la défection sont alors interrogés, souvent par d'anciens camarades qui ont déserté et se sont repentis. Ces transfuges doivent ensuite prouver leur loyauté en fournissant des renseignements immédiatement exploitables dans des opérations militaires. Une fois qu'ils ont démontré leur utilité, d'autres transfuges leur enseignent la « ligne » américaine ; pour prouver plus encore leur sincérité, ils sont ensuite enrôlés dans des milices financées par la CIA. On les envoie alors contacter d'autres membres de la résistance et recruter d'autres transfuges. Les transfuges sont également utilisés en tant que « pseudo-insurgés » des opérations de propagande noire, mais aussi comme interprètes et interrogateurs dans les centres de torture. Les opérations d'espionnage de la CIA regorgent de transfuges.

5) L'interception électronique des communications par les Américains est une pratique absolument unilatérale. Elle est principalement dirigée contre les diverses agences du gouvernement fantoche afghan. Il s'agit de détecter les agents doubles et de découvrir des informations pouvant être utilisées pour corrompre ou soumettre les hommes politiques afghans.

6) La CIA et les militaires américains dirigent des agents en liaison avec les leaders des milices comme Sherzai, ainsi qu'avec les très serviles fonctionnaires des forces de la police et de l'armée de l'État afghan. Il arrive cependant que les milices tribales s'en prennent aux fonctionnaires de la police et de l'armée originaires de tribus rivales. Contrairement à ce qu'elle raconte à la presse, la CIA compte avant tout sur ses agents unilatéraux infiltrés au sein des différentes milices tribales et des institutions gouvernementales pour savoir ce qui se passe sur le terrain, plus que sur ses « amis ».

Il est difficile de recruter des agents parmi les chefs talibans, qui comptent essentiellement des religieux, et dont la fonction est de rendre la justice, et non de dispenser des services sociaux. L'attrait de l'argent reste donc pour eux limité, et ils ne se laissent pas facilement corrompre. Ils n'ont pas de comptable et ne s'organisent pas en hiérarchie professionnelle à la manière des Occidentaux. Ils ne publient pas de communiqués de presse, ne diffusent pas leurs plans et stratégies et n'autorisent pas les photographies (ce qui peut confondre les assassins de la CIA).

Ces préceptes idéologiques les rendent presque imperméables au chantage, à l'extorsion et à la corruption, qui sont les méthodes classiques utilisées par la CIA pour pénétrer une infrastructure ennemie, et par lesquelles elle a acquis le contrôle des plus hauts fonctionnaires du gouvernement afghan.

Les chefs des talibans ont des contacts avec les étrangers, avec lesquels ils négocient des droits sur des terres ou les minerais, ou pour former des alliances. Mais après quinze ans de « chasse à l'homme préventive », ils répugnent à traiter avec les Américains. La CIA a donc d'autant plus de mal à infiltrer leurs rangs. Les pratiques culturelles des talibans empêchent de réellement savoir si le renseignement glané est fiable, mais ce n'est pas très important, après tout. D'après Hillary Clinton, les talibans traitent les femmes comme des animaux, et c'est une raison bien suffisante pour les éradiquer de la planète et les dépouiller de tous leurs biens.

La fonction principale du renseignement dans la sale guerre afghane est de garantir au gouvernement des États-Unis le soutien de l'opinion publique. C'est la raison pour laquelle les chefs du renseignement falsifient volontairement leurs informations, exactement comme ils l'avaient fait avec leurs rapports bidon sur les armes de destruction massive en Irak. De cette manière, on peut appuyer n'importe quel type de politique sur des éléments de renseignements. Il suffit de déformer suffisamment le sens des mots des collaborateurs afghans (ou irakiens, ou syriens) et des responsables américains qui ont pour mission de ne rapporter à la CIA que les informations qu'elle veut bien entendre. Les premiers mentent pour leur survie personnelle, les seconds pour leur avancement.

Le vétéran de Phoenix Stan Fulcher m'avait expliqué : « Les Vietnamiens nous ont menti ; nous avons menti à la direction Phoenix ; et la direction a transformé tout cela en faits documentés. Cette guerre a été déformée par notre capacité à créer de la fiction. »

Les programmes de renseignements ont deux autres fonctions, dans une sale guerre. La première est d'établir une carte des organisations clandestines qui mènent la résistance, pour les détruire. Dans les centres de détention et de torture qu'elle gère en Afghanistan, la CIA établit une liste noire de vrais et de faux cadres talibans, en se basant sur leurs liens sociaux et familiaux, leur position dans l'infrastructure, leur âge, leur sexe, leur profession, etc.

Il s'agit ensuite d'envoyer des équipes paramilitaires les capturer, puis de les pousser à donner des informations sur leurs camarades, d'en faire des agents doubles ou de les tuer, eux et toute leur famille et leurs amis. Il n'y a pas de procès équitable, pour eux.

Certaines de ces opérations furent révélées dans le cadre de procédures disciplinaires de l'armée américaine. Ainsi, le 13 octobre 2006, une patrouille de l'armée afghane dirigée par le capitaine des forces spéciales Dave Staffel avait croisé la route d'un Afghan, identifié comme le chef rebelle présumé Nawab Buntangyar. Craignant que le terroriste ne porte un gilet explosif, les Américains étaient restés à distance, le temps de vérifier son signalement sur la liste des « personnes à capturer ou à éliminer ». Ayant conclu qu'il s'agissait effectivement de Buntangyar, Staffel avait ordonné au sniper américain Troy Anderson de faire feu à une distance d'environ 100 mètres. Il était mort, tué sur le coup, d'une balle dans la tête[350].

D'après l'*International New York Times*, les soldats considéraient l'opération comme le parfait exemple « de la mission secrète menée en conformité avec les règles d'engagement américaines. [...] Les hommes ont déclaré que ces règles les autorisaient, après l'avoir formellement identifié, à tuer Buntangyar, que l'armée américaine avait désigné comme chef d'une cellule terroriste ».

Lorsque l'avocat de Staffel déclara que l'Inspection criminelle de la police

---

[350] Paul von Zielbauer, « Army will examine Special Forces Killing », *The International New York Times*, le 17 septembre 2007.

militaire avait conclu que cette mort était un « homicide justifiable », un général à deux étoiles en Afghanistan porta plainte pour meurtre contre Staffel et Anderson. Tous les deux furent relaxés pour vice de procédure.

Mais il existe une autre histoire encore plus révélatrice. Elle concerne le sergent-major Anthony Pryor, récompensé en 2007 par une étoile d'argent pour bravoure au combat. Pryor avait modestement déclaré lors de la cérémonie : « Je n'ai fait que mon devoir. »[351]

Anand Gopal avait raconté, dans *No Good Men Among the Living*, comment l'équipe de choc des forces spéciales de Pryor avait attaqué une école où des terroristes d'Al-Qaïda étaient supposés se cacher. C'était en janvier 2002, trois mois seulement après que les États-Unis avaient déclenché leur invasion vengeresse. Apparemment, les hommes dans l'école s'étaient défendus, mais avaient été débordés.

Pryor allait cependant rapidement découvrir que les hommes qu'il avait attaqués étaient membres d'un gouvernement local proaméricain. Selon Gopal, tout comme Bob Kerrey après Thanh Phong, « Pryor a affirmé avoir agi en légitime défense, mais les habitants de Khas Oruzgân ont souligné que les corps avaient été trouvés dans leurs lits, menottés, et qu'il n'y avait aucune trace de lutte. En tout cas, tous ces fonctionnaires ont été tués »[352]. Comme l'avait remarqué Gopal, le massacre aurait suscité la controverse de toute manière, mais l'école se trouvait dans l'enceinte de la résidence du gouverneur. Le chef de la police antitalibane vivait également dans ce secteur, mais lui aussi avait été battu et kidnappé. Le gouverneur, Tawildar Yunis, avait entendu le tumulte et s'était enfui, mais les autres avaient reçu une balle dans la tête. Les survivants avaient été emmenés à bord d'hélicoptères vers une base militaire de la CIA, pendant que des canonnières AC-130 finissaient d'arroser le secteur. Pryor et son commando avaient laissé derrière eux une carte de visite sadique qui disait : « Bonne journée. De la part de Damage SARL. »

Gopal avait conclu ainsi : « En seulement trente minutes, les États-Unis avaient réussi à éliminer les deux gouvernements potentiels de Khas Oruzgân, noyaux de tout futur commandement antitaliban, mais aussi fidèles partisans des Américains, qui avaient survécu à l'invasion russe, à la guerre civile et aux années talibanes, mais pas à leurs propres alliés. »

Quelques semaines plus tard, les Américains avaient réalisé leur « erreur » et relâché les prisonniers. Ces derniers avaient subi des violences qui dépassaient l'entendement, et avaient bien l'intention de se venger. Une série de plusieurs « erreurs » de ce type (telles qu'Obama les avait qualifiées dans son discours du Nobel) donna naissance à la résistance nationaliste qui a « obligé » les États-Unis à occuper l'Afghanistan pour les quinze années suivantes, et au-delà, pour les années à venir.

---

[351] Kyle J. Cosner, « SF soldier gets Silver Star for heroism in Afghanistan », le 2 février 2007, consultable sur le site de l'armée de terre américaine : https://www.army.mil/

[352] Anand Gopal, *No Good Men…*, *op. cit.*, p. 122.

Il faudrait peut-être se demander dans quelle mesure il s'agit vraiment d'erreurs dues à des défaillances du renseignement. Ne s'agit-il pas plutôt des ingrédients essentiels de la colonisation et de l'occupation militaire ?

En Afghanistan, la CIA lance ses escadrons de la mort contre les magistrats des talibans qui administrent la justice dans les tribunaux islamiques, définissent le montant des impôts et les collectent. Elle s'attaque aux rebelles qui gèrent les sociétés-écrans à travers lesquelles ils achètent, stockent ou distribuent de la nourriture et des biens de première nécessité, y compris des produits de la ferme. La CIA traque aussi : les responsables de la santé publique, qui distribuent les médicaments ; les responsables de la sécurité, qui attaquent les agents et les collaborateurs américains ; les fonctionnaires des transports, des communications et des services postaux ; les recruteurs de l'armée et les chefs des forces militaires. La CIA s'en prend à quiconque est soupçonné de participer à ce genre d'activités.

L'autre objectif majeur des programmes de renseignements est de comprendre comment les chefs de la résistance préparent les civils afghans à faire face à la violence que la CIA et les militaires américains leur imposent depuis des générations. Par le biais de sondages, la CIA tente de comprendre ce qui pousse les gens à rejoindre les rangs de la résistance ou, à l'inverse, ceux des régimes des chefs de guerre corrompus. À partir de ces études, la CIA façonne la logique de son propre gouvernement parallèle, qu'elle présente à la presse comme une « expression des sensibilités afghanes » et, bien sûr, comme étant totalement étranger à la corruption ou au trafic de drogue.

Les médias admettent que la CIA fait parfois des erreurs, mais ils les minimisent en insistant sur le fait que l'agence et ses auxiliaires militaires n'ont que de bonnes intentions. Des gens comme William Calley, Bob Kerrey, Rob Simmons, Frank Scotton, Dave Staffel, Troy Anderson et Tony Pryor.

Il n'en faut pas plus pour brûler d'envie de décerner à la CIA une belle médaille.

Comment travestir une sale guerre

La CIA forme ses gouvernements parallèles à l'étranger en coordination avec l'armée américaine et le département d'État. En Afghanistan, elle se cache dans les consulats, dans des bâtiments secrets sur des bases militaires comme elle le faisait déjà, en réalité, dans les centaines de bases que l'Amérique a essaimées partout à travers le monde.

Depuis ces bases militaires, la CIA déploie ses opérations sous couvert des programmes « d'action civique » de l'Agence pour le développement international (AID) du département d'État. Ce sont les collaborateurs tels que Thomas et Barry, véritables soldats de la guerre psychologique, qui rendent cela possible en racontant aux Américains la version approuvée de l'histoire : celle avec « des gentils qui font de bonnes actions, mais commettent de temps en temps des erreurs ».

La CIA remplit la fonction traditionnelle des « missions chrétiennes » qui exportaient leur foi aux nations sous-développées du monde. Les autochtones arriérés étaient ainsi assouplis en vue de la conquête militaire, de la colonisation bureaucratique et de l'exploitation économique. Aussi bienveillantes qu'aient pu être les intentions des missionnaires. En effet, plus leur message était efficace, plus la population locale devenait malléable.

Les missions de l'AID ont aujourd'hui la même fonction d'assouplissement, même si leur évangile est le « développement » et non plus la parole de Dieu. Dans tous les cas, en acceptant les remèdes et le message des étrangers, les locaux acceptent tacitement leur autorité. Ils sont convertis en main-d'œuvre docile, en militaires d'une armée d'occupation, en fonctionnaires insignifiants de gouvernements fantoches ou en membres de la police spéciale de l'appareil sécuritaire de leur pays.

Comme les anciens missionnaires chrétiens, l'employé moderne de l'AID est un fanatique endoctriné au plus haut point. Un employé de l'AID en Afghanistan m'avait confié : « L'armée nationale afghane (ANA) est vraiment une bonne armée : les gens ont confiance en elle et partagent les informations avec elle, ce qu'ils refusent de faire avec les étrangers. »

Dans la vision de cet employé, les talibans ne faisaient pas partie du peuple. Mais après tout, on ne peut pas devenir employé de l'AID sans prêcher l'évangile de la CIA à la lettre. Les hérétiques sont priés de ne pas postuler.

Les programmes de l'AID sont les exemples parfaits de mauvaises intentions tapies derrière la façade vertueuse américaine, et pour l'illustrer, je vais parler d'un programme de l'AID qui a réellement existé en Thaïlande, à l'époque de la guerre du Viêt Nam. Ce qui se déroulait là-bas, à l'époque, a parfaite valeur d'exemple pour ce qui se passe actuellement dans le monde entier, à grande échelle.

Une entreprise dirigée par la CIA, la Joseph Z. Taylor Associates, s'était implantée en Thaïlande en tant que société de conseil en développement des communautés. Elle était alors sous contrat avec la police de surveillance des frontières thaïlandaise (PSF). La PSF était une force paramilitaire de 10 000 rangers aéroportés, créée par la CIA au début des années 1950 et chargée de la Sécurité intérieure, ce qui consistait à tuer des communistes, garder les champs d'opium du roi, protéger les réseaux de trafic de drogue de la CIA et éliminer la concurrence.

Taylor Associates employait Ray Coffey, contractuel de la CIA, et ses assistants Bérets verts pour superviser la collecte de renseignements de la PSF, ainsi que les opérations de contre-insurrection et de contrôle des frontières dans le nord de la Thaïlande. Coffey m'avait expliqué qu'en 1972, les opérations de la PSF recommandées par la CIA dans le nord de la Thaïlande avaient été réorientées vers la collecte de renseignements sur les stupéfiants. Coffey n'aimait pas ce travail ; il se rappelait qu'un jour de 1973, alors qu'il était assis à flanc de montagne, il avait aperçu un bataillon de soldats du Kuomintang birman qui transportait une énorme cargaison d'opium sur 200 mules.

« Je n'avais que trente hommes pour arrêter un bataillon entier, se souvenait Coffey. Alors, je me suis dit qu'il valait mieux laisser tomber. »

D'après Coffey, les militaires thaïs transportaient eux aussi de la drogue, « dix tonnes d'opium à la fois, sur des péniches, jusqu'à Chiang Mai ».

Au début des années 1980, lorsque l'auteur James Mills se trouvait à Chiang Mai pour écrire sur les opérations de lutte antidrogue, la PSF était considérée comme « totalement corrompue et compromise dans le trafic de stupéfiants »[353].

Gordon Young, agent de la CIA en Thaïlande depuis 1954, m'avait raconté la même histoire. Initialement conseiller de la PSF, il avait été, dans le cadre de la naissante guerre contre la drogue lancée par Nixon, affecté sous couverture au programme de l'AID de sécurité publique. Il avait alors été assigné à Houei Sai, au Laos (que j'ai déjà mentionné dans ce livre comme l'épicentre des opérations de la CIA relatives aux stupéfiants dans le Triangle d'or).

Young avait décrit les efforts antidrogue des années 1972 à 1974 comme « des initiatives désordonnées et non coordonnées » de la part « d'entités (CIA, brigade des stupéfiants, programme de sécurité publique de l'USAID, État, armée et douanes) qui essaient toutes de tirer la couverture à elles, chacune lorgnant jalousement la récompense promise ».

À l'image de Coffey, Young ne se faisait aucune illusion sur sa possibilité de lutter contre la corruption de hauts fonctionnaires alimentée par la CIA. Comme en Afghanistan aujourd'hui, « personne n'était là pour jouer les héros », m'avait-il expliqué.

« C'était comme traiter avec les chefs de la mafia », avait ajouté Young. Il s'était souvenu de l'un de ses voyages dans la jungle, à la rencontre d'un capitaine de la PSF. Ce dernier était assis tout près d'un immense tas d'héroïne, de morphine et d'opium. Young lui avait demandé s'il le laisserait procéder à la saisie de la drogue.

Le capitaine lui avait répondu : « Vous pourriez me la prendre, en effet.

Mais, à quel prix... »

La lutte contre la drogue ne faisait pas partie des prérogatives de Ray Coffey ; il devait mener des « actions civiques » dans des zones isolées. À cet effet, par le biais d'une facette de Taylor Associates du nom de DEVCON, Coffey et ses assistants des forces spéciales avaient créé le Hilltribe Research Center à Chiang Mai, en Thaïlande, en 1967.

Intégré au gouvernement parallèle de la CIA en Thaïlande, le Hilltribe Research Center employait des ressortissants thaïlandais en tant que professeurs, agronomes, éleveurs et ingénieurs. Sous la supervision d'officiers traitants américains, ces ressortissants thaïlandais étaient employés comme agents principaux (conformément au schéma décrit au chapitre 4 de ce livre). Ils étaient chargés de recruter des informateurs et de gérer des réseaux d'agents, dont le nombre avait doublé. Pour cacher ses opérations d'espionnage (et intégrer les indigènes dans la secte du saint dollar), ce centre achetait et commercialisait les produits artisanaux locaux. Beaucoup de ces agents avaient été recrutés et renvoyés dans les régions de culture de l'opium pour collecter du renseignement sur les trafiquants de drogue. Le Hilltribe

---

[353] James Mills, *The Underground Empire...*, *op. cit.*, p. 780.

Research Center est connu pour avoir employé Puttaporn Khramkhruan, un agent de la CIA arrêté pour avoir illégalement fait entrer de l'opium aux États-Unis. L'affaire remonte à 1972, lorsque Puttaporn vendit de l'opium à plusieurs Américains par l'intermédiaire d'un bénévole des Peace Corps à Chiang Mai. Les Américains dissimulèrent l'opium dans des boîtes de pellicule et les envoyèrent dans leur pays. Une première cargaison arriva à bon port et sans encombre, mais un deuxième paquet de plus de 25 kg fut repéré par les inspecteurs des douanes de Chicago. Le destinataire fut arrêté lorsqu'il vint le retirer.

En examinant le paquet plus attentivement, les inspecteurs découvrirent que Puttaporn avait emballé l'opium dans un magazine sur lequel étaient inscrits son nom et son adresse. Les douanes envoyèrent donc un agent enquêter en Thaïlande. Bien qu'il ait été snobé par l'officier de la CIA en poste à Chiang Mai, l'agent des douanes parvint à savoir que Puttaporn se trouvait, à ce moment-là, aux États-Unis dans le cadre d'un séminaire professionnel parrainé par l'AID (qui lui avait versé les 1600 dollars de son billet d'avion).

Les agents des douanes cueillirent Puttaporn et l'envoyèrent croupir à la prison du comté de Cook. Il avoua tout lors de son interrogatoire. Non seulement il nomma ses complices américains, mais il déclara également qu'il appartenait à l'armée du Kuomintang en Birmanie du général Li Mi. Il expliqua que son travail consistait à surveiller les caravanes d'opium acheminées depuis la Birmanie jusqu'à Houei Sai, au Laos. Il s'agissait d'opérations de la CIA et il donna le nom de son officier traitant à la CIA : le consul des États-Unis à Chiang Mai, James Montgomery.

En 1973, à l'époque où la CIA était dirigée par William Colby, elle envisageait les choses sous un angle plus large, c'est-à-dire celui de l'ouverture de Nixon à la Chine, et donc des négociations sur le statut de Taïwan. Beaucoup de cadres de la CIA avaient passé vingt ans de leur vie à soutenir le Kuomintang à Taïwan. Ils considéraient que Taïwan constituait une base militaire stratégique et étaient violemment opposés au rapprochement avec la Chine. Comme Rob Simmons l'avait déclaré, et comme nous l'avons vu tout au long de ce livre, ils auraient fait n'importe quoi pour éradiquer le communisme.

L'une des choses qu'ils faisaient, d'ailleurs, était d'utiliser les caravanes d'opium pour surveiller les mouvements des troupes chinoises. Malgré les directives présidentielles officielles de Nixon exigeant l'interruption de cette pratique, celle-ci restait la procédure habituelle. C'est d'ailleurs toujours le cas en Afghanistan, toujours contre les adversaires russe et chinois.

Des agents de DEVCON espionnaient les agents soviétiques et chinois en Thaïlande, et Puttaporn était directement impliqué dans ces intrigues entre la CIA, le Kuomintang en Birmanie et à Taïwan, et les Chinois. Nixon s'intéressa particulièrement à cette affaire lorsque Puttaporn déclara aux agents de la DEA qu'il avait mené des opérations commando en Chine pour le compte de la CIA. Puttaporn menaça de révéler qu'il avait fait passer l'opium à Chicago à la demande de la CIA. Son avocat comptait même citer comme témoins le patron de DEVCON, Joseph Taylor, ainsi que le chef de poste de la CIA à Bangkok,

Louis Lapham, et celui de la base d'Udorn, en Thaïlande, Pat Landry. Son équipe comptait également présenter au procès des documents compromettants.

La réaction de la CIA était prévisible. Elle refusa de produire ces fameux documents et de présenter ces témoins, et ordonna à l'assistant du procureur de ne pas donner suite à l'affaire en avril 1974. La raison invoquée fut la protection de Joe Taylor, qui travaillait alors avec des cadres de la police et des politiciens thaïlandais chargés d'organiser des opérations contre des agents chinois en Malaisie et des agents russes dans le nord du Viêt Nam. Le 24 juillet 1974, deux semaines avant sa démission, Nixon nomma Joseph Z. Taylor inspecteur général assistant à la Coopération étrangère du Foreign Service, le corps diplomatique américain.

Lors des audiences du Congrès au sujet de l'affaire Puttaporn, les avocats de la CIA avaient affirmé au sénateur Charles Percy que Puttaporn n'avait été embauché que pour rendre compte du trafic de drogue dans le nord de la Thaïlande (et non pour attaquer et espionner la Chine), et que le crime pour lequel il avait été arrêté, l'introduction d'opium aux États-Unis, était en réalité une « livraison surveillée » destinée à lutter contre le trafic de stupéfiants.

Face à la Commission d'enquête, le directeur de la CIA William Colby avait expliqué : « Nous avons demandé au ministère de la Justice de ne pas poursuivre Puttaporn pour cette raison. Ils ont accepté. »

Dans un gros soupir, le sénateur Percy avait déclaré que « les agents de la CIA sont intouchables, peu importe la gravité de leurs crimes ou le mal qu'ils causent à la société »[354].

Fred Dick était à l'époque chargé du bureau de la DEA à Bangkok et avait été impliqué dans l'opération de Puttaporn. Il m'avait expliqué :

« Les gens de la CIA n'hésitent pas à passer en coulisse dans les tribunaux américains pour convaincre le pouvoir judiciaire qu'une telle exposition publique compromettrait la sécurité nationale. À ma connaissance, ce stratagème n'a jamais échoué. »

Les agents de la DEA savaient que la CIA mentait et, sur ordre de Dick, ils avaient déclaré au sénateur Percy que Puttaporn avait été employé par la CIA depuis 1969 en tant que « membre d'un réseau de trafic de drogue qui brassait les dollars par millions ». Ils avaient ajouté que l'ami de Puttaporn, Victor Tin-Sein, « avait été tué alors qu'il vivait aux États-Unis par des criminels non identifiés, à cause de son implication et de sa connaissance du réseau de trafic de drogue de Puttaporn »[355].

Ce meurtre est lié à une affaire sur laquelle travaillait Joe Lagattuta, agent de la CIA et de la DEA. Membre de l'unité des opérations spéciales de la CIA supervisée par Lou Conein, que nous avons évoqué plus tôt dans ce livre,

---

[354] Christopher Robbins, *Air America*, Avon Books, 1985, p. 242.

[355] David Corn, *Blond Ghost: Ted Shackley and the CIA's Crusades*, Simon & Schuster, 1994, p. 300.

Lagattuta avait été envoyé à Amsterdam pour recruter un élément chinois spécifique, en la personne de Victor Tin-Sein. Tin-Sein n'était pas un informateur, mais un agent qui participait à une opération de la CIA « pour le compte de la CIA et d'une autre personnalité importante qui doit rester anonyme ».

Lagattuta sous-entendait que l'homme clé de l'affaire était William Colby.

« Nous avions réalisé de belles performances, avait déclaré Lagattuta, non seulement en ce qui concerne les saisies d'héroïne, mais également dans la planification et la mise en place du guet-apens qui avait mené à l'arrestation et au démantèlement de plusieurs réseaux de trafiquants de grande ampleur. »

Malheureusement, Victor Tin-Sein avait été envoyé à San Francisco contre l'avis de Lagattuta, où, selon ce dernier, il fut assassiné (et pas simplement tué).

Pour sa part, Puttaporn fut libéré et put rentrer en Thaïlande.

Les officiers traitants de la CIA et leurs agents du gouvernement fantoche afghan suivent la même ligne. Quiconque en dévie est assassiné, même dans les plus hautes sphères. C'est ce qui est arrivé à Ahmed Karzai, le demi-frère de l'ancien président. Notons au passage qu'Ahmed Karzai fut tué après avoir été relié au trafic de drogue par des journalistes des médias traditionnels.

Anand Gopal avait résumé la situation en Afghanistan ainsi : « Les cadres de l'administration Bush ont dressé une liste [en 2005] des barons de la drogue internationaux les plus recherchés parce qu'ils représentaient une menace pour les intérêts américains. Lorsque le secrétaire d'État adjoint Bobby Charles a vu cette liste, il a demandé pourquoi elle ne contenait aucun Afghan. C'était un problème épineux parce que certains pivots afghans du monde des stupéfiants, Gul Agha Sherzai et Ahmed Wali Karzai notamment, se sont alliés avec Washington et, dans certains cas, ont même été financés par les Américains. »[356]

Gérer le trafic de drogue à l'étranger est un travail dangereux. Les Afghans qui collaborent avec la CIA dans leurs entreprises criminelles doivent donner des informations sur leurs compatriotes, sous peine de mourir. De même, les Afghans impliqués dans les programmes de l'USAID, le gouvernement parallèle de la CIA, doivent s'en tenir à la ligne officielle : ils doivent qualifier les résistants d'insurgés, en échange de leur prospérité et de leur survie. La CIA est exactement comme Al-Qaïda et les talibans sur ce point : les hérétiques ne sont pas tolérés.

Comme me l'avait dit l'employé de l'AID en Afghanistan, avec la même esbroufe que dans un discours de campagne de Clinton ou de Trump, « le courroux envers les informateurs [si la résistance devait s'imposer] ferait passer les camps de viols en Serbie pour des pique-niques d'été en famille, en comparaison ».

La raison pour laquelle il sait toutes ces choses n'est pas la question : il a pour mission de faire de la propagande, et donc de terroriser les Américains.

---

[356] Anand Gopal, *No Good Men…*, *op. cit.*, p. 113-114.

La terreur qui accompagne la corruption institutionalisée de la CIA permet aux équipes d'action civique de former des villageois à mettre en place des périmètres de défense. Lorsqu'elles n'administrent pas des médicaments ou ne forment pas de milices, les unités des forces spéciales dirigées par la CIA, qui se vêtent et se font pousser la barbe comme des Afghans, se faufilent jusqu'aux campagnes la nuit et, grâce aux renseignements fournis par leurs informateurs, kidnappent et tuent la résistance locale. Les unités urbaines font la même chose dans les villes.

Parfois, elles se lancent dans des activités de propagande noire destinées à produire des déserteurs, en commettant d'atroces massacres sur la population, imputés ensuite à l'ennemi. Lorsqu'elles agissent de la sorte, elles ne sont rien d'autre que des terroristes.

Leurs ancêtres jésuites savaient que la peur était le meilleur moyen de susciter les conversions à leur cause parmi les adversaires. Un employé de l'AID qui accompagne la CIA dans cette mission n'est rien d'autre, comme l'aurait écrit Graham Greene, qu'un « lépreux muet qui a perdu sa crécelle, et qui erre par le monde, sans mauvaises intentions ».

Peu importe que tant d'hommes, de femmes et d'enfants talibans soient innocents en pensées et en actes, ou qu'ils cherchent simplement à défendre leurs maisons et leur culture face aux envahisseurs étrangers. La plupart d'entre eux ne sont impliqués ni dans le terrorisme, ni dans les guérillas, et pourtant, les Hillary Clinton et les Donald Trump les déshumanisent en les qualifiant de « cancer ». Pour gagner le respect de l'establishment de la Sécurité nationale, en effet, les candidats à la magistrature suprême doivent prouver qu'ils n'ont aucun remords à condamner et à tuer des innocents.

Pendant ce temps, dans les médias d'information généralistes, les intentions du gouvernement américain sont toujours dépeintes comme héroïques, généreuses, et même capables de soigner le cancer. C'est ainsi que le Mal devient le Bien. Les propagandistes des médias dépendent des sources officielles du gouvernement pour leur travail comme les toxicomanes dépendent de l'héroïne. Ils justifient donc la politique de crimes de guerre en dissimulant l'existence des gouvernements parallèles de la CIA basés sur la corruption et les partenariats criminels, et en gommant les différences entre les combattants et les non-combattants.

Rares sont les journalistes à oser rapporter qu'en Afghanistan, comme ce fut le cas au Viêt Nam, la CIA offre des primes à quiconque accepte de dénoncer les leaders politiques de la résistance. Les résistants ont mis en place leur propre gouvernement fantôme, qui constitue une alternative à la conspiration criminelle imposée par les États-Unis, méprisée pour sa corruption et sa collaboration avec l'envahisseur.

À son sujet, Griff Witte avait écrit dans le *Washington Post* le 8 décembre 2009 que les talibans avaient formé un « gouvernement fantôme composé de gouverneurs, de chefs de la police, d'administrateurs de districts et de juges, et que très souvent, il a plus d'influence sur la vie des Afghans que le gouvernement officiel »[357].

Witte y cite Khalid Pashtoon, « un législateur de la province méridionale de Kandahar très proche de Karzai », et qui aurait déclaré : « C'est ce gouvernement fantôme qui gère le pays désormais. »

Witte avait également évoqué l'affaire du « gouverneur fantôme, Maulvi Shaheed Khail », considéré comme « redoutable, mais réglo ». « Ancien ministre du gouvernement taliban, il est devenu ici gouverneur fantôme l'an dernier, après avoir été libéré de la prison d'État. Les habitants ont affirmé qu'il passait la majeure partie de son temps en exil au Pakistan, mais qu'il traversait parfois la frontière pour discuter stratégie avec ses lieutenants. »

Toujours selon Witte, dans de nombreuses régions d'Afghanistan, « les Afghans ont décidé qu'ils préféraient l'autorité sévère, mais ferme, des talibans à la corruption et à l'inefficacité du personnel nommé par Karzai. De la province de Kondôz au nord, jusqu'à Kandahar au sud, même les membres du gouvernement concèdent que leurs alliés ont perdu la confiance du peuple et que les Afghans se tournent de plus en plus vers les responsables talibans de l'ombre pour résoudre leurs problèmes ».

Toutes ces déclarations sont confirmées par mes sources indépendantes. Pourtant, bien que Witte dise la vérité lorsqu'il interviewe des Afghans, il verse dans la propagande lorsqu'il cite des sources américaines. Il a en particulier affirmé que tous les talibans étaient des combattants : « Il n'y a pas de distinction claire entre les combattants et leur administration fantôme. Les insurgés sont également chefs de la police ; les juges peuvent passer l'apres-midi à tenir des audiences avant de prendre les armes au coucher du soleil. »

Bien que parsemé d'éléments de vérité pour paraître crédible, l'article de Witte finit par soutenir la thèse que tous les talibans, même les civils, sont des cibles militaires « légitimes » que l'on peut tuer ou mutiler sans passer par un procès équitable.

Un gouvernement secret

L'appareil de renseignements en Afghanistan constitue la base du gouvernement parallèle de la CIA. Il fonctionne caché dans les missions AID américaines et de l'OTAN, il s'insinue derrière tous les groupes criminels et tous les chefs militaires haut placés du gouvernement officiel de Kaboul. Obama, en bon dirigeant public, se battit durant tout son mandat pour présenter son entreprise criminelle sous le meilleur jour possible, alors qu'en réalité, elle ne différait en rien de la structure de domination politique corrompue que la CIA avait imposée au Sud-Viêt Nam.

En 1965, la CIA avait nommé le général de l'armée de l'air américaine Nguyen Cao Ky chef de la Sécurité nationale. En échange d'une franchise de

---

[357] Griff Witte, « Taliban establishes elaborate shadow government in Afghanistan », *The Washington Post*, le 8 décembre 2009.

trafic de stupéfiants lucrative, Ky avait vendu à la CIA le droit d'étendre son gouvernement parallèle de Saïgon jusqu'aux campagnes. Ce fut l'acte de naissance du programme de cadre de développement révolutionnaire, qui regroupait divers programmes d'action secrets de la CIA, gérés par des responsables vietnamiens corrompus.

La CIA fit la même chose dans les années 1980 lorsqu'elle poussa les forces de l'ordre à « détourner le regard » du trafic de cocaïne des contras nicaraguayens, et du trafic d'héroïne des chefs militaires de l'Alliance du Nord qui combattaient les Soviétiques en Afghanistan.

L'histoire se répète avec les actuels bandits afghans. Un article du *McClatchy Newspapers* de 2010 racontait qu'en bloquant une solution diplomatique en Afghanistan en faveur de la « relance » d'Obama, le parti militariste américain avait évité au président Karzai de mettre en place des réformes significatives ; il avait même refusé d'envoyer son demi-frère trafiquant de drogue, Ahmed, en exil.

Après quinze ans d'occupation militaire et de mauvaise gestion par ses collaborateurs, la situation n'a pas évolué. Les informateurs, les interrogateurs, les équipes de tueurs et les politiciens corrompus comprennent très bien le mal qu'ils font, mais leur prospérité et leur vie dépendent de l'appui des Américains. Par conséquent, on perpétue la définition fallacieuse de « l'insurgé », qui vient qualifier toute personne qui ne se plie pas à l'occupation américaine. Un peu comme Rudy Giuliani et les fanatiques ultraconservateurs de l'ordre public, qui avaient adressé une pétition à Obama pour que le mouvement Black Lives Matter soit considéré comme une organisation terroriste.

J'aimerais clore ce chapitre en citant John Cook, officier de l'armée assigné au programme Phoenix au Viêt Nam. Les agents de la CIA avaient formé les conseillers du programme Phoenix à l'École centrale du renseignement vietnamien. Cook racontait : « Nous étions quarante en classe, pour moitié Américains, et pour moitié Vietnamiens. Le premier jour, des experts en insurrection nous ont donné des cours. D'une élocution directe et fluide, ils ont passé en revue toutes les théories populaires au sujet des révolutions à tendance communiste. Comme des machines programmées pour tourner à un niveau plus élevé que nécessaire, ils nous ont abreuvés de platitudes et de théories très éloignées de notre petite guerre sale. Ils nous ont exposé de façon impersonnelle ce qu'il fallait faire et comment le faire, comme si on partait vendre des contrats d'assurance vie et que celui qui en vendait le plus pouvait toucher des primes. »[358]

« Les secteurs qui remplissaient bien leurs quotas étaient félicités ; les autres étaient réprimandés. Et tout cela collait parfaitement avec les tableaux et les chiffres qu'ils présentaient pour soutenir leurs idées. »

Comme nombre de ses collègues, Cook en voulait à « ces prétentieux haut placés » qui lui fixaient des objectifs impossibles, puis se plaignaient qu'il ne

---

[358] John Cook, *The Advisor*, Dorrance, 1973, p. 208.

les avait pas atteints.

Cinquante ans plus tard, le gouvernement américain a étendu son programme Phoenix partout dans le monde, avec le même zèle missionnaire que les jésuites. Simplement, aujourd'hui, ses cadres sont bien plus endoctrinés. Il y a très peu de ressentiment dans les rangs.

Le général William Boykin, ancien commandant de la Delta Force, est un chrétien « né de nouveau » qui voit la guerre contre le terrorisme comme une sainte croisade contre l'Islam. Aussi fervent que n'importe quel jihadiste, il croit qu'un Dieu anthropomorphique guide ses actions personnelles. Interrogé sur Phoenix et la guerre contre le terrorisme, il avait déclaré : « Je pense que c'est le type de programme que nous menons. Nous pourchassons ces gens. Tuer ou capturer ces personnes est l'une des missions légitimes de notre département. Je crois que nous faisons ce pour quoi le programme Phoenix avait été conçu, la dimension de secret en moins. »[359]

Le 16 juillet 2012, le président du Family Research Council[360], Tony Perkins, annonça que Boykin avait été nommé vice-président exécutif du groupe.

Tout comme le terrible Dieu auquel croit Boykin, avec son sauveur crucifié sur une croix, le « cancer » qu'Obama a cherché à éliminer en Afghanistan n'est en réalité qu'une projection de la face sombre de la psyché américaine. Plus que les terroristes talibans ou ceux de l'État islamique, cet aspect terrible de l'Amérique menace avant tout la sécurité du peuple américain.

Les dirigeants du parti du business, adorateurs de Mammon, n'eurent rien à craindre des élections de 2016, comme ils ne craignent rien des élections à venir : les vainqueurs auront toujours pour mission de préserver le mythe de l'Amérique libératrice et altruiste.

La terrible vérité, c'est qu'une secte de la mort dirige l'Amérique et qu'elle est prête à tout pour dominer le monde.

---

[359] Sami Ramadani, « Iraq invasion deception increasingly shapes coverage of occupation », *The Guardian*, le 8 février 2006.

[360] N.D.É. : Association chrétienne de défense de la famille à la ligne conservatrice.

CHAPITRE 22

CONQUÊTES PASSÉES, CONQUÊTES PRÉSENTES

Après la sanglante bataille d'Hastings en 1066, l'armée des envahisseurs normands de Guillaume le Conquérant enterra les corps de ses camarades tombés au combat, mais laissa les cadavres mutilés de ses adversaires anglo-saxons pourrir dans les champs. Les adversaires blessés furent mutilés. L'invasion « Shock and Awe » de Guillaume le Conquérant laissa rapidement la place à une occupation brutale. La stratégie de pacification normande, comme celle de l'Amérique actuelle, consista à éliminer les dirigeants ennemis et à terroriser la population civile pour qu'elle se soumette. La colonisation est une œuvre meurtrière.

On énucléait les seigneurs anglo-saxons, puis on leur coupait les mains et les pieds. On les laissait ensuite enchaînés devant leur château, à la vue des paysans. D'autres étaient castrés, puis jetés dans les oubliettes des nombreux châteaux construits par Guillaume pour défendre les intérêts normands.

Cette campagne de pacification dura vingt ans. Pendant cette période, on estime que 300 000 autochtones furent tués, ou moururent de faim, ce qui représentait un cinquième de la population britannique. Un nombre équivalent d'entrepreneurs et de fonctionnaires français et normands furent nommés en Angleterre aux postes d'autorité laissés vacants.

Toute la noblesse anglaise fut exterminée. Guillaume lui confisqua tous ses biens et les distribua aux classes supérieures normandes. Quand, en 1087, Guillaume se repentit finalement de ses péchés sur son lit de mort, l'Angleterre était totalement transformée.

Car c'est là la nature bestiale des guerres coloniales : les vainqueurs infligent toutes sortes de souffrances et d'humiliations aux vaincus, et dérobent tout ce qu'ils possèdent.

Presque un millénaire plus tard, les États-Unis reproduisent ce même schéma en Irak et en Afghanistan. La seule différence, c'est que Guillaume le Conquérant se vantait de s'être brutalement emparé d'une nation et de sa fortune, alors que la classe dirigeante américaine dissimule sa barbarie et ses pillages sous le voile des bonnes intentions et de l'autodéfense.

En recevant son prix Nobel, le président Obama avait joué les « Don Vitone » et avait déclaré, sans ciller : « Je crois que les États-Unis d'Amérique doivent rester un porte-drapeau de la manière de mener les guerres. C'est ce qui nous différencie de ceux que nous combattons. C'est en partie ce qui fait notre force. C'est pourquoi j'ai interdit la torture. C'est pourquoi j'ai ordonné la fermeture de la prison de Guantánamo. Et c'est pourquoi j'ai réaffirmé l'engagement de l'Amérique à se conformer aux Conventions de Genève. »

Mais tout ceci n'est que mensonges. De Thanh Phong à Ghazi Khan et dans un millier de villages entre les deux, dans des nations qui ne représentent aucune menace pour les États-Unis, les « boys » américains massacrent des civils musulmans dans le cadre des campagnes de pacification. Deux mandats plus tard, la prison de Guantánamo est toujours ouverte et les agents de la CIA continuent d'y torturer des musulmans, là-bas et dans des dizaines d'autres oubliettes cachées à l'étranger, dans les fortins de la CIA sur des bases militaires américaines, dans des planques secrètes de la police, ou sur des bateaux de la marine américaine. Vantards comme Guillaume le Conquérant, les ultraconservateurs américains proclament leur mépris des lois internationales, des Nations unies et des Conventions de Genève. La sécurité juridique pour les citoyens des colonies américaines n'existe pas, et ce sera bientôt la même chose aux États-Unis.

Alors que l'occupation américaine de l'Irak diffère de celle de l'Afghanistan dans les détails, on constate de troublants parallèles en ce qui concerne l'ampleur du carnage et la stratégie de coercition. Elles se rapprochent par le sang des innocents versé, et par le nombre de survivants tourmentés, torturés et terrorisés.

Tout comme Guillaume le Conquérant, qui ignorait les victimes anglaises sur le champ de bataille, le gouvernement américain n'a jamais publiquement identifié, ni même comptabilisé, les Irakiens, Afghans, Libyens et Syriens qu'il a tués ou dont il a provoqué la mort au cours de ses invasions, occupations et insurrections fomentées par la CIA. De même, dans les médias, personne n'a comptabilisé publiquement le nombre de musulmans que les États-Unis ont tués, rendus infirmes ou sans-abri, affamés, plongés dans la misère et le désespoir et/ou condamnés à la maladie et à la folie.

Les représentants du gouvernement américain disent que s'ils détournent le regard, c'est pour conjurer le risque de retomber dans la mentalité du chiffre, du « score sur le tableau de chasse » qui avait conduit la CIA et l'armée à commettre des tueries de masse pendant la guerre du Viêt Nam. Hélas, détourner le regard rend impossible la quantification des misères que les responsables politiques américains infligent aux populations civiles dans les nations qu'ils ont ravagées depuis le 11 Septembre. Le manque de chiffres officiels permet également au gouvernement des États-Unis de jeter le doute sur les statistiques non officielles, qui évaluent le nombre de morts irakiens entre plusieurs centaines de milliers et plus d'un million. La plupart des médias traditionnels américains donnent des estimations bien plus basses pour ne pas offenser le régime de Washington.

Pas dans la presse

Les dirigeants américains ont fait tout ce qui était en leur pouvoir pour que les horreurs de ces guerres n'apparaissent pas dans la presse et ne parviennent pas jusqu'à l'opinion. Pas de corps charcutés, de visages carbonisés, de camps de réfugiés sordides, d'abus perpétrés sur les prisonniers... Ainsi, ils préservent la supériorité morale qui définit « l'exceptionnalisme » américain.

L'avantage, lorsqu'on n'a pas le nombre officiel de victimes et peu de photographies des atrocités commises dans les nations musulmanes, c'est que cela évite de rappeler au peuple américain les conséquences atroces de ces guerres d'agression lancées par les présidents Bush et Obama. Faire en sorte que les Américains vivent sereinement ces guerres est l'une des priorités principales des politiciens américains. En occultant le bilan humain et en censurant la presse, le régime Bush est parvenu à présenter ses guerres en Afghanistan et en Irak comme des œuvres bénéfiques pour les peuples de ces deux nations.

Mais cette belle histoire a été complètement anéantie par la naissance de l'État islamique sur le tas de cendres de ce qu'étaient jadis les cultures irakienne et syrienne. Élevés dans les centres de détention et de torture, authentique archipel du goulag américain, de nombreux jeunes hommes musulmans ne connaissent du monde dont ils ont hérité que l'oppression et l'injustice. Pas étonnant qu'ils débordent de rage.

Bien qu'il ait été manipulé ou « protégé » par l'Occident, dans la mesure où ses actions faisaient avancer les objectifs non avoués des États-Unis , l'État islamique a été une authentique manifestation de la souffrance intense que l'Amérique a infligée aux peuples musulmans du nord de l'Afrique, du Moyen-Orient et d'Asie centrale. Et pourtant, les médias américains protègent nos leaders criminels et les exonèrent de toute « responsabilité résiduelle ». Il leur suffit d'accuser la nature même de l'Islam, et de dire qu'elle est à l'origine de la rage de ces hommes musulmans, tout en présentant toujours les méthodes et les motivations américaines sous un jour positif.

C'est là la grande différence entre le massacre des Anglais par Guillaume le Conquérant et le carnage provoqué par nos conquistadors modernes, les Bush, Obama et Hillary Clinton. La cruauté de Guillaume le Conquérant s'exprimait au grand jour. Aujourd'hui, nos courageux dirigeants comptent sur les atermoiements, la furtivité et les complicités fabriquées.

Pour être honnête, le gouvernement américain tient les comptes de ses victimes, des gens qu'il tue, mutile ou rend orphelins. Simplement, il ne veut pas que le peuple américain en connaisse le nombre ou les détails. Cela lui permet d'ôter la dimension humaine de sa guerre contre l'Islam.

Par exemple, en Afghanistan, la CIA et l'armée ont réalisé un recensement dans tous les villages et les villes du pays dans le but d'instaurer des taxes ou d'effectuer des confiscations – ce qui rappelle le tristement célèbre *Livre du jugement dernier* de Guillaume le Conquérant, qui évaluait les biens de chaque propriétaire foncier anglais, métayers compris. Et n'oubliez pas les vastes études réalisées sur les ressources exploitables afghanes. Voici ce que l'on pouvait lire dans le *New York Times* du 14 juin 2010 :

« Les gisements jusque-là inconnus (parmi lesquels de gigantesques mines de fer, de cuivre, de cobalt, d'or et de métaux incontournables de l'industrie comme le lithium) sont tellement vastes et contiennent tant de minerais essentiels à l'industrie moderne que l'Afghanistan pourrait finalement être transformé en l'un des plus importants centres d'exploitation minière du monde, d'après les spécialistes américains.

Un mémo interne du Pentagone stipule par exemple que l'Afghanistan pourrait devenir "l'Arabie Saoudite du lithium", matériau clé pour la fabrication de batteries d'ordinateurs portables et de BlackBerry.

L'étendue de la richesse afghane en minéraux a été découverte par une petite équipe de fonctionnaires du Pentagone et de géologues américains. Le gouvernement afghan et le président Hamid Karzai ont été récemment informés, selon les fonctionnaires américains. »[361]

De même, les chefs de l'armée d'occupation américaine connaissent les noms de tous les propriétaires fonciers afghans, irakiens, libyens et syriens. Leurs analystes peuvent déterminer qui est un collaborateur à épargner, et qui est un « méchant », selon la terminologie préférée des Américains, obsédés par Hollywood. Les « méchants » finissent dépouillés et leurs entreprises sont pillées. Les hommes d'affaires américains attendent en coulisse, comme le fils de Joe Biden en Ukraine, pour engloutir le butin.

Les faits sont là, mais pour les voir, il ne faut pas s'arrêter aux informations qui défilent sur les chaînes de télévision.

Traquer les talibans

Grâce à leurs enquêtes perpétuelles, les chefs de guerre américains déterminent où vivent les propriétaires, qui sont leurs femmes, enfants et les membres de leur famille, où ils travaillent et où se trouvent leurs terres. Leur réseau douteux d'espions, la surveillance électronique et satellitaire ont permis à la CIA et à l'armée d'amasser du renseignement exploitable même sur un bastion taliban comme Marjah, où les Américains et leurs alliés menèrent une offensive en 2010.

Ces éléments biographiques sur la population afghane sont ensuite compilés sur les ordinateurs du quartier général d'occupation. Les informations y sont alors minutieusement analysées par la CIA et les unités des opérations spéciales. Elles permettent de faire le tri entre cibles prioritaires et cibles d'opportunité, notamment commerciale.

Dans un dossier séparé réservé aux talibans présumés, tous les hommes sont classés en fonction de leur rôle et de leur rang dans l'organisation. Leurs biens de valeur sont également répertoriés.

Les combattants « bas de gamme » sont laissés aux laborieux marines, tandis que la CIA, les forces spéciales et leurs avides collaborateurs de la haute hiérarchie militaire afghane se chargent des cibles prioritaires. Ces dernières

---

[361] Michel Chossudovsky, « The war on Afghanistan is a profit driven "resource war" », *Global Research*, le 25 juillet 2015.

partagent le sort que Guillaume le Conquérant réservait à la noblesse anglaise, dont les Normands convoitaient les biens.

Ne vous y trompez pas : les cibles prioritaires en Afghanistan sont celles qui détiennent la propriété (intellectuelle aussi bien que matérielle, champs d'opium compris) que les administrations coloniales américaines souhaiteraient acquérir et partager avec leurs collaborateurs. Par conséquent, on collecte bien plus d'informations sur les propriétaires terriens que sur les non-propriétaires, et on surveille leurs mouvements vingt-quatre heures sur vingt-quatre, sept jours sur sept.

Grâce à leurs espions et à la sophistication de leur matériel de surveillance électronique, la CIA et les chefs militaires ont une idée très précise du moment où les cibles « prioritaires » quittent un bâtiment sécurisé pour un autre. Les réservoirs de leurs chasseurs-bombardiers sont pleins, leurs drones s'envolent et leurs hélicoptères noirs sont parés à décoller.

C'est ainsi que vingt-sept civils afghans furent massacrés le 21 février 2010, alors qu'ils se déplaçaient entre deux provinces isolées, dans un convoi de minibus. La CIA et les forces spéciales avaient été prévenues qu'une cible « prioritaire » voyageait avec sa famille dans ces véhicules. Le général Stanley McChrystal avait sauté sur l'occasion pour tuer tout le monde.

En effet, malgré son désintérêt pour le « décompte des victimes », la CIA ne vit que pour lancer des guerres, et les commandants militaires comme McChrystal ne vivent que pour tuer pendant ces guerres, afin que les hommes d'affaires américains puissent s'emparer de toutes les richesses à leur portée. Le seul moyen pour les officiers de la CIA et de l'armée de réussir sur le plan personnel, de devenir des chefs militaires prospères, c'est de présenter des tas de cadavres, comme on présentait ceux des Anglais à Hastings.

Dans les guerres sales d'Afghanistan, d'Irak, de Libye et de Syrie, tuer des cibles « prioritaires » signifie presque toujours les assassiner alors qu'elles sont chez elles ou en transit avec leur famille. Malgré les mensonges dont on nous abreuve, il est prouvé, même si ce n'est pas officiel, que tuer les leaders d'une nation et leur famille est un traumatisme de guerre psychologique pour le reste de la société.

Les médias traditionnels américains jouent le jeu en n'évoquant jamais ces faits incontournables des guerres sales menées par les États-Unis . Les morts de civils sont toujours classées comme accidentelles et s'accompagnent toujours des excuses de routine prononcées par un quelconque porte-parole anonyme. Les faits ne peuvent être remis en question puisqu'ils sont classés secret-défense et, évidemment, les révéler mettrait les Américains en danger (d'être jugés pour crimes de guerre).

L'assassinat de leaders haut placés avec leur famille facilite avant tout l'achat de leurs propriétés laissées vacantes, à 10% de leur valeur. C'est toujours un petit avantage pour les géologues américains et les partisans de l'armée d'occupation des États-Unis.

Une sauvagerie passée et présente

Malgré tout le travail des propagandistes des médias pour les présenter comme des « guerriers honorables » chargés d'un travail pénible, mais nécessaire pour protéger l'Amérique, les chefs militaires américains et la CIA ne sont en vérité pas moins sauvages que Guillaume le Conquérant ou les militants de l'État islamique que l'on diabolise pour leurs atrocités. Tous, en effet, propagent la terreur en exterminant leurs ennemis, en démembrant leurs corps et en semant la mort et le désespoir parmi les non-combattants. Il suffit de voir les cadavres mutilés par les missiles tirés depuis les drones ou les hélicoptères de combat pour s'en rendre compte.

Le sénateur du Rhode Island, Jack Reed, patron de Textron Systems, est un ténor démocrate au sein du Comité des forces armées du Sénat des États-Unis. C'est également le typique homme d'affaires américain, en costume bleu et cravate rouge, aux ongles manucurés et à la chevelure blanche distinguée. Il vend des Daisy Cutters, des bombes thermobariques de sept tonnes, à l'Arabie Saoudite pour qu'elle les utilise sur le Yémen. Ces bombes ont été perfectionnées au Viêt Nam et en Afghanistan et ont rapporté des bénéfices faramineux à de nombreux actionnaires de l'entreprise de Reed.

À la différence de ces poltrons forts en gueule que sont les politiciens américains, Guillaume le Conquérant et les chefs normands se battaient aux côtés de leurs hommes. Guillaume et son armée commettaient leurs tueries sur les champs de bataille, haches et épées à la main, pour que tout le monde puisse les voir, tandis que les politiciens américains et leurs machines à tuer high-tech commettent leur carnage à distance, à l'aide de bombes de 900 kg, puis couvrent leurs horreurs à grands coups de censure et de propagande.

La dissimulation joue un rôle décisif. Sans elle, l'opinion américaine pourrait s'élever contre les aventures impériales de Washington, qui s'accompagnent toujours de leur cortège de soldats américains morts ou mutilés, tous issus de la classe moyenne, pendant que les invisibles patrons des grandes entreprises filent à l'anglaise avec le butin des pays conquis, ou qu'ils le recyclent à leurs fins économiques ou géopolitiques.

Cette stratégie ne fonctionne que parce que la plupart des Américains ignorent (et beaucoup se moquent de le savoir) les noms et les biographies de leurs victimes.

CHAPITRE 23

LA PROPAGANDE COMME FORME DE TERRORISME

Note de Kourosh Ziabari, auteur de l'interview : Ce qui suit est la retranscription d'une interview exclusive accordée par Douglas Valentine à l'agence de presse iranienne Fars News, au sujet de la crise syrienne et des menaces de guerre américaine. L'interview, qui date d'octobre 2013, a été mise à jour pour refléter les développements syriens postérieurs, mais il faut surtout la lire en tant qu'aperçu général de la situation, et non comme une explication systématique des événements. Ce que Douglas Valentine tient à démontrer, c'est que, comme à leur habitude, sur le dossier syrien, les États-Unis ne respectent aucune de leurs obligations internationales et que leurs appels à la guerre violent aussi bien le droit international que la charte des Nations unies.

Kourosh Ziabari : Bien que les États-Unis et la Russie soient parvenus à un accord qui place l'arsenal chimique syrien entre les mains de l'ONU[362], la rhétorique guerrière revient en force, dernièrement. Des extrémistes néoconservateurs au Congrès américain et dans l'administration continuent d'invoquer des frappes sur la Syrie. Et de fait, entre le 17 et le 18 septembre 2016, les aviations britannique et américaine ont frappé l'armée syrienne alors qu'elle luttait pour sa survie dans l'est du pays contre l'État islamique. C'était une tentative évidente de faire dérailler le cessez-le-feu entre les rebelles et Damas, et sur lequel le secrétaire d'État américain John Kerry et le ministre des Affaires étrangères russe Sergueï Lavrov étaient parvenus à s'accorder quelques jours auparavant. Pourquoi les États-Unis ont-ils tant de mal à renoncer à leur idéologie d'agression ? N'ont-ils tiré aucun enseignement de leurs aventures précédentes en Afghanistan, en Irak et en Libye ?

Valentine : Ce sont son immense armée et ses services de renseignements qui constituent la plus grande force des États-Unis. Son corps diplomatique ne

---

[362] N.D.É. : La mission de l'ONU, qui a procédé à la neutralisation des sites de production d'armes chimiques et la destruction du stock syrien, a valu à l'OIAC, l'Organisation pour l'interdiction des armes chimiques, le prix Nobel de la paix en 2013.

sert qu'à tromper ses victimes. Les Américains s'identifient avec eux et célèbrent leurs exploits militaires, leurs multiples guerres, et leurs concitoyens tombés au champ d'honneur. On associe traditionnellement cette éthique militante avec le groupe des néoconservateurs, mais le parti démocrate l'a également faite sienne sous la direction d'Hillary Clinton. Ce groupe de profiteurs de guerre protégés se positionne comme les garants du prestige de l'Amérique, que symbolise son armée, laquelle ne peut être qu'héroïque. Cela suffit à obtenir l'adhésion d'un public profondément manipulé.

De leur côté, les militaires ne peuvent que pousser pour la multiplication des conflits : ils récompensent ainsi leurs soutiens financiers et l'industrie de l'armement, qui ont besoin de livrer des munitions et de développer en permanence de nouvelles armes. Et qui deviennent aussi leurs employeurs quand ils quittent l'armée. Il y a bien eu quelques exceptions remarquées, certes, mais c'est une idéologie qui est en place depuis des générations, et dont la route, comme celle d'un groupe aéronaval, ne peut être déviée que de manière infinitésimale.

Mais l'affaire est plus complexe, en réalité. Elle fait intervenir des aspects spécifiques de la culture américaine, comme cette conviction qu'ont les Américains d'être « à part », et d'être destinés à régner d'une main de fer sur un monde qui détesterait l'American way of life. Donald Trump est la parfaite illustration de cette illusion de « l'Amérique en tant que victime ». C'est le mensonge fondamental qui autorise l'Amérique à projeter son ombre collective sur « l'autre ».

Martin Luther King Jr. avait déjà souligné, dans son discours « Au-delà du Viêt Nam », du 4 avril 1967 à la Riverside Church, cette « relation évidente, et presque trop simple, entre la guerre du Viêt Nam et le combat que [lui] et d'autres [avaient mené] aux États-Unis ». Affirmant avoir franchi un palier critique dans la compréhension, il avait expliqué qu'il ne pourrait plus « jamais élever la voix contre la violence de l'oppression dans les ghettos » s'il ne dénonçait pas clairement d'abord « le plus grand pourvoyeur de violence au monde : [son] propre gouvernement ».

L'allocution avait été considérée comme un acte de trahison par les Ultras, et un an plus tard, Luther King avait été assassiné – officiellement, par un petit voyou, un « loup solitaire » payé par une cabale de mafieux et de racistes du Sud, alors qu'il était vingt-quatre heures sur vingt-quatre sous la surveillance du FBI, du renseignement militaire et des forces de police locales.

Le 7 mai 1970, l'éminent historien anglais Arnold Toynbee avait pris position dans les colonnes du *New York Times* contre l'invasion barbare du Cambodge conçue par Henry Kissinger. Au risque de sa vie, il avait déclaré : « La CIA est devenue, pour le reste du monde, le suspect principal, à la manière du communisme en Amérique. Partout où les problèmes surgissent, partout où éclatent la violence, la souffrance, la tragédie, notre premier réflexe, à nous autres non-Américains, consiste à soupçonner la CIA. » Il avait poursuivi : « De fait, aux yeux du monde, les rôles de l'Amérique et de la Russie se sont inversés. C'est l'Amérique, désormais, qui est le cauchemar du monde. »

Pendant de longues années, même la prétendue gauche croyait que l'Amérique était engagée dans un combat pour sa survie contre l'Union soviétique. Cette Guerre froide se déroulait en grande partie dans le tiers-monde, mais les États-Unis intervenaient également de manière clandestine en Europe, afin de s'assurer qu'aucun État industrialisé ne puisse venir y menacer ses intérêts industriels. Pendant que l'Américain moyen était convaincu que nous combattions en Afrique le communisme « totalitaire », en réalité, l'élite capitaliste y écrasait le nationalisme et toutes les politiques économiques indépendantes qui auraient favorisé le développement domestique des nations émergentes. Nous les dépouillions de leur richesse et de leurs ressources, mais il fallait le présenter de manière apaisante pour l'opinion. C'est la tâche que l'on avait confiée à la CIA. Et aujourd'hui, plus que jamais, la CIA, avec la complicité active des médias, agit dans l'ombre. Elle est une projection du versant rapace et obscur du psychisme américain.

L'émergence des « fondamentalistes » en Iran en 1979 avait permis à l'élite américaine d'orchestrer la transition. Tout était prêt dix ans plus tard, quand l'Union soviétique s'est effondrée. Les énergies américaines, orphelines des menaces socialiste et communiste, avaient été redirigées vers les nations musulmanes, systématiquement décrites comme incompréhensibles, inférieures et hostiles.

La sainte croisade contre l'Islam et la successive campagne de haine manufacturée à dessein ont embrasé l'Amérique dès que Richard Perle et la cabale de néoconservateurs pro-Israéliens dans l'administration Bush se sont emparés du « tout-puissant juke-box ». La machine propagandiste de la CIA, après le 11 Septembre, a créé les conditions d'un ordre impérialiste néocolonial, pour renforcer Israël dans son entreprise de confiscation de la terre palestinienne, et pour bannir du Proche-Orient toute influence des Iraniens et des Russes. À travers une campagne de propagande minutieusement orchestrée, soutenue par le lobby israélien et toutes les autres organisations idéologiquement solidaires, elle a familiarisé les Américains à la berceuse que Trump leur chante chaque jour désormais : dehors les Mexicains, dehors les musulmans. Cet appel aux armes de l'autochtone « contre l'autre » n'épargne pas les noirs américains, dont la lutte pour l'égalité est toujours mal acceptée par une proportion de la société. Soixante ans se sont écoulés depuis le jour où Martin Luther King a placé le Mouvement des droits civiques au cœur de la scène politique américaine, mais les noirs restent sous le régime de la ségrégation, confinés dans leurs ghettos urbains, tandis que les flics continuent de les abattre à l'envi.

La haine est viscérale et omniprésente chez nous. Trump est l'expression du racisme naturel de l'Amérique. « Make America Great Again » signifie la rendre à nouveau blanche, et les racistes en sont fiers. Pour gouverner le pays, les candidats doivent revendiquer leur adhésion à cette éthique suprémaciste qui fait de la force le droit. C'est l'un des paramètres qui définissent l'inaltérable route stratégique du groupe aéronaval, pour reprendre l'image utilisée précédemment. La Sécurité nationale, en Amérique, c'est le suprémacisme blanc, ni plus ni moins. Et cela ne changera jamais.

Toute cette stratégie est enrobée de mensonges, de tromperies, et de doubles standards. Lors d'une allocution au Dartmouth College en mai 2015, Hillary Clinton a qualifié l'Iran de « menace existentielle » pour Israël, et a déclaré que, élue présidente, elle oblitérerait avec plaisir l'Iran si la protection d'Israël devait l'exiger. Elle a fait cette déclaration alors que l'Iran ne possède aucune arme nucléaire, qu'Israël en possède 200, et que, comme l'ancien secrétaire d'État Colin Powell l'a souligné, elles sont toutes braquées sur l'Iran. Si ça, ce n'est pas une menace existentielle…

Clinton a également expliqué qu'elle n'hésiterait pas à employer ces bombes en grappes, des agents toxiques et des armes nucléaires. Elle soutenait aussi la politique de « frappes préventives » de Bush. Pendant son mandat de secrétaire d'État, elle a donné les gages de son militantisme en détruisant la Libye et en fustigeant Obama pour n'avoir pas voulu en faire autant avec la Syrie. C'est un être infiniment vicieux, mais c'est ce genre d'individus que les Américains veulent avoir pour leader.

Je vais vous donner un exemple. J'étais chez ma dentiste l'autre jour pour un détartrage, et je lui ai demandé ce que devenait son fils. Elle m'a expliqué qu'il était en Arabie Saoudite, où il entretenait les avions de combat. Je lui ai demandé son sentiment à ce sujet. Et, sans la moindre pitié ou seconde pensée, elle m'a répondu : « Vaut mieux les tuer là-bas plutôt qu'ils viennent nous tuer ici. »

C'est très exactement l'opinion dominante. Seuls quelques rares individus informés comprennent le problème, et ils sont bien incapables d'empêcher l'élite politique des riches de proposer une solution militaire à tous les problèmes que la CIA provoque. Comme nos vaniteux leaders aiment à le proclamer, ils gouvernent le monde, et personne ne peut les en empêcher.

Le président Vladimir Poutine l'a dit dans une tribune au *New York Times* : l'élite américaine recourt toujours plus fréquemment à la force brute pour obtenir ce qu'elle veut. Et ce qu'elle veut, c'est imposer sa domination, contrôler les autres nations du globe. L'élite politique doit aussi satisfaire, bien sûr, ses soutiens financiers du lobby israélien et de l'industrie de l'armement. L'Amérique s'est certes attiré les critiques de nombreuses autres nations, mais la gauche de chez nous a, en grande partie, été absorbée par le système. Elle poursuit les mêmes objectifs suprémacistes que les Ultras, et chaque phase du programme qu'elle parvient à mener à bien elle-même la conforte dans son sentiment de supériorité, en plus d'assurer sa prospérité.

Considérées depuis ce point de vue, les guerres en Irak, en Libye, en Afghanistan, en Somalie, au Soudan et en Syrie se déroulent de manière idéale. L'Amérique a anéanti tous les progrès en matière d'éducation, de santé, d'infrastructures (l'eau, l'électricité, les services postaux, les tribunaux…) qu'avaient accomplis ces pays. L'élite politique américaine se renforce en détruisant le niveau de vie des populations de nations perçues comme « hostiles », et prétend en même temps qu'elle a travaillé à l'accroissement de la sécurité et du prestige du peuple américain. Elle parvient même à convaincre l'opinion de la dimension « humanitaire » de ses actions criminelles, en disant qu'il s'agit avant tout de libérer ces populations dont on anéantit le pays.

Ziabari : À partir de 2013, après l'accord sur la destruction de l'arsenal chimique syrien et le renoncement momentané des États-Unis à une intervention militaire, la communauté internationale a pris acte de l'importance, pas uniquement militaire, de l'Iran dans le processus de résolution de la guerre civile. Pourtant, les États-Unis refusent que l'Iran prenne part aux réunions internationales sur la Syrie. Et ce alors même qu'une partie des journaux et chaînes de télévision américains affirment que l'Iran devrait être impliqué dans la solution de la crise syrienne. C'est l'une des raisons pour lesquelles les Russes ont lancé leurs propres tables de négociations, qui incluent l'Iran. Quel est votre avis sur le rôle que l'Iran devrait jouer dans la recherche de paix en Syrie ?

Valentine : Quelle que soit la teneur des messages contradictoires qu'ils envoient à intervalles réguliers, les États-Unis n'ont toujours pas renoncé à déstabiliser la Syrie et à faire partir Assad. Et ils n'y renonceront jamais, même si la donne a changé radicalement quand les Russes sont intervenus militairement contre l'État islamique. C'est pourquoi les États-Unis ont accepté au début de l'année 2016 l'idée d'un cessez-le-feu, aussi fragile soit-il, au sein duquel l'Iran et d'autres acteurs régionaux ont eu leur rôle à tenir. Mais c'était sans lendemain : Obama était en fin de mandat, et aux yeux de l'establishment de la Sécurité nationale, John Kerry avait hissé le drapeau blanc. Insupportable pour qui n'accepte pas le retour de l'influence russe dans la région. La Russie est passée outre : elle a attaqué l'État islamique, ainsi que les forces anti-Assad pilotées par la CIA et armées par les vassaux arabes des États-Unis. Comme à leur habitude pendant les périodes de transition présidentielle, les militaires ont confisqué la direction des Opérations et ont bombardé (c'est l'incident de septembre 2016) les forces armées syriennes, causant près d'une centaine de morts.

Comme toujours, la centrale de propagande américaine a prétendu qu'il s'agissait « d'une erreur », mais les résultats parlent d'eux-mêmes. Le complexe de la Sécurité nationale ne respecte pas le droit international et s'accorde le privilège de tuer autant qu'il lui plaît, sans jamais en affronter les conséquences, ni même admettre ses agissements.

Cela établi, je ne sais rien des plans et des stratégies de la classe dirigeante iranienne. Je suppose qu'ils sont, là-bas aussi, l'objet de l'affrontement entre diverses forces antagonistes. De ce que je comprends, comme la Russie, l'Iran appuie officiellement Assad et l'aide à combattre les rebelles, qui sont en grande partie des mercenaires étrangers entraînés et financés par la CIA, Israël, la Jordanie, la Turquie et l'Arabie Saoudite. Je suppose que l'Iran tient à atteindre les objectifs qu'il s'est fixés, que cela passe par la concertation directe, la concertation indirecte, ou par l'absence de concertation.

L'Iran devrait pouvoir participer aux négociations sur la Syrie, y compris dans le groupe de travail occidental chaperonné par les États-Unis. Mais en réalité, si l'histoire doit nous enseigner quelque chose, c'est que les États-Unis sont un partenaire diplomatique peu fiable. Il y existe probablement des représentants du complexe de la Sécurité nationale favorables à la participation de l'Iran aux négociations, mais ce n'est qu'un rideau de fumée derrière lequel ils préparent d'autres opérations clandestines. On voit mal où Trump veut en venir – il a dit que les États-Unis devaient évacuer la Syrie, et il a fait bombarder la Syrie –, et je suppose qu'il est, sur le dossier, l'otage consentant du complexe de la Sécurité nationale.

Nous savons aussi qu'Hillary Clinton n'aurait jamais fait un partenaire honnête pour l'Iran, et qu'elle n'aurait accepté que le genre d'accord qui aurait transformé la Syrie en une autre Palestine en ruines. Trump, pendant la campagne, affirmait qu'il ne voulait surtout pas susciter de nouvelles vagues de réfugiés, mais Clinton martelait qu'il fallait renverser le régime de Damas. Ce sont d'ailleurs ses choix politiques, en tant que secrétaire d'État, qui ont jeté les bases de l'afflux de réfugiés en Europe. Le résultat est sous nos yeux : des pays européens sont littéralement déstabilisés, et la Syrie n'est plus en mesure de s'opposer à Israël, qui a quasi annexé le plateau du Golan. C'est le résultat qu'elle avait cherché en lançant l'insurrection. Obama et Kerry n'ont fait qu'hériter d'un dossier sur lequel ils ont très vite été marginalisés au sein de leur propre administration.

Sur le dossier du « nucléaire », nous avons également vu les États-Unis et l'Iran parvenir à un accord sous Obama. L'Iran a accepté d'abandonner son programme d'armement nucléaire, et les États-Unis ont accepté de ne pas « oblitérer » l'Iran, pour reprendre l'expression de Clinton. Mais l'Iran n'a pas accepté la partition de la Syrie, et il s'est passé ce que je craignais : cela a remis en cause l'accord sur le nucléaire. Tout du long, les États-Unis et ses alliés avaient multiplié les opérations clandestines, et maintenu les sanctions, en espérant que l'Iran ferait le faux pas qui fournirait aux Ultras le prétexte pour l'attaquer d'une manière ou d'une autre, et ce indépendamment du résultat de l'élection présidentielle américaine.

Il ne faut jamais oublier que les élites américaines ne considèrent pas l'Iran comme une nation souveraine. L'Iran avait été une colonie américaine entre le coup d'État contre Mossadegh et la chute du Shah en 1979, chassé par les mouvements étudiants et la gauche. Cet affront à son prestige, l'establishment de la Sécurité nationale ne l'a jamais digéré. Et comme je l'ai dit tout à l'heure, le prestige fournit le mètre de mesure ambigu de tout choix politique. C'est pourquoi l'establishment ne pardonnera jamais à la Russie. Aux yeux de ces gens, l'Iran reste une colonie infidèle, comme ces esclaves qui allaient chercher refuge au Mexique. Les États-Unis n'ont aucune envie de négocier avec une ancienne colonie, alors à quoi bon s'y accrocher ?

Ziabari : De nombreux témoignages laissent entendre que ce sont l'Arabie Saoudite, Israël, la Jordanie et le Qatar qui avaient fourni des armes chimiques et armements illégaux aux rebelles de la région de Damas et d'ailleurs en Syrie. Avec de telles armes, les rebelles sont parvenus à déstabiliser profondément la Syrie et à exaspérer la population. Pourquoi les organisations internationales n'ont-elles rien fait pour prévenir les plus dangereuses de leurs actions ?

Valentine : Par « organisations internationales », je suppose que vous voulez parler par exemple des Nations unies ou de Human Rights Watch. Je ne sais pas vraiment pourquoi ces organisations persistent à s'en tenir à la

« version officielle » américaine et continuent d'accuser les forces de Bachar el-Assad. Surtout lorsque même un journaliste « Ultra » comme Rush Limbaugh accuse Obama d'avoir orchestré les attaques chimiques de 2013. L'explication la plus simple est que la CIA a suborné le haut management de ces organisations internationales. Nous savons que la NSA espionne tout le monde, et qu'elle transmet ses informations à la CIA. Peut-être que les gens à la tête de ces organisations ont été placés sous chantage, ou simplement corrompus. La corruption, ce n'est pas ce qui manque. D'autres partagent peut-être volontairement la ligne idéologique américaine. Ce qui est sûr, en revanche, c'est que rien de tout cela n'est objectif, ni même ne cherche à le sembler. Le Tribunal pénal international et la Cour internationale de justice se comportent exactement de la même manière. Espérer de l'aide de ces organisations internationales a quelque chose de ridicule, en réalité...

Ziabari : Dès le début de la guerre civile, si l'on en croit les déclarations de Manuel Valls, alors ministre de l'Intérieur français, il y avait 110 terroristes français actifs en Syrie parmi les rebelles. En gros, en 2013, la moitié des combattants étrangers en Syrie provenaient de France. Pour certains analystes, c'est le signe que la France cherche, par ce conflit, à retrouver son influence coloniale sur la Syrie. C'est ce qui expliquerait pourquoi l'ancien président François Hollande poussait tant pour une guerre contre la Syrie. Quel est votre avis sur le cas français ?

Valentine : Si l'on doit en croire l'histoire, cela pourrait être le cas. Il y a un siècle déjà, la France avait persuadé le Tsar de se mobiliser contre l'Allemagne, alors que la Russie venait de trouver un accord avec le Reich. C'est cette manœuvre, forte du consentement anglais, qui a finalement déclenché la Grande Guerre.

L'élite économique française, idéologiquement et économiquement, est strictement sur les mêmes positions que les élites anglaise et américaine. Elle est contre le socialisme partout dans le monde, et contre le nationalisme chez les autres nations en quête de souveraineté. Et je mets le parti socialiste français dans le même sac. La France reste une puissance coloniale majeure, et elle veut récupérer ses colonies (avec la richesse que cela procure) et son prestige. Elle garde encore aujourd'hui le contrôle de l'armée algérienne, tout comme les États-Unis gardent le contrôle de l'armée sud-coréenne. Quant aux Anglais, ils sont les principaux acteurs en Libye. Hollande s'était comporté en socialiste pendant sa campagne, mais, comme tous les autres présidents français, il a gouverné en impérialiste. Le 17 juillet 2016, en s'appuyant sur des renseignements fournis par la CIA, la France a massacré 120 civils en Syrie. C'était une décision purement symbolique, pour venger les morts de Nice, assassinés par un musulman non pratiquant venu de Tunisie. Il n'y avait pas d'autre justification à l'attaque en Syrie.

La déferlante de réfugiés syriens, l'attaque à *Charlie Hebdo* en 2015, les attentats de Bruxelles en 2016, puis celui de Nice ont été instrumentalisés par les propagandistes français et américains pour justifier une agression impériale. L'islamophobie ne cesse de croître en France, et l'ancien ministre de l'Intérieur Bernard Cazeneuve avait pris la décision de fermer « les mosquées qui prêchent la haine et la violence », et de mettre toutes les mosquées et tous les imams de France sous surveillance.

Trump et sa faction de « nativistes » voudraient faire la même chose aux États-Unis.

Ziabari : D'après la charte des Nations unies et le Pacte de Paris, dont les États-Unis sont signataires, l'utilisation unilatérale de la force militaire contre une nation souveraine, ou la menace d'y recourir, est illégale et constitue une violation du droit international. Pourtant, les États-Unis ont menacé et frappé la Syrie à plusieurs reprises, sans susciter aucune réaction des organisations internationales. Qu'en pensez-vous ?

Valentine : Les États-Unis ont menacé près d'une cinquantaine de nations d'une attaque militaire. À droite comme à gauche, on considère qu'il s'agit d'un droit garanti par la nature « d'exception » de la nation américaine, à laquelle le droit international ne s'appliquerait pas. L'Amérique est le gendarme du monde, et, comme tout le monde le sait, la police et les gendarmes n'obéissent pas à la loi, ils l'imposent aux autres.

Et personne n'y peut rien. Les États-Unis ont le monopole de la force. La souveraineté est une notion fondamentale du droit international, et pour les organisations internationales. Mais il est impossible pour les Nations unies de reconnaître que les États-Unis se comportent en agresseurs, au sens le plus strict du terme, car :

1) le pouvoir d'intimidation des États-Unis suffit à neutraliser de nombreux États membres des Nations unies ;

2) l'Organisation des Nations unies, qui est avant tout un instrument de la politique étrangère américaine, s'est elle-même compromise par le passé dans l'interventionnisme militarisé, en Corée et au Congo pour commencer.

Ziabari : De nombreux anciens hauts fonctionnaires de l'administration et du renseignement américains ont déclaré leur opposition aux interventions militaires américaines en Syrie. De leur point de vue, les États-Unis n'avaient pas l'autorité légale ou politique pour le faire. Ils affirment que Washington devrait cesser de se prendre pour le gendarme du monde. Êtes-vous d'accord ?

Valentine : En réalité, peu importe ce que je pense, ou ce qu'ils pensent, ou ce que décrète la loi. S'ils le veulent, les États-Unis peuvent pulvériser la Syrie du jour au lendemain avec leurs seules forces aériennes et navales. Sans intervention au sol. Ils peuvent infliger à la Syrie le traitement réservé à la Libye. Ils peuvent reproduire à l'échelle d'une nation ce qu'Israël a fait à Gaza en 2009, puis en 2014.

Et bien sûr, le régime américain n'a aucune autorité légale pour quoi que ce soit en Syrie. Mais il viole déjà le droit international en fournissant des armes aux « rebelles ». L'armée américaine et la CIA exécuteront tous les ordres. La CIA a pour mission d'exécuter les ordres illégaux, de provoquer les crises. C'est pourquoi je ne croirai jamais ce qui sort de la bouche d'un ancien officier de l'armée ou du renseignement – quand bien même je serais d'accord avec lui –, car c'est la spécialité de ces gens d'insinuer les tromperies les plus subtiles dans leurs propos, de cacher leurs intentions réelles et leurs plans futurs dans leurs déclarations. Ils disent une chose, et en font secrètement une autre.

Ziabari : Des analystes et des critiques de la politique étrangère américaine prétendent que les États-Unis ont une approche pour le moins hypocrite du concept de terrorisme. En effet, ils arment en Syrie les mercenaires affiliés à Al-Qaïda et à l'État islamique, deux groupes qu'ils considèrent par ailleurs comme une menace contre la paix mondiale, contre lesquels ils se sont lancés dans une « guerre contre le terrorisme », et qu'ils prétendent vouloir démanteler. Comment les États-Unis peuvent-ils se comporter de manière aussi déloyale ?

Valentine : La guerre contre le terrorisme est une arnaque monumentale, la plus grande opération clandestine de tous les temps. *Russia Today* a révélé que c'est Obama lui-même qui avait levé les mesures antiterroristes américaines afin de pouvoir armer librement ses mercenaires en Syrie. Ce que la CIA faisait clandestinement depuis des années, de la même manière qu'elle gère le trafic de drogue international. Reagan avait appelé les terroristes pilotés par la CIA au Nicaragua des « combattants de la liberté » : rien n'a changé depuis.

Al-Qaïda et l'État islamique fournissent un motif aux États-Unis pour intervenir dans tous les pays musulmans du globe, et pour déclencher des guerres préventives – c'est expliqué dans le document programmatique sur la stratégie de la Sécurité nationale des États-Unis, publié par l'administration le 20 septembre 2002. Vous savez où Hillary Clinton était allée chercher sa doctrine impériale de frappe initiale…

Al-Qaïda et l'État islamique fournissent aussi les mercenaires qui permettent de renverser les régimes que les États-Unis n'aiment pas.

Les États-Unis n'ont jamais réellement été « contre Al-Qaïda », car c'est la CIA qui l'avait créée en Afghanistan contre les Soviétiques. Elle en a depuis employé les diverses branches en Tchétchénie, au Kosovo, en Bosnie et ailleurs. Les États-Unis se sont ainsi dotés d'une armée coloniale de mercenaires, comme les Britanniques l'avaient fait avec les Gurkhas du Népal. Les mercenaires américains proviennent de tout le monde musulman. Ils combattent aussi en Afrique, en ce moment. C'est l'armée de réserve des États-Unis pour ses guerres par procuration partout dans le monde, entraînée par nos forces spéciales, et dirigée par la CIA.

En ultime instance, on peut dire que le terme « Al-Qaïda » est un simple contenant, prêt à recueillir les fictions qui permettent au gouvernement américain de justifier ses guerres devant ses citoyens. Orwell avait très bien décrit le processus dans *1984*. Le quotidien est scandé par les bulletins de guerre où les alliés et les ennemis changent d'un jour à l'autre. Pour les gens qui regardent la télévision, les termes « amis » et « ennemis » n'ont plus le moindre sens reconnaissable. Voilà où nous en sommes aujourd'hui.

Ziabari : L'Iran et la Russie insistent pour trouver une issue diplomatique à la crise syrienne. C'est pour eux le meilleur moyen d'y éradiquer l'extrémisme et le fanatisme. Les États-Unis ont tout fait pour empêcher le dialogue et la diplomatie d'opérer. Pourquoi les États-Unis insistent-ils pour une solution militaire de la crise, quand une solution négociée, à travers un processus de réconciliation nationale, pourrait résoudre les problèmes ?

Valentine : Les États-Unis ne négocient jamais, à moins qu'ils n'y soient contraints. Souvenez-vous des événements de l'ambassade de Téhéran en 1980. Reagan avait refusé de négocier avec les terroristes, et vendait clandestinement des armes à l'Iran, dans l'objectif de déstabiliser l'Irak et l'Iran pour le compte d'Israël. Le soutien de la CIA et du Mossad à la SAVAK, la police secrète de la monarchie iranienne, ou le fait que le Shah ait permis à la CIA d'utiliser le territoire iranien pour espionner l'URSS sont systématiquement passés sous silence. Tout ce qui doit nous importer, ce sont ces photos de ces otages américains ligotés et bâillonnés.

Tout ce qui doit nous importer, c'est que des Américains sont morts en Irak, en Afghanistan et en Libye. Quand on interroge Hillary Clinton de manière trop pressante sur son rôle dans le meurtre de Mouammar Kadhafi, et sur la joie qu'elle avait manifestée, elle oublie la version officielle de « l'intervention humanitaire ». Tout ce qui compte, c'est que Kadhafi avait « du sang sur les mains ». Tandis que les siennes sont immaculées, bien sûr.

La réconciliation et le dialogue sont impossibles avec une nation qui se donne pour seuls objectifs la domination et la vengeance. Elles servent, au mieux, de manœuvres tactiques au sein d'un plan plus vaste.

La guerre de l'Amérique contre la Syrie et ses actions clandestines contre l'Iran font elles aussi partie d'une ample stratégie d'encerclement et d'affaiblissement de la Russie. Les États-Unis ne veulent pas sortir du cadre militaire parce qu'ils estiment que, pour éviter la confrontation avec eux, l'Iran et la Russie finiront par lâcher la Syrie. La Syrie n'est qu'une tuile de domino appelée à tomber, comme les autres.

Le but de l'élite américaine est de contraindre la Syrie, puis l'Iran, puis enfin la Russie à rejoindre la file de la Corée, du Viêt Nam, de l'Afghanistan, de la Libye et de l'Irak. Son plan consiste à briser partout les lignes religieuses et ethniques, de manière à ce que les groupes au sein de ces nations s'entredéchirent dans des guerres interminables.

L'avenir dira si j'ai vu juste.

CHAPITRE 24

LA GUERRE CONTRE LE TERRORISME, OU LA PLUS GRANDE OPÉRATION CLANDESTINE DE L'HISTOIRE

L a guerre contre le terrorisme est la plus grande opération clandestine de l'histoire. Pour le démontrer, je vais d'abord analyser les terminologies en jeu. Dans le monde des affaires, en politique et en matière de terrorisme, la définition des éléments de langage est cruciale.

Le FBI définit le terrorisme comme « le recours illégal à la force et à la violence contre des personnes ou des biens pour intimider ou faire plier un gouvernement, la population civile ou l'une de ses composantes, dans le but de faire progresser un agenda politique ou social ».

D'emblée, cette définition ambiguë suscite des interrogations : quelles sont les conditions requises pour que le terrorisme devienne légal ?

La doctrine officielle du gouvernement américain sur le terrorisme est connue de tous. Il le condamne toujours, et, toujours selon le script officiel, si l'Amérique n'emploie jamais le terrorisme, elle en est toujours la victime. La guerre contre le terrorisme est l'ultime expression de cette doctrine : il s'agit d'un recours légal à la violence, par une nation en état de légitime défense. Ce qui est l'exact contraire du terrorisme, recours illégal à la violence, motivé politiquement ou socialement par un acteur qui n'est pas une nation.

Voici, donc, la doctrine officielle américaine, enfoncée de force dans les pénombres de la conscience collective américaine par les campagnes de saturation du Pentagone et du secrétariat d'État. Si l'on décide de porter le regard derrière l'étouffant rideau de propagande, de dissimulation et de censure qui entoure les politiques officieuses du gouvernement, c'est une histoire bien différente que l'on découvre, faite de crimes de guerre délibérés, de crimes contre l'humanité, perpétrés à grande échelle.

Comme Diogène tenant sa lanterne, j'ai visité les locaux du FBI à Springfield (Massachusetts), le 21 novembre 2012. Je n'avais pas de rendez-vous, mais l'un des agents de permanence avait accepté de m'écouter. Je voulais obtenir sa réaction face aux preuves de l'engagement et du soutien de la CIA aux côtés des terroristes en Syrie. J'avais cité à cet effet un article du *New York Times* daté du 21 juin 2012, et dans lequel on pouvait lire : « D'après des fonctionnaires américains et des agents de renseignements arabes, un petit nombre d'agents de la CIA opèrent en secret dans le sud de la Turquie où, en s'appuyant sur les renseignements fournis par les services américains et arabes, ils aident les forces alliées à déterminer à quels groupes de rebelles syriens devraient être destinées, de l'autre côté de la frontière, les livraisons d'armes nécessaires à combattre le gouvernement syrien. »[363]

J'avais demandé à l'agent du FBI si l'article ne nous fournissait pas la preuve que les agents de la CIA participaient à une opération terroriste. La CIA cherchait non seulement à renverser le gouvernement syrien, mais elle précipitait des milliers de civils dans la pauvreté, la ruine, le désespoir et l'exil, quand ce n'était pas la tombe. Et quand bien même le président et le Congrès auraient confié à la CIA le mandat de renverser le gouvernement syrien, la violence exercée à l'encontre des civils syriens innocents était, elle, certainement illégale, n'est-ce pas ?

J'avais ajouté que, d'après le *New York Times*, les agents de la CIA avaient organisé la livraison de tonnes d'armes à travers la frontière turque « grâce à un obscur réseau d'intermédiaires » qui incluait « des jihadistes » que le gouvernement américain lui-même avait classés parmi les terroristes. La CIA organisait donc sa propre conspiration dans le contexte d'une opération de contrebande d'armes illégales et de drogue, mais elle armait en plus Al-Qaïda, ce qui constituait, avais-je souligné, un soutien actif au terrorisme. Et le fait que les médias américains appellent « rebelles » ces terroristes affiliés à la CIA n'y changeait pas grand-chose.

Mon interlocuteur du FBI en était si estomaqué qu'il m'avait redirigé vers le quartier général où, au terme d'exténuantes contorsions, j'avais eu le plaisir de voir la porte-parole du bureau Kathleen Wright jeter l'éponge et déclarer : « Les commentaires portant sur la CIA ou les décisions du gouvernement américain relatives à la CIA ne relèvent pas de nos attributions. »

Dit en d'autres termes, la plus importante institution de maintien de l'ordre n'a pas d'autorité légale sur la CIA. Ce n'est que dans le cadre de ce double standard institutionnel que l'on peut réellement comprendre le juteux business du terrorisme américain.

Dans ce chapitre, j'espère montrer le rôle précis de la CIA. Elle est l'instrument principal de cette entreprise criminelle internationale en raison de sa capacité au secret. Elle pratique le terrorisme, et vous n'en savez jamais rien. Et quand ses activités sont dévoilées par accident (comme dans le bazar de l'affaire Gülen) ou à des fins de propagande, le terrorisme de la CIA ne fait qu'un avec la sécurité nationale. Quand ces exercices de self-défense échappent à tout cadre légal, on les présente comme du contre-terrorisme. La CIA pilote le trafic d'armes international exactement comme elle le fait pour le trafic de drogue. Elle utilise une armée clandestine de mercenaires de toutes les nationalités, qui sont tous des maniaques sanguinaires avec l'expérience du combat et l'envie de continuer à en découdre. Pendant la guerre du Viêt Nam, les officiers paramilitaires de la CIA placés à la tête de cette armée étaient

---

[363] Eric Schmitt, « CIA said to aid in steering arms to Syrian opposition », *The New York Times*, le 21 juin 2012.

surnommés les gorilles. L'armée mercenaire peut compter sur l'assistance d'officiers financiers de la CIA sous couverture profonde, en poste dans des banques étrangères, comme la Nugan Hand[364], et sur celle de spécialistes de la logistique comme Ed Wilson, généralement en couverture à la tête de sociétés de transports, toujours idéales pour ménager la faculté de dénégation si chère à l'agence. Il y a enfin la cohorte des agents recrutés au sein des services de renseignements étrangers, intégrés aux ramifications souterraines du réseau de contre-terrorisme de la CIA. Leur tâche consiste à corrompre des officiers de l'armée, de la police (souvent formés dans les écoles américaines), et les politiciens à des postes stratégiques, pour préserver l'impunité des trafiquants de drogue ou faire tolérer les centres de torture clandestins de l'agence, tous dirigés par de hauts fonctionnaires de Langley.

La CIA et ses commanditaires politiques ne sont jamais châtiés pour leurs activités terroristes. Nous avons même appris récemment qu'ils peuvent placer des pains de plastic dans un car de ramassage scolaire en Virginie sans aucune conséquence. C'était un « exercice », nous a-t-on expliqué. Mais depuis quand doit-on entraîner des agents à placer des explosifs dans un bus scolaire[365] ?

Ce qu'il faut bien comprendre, c'est qu'en réalité, aux yeux de la CIA, nous ne sommes que des rats de laboratoire ou de la chair à canon. Et cela vaut aussi pour les écoliers.

Guerre psychologique et opérations clandestines

On définit d'ordinaire la politique comme le processus par lequel le peuple élabore ses décisions collectives. Mais qui prend les décisions critiques en Amérique ? Qui supervise l'action terroriste ?

L'Amérique est à n'en pas douter une nation de droit, mais nos élus au Congrès – qui est la principale instance législative de la nation – ont affranchi les officiers de la CIA coupables d'actes terroristes des lois fédérales sur le terrorisme. Quand on démontre que des agents de la CIA ont commis des actes terroristes, comme en Syrie, les médias organisent l'ensablement de l'information et évitent scrupuleusement d'évoquer cette contradiction qui permet le terrorisme d'État.

La longévité de ce mensonge relève du miracle, quand on songe à la

---

[364] N.D.É. : La banque Nugan Hand était une banque australienne profondément impliquée dans les opérations illégales de la CIA (vente d'armes, trafic de drogue…). Elle avait, semble-t-il, procédé au recrutement sous couverture de nombreux agents de la CIA, dont William Colby lui-même. La découverte du scandale conduisit à sa faillite en 1980, et au suicide de l'un de ses fondateurs, l'avocat Francis John Nugan. L'autre fondateur de la banque, Michael Hand, fuit l'Australie après avoir détruit quantité de documentation. Sa piste fut retrouvée en 2015 en Idaho. Il y vit sous le nom de Michael Jon Fuller, sans être inquiété par le FBI.

[365] Clarence Williams, Moriah Balingit, « CIA left explosive material on Loudoun school bus after training exercise », *The Washington Post*, le 31 mars 2016.

quantité de preuves disponibles. Et pourtant, le recours au terrorisme reste systématique, sans exception. Il est le rouage essentiel d'une stratégie de domination spectaculaire, à laquelle une majorité d'Américains croit, mais en plus qu'elle applaudit. Ils sont convaincus que c'est pour les défendre que les agents de la CIA commettent des actes terroristes. C'est ce mensonge qui constitue la plus grande opération clandestine de l'histoire.

Comme l'avait dit Carl Jung, « tout le monde possède une ombre, et plus elle est refoulée de la vie consciente de l'individu, plus elle est noire et dense ».

Le parti du business qui règne sur l'Amérique a contribué à imposer cette psychose de masse à ses clients-consommateurs. Elle est essentielle à la pérennisation du système capitaliste où 1% de la population accapare la majorité des richesses de la nation. Si les gens parvenaient à émerger des ténèbres de l'autopersuasion et cessaient de projeter leur irrationalité sur les autres, le château de cartes s'effondrerait.

Il est donc essentiel de préserver la fiction d'une Amérique qui se refuse à recourir au terrorisme. C'est au gouvernement et aux médias que revient la charge de tromper l'opinion, à l'aide de méthodes qui deviennent plus faciles à discerner et à comprendre dès lors que l'on accepte de les considérer comme une opération clandestine standard.

Comme je l'ai déjà dit plus haut, la CIA ne lance ses opérations clandestines que si elles répondent à deux exigences précises. La première est évidemment son potentiel en matière de renseignements. L'opération doit rapporter à la CIA du savoir qui lui permet de façonner les événements, de faire progresser ses plans, de se rapprocher de ses objectifs. Prenons l'exemple syrien : le trafic d'armes permet à la CIA d'acquérir des informations sur l'activité criminelle et militaire de la région. Dans un autre contexte, ce « potentiel de renseignement » pourrait concerner l'acquisition d'informations utiles aux tentatives de déstabilisation psychologique des masses, ou à la réorientation des mouvements sociaux et politiques, à la maison comme à l'étranger (ce qu'ils ont fait avec l'État islamique).

La seconde exigence à laquelle doit répondre un programme clandestin est la faculté de dénégation de son existence. Durant les auditions du Sénat de 1975 au sujet des complots d'assassinats de la CIA contre des dirigeants étrangers, le directeur adjoint aux Opérations de l'agence avait défini la « faculté de dénégation » comme le recours aux circonlocutions et aux euphémismes pour décrire leurs opérations clandestines, en lieu et place de définitions précises qui exposeraient leur vraie nature et conduiraient à leur interruption. C'est ce même artifice qui permet les doubles standards juridiques ainsi que toute la gamme de la propagande et de la désinformation d'État.

Toute opération clandestine est dissimulée sous des strates entières de narration. Comme l'avait dit Winston Churchill (et Joe Pesci après lui), « c'est un rébus enveloppé de mystère au sein d'une énigme ». Churchill avait également dit qu'en temps de guerre, « la vérité est si précieuse qu'elle devrait toujours être protégée par un rempart de mensonges ».

Comme je l'ai déjà expliqué, la CIA avance à l'abri derrière des « programmes d'action civique » destinés à aider les gens. On pensera, par exemple, au programme de vaccination pakistanais qui conduisit à l'assassinat d'Oussama ben Laden. Et bien sûr, on se souviendra que Phoenix était présenté comme un « programme de protection de la population contre le terrorisme ».

Les actions clandestines dirigées contre le peuple américain obéissent également à ces deux exigences : elles font avancer les plans cachés du gouvernement et peuvent être raisonnablement démenties. Les opérations domestiques sont principalement de nature psychologique, mais on sait qu'elles n'excluent pas les morts « accidentelles ». C'est la conscience collective qui est leur champ de bataille, où elles sont à la fois abstraites et décisives.

La guerre psychologique que livre l'État contre le peuple américain prend plusieurs formes et poursuit plusieurs objectifs. La CIA place des articles trompeurs dans la presse étrangère, que les médias américains s'empressent de reprendre diligemment. Cette désinformation n'est ni plus ni moins que de la propagande noire. Elle sert à dresser l'opinion publique contre les nations que l'État américain désire déstabiliser (c'est toute l'histoire des Panama Papers), et à changer ses perceptions de sorte qu'elle devienne favorable aux interventions militaires ou aux sanctions économiques. La désinformation d'État sert aussi à convaincre les Américains que des régimes tortionnaires comme Israël, l'Égypte ou l'Arabie Saoudite continuent de mériter les montagnes d'argent public qui leur sont accordées par les programmes d'aide. Dans les deux cas, le langage joue un rôle fondamental. C'est lui qui forge les perceptions et les postulats qui rendent possibles ces politiques immorales ou illégales. Sans leur travestissement par la manipulation du langage, l'opinion américaine les verrait et les condamnerait pour ce qu'elles sont : du terrorisme d'État.

Le langage trompeur, intimidant, autoritaire utilisé dans les opérations clandestines de l'État permet de plonger les citoyens américains dans un état de terreur. Ils se sentent alors impuissants, infantiles, inférieurs. C'est le versant obscur de cette même propagande qui, par ailleurs, les amène à se voir comme les citoyens d'une nation exceptionnelle, les enivre de leur statut de numéro 1 planétaire, puis les victimise. Tous ces messages contradictoires troublent le peuple américain, qui accepte d'être gouverné par des méthodes contre-productives qu'il refuserait s'il avait accès à la vérité.

La CIA n'est pas la seule branche de l'État à verser dans la désinformation. C'est une pratique généralisée. C'est pour cela qu'il faut apprendre à lire leur *modus operandi*, et en particulier le langage derrière lequel ils cachent leurs intentions malfaisantes. Ce qu'ils ne disent pas est souvent bien plus révélateur que ce qu'ils annoncent.

On se souvient tous de la seconde guerre d'Irak. Pour pouvoir livrer une guerre d'agression qui lui permettrait de s'emparer du pétrole irakien et de déstabiliser toute la région au profit d'Israël, Bush lança une campagne de désinformation qui devait persuader les citoyens américains que l'Irak représentait une menace pour leur propre existence. D'où la série de mensonges d'État, comme celui du stock irakien de yellowcake, qui promettait à terme un beau champignon nucléaire sur le sol américain.

Le « champignon nucléaire » évoqué par l'administration Bush avait littéralement terrorisé le public, tout comme l'article du *New York Times* de Chris Hedges, plusieurs fois évoqué ici, qui affirmait que l'Irak entraînait des commandos terroristes chargés d'attaquer l'Amérique. Il n'y a jamais eu de yellowcake et d'armes nucléaires irakiens, tout comme il n'y a jamais eu de commandos terroristes irakiens, à part dans les déclarations de transfuges qui mentaient sur ordre de leur maître de la CIA.

Ce qui était bien réel, en revanche, c'était qu'un groupe de fonctionnaires corrompus avait utilisé des filières clandestines du gouvernement pour déclencher une guerre d'agression, ce qui est la forme ultime du terrorisme. Ils l'ont fait par pure volonté de lucre, et peu importe s'ils ont plongé le monde dans le chaos, et les citoyens américains dans la dette et la confusion. Et quand, de temps à autre, les citoyens arrivent à comprendre qu'ils ont été trompés, la structure sociale et administrative mise en place durant la Seconde Guerre mondiale garantit qu'ils seront incapables de résister ou de susciter le moindre changement significatif.

Ce n'est pas un secret. Les mains invisibles qui guident nos dirigeants officiels, *a fortiori* depuis le 11 Septembre, se vantent de leur capacité à modifier notre perception de la réalité. Ron Suskind avait abordé ce problème dans un article du *New York Times Magazine* daté du 17 octobre 2004 et intitulé « Foi, certitude, et la présidence de George W. Bush ». Dans son article, Suskind citait le conseiller présidentiel Karl Rove : « Nous sommes un empire, désormais, et quand nous agissons, nous créons notre propre réalité. Et pendant que, de votre côté, vous étudiez la réalité, comme il est juste que vous le fassiez, nous continuerons d'agir et de créer de nouvelles réalités, que vous pourrez continuer d'étudier. Voilà comment se dérouleront les choses. Nous sommes les acteurs de l'histoire... Et vous, vous tous, n'aurez pas d'autre choix que d'étudier ce que nous faisons. »[366]

Cette arrogance impériale a été la principale force motrice des États-Unis depuis que seuls, en 1945, ils ont émergé indemnes des nuées ardentes de la guerre et qu'ils sont devenus l'unique superpuissance mondiale. Depuis, ceux qui dirigent en secret les États-Unis ont utilisé sans retenue ni pitié leur puissance militaire et leur force de frappe économique pour punir toute nation qui entravait leurs projets d'hégémonie planétaire. Leur succès tient à la plus grande opération clandestine de tous les temps, par laquelle ils ont convaincu la société américaine qu'elle était la cible permanente de puissances étrangères hostiles. Société américaine qui, en réalité, est avant tout la victime de cette même classe dominante anonyme et de ses intérêts secrets.

Le plan pour l'hégémonie planétaire prend sa force dans le langage. Le discours anticommuniste mis en place après la Seconde Guerre mondiale se transforma, après l'effondrement de l'Union soviétique et l'essor du fondamentalisme islamique, en un discours sur le terrorisme, la nouvelle bête

---

[366] Ron Suskind, « Faith, Certainty and the Presidency of George W. Bush », *The New York Times Magazine*, le 17 octobre 2004.

noire de l'Amérique. Quiconque réfléchissant hors du cadre de la pseudo-critique put relever ce changement de paradigme dans la politique officielle après les attaques terroristes du 11 septembre 2001. Ce fut dans les jours qui suivirent que le plan hégémonique reçut sa formulation officielle. Le paladin du parti républicain Kenneth W. Starr, qui avait dirigé la procédure de destitution contre Bill Clinton, avait déclaré que le danger posé par le terrorisme « exigeait que la Sécurité nationale, dans ses évaluations, prenne en compte les jugements du monde politique »[367].

En d'autres termes, la Sécurité nationale, qui était restée jusque-là un enjeu non partisan, serait tombée entre les mains ultraconservatrices du parti du business. D'après Richard Thornburgh, qui fut le procureur général des présidents Reagan et George Bush père, l'Amérique devait désormais s'affranchir de la légalité, car le principe de sécurité juridique « nous étranglait ». En matière de contre-terrorisme, Thornburgh estimait que les preuves légalement admissibles « n'étaient pas forcément la panacée universelle »[368].

Il ne faut pas s'y méprendre : quand Starr et Thornburgh prononcèrent ces déclarations soigneusement chorégraphiées, les fonctionnaires avaient déjà achevé et la rédaction des lois de détention administrative visant les citoyens américains, et l'aménagement des chambres de torture à Guantánamo.

Au lendemain du 11 Septembre, la clique ultraréactionnaire s'empara de l'appareil de la Sécurité nationale, qu'elle utilisa ensuite pour imposer son idéologie au peuple américain. Quiconque n'adhérait pas à leur doctrine était considéré comme un ennemi de l'État. Et c'est ainsi que l'on vit l'expert frauduleux du terrorisme Michael Ledeen affirmer : « Il est temps de ressortir le vieil adage "Tuez-les tous, Dieu reconnaîtra les siens". Le monde politique comprendra et applaudira. C'est ce qui nous donnera une chance de victoire. »[369]

C'est ici que la valeur symbolique des mots entre en jeu. Par « le monde politique », Ledeen parlait de ceux qui comprennent les véritables fonctionnements de la logique de guerre : les propriétaires du naissant business du terrorisme, les dirigeants occultes et prédateurs capitalistes qui manipulent les mouvements politiques et sociaux américains depuis l'origine. Les rhétoriques d'un Starr, d'un Thornburgh, d'un Ledeen incarnent parfaitement les fausses perceptions du peuple américain à propos de sa persécution et de sa nature exceptionnelle. La rhétorique des Ultras a ouvert la voie à une restructuration de la société américaine, en vue d'une guerre contre le terrorisme éternelle, à son tour exploitée pour justifier les guerres néocoloniales – et désastreuses – en Afghanistan, en Irak, en Libye et en Syrie.

---

[367] Walter Pincus, « Silence of four terror probe suspects proses dilemma for FBI », *The Washington Post*, le 21 octobre 2001.

[368] *Ibid.*

[369] Michael Ledeen, « What do we know », *op. cit.*

Un immense mensonge conçu pour enrichir une minorité d'individus protégés.

Peu importe qu'un Américain ait plus de chances de mourir d'une piqûre d'abeille que d'une attaque terroriste. Peu importe que, chaque année, 30 000 personnes meurent dans des accidents de voiture. Chaque jour, les Américains grimpent dans leur SUV et se ruent sur les autoroutes à 140 km/h, sans jamais se soucier des dangers. Mais le terrorisme, ça, ils le craignent. Dans un sondage de décembre 2015, « 79% des sondés estimaient qu'une attaque terroriste était possible ou très vraisemblable au cours des mois suivants. Pour 19% des sondés, le terrorisme était le premier enjeu national, avec une augmentation de 4% par rapport au mois précédent »[370].

Cette peur irrationnelle est à la fois la cause et la conséquence de la guerre contre le terrorisme. Cette guerre est la plus grande opération clandestine jamais conçue ; elle permet à nos dirigeants occultes, à travers la manipulation de l'industrie de l'information, de s'enrichir et d'asservir les citoyens américains, tout en ravageant le reste du monde de leur vertueuse sauvagerie.

Ce qui nous amène à la question suivante : qui sont ces dirigeants occultes ?

L'establishment de la Sécurité nationale

C'est le contrôle des systèmes médiatiques, politiques et administratifs qui permet aux dirigeants occultes de l'Amérique d'utiliser le terrorisme à l'étranger et sur le sol national à des fins économiques. Marx et Engels avaient déjà identifié cette dualité national-étranger dans leur diagnostic. Les guerres impériales hors des frontières ont la même finalité que les outils d'oppression des travailleurs à l'échelle nationale : il s'agit de maximiser les profits, et de concentrer la richesse et les pouvoirs entre les mains d'une élite toujours plus réduite.

La guerre globale contre le terrorisme et la Homeland Security sont les deux faces de la même pièce de faussaire. Elles sont l'expression de l'idéologie capitaliste, appliquée aux concepts de sécurité internationale et domestique. Et, tout comme le système capitaliste au service duquel elle se trouve, à mesure que l'empire s'étend et que ses contradictions deviennent de plus en plus visibles, cette politique de Sécurité nationale officieuse orchestre sa propre consolidation entre des mains toujours moins nombreuses, choisies sur la base de leur conformité idéologique.

Cette consolidation du pouvoir est l'antithèse même du fonctionnement des institutions démocratiques; elle n'a jamais contribué à la sécurité des citoyens américains, mais à son affaiblissement, par la perte des protections légales.

La consolidation de l'appareil de la Sécurité nationale implique aussi une détérioration du système électoral basé sur les deux partis. En théorie, les deux principaux partis américains sont supposés représenter des idéologies

---

[370] Jackie Salo, « American's fear of terrorism at its peak since 9/11, new poll says », *International Business Times*, le 10 décembre 2015.

opposées. Les démocrates, qui devraient prendre la défense des travailleurs, sont divisés entre une gauche socialiste, qui rêve de détruire les grandes banques, et une « gauche compatible », incarnée par Hillary Clinton, qui est alignée sur les positions de Goldman Sachs, d'Israël et de la machine de guerre impériale. Ainsi, Joe Biden, depuis sa cooptation, joue à se faire passer théâtralement pour l'ancien leader syndical qu'il a cessé d'être depuis longtemps. Si l'on devait s'en tenir à la rhétorique de Biden, l'élite du parti démocrate chercherait à mettre un terme aux inégalités salariales et aux injustices raciales, à affranchir les minorités, et non à déstabiliser l'Ukraine, à renverser son gouvernement et ses institutions et à piller ses richesses. Le parti républicain est ouvertement et activement raciste, et favorable aux entreprises. Le populisme de Trump a pu passer pour une rupture avec l'élitisme de l'ère Reagan, mais ce n'est que la conséquence d'un basculement démographique, pas des politiques de l'establishment. La base républicaine a voté pour Trump en raison de son racisme décomplexé. Il a abandonné les mots de code qu'utilisaient les dignitaires du parti.

Les deux partis s'alternent à la tête de l'État, à des cadences variables, mais, une fois au pouvoir, par leur dialectique de l'ouverture et de la franchise, ils surmontent leurs conflits idéologiques. Il s'ensuit un inexorable décalage vers le centre ainsi que la constitution d'une entente démocratique, ce qui profite aux deux partis. Pendant ce temps-là, en arrière-plan, « la raison d'État » perdure et, en période de crise, s'impose sans débat. Les leaders des deux partis, en effet, défendent toujours sa prééminence. Rassemblés autour du drapeau, ils affirment n'agir que dans le plus strict intérêt de la nation.

Le fait est qu'avec la guerre contre le terrorisme, l'Amérique est en état de crise perpétuel. Quand, par erreur, mais parfois également à des fins de propagande, on apprend que c'est l'État lui-même qui est à l'origine de la crise, les élus des deux bords ressentent alors le besoin fondamental de réaffirmer que l'État transcende la politique et représente les intérêts à long terme de la nation. C'est pourquoi, durant la campagne présidentielle, Hillary Clinton a soigneusement évité d'évoquer sa responsabilité personnelle dans la destruction de l'Irak, de la Libye et de la Syrie. Elle a préféré se présenter comme une haute fonctionnaire – la première femme à ce poste rationnelle, capable de saisir les subtilités du système et de prendre des décisions difficiles. On comprendra dès lors qu'elle ne dirigeait pas tant le secrétariat d'État qu'une sorte de comité Phoenix national.

En Europe, l'État s'identifie à l'industrie. Les responsabilités y sont occupées par les actionnaires majoritaires du pays. Leur richesse et leur influence, comme au temps de la noblesse de jadis, fondent la légitimité de cette élite industrielle à entrer en politique. Elles sont « expérimentées » et « indépendantes ». En réalité, l'industrie n'est que propriété. Elle exclut du pouvoir les prolétaires, les immigrés, les réfugiés et les minorités aliénées.

En Amérique, l'État s'identifie avec le concept d'Establishment, avec un E majuscule. Le dictionnaire *Heritage* définit le terme comme « un groupe exclusif d'individus puissants qui gouvernent un État ou une société par des décisions et des accords privés ».

L'establishment possède, équipe et utilise les instruments de l'État. Il les emploie à son avantage pour tasser les salaires et accroître ses profits[371]. Au sein de cette conspiration criminelle, qui gouverne « par des décisions et des accords privés », la CIA assure les mêmes fonctions que le crime organisé.

Pour défendre ses intérêts privés ou commerciaux, l'État s'appuie sur la branche militaire, la Justice, les forces de l'ordre, le renseignement et l'appareil de la Sécurité nationale. On nous enseigne dès le berceau que les fonctionnaires et les technocrates qui animent ces administrations agissent dans la plus grande impartialité, et pour le seul intérêt des citoyens des États-Unis d'Amérique. En réalité, ces hauts fonctionnaires proviennent du secteur privé, où ils occupent de confortables postes de managers. À les écouter, il leur est impossible d'accomplir leur « devoir sacré » sans se placer au-dessus de la loi. Les flics, on l'a assez dit ici, ne sont pas là pour respecter la loi, mais pour l'imposer

Le terrorisme d'État – la destruction inutile de nations par dizaines, telles que le Viêt Nam, l'Irak, la Libye, la Syrie et tous leurs prédécesseurs – repose sur le postulat que la Sécurité nationale ne relève pas du politique. Ce n'est en réalité qu'une mise en scène qui sert à cacher la plus grande opération clandestine de tous les temps.

Voici comment ça marche. Les équipes dirigeantes des deux partis cultivent des candidats idéologiquement corrects destinés aux responsabilités civiles. Quand ils sont élus, ces candidats placent des membres de leur parti aux plus hauts postes des diverses administrations. En matière de Sécurité nationale, la gauche est interdite d'entrée. C'est le paramètre fondamental de la guerre contre le terrorisme. C'est la conséquence de décennies de propagande, depuis l'époque de la Terreur rouge, aux serments de l'ère McCarthy, jusqu'au « présent perpétuel » de la guerre contre le terrorisme : être de gauche rend inapte au service au sein de l'appareil de la Sécurité nationale, dont la fonction première est de servir le capitalisme. Depuis le 11 Septembre, il faut aussi professer un engagement sans faille à lutter contre le terrorisme islamique et absoudre l'Amérique de tout soupçon de terrorisme. Ces deux exigences sont désormais aussi prégnantes que l'anticommunisme.

Quelqu'un qui écrirait des livres comme les miens ne pourrait jamais y entrer. Quelqu'un qui comprend et dénonce le terrorisme d'État en tant que politique non déclarée contre les travailleurs américains et les nations riches de ressources naturelles convoitées ne pourrait jamais y entrer. Il est impossible d'exercer une charge publique si l'on conteste l'existence d'un dieu anthropomorphique, des vertus de l'Amérique, ou les postulats généraux sur les bienfaits du capitalisme. Ces mythes fournissent le contexte philosophique et psychologique au sein duquel prennent place les opérations illégales de l'État. Ils sont le rideau de fumée ultime, qu'incarnent et embrassent les vrais croyants.

---

[371] Au sujet des dimensions de l'establishment telles qu'on les imaginait il y a près de quarante ans, voir : Bertram Gross, *Friendly Fascism: The New Face of Power in America*, South End Press, 1980.

Ce n'est qu'en dépassant ces croyances et ces postulats que l'on peut identifier et comprendre les opérations clandestines de l'État.

Le dépassement de ces croyances et postulats autodestructeurs est le plus grand défi auquel sont confrontés les Américains. C'est aussi le premier pas nécessaire à une analyse objective des composantes de l'establishment de la Sécurité nationale. Une telle analyse reste une gageure, dans la mesure où le complexe de la Sécurité nationale n'est pas responsable devant les citoyens. Le droit à l'arrestation citoyenne ne s'applique pas aux officiers de la CIA, aux agents du FBI, aux flics qui trempent dans des affaires criminelles, et encore moins aux grands hommes d'affaires ou au président américain.

Les pseudo-critiques, volontairement confuses, et qui caractérisent l'ère du spectacle dans laquelle nous pataugeons, ne sont pas la seule protection du complexe de la Sécurité nationale contre la démocratie. Conformément aux souhaits de Karl Rove, Kenneth Starr, Richard Thornburgh ou Michael Ledeen, il s'est retranché derrière un réseau labyrinthique de douves qui empêchent les citoyens de lui demander des comptes sur ses affaires douteuses, et dont la plupart des preuves sont détruites.

L'armée fournit l'exemple le plus évident. Que ce soit aux États-Unis ou à l'étranger, les militaires vivent barricadés dans leurs bases, et sont soumis à leur propre système judiciaire. L'armée est divisée en deux classes : la classe supérieure, constituée d'officiers fanatisés, est formée pour envoyer sans remords les soldats se faire tuer ou mutiler ; la classe inférieure est, quant à elle, formée pour obéir sans poser de questions. Quand ils meurent ou perdent un membre, les soldats sont célébrés comme des héros qui se sont sacrifiés pour leur pays. Et surtout pas pour les intérêts des divers Dick Cheney, Halliburton, et tout le reste que nous appelons, faute de mieux, « le 1% ».

L'armée américaine est le plus gros consommateur d'énergie au monde, et le plus gros pollueur. Elle détourne le fonctionnement de la diplomatie américaine à son profit, engloutit l'argent des contribuables pour assurer le grand racket mondial que l'Amérique impose au reste du monde : des corridors préférentiels sur tous les marchés pour les multinationales américaines, ou l'anéantissement. L'armée, qui est dominée par les fascistes, est le pilier de l'État. Ses connexions avec la politique ou le monde des affaires ne sont jamais abordées. Cette mystification est la plus grande réussite de l'establishment.

À la différence de l'armée, la CIA agit dans la clandestinité. Elle provoque des crises en Russie, en Chine et dans les nations qui les entourent, mais aussi dans le monde musulman autour d'Israël. La CIA fournit ainsi à l'armée tous les prétextes nécessaires pour intervenir militairement. L'intervention militaire américaine ou sa menace, en retour, garantissent aux sponsors du secteur privé de l'armée le contrôle des ressources dont elle a besoin pour assurer la survie de l'empire.

Le FBI, avons-nous dit, n'intervient pas dans les menées illégales de la CIA. Il ne dispose pas du mandat légal nécessaire, et, étant donné son positionnement idéologique, n'aurait aucune intention de le faire. Son créneau, c'est l'infiltration des milieux musulmans aux États-Unis. Parfois pour empêcher une action terroriste, et parfois pour la provoquer. Le FBI travaille à dissimuler les liens entre le crime organisé et l'establishment.

Le département de la Homeland Security, dont l'action procède intégralement de la guerre contre le terrorisme, coordonne le palier inférieur du complexe de la Sécurité nationale et prend pour objet la suppression de la contestation aux États-Unis. Développé d'après le modèle Phoenix inauguré au Viêt Nam et perfectionné en Amérique latine, le DHS recourt à la violence implicite.

Ses dirigeants et techniciens supérieurs, tels que Nelson Brickham, le fondateur du programme Phoenix, supervisent la répression depuis leurs « Centres de coordination » invisibles de l'ère moderne. On citera par exemple le Conseil de sécurité nationale, avec son cortège de prestigieux parlementaires complices, de représentants du monde des affaires, des médias et de la recherche. Les fonctionnaires et les techniciens organisent les chaînes de commandement de manière à concentrer le pouvoir dans certains secteurs, dans des buts spécifiques. Avec pour finalité première l'aménagement de la faculté de dénégation de la CIA. Dans ce jeu de dupes, les élus doivent pouvoir déclarer à tout instant qu'ils « ne savaient rien » des crimes commis par l'agence au service des politiques non déclarées de l'establishment. Le système est structuré de sorte que le véritable pouvoir s'exerce hors des organigrammes hiérarchiques officiels. Toutes les preuves qui ramènent vers l'establishment sont enfouies, et jamais personne n'est contraint de rendre des comptes.

Pour être convié au sein du complexe de la Sécurité nationale, et pour y atteindre les positions à partir desquelles on parvient à réorganiser et à diriger la société américaine, il faut être né dans un manoir, gagner des dollars par milliards, comme Trump, ou bien passer par des années d'endoctrinement, chacune sanctionnée par des accréditations toujours plus restrictives conçues pour écarter les individus qui ne peuvent être intégralement assimilés. Quelqu'un comme Hillary Clinton doit renouveler à longueur de temps les preuves de sa conformité idéologique sur nombre de sujets (Israël, l'Islam, le terrorisme, Black Lives Matter, l'immigration mexicaine...) pour assurer sa permanence au sein de l'establishment de la Sécurité nationale. C'est la capacité à ressasser la doctrine et à commettre des crimes de guerre qui permettent l'ascension d'un individu jusqu'aux positions d'autorité au sein de la toute-puissante secte des adorateurs de la mort.

L'establishment de la Sécurité nationale a pour mission officielle de protéger le pays de ses ennemis intérieurs et extérieurs, tout en développant son influence économique et militaire à l'étranger, afin de préserver notre liberté. Sa mission non déclarée, qu'il poursuit de manière clandestine, consiste à empêcher les classes inférieures de la société d'acquérir le moindre pouvoir politique, public ou privé, qui pourrait conduire à une redistribution plus juste et équitable de la richesse de l'establishment. C'est la raison pour laquelle les adorateurs de la mort qui règnent sur la société combattent, par le recours intensif au terrorisme, le peuple qu'ils prétendent protéger.

Capitalisme et terrorisme d'État

Les catégories marginalisées de la société américaine n'ont aucun moyen de peser sur la politique nationale. Ce sont « los nadies », les « moins-que-rien » de l'écrivain uruguayen Eduardo Galeano. Ceux dont ne parle jamais le *New York Times*. Ceux dont Wolf Blitzer, de CNN, passe systématiquement l'existence sous silence, avec autant de passion que lorsqu'il accuse les Palestiniens. Ces gens n'ont pas de représentation. Ils ne peuvent changer les conventions, altérer les certitudes de l'Amérique, qui sont toutes perpétuées par des procédés symboliques raffinés. En revanche, quand l'establishment vient peser directement sur les choix du gouvernement, les médias ne parlent pas d'ingérence ou d'influence politique ; il s'agit toujours de solutions non partisanes, neutres, qui ne remettent pas en cause les équilibres.

Ainsi, pendant la crise financière de 2008, on a dit des grandes banques qu'elles étaient « trop grosses pour faire faillite ». On a soutenu qu'elles étaient créatrices d'emplois, et on les a secourues à coups de milliers de milliards de dollars, payés par les travailleurs qui perdaient au passage leur retraite et leur prévoyance. Pas besoin de poser des questions. Pas besoin de voir la feuille d'impôts de Trump, ni de voir les discours prononcés par Clinton chez Goldman Sachs.

Les politiciens censés représenter « la gauche » ont l'obligation de soutenir l'establishment et de voler au secours du système pendant ces périodes de crise artificiellement créées par l'État, comme l'invasion de l'Irak en 2003. S'ils ne s'y soumettent pas, ils sont accusés d'anti-américanisme. On comprend pourquoi la sécurité et la propriété ne font qu'un chez nous.

Cela remonte à la guerre d'Indépendance, quand les riches marchands et propriétaires fonciers avaient levé, en payant de leur poche, les armées révolutionnaires. Les Pères fondateurs rédigèrent une Constitution qui allait protéger les prérogatives dont ils s'étaient emparés. C'est la raison pour laquelle jamais les médias n'enquêtent sur ces ultrariches, ni ne les dénoncent ou ne les mentionnent, alors qu'ils profitent d'exemptions fiscales et cachent leurs profits dans les paradis financiers. On accuse les noirs de jouer la « carte raciale », mais jamais les riches de jouer la « carte du business ».

Conformément à ces certitudes si américaines, le capitalisme ne s'appuie jamais sur le pouvoir politique, mais sur le profit et la croissance économique, qui sont idéologiquement neutres, et qui profitent au bien commun. Et quand, par hasard, le voile est levé sur les exemptions fiscales et le recours aux paradis fiscaux de tel ou tel politicien ou patron peu scrupuleux, il n'y a jamais de sanction légale. La richesse la plus obscène n'est pas illégale, et de moins en moins immorale.

Au sein de la plus grande opération clandestine de l'histoire, l'establishment de la Sécurité nationale doit préserver un système qui perpétue les inégalités et l'accumulation obscène de la richesse, même face à la misère et à la souffrance les plus noires. À l'image des grades de la hiérarchie militaire, qui jouent un rôle de modèle pour la société libre américaine, les classes inférieures n'ont pas accès aux mêmes avantages et aux mêmes sécurités que les classes supérieures. Les travailleurs vivent au jour le jour, au salaire minimum, dans la crainte perpétuelle de perdre leur job, leur maison et leur couverture sociale.

Les riches jouissent de leur train de vie opulent pendant que les pauvres sont paralysés par la peur, à l'idée que leurs enfants ne soient condamnés à une vie d'endettement perpétuel ou, dans le cas où ils appartiennent à une minorité méprisée, ne passent leur existence en prison. Les premiers pourraient aisément partager leur richesse et leur puissance, et soulager ainsi les démunis, mais ils s'en gardent bien : la terreur suffit à neutraliser politiquement les pauvres. Une partie des classes inférieures a renoncé à tout espoir. D'autres se raccrochent à des figures providentielles comme Donald Trump ou Hillary Clinton. D'autres encore se satisfont de vivre par procuration dans un monde aux richesses et aux services illimités. Quoi qu'il en soit, qu'on l'attribue à une adhésion tacite, au rabotage des listes électorales, au taux d'incarcération ou à l'absence de candidats capables de susciter l'espoir, la participation au vote plafonne à 54% dans la patrie des hommes libres.

Le sentiment de désespoir et d'aliénation d'un côté, la croyance dans les mythes populaires de l'autre sont si prégnants qu'ils ont fini par rendre réel le désengagement politique dont rêvait Karl Rove dans ses élucubrations.

Le terrorisme au quotidien

La répression domestique et la colonisation hors des frontières, c'est-à-dire le terrorisme d'État, sont pour l'establishment les principaux moyens d'extraction de la richesse et de protection des monopoles. Il en est ainsi depuis que le possesseur d'esclaves et le violeur en série Thomas Jefferson déclara que « tous les hommes sont créés égaux », à l'exception des Africains, des femmes et, comme il l'écrivit dans la Déclaration d'indépendance, des « impitoyables sauvages Indiens, qui, dans leur art de la guerre, exterminent sans distinction d'âge, de sexe ou de condition ».

De manière prévisible, Jefferson et ses co-conspirateurs n'allaient pas tarder à s'emparer de toutes les terres indiennes. Les Pères de l'Amérique fondèrent cette nation sur des terres volées et grâce au travail gratuit des esclaves africains. L'appât de terres gratuites propulsa également les colons d'un océan à l'autre. C'est le mythe de « l'Américain exceptionnel » d'Horatio Alger[372], qui part de rien et réussit seul, par le travail et le courage.

La plus grande opération clandestine de tous les temps parvient même à transformer les valeurs traditionnelles pour donner naissance au mythe de l'homme américain, grandiose et exceptionnel. Elle y parvient en répétant, encore et encore, la même histoire : les films de cow-boys et d'Indiens à la John Wayne ont cédé leur place à des fables de gentils snipers américains qui combattent de méchants terroristes musulmans.

---

[372] N.D.É. : Horatio Alger Jr. (1832-1899) était un journaliste et romancier américain, auteur d'œuvres destinées à la jeunesse qui mettaient souvent en avant la figure du self-made-man.

L'histoire ne sert pas à créer et à glorifier les héros américains. Elle sert à effrayer ceux qui seraient tentés de ne pas y adhérer. C'est là que réside le terrorisme. Toutes les entreprises de sécurité le savent : la peur de la surveillance est aussi efficace que la surveillance elle-même. Il leur suffit de suggérer qu'un cambrioleur guette l'occasion de s'infiltrer chez vous pour vous vendre leur système d'alarme. De même, la peur de la surveillance généralisée sur Internet dissuade les gens d'exposer le fond de leur pensée. On ne craint Big Brother qu'à partir du moment où l'on est convaincu qu'il nous espionne.

Une fois qu'ils sont parvenus à vous effrayer – c'est le but des myriades d'opérations montées par la CIA à l'étranger, et, chez nous, par le FBI, le DHS et la police –, ils vous vendent leurs solutions pour vous tranquilliser. Un peu de manipulation et de bagou, et l'affaire est dans le sac. Le mur de Trump va vous protéger des violeurs mexicains et des ados noirs toxicos. Hillary, quant à elle, s'était proposé de vous protéger contre des démons comme Saddam, Kadhafi et Bachar à coups de guerres préventives. Après tout, elle avait prouvé qu'elle savait comment on s'y prend pour tuer des musulmans, et elle aurait volontiers continué de tuer les démons qu'elle avait créés pour vous.

Le mythe américain est un produit aussi simple à vendre qu'une guerre en Irak, la candidature de Clinton, ou du Pepsi. C'est toujours la même promesse d'un mieux à venir, « Demain, on rase gratis ». C'est le capitalisme.

Le capitalisme nous intime de croire en un futur meilleur à travers le consumérisme. Un futur orgiaque vous attend, en quarante-huit mensualités sans frais. Ce que le capitalisme ne vous dit pas lorsqu'il vous demande de voter pour Clinton, c'est que c'est elle qui a fait délocaliser le travail pour permettre à ses sponsors de payer des salaires plus faibles. Mais rassurez-vous, si vous votez pour elle, sûrement qu'elle va ramener ces emplois à la maison, et vous aurez encore plus d'argent pour acheter plus de choses. Il faut juste oublier que l'austérité que l'on vous impose, c'est sa prospérité à elle. Quelle candidate elle faisait, Hillary !

« Demain, on rase gratis »

J'ai expliqué le rôle de la CIA dans le processus, et maintenant, je voudrais expliquer les raisons de l'existence de ce processus.

La NFL nous fournit une illustration exemplaire du fonctionnement de la plus grande opération clandestine de tous les temps. Le racket au bon sentiment. Vous avez le Pentagone, qui achète une douzaine de patrons milliardaires du football américain, à coups de millions de dollars payés par le contribuable, dans l'unique but de faire célébrer par leurs équipes « les héros locaux », c'est-à-dire les soldats originaires de la ville engagés dans la guerre contre le terrorisme.

C'est comme ça qu'on insinue en vous l'idée que la guerre contre le terrorisme est combattue par des gens comme vous, pour vous. Mais en réalité, la guerre contre le terrorisme est une affaire juteuse, qui génère son profit sur le dos des gens comme vous, surtout si vous êtes pauvres.

La narration homérique n'est pas qu'un artifice qui maquille et autorise cette entreprise criminelle : elle ne fait qu'un avec elle. Elle est cette immensément rentable cerise sur le gâteau de la plus grande arme de destruction massive de tous les temps. Elle pousse les travailleurs déclassés dans les bras d'une armée ivre de violence. En échange, on les célébrera pendant les matchs de la NFL.

Allez, les mecs ! On est les champions !

Le récit de l'héroïsme américain est une bonne affaire. Pour le Pentagone, pour ses amis des médias qui le racontent, mais aussi pour ce réseau stratégique d'espionnage que sont Hollywood et le milieu de la production télévisée, et auquel l'establishment de la Sécurité nationale a confié la tâche de modeler nos rêves.

Les experts en publicité et en relations publiques, les espions et les généraux, les producteurs de films ou d'infos et les politiciens lisent tous le même script. Ils font des sondages, ils passent les catégories sociales au crible… Comme des agents de coordination Phoenix fanatisés, ils essaient d'atteindre leurs quotas. Ils ciblent leurs groupes de clients, et leur vendent les produits qui renforceront en eux les mythes américains.

Le milliardaire Trump est parvenu à se vendre comme l'homme du changement antisystème à une Amérique déclassée convaincue par Fox News que ce sont les immigrés et les minorités qui lui ont volé son travail. Clinton, bien sûr, avait qualifié le message, son auteur et ses destinataires de « déplorables ». Mais c'est oublier que ses supporters politiques sur MSNBC falsifient la représentation de notre réalité quotidienne pour refiler aux gens de gauche les messages et les produits qu'ils veulent. Le message pourrait sembler différent, mais ils vendent tous les deux la même fausse promesse : demain, on rase gratis.

C'est le capitalisme, qui vous est raconté soit par un droitard comme Tucker Carlson sur Fox News, soit par un progressiste comme Chris Mathews sur MSNBC. Vous avez, dans les deux cas, affaire à un représentant de commerce qui déballe son argumentaire de vente. Ensuite, ils envoient la publicité, et on vous vend un produit qui correspond à votre catégorie d'audience.

Pendant qu'elles dressent les classes inférieures les unes contre les autres, les élites du parti républicain et du parti démocrate prennent des cocktails ensemble au country-club. C'est un jeu, pour elles. C'est amusant. De temps en temps, il arrive que les Clinton et les Trump se rencontrent, à l'occasion d'événements caritatifs de la haute société. Ensemble, ils rient des prolétaires, qui n'y sont pas admis. Les gens qu'ils exploitent n'ont pas d'alternative. Il n'y a pas de troisième voie. Les Clinton et les Trump, les pantins de Fox News et de MSNBC pensent que les écolos du Green Party sont là pour leur passer la soupe et se contenter des miettes.

Chaque jour, chaque minute, les mécanismes de l'establishment de la Sécurité nationale permettent aux oligarques qui possèdent l'Amérique, et qui à travers elle essaient de s'emparer du reste du monde, de renouveler leur travestissement symbolique. Ces monstres meurtriers parviennent à se faire passer pour des êtres bénéfiques qui prétendent nous protéger des maux qu'ils nous infligent.

Ils appellent ça « l'Amérique », mais que représente ce mot ? Une cité chatoyante au cœur d'une plaine fertile, ou bien une oligarchie occulte aux instincts meurtriers ?

La réponse est évidente. Vous êtes les victimes d'une entreprise criminelle d'une ampleur immense, et la clef de sa réussite tient à sa capacité à cacher ses crimes et sa corruption. Nos dirigeants occultes ont rendu illégale la dénonciation de leurs turpitudes. Il n'existe plus ni liberté d'expression, ni droit à la transparence.

Les milliardaires qui possèdent les équipes de la NFL – ainsi que les pantins des chaînes d'info qu'ils emploient avec leurs amis propriétaires des médias pour construire les narrations et vendre leurs marchandises – s'insurgent quand un joueur noir s'agenouille pendant l'hymne national. Ils voudraient que le spectateur interprète ce comportement comme un « manque de respect » à l'Amérique. Ils voudraient que le spectateur n'éprouve aucune compassion pour les innombrables gamins noirs abattus par les flics pour avoir osé vendre des cigarettes à la sauvette. Comme des politiciens en campagne, ils renforcent leur message en se revêtant et en revêtant le produit qu'ils vendent – un match de football – des attributs du militarisme et du maintien de l'ordre.

On est en revanche prié d'ignorer que les chefs de la police sont en combine avec les barons du crime organisé, que la CIA dirige les trafics mondiaux d'armes et de stupéfiants, ou que le Pentagone envahit et détruit illégalement des nations pour permettre aux multinationales de dépouiller les peuples soumis. On est également prié d'ignorer que les mafieux du secteur industriel sont laissés libres de détruire l'environnement au nom du profit.

Je répète Guy Debord: « La mafia n'est pas étrangère dans ce monde ; elle y est parfaitement chez elle. Au moment du spectaculaire intégré, elle règne en fait comme le modèle de toutes les entreprises commerciales avancées. »

Vous n'entendrez jamais un ponte de CNN comme Wolf Blitzer admettre que les Palestiniens sont victimes, sur leur propre terre, d'un système d'oppression qui les criminalise. Vous ne l'entendrez jamais critiquer Re/Max[373], qui loue ou vend des maisons sur le sol palestinien volé. La critique d'Israël, tout comme la critique de « l'Amérique », n'est pas prévue au script. C'est une histoire qui ne peut être entendue, quand on y parvient, que dans une langue étrangère.

Vous n'entendrez pas non plus Blitzer comparer les politiques financières américaines à du terrorisme d'État, alors qu'elles sont spécifiquement conçues pour empêcher les gens de vivre correctement, si bien qu'ils sont obligés d'entrer dans l'armée ou dans la police. Vous ne l'entendrez jamais parce que la censure d'État – notamment en ce qui concerne les prouesses de la CIA – fait partie intégrante du terrorisme d'État.

---

[373] N.D.É. : L'américain Re/Max (Real Estate Maximum) est l'un des leaders mondiaux de l'immobilier.

Seul le terrorisme « sélectif » effectué par les pauvres et les déclassés, les acteurs « non étatiques », reçoit dans les médias l'appellation de terrorisme. Le terrorisme systématique et illégal de l'État est, lui, considéré comme une pratique du quotidien. Ce qu'il est, d'ailleurs.

Wolf Blitzer, qui appartient à une élite enrichie et protégée par l'argent de la guerre contre la drogue, a le droit de dire qu'il n'y a pas de prisonniers politiques aux États-Unis. Après tout, l'emprisonnement et la marginalisation des noirs sont bons pour le business, puisqu'ils maintiennent bas les salaires de tous les travailleurs. Ce n'est pas un problème, c'est l'économie. Ce n'est pas non plus à cause de la politique que les femmes gagnent moins que les hommes, ou que le salaire minimum soit situé sous le seuil de pauvreté. Non, rien à voir. C'est la norme.

L'establishment et ses matons en chef savent parfaitement ce qu'ils font. On répétera une dernière fois Johan Galtung : « La criminalité légale du système social et de ses institutions, du gouvernement et des individus au niveau interpersonnel est une violence tacite. La violence structurelle est une structure d'exploitation et d'injustice sociale. »

On prétend que la politique et les affaires sont mutuellement exclusives, et que le große Lüge, ce « Grand Mensonge » théorisé par Hitler et si grand qu'on ne pouvait pas ne pas y croire, rend possible la plus grande opération clandestine de tous les temps. Le milieu des affaires pilote les mouvements sociaux et politiques, les terroristes et les forces antiterroristes, à travers des outils comme la CIA. La police verrouille les zones pauvres et les ghettos noirs dès qu'ils cessent d'être dociles. Le FBI incite des paumés, des faibles et même des handicapés mentaux à commettre des attentats qu'il déjoue au dernier moment. La CIA conduit des opérations sous faux drapeau dans le monde entier pour instiller la peur des terroristes, qu'elle arme et entraîne en Syrie, en Irak et partout où elle veut renverser des gouvernements élus. Cette guerre contre le terrorisme, combattue clandestinement depuis des décennies, définit les contours de la société légale du crime aux États-Unis, qui, au nom de la protection des citoyens, vole aux pauvres pour donner aux riches.

En amont de la « violence structurelle » du terrorisme d'État, l'establishment de la Sécurité nationale poursuit son expansion. Sa taille approche désormais du million de formations en tous types, qui toutes profitent de la violence structurelle qu'elles entretiennent. En bas de l'échelle, il y a les flics et les soldats, qui gagnent le droit de devenir des héros. En haut, on trouve les oligarques, qui se marrent bien. Et entre les deux, à la Homeland Security, on a des gens qui ont un boulot.

Cette entreprise criminelle, émanation de la CIA, pervertit tous les mouvements sociaux et politiques américains. Elle fait d'une nation de consommateurs de mythes et de biens un rempart humain au service de l'elite qui les opprime. C'est le système parfait, stabilisé à coups de crises artificielles quotidiennes, et incapable de dévier de la route qu'on lui a fixée. Lors de la prochaine crise nationale – que ce soit une nouvelle crise financière ou une catastrophe écologique –, les équipes du complexe de la Sécurité nationale seront mobilisées, et elles hurleront leurs slogans qui feront appel à nos valeurs traditionnelles ou à notre diversité. Leurs directeurs examineront les rapports sur les activités suspectes des terroristes objectifs. La définition du terrorisme sera encore étendue pour inclure les individus perçus comme dangereux pour l'ordre public. On arrêtera les mauvais Américains, dont les convictions seront criminalisées. Protester contre le changement climatique vous amènera en prison.

Je vois d'ici les plus motivées des équipes prendre des cordes, exciter les foules et aller lyncher ceux qui refusent de se lever pour l'hymne national. Il suffit que 5% de la population s'organise de la sorte pour installer un dictateur fasciste à la tête des États-Unis. C'est l'objectif ultime de la plus grande opération clandestine de tous les temps, l'événement qui permettra aux oligarques de s'emparer de tout ce que vous possédez.

Les 5% qui résisteront seront ciblés par des opérations de type « compromettre et discréditer », comme celles du FBI et de la lettre envoyée à Martin Luther King Jr., où on l'encourageait à se suicider. Comme les documents falsifiés du régime Bush, utilisés pour justifier l'invasion illégale de l'Irak, et qu'il sera impossible de distinguer des vrais.

Les Russes ont-ils hacké la campagne démocrate de 2016, ou bien s'agissait-il de fuites internes, venues d'un cadre exaspéré du parti ? On ne vous le dira jamais.

Les fausses rumeurs proliféreront, et viendront ruiner la réputation de tous ceux qui refuseront l'obéissance. Plus que jamais, la population vivra dans la terreur. L'État se saisira de ses armes si précieuses, et ouvrira le feu. On arrêtera les gens de nuit, et ils partiront pour les centres de détention administrative, d'où ils ne donneront plus de nouvelles. Ce sera la nouvelle normalité.

Profitant de la confusion, la CIA activera les équipes d'assassins qu'elle a infiltrées dans toutes les organisations du pays. Elles placeront des pains de plastic dans les cars de ramassage scolaire, et cette fois, ce ne seront plus des exercices. Ce seront des provocations destinées légitimer l'intervention de la police militarisée.

La valeur de l'immobilier s'effondrera, le sang coulera dans les rues, et les dizaines de milliers de Trump et de Clinton, bien en sécurité dans leurs bantoustans sécurisés à l'israélienne, rachèteront tout à vil prix.

C'est l'opération Phoenix du futur, l'objectif ultime de la plus grande opération clandestine de tous les temps.

Index

268, 275, 276, 277, 281, 282, 291,
295, 296, 298, 300, 302, 311, 312,
317, 318, 319, 329, 366, 367, 368,
379, 386, 392, 393, 404, 405, 406,
418

C

Cabrillo: Roberto, 206
Camp David: Accords, 168
Caneba: Sal, 194
Canh: Luu Thi, 68, 339, 345
Carew: Barry, 199
Carey: Gerry, 197
Carlson: Tucker, 175, 415
Carter: Jimmy, 165, 167, 168, 271, 272,
298, 363
Casey: Charles, 214; Daniel, 203;
William, 90, 168, 169, 171, 214, 272,
273, 274
Casteel: Steven, 154, 155
Castro: Fidel, 46, 183, 194, 213; Frank,
206; Ricardo, 212, 220
Centre UA, 34, 132, 133, 134, 137, 138,
140, 143
Chafee: Sénateur John H., 271, 272
Chalabi: Ahmed, 154
Channel: Carl Spitz, 171
Charles: Bobby, 379
Chauvet: Jorge Moreno, 233
Chavarri: Rafael, 233
Chavez: Elias, 199, 200, 243
Chávez: Hugo, 207
Cheney: Dick, 117, 242, 268, 300, 410
Chieu: Hoi, 27, 113, 119, 123, 124, 125,
247, 370
Chung: Dr. Margaret, 232, 233
Clark: Ramsey, 161
Clarridge: Duane, 171, 172, 295, 316
Cleaver: Eldridge, 163
Clifford: Clark, 111
Clinton: Bill et Hillary, 64, 92, 115, 134,
135, 136, 140, 177, 218, 235, 242,
290, 291, 298, 342, 365, 371, 379,
380, 386, 391, 393, 395, 398, 399,
406, 408, 411, 412, 413, 414, 415,
418
Cockburn: Alexander, 35, 200

Coffey: Ray, 375, 376
Cohen: David, 303, 304
COINTELPRO, 162, 223
Colby: William, 20, 21, 22, 23, 24, 32,
42, 44, 47, 58, 59, 60, 87, 88, 93, 101,
114, 119, 137, 158, 164, 165, 193,
198, 204, 216, 258, 259, 266, 268,
273, 275, 280, 286, 287, 290, 300,
315, 343, 344, 353, 377, 378, 379,
402
Conein: Lucien, 31, 32, 34, 35, 58, 122,
191, 192, 193, 194, 195, 198, 199,
200, 201, 204, 205, 309, 378
Conquérant: Guillaume le, 384, 385,
386, 388, 389
Constable: Pamela, 105
contras, 28, 129, 149, 171, 172, 205,
206, 272, 273, 295, 317, 382
Conyers: John, 270
Cook: John, 382; Joshua, 141
Corn: David, 152, 378

D

Damron: James, 87, 88
Davis: Louis, 84, 199, 350
de Silva: Peer, 332, 333, 334, 338, 340
Debord: Guy, 14, 15, 34, 136, 179, 235,
239, 310, 321, 360, 416
DeFeo: Michael, 202
DeLagrave: Dolor, 232
Dick: Fred, 187, 205, 378
Diem: Ngo Dinh, 32, 141
DiGennaro: Joseph, 196, 197, 208
Dillard: Colonel Douglas, 73, 325, 326,
333, 336, 338
Dixon: Wells, 277, 278, 279
Donohue: Thomas, 44, 110, 124
Donovan: William, 182
Duc: Tiet Lun, 337
Dung: Nguyen, 256
Dzu: Truong Dinh, 259

E

Eikenberry: Karl, 92, 362
Eliot: T. S., 353

N

O

P

T

U

V

W

Y

Z

Déjà parus

ÉDITIONS LE RETOUR AUX SOURCES

Albert Roche, premier soldat de FRANCE

L'incroyable histoire de l'engagé volontaire qui captura à lui seul 1180 prisonniers !

ÉDITIONS LE RETOUR AUX SOURCES

L'imposture du sauveur AMÉRICAIN 1917-1918 / 1941-1945

Un ouvrage passionnant qui balaye de nombreux clichés et rétablit des vérités historiques méconnues

ÉDITIONS LE RETOUR AUX SOURCES

HISTOIRE DE L'ARMÉE FRANÇAISE des origines à nos jours

L'armée française a souvent occupé la première place en Occident

Certains de ses chefs militaires ont marqué le monde par leur génie tactique et stratégique

ÉDITIONS
LE RETOUR AUX SOURCES

Histoires
extraordinaires
et mystérieuses
de
L'HUMANITÉ

Ces histoires ahurissantes et fantastiques, retracent les origines des grands mythes

ÉDITIONS
LE RETOUR AUX SOURCES

Histoires extraordinaires
de la
FRANCE MYSTÉRIEUSE

À travers ces histoires extraordinaires, c'est toute l'histoire d'un pays de tradition de liberté et de coutumes que cet ouvrage nous invite à revisiter

ÉDITIONS
LE RETOUR AUX SOURCES

LES GRANDES AFFAIRES D'ESPIONNAGE
en
FRANCE
de 1958 à nos jours

- La fin du conflit algérien
- L'enlèvement de Ben Barka
- Jacques Foccart et l'Afrique
- Le mercenaire Bob Denard
- La bombe atomique française
- La guerre froide
- Le terroriste Carlos
- Le Liban
- Le Rainbow Warrior
- La Libya
- L'éclatement de la Yougoslavie
- Le terrorisme islamiste
- Le retour des espions russes de Poutine

De nombreuses révélations incroyables, venant de personnes de tout premier plan, sont présentées dans cette enquête très documentée

ÉDITION
LE RETOUR AUX SOURCES
Stratediplo

Le douzième travail
Un refuge autarcique

Puisse cette description donner des idées à un chercheur d'autonomie...

ÉDITIONS
LE RETOUR AUX SOURCES
Stratediplo

Le onzième coup
de minuit de l'avant-guerre
Préface de Michel Drac

Un incident réel ou fictif servira à déclencher les opérations, les populations ne réagissant pas...

ÉDITIONS
LE RETOUR AUX SOURCES
Stratediplo

Le quatrième cavalier
l'ère du coronavirus

Préface de Piero San Giorgio

Jean Michel Vernochet, le très informé, met en lumière tous les complots

Le Pays réel habillé de jaune, est en guerre contre un système qui le tue...

ÉDITIONS
LE RETOUR AUX SOURCES
Gauche vs Droite
LA GUERRE CIVILE FROIDE
LA THÉOGONIE RÉPUBLICAINE DE ROBESPIERRE À MACRON

Jean-Michel
VERNOCHET

La guerre idéologique du XXIème siècle, après avoir opposé capitalisme et collectivisme,
fait aujourd'hui se confronter le globalisme, soit la République universelle, aux Nations et aux traditions...

ÉDITIONS
LE RETOUR AUX SOURCES

Jean-Michel
VERNOCHET

LA DÉBÂCLE
GUERRES OLIGARCHIQUES CONTRE LES PEUPLES

Les guerres actuelles sont des conflits de normalisation destinés à fondre les peuples, les identités et les
souverainetés, dans le grand chaudron du mondialisme apatride, déraciné et nomade...

ÉDITIONS
LE RETOUR AUX SOURCES

Jean-Michel
VERNOCHET

POST COVID-2.0
DÉCONFINEMENT À REBOURS & MUSELIÈRE POUR TOUS

La social-démocratie, matrice toujours féconde, parturiente d'une humanité déchue...

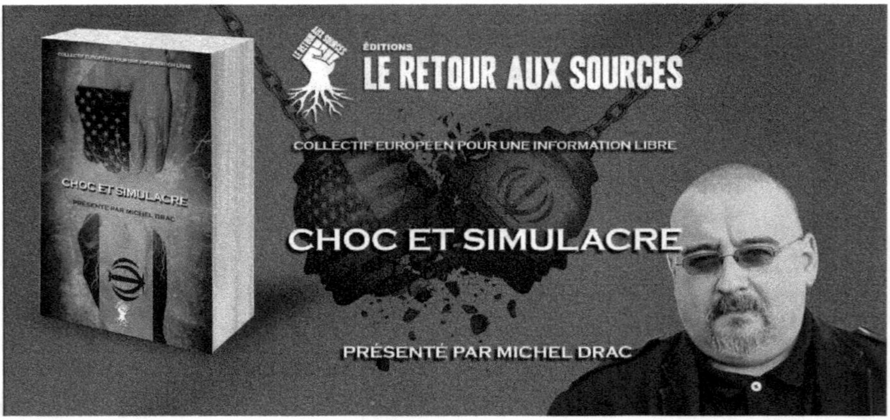
ÉDITIONS
LE RETOUR AUX SOURCES
COLLECTIF EUROPÉEN POUR UNE INFORMATION LIBRE
CHOC ET SIMULACRE
PRÉSENTÉ PAR MICHEL DRAC

ÉDITIONS
LE RETOUR AUX SOURCES
ESSAIS
MICHEL DRAC
PENSER LE RÉEL POUR SORTIR DU SYSTÈME

ÉDITIONS
LE RETOUR AUX SOURCES
EUROCALYPSE
COLLECTIF SOLON & MICHEL DRAC

ÉDITIONS
LE RETOUR AUX SOURCES

PAUL DAUTRANS

LA DIXIÈME PORTE

SI VOUS TRAVAILLEZ EN ENTREPRISE, MÉFIEZ-VOUS DE CE LIVRE...

ÉDITIONS
LE RETOUR AUX SOURCES

MAURICE GENDRE & JEF CARNAC

LES NOUVELLES
SCANDALEUSES

LE MONDE DANS LEQUEL VOUS VIVEZ N'EST PAS LE MONDE QUE VOUS PERCEVEZ...

ÉDITIONS
LE RETOUR AUX SOURCES

PAUL DAUTRANS

MANUEL DE
L'HÉRÉTIQUE

UN LIVRE QUI METTRA EN COLÈRE ABSOLUMENT TOUS LES CONS

ÉDITIONS
LE RETOUR AUX SOURCES

MICHEL DRAC

TAPIS DE BOMBES

MICHEL DRAC DYNAMITE UNE À UNE TOUTES LES POSITIONS DU SYSTÈME

ÉDITIONS
LE RETOUR AUX SOURCES

TRIANGULATION
REPÈRES POUR DES TEMPS INCERTAINS

MICHEL DRAC

NOUS APPROCHONS MANIFESTEMENT D'UN MOMENT CRITIQUE DANS L'HISTOIRE DE NOTRE PAYS

ÉDITIONS
LE RETOUR AUX SOURCES

JEF CARNAC

VENDETTA

L'ARGENT, LE POUVOIR, LA CÉLÉBRITÉ...
RIEN NE VOUS PROTÈGERA